2014
米国経済白書

大統領経済諮問委員会

米国経済白書 2014

総論

「財政の崖」を乗り越えて進む米国経済
危機後5年、オバマ政権はなぜ最低賃金の大幅アップを求めるのか　■萩原伸次郎

大統領経済報告

2014年経済諮問委員会年次報告

大統領経済報告　　米国議会へ	3
詳細目次	7
図・表・Box 一覧表	11

1　機会を分かち合う持続可能な成長の促進　　14

危機後5年間の経済／われわれはいかにしてここまで来たか——わが政権の危機への対応／2014年における機会の源泉とその将来／残された課題とそれらに取り組む大統領の計画／結論

2　2013年の回顧と将来の見通し　　34

2013年の主要な出来事／長期見通し／結論

3　米国復興及び再投資法5年間の経済効果　　70

2007～09年リセッションと当初の政策対応／復興法と後続の雇用措置の概観／復興法と後続財政出動による最近のマクロ経済効果／個人救済における復興法の効果／復興法の長期成長効果／結論／付録1 復興法と後続財政政策の構成／付録2 財政乗数——理論と実証

目次

4 最近のヘルスケア・コストの傾向と経済への影響、そしてケア適正化法の役割 　112

最近のヘルスケア・コストの傾向／今何が起こっているのか、今後何が起こるのか／医療費の伸びが鈍化することによる経済効果／結論

5 生産性成長を促進する 　140

全要素生産性のトレンド／生産性成長と不平等拡大／生産性成長を促進し、誰もが利益を得られるよう支援する諸政策／電気通信と生産性成長／特許／結論

6 「貧困との戦い」から50年――進捗報告 　176

貧困の測定――米国において誰が貧しいのか／「貧困との戦い」の評価／貧困対策プログラムの役割――詳細な調査／経済保障の強化と機会増加のためのオバマ政権の実績と課題／結論

7 連邦プログラム改善のためのツールとしての評価 　216

連邦プログラムにおける厳格なインパクト評価の実施／挙証ベースのアジェンダのインパクト／根拠アジェンダを深める／結論

参考文献	242
付録A　大統領経済諮問委員会活動報告	268
付録B　付表	278
索引	309

翻訳者｜萩原　伸次郎　（総論、大統領報告、第1、7章担当）
　　　　宮﨑　礼二　（第2章担当）
　　　　十河　利明　（第3章担当）
　　　　千原　則和　（第4章担当）
　　　　大橋　　陽　（第5章担当）
　　　　朝比奈　剛　（第6章前半担当）
　　　　吉田　佳名子　（第6章後半担当）

総論

「財政の崖」を乗り越えて進む米国経済
危機後5年、オバマ政権はなぜ最低賃金の大幅アップを求めるのか

萩原 伸次郎
（はぎわら しんじろう）
横浜国立大学名誉教授

今年の**大統領経済報告**は、昨年と同様3月になって発表された。昨年は、2011年に成立した予算統制法が、13年3月に発動され、裁量的財政支出が強制的に一律削減される事態となった。いつもなら2月14日ごろに発表された大統領経済報告だが、今年も昨年と同様、3月の発表となった背景には何があったのだろうか。

そこには、オバマ政権与党の民主党と下院を牛耳る野党共和党との税制と予算をめぐる熾烈な戦いがあったといえるだろう。2012年11月、オバマ大統領は、共和党大統領候補ミット・ロムニーに終盤追い上げられながら、辛くも逃げ切り、再選を果たした。だが、同時に行われた議会選挙において、米国議会の構成は、下院で依然として共和党が多数を占めた。彼らは、富裕者優遇のブッシュ減税の延長を主張し、中間層への手厚い保護また米国産業の再生をはかるオバマ政権とその年の12月、激しくぶつかり合って膠着状況を続けた。結局、オバマ政権が主張する米国納税者救済法が13年1月2日になんとか成立した。この法律によって減税法の期限切れは防げたが、富裕者減税の打ち切りに、今度は共和党が態度を硬化させ、裁量的財政支出が一律削減される、いわゆる「差し押さえ」（sequester）が3月から開始されてしまった。「財政の崖」から転がり落ちる、という事態には至らなかったが、歳出削減というマクロ経済にははなはだ好ましくない事態が開始されてしまったというわけだ。13年は、それだけではない。債務上限引き上げをめぐる共和党議会とオバマ政権の対立は、予算成立を阻む彼らの危険な瀬戸際作戦を導き出し、14年予算の執行が始まる10月には、16日間にわたって、政府機関の閉鎖という異常事態を引き起こしたのだった。

もちろん、2013年12月にようやく民主・共和両党の予算協定が結ばれ、裁量的財政支出の一律削減、いわゆる「差し押さえ」は、今年の1月から実施が回避された。2014会計年度歳出法案も今年の初めに議会を通過し、連邦債務上限も15年になるまで拡大されることとはなった。その意味で、14年の今年は、ようやく、財政支出上の逆風は消滅した。だが、米国議会とオバマ政権との確執は、貿易促進権限、いわゆるTPA（Trade Promotion Authority）をめぐっても継続されており、2期目を迎えたオバマ政権の今後の経済政策が順調に進むとは限らない。たしかに、「財政の崖」を乗り越えて進む米国経済ということにはなるのだが、オバマ政権は、米国の現状をどのように把握し、今後いかなる経済政策を打ち出そうとしているのか、特に最低賃金大幅アップという政策の背景には何があるのだろうか。

「財政の崖」を乗り越えて進む米国経済——萩原伸次郎

世界経済危機とオバマ政権の経済政策
ニューディール政策から政権は何を学んだか

　オバマ政権の経済政策担当者たちの基本認識にあるのは、2008年9月15日リーマン・ブラザーズ倒産に始まる世界経済危機が、1929年に始まる大恐慌を規模の上ではるかに上回る深刻さを伴っていたということだ。それは、今年の大統領経済諮問委員会報告に、次のように述べられていることからもわかる。「オバマ大統領がその職に就くちょうど数か月前に現れた鋭い危機の状況は、かなりの側面で、大恐慌が始まる最初の衝撃より、より一層悪いものだった。2008年末の株価の落ち込みは、1929年に起こった事態と似てはいたが、より急速な住宅価格の落ち込みを伴っており、究極的には、大恐慌の初期における富の喪失よりも極めて大きな全般的な家計資産の落ち込みへと導いていった」。いうまでもなく、1929年大恐慌は、10月24日ニューヨーク・ウォール・ストリートの株価大暴落から始まり、工業生産高の低下と大量失業を生み出した。リーマンショックのときのような、住宅バブルの発生とその崩壊という事態を伴ってはいなかったが、今回の世界経済危機は、大恐慌以来の深刻な経済危機だったことは明らかであり、それゆえにオバマ政権は、大恐慌の真っただ中に政権を樹立したフランクリン・ローズヴェルト大統領の経済政策を詳細に研究し、その中でいかなる政策が効果的だったかを学びながら、大恐慌以上の深刻な危機展開を伴っていた2008年世界経済危機へ大胆に対応しようとしたことは明らかだった。

　ここで、1929年大恐慌発生後、ローズヴェルト政権誕生とニューディールの過程について一瞥するのはその意味でも重要なことだろう。まず、33年3月政権に就いたローズヴェルトが実施した景気回復策の切り札として制定された「1933年全国産業復興法」（NIRA: National Industrial Recovery Act）は、たしかに、オバマ政権樹立後100日間における決定的政策だった「2009年米国復興及び再投資法」（ARRA: American Recovery and Reinvestment Act）と名称では似ていたとはいえ、内容の上ではまったく異なっていたという指摘が重要だろう。なぜなら、景気回復策としてNIRAは、米国経済を本格的景気回復軌道に乗せることに失敗し、35年には違憲判決まで出てしまう始末だったからだ。それゆえにオバマ政権は、当初からこの過ちの轍を踏もうとはしなかった。NIRAの基本政策は、産業の組織化によって物価上昇をはかり、労働組合の組織化から賃金アップを容認し、これらを米国の反トラスト法の適用除外として実施することで、米国経済の景気回復が可能だという政策スタンスをとった。たしかに、同法制定後、1933年6月から翌年にかけて物価水準は上昇した。だが、それは一時的なものであり、景気回復を持続させるには、当然ながら有効需要の増大をもたらすマクロ的な所得増加が不可欠だった。当時、連邦財政規模の国民経済に果たす役割は極めて小さいものであり、しかも、経済学者は市場機能万能主義が主流であり、財政均衡こそが景気回復の切り札だ、と唱えていた。対外政策も、産業保護政策からする高率保護関税が、1930年スムート＝ホーレー関税法以来かけられており、世界経済はブロック化の下にあった。だから、国際貿易は縮小に次ぐ縮小を経験していたのだ。

　これは明らかにオバマ政権が真似てはならない政策だったといえるだろう。だが、ローズヴェルト政権は、いつまでも失敗の政策を継続させていたわけでは決してない。ニューディール政策は、いつの時点で大きく変貌したのだろうか。財政政策に関していえば、1935年初め

の予算教書とその後の財政政策の展開がその嚆矢となったといえるだろう。では、対外政策は、と問われれば、それは34年6月の互恵通商協定法制定による米国主導のブロック経済脱却の動きといえるだろう。35年の予算教書において、米国の財政政策は、「呼び水」政策から「補正的」財政政策へと大転換を果たしたのであり、高率保護関税からの脱却を狙った互恵通商協定法は、関税を切り下げることによって輸出を積極的に展開させるという戦後のGATT体制下の自由貿易につながる政策展開だったからだ[1]。

世界経済危機への対応策としてオバマ政権が学んだのは、まさしくこの後期ニューディール政策の展開だったといえるだろう。ローズヴェルト政権は、ようやくこの財政政策によって、大恐慌以来沈みに沈んでいた米国経済を見事に回復へと導いた。だが、回復が達成されたと見るや、早々と連邦政府支出を削減させ、それに伴う需要の落ち込みで米国経済は急転直下、1929年恐慌を鋭さの点ではるかにしのぐ37年経済恐慌となってしまったのだ。後に述べるように、オバマ政権の経済政策担当者たちは、この点もしっかり学び、「復興法」（ARRA）に次ぐ、継続的政策を、今日に至るまで、執拗に追求している。

現在、米国経済は、「財政の崖」を超えて進もうとしているが、ここではまずオバマ政権の経済政策について論じる前に、ブッシュ政権の危機対応について見てみることにしよう。なぜなら、世界経済危機は、すでにブッシュ政権下で始まっていたからだ。

ブッシュ政権は、危機にどのように対応したか

2008年9月に始まる世界経済危機につながる景気の落ち込みは、07年12月にすでに始まっていた。なぜなら、その年の8月に欧州では、米国のサブプライム・ローンの不良債権化から、にわかに金融危機が叫ばれ、11月には、米国経済の先行き不安が広がり、資本流出が続出し、急激な円高・ドル安が起こっていたからだ。

米国連邦準備制度理事会（FRB）は、2007年9月18日、それまで、景気拡大から5.25％に上昇していたフェデラル・ファンド・レートを4年3か月ぶりに引き下げた。フェデラル・ファンド・レートとは、米国の預金金融機関が連邦準備銀行にある準備金を他の金融機関に翌日決済で貸しつける金利のことだが、これによって住宅ローン金利の低下を狙ったことは明らかだった。ブッシュ大統領は、12月6日に記者会見し、借入から2～3年後に金利が高く設定されている低所得者向け住宅ローンの借り倒れを防ぐため、金利上昇を5年間凍結するなどの政策を発表したのだ。また、連邦準備制度理事会は、12月11日フェデラル・ファンド・レートの3回目の切り下げを実施した。こうした中、年末の資金需要の高まりから、金融危機が深刻化するのを防ぐ目的で、米連銀（FRB）、欧州中央銀行（ECB）、イングランド銀行（BOE）、カナダ銀行、スイス国民銀行の五つの中央銀行は、12月12日、各国の金融市場に大量の資金を協調して供給すると発表し、年末急増すると見られる資金需要に対応する措置をとった。

2008年になると米国経済の状況は、一層その深刻度を増した。だが、ブッシュ政権の経済政策担当者たちは、極めて楽観的であり、当時大統領経済諮問委員会委員長だったエドワード・ラジアーは、08年2月11日に記者会見し、08年の米国経済の成長率は、前半落ち込むが、マイナスにはならず、後半回復するという見解を示した。サブプライム・ローン危機が深刻になりそうな状況を「米国経済は、長期的にはか

「財政の崖」を乗り越えて進む米国経済——萩原伸次郎

なり成長を続けるが、短期的には非常に大きな問題が生じている」という発表にとどめ、ブッシュ政権の減税政策の継続を強調した。1月28日、ブッシュ大統領は、最後の一般教書演説に臨んだが、米国経済が短期的に陥った経済停滞を払拭すべく、個人所得税と企業の投資減税を大胆に展開すると表明し、過去7年間における自らの減税政策の正当性を訴えると同時に、それを恒久減税にしなければ意味がないというかねてからの持論を繰り返した。2月に通過したこの減税法は、08年2月に景気対策法として成立し、総額1130億ドル、米国GDPの約0.8％だったが、財務省は小切手で、その大半（780億ドル）を第2四半期に拠出し、4月後半から7月初めにかけて納税者に届けられた[2]。また、景気対策法は、08年中に実施された設備投資の費用の50％を08年の税金から控除することも認めた。この減税法は、2001年、03年の所得水準に関わらず一律減税される1980年代レーガン政権期以来の富裕者優遇税制の一環であり、これらは、米国における経済格差の広がりを助長する税制だった。09年から政権を担当することとなったオバマ大統領にとっては、もちろん、許されざる税制だったが、後にこれが「財政の崖」問題の一端となることは、この時点では誰一人知る由もなかった。

ブッシュ政権のこうした対策は、サブプライム・ローンの焦げ付きに結びついた投機的な証券化経済を根本原因とする2007～09年経済危機には、なんの有効性も発揮することはなかった。米国のサブプライム危機は深刻化した。事態が金融恐慌へと急転直下し、落ち込むのは、08年9月15日、米投資銀行4番手のリーマン・ブラザーズが経営破たんしてからのことだ。すでに3月には米投資銀行ベアー・スターンズが破たんし、JPモルガン〔・チェース〕によって救済合併されたが、9月15日のリーマン・ブラザーズの破たんは、「すわ大恐慌か！！」という危機感を世界へ与えた。保険会社、アメリカン・インターナショナル・グループ（AIG）は、連邦政府によって救済されたが、リーマンには、買い手がつかず、破産の運命を辿った。後にリーマンを破産させるべきではなかったなどという議論がなされたが、後の祭りというべきだろう。メリル・リンチは、バンク・オブ・アメリカが救済合併、モルガン・スタンレーは、救済資金欲しさに商業銀行化し、米投資銀行1番手のゴールドマン・サックスもその後に続いた。

この金融危機に対して、ブッシュ政権のとった政策は、「緊急経済安定化法」（Emergency Economic Stabilization Act）の制定だった。2008年10月3日に議会で可決され、不良資産買入れと金融機関への資本注入のため、7000億ドル規模の措置「不良資産救済措置」（Troubled Assets Relief Program）がとられることとなった。シティー・グループ250億ドル、JPモルガン・チェース250億ドル、ウェルズ・ファーゴ250億ドル、バンク・オブ・アメリカ150億ドル、ゴールドマン・サックス100億ドル、モルガン・スタンレー100億ドル、メリル・リンチ100億ドルというように、危機に陥った金融機関への公的資金の投入がなされたのだった。

こうして、金融を野放しにし、市場の機能に全幅の信頼をおくという、ブッシュ政権の経済政策は、結局のところ金融機関救済のために大量の税金を投入しなければならない羽目に陥ったのであって、膨大に膨れ上がった連邦財政赤字は、オバマ政権に引き継がれることとなった。

オバマ政権は、危機にどのように対応したか

かつて、ローズヴェルト大統領が、1933年

政権を樹立して初めての仕事が、深刻さを増幅させる金融危機に対応した「全国銀行休業宣言」だったのと同じように、2009年1月に政権を樹立したオバマ大統領の最初の仕事も金融危機対策だったことはまことに興味深い。しかも、その金融危機対策は、単に短期的なその場限りの政策だけではなく、金融機関に対する健全な監督や金融不正から消費者と投資家を保護する諸措置などを含み、10年7月21日金融システム改革法となって実現した。だが、オバマ政権の危機対策の基軸は、ブッシュ政権ではかたくなに阻まれていた裁量的財政政策の復権だったことは、重要な事実として長く歴史に記録されることとなるだろう。しかも、オバマ政権は、1929年の大恐慌以上の深刻さで米国経済を襲った経済危機に対して、かつての誤った「全国産業復興法」に基づくリフレ政策などではなく、積極果敢な減税と財政支出政策による危機対策で臨んだことは、特筆されていいだろう。記述のようにそれは、オバマ大統領就任後28日の09年2月17日「米国復興及び再投資法」(ARRA: American Recovery and Reinvestment Act) となって成立したのだ。推定7870億ドルといわれたこの「復興法」は、米国経済政策史上最大の景気対策のための財政出動だと規定されよう。09年にGDPのほぼ2％、10年に2.2％に相当する減税と財政支出の拡大を目途とするこの財政刺激策は、ニューディール期の最も大きな財政赤字幅であった1936会計年度の約1.5％をしのぐものだった。しかも、そこに流れる経済政策思想は、明らかにケインズ的なものといえるだろう。「財政刺激策は、民間需要が激減し、連邦準備制度が追加的に短期金利を引き下げることができないことを原因とする総需要の不足分を満たすために策定された[3]」と大統領経済諮問委員会報告は述べた。この刺激策は、次の三つの原則によって策定されたという。その第一は、財政による景気刺激策は2年にわたるべきであり、しかもその政策は暫定的であり、永続的な政府規模の拡大をはかるものではないということ、第二に刺激策は、個人減税、インフラ整備などさまざまな幅広い財政出動政策であり、十分に多様でなければならないということ、そして第三に、緊急の財政支出は、長期的な必要性にも対処すべきであり、生産性と成長を高める永続性のある資本投資を目標とすべきだというものだった[4]。

この「復興法」が2008年9月の金融危機の深化とともに落ち込んだ米国経済をなんとかもち直させるのに役立ったことは認めなければならないだろう。米国経済は、100年に1度の危機などといわれながら、「第二の大恐慌」へとは沈まずに09年第3四半期以降、国内総生産(GDP)をプラスに転じさせ、10年中を通じて実質成長率をほぼプラスにもっていくことに成功したからだ。かつて1929年10月の株式恐慌に始まる大恐慌が、33年に至る長期間にわたって危機を深化させたのとは対照的だったといえるだろう。オバマ政権の迅速な経済政策によって2008～09年米国経済危機は、大恐慌ならぬ「大リセッション」に終わったといっていい。だが、失業者は、2009年1月に1198万4000人を記録した後、増加を続け、年末には1521万2000人となり、10年中1500万人近くの数値は減少せず、11月に行われた中間選挙では、民主党は惨敗し、上院ではかろうじて過半数を維持したものの、下院では、共和党が多数を占めるという議会における政党間のねじれ現象が生じた。

オバマ政権は、ブッシュ政権の富裕者優遇税制を廃止し、大胆な中間層減税政策を実施したかった。だが、議会のねじれ現象がそれを許さず、2001年、03年のブッシュ減税法の期限を迎えた10年末には、その他の付帯条件を付

「財政の崖」を乗り越えて進む米国経済——萩原伸次郎

け加えてブッシュ減税法は基本的に踏襲された。2010年税軽減・失業保険再認可及び雇用創出法（Tax Relief, Unemployment Insurance Reauthorization and Job Creation Act of 2010）の成立だ。10年12月に議会を通過したこの法は、まず2001年、03年ブッシュ減税、すなわち、所得水準を問わずすべての国民に減税を2年間延長した。また、この法は、11年に米国の労働者に約1120億ドルの減税を与える2％分の給与減税も導入した。さらに、この法は、失業保険の延長を継続させ、自らの責任ではなく失業した労働者が、11年まで援助を受けることができるようにした。減税と追加的な失業保険給付によって、全体として消費を刺激することが期待されたが、さらにこの法は、設備投資全体の損金算入を認め、11年に企業へ強力な投資インセンティブを導入したのだった[5]。

　大規模な減税と財政支出政策の実施は、連邦財政に一時的にしても膨大な赤字の累積を生み出した。連邦財政累積赤字の上限を定める権限は、議会にあり、歴代の政権は、上限に達すると議会に要請し、議会がその上限を引き上げるのが慣例となっていた。このときの上限は、14兆2900億ドルだったが、2011年5月には限界に達し、引き上げが必要だった。それができなければ、国債の債務不履行が発生し、金融危機を引き起こしかねなかったのだ。オバマ政権にとって不運だったのは10年11月の中間選挙で共和党が下院を制し、減税・歳出削減を唱えるティー・パーティー運動の支持を受けた議員がかなり勢力を占めていることだった。引き上げ幅をできるだけ少なくし、12年11月の大統領選挙において再度上限引き上げ問題を起こし、それをオバマ攻撃に使おうというのが野党共和党の狙いだったが、結局7月31日、米国議会で合意が成立し、2兆1000億ドル幅の引き上げということとなった。だが、この上限確定時の8月2日に議会は、予算統制法を成立させ、10年間で1兆2000億ドルの赤字削減の具体的プランを12年の末まで議会の超党派委員会で決定することを決めたのだ。もしまとまらなかった場合、2013年1月2日をもって軍事・非軍事を問わず、裁量的経費を13年から22年まで年間1100億ドル削減すると決定した。決定した当時、誰もが財政支出一律削減（sequester）という事態になるとは思わなかったそうだが、削減の具体的プランがまとまらず、3カ月遅れの13年3月にこの削減は発動され、14年1月にようやくその発動が解除されたことは既述の通りだ。連邦財政累積赤字の上限問題も、13年に再燃し、2014年予算がまとまらず、13年10月から政府機関の一時閉鎖が引き起こされたことも既述の通りだ。

　ところで、オバマ政権は、2011年8月、債務上限問題に一応決着をつけた後、12年11月の大統領選挙をにらんで「復興法」に続く効果的な財政主導の経済政策の展開に動き始めた。それが、オバマ大統領自ら上下両院合同会議で演説し、成立を呼びかけた総額4470億ドルに上る「米国雇用対策法」（American Jobs Act）だった。主要な雇用対策としてあげられたのが、12年の雇用者家計への給与税の半減政策だった。これが実現すれば、6.2％の給与税が半減されるから一般家計には平均すると年間1500ドルの負担軽減となる。既述のように、この夏の債務上限引き上げの合意時に今後10年間で、2.1兆ドルの削減が決定され、そのうち0.9兆ドルの削減はすでに法制化済みだったので、残りの1.2兆ドルの削減案を米国議会の超党派委員会においてまとめることになった。だが、それに加えてオバマ大統領は、税制改革に伴う増税、義務的経費の歳出削減、イラク戦争・アフガニスタン戦争の終結に伴う戦費の減少という三つの

柱からなる削減案を提案したのだ。ここで注目されたのは、税制改革による増税で、ブッシュ減税による富裕層の減税を12年12月の期限切れに伴って廃止し、さらに富裕層や石油会社等特定の企業への税制優遇の廃止によって、1.5兆ドルの増税を考えたのだった。

だが、こうしたオバマ政権の富裕層への増税を狙う税制改革と積極的な財政政策は、下院を制する共和党の反対で成立は困難となった。米国雇用対策法は、結局、2010年12月に成立した減税法における11年の2％給与税減税と失業保険給付の延長を12年に認めるという極めて矮小化された形で終わってしまった。

「財政の崖」（fiscal cliff）問題はなぜ起こったのか

既述のように、2012年11月の大統領選挙は、オバマ現職大統領の勝利となったが、共和党優位の下院、民主党優位の上院という米国議会のねじれ現象は、解消することなく継続することとなった。しかも、世情は、13年1月に米国経済が遭遇する「財政の崖」問題でもちきりとなった。この崖とは、2010年税軽減・失業保険再認可及び雇用創出法の失効、さらに、11年8月に成立した予算統制法に基づく裁量的支出の自動的削減措置の発動という、増税と歳出削減の二重の発動によって陥るであろう米国経済のリセッションのことをいう。

もともと、この「財政の崖」は、連邦準備制度理事会議長ベン・バーナンキが2012年2月末の下院金融サービス委員会の席上、米国経済は、13年1月1日、減税法の失効と予算統制法による歳出自動削減措置が働き、それに対して有効な対策がとられなければ、増税と巨額な財政支出削減によって急峻な財政の崖に遭遇する危険性を警告したことに始まるといわれる。崖というよりは、なだらかなスロープや丘と表現したほうがより適切だとする見解もあったが、2012会計年度から2013会計年度にかけて、連邦税収は19.63％増加し、支出は0.25％減少すると見積もられ、議会予算局は13年に失業増大を伴う軽微なリセッションに陥るだろうと予測した。

結局、この「財政の崖」は、2013年1月2日、オバマ大統領が、2012年米国納税者救済法（ATRA: American Taxpayer Relief Act of 2012）に署名することで事なきを得たのだが、予算統制法の発動による裁量的支出の自動的削減措置は、2か月延期されたにとどまり、連邦債務の上限も引き上げられることはなかった。議会予算局の予測によれば、2013会計年度において、連邦税収は、8.13％の増加、支出は、1.15％の増加となった。税収の増加は、年収40万ドル（夫婦で45万ドル）以上の納税者の限界所得税率とキャピタル・ゲイン税率の上昇、年収25万ドル（夫婦で30万ドル）以上の納税者の税控除の一部廃止、500万ドル以上の財産にかかる財産税の上昇、そして、2％の給与減税の廃止によるものだ。この措置は、2001年、03年のブッシュ減税を2年間延長した、10年の減税法をそのまま延長させようとする共和党の主張を退け、オバマ政権が政権発足以来主張してきた税制改革を共和党と妥協しながら通した一つといえるだろう。13年大統領経済諮問委員会報告は、次のように述べた。「13年1月2日に制定された米国納税者救済法（ATRA）は、赤字を削減し、税制をより公正なものへ戻すためのオバマ政権によるアプローチの重要な構成要因である。ATRAが制定される前、議会予算局は、もし、2013年に実行されるようもともと計画されていた大規模な税の上昇と歳出削減が、実際に引き起こされたとすれば、これら緊縮措置は、ドル換算でいうと、ほぼGDPの4％に相当する

総論

「財政の崖」を乗り越えて進む米国経済──萩原伸次郎

のだが、失業率を1％ポイント以上上昇させ、もう一つのリセッションへと米国経済を陥らせていたことだろう[6]。年収25万ドル以上の納税者への減税措置の廃止というオバマ政権の主張からすると、40万ドル以上での廃止というのはかなりの妥協ではある。だが、富裕者優遇というブッシュ政権時代の税制に歯止めをかけ、バランスのとれた赤字削減アプローチの途にようやくたどり着いた観がある。なぜなら、彼らは、こうもいっているからだ。「ATRAは、この大量の財政削減を避け、98％のアメリカ人と97％の中小企業へ、永続的な所得税減税を与えたのであり、一方でまた、富裕なアメリカ人に赤字削減へ少々の貢献をお願いした。ATRAは、次の10年間で7000億ドル以上の赤字を削減し、所得水準の高い家計にかかる最高限界税率を90年代に普及していた水準へほぼ戻し、これら家計の資本所得へは、15％ではなく、20％の税を課すことになる。同時に中間層へは、より低い税率を永続的に固定し、勤労者家族が支払い、子供たちを大学へ送り出すのを援助するための鍵となるオバマ大統領による税額控除を延長する。そのほかの企業投資や研究開発投資への税額控除も延長されたし、まだ職を探している200万人のアメリカ人への失業保険も延長された。回復を妨げただろう一連の増税を回避し、また赤字削減を大幅に進め、ATRAは、わが政権が追求を続けるバランスの取れたアプローチをあらわす積極的な第一歩だったのである[7]」と。

オバマ政権の経済政策の基軸は何か

オバマ政権は、いうまでもなく、100年に一度だとか、1929年大恐慌以来最も深刻だとかいわれる経済危機のさなかに出発した。ブッシュ政権の市場万能主義的経済政策が危機を生み出したとする彼らの経済政策の考えは、30年代ローズヴェルト政権の経済政策を今日的視点に立って応用することにあるといえるだろう。したがって、80年代のレーガン政権に始まるかつての新自由主義的経済政策とは異なり、政府機能の積極的意義を認め、裁量的財政政策の復権を目指したのだ。彼らは、「小さな政府」でもなければ、さりとて「大きな政府」でもない、「賢明な政府」を目指すという。この「賢明な政府」とは、米国にイノベーションを起こし、民間投資の活発化を引き起こすためのスキルと教育への投資を財政政策によって作り出し、21世紀米国の経済成長を揺るぎないものにしようとする政府だ、といえるだろう。オバマ政権は、ティー・パーティーの政策志向にみられるような、性急な財政支出削減によって小さな政府を実現するというような方策はとらないのだ。

「はっきりしていることは」と彼らはいう。「長期の財政問題に取り組む正しい方法は性急な緊縮財政によるのではなく、赤字をもたらす基礎的要因に時間をかけて確実に手をつける政策によるべきだということである。大幅な支出削減と増税は失業が多くて能力の多くが稼働していない経済では全く誤った処方箋である。こうした状況で財政刺激が所得と雇用を増やすまさにその時に財政規律に取り組むと、時期を誤り逆効果になる[8]」と指摘したのだ。

これらの政策スタンスは、1930年代の大恐慌時の教訓から彼らが学んだことだったともいえるだろう。ローズヴェルト政権が、財政政策の積極化を試み始めたのは、35年初めの予算教書の発表だったことは既述のとおりだ。長期的視点に立って、資本活動が不活発なときには、財政支出支援によってその不活発さを補正するという補正的財政政策を採用したからだった。この財政政策への転換によって、米国経済は急速に回復を示し、連邦準備局工業生産指数

は、37年には、29年水準に回帰したのだ。だが、その後ローズヴェルト政権は、急速に緊縮的財政政策に戻ってしまい、鋭さの点では29年大恐慌を上回る37年経済恐慌を引き起こしてしまった[9]。この年に財政・金融の両政策は、急速に引き締めに転じた。前年の退役軍人特別補償は打ち切られ、公的年金のもとになる給与税が初めて導入され、連邦準備制度は加盟銀行の必要準備を2倍にしたのだ。この早すぎた政策引き締めの結果は、散々なものだった。実質GDPは、38年に3％減少し、失業は14％から19％に急増し、景気は完全に腰折れとなってしまったのだ[10]。

オバマ政権は、中長期的な財政赤字問題をどう考えているのだろうか。いうまでもなく、長期の財政赤字は、国民経済に厄介な事態を引き起こす。たとえば、巨額な赤字と政府負債が経済の規模を超えて際限なく増大するとしよう。こうなると、結局のところ国家債務は、投資家が合理的な金利水準で保有しても構わない水準を超えていくだろう。こうした時点を超えると状況はコントロール不可能となる。なぜなら、投資家が政府債務を保有しようとする意欲を殺がれるから債券価格が暴落し、長期金利が急騰するからだ。とすれば、投資家が合理的な金利で保有してもいいと考える水準にGDP比を安定させなければならない。債務GDP比は、長期的には、単年度の財政赤字GDP比を名目GDP成長率で割った値となる。仮に、赤字が年間GDP比1％で名目GDP成長率5％が継続するとすれば、債務GDP比は、20％に落ち着くこととなるし、赤字GDP比が4％、名目GDP成長率も4％だとすれば、債務GDP比は、100％で安定することになる。

したがって、オバマ政権は、適切な中長期目標を基礎的財政収支の均衡、つまり債務利払いを除いた財政収支の均衡に求めるというのだ。それを達成するためには、利払い費を含めると、この目標はGDP比約3％の赤字になるという。実質GDP成長率が年間約2.5％として、インフレを年間2％とすれば、名目成長率は、長期で年間4.5％になるだろう。もし、このレベルで安定するとすれば、債務GDP比は、前述の計算式によれば、約66％に落ち着くはずだ（3％／4.5％＝約66％）。こうした目標をオバマ政権の経済政策担当者たちは、次のように結論づけた。「約3分の2という債務GDP比は、歴史的国際的経験の範囲のうちに十分ある。それはわが政権が引き継いだ軌道に比較してかなりの財政規律を意味する。債務GDP比を増やし続けるのではなく安定させるのは至上命令であり、危機後の水準付近で安定させればかなりの利益があるし、それは無理のない目標でもある[11]」と。

もちろん、事態はそう簡単ではない。米国の債務GDP比は、2010年に94.2％、11年に98.7％、12年には104.8％と上昇傾向を辿ったからだ。オバマ政権の経済政策担当者たちは、だからといって、性急な財政支出削減政策をとることは愚かなことだと主張する。彼らは、バランスの取れた赤字削減アプローチが必要だというのだ。このアプローチによれば、米国の最も困難な状態にある市民や米国の成長と競争力の強化に必要な分野への財政支出は削減してはならないのだ。「メディケア、メディケイドは強化され、わが国の高齢者、低所得者、ハンディキャップのある個人の医療は保障される。ソーシャル・セキュリティーは、年金世代に信頼できる確かな所得源泉を引き続き提供する。軍事は、国内外で米国利益に奉仕するための財源を引き続き受ける。退役軍人は必要とする年金を引き続き受ける。教育、インフラ整備、イノベーションへの投資は、引き続き優先事項となる。その他多くの削減プランは、こうした分

「財政の崖」を乗り越えて進む米国経済——萩原伸次郎

野には及ばない[12]」のだ。それはいうまでもなく、米国の債務GDP比を減少させるには、まず分母のGDP成長率の上昇が不可欠だからだ。この点は、オバマ政権が発足してから今日まで重視され、一貫して主張されていることだ。

今年の大統領経済報告の勘所
最低賃金の大幅アップは、
米国経済にとってなぜ必要なのか

今年の報告は、現在の米国経済の現状をどのように把握しているのだろうか。いうまでもなく、2013年、米国経済では財政政策において、裁量的支出の一律削減の嵐が吹き荒れたし、10月から半月あまり、連邦債務上限問題に対する野党共和党の危険な瀬戸際作戦によって政府機関の閉鎖という事態が引き起こされた。したがって、連邦財政赤字は、2009会計年度（2008年10月～09年9月）以来、4年間において、第二次世界大戦後の動員解除以来最大の赤字削減に成功した。その大部分は、政策決定によるものであって、2011年予算統制法による支出統制、13年初めの最高所得納税者への課税強化、一時的な給与税支払い猶予の解除などによるものだった。財政赤字の縮減を金科玉条のごとく主張する共和党ティー・パーティー派とは違って、オバマ政権は、したがって、この削減は不必要に増幅されたと認識している。議会予算局は、13年を通して実質GDP成長を0.6％分減速させ、ほぼ75万人のフルタイム雇用を削減させたと判断したのだ。

こうした状況に10月から半月間、破壊的な政府機関の閉鎖が起こった。閉鎖は、連邦職員合わせて660万日の一時帰休によって生産性ロスだけで、2億ドル以上のコストがかかったと議会予算局は算定したし、消費者信頼感指数は10月にその年の最低に落ち込んだ。

したがって、今年の報告でオバマ政権は、将来的成長のため、より広範でより強固な基盤を形成するという目標を達成できるよう、次の三つの重要責務に取り組まなければならないとした。その第一は、経済を完全な潜在能力の水準にまで回復させること。第二の責務は、経済の潜在能力の水準そのものを拡大すること。そして、第三の責務は、アメリカ人個々の能力をフルに実現させ、彼らが創造的に働き繁栄をもたらす、より大きな機会をすべてのアメリ人に提供する経済を確実にすることである。

第一の責務は、いうまでもなく不必要な財政支出削減によって、経済の潜在能力が完全に生かしきれず、雇用の創出がままならず、不完全状況にあることがその背景にある。その明瞭な事実は、長期の失業率がリセッション前の2倍の水準に張りついて低下しないことに現れている。失業率が低下し、労働市場がタイトになることによって、実質賃金が上がるのだが、最近、その鈍化傾向がみられ、しかも、米国経済では、長期にわたって実質賃金の上昇が生産性上昇のペースに追いついていないというのだ。したがって、米国の実質家計所得の中央値は、リセッション前の水準にはるかに及ばない状況なのだ。この回復の速度を上げ、職を創出し、労働市場をタイトにするため、政府はインフラストラクチャーへの投資を急がなければならないのだ。2014年のオバマ大統領の一般教書演説においても、米国輸送インフラの近代化を訴えたことの意味はそこにあった、と今年の報告では述べられている。

もちろん、現在の潜在能力を完全に発揮させるだけでは、米国のGDP水準を上昇させ、巨額な財政赤字を持続可能な水準におさめることは不可能だ。したがって、第二の責務に、米国経済の潜在能力そのものを拡大することを課した。かつて、第二次世界大戦後、ハイウェイの

建設、ジェットエンジンや合成ゴムのようなイノベーションの商業化によって、米国の生産性は飛躍的に上昇した。また、女性労働の労働市場への参入は、生産労働人口の急増をもたらし、経済の潜在的能力は、上昇の一途をたどった時期があった。経済の潜在的産出は、基本的には、労働者の数と労働者1人当たりの平均産出にかかっているからだ。だが、最近は、日本と同じように米国においてもいわゆるベビー・ブーマーといわれる団塊の世代が退職年齢を迎え、労働力人口が停滞しているのだ。住宅バブルや金融投機によって経済の潜在的生産性を上昇させることはもちろん望めないわけだから、現在米国に必要なのは、若年層の教育を充実させ、さらには、全般的移民制度改革によって、高度なスキルをもった発明家や起業家を米国に引き寄せ、業を起こさせ、職を創造することだ。

経済の潜在力が拡大すれば、連邦予算を中長期的に維持可能となる条件を創出することとなる。財政の維持可能性の拡大は、生産的投資に必要な資源を解放し、外国からの借り入れも削減することができるのであり、したがって、大統領の予算提案には、長期の財政維持可能性をめざしたさまざまな手段が含まれている。そこでは、ヘルスケア・システムの効率性の向上、優遇税制や高額所得者への税逃れの削減、さらには、連邦政府の機能を効率的にするため、予算プロセスに証拠と評価を導入することで、効果的なプログラムの実施を積極的に進め、逆に効果のないプログラムは削減あるいは廃止し、納税者の税金を節約することの必要性が説かれている。

そして、第三の責務、より大きな機会をすべてのアメリカ人に提供する経済の実現だ。1970年末以来、米国では、技術変化、グローバリゼーション、社会規範の変化、インフレ調整済み最低賃金の崩壊と労働組合組織率の低下によって、所得格差が大きく開いてきた。今日、課税区分のトップ1％、これらの人びとは、2012年で平均100万ドル以上、つまり1ドル＝100円で換算して、1億円以上を獲得し、しかも、その所得には、キャピタル・ゲインによる所得は除かれていても、総所得の19.3％を占めたのであり、その比率は、28年以来最大だった。統計が明らかに示していることだが、経済の生産性の伸びと一般労働者賃金の伸びとが乖離し、後者が前者に追いついていないのだ。オバマ政権が、最低賃金の大幅アップを追求する根拠がここにあるといえる。

今年の報告では次のように述べられている。「この問題に取り組み、経済へより積極的に公正と機会を取り戻すため、大統領は、多くの重要な措置を提案してきたのである。直近の最も直接的手段は、最低賃金を上げることであり、それは、インフレ調整済みで、1960年代のピークから3分の1以上も低下してきたのであり、現在、その価値は、ロナルド・レーガン大統領がその職に就いた81年よりも少なくなっている」。「大統領のアジェンダは、新しい高賃金職を創出し、外国のエネルギー源への依存を削減し続け、グローバル経済において、競争する労働者にスキルを身に着けさせ、経済的変化によってひどく打ちひしがれた人びとを援助し、より多くの金融的安定を家族に提供するための措置を含むのである」と結んでいる。

（注）

1　ローズヴェルト政権のニューディール政策については、拙著『アメリカ経済政策史』有斐閣、1996年、第1章ケインズ政策の歴史的源流を参照のこと。

2　2008年のブッシュ政権の経済政策の基本性格については、拙稿「ブッシュからオバマへ　共和党保守の本音がわかる2009年大統領経済報告」『2009米国経済白書』エコノミスト臨時増刊、毎日新聞社、2009年5月4日号、7~16頁を参照。

「財政の崖」を乗り越えて進む米国経済――萩原伸次郎

3 『2010米国経済白書』エコノミスト臨時増刊、毎日新聞社、2010年5月24日号、67頁。
4 同上訳書、67-70頁。
5 『2011米国経済白書』エコノミスト臨時増刊、毎日新聞社、2011年5月23日号、59-60頁。
6 『2013米国経済白書』エコノミスト臨時増刊、毎日新聞社、2013年6月17日号、46頁。
7 同上訳書、46-7頁。
8 『2010米国経済白書』146頁。
9 詳細は、前掲拙著、17-8頁参照のこと。
10 『2010米国経済白書』146頁。
11 『2010米国経済白書』145頁。
12 『2012米国経済白書』エコノミスト臨時増刊、毎日新聞社、2012年5月21日号、96-7頁。

略語表

ACA: Affordable Care Act: ケア適正化法
ACE: Acute Care Episode: 急性期治療エピソード
ACO: Accountable Care Organization: 責任あるケア組織
AIA: Leahy-Smith America Invents Act (of 2011)：(2011 年) リーヒ＝スミス米国発明法
AQC: Alternative Quality Contract: 新品質契約
AFDC: Aid to Families with Dependent Children: 扶養児童家族扶助
ARPA-E: Advanced Research Projects Agency-Energy: エネルギー高等研究プロジェクト局
ARRA: American Recovery and Reinvestment: 米国復興及び再投資法（復興法）
ATRA: American Taxpayer Relief Act (of 2012)：米国納税者救済法
BLS: Bureau of Labor Statistics: 労働統計局
CBO: Congressional Budget Office: 議会予算局
CEA: Council of Economic Advisers: 大統領経済諮問委員会
ChalleNGe: National Guard Youth Challenge: 全国若者チャレンジ保護
CMS : Centers for Medicare and Medicaid Services: メディケア・メディケイド・サービスセンター
CPI: consumer price index: 消費者物価指数
CPS: Current Population Survey: 人口現況調査
CSBG: Community Services Block Grant: コミュニティサービス包括助成制
DARPA: Defense Advanced Research Projects Agency: 国防総省国防高等研究計画局
DOD: Department of Defense: 国防総省
DOL: Department of Labor: 労働省
EHR: Electronic Health Records: 電子カルテ
EITC: Earned Income Tax Credit: 勤労所得税額控除
EUC: Emergency Unemployment Compensation: 緊急失業手当
FAFSA: Free Application for Federal Student Aid: 連邦学生援助自由申し込み
FCC: Federal Communications Commission: 連邦通信委員会
FOMC: Federal Open Market Committee: 連邦公開市場委員会
GDP: Gross Domestic Product: 国内総生産
HHS: Department of Health and Human Services: 保健社会福祉省
HITECH: Health Information Technology for Economic and Clinical Health: 経済的及び臨床的健全性のための医療情報技術
HOPE: Opportunity Probation with Enforcementonal Institute of Justice: 保護観察実施機会プログラム
HUD: Department of Housing and Development: 住宅都市開発省
IP: intellectual property: 知的財産
JIT: Just-In-Time: ジャスト・イン・タイム
MCP: Mentoring Children of Prisoners: 囚人の子供への助言
MFP: multi factor productivity: 多要素生産性
MPC: marginal propensity to consume: 限界消費性向

xvi

NHE: National Health Expenditure: 国民医療費
NTIA: National Telecommunications and Information Administration: 商務省全国電気通信及び情報局
OMB: Office of Management and Budget: 行政管理予算局
OPM: official poverty measure: 公式貧困測定
PAE（s）: Patent Assertion Entities: 特許権主張事業体
PCAST: President's Council of Advisors on Science and Technology: 大統領科学技術諮問委員会
PROMISE: Promoting Readiness of Minors in Supplemental Security Income: 弱者への補足的所得保障の促進
RAND: reasonable and non-discriminatory: 妥当かつ無差別
REA: Federal Reemployment and Eligibility Assessment: 連邦再雇用及び適格性評価
SBTC: skill-biased technological change: スキル偏向型技術変化
SIG: School Improvement Grants: 学校改善助成
SNAP: Supplemental Nutrition Assistance Program: 補足的栄養支援プログラム
SPM: Supplemental Poverty Measure: 補正貧困測定
SSA: Social Security Administration: 社会保障局
SSI: Supplemental Security Income: 補足的所得保障
STEM: Science, Technology, Engineering, and Mathematics: 科学・技術・工学及び数学
TANF: Temporary Assistance to Needy Families: 貧困家庭一時（臨時）援助
TFP: total factor productivity: 全要素生産性
TIGER: Transportation Investment Generating Economic Recovery:（経済回復を生み出す）交通輸送投資
TPP: Trans-Pacific Partnership: 環太平洋パートナーシップ協定
T-TIP: Transatlantic Trade and Investment Partnership: 環大西洋貿易及び投資パートナーシップ
UI: Unemployment Insurance: 失業保険

ECONOMIC REPORT
OF THE
PRESIDENT

TRANSMITTED TO THE CONGRESS
MARCH 2014

TOGETHER WITH
THE ANNUAL REPORT
OF THE
COUNCIL OF ECONOMIC ADVISERS

UNITED STATES GOVERNMENT PRINTING OFFICE
WASHINGTON : 2014

目 次

2014 大統領経済報告——米国議会へ	3
大統領経済諮問委員会の年次報告 *	
第1章　機会を分かち合う持続可能な成長の促進	14
第2章　2013年の回顧と将来の見通し	34
第3章　米国復興及び再投資法 5 年間の経済効果	70
第4章　最近のヘルスケア・コストの傾向と経済への影響、そしてケア適正化法の役割	112
第5章　生産性成長を促進する	140
第6章　「貧困との戦い」から 50 年——進捗報告	176
第7章　連邦プログラム改善のためのツールとしての評価	216
参考文献	242
付録 A　大統領経済諮問委員会活動報告	268
付録 B　付表	276

* 会議の報告書の詳細な目次については、7〜10 ページを参照

2014

大統領経済報告
米国議会へ

　本年の大統領経済報告は、気骨のある決然とした5年もの努力の後、いかにして米国が地球上のどの国より、この21世紀において、より改善された位置を占めているのかを叙述することにある。われわれは、継続的に4年の経済成長を記録し、新しく民間セクターに800万人以上の職を創出した。失業率は、この5年を過ぎて最低のレベルにある。財政赤字は、半分以下に削減された。このほぼ20年間で初めて、石油の国内生産量が輸入を凌駕した。住宅市場は回復しており、製造業は1990年代以来初めて職を増加させている。そして、以前にもまして米国製品を海外へ販売している。

　しかしながら、多くの面で、何年にもわたって中間層を脅かし続けてきた傾向がいよいよ強くなりつつある。トップにいる人たちは、かつてなく状況は改善されてはいるものの、平均賃金はほぼ頭打ちであり、格差は開き続けている。多くのアメリカ人は、より懸命に働き、やっとのことで生計を成り立たせているのだが、まだ、職すら見つかっていない多くの人びとがいる。われわれの任務は、こうした傾向を逆転させることにある。すべての人に再び機会を与える時期は、まさに今であり、誰だろうと、いかなる出自だろうと、懸命に働き、責任を果たせば、世に出ることができるという考えを取り戻すときなのである。

　なぜ、今年が行動の年になるべきか、その理由は以上のことからお分かりだろう。わたくしは、経済成長を加速させ、中間層を強化し、またそうした位置に導く機会となる新しい階梯をこの国に建設するため、議会とともに働くことを強く望んでいる。米国は立ちとどまらないし、わたくしも立ちとどまることはないだろう。いつでも、どこでも、より多くのアメリカ人家族に機会を拡大すべく、たとえ立法化の措置がなくても、いつでも、どこでもその手段を講じることがわたくしにはできるし、またそうするだろう。なぜなら、われわれが誰だろうと、機会は存在するからである。そして、わが世代のプロジェクトを明確にすることが、その約束を回復させることをも意味するからである。

　簡単にいえば、この機会実現の課題は、四つの部分から成り立つ。その一つは、新しくより多くの職を創り出すことである。第二は、その職を全うするスキルをより多くのアメリカ人に訓練させることである。第三は、世界的レベルの教育をほどこすことを、すべての子どもたちに保証することである。そして、第四は、すべてのアメリカ人に、きつい労働が報われることを確信させる課題なのである。

　経済がその上昇のスピードを上げていくにつれ、経営者たちは、今年は、より多くの人びとを雇いたいといっている。われわれは、こうした企業の決意を、よりやりやすくすべきであり、そのためには、無駄な税の抜け道をふさぎ、国内に企業が職を創出するため、税率を引き下げ

ることが必要であり、その過程で節約した資金で、道路をつくりかえたり、港をよりグレードの高いものとしたり、通勤混雑を解消するなどして、さまざまな職を創り出すことに使うべきなのである。企業と大学をイノベーションのハブに結びつけることによって、ハイテク製造業の次の波に乗り、レースに勝利すべく米国をリードすべきである。輸出をより積極的に喚起し、基礎研究に資金をより費やすべきである。とりわけエネルギー戦略へコミットメントを維持しなければならず、それは、職を創出し、より安全な地球へと導くことだろう。最後に、ビジネス指導者、労働界の指導者、倫理上の指導者や法律の実践家の呼びかけに耳を傾け、壊れた移民システムを修復すべきである。不偏不党のエコノミストたちは、このことによってわが経済が成長し、次の20年間で、ほぼ1兆ドル程度、赤字は削減されるだろうという。われわれは、この移民制度改革を今年中にやり遂げるべきである。

職を創造することは、その取りかかり、つまり、第一のステップであり、この変化激しい経済において、すべてのアメリカ人に、これらの職を全うするために必要なスキルをもたせることを確実にしなければならない。わたくしは、副大統領バイデン氏に、米国職業訓練プログラムがもつ一つの使命を確実にするために全般的なその改革のリードことを依頼したのだが、その使命とは、雇用主の必要とするスキルをもったアメリカ人となるべく訓練をすることにあり、そして彼らに即時に現在必要とされている条件の良い職をあっせんすることにある。これが意味するのは、今まで以上の職場訓練であり、それは、若手労働者を将来的に上昇軌道に乗せる見習い期間となるだろう。このことはまた、会社が特別に必要とする訓練を企画するのを援助できるコミュニティ・カレッジと彼らを結びつけることでもある。

また、わたくしは失業保険を改革することによって、アメリカ人を復職させることを促進できるのであり、それは、今日の経済においてより効果的だろう。しかしまず、議会は、昨年末で期限切れとなった失業保険を再認可する必要があり、それは、ほぼ200万人の労働者へ影響するのである。

もちろん、現在の労働力を訓練するだけでは、十分ではない。また、明日の労働力を準備しなければならず、それは、すべての子どもたちに世界レベルの教育を受けさせることを保証することで成し遂げられるだろう。今年、わが国の高等学校の卒業率は、この30年で最も高くなっており、さらにかつてなく、多くの若者が大学卒業の学位を得ている。しかし、問題は、いまだ十分に子どもに教育を施してはいないことであり、時宜にかなったものともなってはいないことである。

それは変えなければならない。わたくしは、昨年要請したことを、繰り返しまた要請するのだが、すべての4歳児に高度の就学前教育を可能とするよう州に援助することを訴えたい。わたくしは、選出された当局者の人びと、ビジネス・リーダーたち、また篤志家の皆さんと協力し、子どもたちが必要としている質の良い早期教育を、彼らに施すことを援助したいのである。また、わたくしは、高等学校を再度設計し直し、大学や職、キャリアーに直接結びつく実地教育や現場訓練を提供する雇用主と連携し、次の4年間で、高速度のブロードバンドに99％の学生を接続させるとしたわたくしの公約を実現したいのである。連邦通信委員会（FCC: Federal Communications Commission）の支援を得ながら、われわれはすでに、1万5000の学校と2000万人の学生を、次の2年間にわたって、

財政赤字を増やさずに米国トップのいくつかの会社の援助の下に接続スタートの手付金支払いを宣言したし、これら新しい接続の多くを実行するだろう。

　また、わが政権は、中間層家族が高い学費のために高等教育から外されることがないように、高等教育システムの再編成を試みている。多くの人びとに、学生ローンの月次返済額を所得の10％以内に抑える機会を提供しており、また、わたくしは、学生ローンの負債に深刻に陥っているより多くのアメリカ人たちにいかにして援助すべきか、その方策を探し続けるだろう。

　しかし、その課題が完璧だなどと思っているわけでは決してない——すべてのアメリカ人1人ひとりに、きつい労働に対して報われることを確実に実感させることができなければ、労働にいそしむ、あまりに多くの若い人びとにとってはアメリカン・ドリームなんて、空虚な約束事にしかすぎないことになってしまうだろう。われわれは、今年、同一労働同一賃金を女性の権利として確保することをより一層推し進めなければならない。子どものいない多くの労働者のやりくりを手助けするために勤労所得税額控除を拡大すべきであるし、また、わが政権が創立した新しい「私の退職勘定」（MyRA）計画を通して、退職に備えて多くのアメリカ人に貯蓄を促進すべきである。とにかく再び、住宅危機によって支払いを迫られることのないよう納税者を守るべきであり、すべてのアメリカ人が、健康保険を必要とするとき、彼らが、適切な質の高い健康保険の適用を受けることができるように、継続的に仕事を続けなければならないのである。

　最低賃金は上げるべきであり、しかしそれは、実質的には、ロナルド・レーガン大統領がその職に就いたときから比べれば、とるに足りないものなのである。わたくしが、最低賃金を上昇させるように、議会に初めて要請した年以来、六つの州が賃金を上げ、また、コストコ（Costoco）のような多くの会社は、公正な賃金支払いが離職率を引き下げ、生産性を上昇させ、そして利潤を上げる最良の方法の一つであると見ている。米国の最高責任者として、わたくしは、雇用者に支払うべき連邦契約者は、新契約において最低時給10.10㌦の公正賃金を連邦資金で雇われている雇用者に支払わなければならないとすることに同意し、行政命令に署名した。すべてのアメリカ人の最低賃金を10.10㌦に引き上げる法案は、上下両院に上程されている。議会は、この法案を通過させ、米国に賃上げをもたらすべきである。

　わたくしは、今年が、米国の大躍進となる年になることを信じて疑わない。しかしながら、それは、経済を成長させ新しい職を創出し、中間層を強化し、働く仲間たちを中間層へといざなう機会の新しい階梯を作れるかどうかにすべてがかかっている。さあ、これからの数カ月、ともに、どこに前進できうるかを見さだめようではないか。今年を行動の年にすることを続けようではないか。ともに行動すれば、すべての人のために働く経済を回復させ、また、すべての人びとに機会を、という建国期のヴィジョンを取り戻すことができるのである。

バラク・オバマ
ホワイト・ハウス
2014年3月

提出書

大統領経済諮問委員会

ワシントン D.C. 2014 年 3 月 10 日

大統領閣下

　経済諮問委員会は、これに添えて、1978 年「完全雇用および均衡成長法」によって修正された、「1946 年雇用法」にしたがって、その 2014 年年次報告を提出するものです。

委員長　　　ジェイソン・ファーマン

委員　　　　ベッツィー・スティーヴンソン

委員　　　　ジェームズ・H・ストック

目次

2014　大統領経済報告──米国議会へ	3

第1章　機会を分かち合う持続可能な成長の促進	14
危機後5年間の経済	15
われわれはいかにしてここまで来たか──わが政権の危機への対応	18
2014年における機会の源泉とその将来	21
周期的要因	21
構造的傾向	22
長期の財政持続可能性	25
残された課題とそれらに取り組む大統領の計画	25
経済の潜在能力を完全に回復させることを継続する	25
経済の潜在能力を拡大する	29
経済的機会を促進する	31
結論	33

第2章　2013年の回顧と将来の見通し	34
2013年の主要な出来事	35
総産出成長	35
財政政策	36
金融政策	38
金融市場	38
国際的な出来事	40
2013年の出来事と短期見通し	43
消費支出	43
企業投資	45
州・地方政府	47
国際貿易	49
住宅市場	51
エネルギー	55
労働市場	59
賃金上昇と物価上昇	62
長期見通し	65
11年間の予測	65
長期GDP成長	66
結論	69

第3章　米国復興及び再投資法 5 年間の経済効果　　70

- 2007～09 年リセッションと当初の政策対応　　71
  - 当初の政策対応　　72
- 復興法と後続の雇用措置の概観　　73
  - 復興法　　73
  - 復興法以後の雇用措置　　75
  - 自動的反循環対応　　77
  - 財政出動総額　　80
- 復興法と後続財政出動による最近のマクロ経済効果　　80
  - 復興法と後続財政立法のマクロ経済効果のモデル試算　　80
  - 州ごとの状況　　85
  - 国際比較　　86
  - 2009 年以後の経済パフォーマンス評価　　88
- 個人救済における復興法の効果　　89
  - 家計減税　　90
  - 失業保険　　90
- 復興法の長期成長効果　　93
  - 物的資本の維持と投資拡大　　94
  - 人的資本の保護と投資拡大　　96
  - 技術とイノベーションへの投資　　97
  - 財政持続可能性と復興法　　99
- 結論　　100
- 付録 1　復興法と後続財政政策の構成　　101
  - 減税　　101
  - 失業者救済　　102
  - 州財政救済　　104
  - 投資　　104
  - 後続財政政策　　106
- 付録 2　財政乗数――理論と実証　　106
  - 厳密な予測行動モデル　　106
  - 時系列での証拠　　107
  - 多様な要因別の乗数　　109

第4章　最近のヘルスケア・コストの傾向と経済への影響、そしてケア適正化法の役割　　112

- 最近のヘルスケア・コストの傾向　　115
- 今何が起こっているのか、今後何が起こるのか　　120
  - 2007～09 年リセッションのかかわり　　121

ACA以外に医療費の伸びに影響を与えた要因	123
ケア適正化法のかかわり	124
医療費の伸びが鈍化することによる経済効果	131
生活水準の向上	132
赤字の削減	133
高雇用と経済成長	135
結論	136

第5章　生産性成長を促進する　　　　　　　　　　　　　　140

全要素生産性のトレンド	141
労働生産性、全要素生産性、多要素生産性	142
戦後の米国における生産性成長	142
生産性成長と不平等拡大	147
不平等、生産性成長、報酬のトレンド	148
技術変化と不平等	149
生産性成長を促進し、誰もが利益を得られるよう支援する諸政策	151
電気通信と生産性成長	154
イノベーションと投資	155
電気通信政策の四つの重要な分野	155
電気通信技術の幅広い採用に対する課題	164
特許	167
標準規格必須特許	168
特許権主張事業体	169
結論	173

第6章　「貧困との戦い」から50年――進捗報告　　　　　　176

貧困の測定――米国において誰が貧しいのか	177
貧困の測定	177
公式貧困測定	178
補正貧困測定	178
誰が貧しいのか	181
雇用	182
教育水準	183
子ども	183
高齢者	183
女性	183
人種と民族	185
障害者	185

地方コミュニティと都市コミュニティ	185
「貧困との戦い」の評価	186
背景	186
1960年代以降の歴史的貧困測定の修正	191
反貧困のための取り組みの直接的影響の測定	192
貧困対策プログラムの役割――詳細な調査	195
個別プログラムによる貧困対策の効果	196
雇用と所得に対する貧困対策プログラムの効果	199
経済的移動性	201
世代間の便益	203
経済保障の強化と機会増加のためのオバマ政権の実績と課題	205
経済危機における緊急対策	206
ヘルスケア保障の拡充	207
雇用の報酬	207
質の高い教育ですべての子どもの能力を高める	209
雇用創出と米国経済の成長	211
苦悩するコミュニティへの投資と再建	211
結論	212

第7章　連邦プログラム改善のためのツールとしての評価　　216

連邦プログラムにおける厳格なインパクト評価の実施	218
プログラムまたは介入が原因となる効果の評価	219
質の高い、成功するインパクト評価のための他の基準	220
インパクト評価を低コストで行う方法がリアルタイムの習得を促進	221
挙証ベースのアジェンダのインパクト	224
評価の使用	224
現存の根拠が限られているときの根拠の構築	228
根拠アジェンダを深める	230
評価の立法的サポート	231
プログラムのデザインに評価を構築する	233
他の行政的調査データソースへのリンクの受け入れ能力を増進する	236
プライバシーを保護する一方、連邦データへの研究者のアクセスを促進する	238
結論	239

参考文献	242
付録A　大統領経済諮問委員会活動報告	268
付録B　付表	278

図・表・Box 一覧表

章・図表・Box		キャプション	頁
第1章	図1-1	民間非農業従業員数（2007～14年）	16
	図1-2	米国貿易赤字（商品と全体、2000～13年）	17
	図1-3	第二次大戦動員解除後、4年にわたる主要財政赤字削減の出来事	17
	図1-4	2007～08年銀行危機諸国における労働人口1人当たり実質GDP（2007～13年）	19
	図1-5	復興法と引き続く財政措置による4半期ごとの雇用効果（2009～12年）	19
	図1-6	2007～10年にかけての貧困率の変化、税額控除と手当がありと無しの場合	20
	図1-7	国内原油生産と純輸入（2000～13年）	23
	図1-8	1人当たり実質国民医療支出成長（1961～2013年）	24
	図1-9	期間別失業率（1994～2004年）	26
	図1-10	生産及び非監督労働者実質時給の成長（2007～14年）	27
	図1-11	中位家族の実質所得（1980～2012年）	28
	図1-12	新住宅ユニットの建設許可数（1960～2014年）	28
	図1-13	全要素生産性成長（1953～2012年）	30
	図1-14	トップ1％によって獲得される国民所得のシェア（1915～2012年）	32
	図1-15	生産性と平均賃金の成長（1947～2013年）	32
第2章	図2-1	GDP成長率の平均（2007～13年）	35
	図2-2	連邦財政赤字（1950～2015年）	37
	図2-3	金利（2010～14年）	39
	図2-4	2013年10月後半から11月上旬満期の財務省証券	40
	図2-5	国別経常収支（2000～13年）	41
	図2-6	新興国における投資信託と上場投資信託（ETF）への資金流入（2010～14年）	42
	図2-7	家計のレバレッジ解消（1990～2013年）	44
	図2-8	個人可処分所得（DPI）に対する消費と資産（1952～2013年）	44
	図2-9	企業投資と企業産出の加速度（1965～2013年）	47
	図2-10	リセッション期の州・地方政府の実質政府支出	48
	図2-11	州・地方政府の年金債務（1952～2013年）	48
	図2-12	財・サービス貿易収支（2007～13年）	50
	図2-13	米国の輸出成長率（2009～13年）	50
	図2-14	経常収支（1985～2013年）	51
	図2-15	住宅着工件数（1960～2013年）	54
	図2-16	全米住宅価格指数（2000～13年）	54
	図2-17	完成・建設中の住宅及びプレハブ住宅の累積件数	56
	図2-18	石油純輸入量（1980～2015年）	56
	図2-19	原油の月間生産と純輸入（1990～2013年）	57
	図2-20	風力および太陽エネルギー生産（2000～13年）	58
	図2-21	米国における1人当たりガソリン消費とガソリンの実質価格（2000～13年）	58
	図2-22	失業率（1979～2014年）	59
	図2-23	非農業雇用（2007～14年）	61
	図2-24	期間別の失業率（1990～2014年）	61
	図2-25	製造業雇用の予測 対実績（2000～14年）	62
	表2-1	政権経済予測	65
	表2-2	実績と潜在実質GDP成長の供給サイドの要素（1952～2024年）	68
	Box 2-1	2013年の国民所得生産勘定の包括改訂	46
	──図	2013年以前と以降の実質GDPの包括的改訂（2007～13年）	
	Box 2-2	政権の貿易政策イニシアティブ	52
	──図	米国の財・サービス輸出入（2012年）	
	Box 2-3	気候変動アクション・プラン	60
	Box 2-4	失業期間とインフレ	63

11

	──図	平均期待時給の上昇対短期失業率（1976～2013年）	
	──図	消費者物価インフレ（コア）──実績対予測（2006～13年）	
	Box 2-5	移民制度改革と潜在 GDP 成長	67
第3章	図 3-1	機能別復興法プログラム	74
	図 3-2	機能別復興法・後続財政政策	77
	図 3-3	自動安定装置と財政収支（2009～13年）	78
	図 3-4	財政拡大（GDP 比：%）	78
	図 3-5	復興法の GDP 効果推計（2009～13年）	82
	図 3-6	復興法の雇用効果推計（2009～13年）	83
	図 3-7	復興法と後続財政政策の四半期別 GDP 効果（2009～12年）	84
	図 3-8	復興法と後続財政政策の四半期別雇用効果（2009～12年）	84
	図 3-9	非農業雇用の変化	86
	図 3-10	復興法存否による可処分所得の違い	91
	図 3-11	復興法公共投資支出累計（2009～13年）	94
	図 3-12	先端再生エネルギー発電（2000～12年）	98
	表 3-1	実質 GDP と失業率の予測値・実績値	72
	表 3-2	復興法予算概要	75
	表 3-3	機能別復興法プログラム	75
	表 3-4	復興法以後の財政的経済支援	76
	表 3-5	財政的支援タイプ別生産乗数試算値	82
	表 3-6	復興法の GDP 効果試算	85
	表 3-7	復興法と後続政策の減税と所得支持（2009～12年）	90
	表 3-8	復興法長期成長投資	93
	表 3-9	復興法の支出、支出義務、減税	102
	表 3-10	機能別復興法財政刺激	103
	表 3-11	復興法以後の財政的経済支援	105
	表 3-12	多様な要因別の財政乗数試算概要	109
	Box 3-1	復興法以外の政府経済危機政策対応	79
	Box 3-2	米国の経済回復の国際比較と歴史的文脈	87
	──図	2007～08年銀行危機を経験した諸国の勤労世代1人あたり実質 GDP（2007～13年）	
第4章	図 4-1	1人当たり実質 NHE 伸び率（1961～2013年）	116
	図 4-2	一般物価上昇率及びヘルスケア物価上昇率（1960～2013年）	116
	図 4-3	加入者1人当たり実質医療費の伸び率（保険者別）	120
	図 4-4	メディケア患者の再入院率（30日以内・全疾患）	127
	図 4-5	メディケア・パート B 及びパート D 保険料（2000～14年、インフレ調整済み）	133
	図 4-6	最近の CBO 予測（メディケア及びメディケイド支出）	134
	表 4-1	1人当たり年間実質 NHE 伸び率（保険者・支出分類別）	116
	表 4-2	最近の各種指標の傾向（ヘルスケア支出・ヘルスケア価格上昇率）	118
	Box 4-1	ヘルスケア・コストの伸びを測定する二つの指標──支出と価格	117
	Box 4-2	ACA による保険適用対象の拡大が総医療費の伸びにどう影響するか	125
	Box 4-3	コストの鈍化及び ACA 改革がメディケア受給者の自己負担コストを削減している	132
	Box 4-4	ACA 市場の保険料は予測以上に安い	134
第5章	図 5-1	非農業民間企業生産性成長（1949～2012年）	144
	図 5-2	労働生産性と多要素生産性の年成長率の15年中心化移動平均（1956～2005年）	146
	図 5-3	生産性と平均賃金の成長（1947～2013年）	148
	図 5-4	米国の資金源別基礎研究支出（2010年）	153
	図 5-5	対 GDP 比での R&D 支出の構成（1953～2011年）	153
	図 5-6	電気通信セクターの相対的投資（2011年）	156
	図 5-7	電波スペクトルの排他的配分及び共有配分	158

	図 5-8	多くのスペクトル割当を有する連邦政府機関	159
	図 5-9	1秒当たり6メガバイト以上のダウンロード速度へのアクセスを有する家計の比率（％）	165
	図 5-10	米国で発行された技術カテゴリー別特許（2003～12年）	170
	表 5-1	生産性改善の源泉、非農業民間企業（1948～2012年）	143
	表 5-2	非農業民間企業の生産性成長	145
	表 5-3	非農業企業セクターにおける平均年間変化率	149
	Box 5-1	多要素生産性を計測する	143
	Box 5-2	不平等は生産性に影響を及ぼすのか	151
	Box 5-3	ジャスト・イン・タイム製造方式	156
	Box 5-4	スペクトル投資政策	160
	Box 5-5	電子カルテ	166
	Box 5-6	リーヒ＝スミス米国発明法	171
	Box 5-7	製薬業界の特許訴訟における後発医薬品発売先延ばしへの対価支払い和解	172
第6章	図 6-1	公式貧困測定のトレンド（1959～2012年）	187
	図 6-2	五分位ごとの平均実質家計所得（1967～2012年）	188
	図 6-3	女性の50～10賃金ギャップと実質最低賃金（1973～2012年）	190
	図 6-4	公式貧困率と固定された補正貧困率（1967～2012年）	193
	図 6-5	市場貧困と税引き後・移転後貧困のトレンド（1967～2012年）	194
	図 6-6	所得再分配前と課税・所得移転後の最貧のすう勢（1967～2012年）	195
	図 6-7	子どもの補正貧困測定（SPM）による貧困に対する年別効果	197
	図 6-8	最貧レベルの子どもの補正貧困測定（SPM）による貧困に対する年別効果	198
	図 6-9	主要プログラムの1人当たり実質支出	202
	図 6-10	所得五分位の第1階級の子どもの経済的移動性	203
	図 6-11	復興法とその後の延長──貧困を回避した年別累積人数（2008～12年）	208
	表 6-1	特性ごとの貧困率（1959～2012年）	182
	表 6-2	政府プログラムによる貧困率削減（2012年）	196
	Box 6-1	公式貧困測定の欠陥	179
	Box 6-2	消費貧困測定	180
	──図	消費に基づく貧困とSPM貧困のトレンド（1961～2012年）	
	Box 6-3	女性と貧困	184
	──図	性別ごとの就業年齢の成人のSPM貧困率（1967～2012年）	
	Box 6-4	社会的プログラムはすべてのアメリカ人に役に立つ	189
	Box 6-5	最低賃金の引き上げ	209
第7章	図 7-1	州・地方政府への補助金交付（1992～2012年）	225
	図 7-2	ホームレスならびに以前ホームレスだった人びとに対しての備付ベッド数	231
	Box 7-1	インパクト評価、プロセス評価、そしてパフォーマンスの測定	217
	Box 7-2	プログラムの改善可能性を知らせる行動経済学を使って	222
	Box 7-3	メディケア・メディケイド・イノベーションセンターにおける「迅速サイクル」評価	223

第1章
機会を分かち合う持続可能な成長の促進

2014年大統領経済報告が出版されるが、米国経済は、この歴史上、最も慌て動揺し、かつ挑戦的な時期の一つから解き放たれて5年がたっている。オバマ大統領がその職に就くちょうど数カ月前に現れた鋭い危機の状況は、かなりの側面で、大恐慌が始まる最初の衝撃より、より一層悪いものだった。2008年末の株価の落ち込みは、1929年末に起こった事態と似てはいたが、より急速な住宅価格の落ち込みを伴っており、究極的には、大恐慌の初めにおける富の喪失より極めて大きな全般的な家計資産の落ち込みへと導いていった（Romer 2009; Greenspan 2013, Alminia et al. 2010 も見よ）。リセッションが開始されるにつれ、経済の総産出は、第二次世界大戦以降これまでになく鋭く収縮し、落ち込みは、最終的にはわが国へ、信じがたい880万人という民間セクターの職の喪失をもたらした。

2014年初めには、しかしながら、経済状況は大きく異なっている。総産出は連続11四半期も成長し続け、10年2月以来企業は、850万人の職を増加させたし、分析家の予測は楽観的であり、経済は今後何年にもわたってより強化されるだろうという。しかしながらこの進展にもかかわらず、多くのアメリカ人家族は、なお中間層入りを目指し、またそこにとどまろうともがき苦しんでいる。というのは、彼らは、ばらばらになってしまった経済の階梯を作り出した、長期にわたって広がる格差傾向のまさにその頂点で、これまた長期にわたる危機の後遺症に直面しているからである。経済がすべてのアメリカ人に機会を提供することを確実にするという、この根本問題は、大統領が中心的に力を注がなければならない経済課題であるといえるだろう。

将来的成長のためにより広範で、より強固な基盤を形成するという大統領の目標を目指して動き出すには、三つの鍵になる重要責務に取り組まなければならない。第一の、そして最も直接的な責務は、経済をその完全な潜在能力の水準にまで回復することを継続させることである。大リセッションからの回復は、うまく進んでいるとはいえ、まだ不完全である。第二の責務は、経済の潜在能力そのものを拡大することである。第二次世界大戦後の数十年間、急速な生産性成長は米国経済を前進させ、中間層が成長した。歴史上重要な女性労働力の大量参入は、より一層米国社会と経済の能力を変化させた。しかしながら、最近の数十年間は、生産性成長が戦後初期に比較して落ち込み、将来を見渡すと、米国労働力は、ベビー・ブーム世代の人たちが退職するにつれ、現在のところ、よりゆっくりと成長すると見込まれている。その結果、生産性全般と米国労働者のスキルを前進させ、さらに労働力を増大させようとする努力が、今まで以上に重要となるだろう。第三の責務は、アメリカ人個々の能力をフルに実現させ、彼らが創造

第1章
機会を分かち合う持続可能な成長の促進

的に働き繁栄をもたらす、より大きな機会をすべてのアメリカ人に提供する経済を確実にすることである。典型的な家族のインフレ調整済み所得は、ここ数年頭打ちとなり、危機へと導いたのだが、それは、何百万もの勤勉な家計に過度の緊張を強いたのであり、全経済の不安定性へといざない、機会と流動性という米国の理想が21世紀にいかにして現れるのかについて疑問を提示したのである。

これらの課題は、ずっしりと重く、またそれゆえに、米国の可能性を示すものとなっている。これ以降の本章とまた本報告を通じて議論されるように、大統領は議会に働きかけ、また自身が可能なところから行動を起こすことによって、これら三つの責務を進行させる野心的なアジェンダを設定したのである。経済をいち早く完全な潜在能力まで復帰させるため、大統領は、機会、成長及び安全保障イニシアティブを含む一連の諸措置を呼びかけてきたのだが、それは、わが国のインフラを向上させる主要な努力を伴って、法人税改革とペアとなるものである。経済の潜在能力を増大させるため、大統領は、下院に上院の導きに従って常識的な移民制度改革を通過させることを要請し続けているのだが、それは、米国土へ発明者と起業家の新しい波を引きつけることを促進するだろう。大統領はまた、技術とエネルギーセクターにおいてすでになされてきた大きな前進を打ち立てることを望んでおり、それは、今後何年にもわたってより生産的な経済の基盤を形成するのである。

そして、わが経済がすべてのアメリカ人に機会を確実に提供するため、大統領のアジェンダには、職業訓練プログラムと最低賃金の上昇が含まれており、それはフルタイムで働く人びとが貧困ライン以下で家族を養うべきではないからである。なおその上に大統領は、すべてに就学前目標をセットしたのだが、それは、すべてのアメリカ人に成功の機会を確実にするための最良の方法の一つは、子供の初期の発達への投資にあるからである。ケア適正化法（Affordable Care Act）の実施は、この方向へのもう一つの重要なステップとなるのだが、それは、多くの家族へ金銭的安全を提供し、労働者の手取りを抑えるヘルスケア・コストの成長を落とすからである。

大統領は、これらの分野での重要な法的措置を訴えているが、しかし同時に行政権限を通じて実行することもやめないだろう。それは、たとえばインフラ整備の許可を能率的に行うことであったり、退職後の安全の増進に導く新たな方式の創造であったり、また連邦契約にかかわる賃金上昇であったりする。また、大統領はその影響力を行使し、低所得学生が大学を継続することを援助し、長期の失業者へ新しい職の獲得を確実にするため、企業、大学、非営利事業体とともに働くのである。これらは、大統領が「行動の年」と名づけた中心的な努力のほんの少しの部分であり、大統領は、建設的なアイディアで前進をはかろうとするいかなる人とも、ともに働く用意があるのである。

危機後5年間の経済

大リセッションからの回復は、第2章で詳述されるように、2013年には、また重要な歩みを進めた。企業は、その年を通じて240万人の職を増加させたし、毎月19万7000人、民間雇用が連続200万人以上増加する3年目の年となった。10年2月の谷から14年1月

にかけて、民間雇用は47カ月連続して上昇し、全体で850万人の職を増加させた（図1―1）失業率は、しかし受け入れがたく高止まりしており、これは主として長期の失業が継続的に高いからだが、回復は続いており、1月にはこの5年間で6.6％の水準に到達した。住宅ならびに自動車セクター——この二つの分野は、とりわけ最も危機の深刻な打撃を受けたが——回復を続けて成長に貢献しているものの、インフレ調整済み実質住宅投資は四つの四半期を通じて6％以上の伸びであるし、一方自動車生産は9％の伸びであった。そして、2013年10月には、国内原油生産高が1995年以来初めてその輸入量を超え、それは雇用を支える国内エネルギーブームの証左であり、危機に導いた何年かに比較して顕著な貿易赤字の縮小を支えるのに貢献した（図1―2）。

2013年に見られた前進は、いくぶん注目すべきものであった。というのは、この年を通じて急激に低下した連邦財政赤字が、マクロ経済パフォーマンスへの主要な逆風の要因の一つとなったからである。図1―3が示しているように、第二次世界大戦後の動員解除以来最大の連邦財政赤字の4年間にわたる削減である。2009会計年度以来、赤字は、5.7％ポイント落ち込んだが、そのほぼ半分の削減——それはGDPの2.7％ポイントだが——2013会計年度だけで達成された。13年におけるかなりの赤字削減は、経済の徐々なる改善の自然の結果ではあるが、その大部分は政策決定によるものであった。それは、2011年予算統制法による支出統制、13年初めの最高所得納税者への課税強化、そして、一時的な給与税支払い猶予の解除である。もちろん、中所得家計への永続的減税の延長がなければ、財政縮減は、より一層進んだことだろう。これらの要因が財政維持可能性への進展

図1―1　民間非農業従業員数　（2007～14年）

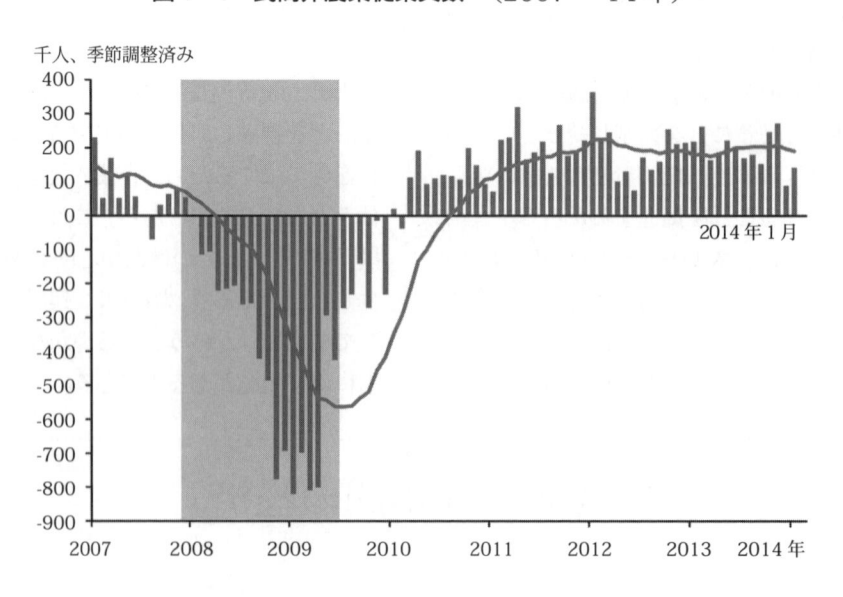

注：■の部分はリセッション。
出所：労働統計局、Current Employment Statistics.

第1章 機会を分かち合う持続可能な成長の促進

図1—2 米国貿易赤字（商品と全体、2000〜13年）

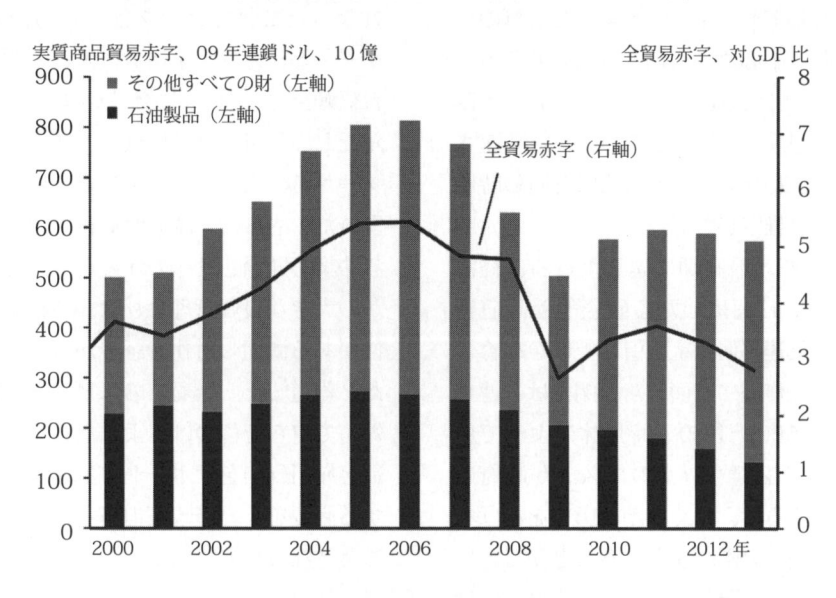

実質商品貿易赤字、09年連鎖ドル、10億／全貿易赤字、対GDP比

■ その他すべての財（左軸）
■ 石油製品（左軸）
— 全貿易赤字（右軸）

注：「その他すべての財」には、連鎖ドル価格調整による残差を含む。
出所：センサス局、U. S. International Trade in Goods and Services; 経済分析局、National Income and Product Accounts; CEA による試算。

図1—3 第二次大戦動員解除後、4年にわたる主要財政赤字削減の出来事

連邦財政赤字削減、対GDP比

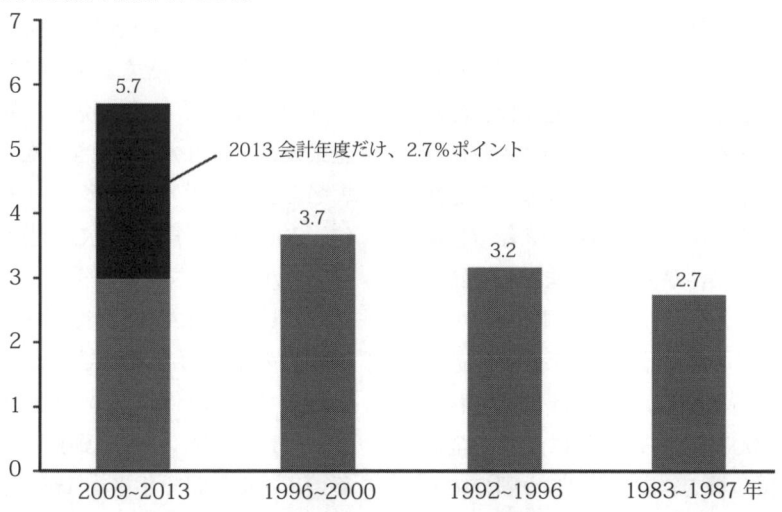

- 2009~2013: 5.7（2013会計年度だけ、2.7%ポイント）
- 1996~2000: 3.7
- 1992~1996: 3.2
- 1983~1987年: 2.7

出所：行政予算管理局；経済分析局、National Income and Product Accounts; CEA による試算。

を成し遂げるバランスの取れたアプローチを反映していたとしても、3月に始まった予算の一律削減とともに不必要に増幅されたのであって、議会予算局（CBO 2013a）は、その年の4四半期を通じて実質GDP成長を0.6％分減速させ、ほぼ75万人のフルタイム雇用を同じ時期に削減させたと推定した。

　財政上の逆風が最高潮に達したころ、経済は、10月の16日間にわたる破壊的な政府機関の閉鎖、また連邦債務上限引き上げをめぐって危険な瀬戸際作戦に直面した。閉鎖は、連邦職員合わせて660万日の一時帰休によって生産性ロスだけで2億ドル以上のコストが政府にかかった。加えるに、いくつかの影響をあげれば、家族は、国立公園へ旅をすることができず、石油やガスの採掘は遅れ、中小企業庁ローンは留め置かれ、ハイテク製品の輸出許可が認められなったことなどがあげられるだろう。ロイター・ミシガン大学指数によって測られた消費者信頼感は、10月にはその年で最低に落ち込んだし、第4四半期のGDP成長は、連邦セクターからの大きなマイナス要因によって抑え込まれた。さらに、議会が債務上限の天井を上げる法案を通過させるのが遅かったため、いくつかの大きな投資管理会社は、債務不履行の可能性がある満期の財務省証券から投資を引き上げたと報道した。結局このエピソードは、経済に対して自らを傷つけるような政策を回避し、成長と雇用創出をサポートする建設的手段に集中する必要を、経済政策担当者たちに喚起させることとなったのである。

われわれはいかにしてここまで来たか──わが政権の危機への対応

　最近の5年間にわたる回復と将来の楽観論の根拠を考察するにあたって、第二の大恐慌となるのを阻止し、経済を今日の時点まで到達させるのを可能とした重要な政策決定の視点を忘れてはならない。金融危機からの回復は、ほかのタイプのショックによって引き起こされたリセッションからよりも、より速度が遅くなる傾向にある。というのは、家計のかかえる重債務と金融のタイトな条件が、長い間まとわり続けるからである。しかしながら、米国経済の場合、他の発展した多くの経済諸国と比較して、近年ことがうまくいっている。図1─4に示されているように、2007年から08年にかけて全体にかかわる金融危機を経験した12カ国の中で米国は労働人口当たりの産出が危機前の水準に戻ったちょうど2カ国のうちの一つとなっている。米国が危機後、最良の経済パフォーマンスを示している事実は、米国における政策介入の全体が、深刻に悪化させるのを回避させることをなさしめた主要因の一つであったとする見解を支持するものとなっている。

　第3章は、給与税減税、失業保険の延長や企業投資・雇用への減税などを含む、大統領が署名し、法律となった多くの雇用対策とともに、2009年米国復興及び再投資法（復興法）をふりかえる。マクロ経済レベルで大統領経済諮問委員会（CEA）は、復興法は、それ自身で、600万の年雇用を累積で救済または創造したと推定するのだが、この年雇用（a job-year）とは、1年のフルタイム勤務のことと定義されるので、4年間で年平均160万年雇用に匹敵することになる。引き続く雇用対策が付け加わり2012年末までに累積雇用増は、900万年雇用に成長する（図1─5）。この分析は、おお

第1章
機会を分かち合う持続可能な成長の促進

図1—4　2007~08年銀行危機諸国における労働人口1人当たり実質GDP（2007〜13年）

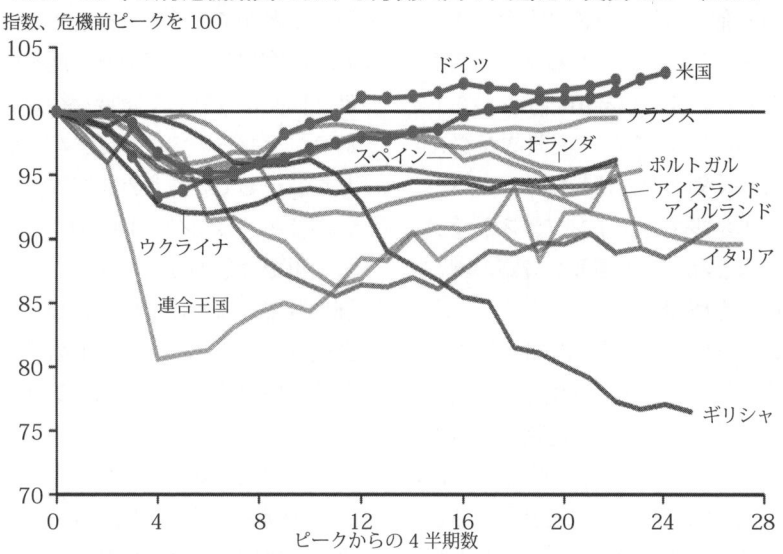

注：米国は、2013年第4四半期、アイスランド（第2四半期）を除いて、その他すべては、2013年第3四半期までである。労働人口は、米国は16〜64歳、その他すべては、15〜64歳。ウクライナ人口は、年推計から内挿されたもの。国の選定は、Reinhart and Rogoff (近刊)をベースとした。
出所：EC統計局；各国統計；CEAによる試算。

図1—5　復興法と引き続く財政措置による4半期ごとの雇用効果（2009〜12年）

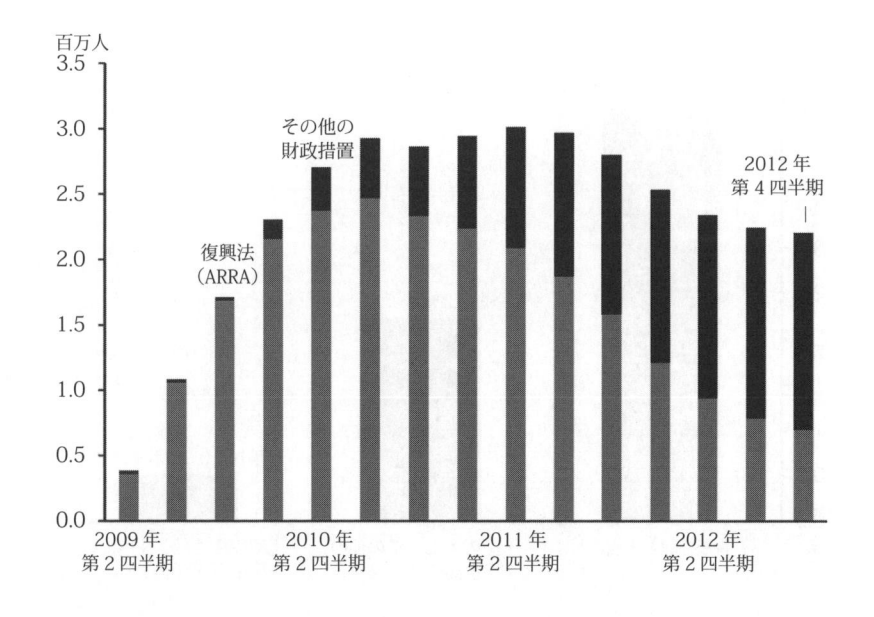

出所：経済分析局、National Income and Product Accounts；議会予算局；CEAによる試算。

ざっぱにいって議会予算局を含むさまざまな出所から提供された他の分析と同様であり、第3章において議論される次々出される学術的文献と全般的に整合する。マクロ経済的インパクトに加えて、第3章では、また、復興法が消え去った後にも長らく効力を発揮し続けている教育、クリーン・エネルギー、インフラストラクチャー構築物のような、その重要な分野の鍵となる投資についても概観する。

　財政手段は、全体の政策対応の部分的なものであった。大統領は、米国自動車産業や自動車産業に依存するサプライヤーや経済的エコシステムを救済すべく断固とした行動をとった。わが政権は、また、家族が住宅にとどまれるよう支援すべく一連の措置を制度化し、より低利のリファイナンスを促進し、さらに、家の価値や近隣住民への脅威となる住宅荒廃を和らげるべく手段を講じたのである。さらに、財務省は、金融安定を促進し、大企業も中小企業も信用が得ることができるよう援助する一連のプログラムを制度化したのである。連邦準備制度理事会は、同時に独立して重要な行動を起こしたのであり、それらについては、バーナンキがより詳しく叙述している（2012, 2014）。

　リセッションや回復過程の話として、もう一つ重要なものは、しかしこれはあまり広く評価されているわけではないが、米国における社会的セーフティー・ネットのパフォーマンスがある。雇用や所得はリセッションが展開するにつれ鋭く落ち込んだものの、何百万人のアメリカ人が税額控除やソーシャル・セキュリティー、栄養の補給、失業保険といったプログラムによって貧困から抜け出せたのである。これらの措置がなければ、貧困率は、2007年から10年にかけて4.5％㌽増加する恐れがあった。しかし、実際は0.5％㌽増加したにすぎなかった

図1—6　2007〜10年にかけての貧困率の変化、税額控除と手当が有りと無しの場合

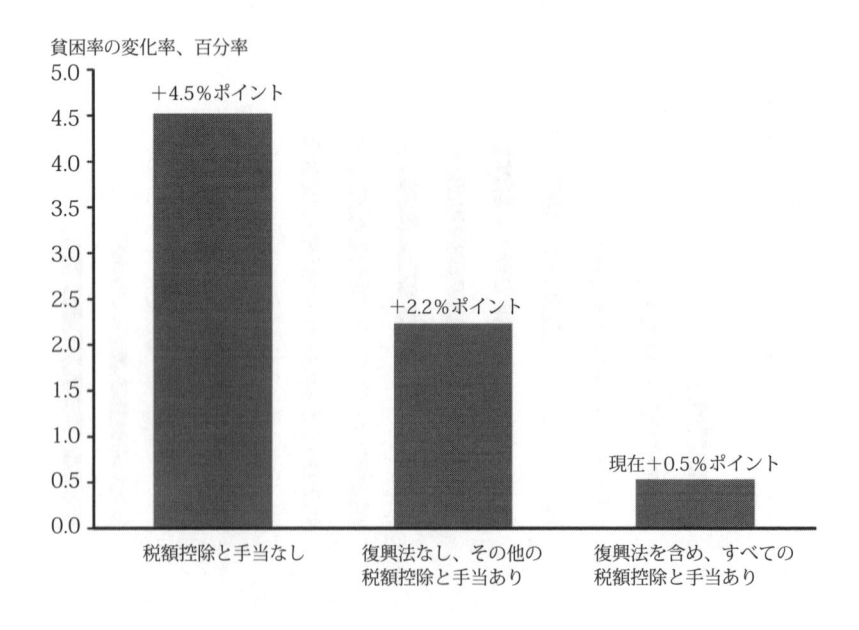

出所：Wimer et al.（2013）; CEAによる試算。

第1章
機会を分かち合う持続可能な成長の促進

（図1―6）。復興法による職や全体の経済への影響を図ることはできないが、その所得への直接的影響によって、貧困率を2010年で1.7％削減し、数にして530万人に相当する人びとを貧困から救出した。第6章で議論するように、これら諸展開は、貧困削減においてとられた多くの進展が、本質的には、政府プログラムの直接的結果として出てきた長く行われてきた傾向の継続を示すものである。税額控除や公的プログラムがなければ、実際の貧困率は1967年から2012年にかけて上昇したのだろうが、しかし、税額控除や公的プログラムによって、貧困率がその間に38％ばかり削減されたのである（Wimer et al. 2013）。それにもかかわらず、2012年になっても4970万人ものアメリ人が、なお貧困生活を送っており、やるべき仕事はまだ多く残っているのである。わが国は、リンドン・B・ジョンソン大統領が貧困との戦いを宣言してからちょうど50年を迎えるのであり、第6章では、学ぶべき教訓、また反貧困プログラムを強化する方法を詳述し、税額控除や政府プログラムを実施する前に、貧困削減の有効な手立てによって次のステップに前進することのできるそのほかの政策についても叙述する。

2014年における機会の源泉とその将来

米国経済は、この5年間を通して大きな成長をなしとげた。そして、最近の気候にかかわる諸変動や、新興諸国の無視できない激変にもかかわらず、わが国経済の将来について楽観できる多くの理由がある。財政上の逆風の消滅、家計の金融状況の改善のような周期的な展開が、直近では、回復を強化するのに貢献するだろう。同時に、ヘルスケア・コストの成長率の鈍化、国内エネルギー生産の急上昇、継続する技術進歩というような構造的傾向が現れつつあり、未来の持続的な成長をサポートするだろう。これらの進展が明確になるにつれ、中間層やまたそうなるだろうとしている人びとが成功する機会をもたせることを確実にする追加的な手段を講じることが重要となるだろう。これら現れつつある傾向は、大統領が援助しようと求めている、持続的、かつ広範囲な成長の枠組みを創造することを促進することになるだろう。

周期的要因

消滅する財政上の逆風　2014年米国経済について、最も楽観的に予想されうる理由は、財政政策の足かせがはずされ、財政不確実性が減少することにある。12月、両党の予算協定によって、裁量的支出の一律削減の1月からの実施が回避され、前年を通してすでに行われてきた削減の一部が解除された。議会は、雇用増と経済機会の増進をより一層サポートする一方、経済は、13年のような連邦レベルにおける予算統合のようなものに直面することはありえなく、財政赤字の削減は、よりそのペースを将来にわたって速めることになるだろう。予算協議の一環として、議会はまた、2014会計年度の残りの期間と2015会計年度を通して裁量的資金のレベルに合意を得たので、反生産的な政府機関の閉鎖は避けられるだろう。今年の初めに議会は、これら支出と整合性をもった2014

会計年度歳出法案を通過させ、負債の上限を2015年になるまで、拡大させた。

財政上の逆風は、連邦レベルで緩和させられたから、州や地方政府にとっては、勇気づけられる兆候を示しているといっていいだろう。2009年から12年にかけて70万人以上の職を削減した後、州政府と地方政府は、13年において3万2000人の職を増やした。

改善する家計 アメリカ人の家計は、リセッションの結果、何兆ドルもの資産が失われることとなったが、最近のデータは、この回復において大きな程度での前進がはかられたことを示している。2013年第3四半期において、実質1家計当たり、ピークからの最大落ち込みの80％以上を回復したが、それは、住宅価格と株式価格の上昇を反映したものであり、同時に、家計の負債からの脱却が進行しつつある。さらに、家計のデット・サービス比率──これは、可処分所得に占めるモーゲージや消費者信用へ必要とされる推定支払い比率のことだが、──2013年第3四半期で9.9％、1980年のデータ以来最低の水準となり、2007年の13％から落ち込んだ。家計のやりくりのさらなる改善と拡大する信用へのアクセスは、消費支出を強化するのに貢献するだろう。回復の過程を見てみると、2000年代の拡張期の2.9％と比較して、実質個人消費支出は、年率でちょうど2.2％の成長となり、金融危機後の長引く影響がある程度そこに現れている。顕著な消費支出の上昇、──消費支出は、米国経済GDPの3分の2以上を占めるものだが、──危機の時代に新たな境地を開く重要なステップを表しているかもしれない。

家計資産の集計値が改善の様相を示している一方、残念ながら多くの家族は、いまだその恩恵に浴しているとはいえない。たとえば、中所得家計は、株式に対して住宅資産に、平均すると大きく依存する資産構成をもっているのだが、住宅価格は、──最近の改善があったとしても、──株式のようには急激に回復を遂げてはいないのであり、株式は、高額所得家計においてより大きな資産構成を占めているのである。より多くのアメリカ人が経済成長から利益を分け合うことを確実にする課題は、この章において、追加的に詳述される。

構造的傾向

これら直近の前進的な発展に伴って、この報告では、また、最近顕著となり、将来の経済成長の持続的基盤をサポートする三つの長期の構造的な傾向にも焦点を当てる。

国内エネルギーブームとエネルギーの使用の変化 第一の主要な傾向は、経済だけではなく、米国の安全と気候のための重要な機会を表す、エネルギーの使用方法の変化と結びついた劇的な国内のエネルギー生産の増大である。現在の推定によれば、米国は、2013年において世界最大の石油とガスの生産国となり、それは、ロシアやサウジアラビアを超えるものである。既述のように、原油の国内生産は、10月に1995年以来初めて輸入を超え（図1─7）、さらに国内生産は増加し、石油輸入の減少が、今後将来にわたって予想されている。さらに、天然ガスの生産が、2012年の記録的な高さを凌駕し、13年も上昇を続け、過去5年間で20％以上の増加となった。電力部門は、石炭から天然ガスへと変化が引き起こされ12年にはわがエネルギー消費全体の27％を占め、08年から24％の伸びであった。しかし、進歩は石油とガスだけではない──大統領のエネルギー「最重要視」戦略とともに、長足の飛躍が再生可能エネルギーとエネルギーの効率化においてもなされてきた。風力や太陽光発電は、大統領が

第1章 機会を分かち合う持続可能な成長の促進

政権をとってから倍以上になったし、一方で石油の消費は、この時期を通して落ち込んだのであって、強力な燃料経済性基準や先端を行く技術への投資は、今までになく最高に燃料節約的な軽量小型車へと導いたのであった。この広範な基盤をもつエネルギーブームが、生産と分配における雇用を直接的に支え、また、製造業のようなエネルギー集約的な工業における多国籍企業の立地に、米国をより魅力的にすることで間接的に支えているのである。

大統領は、最近、エネルギーセクターにおけるこれらのわくわくする諸発展へさらに投資を進め、また、新しい雇用を創出する一方、外国のエネルギー資源への依存を削減する新たな手段を発表した。2014年の一般教書演説において、大統領は、わが国のトラック輸送団の燃料効率性を高め、天然ガスをエネルギー減とする新しい工場への投資を魅力的にする、州や地方へ援助する新しい行政行動において、先陣を切る意図があることを公表した。

エネルギーセクターの最近の多くの傾向がプラス要因となっているとはいえ、今後何十年も見通せば、気候変動が、米国の環境、経済そして国家安全保障へ、相当な脅威となることが続く。石炭から、より廃棄物を出さない天然ガスへの発電における転換、風力や太陽光発電の急増、そして、継続するエネルギー効率性の進歩の協力の成果として、2005年以来、わが国のエネルギーにかかわる二酸化炭素廃棄物は、05年以来10％以上削減された。大統領は、その気候行動計画において、温室効果ガス排出の削減、そして、過去の廃棄物の必然的結果として将来の気候変動に準備すべく、新しい行動を通した、気候変動コストへ取り組むわが政権の具体的手段を打ち出した。大統領はまた、最近、電力発電からの二酸化炭素廃棄汚染の新しい基

図1-7 国内原油生産と純輸入（2000～13年）

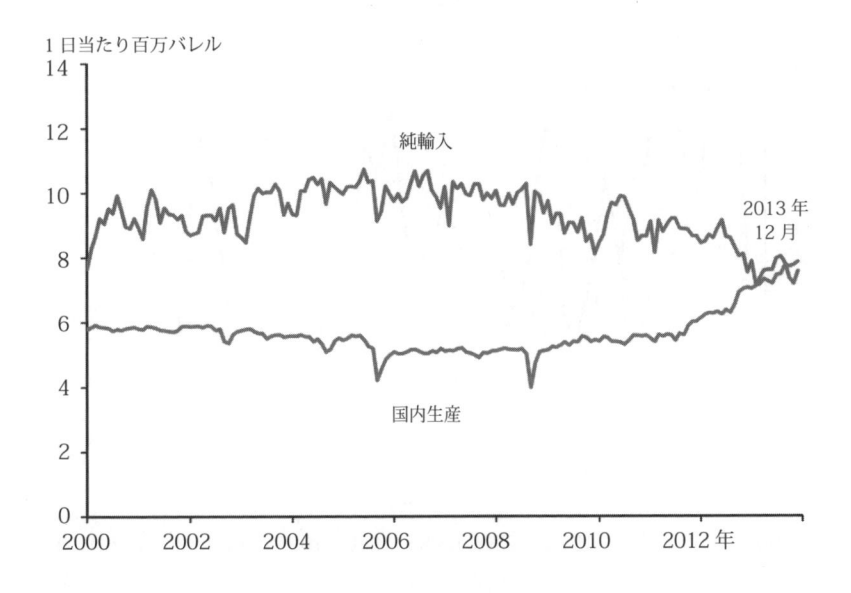

注：季節調整なし。
出所：エネルギー情報部、Petroleum Supply Monthly.

準の設定に、州、公益事業体、その他利害関係者とともに働き続けるように、わが政権を仕向けたのである。

ヘルスケア・コストの減速 第二の構造的傾向は、ヘルスケア・コストの成長率の減速である。1人当たりヘルスケア・コストの2010年から12年にかけての成長率は、1960年代にメディケアならびにメディケイド・センターのデータ開始以来最低であったし（図1―8）、予備データや予測は、2013年においても成長の鈍化は継続したことを示している。第4章において詳述されるが、この歴史的なヘルスケア・コスト成長率の鈍化は、リセッションのただ単に後遺症として現れているのではない。減速は、経済回復が明らかになるにつれても継続しているのであり、ヘルスケアの価格インフレと一般的なインフレとのギャップのみならずメディケアのような分野でも明らかであり、これらはいずれも周期的変動に対して敏感ではないのである。第4章はまた、すでに実施されているケア適正化法のかなりの特徴、――これには、より良い治療結果を鼓舞する改革のみならず、メディケア提供者や保険会社への過度な支払いの削減を含んでいるのだが、それが、この減速傾向へ貢献している事実を提示する。主として、ヘルスケア・コスト成長の鈍化の結果だが、議会予算局は、2020年のメディケアとメディケイドの支出予測を10年8月に発表された予測と比較し13％ほど下げさせたのである。雇用主とその家族もまた、ヘルスケアが雇用主補償コストを上昇させる圧力を小さくさせるから、十分な便益を得ることができるのであり、結果としての節約分は、高賃金として労働者へ支払われるのである。

イノベーションの拡大 長期の成長の主要な機会を提供する第三に現れている傾向は、電気

図1―8　1人当たり実質国民医療支出成長（1961～2013年）

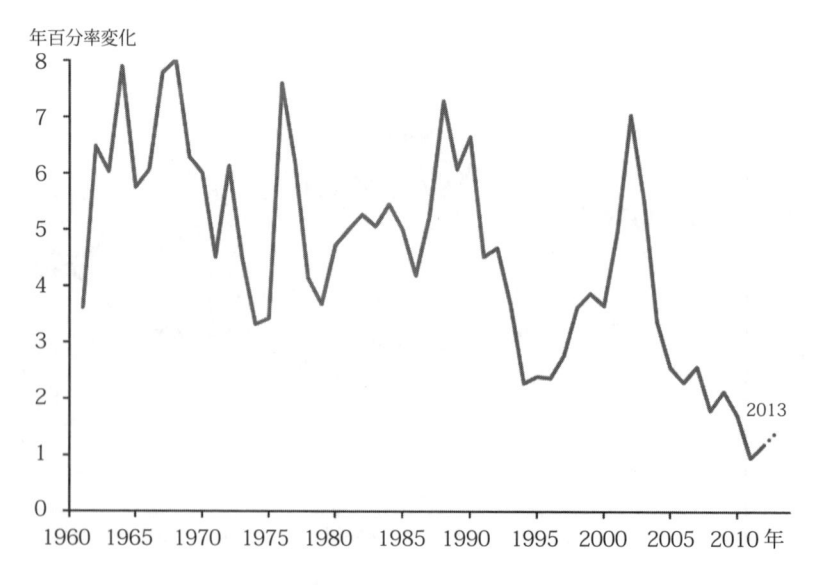

年百分率変化

注：2013年データは予測。
出所：メディケア・メディケイド・サービス・センター、National Health Expenditure Accounts; 経済分析局、National Income and Product Accounts; CEAによる試算。

第1章 機会を分かち合う持続可能な成長の促進

通信の急速な進歩であり、とりわけ、高速かつ広範囲な有線かつ無線ブロードバンド・ネットワーク、また、携帯機器にクラウド・コンピューティングの便益を可能とする能力の急速な進歩である。これら技術の経済的潜在能力と米国生産性成長の広範な背景については、第5章で詳細に論じられる。2009年から12年にかけて、米国における無線ネットワークへの年投資額は、210億ドルから300億ドル、40％以上の成長を示したのであり、米国は今や、先進4カ国の無線ブロードバンド・インターネット・サービスの普及において世界をリードしているのである。このインフラは、強烈なエコシステムの中心にあるものであり、スマートフォンのデザイン、携帯アプリの発展や、企業、ヘルスケア、教育、公共安全、娯楽、その他多くのセクターにおけるこれら技術の配備を含むのである。すべていわれているように、進歩した電気通信技術の拡大は、——ヘルスケア・コストの成長率の鈍化や国内エネルギー生産の上昇とともに、——今後何年にもわたって米国経済の成長見通しについて楽観的になりうる主要な理由なのである。

長期の財政維持可能性

これら構造的傾向が次々と明らかになり、何年にもわたった計画以上により強力な経済成長を支えるにつれ、連邦政府を中長期にわたって財政維持の可能性に近づけることを促進することになるだろう。最近の数年間にわたる連邦財政赤字の急激な低下については、すでに論じたが、長期の財政見通しの同様の改善を伴ってきた。長期財政見通しの一つの鍵となる測り方は、財政ギャップであり、それは、次の75年間において、債務GDP比を安定させるのに現在必要とされるGDPに占める増税額と歳出削減額を表すものである。長期の財政計画は、常に大きな誤差の幅に影響されるが、財政ギャップの最近の推定値は、数年前に発表されたものより小さいものである。これらの改善は、大部分がすでに述べたようにヘルスケア・コスト成長の鈍化によるものであり、そこには、その他の支出抑制とともにケア適正化法によるコスト節約措置や高額所得家計へのより高い税率の復活をも含むものである。

残された課題とそれらに取り組む大統領の計画

大リセッション深みから5年たち、米国経済は大幅に強化されている。リセッション前の数十年でも諸課題は形成されてきたが、課題の多くは、リセッションが長引く結果生み出されてきた。現在の最も直接的な責務は、回復をサポートし、経済をその完全な潜在能力のレベルまで回復させることである。しかし、経済の潜在能力そのものを拡大する方法を見つけることもまた、進行に伴って重要となり、すべてのアメリカ人に、創造を促進し、繁栄を経験させる機会を確実にすることも肝要なのである。

経済の潜在能力を完全に回復させることを継続する

民間セクター雇用は、最近の47カ月にわたって850万人を増加させ、失業率の低下は、5年で低くなったものの、経済は、大リセッションの甚大な痛手から完全には癒えてなく、経済の潜在能力を完全に回復することを促進することは、経済政策担当者たちの最も直接的課題と

25

なっている。その責務は、多くが労働市場のプリズムを通して理解されうるのであり、現在、それは複数の明確な、しかし密接に関係した課題のもとにある。大リセッションから生み出された失業の巨大さ、増大する労働力人口を支える雇用を増加させることの必要を前提とすると、第一に、経済は職の数が絶対的に不足している状況を継続的に示している。

さらに、長期の失業率は、傾向的に下落しているとはいえ、いまだ明らかに高止まりとなっている。図1―9に見るごとく、26週や、それより短い期間失業している人たちの状況は、リセッション前（2014年の失業率4.2％は、01年から07年までの平均とほぼ等しい）に戻ったが、長期の失業率は、危機前の状況よりも2倍以上の高さである（2001年から07年の平均1.0％と比較して、14年は2.3％）。長期の失業を減少させることは重要な課題であり、それは、こうした長期の失業者たちは、雇用主から汚名を着せられ、またスキルの劣化を経験する恐れがあるからである。

経済が雇用増加を継続させているとしても、それと同時に、職の流動性の回復を見ることはまた重要である。個人がより良いところを目指して職を渡り歩くことで、職の流動性は、生産性と賃金の上昇を可能とするので、企業間を渡り歩く労働者の流れは経済に重要な役割を演じるのである。しかしながら、ここ数カ月では、1カ月の雇用と離職を合わせた数は、900万人を下回っており、2005年から07年の時期をみると、その数は月1000万人を超えていた。自発的離職率、――それは、労働者の労働市場信頼度をはかるものだが――また、リセッション前のレベルを下回っている。

失業率が傾向的に下がり、労働者の流動性が上昇するにつれ、実質賃金はより速く成長する

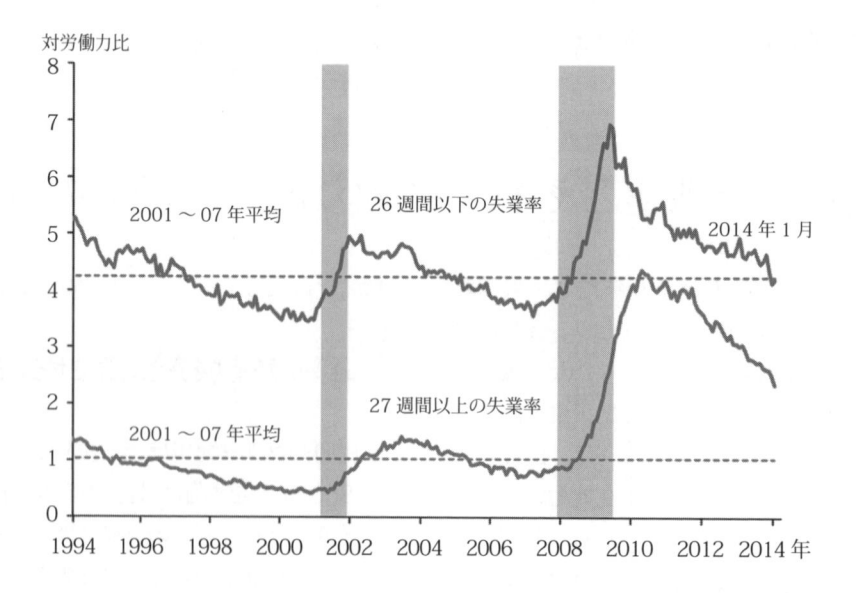

図1―9　期間別失業率（1994～2004年）

注：点線は、NBERによって発表された2001年12月から2007年12月間の拡大期の平均を表す。
　　網掛けは、リセッションを表す。
出所：労働統計局、Current PopulationSurvey; CEAによる試算。

第1章 機会を分かち合う持続可能な成長の促進

ものだが、最近では、実質賃金の成長率の鈍化がみられ、近年の労働市場にもう一つの深刻な目立った課題を課している。実質賃金は、2013年でほぼプラスであったことは、重要な進歩の兆候である（図1─10）。だが、以下でより深く議論するように、生産性の上昇にペースを合わせることに長期にわたって失敗してきた平均賃金の傾向を埋め合わせるためには速度のかなり速い実質賃金の上昇が必要となってくるのである。

典型的家族のインフレ調整済み所得もまた回復が遅くなっている。センサス局が9月に報告したところによれば、2012年の家計所得の中央値は、6万2241㌦であって、実質的に前年とすこしも変わるところがない（図1─1）。リセッションに至る7年間で0.5％以下の連続的な上昇の後、実質家計所得の中央値は、リセッションで顕著に下落し、その後、2012年になっても、なおピークを8％も下回ったのである。前に進むこと、これが、回復が中間層を向上させることを指し示す道なのである。

回復の速度を上げ、職を創出し、労働市場をタイトにする、そうして賃金の中央値に上昇圧力をかける、そのため、大統領は、繰り返し米国のインフラストラクチャーへの投資を呼びかけてきた。このタイプの投資が2013年に平均11％にも上る建設セクターへの取り組みを促進するだけではなく、長期にわたって強力な投資を作り出すことになるだろう。14年の一般教書演説において、大統領は、主な米国の輸送インフラの近代化をファイナンスする目的をもって、改革された企業税制への移行期にかかわって生み出された一時的収入を使う呼びかけを再度新しく行った。しかしながら、この提案への議会の必要とされる行動が欠如する中で、大統領は、新建設プロジェクトの認可を、スピー

図1─10　生産及び非監督労働者実質時給の成長（2007〜14年）

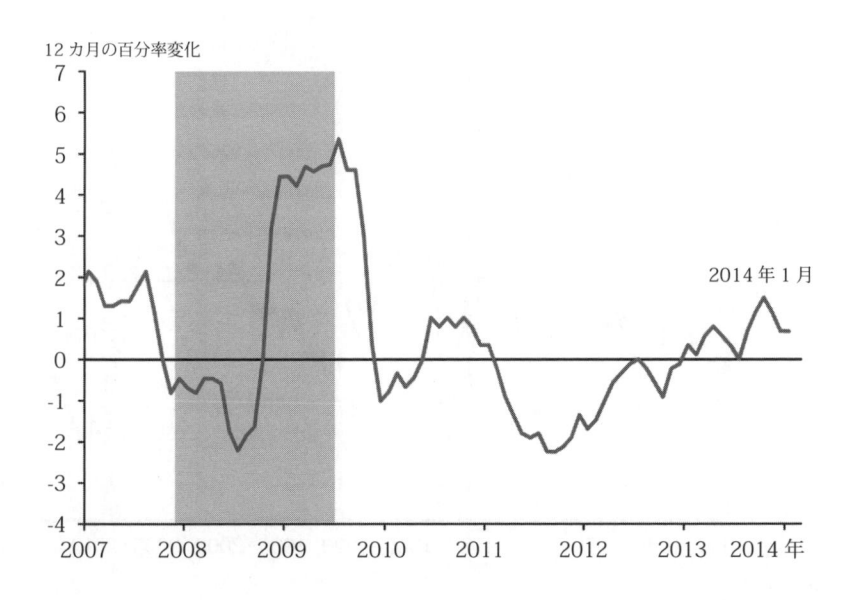

注：網掛けは、リセッションを表す。
出所：労働統計局、Real Earnings.

図1―11　中位家族の実質所得（1980～2012年）

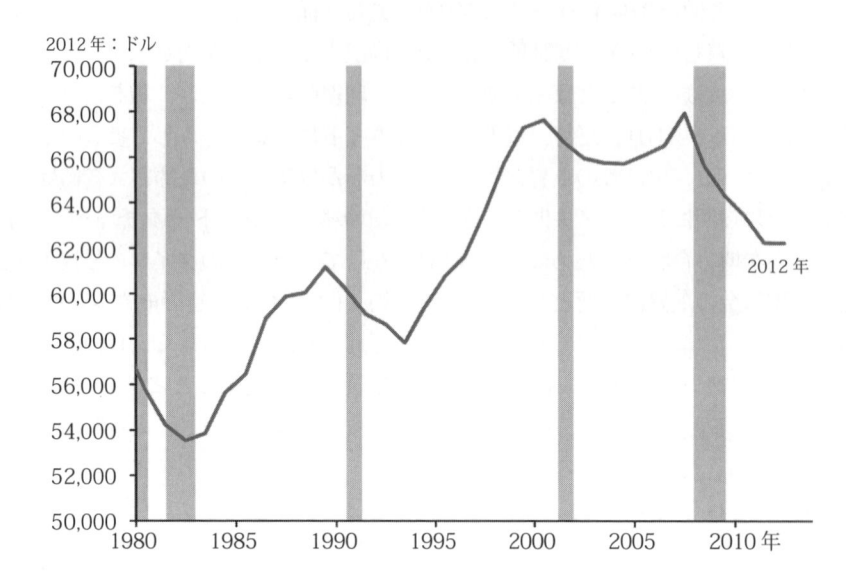

注：網掛けは、リセッションを表す。
出所：センサス局、Historical Income Data.

図1―12　新住宅ユニットの建設許可数（1960～2014年）

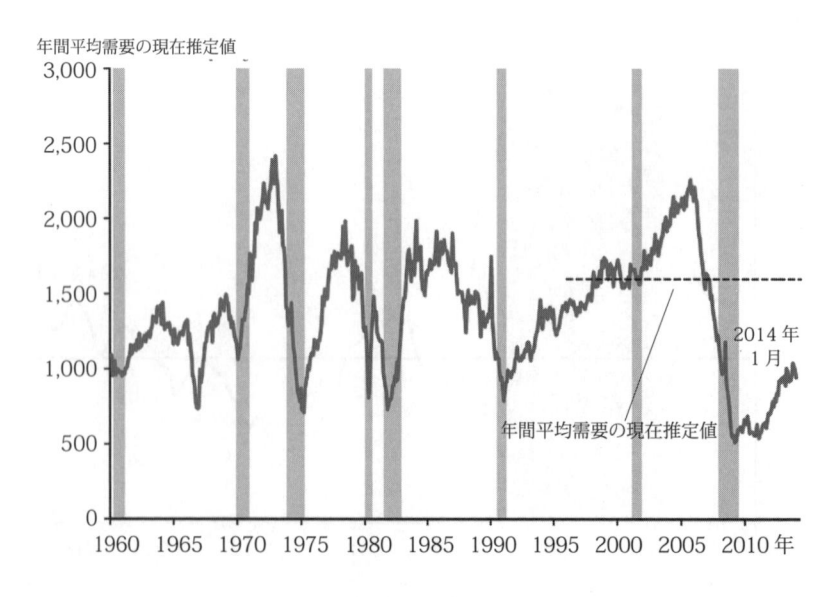

注：CEAの推定によると、ほぼ160万の年間新ユニットが、家計形成と住宅償却に歩調を合わせれば必要となる。網掛けはリセッションを表す。
出所：センサス局、New Residential Construction；CEAによる試算。

第1章 機会を分かち合う持続可能な成長の促進

ドアップする他の方法で進行させようとしている。

さらに、大統領による予算では、機会、成長及び安全保障イニシアティブを含み、それは教育、研究、インフラ、国家安全保障のような分野への裁量的追加投資をファイナンスするだろう。予算イニシアティブ560億ドルは、国防と非国防にちょうど二分され、強制的な支出改革と税の抜け道を防ぐ手立てとともに完全に支払われ、——その双方によって、経済をその潜在力水準に完全に回復させるスピードを速くし、その潜在的能力も拡大するだろう。

雇用と所得の分野での挑戦に加えて、住宅セクターがさらなる改善の見通しの鍵となるもう一つの分野である。図1—12に見られるように、建設活動は、リセッションの展開とともに今まで落ち込んでおり、近年の顕著な回復にもかかわらず、新住宅建設用地認可率は、なお人口動態トレンドや住宅価格の低落によって予想されるレベルを依然はるかに下回っている。この潜在能力を解き放つことを促進するためには、モーゲージ金融システムに確実性をもたらし、住宅バブルの破裂で特に被害がひどく、差し押さえや破産の後遺症に今なお対処している地域を援助する手段を講じなければならないのである。

経済の潜在能力を拡大する

経済の潜在能力を完全に回復させるスピードをアップさせる手段に加えて、わが政権は同時にその潜在能力を拡大させる措置を推し進めることを継続する。この目標の重要性を理解するためには、1人の米国労働者は、2012年において、1948年の1人の労働者より、1時間当たり4倍以上生産できうることを想起してほしい。その増大の10％は、多くはより進んだ教育による、労働の質の改善によるものだが、38％は、労働者の管理下にある資本量の増大によるものである。残る52％は、全要素生産性の増大によるものであり、労働統計局のいう多要素生産性によるものであって、それは、市場の拡大や生産過程の組織と同時に技術進歩を反映している。

全要素生産性の増大は、年によって大いに異なるのだが、図1—13に示されてある通り、長期の傾向は、最近の60年においては、おおざっぱに三つの時期に分けて示すことができる。第一は、1950年から70年初めにかけてであり、全要素生産性は、1.8％というかなり速い年率で増大したのだが、それは、ある程度は、州際ハイウエイのような公共投資によって、また第二次世界大戦後のジェットエンジンや合成ゴムのようなイノベーションの商業化によって加速されたのである。そして、1970年代中ごろから90年中ごろにかけて、全要素生産性成長率は、大きく減速され、年率0.4％になった。この減速の要因は、学術上の広範な論争のもとにあるが、石油価格の上昇と変動の破壊的な影響がある程度指摘されている。最後は、1990年中ごろから2012年の最近の利用可能なデータまでの時期だが、全要素生産性成長は、年率1.1％に上昇した、それはいくぶんか、この時期のコンピュータ技術やソフトウエアの巨大な改善が反映されているといえる。これら出来事を通しての差は小さいかもしれないが、時間を通してそれらは、産出や生活水準の巨大な違いとなって増幅されるのである。

全要素生産性成長はいつも経済の長期的潜在能力にとって決定的なものではあるが、高齢化による米国労働力成長の推定される減速は、今後の生産性の前進にとって、より強調されるべき重要性をもっている。経済の潜在的産出は、基本的には労働者の数と労働者1人当たりの

平均産出にかかっているから生産性成長の減速は、理論上は、急速な人口成長によって相殺される。そして、全要素生産性成長の減速によって特徴づけられた、前出の1974年から95年の間、労働年齢（16歳から64歳まで）人口は、年率1％を超える率で確実に拡大を継続させた。しかしながら、センサス局の推計によれば、2012年から32年の20年を超える期間に労働人口は、年率0.3％の上昇にしかすぎず、これは、ベビー・ブーム世代が退職年齢を迎えることの結果が大きく影響している。というわけで、今後のことを考えれば、生産性上昇につながる投資が今まで以上に重要になることが予想されるのである。

大統領は、米国経済の長期にわたる潜在能力を拡大するいくつかの鍵となる提案をもっている。全般的な移民制度改革は、高度なスキルをもった発明家や起業家が米国において職を創造することを魅力的なものとし、米国労働力の減速する成長へ減殺効果をもつだろう。議会予算局（CBO, 2013 b）は、上院を通過した超党派の法案が、経済の生産性と総産出を上昇させるだろうと肯定的に評価している。

加えて、すでに議論した機会、成長そして安全保障イニシアティブ、インフラストラクチャー投資、そして企業税制改革提案は、短期で回復のスピードを上げるが、これら手段はまた、経済を長期でより生産的なものとするのを促進するだろう。とりわけ、大統領による企業税制改革の枠組みは、投資決定を抑える現行のシステムのゆがみを是正し、経済の潜在能力を拡大することになるだろう。より中立的なシステムを開発することによって、会社の意思決定権者は、税の理由ではなく、企業の理由で行動することができ、資本が最も効率的な目標にそった環境を創出することとなるだろう。

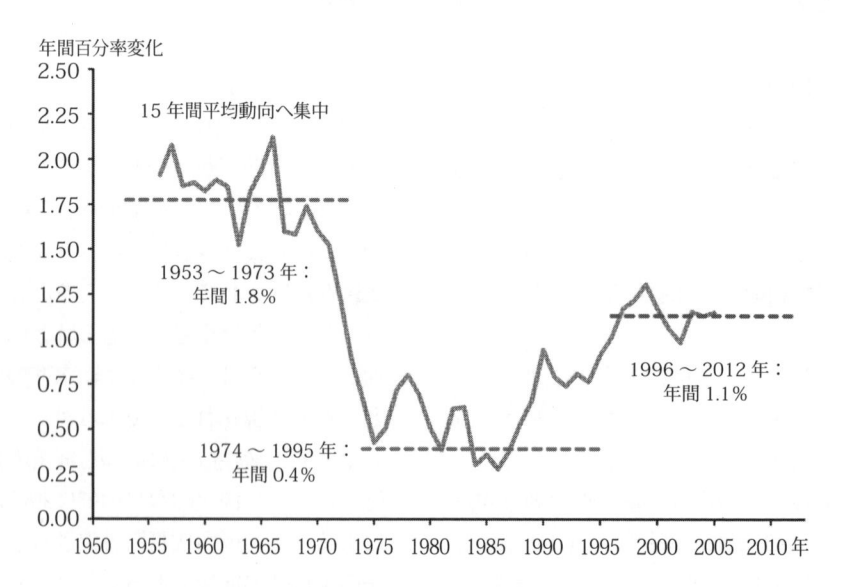

図1―13　全要素生産性成長（1953～2012年）

注：点線は、生産性成長の三つの「エピソード」をだいたい反映している三つの時期に最近の60年間を分割している、非農業企業セクターに関して。
出所：労働統計局、Multifactor Productivity; CEA による試算。

第1章
機会を分かち合う持続可能な成長の促進

　経済の潜在能力が拡大すれば、また、連邦予算が中長期的に財政的に確実に維持可能となることを意味する。財政の維持可能性は、生産的投資に必要な資源を解放し、将来の国民所得のそれ相当の削減に最終的には帰結するだろう外国からの借り入れを削減する。これらの理由によって、大統領の予算提案は、長期の財政維持可能性を目指した追加的な手段を繰り返し含ませているのであり、それには、ヘルスケア・システムの追加的な効率の促進、優遇税制や高額所得者への税逃れの削減の提案が包含される。わが政権は、また第7章において議論するように、予算プロセスにおいて、証拠と評価を用いることに大きな力を割いている。これらの実践は、連邦政府をより効率的にし、何年にもわたって納税者のお金を節約することを促進することになるだろう。

　行政行動は――新しい革新的な製造業研究所や外国資本投資を呼び寄せる「米国選択イニシアティブ」（SelectUSA initiative）も含めるのだが――生産性を改善し、高賃金職を米国に創造することを促進するだろう。さらに、わが政権は、米国の消費者や製品を海外で販売する米国企業、また、彼らの雇用する労働者を支援するため、ヨーロッパとアジアとの新しい貿易と投資のパートナシップの協議を継続している。大統領はこれらの協議を実現するに必要な貿易促進権限を与えるよう議会に要請している。

経済的機会を促進する

　経済が直面する第三の主要な課題は、すべてのアメリカ人に、彼らの潜在能力を完全に実現し、彼らが創出し促進する繁栄に加われる機会をもたせることを確実にする必要である。1970年代末以来、米国は、技術変化、グローバリゼーション、社会規範の変化、そして、インフレ調整済み最低賃金の崩壊や労働組合組織率の低下のような諸制度の変化によって、所得格差の大きな増大を見てきた。2012年初めに見られたように、米国のインフレ調整済み所得の家計中位値は、1997年のそれより小さかった。対照的に、行政税報告から引き出した区分データによれば、課税区分トップ1％――2012年で平均100万㌦以上の所得がある人だが――総所得の19.3％を獲得していた（毎年変化が極めて大きいキャピタル・ゲインからの所得は除いている）が、1928年以来最大のシェアを示した（図1―14）。

　これらの統計は、経済の生産性と過去40年間にわたって表れてきた一般労働者賃金との間の悩ましい関連のなさの兆候である。図1―15に示されているように、生産及び非管理雇用者の実質平均時給は、おおざっぱにいうと、戦後初期の時期において、非農業企業の生産性の上昇と歩調を合わせてきた。しかし、1970年代を始まりとして、生産性全般と一般労働者の手取りの間に、大きなギャップが現れ始めたのである。いくつかの要因がこのギャップに貢献している恐れがあり、つまり、使用者提供のヘルスケアのように非賃金報酬の急激な上昇や生産性の上昇がさまざまな職業間で異なってより高い支払いへと移転していることがありうる。さらに、ギャップは、典型的な家計の購買力をより指し示す、消費者物価指数を使用してインフレ調整をしたか、あるいは、より直接的な生産性との比較を可能とする、非農業企業総産出価格指数を使用してインフレ調整をしたかにかかわらず十分大きいおそれがある。結局、図が指示していることは、あまりに多くの一般労働者が取り残されていることへの増大する関心であり、それは、なぜ大統領が米国における労使の基本協定――よく働く人が出世するチャンスを獲得する――というものが擦り切れてしまっ

図1—14　トップ1％によって獲得される国民所得のシェア（1915～2012年）

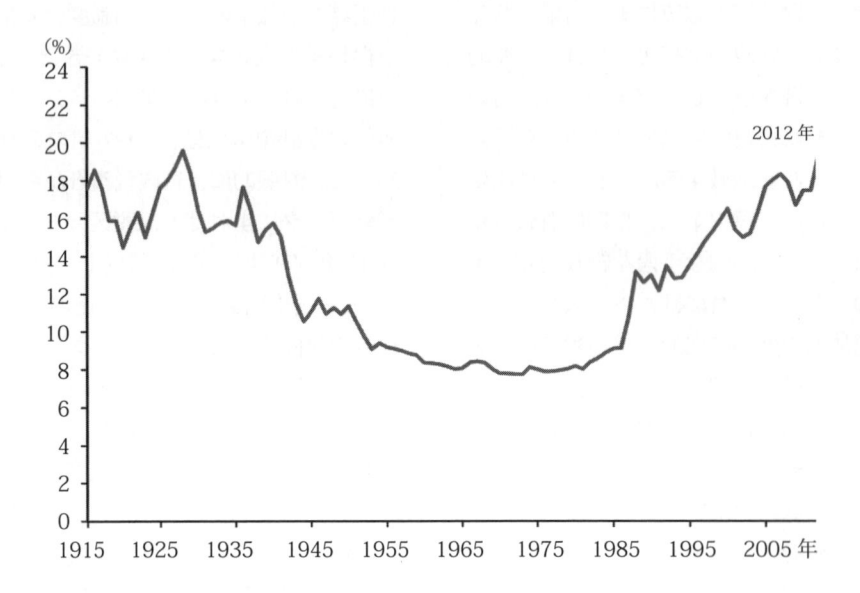

注：キャピタル・ゲインを除く。
出所：Piketty and Saez（2003）の2013年9月の新版より。

図1—15　生産性と平均賃金の成長（1947～2013年）

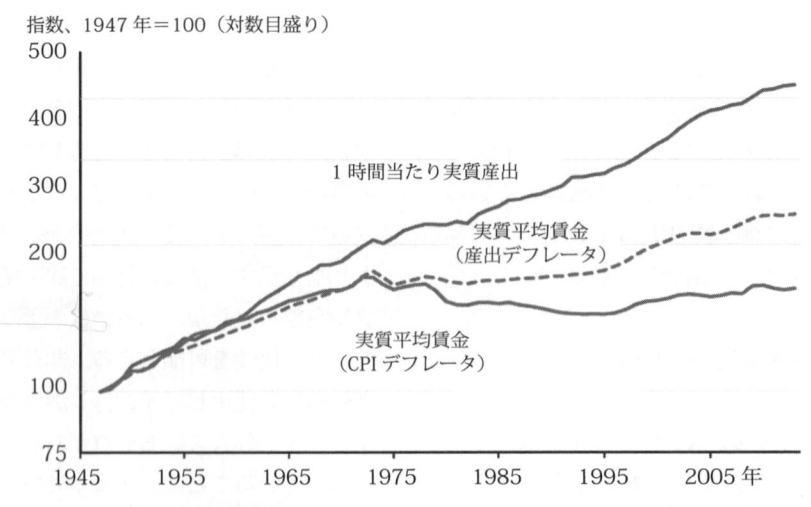

指数、1947年＝100（対数目盛り）

1時間当たり実質産出

実質平均賃金
（産出デフレータ）

実質平均賃金
（CPIデフレータ）

注：1時間当たり実質産出は、非農業企業セクター全労働者に対してのものである。平均賃金は、民間生産及び非監督労働者に対してのものである。産出デフレータとは、非農業企業産出に対しての価格指数のことである。CPIデフレータとは、CPI-Wのことである。1964年前の賃金データは、SICを基盤とする産業分類を反映している。
出所：労働統計局、Productivity and Costs, Current Employment Statistics; CEAによる試算。

第1章 機会を分かち合う持続可能な成長の促進

ているといった理由を説明するのに役に立つのである。

この問題に取り組み、経済へより積極的に公正と機会を取り戻すため、大統領は、多くの重要な措置を提案してきたのである。直近のもっとも直接的手段は、最低賃金を上げることであり、それは、インフレ調整済みで、1960年代のピークから3分の1以上も低下してきたのであり、現在、その価値は、ロナルド・レーガン大統領がその職に就いた81年よりも少なくなっているのである。最低賃金の引き上げとともに、大統領は、子供のない労働者へ勤労所得税額控除を含む、中間層へ仲間入りをしようとする人びとを援助する諸措置も呼び掛けてきた。これら直接的手段に加えて、大統領は、教育に投資し、来るべき年にグローバル経済において、競争するに必要とされるスキルを身に着ける労働者を備えるべく一連の考えを打ち出してきたのである。たとえば、米国中の教室を高速のインターネットでつなぐ「教育接続プログラム」（ConnectEd Program）は前進し続けており、わが政権は、また低所得家族の学生ため、大学への機会や成果を改善すべく、大学、企業そして、非営利企業体から150以上の企画に参加する新しい約束を確保してきた。

雇用を創出し、所得を上昇させ、教育へ投資する手段とともに、大統領は、家族が金融上の安定の度合いを高める経験ができることを確実にする措置を追求している。300万人の26歳以下の成人若者が、ケア適正化法のおかげで、両親のヘルスケア・プランを通じて保険適用が可能となっており、また400万人が2月末までには、州と連邦の市場を通じて保険プランに加入でき、何百万人以上の人が州のメディケイド・プログラムに確実に資格ありということとなってきた。加えるに、2014年の一般教書演説で、大統領は、「私の退職勘定」（MyRA）の創設を宣言したが、それは、退職に備えて何百万人のアメリカ人を援助する、新しい安全な使いやすい貯蓄手段である。

結 論

上述の課題は、膨大なものだが、しかし、大統領は、これらの諸問題に対処し、分かち合い持続可能な成長を向かって前進することが、国としてわれわれの能力の範囲内にあると信じている。大統領は、短期で回復をサポートする野心的なアジェンダを打ち出してきたが、一方、長期で経済の潜在的可能性を拡大する現出しつつある強さを構築しつつある。こうした状況において、大統領はまた、中間層を強化し、そこに参加しようとする人びとに力を与えるため、わが経済に公正さと機会の程度をより大きく取り戻すことに力を尽くし続けている。このアジェンダは、新しい高賃金職を創出し、外国のエネルギー源への依存を削減し続け、グローバル経済において、競争する労働者にスキルを身につけさせ、経済的変化によって酷く打ちひしがれた人びとを援助し、より多くの金融的安定を家族に提供するための諸行動を含むのである。これらの手段とその底にある合理性は、引き続く頁において、議論の焦点となる。

第2章
2013年の回顧と将来の見通し

米国経済は、最悪の金融危機から約5年が経過して、2013年には回復と力強さを増し続けた。過去2年間の進展を足がかりに、企業は13年の12カ月間で240万人の雇用を増やし、民間部門は47カ月間連続の雇用増で総計850万人の雇用を創出させた。失業率は13年に1.2％ポイント低下し、それ以前の数年間を大きく下回り、また多くの民間エコノミストの予想よりも改善した。昨年はゆっくりした経済成長で始まったが、それは主に、フィスカル・ドラッグによる逆風とわれわれの貿易相手国の低成長が米国の輸出需要を縮小させたことによる。しかしながら、昨年の後半には成長は強まった。全体を通じて、実質国内総生産（GDP）は、過去2年間の年2％成長から上昇して、昨年の4四半期間には2.5％成長であった。消費支出、住宅建設、輸出の増加が、総需要の伸びを支えた。在庫投資もプラス要因であり、部分的には12年の干ばつの後の13年の豊作を反映した農業生産の増大による。連邦財政は米国経済の足かせであり、それは給与税減税の期限切れと3月に始まる財政支出一律削減による引き締めと、10月の一部政府機関の閉鎖や債務上限をめぐる瀬戸際戦術に起因する不確実性のためであった。インフレは低位に安定を保ち、消費者物価指数（CPI）は13年の12カ月間に1.5％上昇し、食料とエネルギーを除くCPIでは同期間に1.7％上昇、1年前のペースをわずかに下回った。

先を見通すと、広範な指標は米国経済が2014年に成長をもち直す状況にあることを示している。第二次世界大戦後の動員解除以来で最大のGDP比連邦財政赤字が4年間削減されたことから、連邦財政政策は14年には負担が軽くなり、したがって経済成長への制約は過去数年間よりも小さくなるだろう。州・地方政府支出の削減は峠を越え、13年の第2と第3四半期には支出を増やした。2月中旬の議会による15年3月まで債務上限の凍結延期の議決は、厄介な不確実性の高まりを緩和した。

米国経済は多くの課題を残したままだが、家計――平均的に――は、債務負担をさらに減らし、住宅や株式資産の大幅な増大を経験するにつれ、支出を増やす改善状況にある。家計資産のさらなる増大は、買い替えによって自動車など耐久消費財への支出を促した。昨年急速に伸びた住宅建設は、次の10年間の人口動態と一致した水準まで増加を続けるだろうし、モーゲージ金利は2013年半ばに上昇したが、リセッション前の水準を下回ったままである。企業固定投資もまた、総需要がもち直し、企業が潤沢なキャッシュフローを利用できるため、13年には比較的緩慢な伸びであったが、加速の見込みがある。

それにもかかわらず、経済成長へのいくつかのマイナス要因も2014年には残ったままであり、予期せぬ出来事が国内的にも国際的にも米国経済にリスクを及ぼすかもしれない。たとえ

第2章 2013年の回顧と将来の見通し

ば、最近の米国の大寒波と資産価格の世界的な下落によって、過去数カ月間、経済活動は成長トレンドを下回った。

回復速度は、部分的には政策選択に依拠する。総需要を増やす追加措置は2014年の米国経済に刺激を加えるだろう。とりわけ、機会・成長・及び安全保障イニシアティブを含む予算は、教育、研究、インフラストラクチャー、国家安全保障などの領域における追加的で裁量的な投資をファイナンスする。このイニシアティブの560億ドルは、国防と非国防とに均等に配分され、義務的経費の改革を進め、税の抜け穴を塞ぎながら、全額支払われる。さらに、インフラ投資あるいは緊急失業手当の延長は需要を直ちに増大させ、その一方で法人税改革のような措置は確実性を高めることで米国経済を支援するだろう。

2013年の主要な出来事

総産出成長

経済全体の成長は2013年のあいだかなり安定的であり、所得サイドと生産サイドの平均を測ると、第1から第3四半期の四半期成長率は年率1.8から3.0％であった（図2—1）[1]。昨年の4四半期間の成長率は輸出（4.9％）と住宅投資（6.6％）が力強く、企業固定投資（3.0％）と消費支出（2.1％）では緩やかであった。州・

図2—1　GDP成長率の平均（2007〜13年）

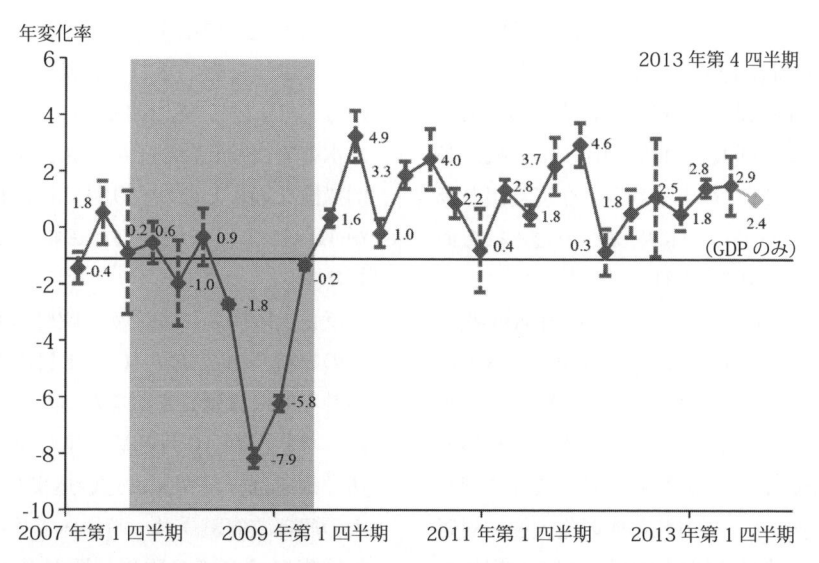

注：実質GDP成長率の平均は実質GDPの成長率と実質国内総所得（GDI）の平均である。黒点はGDPの平均、棒の部分は各四半期のGDPとGDI成長率を示す。2013年第4四半期の推計はGDPのみである。影の部分はリセッションを示す。
出所：Beaurau of Economic Analysis, National Income and Product Accounts; CEA算出。

地方政府の支出は4年間減少し続けた後にわずかに増えたが、連邦政府の支出は6.2％減少した。

財政政策

　連邦財政をめぐって、議会は債務上限期限の前後にいく度か、財政政策を不確実にし、企業や消費者の計画を困難にさせた。

　2012年末が近づくにつれて、政策は「財政の崖」（"fiscal cliff"）、つまり減税の期限終了、そして13年1月に大幅な財政緊縮をもたらしかねない計画された財政削減を同時進行したときの潜在的なマイナス効果に焦点を当てた。議会予算局（CBO）は、これらの政策が実行された場合、13年の4四半期間に実質GDP成長の約2.25％減少、あるいは実質GDP低下がもたらされると試算した。租税サイドでは、12年まで前回延長された01年減税が期限を迎えつつあった。12年末の失効は、11年に1年間限りで策定されたソーシャル・セキュリティー給与税の2％減税と代替ミニマム税（AMT）の課税最低限の引き上げの失効でもあった。支出サイドでは、国防と非国防のそれぞれの支出は一律に550億ドル削減（財政支出一律削減）が予定された。医師に対するメディケア支出と緊急失業給付は13年1月に削減が予定された他の支出プログラムに含まれた。

　2013年1月1日に、議会は米国納税者救済法（ATRA: American Taxpayer Relief Act of 2012）を可決した。ATRAは中間層の恒久減税、恒久的なAMTのインフレ連動化、そして10年以上続いてきた高額所得減税の打ち切りによる歳入増によって財政の崖の歳入面に対処した。ATRAは給与税の期限付き減税の廃止も実施した。歳出面では、ATRAは緊急失業給付（Emergency Unemployment Compensation）を延長し、医師へのメディケア支出削減を1年遅らせたが、この法律は13年3月1日までしか財政支出一律削減を遅らせることができなかった。

　議会が3月1日までに予算決議に達しなかったため、財政支出一律削減は実施され、会計年度の残りの7カ月間（財政支出一律削減の当初計画の会計年度通期ではなく）、裁量的で非義務的なプログラムの削減が広がった。結果、多くの連邦機関が公務員を一時解雇し、2013年の第2四半期に年率で6億ドル、第3四半期には年率で55億ドルの連邦政府の人件費を減額した（年率でなければ合計で15億ドル）。CBOは、財政支出一律削減が75万人の雇用喪失と13年の4四半期間に0.6％ポイント成長を低下させうると予測した。

　財務省が2月中旬まで政府の継続的な資金調達を可能とする「特例措置」（"extraordinary measures"）を開始した時点で、厳密には2012年12月31日にすでに債務上限に達していた。しかしながら、2月末に5月18日まで債務上限を停止する法案を議会が可決し、大統領によって署名された。債務上限はその翌日の5月19日に停止期間中の借り入れを反映した水準で復帰した。その結果、財務省は再び特例措置を適用したが、9月にはこれら特例措置が10月17日に使い果たされるだろうと発表した。

　債務上限問題に加えて、政府の資金調達のための継続予算決議が10月1日に始まる新しい会計年度には延長されなかったため、一段と不確実な状況が10月初めに生じた。結果として、連邦政府は一部閉鎖に追い込まれた。約85万人の連邦政府職員は一時帰休させられたが、国防総省では多くの軍属は閉鎖2週目に呼び戻された。政府機関の閉鎖回避のための継続予算決議と債務上限の延長に関する合意に10月

第2章 2013年の回顧と将来の見通し

16日に達し、次の日には、連邦政府は通常業務に戻った。経済分析局（BEA）は、政府サービスに依拠した民間活動の縮小、信頼性の低下、あるいは不確実性の高まりによる間接的な影響は試算に組み込んでいないが、政府機関閉鎖が第4四半期のGDPを年率で0.3％ポイント引き下げた直接的な原因であると推定した。トムソン・ロイター／ミシガン大学調査（Thompson Reuters-University of Michigan Survey）によると、10月の政策信頼度の水準は1978年の調査開始以来の月間調査下位5％に落ち込んだ。

政府機関の閉鎖回避の合意（2014年継続歳出法：Continuing Appropriations Act of 2014）は、14年1月15日まで政府資金の調達を認め、14年2月7日まで債務上限を延期し、その後15年3月まで再び延長した。12月中旬に、議会は2014会計年度と2015会計年度における裁量的支出の一律削減に対する部分的な緩和、そして幅広い手数料の引き上げや支出削減だけでなく、新規の連邦政府職員に対する年金拠出の職員負担増で、その緩和部分を相殺する合意に達した。その法案は裁量的支出全体に上限を定めただけであり、1月に議会はこれら支出水準と整合的な2014会計年度歳出法案に合意した。とりわけ、その法案は、低所得世帯の子どもの幼児教育を提供するヘッドスタート・プログラム（Head Start programs）削減の完全な回復、部分的だが医学研究や職業訓練プログラムの回復、そして軍隊におけるセクハラ撲滅のための新規プログラムへの支出を認めた。

この財政逼迫と継続的なGDP成長の結果、連邦財政赤字の対GDP比は2013会計年度に2.7％ポイント低下して4.1％になり、前年比で最も大きな低下の一つに数えられる（図2—2）。2009会計年度の赤字の対GDP比は、急激なリセッションとそれに対する財政刺激策によ

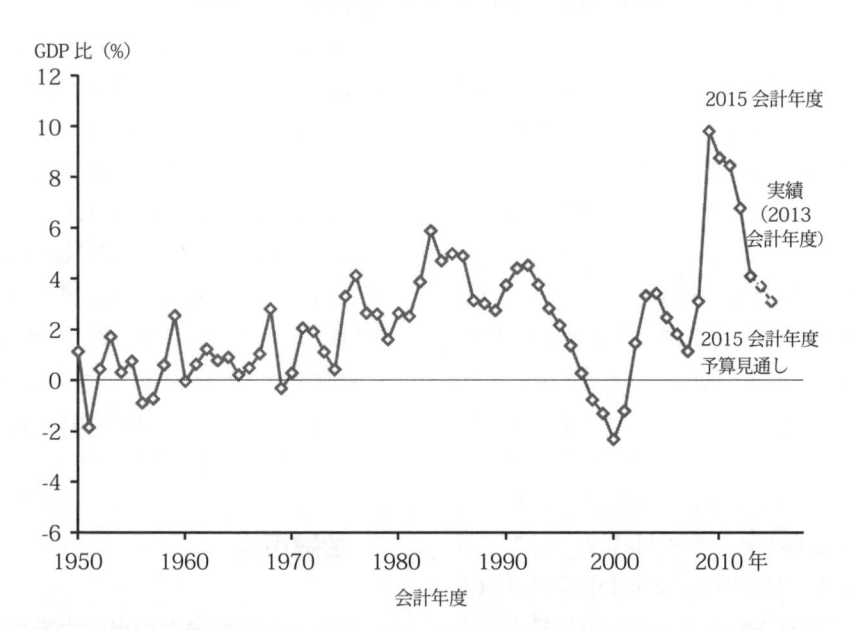

図2—2 連邦財政赤字（1950〜2015年）

出所：Bureau of EconomicAnalysis, National Income and Product Accounts; Office of Management and Budget.

37

って上昇した（第3章参照）。その後4年間に5.7％ﾎﾟｲﾝﾄの赤字の対GDP比の低下は、第二次世界大戦終結後の動員解除以来最大であった。第3章で論じるが、全体として財政支援は09年以来産出と雇用水準を大幅に引き上げた。しかし、特に13年の赤字削減は成長の障害となった。フィスカル・ドラッグの理由の一つは、リセッション期に採用された多岐にわたる反循環的な財政政策の縮小にあった。大統領の政策の下、赤字の対GDP比をさらに0.4％ﾎﾟｲﾝﾄ引き下げて3.7％にしながら、2014会計年度にはフィスカル・ドラッグは大幅に緩和される見通しである。

金融政策

2013年に連邦公開市場委員会（FOMC）は、大規模な金融緩和を継続した。伝統的手段──フェデラルファンド金利──をゼロ近くにし、FOMCはフェデラルファンド金利と長期証券の追加買入れともにフォワードガイダンスを導入した。

FOMCはフェデラルファンド金利の目標誘導レンジを「異例の低さ」に維持する目的を明らかにし、2012年12月に発表したフォワードガイダンスを13年のあいだも維持したが、このことによって委員会は、すくなくとも「失業率が6.5％を超え、この先1～2年のインフレ見通しがFOMCの長期目標である2％を0.5％超上回らず、そして長期インフレ期待が十分抑制されている限り」フェデラルファンド金利を現行レベルに維持することを示した。さらに、13年12月の声明では、FOMCは「これら要因（労働市場の状況、インフレ圧力、インフレ期待）の評価に基づいて、とりわけ予測されるインフレ率がFOMCの2％の長期目標より低くとどまるようなら、失業率が6.5％を下回っても相当の期間、現行のフェデラルファンド金利の目標誘導レンジ（0から1／4％）を維持することが適切になる公算が大きいと現時点で予測している」と述べ、フォワードガイダンスに付け加えた。この追加された情報は、失業率の閾値を下回った時点におけるFOMCによる政策意図の明瞭性を高めるためのものであった。

2013年の資産買入れについては、「雇用の最大化と物価安定」を達成するため、「一段と力強い景気回復を支援し、インフレが時間の経過と共に確実にFOMCの二つの責務と最も整合的な水準になるよう支える」ことを目指して、連邦準備制度理事会はモーゲージ担保証券を月額400億ﾄﾞﾙ、長期財務省証券を月額450億ﾄﾞﾙのペースで購入規模の拡大を続けた。FOMCの6月の会合までの期間に、金融市場の参加者らは、連邦準備制度理事会のメッセージを予想よりも早期の買入れペース減速を意味すると解釈した。この解釈は、市場の不安定性を高め、連邦準備制度理事会が資産買入れペースを継続させたことで秋には部分的には低下したが、夏のあいだ長期財務省証券利回りを著しく上昇させた。しかしながら、FOMCの12月会合では、1月に購入ペースの減速を始めることを決定し、毎月の買い入れ額を100億ﾄﾞﾙ縮小して750億ﾄﾞﾙにした。さらに、もし新しい情報が労働市場の改善とインフレ率の長期目標への回帰を示してFOMCの見通しを広範に裏づけるようなら、FOMCは今後の会合で一段と慎重な段階を踏んで資産購入ペースを縮小させるだろう。この資産買入れ縮小は、そのFOMC会合で公表された通り14年1月に継続した。

金融市場

昨年1年間の金融市場の出来事は、連邦準備制度理事会によるメッセージと同じく経済見

第2章
2013年の回顧と将来の見通し

通しの変化を反映した。春と夏に、連邦準備制度理事会による資産買入れ縮小の可能性の予想が長期金利の大幅な上昇をもたらした（図2─3）。

10年物財務省証券利回りは5月初めに1.7％であったが、その後7月には2.6％に上昇し、9月のFOMC会合直前には約2.9％まで上昇を続けた。9月のFOMCによる資産購入ペース維持の決定に反応して、10年物利回りは夏の上昇分を逆戻りし、10月には低下して2.6％になった。さらに、連邦準備制度理事会のメッセージは、秋にはフェデラルファンド金利が引き上げられるという投資家の予想を押し返したように見える。しかしながら、年末に向かうにつれ、雇用や他の経済指標の予想以上の改善と、その後のFOMCによる資産買取りペース縮小の決定は、2013年の最後の週に長期財務省証券利回りを上昇させた。10年物財務省証券利回りはほぼ3％で13年を終えた。短期金利（フェデラルファンド金利や91日物財務省証券利回りなど）は、将来予測では変動的であったが、昨年1年を通じてもっと安定的──0.2％以下にとどまる──であった。

10月の債務上限問題に関する瀬戸際戦術──10月17日直後にデフォルトが予想された──と政府機関の2週間の閉鎖は、金融市場に大きな負担となった。9月から10月上旬のあいだ、いくつかの金融ストレスの指標は債務上限に関する市場参加者の懸念を反映した。図2─4で示されるように、その時期に満期となる財務省証券利回りは、支払い遅延の予想によって上昇した。

さらに、機関投資家向けマネーマーケット・ファンドは10月16日までの3週間で860億ドル（資産の約5％）の大規模な流出が起こった。フィデリティ・インベストメント社（Fidelity

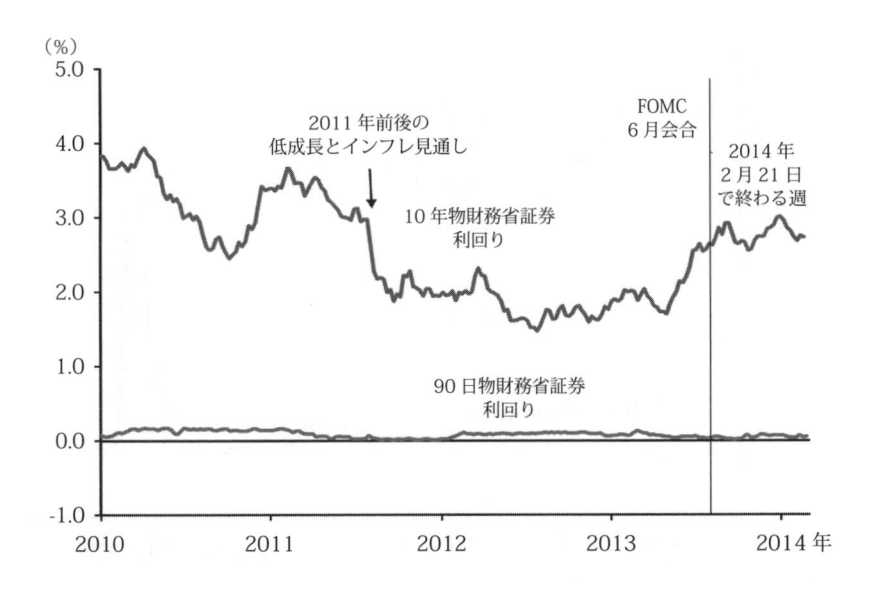

図2─3 金利（2010〜14年）

出所：Federal Reserve Board, H.15.

Investments) ──米国最大のマネーマーケット・ミューチュアル・ファンド投資会社──は、債務上限による債務不履行の可能性のある周辺日に満期が設定された米国政府証券を保有しない決定を10月初めに公式に宣言した。最終的に、翌日物レポ、またはレポ取引、財務省証券担保証券など金融機関の資金調達源の金利は10月初めに急騰した。債務上限問題が解決すると、すべての指標は通常の水準に戻った。

継続的な経済回復と昨年を通して改善された見通しを反映して、米国株式市場は金利上昇にもかかわらず全般的に上昇を保った。スタンダード＆プアーズ500（Standard and Poor's 500）は2013年に30％上昇し、年末には名目値で最高水準に達した。しかしながら、インフレ調整をすると、00年3月のピークを下回ったままである。スタンダード＆プアーズ500は14年の年初2カ月間に少しだけ上昇した。

国際的な出来事

昨年は、ヨーロッパの景気回復の開始も見られ、実質GDPは2013年第2、第3、第4四半期に年率で1.0から1.6％へと上昇した。これらは11年以来、初めての欧州連合28カ国による3四半期連続の実質GDPのプラス成長であった。11年と12年に表面化した欧州通貨同盟（「ユーロ圏」17カ国）の安定性への懸念は収束した。ユーロ圏における失業率は、4月から9月に記録的な12.1％で推移し、その後、第4四半期には小刻みに12.0％まで低下した。ユーロ圏の物価は抑制され、12年の2.2％から13年の12カ月間では0.8％低下しただけであった。近年の低インフレは、デフレの可能性への懸念を高めた。欧州中央銀行による物価安定のための政策目標は、「2％以

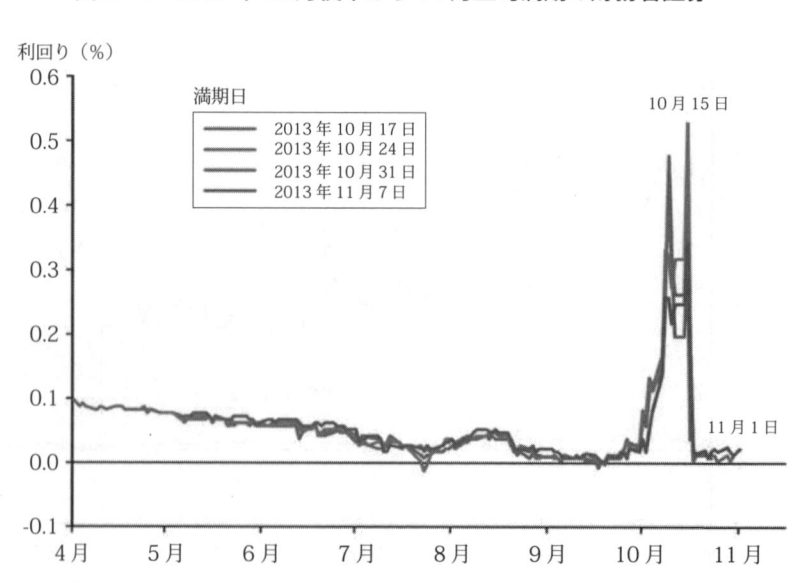

図2—4 2013年10月後半から11月上旬満期の財務省証券

出所：Bloomberg.

第2章 2013年の回顧と将来の見通し

下だがその近傍」である。12年8月に最初に発表された中央銀行の国債買入れプログラム（Outright Monetary Transactions）は、欧州の政府証券市場の安定措置の一助となり、イタリアとスペインの10年物国債利回りは管理可能なほぼ4％になって13年を終えた。昨年、ユーロ圏諸国はユーロ圏の銀行に対する規制と監督の一元化で大きく進展した。

いくつかの欧州諸国でも際立った出来事が見られた。ユーロ圏の危機の高まりで、ギリシャ、スペイン、ポルトガルを含む諸国では、消費と投資を支える民間と公的借入れをファイナスするために経常収支赤字が増大した。ユーロ圏の危機発生において、これら諸国は、図2—5に示されるように、単位労働コスト引き下げと価格競争力の向上による経常収支赤字の大幅削減で調整した。それにもかかわらず、失業率はこれら諸国ではとりわけ高い水準が続いた。

日本の実質GDPは、2012年に0.4％低下した後、13年の4四半期には揺るぎない2.7％成長となった。日本のコアの消費者物価指数（食品と燃料を除く）は、12年の0.6％低下から13年の12カ月間には0.7％のプラスに転じた。これは12年12月の安倍晋三の選挙の結果、3月の日本銀行の新総裁の指名、そして日本銀行が14年末までにマネタリーベースを倍増させるという4月の発表を受けたものである。この政策の下、国債は月間で約800億㌦まで買入れされる（基本的に、連邦準備制度理事会と同じ購入規模だが、経済規模は［日本のほうが］小さい）。拡張的な金融政策は、経済成長を支え、デフレ時代に日本を逆戻りさせないことを意図した財政刺激と構造改革を含む3本の柱の一つであった。

中国の実質GDPは、2013年の4四半期に7.7％成長したが、前年をわずかだが下回り、

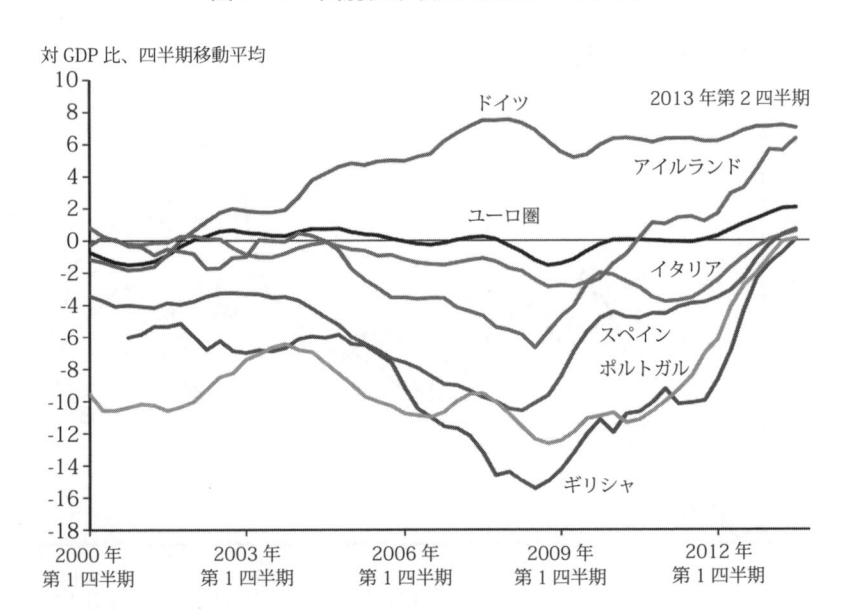

図2—5　国別経常収支（2000〜13年）

出所：Eurostat; 各国データ。

また10年と11年のそれぞれ10％と9％から大きく減速した。3月に国家主席を引き継いだ習近平は、共産党中央委員会第三回全体会議を指揮し、多くの経済改革の提案を行った。中国の銀行間金利は、その年にいく度か高騰した。この最中の中国人民銀行による流動性供給は鈍く、それは規制監督と融資拡大を回避するために簿外取引を拡大させた銀行への警告だと多くは読み取った。

　他の新興市場経済の中でも、インドネシア、マレーシア、メキシコ、南アフリカ、そしてタイは実質GDP成長を鈍化させた。しかし、ブラジル、インド、トルコのような国では成長を伸ばした。米国のリセッションが新興市場経済における高い投資収益期待を伴っていたため、米国の低金利は、新興市場の資本流入の増大を引き起こした。しかしながら、米国の金利が上昇し始め、そして海外の成長期待が減退するにつれて、投資家はポートフォリオ調整をし始め、いくつかの新興市場通貨と金利にマイナス効果をもたらした。5月半ばから8月の海外ミューチュアル・ファンドの新興市場からの530億ドルの流出は、通貨と新興市場株式指数の急激な下落をもたらし、影響を受けた国々の中央銀行（インド、インドネシア、トルコ、ブラジル、パキスタン）は政策金利を引き上げた。それでも、資金流出にもかかわらず、図2―6で示されるように、投資残高はわずか数年前の水準をはるかに上回っている。ある場合には、とりわけグローバルな投資家が各国経済のファンダメンタルズを見極めて国ごとに差別化を進めたため、通貨や債券市場は先の下落を取り戻した。

図2―6　新興国における投資信託と上場投資信託（ETF）への資金流入（2010～14年）

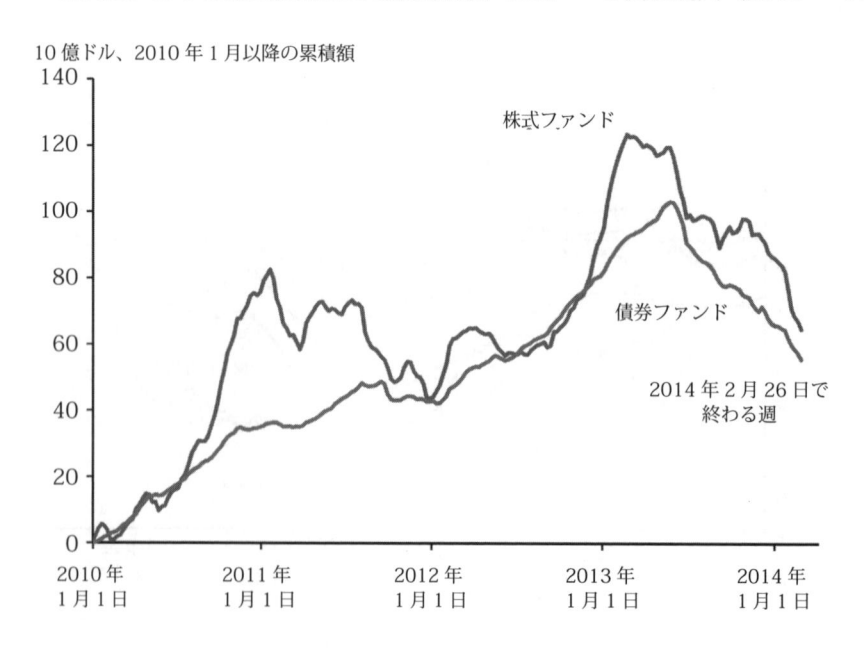

出所：インフォルマ社の子会社、EPFRグローバル。

第2章 2013年の回顧と将来の見通し

2013年の出来事と短期見通し

消費支出

実質消費支出は、過去3年間毎年約2％ずつ伸びた。消費支出がGDPの68％を占めるため、過去3年間の総需要の安定的な拡大の大半は消費支出の安定的な伸びによって説明される。しかし、2013年の消費支出の安定的な伸びは、いくつかの相反する出来事の下で生じた。給与税の期限付き2％減税の失効は13年の可処分所得を12年から1150億ドル減少させた。これは可処分所得を約0.9％減じさせ、消費の伸びをおよそ0.5％引き下げた。米国納税者救済法による高所得家計への増税は、高所得家計の総額規模が小さく、限界消費性向が相対的に低いため、支出に対して影響はほとんどなかった。また、中長期の財政赤字を削減することで、高所得家計の増税は次第に効果的に一段と持続的な歳入の伸びに貢献するだろう。

家計純資産の力強い伸び——資産増と債務負担の減少——は、総消費支出を裏づけた。債務元利払い（家計債務返済に必要な最低額）は、2008年末の可処分所得の13％から13年第3四半期（入手可能な最新データ。図2—7参照）には10％に低下した。債務元利払いの減少は部分的には、モーゲージ金利と消費者ローン金利の低下によってもたらされたが、また部分的にはレバレッジ解消と呼ばれる債務負担率の低下にもよる。債務は08年の年収の約1.3倍から、13年第3四半期には年収の1.1倍に低下し——この比率の低下の大半は名目所得の上昇によってだが、名目債務は5％低下した。家計債務と所得に対する債務負担の低下は、家計部門が全体的にこれら負担の軽減を進めていることを示している。これらのデータは総生産と消費の成長予測に適しているが、それらは多くの場合中間所得層が13年にも直面し続けた債務と債務負担の変化を反映していない。

図2—8に示されるように、資産も全体として増大した。これら資産増はすべての資産分類で増大したが、資産は平均的な家計（13年に株式よりも上昇が遅かった住宅資産を多く保有する）よりもさらに高所得家計（資産の大部分を株式で保有する）で大幅に増大した。結果として、これは中間層家計が永続的な経済問題に直面したまま、資産の不平等が拡大し続けたことを示唆している。株式資産の増大は09年リセッションの谷以降の出来事であるものの、これらの増大はウィルシャー5000（Wilshire 5000）株価指数が31％上昇した13年にとりわけ目覚ましかった。13年の4四半期間に、株式資産は年間可処分所得の39％相当分増えたと推計される。住宅資産（モーゲージ債務を引いたもの）も昨年顕著に増大した。コアロジック社の全米住宅価格指数（CoreLogic National Housing Price Index）で測った住宅価格は、11年3月前後に底を打ち、13年の12カ月間で11％上昇した。結果として、純住宅資産は13年の年間可処分所得の13％分をさらに増大させるだろう。

株式資産と住宅資産の増大は、年間可処分所得の52％相当分、純資産の所得比を上昇させた。資産の増大は増大分の約3％だけ年間の消費支出を増やした。結果として、資産増だけで可処分所得の1.7％の消費増を裏づけ、2013年の増税を相殺するに十分であった。

図2—7　家計のレバレッジ解消（1990～2013年）

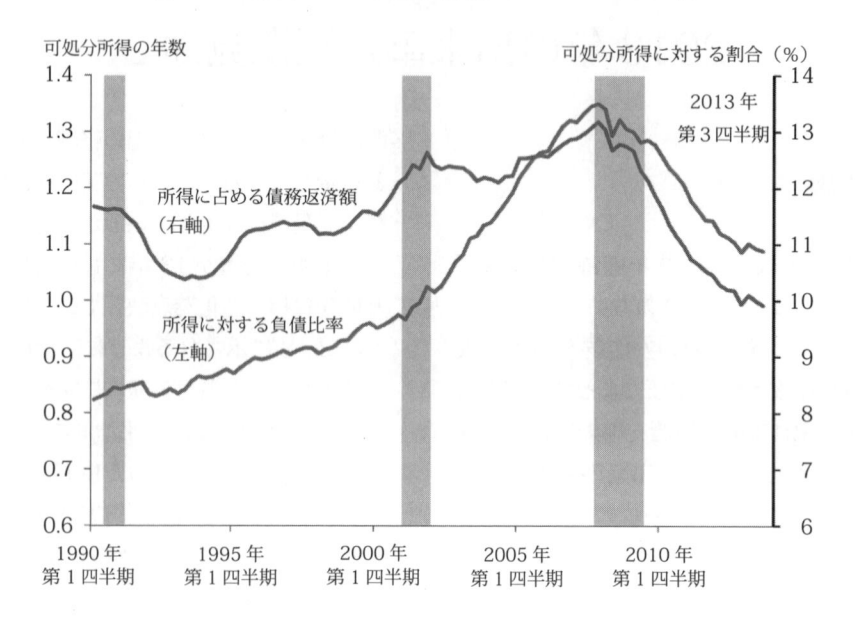

注：影の部分はリセッションを示す。
出所：Federal Reserve Board, Financial Accounts of the United States.

図2—8　個人可処分所得（DPI）に対する消費と資産（1952~2013年）

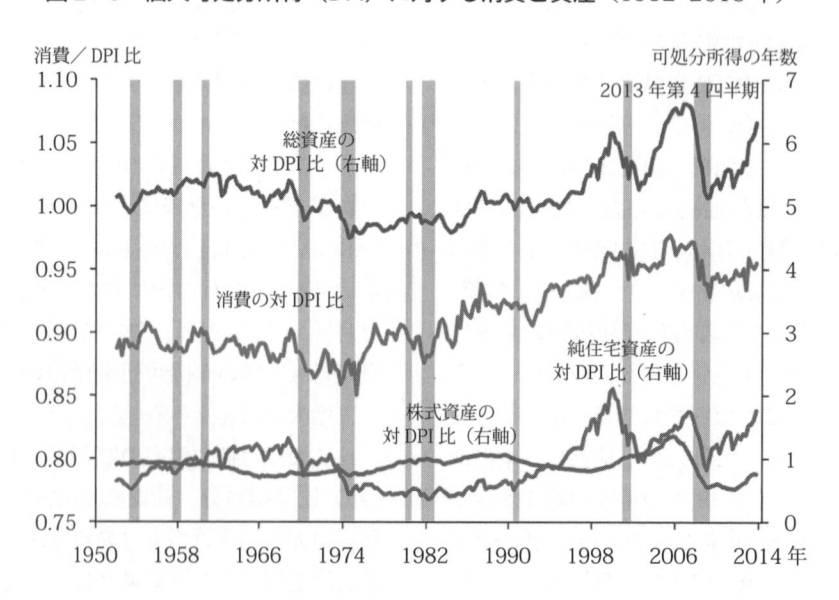

注：2013年第4四半期の数値はCEAによる。影の部分はリセッションを示す。
出所：Bureau of Economic Analysis, Naitonal Income and Product Accounts; Federal Reserve Board, Financial Accounts of the United States; CEA算出。

第2章
2013年の回顧と将来の見通し

　先を見通すと、2014年の消費支出は、過去3年間の2％の上昇ペースよりも速まる可能性が高い。資産増とレバレッジ解消は消費支出増の一段と安定的な土台を構築する。13年の耐久消費財の急増（5.6％）は、持続するかさらに高くなるだろう。小型自動車の平均的な使用年数は11.4年に伸び、自動車や他の耐久財の購入がリセッションと遅い回復の期間に延期されたため繰延需要は残っているようだ。

企業投資

　企業固定投資　実質企業固定投資は、2012年の5.0％増から減速して13年の4四半期間に3.0％の緩やかな伸びであった。13年の企業投資の減速は、構築物と設備投資に集中する一方、知的財産への投資は一昨年よりも13年では速く成長した。非居住用構築物投資は12年の力強い9.2％成長の後、0.2％に低下した。設備投資は、12年の4.5％成長から3.8％へと鈍化した。対照的に、知的財産投資は、12年の2.9％から13年には4.0％へと勢いを増した。（13年7月の国民所得生産勘定の包括的な改訂の一部として、経済分析局は、知的財産の新しい分類として（1）研究開発、（2）エンターテイメント、文芸、芸術の作品を含む企業固定投資の分類を改訂した。そこにはソフトウェア投資も含まれる。国民所得生産勘定の13年7月基準（benchmark）についてはBox 2―1を参照。）

　設備投資の中で情報処理機器や輸送用機器など主要なものは、2012年よりも13年に伸びが弱まり、産業用機器投資の力強い成長を相殺した。情報処理機器のうちコンピュータとコピー機の投資が弱かった。輸送用機器では、自動車、航空機、船舶への投資は12年よりも成長が鈍化した。

　非居住用構築物への実質投資は、2012年の9.3％成長から13年の4四半期間には0.2％に低下した。石油と天然ガス採掘における強い伸びは、産業用構築物、発電施設、通信施設の建設の減少によって相殺された。

　金利は低く、投資可能な内部資金が潤沢であることを考えると、企業固定投資の成長ペースの鈍化は説明がつかない。Baa格社債の金利は名目、実質ともに低い。Baa格社債の名目金利は2013年に平均5％であったが、約2％の期待インフレ率で調整した実質利率は3％であり、約4.7％の60年平均を大幅に下回った。

　投資資金は、未配当の利益や減価償却のような内部留保を容易に使用できる。これら資金の合計は、国民所得勘定におけるキャッシュフローとして知られるが、非金融企業部門では2013年第3四半期のGDPの10.1％あり、歴史平均の8.7％を大きく上回った。歴史的に、非金融企業による投資は、銀行借り入れと株式を合わせて、キャッシュフローの103％平均である。対照的に、13年の第1から第3四半期のあいだ、投資はキャッシュフローの90％に過ぎなかった。投資に振り向けられなかったキャッシュフローは、不規則性が高いが、配当金と同じように株主還元の手段として自社株買いに使われてきたようだ。

　金利が低く内部資金の利用が可能な状況で、投資増加率は期待成長率の低さに原因があるのかもしれない。図2―9に示されるように、投資増加率は産出成長率に関係している。「加速度原理」（"accelerator"）として知られる関係において、投資の増加は産出の成長（加速化）率に関係する。たとえば、産出が2010年（産出成長が09年のマイナスからプラスに転じた年）に加速したとき、投資は非常に速く増加したため、資本ストックは新たな需要水準に対応できた。しかし、企業産出成長が13年まで

Box 2—1　2013年の国民所得生産勘定の包括改訂

2013年7月、商務省は国民所得生産勘定——国内総生産（GDP）算出の元となる基礎データ——を09年以降初めて包括的に改訂し、その結果を発表した。これら改訂は1929年にさかのぼるが、基礎データの追加だけでなく、米国経済の発展を反映させた手法の変更も含んでいる。特に、経済分析局は研究開発（R&D）支出や映画のような知的所有財として登録されるすべての芸術作品の創作が含まれるように企業投資の定義を拡張した。また、商務省は年金債務の増大を、家計貯蓄と政府・企業の負債として判断するようにした。連邦準備制度理事会の米国金融取引勘定（Financial Accounts of the United States）におけるこれら債務の累計額は、家計部門の資産と政府・企業部門の負債として現在では把握されている。

全体としてこれらを含む変更は、2013年の第1四半期に年間で5510億㌦（あるいは3.4％）だけ米国経済の規模を事実上拡大させた。その変更は、主に近年の影響を受ける新しい年間データの統計を更新し、時間の経過に伴うGDP成長の経路にも影響するが、同時に、方法の改訂（知的所有のような）は長期時系列全体に影響する。09年第2四半期に今回のリセッションが終了した後の16四半期間の実質GDP成長は、年平均0.1％㌽上昇して2.2％へ、リセッション期（07年第4四半期に始まった）に見られたGDPの減少は年率0.3％上昇して－2.9％へ改訂され、従来の報告よりもリセッションを緩やかにし、また回復を力強いものにした。現在報告されているリセッション期の累積での実質GDP低下は、4.7％ではなく4.3％へと修正され、その後の拡大はこれまでの報告が13年第1四半期まで8.1％の拡大であったのに対し、8.5％拡大した（図1—1を参照）。

2009年初め以来、実質GDP成長の次期四半期予測から最新データへの改訂幅の絶対値の平均（average absolute revision）は、1.3％㌽であった。これら変更の影響は、リアルタイムでの経済パフォーマンスの計測の難しさを浮き彫りにする。

2013年以前と以降の実質GDPの包括的改訂（2007～13年）

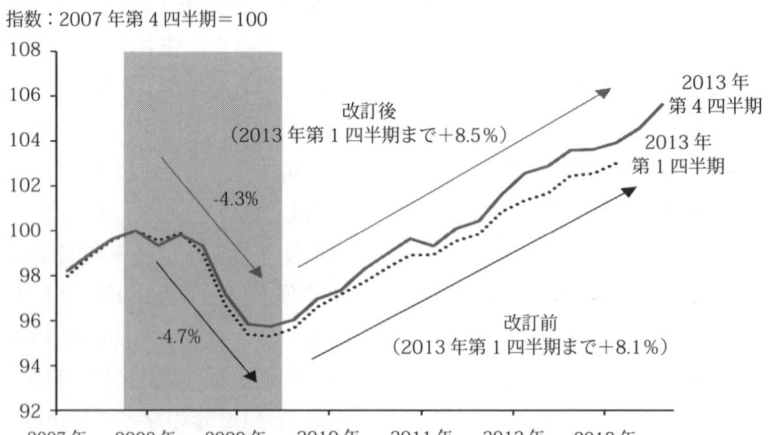

注：影の部分はリセッションを示す。
出所：Bureau of Economic Analysis, National Income and Product Accounts.

第2章 2013年の回顧と将来の見通し

図2―9　企業投資と企業産出の加速度（1965～2013年）

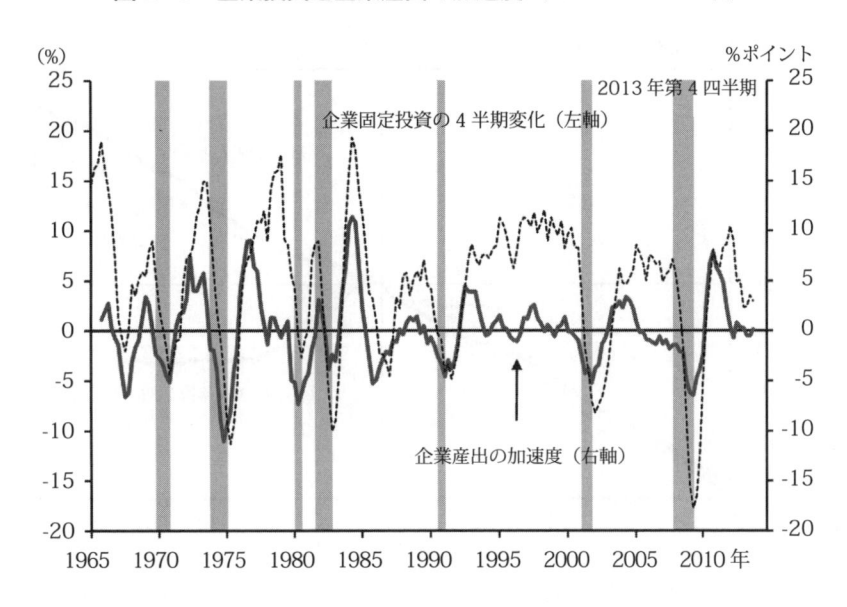

注：加速度は企業産出（AR）の6四半期変化率から6四半期前の企業産出（AR）の6四半期変化率を引いたものである。影の部分はリセッションを示す。
出所：Bureau of EconomicAnalysis, National Income and Product Accounts.

の3年間およそ年率3％で落ち着いていた時期、図2―9で示されるように、投資はそれほど速く増加する必要はなく、むしろ鈍化した。

在庫投資　在庫投資は2013年の4四半期で実質GDP成長に大きく貢献し、2.5％成長のうち0.8％ポイントの寄与度であった。農業在庫投資の伸びは、0.8％ポイントの全体に対する寄与度のうちの0.3％ポイントであり、12年の深刻な干ばつ後の収穫回復を反映した。製造業と貿易セクターでは、昨年の在庫積み増しは販売よりも緩やかであったため、12月までの在庫は供給1.30カ月分であり、12年末とほぼ同じ水準であった。

州・地方政府

州・地方政府は2013年も財政圧力を受け続け、4年間の緊縮財政――支出（消費と投資）と雇用の両者で測る――は、ようやく終了したようである。州・地方政府の支出は、13年第1四半期までの13四半期間で全体的に減少したが、昨年は第1四半期よりも高い水準で終え、09年以来初の3四半期での増加を示した。今回の景気回復における州・地方政府支出の度重なる削減は、過去の景気回復における通常の展開と対照的である（図2―10）。通常の景気回復において、州・地方政府の支出増は経済回復を強化する。対照的に、州・地方政府の支出減は、今回の景気回復の最初の4年間の民間部門の成長と雇用に逆風となった。

2013年の支出の回復と同様に、州・地方政府の雇用は、リセッションが終了してから12年末までにおよそ70万人削減の後、13年の12カ月間に3万2000人増やし、回復の兆しを示し始めた。

これら2013年の前向きな兆候にもかかわらず、支出増への大きな障害は残されたままであ

図2—10　リセッション期の州・地方政府の実質政府支出

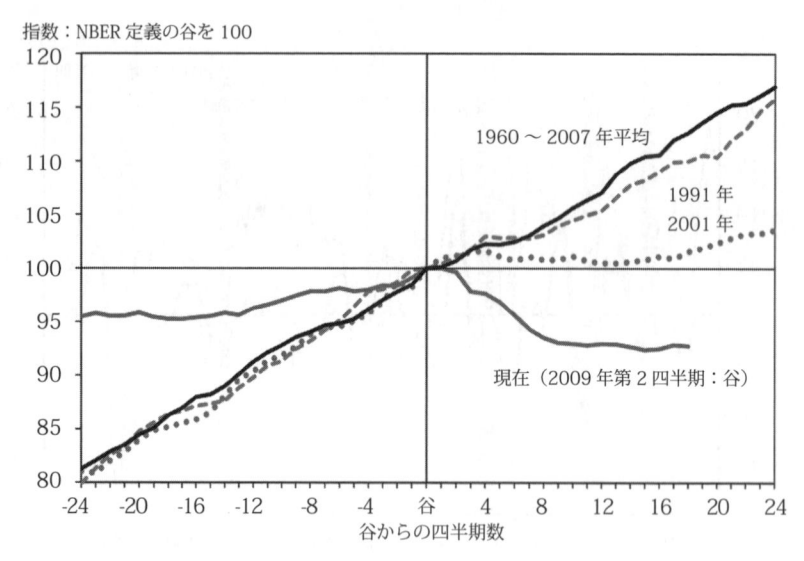

指数：NBER 定義の谷を 100

1960〜2007年平均
1991年
2001年
現在（2009年第2四半期：谷）

谷からの四半期数

注：1960〜2007年平均には、1981〜82年リセッションとの重複があるため80年リセッションを含まない。
出所：Bureau of Economic Analysis, National Income and Product Accouts; Nationa Bureau of Economic Research; CEA 算出。

図2—11　州・地方政府の年金債務（1952〜2013年）

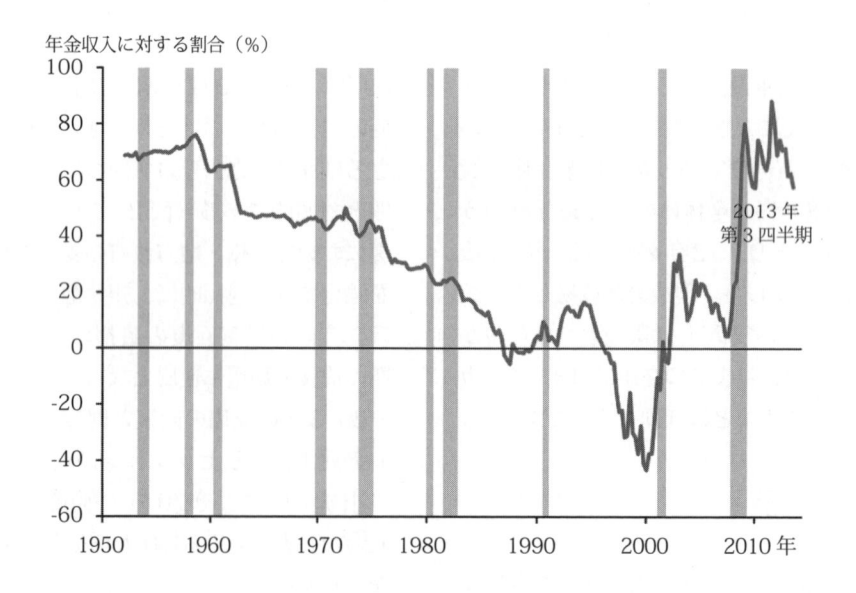

年金収入に対する割合（％）

2013年
第3四半期

注：影の部分はリセッションを示す。
出所：Federal Reserve Board, Financial Accounts of the United States.

第2章
2013年の回顧と将来の見通し

り、それはとりわけ、州・地方政府の年金の積み立て不足による債務負担である。13年7月の国民所得生産勘定の基準改定において、商務省は連邦準備制度理事会の協力を得て、現金主義ではなく発生主義で確定給付型年金を計算し、それによって積立額と積立て不足の年金債務を調査した。図2—11で示されるように、州・地方政府の歳入に対するこれら債務の規模は、リセッション直後から膨張し、現在では州・地方政府部門の歳入の約60％の水準に上昇したままである。州・地方政府債を加えてもグラフの形が変化することはなく、歳入に対する負債の比率を歳入の約200％の水準まで高めてしまう。

国際貿易

2013年の米国の対世界の財・サービス輸出は平均すると月間1890億ドルであり、輸入は平均で月間229億ドルであった（図2—12）。輸出は11年と12年と同じく、13年の米国の産出（GDP）の13.5％を占めた。

米国の貿易赤字は、輸出を上回る輸入だが、2013年には平均すると月間400億ドルほどであった。リセッションの時期には輸入需要は落ち込み、その結果、貿易赤字は08年7月の660億ドルから09年5月には250億ドルに減少した。リセッションによる海外需要の減少によって輸出も低下したが（図2—13参照）、世界の多くの地域においてリセッションは米国ほど深刻ではなかった。09年5月以来、輸出入はいずれも月に約0.8％平均で伸びている。

図2—13は、われわれの主要な貿易相手国の経済成長の鈍化が米国の輸出を鈍らせていることを示している。近年の米国のトップ5の輸出仕向地は、高い順にカナダ、欧州連合、メキシコ、中国、そして日本であった。これらすべての貿易相手国の経済成長は全体的に鈍化したが、輸出先の第2位（欧州連合）と第5位（日本）では実際に一時的にリセッション入りし、回復は緩やかになりそうだ。欧州連合の実質GDPは2012年の4四半期に0.7％の減少、その後13年に1.1％成長し、そして14年には1.4％成長が予測されている（European Commission 2013）。日本の実質GDPは、12年の4四半期に0.4％減少、13年に2.7％成長したが、14年にはわずか0.6％の成長予測となっている（OECD 2013）。

貿易収支は経常収支の主要項目である。経常収支の他の項目は、海外資産の純所得と対外援助や海外送金のような移転収支である。1985年以来、2四半期を除いて、米国はすべての項目で一貫して経常収支の赤字にあるが、90年から2005年まで増加の一途を辿った赤字傾向は、反転したかのように見える。図2—14は、1985年以降の経常収支の対GDP比を示している。2005年第4四半期の対GDP比で6％のピークをつけた後、経常収支は3％以上、対GDP比を下げた。最大の減少は2008〜09年のリセッションで起こり、それ以来何度か上昇の時期はあったものの、経常収支赤字は13年の第3四半期に2.3％で、15年間で最も低い水準となった。近年の経常収支における赤字減少の重要な要因は、石油とガスの国内生産の増大であり、輸入石油の需要減少に関係しているのだが、この転換については本章の後半で詳述する。世界市場で価格が決定される石油を除外すると、米国の経常収支の赤字は大幅に縮小する。

米国は世界で最も開放的で透明性の高い貿易・投資制度を有する国であり、1.3％の貿易加重平均の実行関税率は輸入と外国投資にとって市場志向的である。米国の貿易政策構想の最大の動機は、外国の輸出業者と投資家が米国で

図2—12　財・サービス貿易収支（2007〜13年）

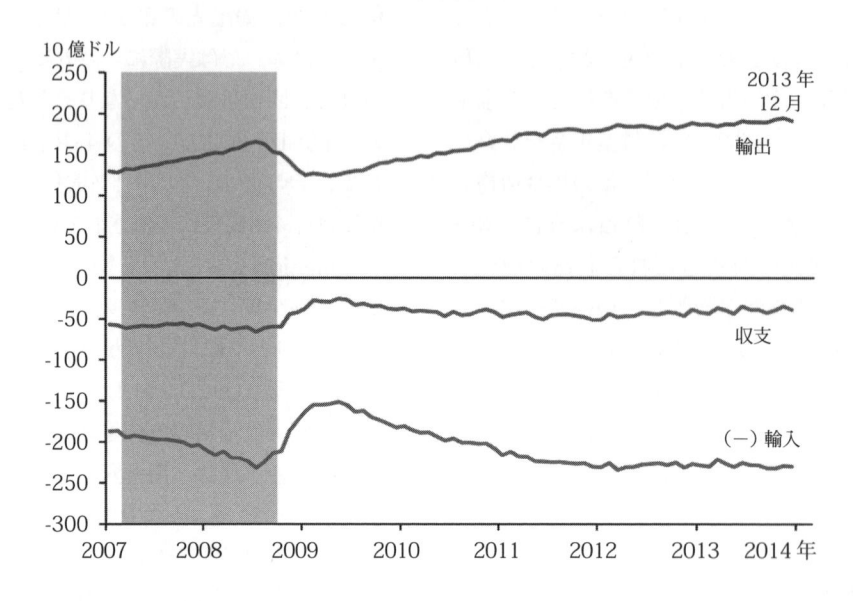

出所：U.S. Census Bureau, Foreign Trade Division.

図2—13　米国の輸出成長率（2009〜13年）

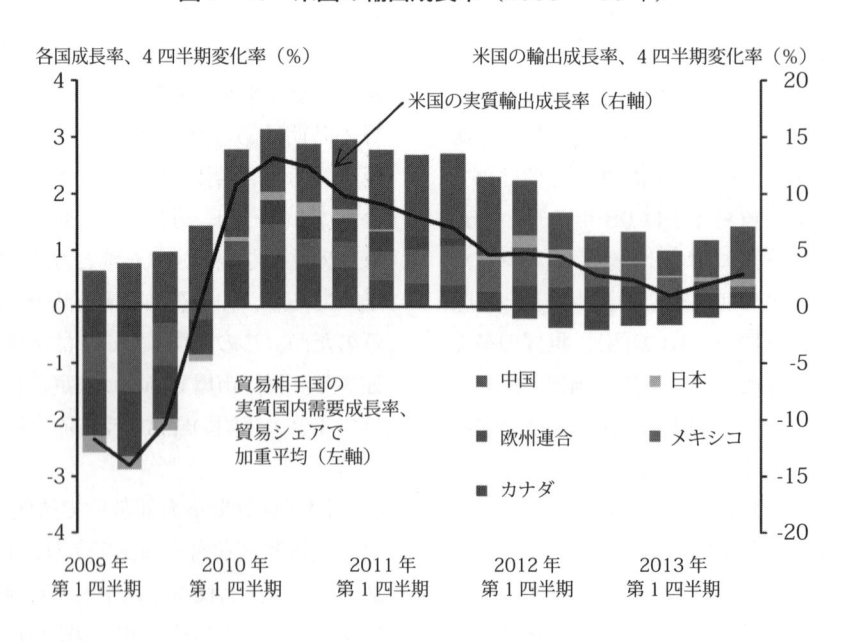

出所：IMF; Eurostat; Bureau of Economic Analysis; U.S. Census Bureau, Foreign Tade Divison.

第2章
2013年の回顧と将来の見通し

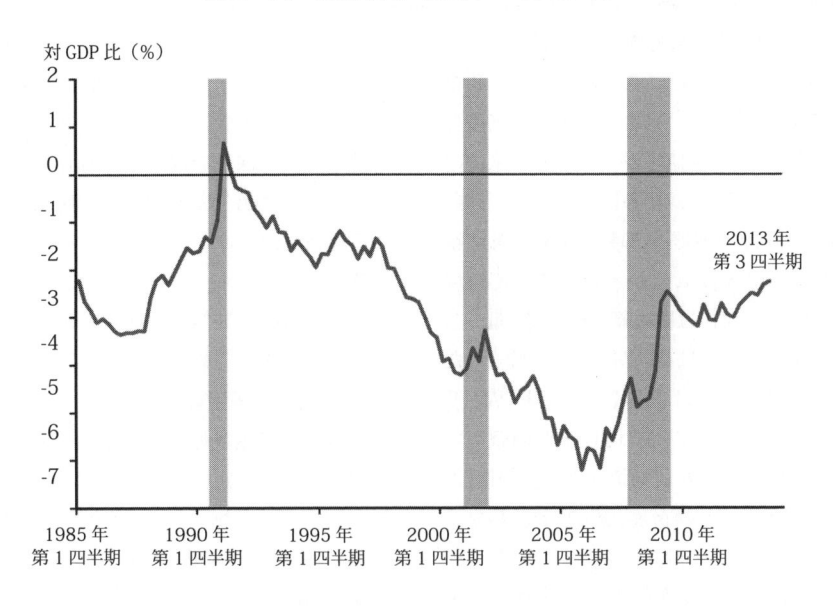

図2―14　経常収支（1985～2013年）

注：影の部分はリセッションを示す。
出所：Bureau of Economic Analysis, National Income and Product Accounts.

享受するのと同じように米国の当事者らが他の市場でも競争機会を得られるように、われわれの調和的な貿易やビジネス環境が報われるようにすることである。米国の貿易政策は、知的財産、労働、環境などの主要領域で米国の基準と近くなるように外国での基準の引き上げを含む、条件の公平化も追求する。Box 2―2 は、政権の貿易政策構想を論じる。

住宅市場

住宅市場の動向は、真夏に約1％ポイント上昇したモーゲージ金利、継続的な融資条件の厳格化、差し押さえ物件に対する投資家の需要の減少といった逆風にもかかわらず、2013年も回復を続けた。生産サイドを見ると、一戸建てと集合住宅いずれも新築住宅着工件数は、モーゲージ金利が相対的に上昇したにもかかわらず、13年も12年の増加を持続させた。全体として13年の着工件数は、12年の78万戸、09年の史上最低の55万4000戸から上昇しておよそ93万戸であった（図2―15 参照）。

住宅需要は増大し、2013年に新築と中古住宅販売は大リセッション以来最高水準に達した。住宅ローン不履行と差し押さえは5年間で最も低い水準となり、投げ売り状態で売却される住宅が少なくなるにつれて、販売構成は差し押さえでない物件に顕著に移行した。

販売物件の供給の引き締まりによって、2013年の住宅価格は、すべての主要な住宅価格統計で一段と上昇した（図2―16）。13年11月時点で、品質調整価格――FHFA指数による――は、1年前より7.7％上昇し、品質調整価格が底にあった11年初めよりも15.3％高くなった。二つの見解が13年の住宅価格の底堅い上昇の背景を説明する。第一に、そのような価格の動向はリセッション後に典型的に表れるということだ。住宅価格が底を脱するのに

51

Box 2—2　政権の貿易政策イニシアティブ

米国は、この時代で最も野心的な貿易アジェンダを追求してきた。これにはオバマ政権1期目の、韓国、パナマ、コロンビアとの高度で実行的な市場開放の貿易協定が含まれる。米国のこれら諸国からの輸入に対する関税率は、交渉開始前には米国のこれら諸国への輸出に対する関税率よりも全体的に大幅に低かった。そして、協定の締結によって、米国は関税障壁を一段と低くし、同時に米国の貿易相手国は高い関税障壁を除去した。

2013年12月、米国は世界貿易機関（WTO）の159カ国をまとめ、WTOの20年間の歴史で最初に締結される多国間貿易協定の貿易円滑化協定（Trade Facilitation Agreement）を締結するためのリーダーシップの役割を果たした。このグローバルな協定は、国境を超える財・サービスの動きを促進し、貿易を通じた雇用を促進するWTO加盟国間の関税協力を深化させる。とりわけ、この協定は必要書類の削減、関税規制や手続きの透明性の要求、加盟国に対して関税及び課徴金の電子決済の受け入れ奨励、そして生鮮食品の迅速な通関の保証を求める。円滑な手続きと高い透明性は、輸出企業の費用を削減し、とりわけ物流の複雑さが特に壁になっている中小企業を支援する[1]。

現在、米国は二つの包括的で高い水準の地域貿易協定を追求しているが、それら協定がカバーする市場規模と規定の範囲において野心的である。アジア太平洋地域の12カ国による環太平洋パートナーシップ協定（TPP）交渉は締結間近にある。米国と欧州共同体（EU）28カ国との環大西洋貿易及び投資パートナーシップ（T-TIP）の交渉は初期段階にある。

円グラフは、米国の貿易にとってこれら二つの交渉中の協定によって包摂される地域の重要性を

米国の財・サービス輸出入（2012年）

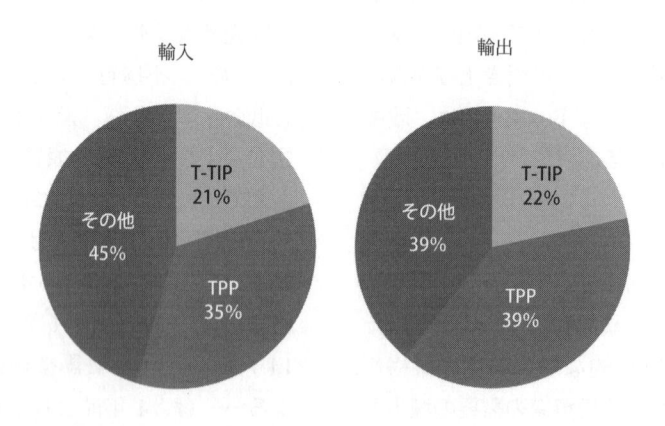

輸入
- T-TIP 21%
- TPP 35%
- その他 45%

輸出
- T-TIP 22%
- TPP 39%
- その他 39%

注：ブルネイ、ペルー、ベトナムのTPP諸国のサービス貿易データは入手不可。
出所：Bureau of Economic Analysis; International Trade Commission.

第2章

2013年の回顧と将来の見通し

示している。TPPとT-TIPの協定相手国は米国輸出の約60%を購入し、米国輸入の53%を供給している。したがって、TPPとT-TIPはすでに強固な貿易関係を基盤としている。

米通商代表部（USTR 2013a）によると、TPPは「…アジア太平洋地域におけるオバマ政権の経済政策の基礎」であり、「共通の貿易・投資への取り組みの確立によって地域統合を促進する。そして、国有企業、知的財産権、規制の統一化、グローバルサプライチェーンのような21世紀型の課題に対処する」[2]。

T-TIPは米国と欧州連合とのあいだの貿易・投資の連携強化を追求し、グローバル貿易システム全体を網羅する基準を高めるひな型になる。それはサービス企業に新たな市場開放を与え、米国と欧州連合の規制と基準の親和性を高めることを目指している。T-TIPは、グローバル貿易における共通利害への新たな協力関係も創造する（USTR 2013b）[3]。

締結後には、TPPもT-TIP協定もともに、世界生産のおよそ3分の2を占める自由貿易圏の中心に米国を据えるだろう。米国は、他の交渉も進めている。たとえば、世界のサービス市場のほぼ70%を占める国々とサービス貿易の自由化を高度化する国際サービス協定、IT市場の90%を占める国々とIT製品の貿易の一段の自由化を促進する協定、そして環境物品市場の86%を占める国々との自由化貿易交渉も進めている。

政権の貿易政策イニシアティブは、それがなければ得ることのできなかった生産と消費の機会を米国経済に提供し、成長促進、高賃金雇用、つまり中間層の強化という究極の目標に貢献する。

1　USTR. 2013a. "Weekly Trade Spotlight: The Benefits of the WTO Trade Facilitation Agreement to Small Business."（http://www.ustr.gov/about-us/press-office/blog/2013/December/Benefits-of-WTO-Trade-Facilitation-Agreement-to-Small-Business）.

2　USTR. 2013b. "Acting Deputy U.S. Trade Representative Wendy Cutler discusses Japan and the TPP at the Peterson Institute for International Economics."（"http://www.ustr.gov/about-us/press-office/blog/2013/November/Cutler-TPP-Japan-PIIE"）. TPP参加国はオーストラリア、ブルネイ、カナダ、チリ、日本、マレーシア、メキシコ、ニュージーランド、ペルー、シンガポール、ベトナム、そして米国である。

3　USTR. 2013b. "Ambassador Froman discusses the Transatlantic Trade and Investment Partnership at the Munich Security Conference."（"http://www.ustr.gov/about-us/press-office/blog/2013/November/Froman-Munich-Security-Conference"）.

大リセッションが終了してから時間を要したが、その後の価格の回復は正味では、20世紀の戦後八つのリセッション後の住宅価格の平均上昇率をわずかに下回っただけであった。第二には、13年末の住宅価格は、住宅のファンダメンタルな価値を示す賃料との長期関係に近いことである。今世紀の最初の5年間の住宅価格は、急落するまで賃料よりも一層急激に上昇した。住宅価格の最近の上昇は、概して賃料に沿っているか、あるいは賃料との長期関係を上回っているかもしれないが、価格上昇の相当部分は経済のファンダメンタルズの改善によるものである。

住宅の販売、建設、価格は、モーゲージ金利が5～7月の金利上昇（本章の前半で論じた）後に、正味で約100ベーシスポイント上昇して4.4%になり、2013年の残りの期間もその水準にとどまったが、全般的に安定的な基盤の上にあるようである。モーゲージの名目金利は、歴史的標準では低位にあるが、その他を同一と

53

図 2—15　住宅着工件数（1960 〜 2013 年）

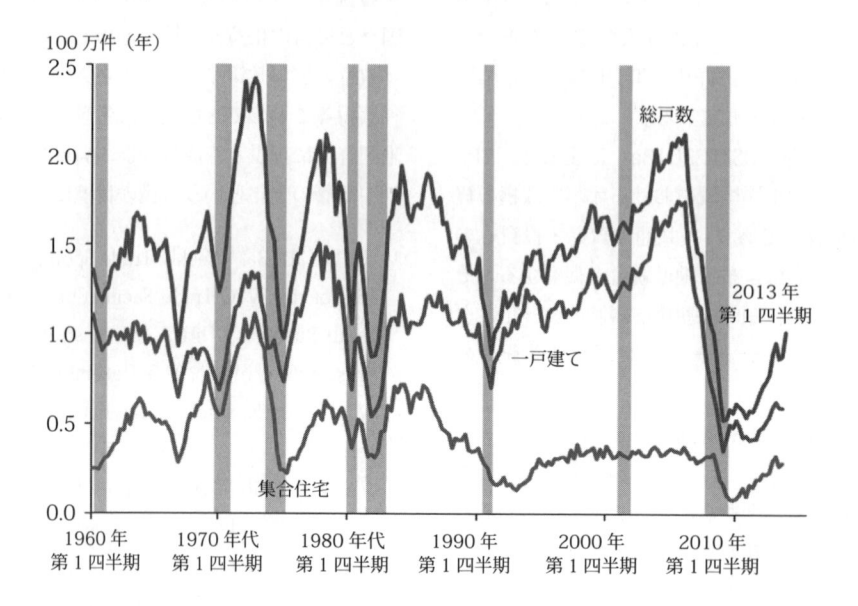

注：影の部分はリセッションを示す。
出所：Census Bureau, New Residential Construction.

図 2—16　全米住宅価格指数（2000 〜 13 年）

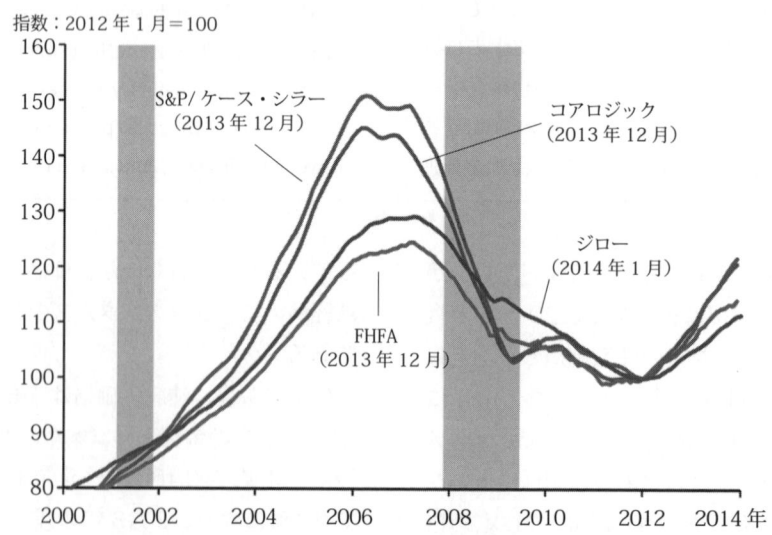

注：S&P/ ケース・シラー、FHFA、コアロジック指数は市場の住宅の品質で調整しているが、売買された住宅をカバーするだけである。一方、ジローは市場の全住宅の価格を網羅する。
　　影の部分はリセッションを示す。
出所：Zillow; CoreLogic; FHFA; S&P/Case-Shiller.

すれば、金利上昇は住宅購入の借入コストを高くし、住宅需要と住宅投資に下落圧力を与える。また、金利が上昇すると、建設会社の新規建設の資金調達能力の低下、場合によっては先延ばしになる。実際に、住宅投資は12年の4四半期に15.5％増大したが、13年には6.7％に減速した。この減速は、中古住宅販売の減少による13年第4四半期の手数料の減少と同じく、着工件数の伸びの逓減によって説明される。しかし、全体的には、新築住宅販売は13年に17％増加し、住宅着工件数は同程度増えた。

住宅市場の動向が安定的であることを示す別の指標として、ロイター・ミシガン消費者調査（Reuters/Michigan Survey of Consumers）の家計の住宅価格に対する楽観的態度が挙げられる。住宅取得可能性は高く、家計の77％が「住宅を購入する良い時期」（ロイター・ミシガン消費者調査）だと報告している。

よりファンダメンタルな側面に目を向ければ、2009年以来の世帯形成の抑制によって発生した繰延需要は、住宅需要を刺激し、空き住宅や差し押さえ手続き中の住宅の大量在庫の吸収を促進するだろう。大リセッションのあいだ、新規の世帯形成数は年間100万世帯以下まで低下し、それ以来、低い水準のままである。図2—17が示すように、今世紀初頭の住宅バブルの期間に、年間約160万戸の新築住宅を必要とする人口動態傾向に基づく潜在的な世帯形成率を上回る住宅が建設された。この超過供給は07年にピークとなり、——住宅建設の水準が低下したため——この超過供給は縮小し始めた。そして、11年までに超過供給は、過少供給に転じた。現在では、住宅在庫の増加は世帯形成の通常のペースに遅れを取っている。

雇用見通しが改善するにつれて、世帯形成は回復する見込みである。しかしながら、世帯数の増加がどの程度力強い住宅需要に結びつくのかは、特に新規の住宅購入者に対する信用供与の緩和（金融危機後に過度に引締められた）に大きく依存する。連邦準備制度理事会の上級融資担当者調査（Federal Reserve's Senior Loan Officer Opinion Survey）によると、2013年の貸し出し基準は、優良借手向け住宅モーゲージに対してはある程度緩和されたことが示され、この緩和は近年低水準が続いたモーゲージ債権の購入の増加を支えた。

エネルギー

2013年に米国は、エネルギー効率向上と再生可能エネルギーの生産増や統合の高度化だけでなく、石油とガス分野の展開からも恩恵を受け続けた。図2—18が示すように、石油の純輸入は05年の1200万バレル／日以上から13年には約62万バレル／日へと減少した。さらに、図2—19が示すように、13年10月初めに、1995年以来初めて国産原油生産は原油輸入を上回った。

原油と石油製品は、米国のエネルギー輸入の大部分を占め続けている。エネルギー輸入の削減の利益は多岐に渡る。それらは、米国の貿易収支改善の主要な原動力であり、海外の石油供給の障害に対して米国経済の脆弱性を低下させ、そしてエネルギー生産と製造業におけるアメリカ人の雇用を支える。国内の石油・天然ガス生産の飛躍的な増大は、2012年と13年いずれにおいても米国のGDPに約0.2％成長を付け加えた。

エネルギー輸入削減の現在の傾向は、比較的安定的なエネルギー需要と国産エネルギー供給の増加によって主導されている。経済全体のエネルギー利用は、2007年以来年率0.8％で減少してきた。国産エネルギー供給の増大は、非在来型の石油と天然ガス生産の大幅増を

図 2—17　完成・建設中の住宅及びプレハブ住宅の累積件数（1996~2013 年）

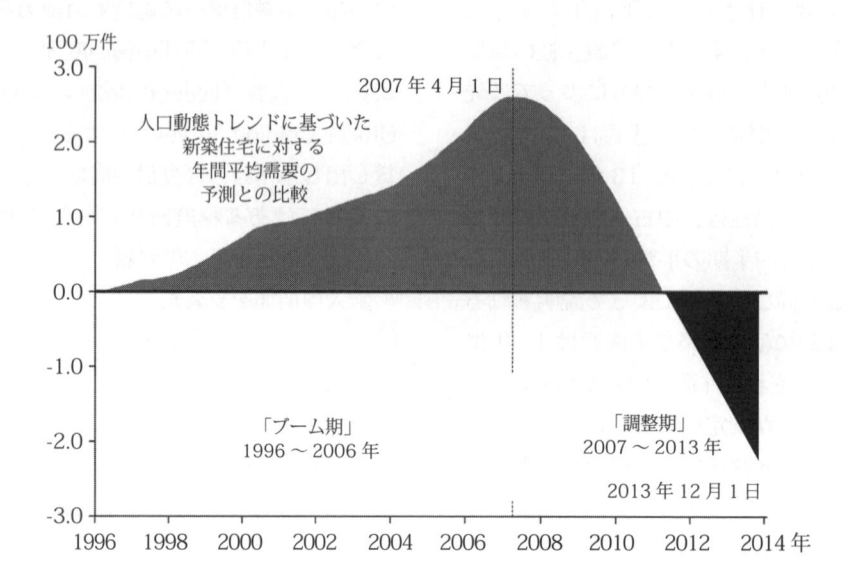

100 万件

2007 年 4 月 1 日

人口動態トレンドに基づいた
新築住宅に対する
年間平均需要の
予測との比較

「ブーム期」
1996 ～ 2006 年

「調整期」
2007 ～ 2013 年

2013 年 12 月 1 日

出所：Census Bureau, New Residensital Construction（completions）and Manufactured Home Survey（placement）；CEA（1998）；CEA 算出。

図 2—18　石油純輸入量（1980 ～ 2015 年）

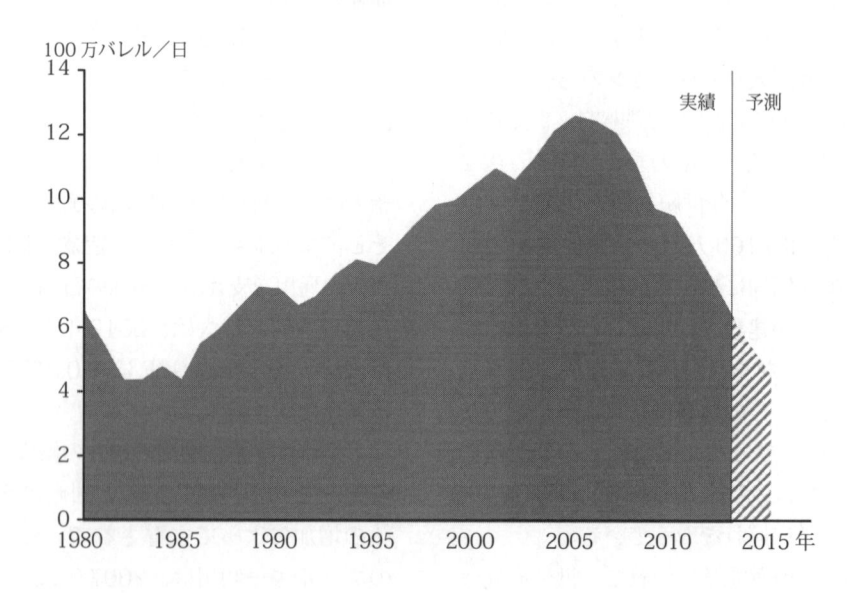

100 万バレル／日

実績　予測

出所：Energy Information Administration, Monthly Energy Review, Short-Term Energy Outlook.

第2章
2013年の回顧と将来の見通し

反映している。非在来型の国産ガス生産の急増は、05年10月の13.42㌦の最高値から13年10月には3.68㌦へと天然ガスの卸売（Henry Hub）価格を73％低下させた。米国は現在世界最大の天然ガスの産出国であり、13年の国際エネルギー見通し（2013 International Energy Outlook）では米国が30年まで最大の産出国であり続けることを予測する（U. S. Energy Information Administration 2013）。07年以来、5万人以上の雇用が石油と天然ガスの採掘で、さらに石油と天然ガスの供給網では16万人以上の雇用が創出された。以下で見るように、天然ガス価格の低下は製造業を支援し、石炭からよりクリーンな天然ガスに電力生産がシフトするため米国の二酸化炭素排出量の削減の重要な推進力となる。実際に、10年から13年のあいだに、エネルギー消費による米国の二酸化炭素排出総量は4.3％減少した。今日の消費者の節約を可能にすることに加え、温暖化ガス排出の削減は未来の世代のためでもある。

エネルギー供給の別の側面は、図2—20で示されるように、風力と太陽光発電の飛躍的な成長であり、オバマ大統領が政権に就いて以来、いずれも倍以上増えている。2012年の新規設置の風力発電容量は13ギガワットの最高を記録し、11年の新規設置の容量のほぼ2倍であった。キロワット時の発電当たり2.3㌣の税控除の失効を目前に企業はその恩恵を享受しようと急いだため、12年12月だけで5ギガワットを上回る容量が設置された（議会は後に税控除を13年も延長した）。これら新規の風力発電容量の13ギガワットは、12年の米国の総発電容量の追加分の大部分を占めた。

国産エネルギー供給の増加に加えて、すべての主要エネルギー部門における需要が縮小

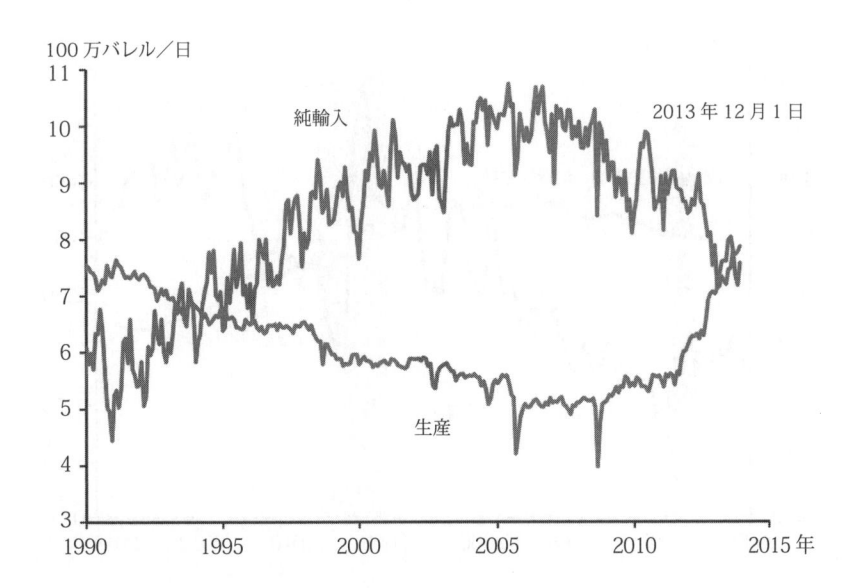

図2—19　原油の月間生産と純輸入（1990～2013年）

注：このデータは季節調整はされていない。
出所：EnergyInformation Administration, Petroleum Supply Monthly.

図2—20　風力および太陽エネルギー生産（2000〜13年）

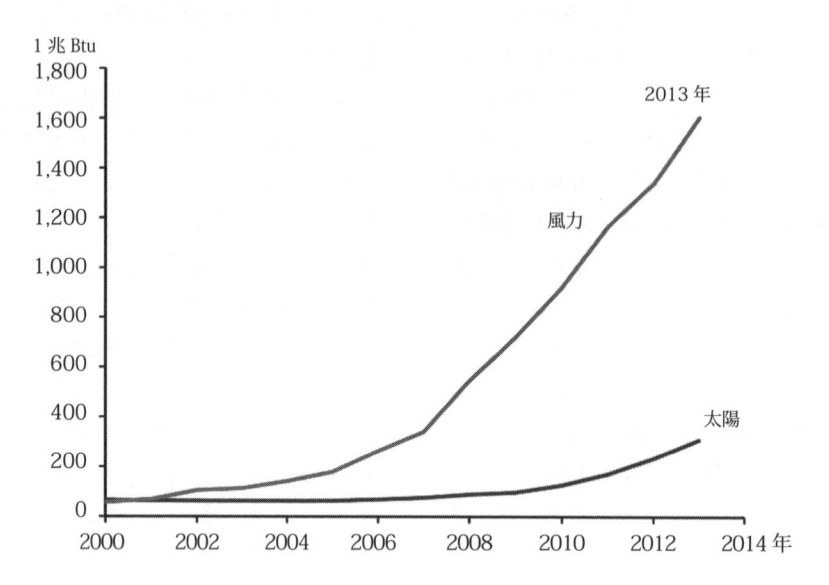

注：2013年のデータは予測である。
出所：Energy Information Adminstration, Monthly Energy Review, Short-Term Energy Outlook.

図2—21　米国における1人当たりガソリン消費とガソリンの実質価格（2000〜13年）

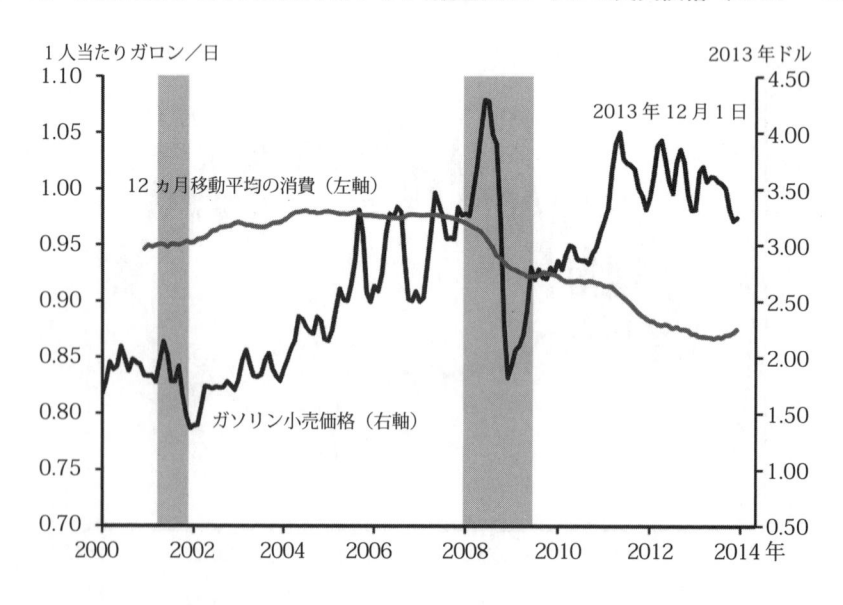

注：ガソリン小売価格は個人消費支出（PCE）連鎖物価指数でデフレートしている。消費は、一般家庭、商業、工業、運輸部門を含む。
出所：Energy Information Administration, Monthly Energy Review; Census Bureau; CEA算出.

第2章 2013年の回顧と将来の見通し

したため、エネルギー輸入は減少した。図2—21に示されるように、1人当たりのガソリン需要は、リセッション期に大きく減少するのだが、2000年代初めに至るまで増大し、その後00年代初頭には横ばいになった。しかしながら、米国経済が回復しても、1人当たりのガソリン需要は減少し続けた。ガソリン需要の継続的な減少は、図2—21で示されるように、ガソリンの実質価格の高止まりによってもたらされていたのだが、それは部分的に説明するだけである。連邦燃費基準による燃費改善も貢献し、12年にわが政権は燃費基準をまとめ、小型トラックの燃費を25年モデルまでに10年水準の約2倍の1ガロン当たり54.5マイルにするわが政権の第一次の基準が含まれている。さらに、14年モデル以降、中型と大型トラックも同様の新しい燃費効率を満たさなければならなくなり、18年までに10％から20％の燃費効率を改善しようとするものである。

これらエネルギー効率の著しい改善とエネルギー関連の二酸化炭素排出の削減の一方で、継続的な作業が温室効果ガス排出削減に不可欠となる。2013年6月に、大統領は、温暖化ガス排出と将来世代のための気候変動の影響の低減を目的とする気候変動アクション・プラン（Climate Action Plan）（Box 2—3 でまとめられている）を打ち出した。

労働市場

主要な米国労働市場の指標は、容認し得ない失業率の水準にあったが、2013年も改善を続けた。図2—22に示されるように、失業率は13年の12カ月間に1.2％ポイント低下し、それ以前の3年間の年率平均0.9％ポイントよりもいく分速いペースであった。同様に、図2—23が示すよ

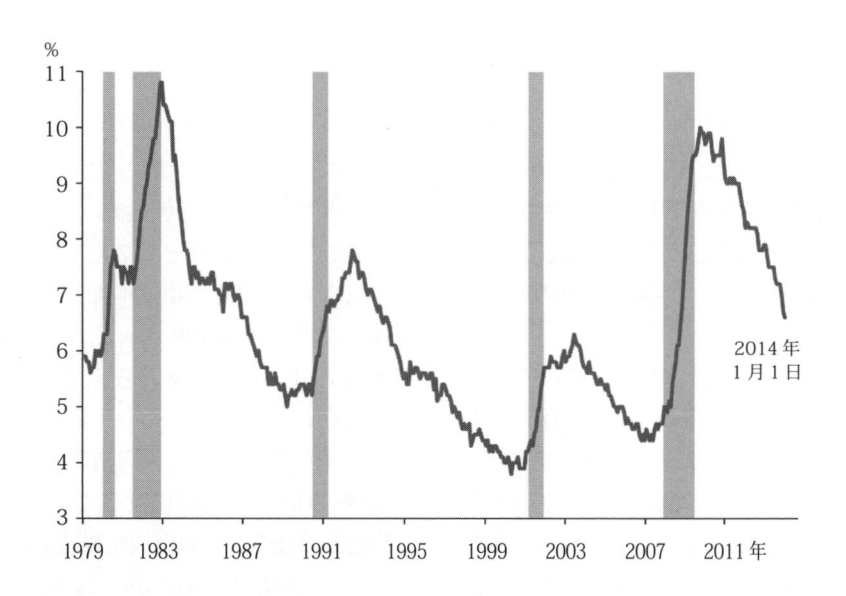

図2—22 失業率（1979〜2014年）

注：影の部分はリセッションを示す。
出所：Bureau of Labor Statistics, Current Population Survey.

Box 2—3　気候変動アクション・プラン

2009年、大統領は温暖化ガス排出を20年までに05年水準を17％引き下げることを公約した。大統領の13年6月の気候に関する演説は、「気候変動は現代における最大の挑戦の一つだが、米国の強靭さにふさわしい類まれな挑戦」であると述べた。この演説の後、大統領は気候変動の課題に取り組むための三つの柱となるアプローチを発表した。第一に、米国の二酸化炭素排出を削減する。第二には、気候変動の米国への影響に備える。第三に、気候変動との戦いと影響への対策のために国際的なリーダーシップを発揮する。

米国は、すでに2020年の排出削減目標に向けて大きく前進を遂げてきた。米国経済は成長を続ける一方で、12年には米国の炭素排出は約20年で最低水準まで減少した。政権は、化石燃料を使用する火力発電の炭素排出を削減するための新しい厳しい規制を提案するだけでなく、同時に、電化製品の新たな電力消費効率基準の設置、先進的な化石燃料プロジェクトへの新たな資金拠出、それ以外の重要な行動によってこの前進を推し進めてきた。これらの計画は、将来世代の厚生を守り、合衆国がクリーンエネルギーへのシフトによって持続的な経済成長を実現できる体制を整えるだろう。

気候変動アクション・プランは、米国が不可避的かつすでに現実となっている気候変動を制御するための準備を確実にするための計画も設計する。たとえば、政権は州・地方政府に対する支援を率先して、気候変動による甚大な天候被害から住宅、企業、そして日常生活を守るため、道路、橋梁、海岸線の強靭化を含むインフラストラクチャー、地域社会、天然資源の回復力を高める。

気候変動は、一国では解決できない地球規模の課題である。したがって、米国にとって、国際的なリーダーシップと国内との連携を欠かすことができない。米国は、排出の大幅削減のための国際的な行動（特に、排出国間）の鼓舞、気候変動の影響への備え、そして国際交渉による前進の推進によって、この地球規模の課題に対して真に地球的な解決を進めなければならない。

うに、就業者はおよそ年率230万人増（あるいは、月間19万人）で3年目を終えた[2]。労働市場の強さは産出増と調和せず、失業率とGDPとの関係にはなんらかの複雑な展開があり、また労働時間と産出（生産性）との関係も同様である。

現在の失業率の高さは、総じて長期失業が原因である。2013年12月の失業期間が26週以下の労働者の失業率は、01〜07年平均よりも低くなっているが、失業期間が27週以上の労働者の失業率は大リセッション前のいずれの時期よりも高水準のままである。しかし、長期失業率は過去2年間に1.1％ポイント低下し、同時期の短期失業率の0.5％ポイントの低下よりも、急速な改善を示している（図2—24）。

2013年の12カ月間の230万人の雇用の増加のうち、約4％が製造業、7％が建設業、そして90％が民間サービス産業であった。サービス産業のうち、雇用の伸びが大きいセクターは、専門・対事業所サービス（雇用増全体の29％）、小売業（15％）、そしてヘルスケア（全体の9％）であった。

雇用の改善過程で、製造業は底を打った後、62万2000人の雇用を増やした。10年間の雇用喪失の後のこの雇用増が製造業の復活を示すものだとの指摘もあるが、この改善はリセッションの深刻さを考慮に入れると通常の循環パターンを単に反映したものであるとの指摘もある。

第2章
2013年の回顧と将来の見通し

図2—23　非農業雇用（2007～14年）

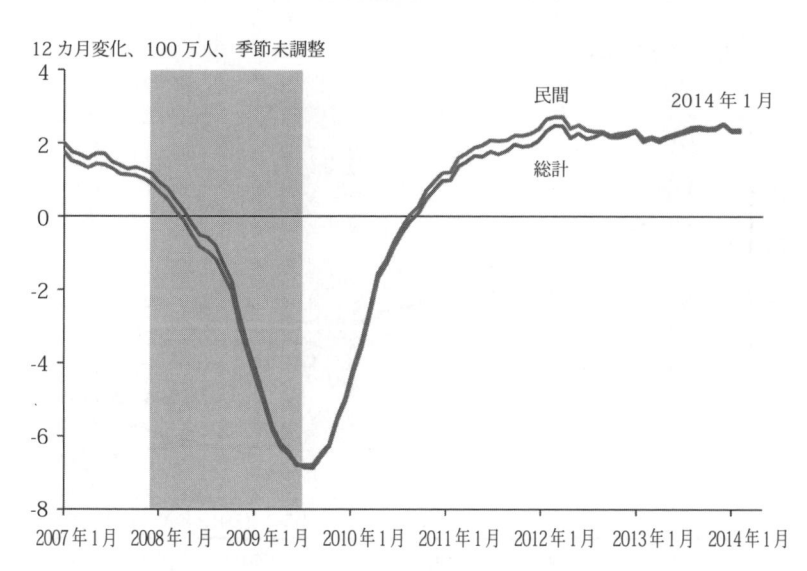

12カ月変化、100万人、季節未調整

民間　2014年1月
総計

注：総計には10年毎の一時的な国勢調査員を含まない。影の部分はリセッションを示す。
出所：Bureau of Labor Statistics, Current Employment Statistics。

図2—24　期間別の失業率（1990～2014年）

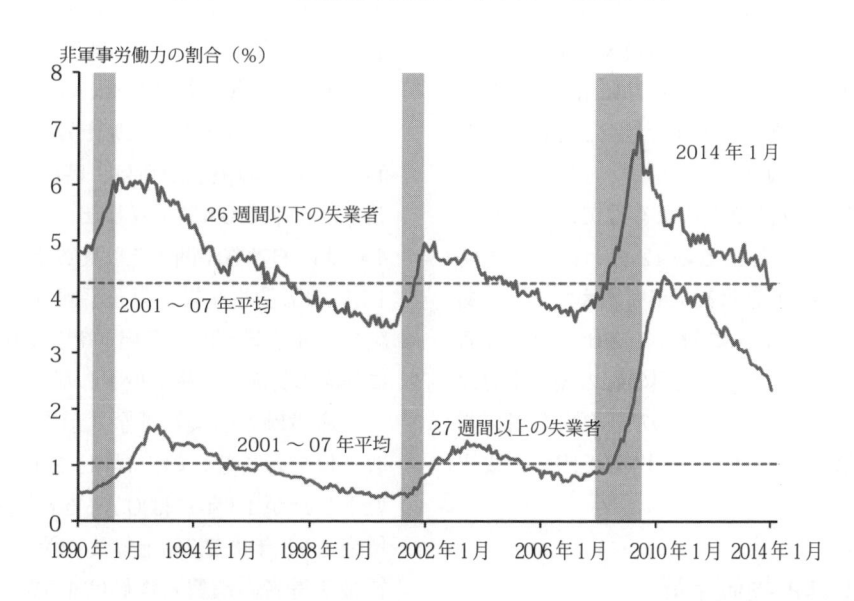

非軍事労働力の割合（％）

26週間以下の失業者
2001～07年平均
2014年1月

27週間以上の失業者
2001～07年平均

注：影の部分はリセッションを示す。
出所：Bureau of Labor Statistics, Current Population Survey。

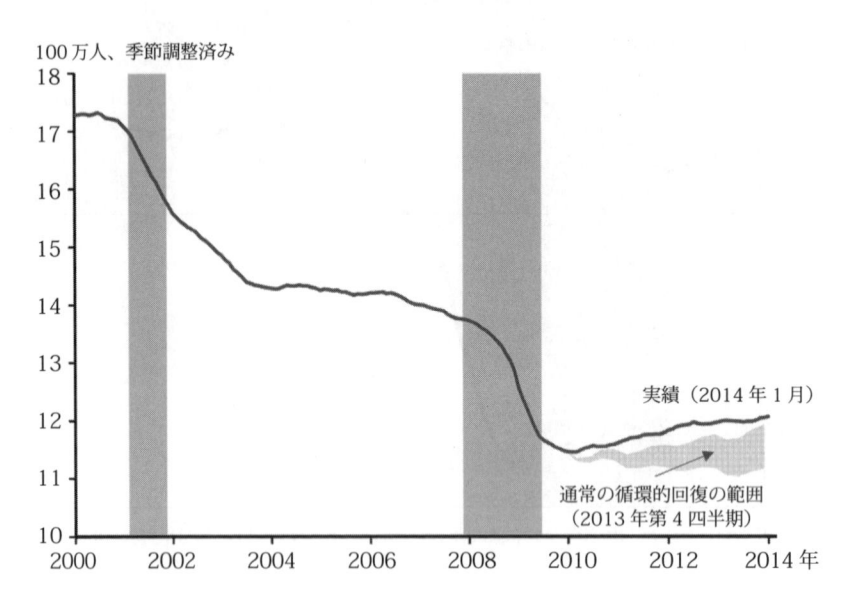

図2—25　製造業雇用の予測対実績（2000〜14年）

注：灰色の影の部分はリセッションを示す。青い影の部分は通常の循環的回復の95％信頼区間を示す。
出所：Bureau of Labor Statistics, Current Employment Statistics; CEA算出。

大統領経済諮問委員会（CEA）の分析は、全体的な雇用改善が製造業の雇用喪失の歯止めになったことは事実だとしながら、雇用増は歴史的な循環パターンを約50万人上回っていることを示している（図2—25）。

労働市場の改善のさらなる根拠は求人数の多さであり、11月までの12カ月間（発表時点で入手可能な直近月）で6％増えたことである。現在、求人1人に対して2.6人の失業者がおり、2009年の景気循環の谷の後の半分以下になったものの、01〜07年の失業者に対する求人倍率の2対1の平均を上回ったままである。

賃金上昇と物価上昇

時間当たり給与（非賃金手当を含む）は、雇用コスト指数（Employment Cost Index）によると、2013年の12カ月間で2.0％増え、4年連続で2％前後を維持した。非農業部門の物価はこの4年間で年率1.6％上昇し、つまり標準的な経営者の視点からは、時間当たりの実質給与は年率で0.4％上昇したことになる。この4年間における時間当たり実質給与の上昇率は、1.2％の労働生産性上昇を下回っており、その結果、非農業部門の産出（そして国内総所得）に対する労働分配率は低下した。

生産労働者の実質賃金（手当を含まない手取り賃金のこと）の上昇は、2012年に0.1％低下したが13年には0.7％を回復した。名目賃金は13年に2.2％上昇（12年より上昇）し、賃金所得者の消費者物価は1.5％上昇（12年より低下）した。

食品と燃料を除く消費者物価（コアCPI）は、

第2章 2013年の回顧と将来の見通し

Box 2—4　失業期間とインフレ

物価・賃金フィリップス曲線は、期待インフレ率を引いた賃金インフレ率と失業率の関係である。ベンチマークは、期待インフレ率の代理として前年のインフレ率を用いる（たとえば、Gordon 1990）。この設定において2009年〜13年は、長期関係性と高い失業率に基づく予測よりも賃金は低下せず、異常値クラスタを表している。しかし、失業期間の構成が重要であり、とりわけ短期失業率は全体的な失業率よりも賃金圧力の測定に適していることが、新旧いずれの研究によっても指摘され、それはおそらく雇用主は最後の仕事からあまり時間の経過していない失業者の雇い入れを好み、また求職行動は失業期間に伴って弱まるからである（Layard, Nickell, and Jackman 1991, Blanchard and Diamond 1994, Krueger and Mueller 2011, Stock 2011, Gordon 2013）。事実、下のグラフで示されるように、物価・賃金フィリップス曲線の関係が全体的な失業率よりも短期失業率で表されるなら、回復はもはや異常値ではない。

第二のディスインフレ不在の説明は、過去の変数依存の標準的なフィリップス曲線による動学予測を検討することであり、コアインフレ率の変化は過去のコアインフレ率と経済の不振の程度に依存する。2007年までのモデルの推計、そして07年以降の実際の失業率を用いた予測だが、その期間の物価は使用せず（動学予測の手法）、それによって、実際のインフレ経路が長期的な経験則に基づく予測と一致するかどうか判定することができる。次頁のグラフに示されるように、動学予測が全体的な失業率を用いると、長期的な経験則は現実に生じるよりも大幅なディスインフレ予測となる。対照的に、経済の不振を短期失業率で捉えると、ディスインフレ不在はみられない。この頁のグラフで示された物価・賃金フィリップス曲線と、下のグラフで示された動的物価フィリッ

予想平均時給の上昇対短期失業率（1976〜2013年）

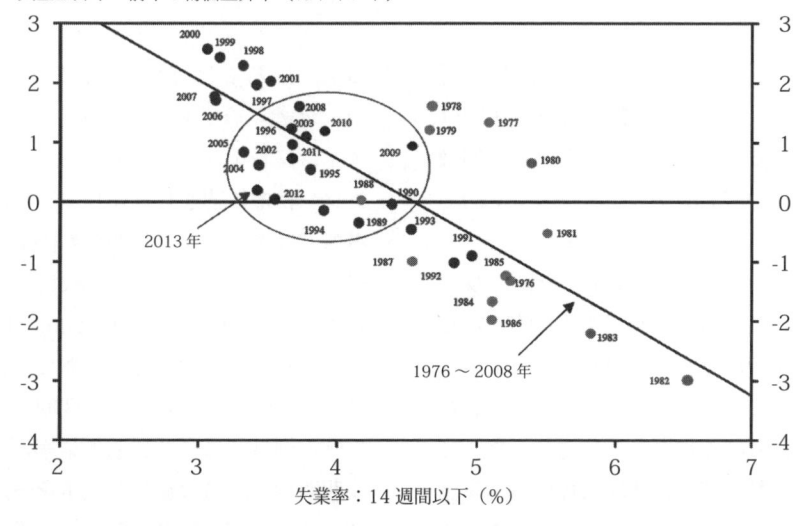

注：平均時給は生産労働者と非管理職をカバーする。
出所：Bureau of Labor Statistics, Current Population Survey; Bureau of Economic Analysis, National Income and Product Accounts.

プス曲線の予測は、短期失業率のほうが長期失業率よりも経済の不振の測定には効果的であることを示唆している。

消費者物価インフレ（コア）——実績対予測（2006〜13年）

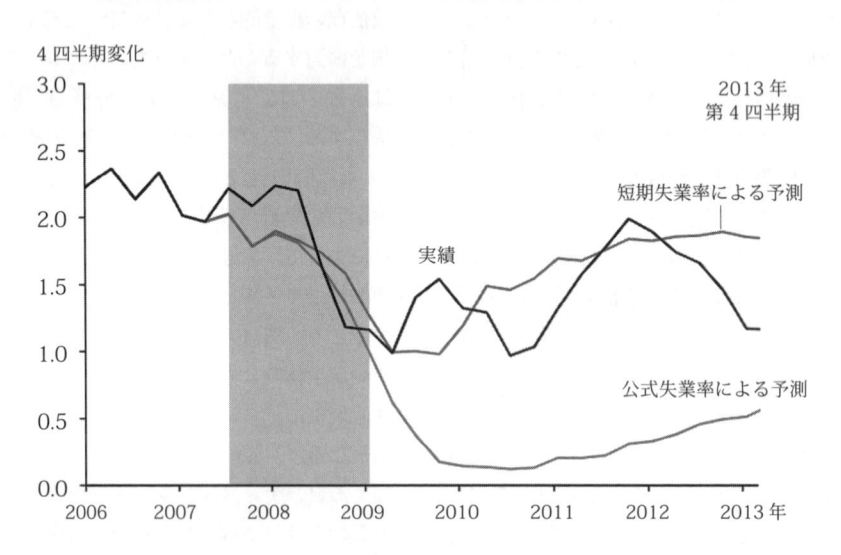

[図：2006年から2013年までの消費者物価インフレ（コア）の実績と、短期失業率による予測、公式失業率による予測の比較グラフ。縦軸は4四半期変化（0.0〜3.0）。影の部分は2008年頃のリセッション期を示す。]

注：物価版フィリップス曲線の動学的シミュレーション。消費者物価（コア）は国民所得勘定の食料とエネルギーを除いた消費支出の物価指数で測った。影の部分はリセッションを示す。
出　所：Bureau of Labor Statistics, Current Population Survey; Bureau of Economic Analysis, National Income and Product Accounts; CEA算出。

2013年の12カ月間に12年の1.9％から低下して、1.7％上昇した。消費者物価全体では、食品物価がわずかだが1.1％上昇、燃料物価は0.5％徐々に上昇するにつれて、13年には1.5％上昇となった。

　2013年にインフレは少し低下したが、リセッションと遅い景気回復の期間の比較的安定した物価は説明がつかない。この期間の失業率は、長期平均を大きく上回り、安定的なインフレと整合的だと考えられる水準よりも高かった。このような状況において、標準的な経済理論や歴史的経験では、ディスインフレやデフレさえも予測される。対照的に、インフレは景気循環のピーク以来、コアCPIの12カ月変化率が0.6％を下回ることはなく、比較的安定を保ったが、ディスインフレ不在の謎を惹起する。ディスインフレ不在の標準的な説明は、約2％のインフレ目標に関連した連邦準備制度理事会の信用拡大によるインフレ期待の固定化を重視する（たとえば、Fuhrer and Olivei 2010, Stock and Watson 2010, Ball and Mazumder 2011）。

　期待インフレの固定化に加えて、ディスインフレ不在の第二の要因は、今回の景気回復期における例外的に高い長期失業率にある。ごく短い期間の失業者は新たな仕事を一層熱心に探し（Krueger and Mueller 2011）、良い仕事に出会う可能性も高いが、短期失業者は6カ月以上の失業者よりも賃金に一層の下降圧力を与える。

第2章 2013年の回顧と将来の見通し

近年の全体的な失業率とインフレとの関係が謎である一方、短期失業とインフレとの関係は、Box 2—4で論じたように説明される。

長期見通し

11年間の予測

実質GDPは過去3年間毎年ほぼ2％で成長してきたが、2014年のさらなる成長の基盤は整っている。需要項目の大半はさらに速い成長を示し、また供給サイドは抑制されているようには見えない。財政政策は産出水準を全般的に高めたが、過去数年間、特に13年にはGDP成長の足を引っ張った。財政赤字の対GDP比の低下は、本章の前半で述べたように、現行法と大統領による予算編成によって14年に緩やかになるだろう。消費支出は、現時点で給与税減税の失効を調整したようだが、住宅と株式資産の増大への調整はおそらく完了していない。13年末の指標は、われわれのヨーロッパの貿易相手国の成長が好転しつつあり、14年には13年よりも輸出が増強されることを示している。州・地方政府の財政支出による成長はあまり期待できないが、最新の四半期データでは、全体的な成長を大きく阻害することはないことが示されている。本章の前半で述べたように、消費支出が上向けば、企業は企業投資を拡大する準備を整えているようである。企業投資

表2—1　政権経済予測

	名目GDP	実質GDP（連鎖方式）	GDP物価指数（連鎖方式）	消費者物価指数（CPI-U）	失業率（％）	金利、91日物財務省証券（％）	金利、10年物財務省証券
	変化率（％）、第4四半期から第4四半期				水準、暦年		
2012年	3.8	2.0	1.8	1.9	8.1	0.1	1.8
2013	3.6	2.3	1.3	1.1	7.5	0.1	2.3
2014	5.0	3.3	1.6	1.9	6.9	0.1	3.0
2015	5.2	3.4	1.8	2.1	6.4	0.3	3.5
2016	5.3	3.3	2.0	2.2	6.0	1.2	4.0
2017	5.3	3.2	2.0	2.3	5.6	2.3	4.3
2018	4.7	2.6	2.0	2.3	5.4	3.2	4.6
2019	4.6	2.5	2.0	2.3	5.4	3.6	4.7
2020	4.5	2.4	2.0	2.3	5.4	3.7	4.9
2021	4.4	2.3	2.0	2.3	5.4	3.7	5.0
2022	4.4	2.3	2.0	2.3	5.4	3.7	5.1
2023	4.4	2.3	2.0	2.3	5.4	3.7	5.1
2024	4.4	2.3	2.0	2.3	5.4	3.7	5.1

注：これらの予測は2013年11月時点で利用可能なデータに基づき、2015会計年度予算に用いられた。91日物財務省証券金利は、流通市場での割引率で算出している。
出所：予測は経済諮問委員会、商務省（経済分析局）、財務省、行政予算管理局と合同で作成された。

は他のすべての GDP 項目が増えるなら拡大するだろう。14 年 1 月の失業率が 6.6％であり、製造業の稼働率が約 77％であることから、米国経済は成長の余地がある。

2013 年 11 月に取りまとめられたわが政権の経済予測は、表 2—1 に示され、大統領の 2015 会計年度予算の裏付けとなっている。わが政権は実質 GDP が 13 年の 4 四半期の 2.3％から 14 年には 3.3％に加速すると予想する。（政権予測の後で発表されたデータでは、13 年の予想成長率は 2.3％ではなく 2.5％とわずかだが速い成長が最終的に示された。）これら予測は、わが政権の予算見通しの基準だが、大統領の予算案——機会・成長及び安全保障イニシアティブを含む——の成立を前提とする。

予測は、失業率が 2014 年の 4 四半期に 0.5％が低下することを前提にしている。予測は 11 月に取りまとめられ、失業率は 7.3％（10 月に最初に公表された）であったが、14 年 1 月には 6.6％に低下し、政権予測あるいは民間による予測よりもかなり速いペースの低下であった。結果として、平均 6.9％の 14 年の失業率での政権の予算見通しは最新情報を反映しておらず、更新された見通しは 14 年を通して失業率の継続的な改善を予測する。わが政権の改訂予測は、今年夏の中間財政報告（Mid-Session Review of the Budget）で発表される。

米国経済が現在の高水準の失業率によって示される余剰労働力を徐々に取り除くにつれて、実質 GDP は 2017 年までの 4 年間で 3.2～3.4％の範囲で成長すると試算される。17 年第 4 四半期までに、失業率は 5.5％に低下することが予想される。

さまざまな満期日の財務省証券金利を低く維持する金融政策も伴いながら、米国経済が完全に回復していないという事実によって、名目金利は現在低い。わが政権予測の取りまとめ時点のフォワードガイダンスと整合的であり、失業率が 6.5％を下回ると予想されるとき、金利は上昇すると予測される。金利は米国経済が完全雇用に近づくにつれて上昇を続けると予測される。その時点を過ぎると、予想される実質金利（つまり名目金利から期待インフレ率を引いたもの）は、歴史的平均に近づくだろう。これらの金利経路はエコノミストのコンセンサス予測に近い。

長期 GDP 成長

前述したように、米国経済の長期成長率は供給サイドの構成要素の増大、人口動態、そして技術変化によって決定される。米国の実質 GDP——あるいは潜在 GDP——の長期傾向を特徴づける成長率は、わが政権の長期予測の指針となる重要な役割を果たしている。潜在実質 GDP は、2021 年～24 年の 3 年間では 2.3％に低下するが、20 年までは年率 2.4％で成長すると予測される。この成長率は、ベビー・ブーム世代の退職年齢への移行が原因となって、過去の成長率より減速する。潜在実質 GDP 成長率は、移民法に変化がないことを前提にする。しかしながら、移民法が上院によって 6 月に合意された国境警備・経済機会及び移民制度近代化法（Border Security, Economic Opportunity, and Immigration Modernization Act（S. 744））に沿って見直されるならば、生産年齢人口の増加と全要素生産性の上昇によって、潜在実質 GDP 成長率はさらに高くなるだろう（Box 2—5）。予算全体は、CBO の評価を直接予算に組み込むことによって、移民制度改革の効果を反映している。この CBO の評価は直接的な政策効果と広範な経済的影響を組み込んでいる。経済予測では、推計の二重計算を避けるため、移民制度改革の効果を反映していな

第2章
2013年の回顧と将来の見通し

Box 2—5　移民制度改革と潜在GDP成長

移民制度改革は、これから先10年間の財政見通しだけでなく、2034年までの10年間においても実質GDP成長を強化するだろう。移民制度改革は、生産年齢人口の増加率を直接上昇させる。結果的に、労働力人口も増加する。議会予算局（CBO）によると、労働力人口は移民制度改革がなかった場合よりも、33年まで年に0.35%ポイント増加する。労働力人口の速い増加は、実質GDP成長を年に0.3%追加させる主な要因となる。

くわえてCBOは、移民制度改革が投資の促進と、労働と資本の生産性（全要素生産性として知られている）の上昇を通じても、実質GDP成長を加速させると推測する。移民は00年に人口のちょうど12%を構成していたが、移民は1990年から2000年の米国を拠点とするノーベル賞受賞者の26%を占めた。移民は90年から05年に創業の公的支援を受けたベンチャー企業の創業者の25%も構成し、彼らの特許取得は米国生まれの人口の2倍である。

い。

表2—2は、潜在実質GDP成長への供給サイドの各要素——生産年齢人口、労働参加率、就業率、非軍人民間雇用に対する非農業部門雇用率、週労働時間、労働生産性、そして非農業産出の対実質GDP比——の貢献度に関する政権予測を示している。表2—2の各項目は、一定期間における各要素の年平均の成長率を示している。1列目の項目は、1953年の景気循環ピークから2007年の景気循環ピークに至る長期平均成長率を示し、各循環での大きな変動を除去するために景気循環の終了時点を選択した。2列目の項目は、07年第4四半期から13年第3四半期間の平均成長率を示し、07年〜09年リセッションとそれ以降の回復を含む期間である。3列目の項目は、13年第3四半期から24年第4四半期までの11年の予測期間全体の政権予測を示している。そして4列目の項目は、20年第4四半期から24年第4四半期までの平均予測成長率を示し、それは予測期間の最後の4年間であり、米国経済が恒常成長に落ち着くと考えられる。

人口は、社会保障局（Social Security Administration）によると、予測期間（1行目の3列目）を通じて年1.0%で成長すると予測される。同期間に、労働参加率は年に0.2%減少すると予測されている（2行目の3列目）。この労働参加率の緩やかな減少予測は、相反する影響とのバランスを考慮している。マイナスの人口動態傾向は、労働需要の増大によって部分的にだが相殺される。ベビ・ーブーム世代の退職年齢入りは、労働参加率を20年までに年約0.4%、20〜24年の期間では約0.3%低下させると予測される（4列目で示される）。しかしながら、今後数年間は、景気循環の回復局面における労働需要の増大がこの低下傾向をある程度相殺すると予測される。とりわけ若年成人は進学によって労働参加の準備を整えている。08年1月から12年12月の期間に学校に属した16〜24歳の若年成人のシェアは、労働参加率の低下傾向を大きく上回り、同期間における当該年齢層の労働参加率の全体的な低下について十分説明する。これらの若年成人は教育を終えると、そのほとんどが労働力として参入あるいは再参入すると予測される。

労働力の雇用シェア——1から失業率を引いたものに等しい——は、次の11年間に年平均0.2%で増加することが試算される。失業率

表2—2　実績と潜在実質GDP成長の供給サイドの要素（1952～2024年）

要素	成長率[a]			
	長期、ピークからピーク	直近、ピーク以降	予測	予測期間最後の4年間
	1953年第2四半期～2007年第4四半期[b]	2007年第4四半期～2013年第3四半期	2013年第3四半期～2024年第4四半期	2020年第4四半期～2024年第4四半期
1. 16歳以上の非軍人・非施設収容人口	1.4	1.1	1.0	0.9
2. 労働参加率	0.2	-0.7	-0.2	-0.3
3. 就業率	0.0	-0.5	0.2	0.0
4. 非軍事民間部門における非農業部門雇用の割合	0.0	-0.5	0.0	-0.4
5. 平均週労働時間（非農業企業）	-0.3	0.0	0.0	0.0
6. 時間当たり産出（生産性、非農業企業）[c]	2.2	1.7	2.1	2.2
7. 非農業産出に対する実質GDP比[c]	-0.2	-0.1	-0.3	-0.1
8. 合計：実際の実質GDP[c]	3.3	1.1	2.7	2.3
9. メモ：潜在実質GDP	3.3	2.0	2.3	2.3

a. すべての寄与は年率での％ポイントであり、予測は2013年11月にまとめられた。合計は四捨五入のため合わない。
b. 1953年第2四半期と2007年第4四半期は景気循環のピークである。
c. 実質GDPと非農業部門の実質産出は所得サイドと生産サイドの平均として計測する。
注：人口、労働力人口、非軍事民間部門雇用は、時系列の人口統計の非連続性を調整してある。非農業部門雇用、週労働時間は、労働統計局（Bureau of Labor Statistics）によるLabor Productiveity and Costs（労働生産性と費用）のデータベースから引用した。
出所：Bureau of Labor Statistics, Current Population Survey, Labor Productivity and Costs; Bureau of Economic Analysis, National Income and Product Accounts; Department of the Treasury; Office of Management and Budget; CEA算出。

は安定的なインフレと一致する水準に収斂して、2018年以降は変化しなくなると予想される。週労働時間は、予測期間にほぼ横ばいになり、長期の歴史的傾向の0.3％よりもいく分小さくなると予測される。週労働時間を押し下げる人口動態の影響はほとんどなくなり、より長い週労働時間は労働参加率の予想されている低下を相殺すると考えられるため、週労働時間は安定的になるだろう。

労働生産性は、予測期間に年2.1％、長期的には2.2％の成長（6行目の3列目と4列目）が予想され、1953年から2007年の平均成長率（6行目の1列目）とほぼ等しくなる。長期化する失業が人的資本を劣化する場合、高水準の長期失業は予測を不確実にする。とはいうものの、前述したように、近年の若年成人の高い就学率は将来の生産性上昇に寄与するに違いない。

実質GDPの非農業部門の産出に対する割合は、長期傾向と一致して、予測期間にGDP成長から差し引かれる（7行目の3列目）と予測される。非農業部門は政府部門、家計部門、非営利部門よりも一般的に成長率が高くなるが、生産性成長はないものとする。

すべての項目の成長率をまとめると、実質GDPは予測期間（8行目の3列目）に年2.7％

で成長すると予測され、潜在実質GDPの年成長率（9行目の3列目）の2.3％を上回る。現在失業中の数百万人の労働者が就業すると、就業率が上昇（3行目の3列目）するため、実際のGDPは潜在GDPよりも速く成長すると予想される。

潜在実質GDP（9行目の4列目）は、年3.3％の長期の歴史的成長率（9行目の1列目）よりも減速すると予測される。前述したように、潜在実質GDP成長の減速予想は、主に生産年齢人口の増加率の減速とベビー・ブーム世代の退職を反映している。しかしながら、移民制度改革の効果がこの予測に組み込まれた場合、潜在実質GDP成長は一段と高くなるだろう。

結論

2013年12月現在において、民間就業者は46カ月間増え、来年にはさらに増えると予想される。家計のレバレッジの解消と資産形成の進展、勢いを増しつつある住宅需要、低位で安定的なインフレ、そして、とりわけ財政再建の4年間によって、米国経済は十分に成長回復の状況にある。昨年の予算をめぐる瀬戸際戦術は、来年には安定化をもたらす法律によって解消される。国際経済と海外市場が安定化あるいは回復するなら、輸出を支えるだろう。エネルギー部門は、国内エネルギー供給の大幅増、エネルギー輸入の減少、二酸化炭素排出の削減促進によって、持続可能な成長を後押しする。これらを根拠に、政権予測では今後数年間で成長率が高まるとする。しかし、移民制度改革が労働参加率と生産年齢人口の増加率を高めるが、労働参加率を低下させる人口動態の影響によって、予算期間の成長率は限定的になる。

しかしながら、この成長でさえも、米国経済は、その潜在能力を完全に生かし切っておらず、失業率は受容し難いほど高い。インフラ投資や法人税改革によって確実性を高めるような政策を含むさらなる健全な政策が、米国経済を、その潜在能力を生かし切る回復速度へ引き上げるだろう。逆にいえば、米国における反作用的な政策展開あるいは国内や海外でのマイナスショックは、この明るい展望の障害とならざるをえない。

（注）
1　研究が示すには、生産サイドの計測（商務省レポートのトップにある）あるいは所得サイドの計測を個別的に見るよりも二つの成長率の平均の方が広範な経済指標と高い相関性がある（Nalewaik 2010, Economic Report of the President 1997, pp.72-74）。
2　労働省は複数の労働市場調査を実施している。家計調査――統計局の協力で実施――は、世帯構成員が働いているのか、あるいは求職中なのかどうかを含む幅広い質問を毎月6万世帯に問い合わせるものであり、この調査は統計のなかでも特に重要な失業率の基になっている。就業調査は、雇用主が何人雇用しているのか、雇用者が何時間働いているのか、そしていくら支払われているのかについて雇用主に質問する。就業調査は、雇用の伸びに関してもっとも利用されるデータの基になっている。求人・離職調査（Job Openings and Labor Turnover Survey: JOLTS）（比較的新しく、2000年に始まった）は、雇用、離職、一時解雇だけでなく、求人（欠員）についても雇用者に質問する。

第3章
米国復興及び再投資法5年間の経済効果

2009年2月17日、オバマ大統領は復興法またはARRAとして知られる2009年米国復興及び再投資法に署名した。当時、わが国は大恐慌以来最悪の経済・金融危機の最中にあった。同法が成立するまで、460万の民間雇用が失われ、当の2月だけでさらに69万8000の仕事が失われた。何兆ドルもの家計資産が失われ、国内総生産GDPで測られる経済総生産は、第二次世界大戦以来最も厳しい不況の最中にあった。

復興法の目的は、一連の金融・財政政策の一環として、反循環的財政支援を経済に与え、すでに厳しかったリセッションがさらに進行すれば、第二の大恐慌となりかねないのを防ぐことにあった。さらに、同法の意図は、将来経済をより強靱化するための基盤を与えることにあった。

復興法成立後の4年間、大統領は当初の段階からさらに進んで、雇用創出を早めるため、いくたの財政出動を立法化する署名を行った。これらは復興法の重要な部分を拡張し、支援の新たな財源を与えたが、その理由は、経済に対する当初の衝撃の厳しさへの理解を深めたからだけでなく、当初以降に新たな課題が生じたからでもある。これらの追加措置は、復興法の経済への財政出動の規模と効果を2012年末までに倍加した。

復興法と後続の法律による雇用措置の半分近くの6890億ドルは減税──多くは家計向けの──であった。残りの半分は橋や道路の再建、教師の仕事への支援、大リセッションの衝撃で失業した人びとへの緊急援助といった重要な分野への投資に向けられた。

今日の経済状況はずっと明るい。1人当たりGDPは2009年第3四半期に増加し始め、約4年間で危機以前の水準を取り戻した。これは歴史的記録が示唆する金融システム危機後の一般的回復速度をかなり上回る[1]。また、10年以来、米国経済は民間セクター雇用を継続的に年間200万増やし、失業率全般は08年10月以後で最低の水準まで低下した。雇用成長はセクター横断的であり、全政府レベルでの最近の財政逼迫や欧州債務危機による懸念などの厳しい逆風に抗して踏みとどまっている。

大統領経済諮問委員会（CEA）は、復興法にある新たな説明責任と透明性の規定に従って、復興法の経済活動全般、特に雇用への効果について四半期ごとの報告を議会に提出する義務を負った。本章でCEAは、同法の2013年第3四半期までの効果と、同法に続く雇用措置の12年までの効果を評価する。

本章では、2009年以来経済立て直しを進めるにあたって、復興法と後続雇用措置の役割を評価する。また、CEAの以前の試算と、同法の雇用と経済成長に対する貢献の情報源を更新し、全財政出動の効果を反映するよう試算を拡張する。さらに、復興法が実施した多くの投資が今後、より生産的な経済のための基盤をどれ

第3章 米国復興及び再投資法5年間の経済効果

ほど据えたのか、同法が認めた支出がすべて終了した後、長期にわたって成長をどれほど支えるのかを検証する。

民間、学術関係者、政府が行った多くの分析と証拠とともに本章が見い出すのは、復興法が雇用と生産をかなりの程度まで押し上げたことである。CEAの試算では、復興法単独で2012年末までの4年間で、年平均160万の年雇用（1年間のフルタイムの雇用を1単位とする場合の累計約600万の雇用に相当）を確保・創出した。さらに、復興法単独で、09年末〜11年央に2〜2.5％の範囲でGDPの水準を引き上げたうえで、景気後退の直接の影響を受けた個人、企業、地方政府を助け、教育、エネルギー、医療、その他の分野に目標を定めた投資を行うことによって、経済をより良い長期成長軌道に乗せた。

復興法と後続の反循環的財政出動の効果が重なったため、2012年末までの雇用の累計増はCEAの試算で年雇用の仕事が約900万となった。09〜12年のGDP累計増は08年第4四半期GDPの9.5％に相当する。

これらの数値は立派ではあるものの、その根拠は財政出動の効果だけであり、オバマ政権の経済政策の効果をまだ十分に評価しているとはいえない。CEAの試算は金融システムの安定化、自動車産業の救済、住宅セクターの支援など——連邦準備制度独自の行動も含めて——一連の対応をより広く考慮に入れているわけではない。

2007〜09年リセッションと当初の政策対応

2007〜09年リセッションが始まる以前、わが国は1990年代半ばから始まる劇的な住宅価格上昇の最中にあった。これは住宅ローン融資基準が緩められ、世界的に溢れていた資金が安全なドル資産に集中したためである。価格上昇は2006年に突然止まった。住宅価格は上昇停止後に低下し始め、最終的には全米で3割低下、場所によってはさらに低下した。多くの住宅所有者が「含み損」——住宅ローンが住宅資産価値を上回る——を抱え、住宅ローンを当初計画通りに返済できなくなった。

住宅危機の影響が経済に急速かつ広く波及したのは、不透明な金融の仕組みが複雑に絡み合い、過剰な債務や短期の負債に過度に依存するなど、疑問の残るビジネス手法を通じてである（Financial Crisis Inquiry Report 2011）。投資家たちはリスクのある資産から手を引き、2008年9月の運命の一週間で投資銀行リーマン・ブラザーズは倒産し、主なマネーマーケットファンドは「額面割れ」となり（預け金を全額引出不可能というかつてない事態を意味する）、巨大保険会社アメリカン・インターナショナル・グループAIGは米国政府が850億㌦を金融支援するまで破綻の危機にあった。

この金融上の混乱は実体経済活動の急減へと波及した。2007年第3四半期から09年第4四半期にかけて、株価と住宅価格の急落に伴って富の13兆㌦、全体の約5分の1が失われた。これは大恐慌の当初に失われた富の大きさを遙かに上回った[2]。資産価格が低下すると担保価値が減少して銀行融資を受けることができなくなり、中小企業の多くが、さらには一部の有名大企業もが、給与支払いのような基本的な費用の調達にも事欠いた。企業はかつてない将来不確実性に直面し、雇用を停止し、労働者を解雇し、投資計画を棚上げにした。住宅と金融の富

が急減し、雇用保障への懸念が急増し、消費者は支出を減らした。その影響は直接的でかつ劇的であった。08年第4四半期、個人消費支出は約5％減少し、民間投資は年率で31％縮小した。

経済予測者たちの多くがショックの経済的影響全体を過小評価した大きな理由は、米国が金融システム危機を大恐慌以来経験しなかったことにある。当時の予測は、危機の世界的影響がどれほどあるのか、フェデラル・ファンド・レートがすでに0％に達した後、金利政策以外のマクロ経済政策介入の効果がどれほどあるのか、大きな不確実性がある下でなされた。表3―1が示すように、2008年12月、たとえばブルーチップ予測集計は、実質GDPが09年上半期に年率1.4％減少するとしていたが、実際はその倍以上の年率2.9％減少した。また、ブルーチップ予測集計は、失業率が09年第2四半期に7.7％に上昇するとしていたが、実際は年率9.3％に上昇した。その他の指標も、予測に比べて大幅に悪化したことを示した。

当初の政策対応

リセッションに入り込む2008年2月に、議会とブッシュ政権は経済刺激法を成立させた。同法の目的は消費者支出を一時的に支えて短期のリセッションを阻止することにあったが、迫り来る破局を回避するには不十分で、法律の趣旨も効果を長続きさせるものではなかった。2008年秋、当初の緩やかなリセッションが、金融危機の嵐に変貌し、政府は金融システムのメルトダウンを阻止するため、金融対応の調整に乗り出した[3]。連邦準備制度は前年を通じてフェデラル・ファンド・レートを何度かにわたって段階的に引き下げ、08年12月には今日まで続く0％付近へとさらに引き下げた。

財務省は銀行等の金融機関の取り付けを阻止するため、マネーマーケットファンドの緊急保証措置を講じ、連邦預金保険公社は銀行の預金と負債の保証措置を拡大した。ブッシュ政権が提案し議会が承認した不良資産救済措置（TARP）は、銀行、自動車メーカー、保険会社、消費者・中小企業信用のデリバティブ市場、住宅セクターを安定させるため7000億ドルを用意した[4]。以上の当初政策対応はグローバル化した金融システムを救済する基礎を与え、金融・非金融諸機関のバランスシート改善に役立ち、投資家の信頼を回復させ、苦しい状況にある企業や家計が融資を受けられるように

表3―1 実質GDPと失業率の予測値・実績値

	実質GDP[a]			失業率		
	ブルーチップ予測値[b]	予測専門家調査予測値[c]	実績値	ブルーチップ予測	予測専門家調査予測値	実績値
2008年第4四半期	−4.1	−2.9	−8.3	6.7	6.6	6.9
2009年第1四半期	−2.4	−1.1	−5.4	7.3	7.0	8.3
2009年第2四半期	−0.4	0.8	−0.4	7.7	7.4	9.3

注：(a) 前期比年率：％。
　　(b) ブルーチップ予測値はGDP、失業率ともに2008年12月10日発表のもの。
　　(c) 予測専門家調査値はGDP、失業率ともに2008年11月17日発表のもの。
出所：ブルーチップ経済指標、予測専門調査、労働統計局、人口現況調査、経済分析局「国民所得生産勘定」。

第3章 米国復興及び再投資法5年間の経済効果

した。にもかかわらず、経済は悪化を、総需要は不振を続けた。伝統的金融政策の対象のフェデラル・ファンド・レートが0％付近に達したため、従来の反循環的金融政策は限界に達し、連邦準備制度は結局、追加で非標準的措置を選択した。

復興法と後続の雇用措置の概観

失業率が持続的に上昇しながらGDPの縮小が大幅でかつ長引くことの懸念が一層現実化しつつある中で、後継のオバマ政権と第111米国議会はすぐに行動した。2008年12月、当選した大統領と移行チームは米国復興及び再投資法の総論と各論を発表した。大統領就任後間もない09年1月26日、下院予算委員会議長デビッド・オベイは法案1を米国議会下院に提出した。同法はすぐに下院と上院を通過した。2月13日までに、議会両院協議で合意し、同年2月17日、大統領は法案に署名した。

復興法

わが国が経済危機の全体を実感し始める前の2008年初め、財政拡大政策はサマーズ（Summers 2007）、スパーリング（Sperling 2007）、エルメンドルフとファーマン（Elmendorf and Furman 2008）が提唱した「三つのT」、すなわちタイムリー（適時）、ターゲッテド（限定的）、テンポラリー（一時的）によって導かれていた。しかし、同年末までに、リセッションは重大な金融危機に変貌したため、かつての財務長官ローレンス・サマーズが「スピーディ（即座）、サブスタンシャル（十分な）、サステインド（持続的）」と呼ぶ新たなアプローチが必要なことが明らかになった[5]。

新政権の政策立案を導いたいくつかの原則がある。まず、財政出動は、かつて次期大統領の経済政策が就任後の6カ月以上経過しても成立しなかったことが多かったのに対して、即座に取り組むべきであった。次に、それは、経済問題が非常に広範囲にわたることを考慮すれば、十分なものでなければならない。最後に、それは持続した取り組みであるべきで、当初の2年間で多くが使い尽くされてしまうようなものであってはならず、一時の支援も場合によってはその後も継続されるべきである。新たなアプローチは、減税や窮地にある家計への緊急の現金支援などの手法を組み合わせて、素早く支出することを求めていた。それ以外はもっと遅れるとしても、インフラやイノベーションへの投資のように大きなもっと持続的反循環的効果と長期の利益を有する。しかし、どの措置であってもいずれは終了すべきで、連邦政府の基礎的財政収支赤字に長期で影響させるべきではない[6]。

復興法の目的　このアプローチ全体は復興法に書かれた次の目的に具体化された。すなわち、
(1) 雇用を維持・創出し経済回復を促す、
(2) リセッションの影響を受けた人すべてを支援する、
(3) 科学と医療の技術進歩を進め、経済効率を高めるのに必要な投資を行う、
(4) 運輸、環境保護等に投資して長期経済利益をもたらす、
(5) 州・地方政府財政を安定させ、必要なサービスの削減や非効果的な州・地方政府の増税を最小化または回避する。

復興法の規模　同法成立時のCBO試算では、復興法の費用は7870億ドルで、リセッショ

ンの規模が拡大するにつれて数値が増加する可能性があった。最近の CBO 試算によると、復興法による財政支援は 2019 年までに総額 8320 億ドルになる[7]。このうちの 690 億ドルは代替ミニマム税 AMT パッチ[訳注1] のために当てられた。同法のこの部分は慣例として長く続き、財政政策として継続するのが良いと考えられており、経済リセッションの影響を相殺するために特別に導入された一時的な財政刺激と考えられてはいない。そこで AMT パッチを考慮しなければ、復興法の財政刺激は総額 7630 億ドルとなる。

復興法の中身　復興法の当初費用予測によると、同法は減税（2120 億ドル）、メディケイドや失業手当などの義務的支出の拡大（2960 億ドル）、個人への支援からインフラ、教育、職業訓練、医療 IT への投資等の裁量的支出（2790 億ドル）にほぼ均等に配分した。より具体的には、図 3―1 が示すように、AMT パッチ以外の復興法政策は五つの機能分野、すなわち個人減税、企業課税インセンティブ、州財政救済、リセッションの直接の影響を受けた個人の支援、公共投資に分けられる[8]。

復興法関連支出の時期　2009 年 3 月 13 日に州政府へのメディケイド財政支援強化が始まり、同年 4 月 1 日に個人所得減税が実施され、復興法の当初の効果を国民は直接実感した。同年第 3 四半期に、復興法関連の支出と減税の全体の約 4 分の 1 が実施され、残りの半分はその後の 1 年間を通じて実施されたが、これは 09 年についての CBO 予測とほぼ一致する。13 年 9 月 30 日までに、連邦政府は表 3―2 に示したように、復興法予算に 8050 億ドルを支出した。

表 3―3 によると、個人減税、州への支援、リセッションの直接の影響を受けた個人への支援は復興法予算が最初に効果を発揮したものであ

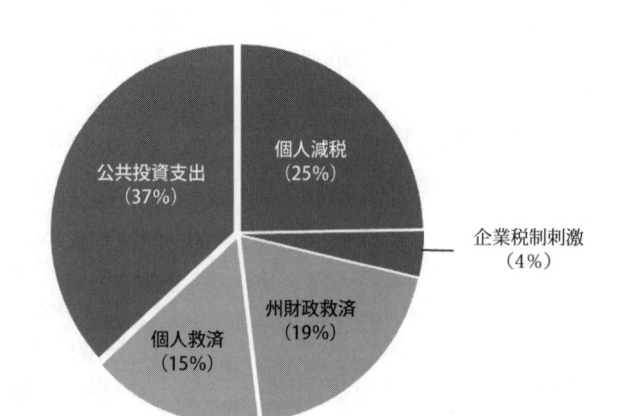

図 3―1　機能別復興法プログラム

注：四捨五入のため合計は合計値と一致しないことがある。データに AMT 救済は含まれない。
出所：行政管理予算局各部局財務活動報告、財務省税制分析局 2013 会計年度中間期報告。

第3章 米国復興及び再投資法5年間の経済効果

表3—2　復興法予算概要

	2009年	2010年	2011年	2012年	2013年	合計
支出	110.7	197.1	112.7	56.8	35.0	512.4
支出義務	256.3	196.1	41.2	21.8	18.5	533.8
減税	69.8	188.7	37.2	−5.4	1.9	292.2
支出と減税の合計	180.5	385.8	149.9	51.4	37.0	804.6

注：四捨五入のため各項目の合計は合計値と一致しないことがある。
出所：行政管理予算局の部局別財務活動報告、財務省税制分析局2013会計年度中期報告。

表3—3　機能別復興法プログラム

	2009年	2010年	2011年	2012年	2013年	合計
個人減税	42.9	91.3	46.6	0.4	0.4	181.7
AMT救済	13.8	69.6	−14.4	0.0	0.0	69.0
企業税制優遇	23.1	18.2	−5.9	−3.7	−2.9	28.8
州財政救済	43.8	63.3	26.0	6.0	4.0	143.0
個人救済	31.8	49.5	15.5	8.8	5.9	111.5
公共投資支出	25.1	94.0	82.0	39.9	29.6	270.5
合計	180.5	385.8	149.9	51.4	37.0	804.6

注：四捨五入のため各項目の合計は合計値と一致しないことがある。
出所：行政管理予算局の部局別財務活動報告、財務省税制分析局2013会計年度中期報告。

り、2009会計年度の支出を増やした最大で最初のものであった。以上の項目は10年以降次第に減少し、12年と13年の支出のほんの少額を占めるのみで、代わって公共投資が復興法支出の大きな比重を占めるようになった。

説明責任、透明性、監視　政府が説明責任、透明性、監視の基準を最高度に引き上げるのにあわせて、復興法は連邦資金利用の経過報告により、浪費と不正を防止する前例のない取り組みを行った。同法は、第三者の責任者と12の部局の監査役の長からなる復興説明責任透明性委員会と、副大統領に直接報告する復興実施局を設置した。受益者（商工業者、非営利機関、州・地方政府など）は同委員会に対して資金の使途と雇用創出または維持の数字を定期的に報告するよう求められた[9]。

部局と受益者から得られた全情報はウェブサイトwww.recovery.govに掲載された。ここを利用すれば、資金のデータをいくつかの仕方（資金の項目別、部局別、州別）に分類表示し、簡単に情報を得て分析できるだけでなく、不正や浪費を通告する機会が一般向けに提供されている。浪費や不正が報告された事例は今のところ少ない——補助金の1％に満たない。

復興法以後の雇用措置

復興法は金融危機後に雇用を創出し、経済を

強化するために実施された最初で最大の財政出動だが、その後も多くの政策が復興法をもとに延長・拡張・措置された。復興法の中身で経済的必要性に応じて拡張されたものに、緊急失業補償、税制対策上の企業投資減価償却加速（いわゆる「ボーナス減価償却」）、教育職への措置、対州メディケイド補助がある。そのほか、復興法の中身をもとに拡張された新たな措置として、就労促進減税（Making Work Pay credit）に代わってそれよりも約5割増しの規模になる11年・12年臨時給与減税、企業が納税額計算時に投資費用を償却することのできる措置（いわゆる「費用化」）の拡大がある。以下の諸措置は復興法の目的によるもので、また以下の分析における財政刺激の一部に入る。すなわち、2009年夏に成立した「ポンコツ車で現金」（cash-for-clunkers）計画[訳注2]、09年秋の住宅購入減税と企業減税の拡大、10年3月の雇用刺激法（HIRE Act）での減税と追加の公共投資刺激策、10年秋の中小企業減税法、11年秋の退役軍人雇用促進策、11年と12年に成立した追加の給与減税拡張と失業保険拡張である。総じて、これらの後続雇用措置は、表3―4にあげられている通り、12年末までに追加で6740億ドルの反循環的財政支援を行った。この合計からは、01年と03年の減税継続、通

表3―4　復興法以後の財政的経済支援

	10億ドル	
	2009～12年	2009～19年
2009年成立		
労働者、持ち家、企業支援法（HR 3548）	35	24
2009年補正予算（HR 2346）（ポンコツ車で現金）	3	3
2010年国防予算法（HR 3326）（失業保険、総合包括財政調整法）	18	18
2010年成立		
2010年臨時延長法（HR 4691）	9	9
雇用促進法（HR 2847）	13	15
2010年延長継続法（HR 4851）	16	16
2010年失業補償法（HR 4213）	33	34
連邦航空局安全向上法（HR 1586）（教育職、連邦医療費負担率 拡張）	26	12
中小企業雇用法（HR 5297）	68	10
税軽減・失業保険再認可及び雇用創出法（HR 4853）	309	237
2011年成立		
臨時給与減税継続法（HR 3765）	28	29
退役軍人雇用促進法（HR 674）	0	−0
2012年成立		
2012年中間層税軽減及び雇用創出法（HR 3630）	98	123
2012年米国納税者救済法（HR 8）	17	178
合計	674	709

注：すべてCBOの2009～19年見込額を使用。通例の租税措置延長は見込額から除外。12年までのデータは同暦年末までのもの、19年までのデータは同会計年度末までのものを含む。
出所：議会予算局、議会税制合同委員会。

第3章 米国復興及び再投資法5年間の経済効果

常なら失効する優遇税制を延長するいわゆる「優遇税制延長（tax extender）」、メディケアを持続可能な成長率方式に合わせる、といった慣例的で想定可能な政策は除外されている[10]。

復興法以後の財政支援6740億ドルのうち31％は2011年と12年の給与減税、24％は失業保険拡張で、その他は州財政救済や企業減税などさまざまな措置である。図3—2は復興法とそれに続く雇用政策の内訳を示す。

また、大統領が提案した経済政策のうち、議会を通過しなかった代表的な例は米国雇用対策法だ。2011年9月に提案された同法は、インフラから教育職、中小企業大幅減税に至るあらゆるものへの追加投資——合計4470億ドル——を支出するはずであった[11]。

自動的反循環対応

オバマ政権の政策以外で、かつて成立した法律は、経済状況が悪化するとき自動的に支援を実施できる規定が組み込まれている。たとえば、個人所得税は所得減少時に減少し、失業保険支出は職探しが困難な人が増えると増加する。このように自動的な対応——「自動安定装置」と呼ばれる——は景気循環を和らげて（Auerbach and Feenberg 2000, Follette and Lutz 2010 が例示している）、経済不況時の人的損害を軽減する。

これまで数十年間がそうであったように、自動安定装置は最近のリセッション・回復でも顕著な役割を果たした。CBO（2014）の試算では、最大の財政拡大は立法によるか、裁量的財政政策によるとしているが、自動安定装置は2009会計年度の反循環的財政拡大の約4分の1で、その後は図3—3で示すようにもっと大きな比重を占めた。

図3—2 機能別復興法・後続財政政策

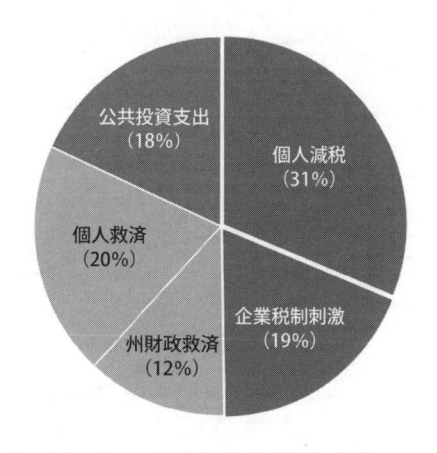

- 公共投資支出（18％）
- 個人減税（31％）
- 企業税制刺激（19％）
- 州財政救済（12％）
- 個人救済（20％）

注：四捨五入のため合計は合計値と一致しないことがある。データにAMT救済は含まれない。
出所：行政管理予算局各部局財務活動報告、財務省税制分析局2013会計年度中間期報告、議会予算局。

図3—3　自動安定装置と財政収支（2009〜13年）

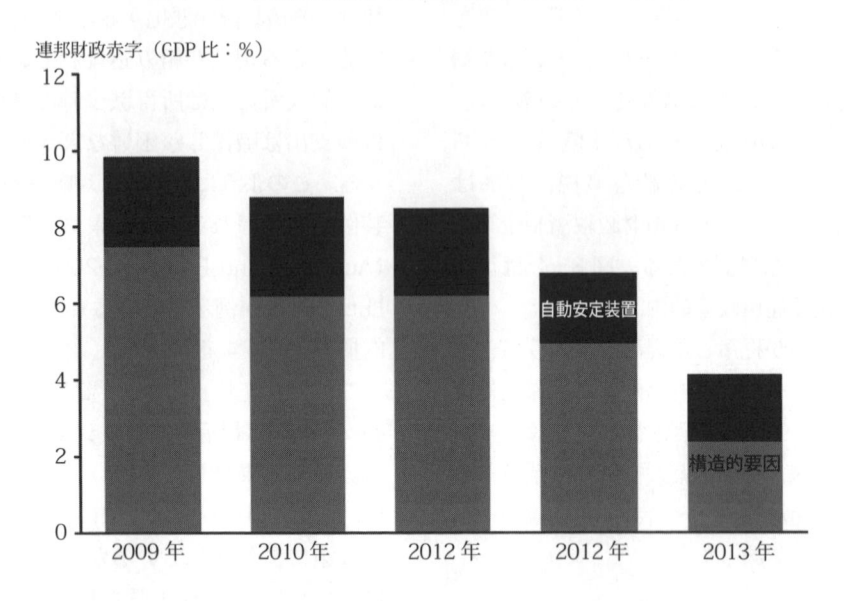

連邦財政赤字（GDP比：％）

自動安定装置

構造的要因

出所：経済分析局「国民所得生産勘定」、議会予算局「2014〜24年財政・経済見通し」。

図3—4　財政拡大（GDP比：％）

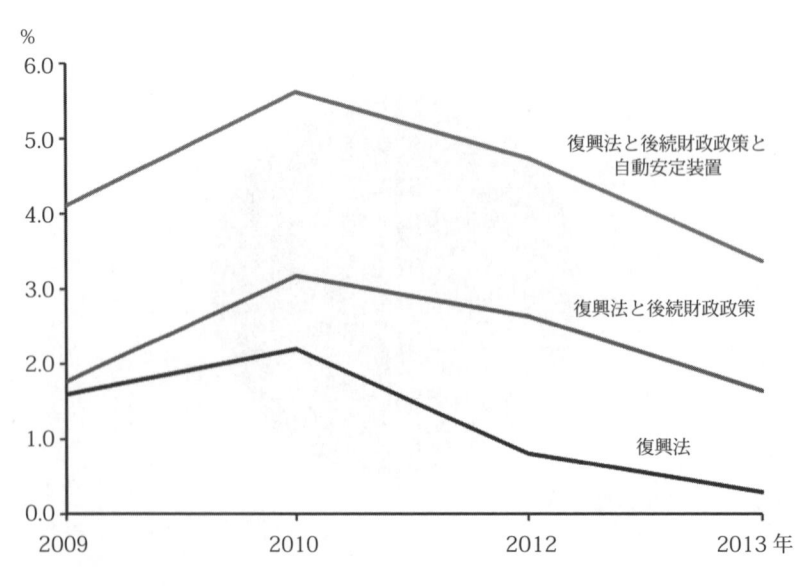

復興法と後続財政政策と自動安定装置

復興法と後続財政政策

復興法

注：データはすべて暦年ベース。
出所：議会予算局「2014〜24年財政・経済見通し」、行政管理予算局、経済分析局「国民所得生産勘定」。

第3章 米国復興及び再投資法 5 年間の経済効果

Box 3―1　復興法以外の政府経済危機政策対応

　復興法は経済危機に対する包括的な政策対応の一部にすぎず、その他にも金融システム安定化、善良な住宅所有者が差し押さえを回避することの支援、中小企業支援がある。ここでは復興法以外の重要な、財政的でないプログラムをいくつか見ていく（連邦準備が政府から独立して実施した重要な施策を除く）。

　住宅　政府は住宅市場強化のためにいくつかの手順を踏んだ。最も重要な政策の住宅所有者支援制度（MHA: Making Home Affordable Program）は、厳しい状況にある住宅所有者が差し押さえを回避するのを助けるいくつかの手立てを与えた。詳しくは www.makinghomeaffordable.gov. を参照。同政策の中でも重要なのは住宅ローン返済適正化プログラムであり、これによって返済条件を変更して月々の住宅ローンの支払い額を減らすことができる。特に住宅ローン再融資プログラムを使えば、住宅価格下落により元本割れやその危険にある住宅所有者は低利で借換可能である。また、MHA は特に厳しい状況の地域にいる住宅所有者を支援するための資金を(最大打撃基金を通じて)投入した。

　さらに、政府は消費者金融保護局を創設して、特に住宅購入者・所有者を保護するための安全住宅ローン基準を設けた。また、政府は全国住宅ローン貸付管理清算局が大手住宅ローン貸付業者と交渉するのを助けた。まだ住宅市場は傷が癒える最中ではあるが、数年前に比べて全般的に非常に良くなっている。住宅価格は 2011 年末に比べて約 15％上昇し、新築・中古住宅の販売は 11 年末に比べて増えつつあり、住宅ローン返済不履行が深刻な件数は 08 年以来今では最低水準である。

　自動車産業　政府は自動車産業が崩壊すると仕事が膨大に失われ、多くの地域が崩壊することを認め、TARP を通じて自動車企業を破綻させないために金融支援を行った。政府はクライスラーとGM に追加支援しつつ、同時に両社の包括的な改革に乗り出した。その後、両社は再び収益を上げ、自動車販売は 09 年以後増勢にある。自動車産業は同年 6 月以後 42 万の仕事を増やした。13 年 12 月、財務省は保有する GM 株の残りを売却した。

　金融業　金融危機が高まる最中に実施されたTARP 等のプログラムはグローバルな金融システム・メルトダウンを阻止するのに役立ったが、多くの長期的でより構造的な問題を解決しなかった。政府は金融規制の全面検査に乗り出して、2010年ドッド・フランク・ウォール・ストリート改革及び消費者保護法を成立させた。ドッド・フランク法の多くの規定の中で主なものをあげれば、金融機関の健全性を示すストレステストの要求、大手金融会社の資金繰り確保の手段の提供、金融派生市場の透明性向上がある。こうした施策を経て、大手銀行は今では自己資本を大幅に充実させており、信用フローも回復した。ドッド・フランク法の規定の中にすでに実施段階に入ったものもあるが、課題も残されている中で、金融システムはより健全化しており、家計が重要な金融上の決定を下す際の保護も向上した。

　中小企業　リセッションで消費需要が弱く信用が逼迫するという重圧のもとで中小企業が苦境にある中、政府はいくつかの支援を行った。特に、中小企業庁融資の保証範囲を広げて利用しやすくし、中小企業貸出基金や中小企業信用政策等の新たなプログラムを設けた。また、TARP 資金を全国の大なり小なりの銀行に与えて間接的に中小企業を支援した。銀行の中小企業融資は、リセッション期に急速に収縮したが、2011 年以後は拡大しつつある。

財政出動総額

　大リセッションは、合計すると大規模な財政出動のきっかけになった。図3—4は復興法とそれ以外の政府の主な財政出動の規模を示す。前述のように、財政政策は回復を早めて家計を保護するための政府の広範囲にわたる経済戦略の一部だけを代表する。より詳しくはBox 3—1参照。

復興法と後続財政出動による最近のマクロ経済効果

　本章は復興法の効果を示す証拠を広く検証する。とりわけ、本章で示すように、幅広いアプローチ——CEAモデルによる試算、CBOと民間の予測、州別の証拠や国際的経験の参照——によると、復興法は雇用と生産に大きなプラスの効果をもたらした。

　全体で見れば、CEA試算で、復興法は2012年までに約600万の年雇用（年雇用とは、年間フルタイムでの1人の雇用）を維持・創出し、2010会計年度と2011会計年度途中まででGDPを2〜2.5％を押し上げた。この数値はCBO（2013a）と、さまざまな計測手法やデータ源を使う独立の学術諸研究の数値と一致している。CEAモデルでは、復興法後の財政政策出動の効果の試算を加えており、政策出動が組み合わさった効果は、それがなかった場合に比べてGDPを3年間で年間2％以上増やし、12年までで約900万の年雇用を創出または維持したことがわかる。さらに、経済成長に関する研究では一般に、こうした利益が当初の政策措置の終了後も経済に長期の効果をもたらすことがわかる。これは、本章で後述するように、長期成長に意義ある措置が政策に含まれるとき、特に当てはまる。

復興法と後続財政立法のマクロ経済効果のモデル試算

　財政政策全般、特に復興法の効果を評価するのはいくつかの理由で困難である。付録2はこの困難と、経済学者がこれをどう扱ってきたかをより詳細に述べている。重要なのは、効果の試算に伴って、実際の出来事を可能性の出来事（経済学者は「反事実」と呼ぶ）に対比することだ。しかし、反事実の結果は実際には観測されないので、他の方法が必要になる。

　財政政策の短期的マクロ経済効果の試算　財政政策のマクロ経済効果の試算における重要な概念を経済学者は財政乗数と呼んでいる。財政支出乗数は政府支出1ドル増加当たりのGDP変動、租税乗数は減税1ドル当たりのGDP変動である。1ドルの支出増または減税は経済のより広範囲にわたってその後の経済取引に波及効果を発揮するので、理論上の財政乗数は1を上回るだろう——1ドルの支出増または減税は1ドルを超す生産増の支えとなるだろう。

　財政政策の標準的な理論では、リセッション期に政府需要が増加するとき、企業は労働者を雇い生産を増加させることを通じて、雇用と所得とGDPを押し上げる。当初の効果は、労働者が増えた所得を支出し、企業が原材料の購入を増やし、需要増に対応する投資を行うにつれて増幅される。最も基本的な形態の政府支出乗数は、対GDPの直接の支出効果の第一の局面と、財・サービス供給に対して支払いを受けた人びとの消費による第二の局面と、その後の効

第3章 米国復興及び再投資法5年間の経済効果

果との合計である。このモデルでは、乗数効果は限界消費性向（MPC: marginal propensity to consume）――所得増加1ドルのうち貯蓄されずに消費される部分――に依存する[12]。特に人びとの新たな借入が困難になるリセッション期には、MPCは大きくなると考えられるので、モデルは乗数を1より大とすることができる。減税も個人所得を増やすが、生産全体に対する乗数効果は政府支出に比べて少ないと一般に考えられている。減税分は貯蓄に回され、支出全体に対する第一の局面の効果は小さくなり、その後の効果も小さくなる。それゆえ、減税の基本乗数は政府支出乗数よりも小さい。具体的には、減税乗数は政府支出乗数にMPCを乗じたものに等しい。

モデルは有益な概念上の出発点となるが、多くを単純化している。本章の付録2は財政政策の、特に厳しいリセッション期の効果に関する最近の理論研究を検討している。研究が示唆するのは、通常時の財政乗数は小さいだろうということである。理由は、第一に消費者が一時の財政出動のかなりの部分を貯蓄するからで、第二に金融政策が安定インフレを保とうとして財政出動に反作用しようとするからである。しかし、厳しいリセッション期、特に金利が0％を下回ることができないこと（ゼロ金利下限制約）によって金融政策が制約されるとき、財政乗数は普通以上に大きくなると考えられる。また、長期失業が労働力からの人口撤退を促して、生産と雇用を長期的に押し下げる（「履歴効果」と呼ばれる）場合も、財政政策が総需要を支えて、平均失業期間を減らすときに乗数は上昇すると考えられる。

財政乗数に関する多くの試算は財政介入とマクロ経済的結果の経年データを使って計算されるのが一般的で、付録2でもこれについての最近の実証研究を検討する。この実証研究によって、財政介入のタイプ別（政府支出と個人所得減税）の乗数計算が与えられる。試算で得られた乗数は復興法のマクロ経済効果の試算に役立つ。すなわち、復興法の下での実際の出来事を、復興法がないと仮定したときの出来事と比較することができる。

復興法についてのCEAとCBOの試算　CEAは復興法のGDP効果の試算にあたって、各GDP要因に別々の財政乗数を当てはめて、その後に合計して全GDP効果を算出した。政府支出（公共投資と所得支援）と減税については、付録2で述べた支出・減税乗数実証研究による乗数を用いた。州・地方財政救済等同法のその他の要因については、減税・支出乗数のいずれか、または両方の加重平均相当の乗数を用いた[13]。

CBOの復興法の効果に関する四半期報告も同様のアプローチを用いた（といってもAMT救済の効果が入っているのでCEAの試算と完全に一致するわけではない）[14]。経済文献では乗数値の幅が広いので、CBOは同法の多様な要因の財政乗数に高位値と低位値を当てはめた。表3―5のCEA乗数はCBO（2013a）が示した範囲に収まっている。

ここで与えられた乗数は、復興法が生産に大きな効果を発揮したことを示す。図3―5によると、復興法は2009年上半期にGDP水準を速やかに押し上げ、回復を急発進させた。同法は09年第4四半期～11年第2四半期にGDPを2～2.5％押し上げ、12年に同法執行が段階的に縮小されたなかでもプラスの効果を保った。以上の数値はCBOの分析が示唆する範囲内にほぼ完全に収まるが、CEAの数値が若干高い12年末と12年初の数四半期は例外である。

CEAもCBOも、GDP増と雇用増の関係の歴史を参照して、復興法がもたらした雇用数を算出した。CEAモデルによると、図3―6にある

ように、復興法は 2010 年に雇用を 230 万以上増やし、12 年に入ってからもかなりの効果を残した。同法は 2013 会計年度末にかけてこうしたプラスを積み上げて、約 640 万の年雇用を生み出したと試算される。以上の数値も CBO の低位値の同 160 万と高位値の同 830 万の範囲に収まる。

復興法と後続財政出動の効果の合計に関する CEA 試算 復興法に後続財政立法の効果が加わると、復興法単独の効果に比べて効果が非常

表3―5　財政的支援タイプ別生産乗数試算値

	CEA	CBO 低位	CBO 高位
公共投資支出 [a]	1.5	0.5	2.5
州・地方財政救済	1.1	0.4	1.8
所得支援支出 [b]	1.5	0.4	2.1
退職一時給付	0.4	0.2	1.0
個人減税	0.8	0.3	1.5
企業減税	0.1	0.0	0.4

注：CEA の乗数は 6 四半期後の GDP1％恒久変動要因、または同じことだが 6 四半期間の GDP1％の一時変動累積効果を示す。CBO の乗数は数四半期間の GDP 一時変動累積効果を示す。
（a）州・地方政府インフラ整備助成、企業に特定の支出を促す税制を含む。
（b）失業補償、総合包括財政調整法、フードスタンプ等。
出所：議会予算局「2012 年 10 月〜 12 月の復興法の雇用・生産効果試算」、CEA 試算。

図 3―5　復興法の GDP 効果推計（2009 〜 13 年）

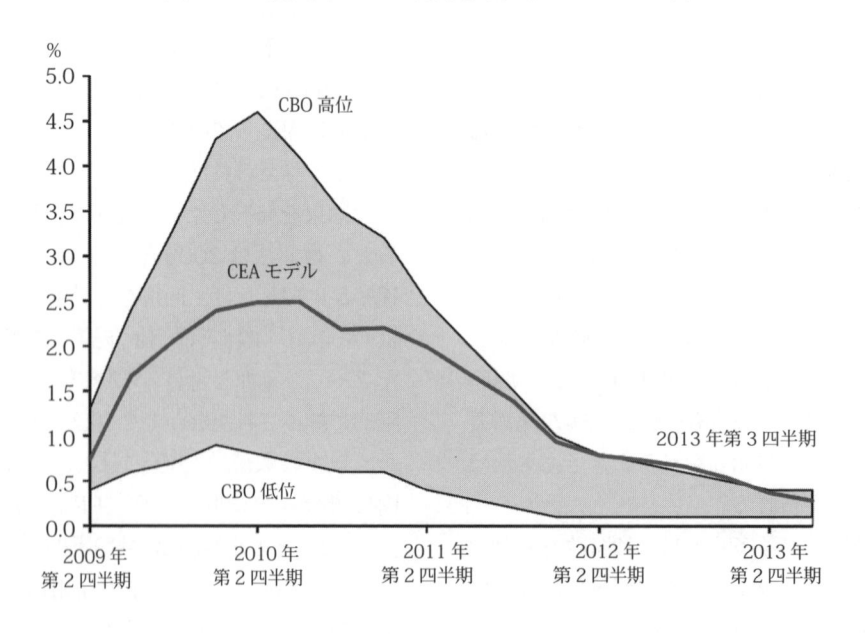

出所：議会予算局「2013 年度復興法の雇用・生産効果推計」、CEA 試算。

第3章 米国復興及び再投資法5年間の経済効果

図 3—6　復興法の雇用効果推計（2009〜13年）

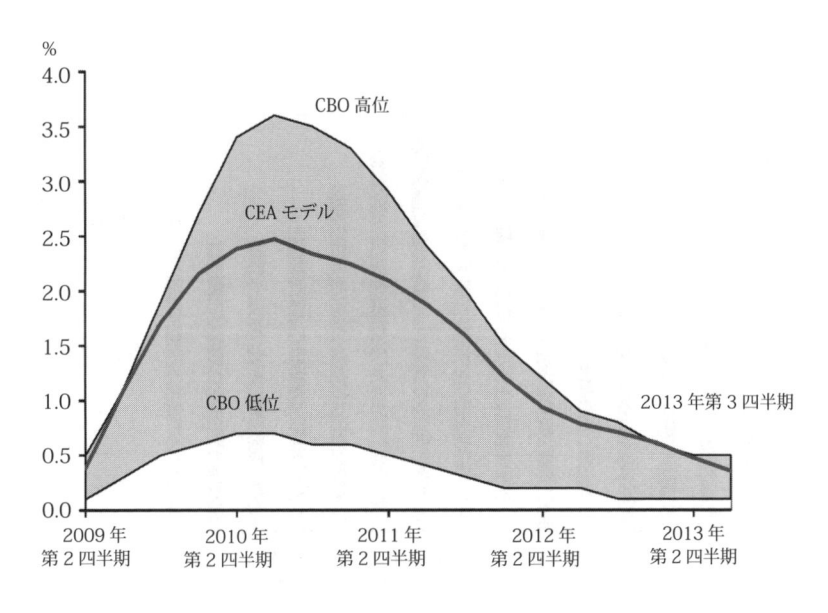

出所：議会予算局「2013年度復興法の雇用・生産効果推計」、CEA試算。

に大きくかつ長く続く[15]。復興法は2009年初〜12年第4四半期の経済への財政支援全体の約半分を占めるだけである。さらに、図3—7と図3—8に見るように、復興法以外の財政出動の効果の多くは、同法が段階的に縮小しつつある中で生まれた。このように、復興法の効果が消滅しつつある中で、同法以外の諸措置が回復を支える役割を果たした。CEAの乗数モデルによると、同法以外に追加された諸措置だけで、11年半ばから12暦年末までの各四半期にGDP水準を1.0〜1.5％増やした。結局、12暦年末までの全四半期の効果を合計すると、復興法と後続財政出動はGDPを年率で平均2.4％以上押し上げた——その累積額は08年第4四半期GDPの約9.5％に相当する。

同様に、雇用に対する財政出動全体の貢献は大きい。復興法以外の財政出動は2012年末までの合計で280万の年雇用を増やしたと試算される。この雇用増を復興法が創出または維持した雇用に加えると、反循環的財政出動の動員により、12年末までに年間230万を超える雇用——該当する期間を通じて合計880万の年雇用——が創出または維持されたことになる。

民間予測の試算　国内外の民間の予測者・機関は大がかりなマクロ経済モデルを使って、復興法とそれ以外の政策のそれぞれの効果を別個に試算している。こうした個人や機関が使うモデルは構造も想定もかなり多様だが、CEAとCBOが見い出したのと同様の乗数型分析を一般に採用している。表3—6では、CEAとCBO以外の予測では財政出動「**全部**」の効果の総計を見ることができないものの、同法が十分に実施される以前の主要な民間予測による復興法の効果の試算が与えられている。モデルによる違いはあるが、同表の民間予測のすべてで、復興法は2009〜11年にGDPを大きく押し上げ

図3—7 復興法と後続財政政策の四半期別GDP効果(2009〜12年)

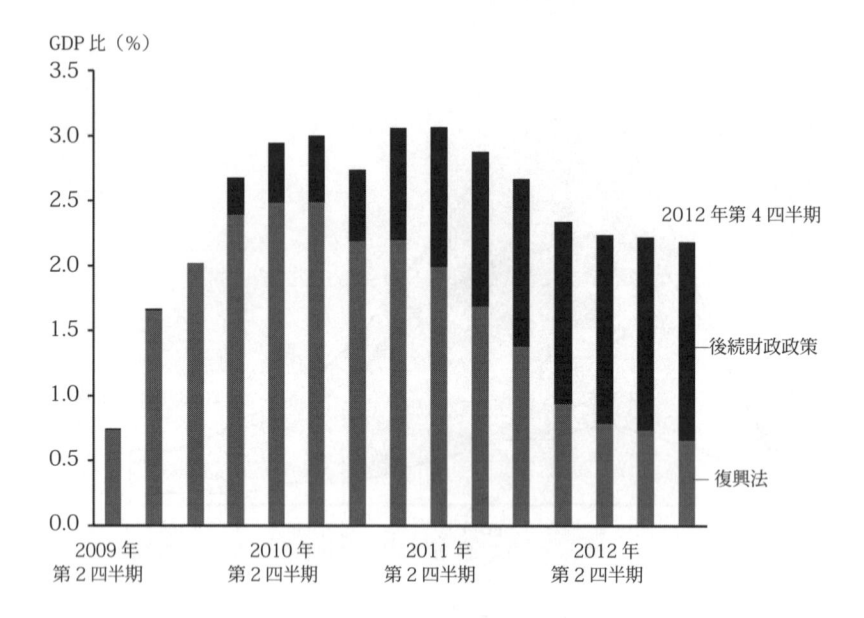

出所:経済分析局「国民所得生産勘定」、議会予算局、CEA試算。

図3—8 復興法と後続財政政策の四半期別雇用効果(2009〜12年)

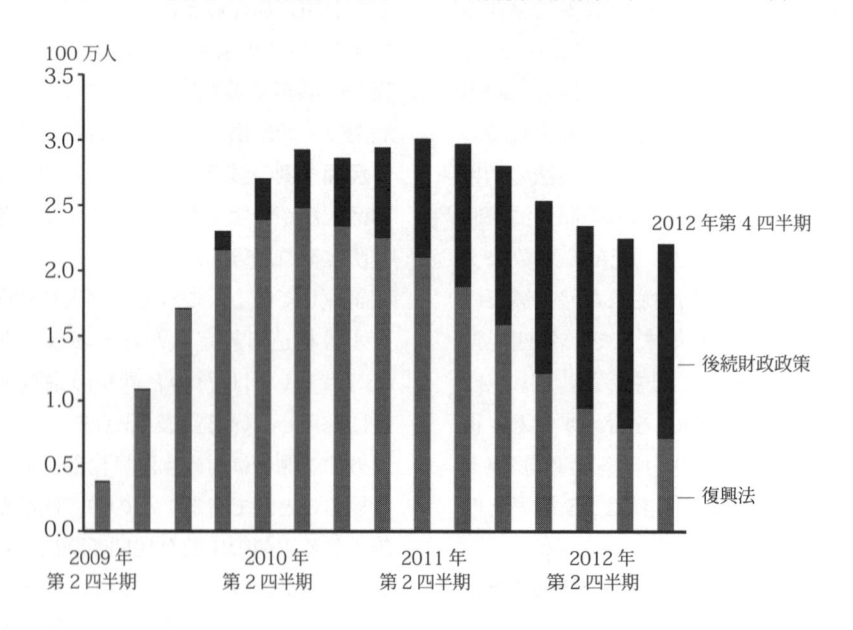

出所:経済分析局「国民所得生産勘定」、議会予算局、CEA試算。

第3章 米国復興及び再投資法5年間の経済効果

表3－6　復興法のGDP効果試算

	2009年	2010年	2011年	2012年	2013年
			%		
CEAモデル計算	1.1	2.4	1.8	0.8	0.3
CBO低位	0.4	0.7	0.4	0.1	0.1
CBO高位	1.7	4.1	2.3	0.8	0.3
ゴールドマンサックス	0.9	2.3	1.3	—	—
HISグローバル・インサイト	0.8	2.2	1.6	0.6	—
ジェームス・グラスマン、JPモルガン・チェース	1.4	3.4	1.7	0.0	—
マクロエコノミック・アドバイザーズ	0.7	2.0	2.1	1.1	—
マーク・ザンディ（ムーディーズ経済ドットコム）	1.1	2.6	1.7	0.4	—

注：企業による試算値は各社・予測者が収集・確認したもので、CEAの第9四半期報告にまとめられた。
出所：議会予算局「2012年10月〜12月の復興法の雇用・生産効果試算」、CEA第9四半期報告、CEA試算。

ており、中でも10年にはGDPを2.0〜3.4%押し上げたと試算された。

ブラインダーとザンディ（Blinder and Zandi 2010）はより広い視野を取って復興法に後続の財政出動を追加統合して、2009年までに成立した財政政策（経済刺激法、復興法、ポンコツ車で現金、09年失業保険給付拡張）の効果を試算し、09年のGDPを第3四半期に3.4%、同第4四半期に4.3%押し上げたという。

州ごとの状況

州別に見ると、財政支出の仕方は多様だから、財政政策の効果を試算するには別のアプローチが必要になる。前述したように、マクロ経済政策の効果の試算には、反事実の結果を観察することができないことによる固有の困難がある。経済学者がこの困難に対応するために取る一つの方法として、州によってまたは任意に実施された復興法の特定の中身を隔離して、医学等他の学問分野の研究を模倣して無作為コントロール比較試験にかけることがある。経済的必要とはかかわりのない理由で復興法の予算の受取額が他州に比べて多い州があるとき、予算のこの差額は、医療は同じだが投薬量を変える医薬実験に参加する二つの被験者集団とまったく同様に、独立した、バイアスのかからない効果を評価することに使える。

しかし、州別データを使うとき、国民経済レベルではなく、地方レベルの乗数を試算するという難点がある。地方乗数は州外への支出の効果を考慮しないし、前述し付録でも取り上げる理論的検討の多くが注目する一般均衡と金融政策の波及効果を考慮しない[16]。

復興法のある部分は州の直接的な経済的必要とは無関係に配分されている。対州政府メディケイド助成増額がそれである。同法の下で、州に対するメディケイド連邦補助率（FMAP: Federal Medical Assistance Percentage）は6.2%増額された[17]。この増額はリセッション前に1人当たりメディケイドに対して支出が比較的多い州にとって意義が大きかった（2007

会計年度)。州レベルでリセッションの深刻さが違うことと、以前の1人当たりメディケイド支出水準とが無関係であった限りでは、この予算は「あたかも」任意に配分されたと考えられるかもしれない。いいかえれば、この予算は州レベルの経済がリセッションに強いか弱いかとは結果的に無関係であった。図3―9が示すように、景気循環とは無関係に決まる同予算が増加した州は、それが減った州に比べて09年上半期に雇用が増えた。

このアプローチを精緻化したチョドロウ‐ライシュら（Chodorow-Reich et al. 2012）によると、メディケイド連邦助成が10万㌦増額されるごとに3.8の年雇用が生まれるのであり、雇用一単位当たりに換算すると2万6000㌦になる。別の学術論文では、これと同じアプローチをとりながら復興法支出の範囲をもっと広く取るのだが、同じ結論に達した。たとえば、ウィルソン（Wilson 2012）は、労働省が実施したもの（多くは失業保険）を除く復興法支出政策全体で、一雇用当たりの費用を12万5000㌦と試算する。ファイラーとサチェルドーテ（Feyrer and Sacerdote 2011）とコンレイとデュポール（Conley and Dupor 2013）も、両論文が試算した効果の広がりは上述のものと同程度か若干小さいとはいえ、復興法の雇用に対するプラスの効果を見い出している。

国際比較

2008年の危機は世界的に波及した。多くの国で、生産と雇用が急減しただけでなく、反循環的財政政策とリセッションによる税収減により巨額の財政赤字を経験した。世界的な財政赤字のこうした推移は、財政政策の効果の国際比較に利用できる。危機以前の国際データを使う

図3―9 非農業雇用の変化

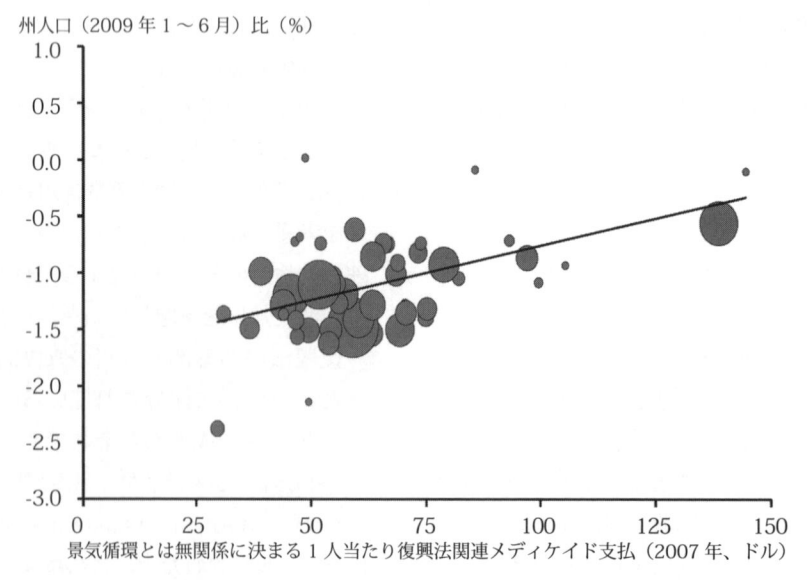

州人口（2009年1〜6月）比（%）

景気循環とは無関係に決まる1人当たり復興法関連メディケイド支払（2007年、ドル）

注：丸の大きさは2008年の州人口に比例している。
出所：メディケア・メディケイド・サービスセンター「データ総覧」、労働統計局「最新雇用統計」CEA試算。

第3章
米国復興及び再投資法 5 年間の経済効果

国際通貨基金の早い時期の試算では、財政乗数は、国によってかなりの違いはあるものの、概ね0.5の付近にあることを示した[18]。しかし、その後の同基金の研究（IMF 2012）、ブランチャードとライ（Blanchard and Leigh 2013）は当初の研究を再検討し、危機を通じて乗数は 1.0 を大きく上回ったと試算した。これは本章でこれまで見てきた米国の最近の財政乗数と一致している。

また、国際的な経験を見れば、多くの国で実施された政府財政赤字の構造的削減（または「財政整理統合」）は、少なくとも金利がゼロ％付近に張り付いて、すでに重大な不景気局面にあるとき、経済活動に対して短期で大きなマイナスの影響を与えてきた。先行研究では、アレシナとアルダーニャ（Alesina and Ardagna 2010）がまとめたところによると、財政整理統合は投資家の信頼を高め、金利を引き下げるのでGDPをしばしば押し上げることができると仮定されている。しかし、ブランチャードとライ（Blanchard and Leigh 2013）の結論は、ペロッティ（Perotti 2011）やジュアジャードら（Guajardo, Leigh and Pescatori、近刊）と同様に、この仮定を置くのでなく、赤字削減の重大な短期的損失を指摘し、ブランチャードら（Blanchard, Dell'Ariccia and Mauro 2010）が

Box 3—2　米国の経済回復の国際比較と歴史的文脈

2007～09年のリセッションは、第二次大戦後わが国が経験した最も厳しいリセッションだった。いわゆる大リセッションは07年12月の景気の山から09年6月の谷まで18カ月間続いて、以前の戦後リセッションの平均期間の10カ月に比べて2倍近くになり、また、実質GDPが4.5％減少したことでも、以前の戦後リセッションが平均で同2％減であったのと比較して最悪である。

最も重要なことは、それがシステミックな金融危機と結びついた戦後唯一の米国リセッションであったことである。深刻な金融危機はいくつかの仕方で経済回復を妨げる効果を長期にわたって発揮しがちである。まず、多額の負債と資産の損失をかかえた家計は、支出を増やすのをためらう時期を引き延ばしながら、減債と資産回復に努めるだろう。また、企業・住宅投資の回復は遅れるだろう。なぜなら、過剰に負債を抱えた銀行等の金融機関は、健全なバランスシートを取り戻すべく融資を絞るからである。信用の供与も需要も圧縮するとき、そうでないときに比べて伝統的な金融政策による低金利は効果が限られてしまう。

米国経済の最近5年間の実績は、かつての金融危機時の歴史的記録が示すものに比べて良好である。米国が2007年と08年に見舞われた金融ショックは、大リセッションを引き起こした同ショックに比べて大規模とはいえないまでも同等だったが、その結果は著しく違う。今回の危機で、勤労世代1人当たりGDPは約4年間で危機以前の水準を回復したが、それは大恐慌期の米国で11年かかり、1930年代のシステミックな危機の影響を受けたとラインハートとロゴフ（Reinhart and Rogoff 2009）が特定した13の国で10年かかった。

下図〔次頁〕は米国経済の実績を今回の金融危機の直撃を受けた他の国々と比較している。2007、08年のシステミックな金融危機に見舞われた12カ国のうち、勤労世代成人1人当たり実質GDPが危機以前の水準を回復した国は米国とドイツだけである[1]。

1　米国と諸外国の金融危機の過去の数値については、ラインハートとロゴフ（Reinhart and Rogoff 2009）とラーヴェンとヴァレンシア（Laeven and Valencia 2012）を参照。

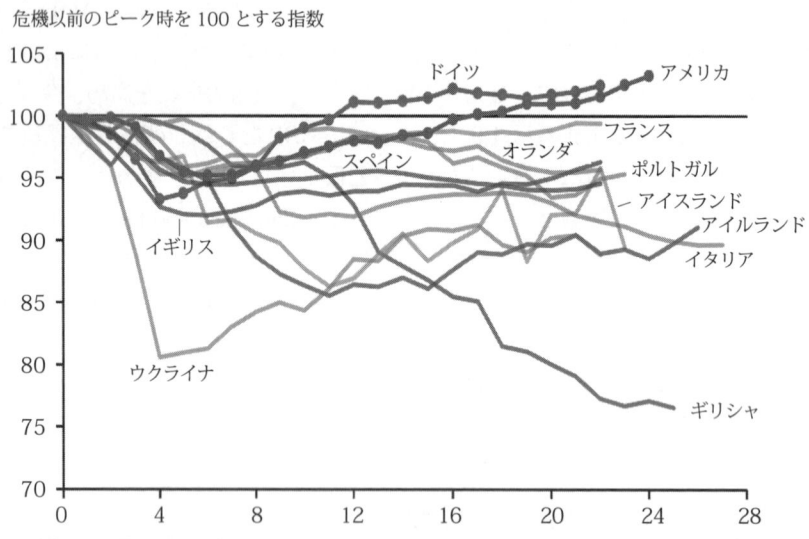

2007～08年銀行危機を経験した諸国の勤労世代1人あたり実質GDP（2007～13年）

注：データ利用時は米国が2013年第4四半期、アイスランド（同年第2四半期）を除くその他が同年第3四半期。勤労世代は米国が16～64歳、その他が15～64歳。ウクライナの人口は年次推計による。国の選択はラインハートとロゴフ（近刊）による。
出所：欧州共同体統計局、各国統計、CEA試算。

取り上げた事例でも説明されるように、財政整理統合についてはより慎重な戦略を示唆する。

米国は2007年と08年の金融システム危機を経験した12カ国のうちで、労働人口1人当たり実質GDPが危機以前の水準を取り戻したわずか2カ国のうちの1国であることは注目に値する（Box 3―2参照）。これは、米国の財政出動の効果を特に証明するわけでないとはいえ、雇用と生産が減少する負のスパイラルを反転させるのに米国の政策介入全体が十分な意義をもったという議論と一致する。

2009年以後の経済パフォーマンス評価

復興法と後続財政出動が第二の大恐慌を回避し、経済成長を強化するよう準備したことを示す利用可能な証拠は多いが、依然として多くの家計がリセッション以後の影響に喘いでいる。

また、マクロ経済的に見れば、この回復期の実質GDP年平均成長率2.4％は多くの人びとの期待を下回っている。こうした経済成長の遅れは経済政策が不適切であったことの証拠であるとか、2008年以来実施してきた政策は成長に対して意図せずして有害であったとする批判も出ている。テイラー（Taylor 近刊）によると、財政政策は経済的に助力とならなかっただけでなく、実際には有害であったと議論している。

前述したように、観察された結果から一連の政策による効果を断定することはできない。なぜなら、観察された結果は、政策介入が実施されなかった場合にあり得ることを示しはしないからである。こうした反事実の結論に多様な仕方で答えようとする研究では、復興法と後続の財政出動が成長と雇用に対して大幅のプラス効果を発揮したという結論に概ねたどり着く。

特に、回復についての議論がしばしば根拠に

第3章 米国復興及び再投資法5年間の経済効果

する、かつての成長との比較は、リンゴとオレンジとを比較するような誤りであり、また、リセッションと回復の重要な特徴を見損なっている。まず、経済の「潜在」成長率が、今ではかつての第二次世界大戦後の諸回復と比べて遅いのは、大リセッションまたはその後の諸政策とは関係のない長期の理由による。この潜在成長率低下の理由は、団塊世代の退職に伴う労働人口増加の遅れ、数十年漸増していた女性労働力参加の頭打ち傾向、そして生産性成長の遅れにある。CBO（2012a）の試算では、潜在GDP成長の遅れは、最近の回復で見られる実質GDP成長と、かつての戦後諸回復の平均成長との格差の約3分の2を説明するのであり、これは他の最近の研究とも一致する（より詳細は**2013年大統領経済報告**を参照）。

次に、経済が近年にさらされた数々の逆風をあげることができる。すなわち、欧州政府債務危機、日本の津波被害と原発事故、リビアの石油供給崩壊といった外国の出来事、ハリケーン・サンディや、農務省が「少なくとも25年間で最悪の干ばつ」とした2012年の干ばつなど極端な異常気象[19]、州・地方政府の緊縮財政が復興法の段階的縮小開始で強まり、拡大期にもかかわらず幾多の失業を生み出したこと、さらには、CBOの試算で13年の成長を0.6％押し下げた財政支出一律削減（sequester）、商務省経済分析局が同年第4四半期の成長を「**直接に**」0.3％縮小させた16日間の政府機関閉鎖、11年と13年の政府債務上限をめぐる危険な瀬戸際作戦などである。

最後に、Box 3—2で触れた金融システム独特の事後的な影響も、成長加速を著しく妨げた。大リセッションは約80年間で最初の金融制度危機による不景気だった。大恐慌時のマクロ経済データは限られており、より多くがこれまで利用可能になった第二次世界大戦後のデータによるモデルは、2008年に経済を襲ったショックと比較できる基準をもっていない。モデルの多くは、危機の結果に学んだ教訓に基づいて、マクロ経済と金融セクターのより広範でかつ詳細な関連を入れるよう、今なお洗練されつつあるところである。

こうした要因のすべてが、近年の経済パフォーマンスの評価——本章で言及した重要な政策行動が実行されなかった場合に何が生じたかの理解——にあたって考慮されなければならない。

個人救済における復興法の効果

本章の冒頭で述べたように、復興法の目的は雇用の維持・創出や経済回復促進にとどまらない。本節では、リセッションの最も厳しい影響を受けた人びとが異常な試練の時期を切り抜けるのを助けるのに際して復興法が果たした役割を評価する。復興法には、中間層の世帯、求職中の失業者、貧困状態かその可能性がある世帯に対してしっかりとした支援が含まれる。こうした措置の多くが後続の法律で拡張または再編された。この支援は、所得が減少し金融が干上がるときでも、経済学者が「消費平準化」（"consumption smoothing"）と呼ぶところの、家計が消費を維持する現象を助ける役割を一部分果たした。しかし、支援の動機は、その多くが消費され総需要を押し上げ雇用を創出する事実にもあった。表3—7は個人向け直接支援プログラムをリストアップしている。

表3—7 復興法と後続政策の減税と所得支持（2009～12年）

	10億ドル		
	復興法	後続立法	合計
就労促進	112.2	—	112.2
給与税減税	—	206.8	206.8
その他個人・世帯減税			
第三子・結婚懲罰勤労所得税額控除	6.0	4.3	10.3
児童扶養控除還付	18.7	12.3	31.0
米国機会税額控除	17.8	11.3	29.1
失業給付課税一部免除	6.5	—	6.5
乗用車取得税控除	1.3	—	1.3
最初の住宅取得税控除	4.6	12.0	16.6
失業保険改革			
緊急失業補償・給付拡張	43.2	160.6	203.8
25ドル増額給付	14.1	—	14.1
失業保険改革	3.5	—	3.5
総合包括財政調整法	9.2	9.8	19.1
フードスタンプ	37.6	0.4	38.0
高齢者、退役軍人、障害者250ドル給付	13.8	—	13.8
傷病兵税額控除	—	0.3	0.3
貧困家庭臨時援助緊急基金	4.7		4.7
合計	293.3	417.8	711.1

注：データは2012暦年末までの累積額、四捨五入のため合計と合計額が一致しないことがある。
出所：財務省税制分析局、行政管理予算局部局別財務活動報告、議会予算局。

家計減税

　復興法の所得支援と個人減税の規定のおかげで、100年間で最悪のリセッションの一つの時期を通じて家計は購買力を維持することができた。2009年と10年に発効した就労促進税額控除（Making Work Pay tax credit）は95％の労働者をカバーしており、一般的な独身の労働者は400ドル、一般的な既婚の労働者は800ドルの減税となった。この諸規定がなければ、実質個人総可処分所得は実際に比べて09年で3540億ドル少なかっただろう。図3—10に示したように、3000億ドルの賃金所得が失われたにもかかわらず、実質可処分所得は09暦年を通じて実際には増加した（CEA 2010b）。その主な理由は家庭向け減税であり、その最大のものは復興法の就労促進税額控除である。就労促進税額控除はもっと大規模な11年と12年の給与減税に代わった。これで1億6000万人の労働者すべてが減税され、年間5万ドルを稼ぐ一般の労働者には1000ドルの減税となる。

失業保険

　失業保険は州運営で、26週間の給付が一般的だが、平均失業期間が2007～09年のリセッション期とその後を通じて記録的長期間になったので、新たな対策が必要となった。復興法はいくつかの仕方で失業保険を拡張した。最初

第3章

米国復興及び再投資法5年間の経済効果

図3―10　復興法存否による可処分所得の違い

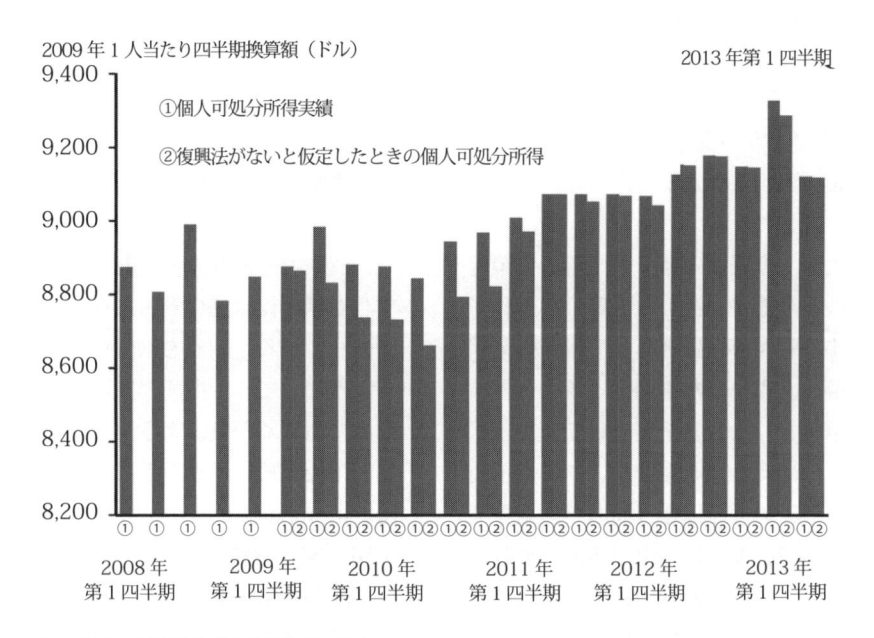

2009年1人当たり四半期換算額（ドル）
①個人可処分所得実績
②復興法がないと仮定したときの個人可処分所得
2013年第1四半期

注：数値は個人消費支出物価指数で調整。
出所：経済分析局「連邦政府部門取引（部分）に対する復興法の効果」国民所得生産勘定。

に、同法は給付拡張計画――1970年に導入、特に厳しい失業増加に直面する州政府を支援するための制度だが、これまで財源は連邦政府と州政府が共同で賄ってきた――への拠出を全額連邦政府負担とした。さらに同法は、2008年成立の緊急失業補償計画を拡張し、給付拡張計画で利用できる給付の期間を延長、09年末まで一週間当たりの給付を25㌦増額、州が失業保険制度改革に使うための資金を供給した。復興法に続いて、議会は失業保険を拡張させるいくつかの措置と、仕事を探す人びとを支援するための改革を成立させた。

労働者に対する失業保険の効果　全部で2400万人の米国労働者が、失業保険給付拡張の恩恵を受けた。労働者の家計を考慮すると、7000万人が失業保険給付拡張によって支えられており、そのうち1700万人が子どもである。これによって480万人の大卒以上の学歴者など、広範囲にわたって個人が助けられた。その効果は大きく、センサス局の試算によると、失業保険のおかげで2008～12年に1100万人が貧困に陥らずに済んだ。

失業給付は、所得支持と家庭の貧困化阻止にとどまらず、労働市場にも効果を発揮する。失業保険についての大統領行政府報告（Council of Economic Advisors and Department of Labor, 2014）によると、近年の労働需要減少による失業率上昇は、失業保険拡張による労働供給の若干の減少を伴っていた。さらに、チェッティ（Chetty 2008）によれば、失業給付は、人びとが自分の技能にあった仕事を探す時間を与えることで、労働生産性に対してプラスの効果を発揮した。

失業給付は所得を支持するだけでなく、長期失業者が労働力から撤退するのを防止する。2008年の失業給付拡張以降、長期失業者の労

91

働力からの撤退率はかなりの程度まで減少したが、ロススタイン（Rothstein 2011）によると、失業給付拡張で失業率が微増したことの多くはそのためである。長期失業者の就職率が低いままであっても、人びとが労働市場にとどまれば、最終的に勤労を再開する機会が増え、経済の長期潜在能力が維持される。

失業保険改革　復興法には、数十年で失業保険を大きく改革する70億㌦の予算が含まれており、変化する労働市場に合わせて州が失業保険制度を改革し、ルールを最適化するよう促す。いくつかの示唆された改善を実施して、ルールを最適化した州は奨励金を受けた。ここで示唆された改善には、最近の稼ぎ（前暦年の稼ぎではない）が理由で、または一定の事情（やむを得ない家庭での責任、配偶者の移動、家庭内暴力、性的暴力）が理由で仕事を辞める場合、失業保険が適用されるというものがある。また、パートタイムの仕事だけを求める人や被扶養者も給付対象となる。

諸州は総額35億㌦の復興法予算を投じてこうした改革に取り組んだ。同法の後押しで、41の州が失業保険制度に約100の改革を実施した。多くの州はやむを得ない事情で失業した労働者に対して保険適用を拡張しており、13の州は家庭内暴力、14の州は病気を患う家族、16の州は配偶者の移動をそれぞれ保険適用に加えた。

2012年2月に大統領が署名した法律は、長期失業者が仕事に復帰するのを助けるため、失業保険改革をさらに進めた――その多くはもともと米国復興法が提案していた。特に、新規立法は長期失業者の新たな職探しを支援する新たな戦略を州が試行することができるようにした。また、政府は、全国で「ワークシェアリング」を広げた。これは労働者の数ではなく、労働時間を減らすことで失業を阻止し、労働者の苦難を和らげるのに役立つ。また、これは初めての改革だが、長期失業者が連邦政府の給付を受けながら自ら事業を起こすことができ、州は起業制度を拡張するための支援を受けることができるようになった。

弱者保護　復興法と後続立法には、弱者保護のための諸提案、つまり低所得者税額控除の拡大、児童税額控除の一部還付も含まれており、いずれも低所得家庭の勤労に報いるための措置を増やしている。政府も勤労促進減税を還付できるようにして、中間所得家庭だけでなく低所得家庭にも利益が及ぶよう努力した。復興法は補足的栄養支援プログラム（SNAP: Supplemental Nutrition Assistance Program）を拡張して、不況期の家庭を助け、貧困家庭臨時援助（TANF: Temporary Assistance to Needy Families）を通じて緊急の給付を実施、低所得者の雇用を促す補助金も提供した。さらに、130万の家庭が家を無くさないよう、ホームレス化阻止・住宅再取得制度（Homelessness Prevention and Rapid Rehousing Program）を設けた。

総じて、既存の社会保険制度が復興法と後続立法で拡張された事の効果は、経済不況にもかかわらず、貧困率が急増するのを阻止するのに大いに発揮された。経済は大恐慌以来の厳しい不況にさらされたが、ウィマーら（Wimer et al. 2013）によると、貧困率は反貧困政策の効果を考慮して計測すると2007～10年に0.5％上昇しただけであった。政策が実施されなければ、貧困率は4.5％――実際の9倍上昇しただろう。第6章は政府の貧困削減政策の効果を検討する。

第3章 米国復興及び再投資法5年間の経済効果

復興法の長期成長効果

　復興法と後続の雇用政策には長期成長力を強めるための多くの規定が含まれている。政府は同法立案にあたって、財政支援の量だけでなく質も問題になると考えた。この意味で、政府が肝に銘じた教訓は、いままで多くの人に指摘されてきたことなのだが、古くは19世紀初期のフランスの著述家であり政治家であったフレデリック・バスティアにまでさかのぼることができる。バスティア（Bastiat 1848）は、商店主の不注意な息子が店の正面窓ガラスを割ったこ とについて書いた。すなわち、見物人の群衆が破損状況を見ていたとき、そこで「しかし、またこれは、よくあることなのだが、結局、窓ガラスを割ることはお金の回る理由になり、その結果が産業振興全般だとすれば、それは良いことだといわなければならない」という人に対して、バスティアは「ちょっと待て！」と反論した。

　こういうわけで、復興法は経済を当面短期で押し上げるだけでなく、復興法が認める直接の支出が終了した後も、経済の生産性と能力全般

表3―8　復興法長期成長投資

	（10億ドル） 推定費用（2009～19年）(a)
資本	
交通輸送建設	30.0
環境浄化・保護	28.0
建物建設	23.9
治安・国防	8.9
経済開発	14.6
備考：企業税制刺激	11.7
労働	
ペル奨学金	17.3
特殊教育	12.2
恵まれない子供たちへの支援	13.0
その他人的資本	10.3
技術	
科学技術	18.3
クリーン・エネルギー	78.5
医療、医療IT	32.0
ブロードバンド	6.9
その他	6.7
公共投資合計 (b)	300.6

注：(a) 推定費用は2019年第3四半期までの予算と税制が対象。
　　(b) 四捨五入のため合計は合計額と一致しないことがある。合計額に企業税制刺激は含まれない。
出所：行政管理予算局、財務省税制分析局2011会計年度予算、CEA試算。

を押し上げるために投資するよう立案された。インフラの拡張や高速鉄道事業の両例を見ても、復興法の投資は、バスティアの割れた窓ガラスの例とはまったく違うし、単なる原状回復をはるかに超えている。この種の投資は、地方の学校が生徒と教師に高速インターネットを提供し、企業がモノの輸送を早めるための新たな選択肢を得るなど、これからの経済的潜在能力を高めるのである。

表3―8に見られるように、復興法はクリーン・エネルギー、医療IT、道路、労働者の職業訓練などの分野に3000億㌦投資した。図3―11によると、この投資は、復興法の他の政策とは逆に時間を通じて増えており、これは長期目的の趣旨に合致している。

物的資本の維持と投資拡大

復興法と後続の雇用政策は民間資本と公的資本を両方とも増やすことを目的にした。

企業の民間投資刺激税制 民間投資刺激の背景にある理論によると、財務省税制局（Treasury's Office of Tax Policy 2010a）が説明するように、金融システム危機の時期には、企業は金融市場から十分に資金を調達・投資することができない。あるいは、不確実性のために投資を過度にためらう。こうした民間投資の困難を克服するため、復興法と後続の政策は、キャッシュフローを増やす企業減税――純営業損失繰り戻しと特別減価償却の期間延長――を組み入れ、最終的に企業に無利子の融資を行った。いくつかの経済研究（House and Shapiro 2008）によると、特別減価償却政策

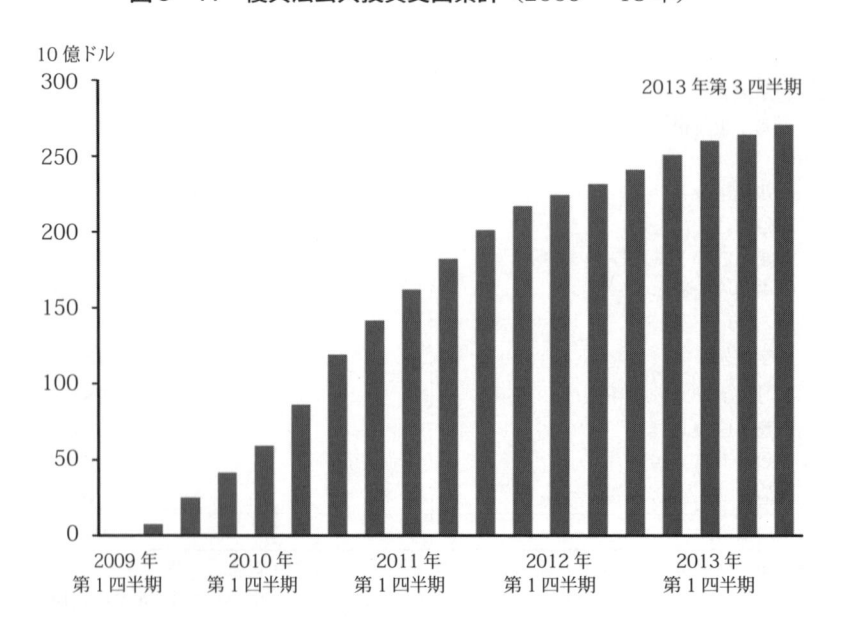

図3―11　復興法公共投資支出累計（2009〜13年）

出所：行政管理予算局、財務省税制分析局2013会計年度中間期報告。

第3章 米国復興及び再投資法5年間の経済効果

は投資を顕著に増やすことができる。低金利下では、こうした措置は連邦政府にとって正味現在価値費用が少なかったものの、信用収縮に直面する企業に対して、資源を供給して投資を支えた。この考え方に基づいて、2010年秋に大統領は企業投資の全額経費化を提案した。これは同年12月に議会を通過し、史上最大の臨時企業投資刺激税となった。

交通輸送等の公共投資 新しく効率的な交通輸送基盤ネットワークは経済が機能するためにも、将来の成長の先行条件となる意味でも必要である。多くの研究は、財務省とCEAの報告（Department of Treasury and CEA 2012）で特別に取り上げられているように、公共インフラ投資のおかげで民間生産性成長が拡大したことの証拠を見出している[20]。回復の当初段階は、経済的に資源が有効活用されない程度が甚だしく、それゆえ建設費が安くなるので、公共投資を実行するのに特に相応しい時期である。財務省の報告によると、交通輸送基盤投資は中間層の仕事を創出し、家計の負担となる交通費を引き下げることができる。

復興法は運輸省管轄のプログラムに480億ドルを配分、そのうち約6割を道路、37％を公共交通運輸や市街地旅客鉄道に配分された。この支援額はかなりのものである。復興法がなければ交通輸送支出はどれほどであったかを試算するのは難しいが、2010年の道路整備支出全体は07年に比べて約270億ドル、率にして24％多かったが、この時期、利用者からの収入（燃料税その他の課金）を通じた州の交通輸送整備計画の主な財源が減少していたのである。さらに、支出額は同じでもリセッション期には効果がより大きかった。なぜなら、道路建設費（全米道路建設費指数で計測）は08年央〜09年央に約2割低下した後、11年までそのまま安定して推移したからである[21]。

復興法はこのような直接の支出だけでなく、米国建設債券を通じて交通輸送計画を間接的に支援した。連邦道路管理局の試算によると、米国建設債券で調達した資金全体の26％相当の480億ドルは州の交通輸送計画に利用された。さらに、AMT計算から民間活動債を一時的に除外するという復興法の規定により、全米の空港が割安な利率で資金調達することができた。連邦航空局の試算によると、全米24の空港が復興法の同AMT除外規定を利用して127億ドルの債券を発行し、2010年11月初旬までに現在価値にして10億6000万ドル（総額で18億ドル）の節約を果たした。

この財源を通じて、1万5000以上の交通輸送計画が全米で実行に移された。運輸省の試算によると、これによって4万2000マイルの道路が修繕され、2700の橋が修繕または架け替えられ、1万2220台の輸送手段の購入に充てられた。さらに、復興法は、約6000マイルの高速旅客鉄道専用路を建設・修繕、120台の次世代鉄道車両の調達など、かつてない規模で国内高速鉄道に投資した。

最後に、復興法は交通輸送投資（TIGER: Transportation Investment Generating Economic Recovery）補助金制度を開始した。これにより、運輸省は、従来の仕方では資金調達が困難だが重要な計画に投資することができるようになった。TIGERはイノベーションと地方政府間協力を促す競争的な制度である。同制度は計画実施を評価するため費用効果分析の適用範囲を広げ、助成を受ける者は当初目標の利益を達成するため、計画実行後の成果を確かなものとすることが求められる。また、同制度によって、多くの都市、郡、その他政府機関が初めて連邦政府資金を直接利用することができる。当初15億ドルのTIGERの結果は良好であったので、その後5回延長され、現時点で2014年

9月まで効力を有している。

また、復興法は、国民が公有の土地や河川を安全かつ簡単に利用することができるよう、インフラの回復または改善に投資した。国立公園局、魚類野生生物局、森林保全局は設備や自然道の遅れていた整備等の重要な修繕・回復計画に約10億ドル投資した。こうして、アウトドア余暇需要を支え、公有地での娯楽に貢献するためのインフラ維持の支援を行った。

復興法は環境保護局が環境保全とその仕事を進める計画に資金を投じた。この投資が生み出した環境利益は大きく、汚染された土地を浄化して経済利用できるようにし、ディーゼルエンジンによる大気汚染を削減し、地上水と飲料水の汚染を削減した。同局のブラウンフィールド再生計画は復興法予算の1000億ドルを使って、1566㌶の土地を浄化して再利用可能な状態にしたが、これは当初目標の500㌶をはるかに上回る。同法の予算を通じて、3万900基の旧式ディーゼルエンジンを改良または更新して、耐用期間中の二酸化炭素排出量を84万300トン、粒子状物質を3900トン削減した[22]。もう一つの復興法投資として、300を超す高度インフラ計画と浄水計画を実施、全国7800万人のために下水処理施設を改善・維持した。また、復興法予算で、4800万人が利用する693の上水道施設が安全飲料水法基準に再び合致することができるようになった[23]。

人的資本の保護と投資拡大

人的資本を保護し、増やすことも復興法の目的である。雇用の維持・創出は、一つには、失業期間の長期化による技能の喪失――職探しの技能も含めて――を防いで、人的資本を保護することに役立つ。事実が示していることだが、1980年代と90年代の欧州での失業長期化の結果、人的資本の喪失が続いた（Blanchard and Summers 1986, Ljungqvist and Sargent 1998）。失業保険改革やTANF臨時予算の就業助成を通じて、労働者が仕事を見つけるのが容易になり、人的資本保護に役立った。

教育の投資拡大と改革は人的資本の実際の拡大にとって重要である。一般に州・地方政府は初等・中等教育予算の9割以上、全国の公的な高等教育機関の予算の約4割を支出している。2008年の経済不況時、州の収入は減少し、教育予算は逼迫した。

復興法は同法第1編の地方教育機関助成の学校改善助成や特殊教育への助成を通じて、教育予算を大幅に増やした。また、学生援助を増やし、中等後教育機関が新規設備に投資し、革新的な医療・エネルギー技術の研究を支援した。この助成の受益者の報告によると、80万を超えるフルタイム教育職が維持・創出され、教師、学校長、図書館員、カウンセラー、大学の教職員までもが仕事を得ることができた。

また、州の報告によると、復興法による州財政安定化基金を使って、州は小中高一貫教育K-12の予算を回復させた。たとえば、復興法を通じて、カリフォルニア州、インディアナ州、アラバマ州、オレゴン州は同予算を9％、フロリダ州、ウィスコンシン州、南キャロライナ州は12％、イリノイ州は23％を2009会計年度にそれぞれ回復させた。マサチューセッツ州、ミネソタ州、バージニア州など少なくとも31の州の公立大学は復興法予算を通じて授業料値上げを回避または控えめにすることができた。これらの州は、州財政安定化基金がなければ、教育予算の大幅削減を余儀なくされたことだろう。

復興法は43億5000万ドルの予算で革新的なトップ獲得競争プログラム（Race to the Top Program）を発足させた。この競争的助成制度

第3章 米国復興及び再投資法5年間の経済効果

は、学力格差を縮めて生徒の学力を向上させるため、教師と親に生徒の学力情報を知らせるシステムの改善、教育効果を高め支持する新たな取り組み、低学力校を改善する取り組み等を促す。全米の州がこの制度をインセンティブにして、より厳しい学力基準を採用し、大学進学と職業人への準備への期待を高めた。現在のところ、K-12で学ぶ生徒の45％が暮らす19の州がこのトップ獲得競争プログラムを受益しており、34の州が予算獲得のために教育改善と認められる仕方で州の教育法・政策を修正した。

復興法は他にも、ペル奨学金限度額を4731ドルから5550ドルに拡充、「希望」高等教育減税を修正・廃止して米国機会税額控除を創設した（同政策は後に2010年税軽減・失業保険再認可及び雇用創出法と2012年米国納税者救済法によって拡充された）。全体として、教育機会を向上・拡大するこうした取り組みは、人びとが学校に復帰またはとどまり、需要が高まりつつある雇用市場での技能を強化するのに役立った。結果的に、ペル奨学金は2010会計年度に880万人を超す大学生に365億ドル支給した。これに対して2008会計年度は620万人に対して約半分の183億ドルであった（U.S. Department of Education 2011）。ペル奨学金支給が最も増加したのは最低所得層の学生に対してであった。2009会計年度では、830万の納税申告が144億ドルの米国機会税額控除を申告した。この教育控除（生涯教育控除を含む）は前年比約100億ドル増えた（U.S. Department of the Treasury 2010b）。

技術とイノベーションへの投資

投資の最大収益の一部はイノベーションの分野にある。しばしば、イノベーションは経済全体に最大収益を生み出すが、企業はこうした社会全体の収益を自己の収益にしきれないため、イノベーションには過小投資しがちである。たとえば、企業は自分の属する産業の他企業、他の産業、他国の経済を利するような研究・開発には取り組まないだろう。一般に経済学者は、ある範囲の産業を観察して、投資の私的利益と社会的利益の配分はおおよそ2対1と見ている（たとえば、Hall et al. 2009）。投資が外部性に帰着し、投資者が投資利益を回収できないとき、このことが特に当てはまる。エネルギー部門を例に取ると、クリーン・エネルギーは環境と国家安全保障上の大きな利益となるが、個別企業の財務報酬の形で十分に内部化されるわけではない。復興法はイノベーションに対して大きなインパクトを与えた――現政府は別の仕方でイノベーションを刺激し補完する。

科学研究 復興法は全米科学財団に30億ドル超、NASAに10億ドルの一度限りの補正予算をつけた。また、国立標準技術研究所の助成を増額、エネルギー高等研究プロジェクト局（ARPA-E: Advanced Research Projects Agency-Energy）に4億ドルの予算をつけた。ARPA-Eは革新的なエネルギー技術の研究を多く手がけており、これまでのところ、農業・都市廃棄物を利用したいわゆる第二世代のバイオ燃料、より効率的な燃料電池、超伝導線、天然ガス走行車両などの先進的な研究に取り組んでいる。

クリーン・エネルギー クリーン・エネルギーは復興法で900億ドルを超す政府投資・税制優遇を投じる重点目標である。この投資目的は新たな雇用の創出、外国産原油依存の削減、国家安全保障の向上、気候変動対策による環境改善を後押しすることにある。エネルギー効率化（耐候化支援制度等）、再生可能エネルギー（風力タービン、太陽光パネル等への投資）、送電設備更新などが重点目標である。こうしたクリーン・エネルギー計画はエネルギー省管轄の

380億ドルの復興法関連予算を通じて実行された。

CEAが本章で前述した乗数モデルを用いて試算したところによると、クリーン・エネルギー投資は2012年までに約65万の年雇用を創出・維持した[24]。こうした投資は、たとえばオールディ（Aldy 2013）が言及したように、エネルギー生産を変えるために始まった。再生可能な風力、太陽光、地熱エネルギーは米国のエネルギー供給に対する比重を08年以来毎年引き上げてきた。たとえば、図3—12に見られるように、風力送電線網は全米で08〜12年に145％拡大した。太陽光・光起性発電網は同期間中4倍を超えて拡大した。他方、同期間中、発電量全体が2％減少しただけであったのに対して、発電部門の二酸化炭素排出は約14％減少した。

復興法のクリーン・エネルギーの諸規定の多くは民間資金を共同出資に引き入れるよう定めている。たとえば、エネルギー現金助成を通じて、ある定められた範囲の再生可能エネルギー発生装置を取りつけた個人や企業は、その費用の3割相当の助成を受けた。

当然ながら、クリーン・エネルギー投資のすべてが革新的技術に帰結するわけではない。科学研究の最前線の着想に基づいてプロジェクト投資されることもあるので、一定のリスクを伴う。しかし、気候変動の重大な経済、環境、国家安全保障上の帰結を考慮すれば、この種の投資は続けなければならない。2012年発表のある独立した評価によると、全体として、エネルギー省の融資保証制度は成果良好で、議会が当初危惧したよりもリスクが少ないと期待される。

医療情報システム　復興法の一部として定められた経済的及び臨床的健全性のための医療情報技術（HITECH: Health Information Technology for Economic and Clinic Health）

図3—12　先端再生エネルギー発電（2000〜12年）

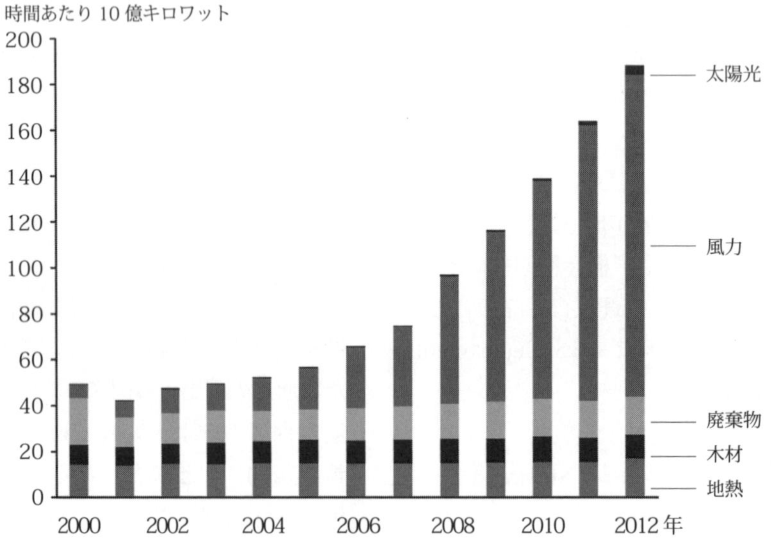

出所：エネルギー情報局「マンスリー・エネルギー・レビュー」。

第3章 米国復興及び再投資法5年間の経済効果

法は医療ITの利用を促した。HITECH法は医療者が電子カルテを「有意義利用」する際の一連の財政刺激である。また、同法によって、保険福祉省がインフラ投資や成功事例の普及などの、医療ITの普及を奨励するための活動に予算20億㌦を措置した。また、同法はそれ以外にも、医療者間の医療協力を支援するためのデータ共有を奨励し、患者の個人情報を保護する規定など、多岐にわたる変化をもたらした。

電子カルテを完全に統合するシステムによって、患者の関連するすべての情報を直接かつ完全に利用することができる。こうしたイノベーションは、医療協力を劇的に改善し、——不必要な検査・手続きの重複を回避するなど——医療ミスを減らして医療費を減らす可能性をもつ。第5章で、電子カルテを完全に統合するシステムの利点を詳しく説明し、近年医療者間の電子カルテ利用の共有が急速に普及していることについて検討する。

ブロードバンド 復興法はブロードバンド接続を増やし全米に普及させるため、直接的に助成しながら、間接的に投資費用の経費化を拡大するなどの税制上の優遇措置を講じた[25]。同法の44億㌦の予算を通じて、商務省全国電気通信及び情報局はブロードバンド設備を展開し（新規光ファイバーケーブル設置、無線基地局更新、学校・図書館・医療機関・公共防災施設等重要施設間の通信接続など）、公共コンピュータ施設を支援した（一般の人びとと、特に弱者や公共サービスの行き届かない場所の人びとのために新規で公共コンピュータ施設を整備）。また、同予算はブロードバンド採用の継続を奨励（デジタル・リテラシー教育・普及活動を通じて等）、全米ブロードバンド・マップ公表の指導（www.broadbandmap.gov）、州のブロードバンド指導者や施設整備活動を支援した（地域ブロードバンド普及チームや、中小企業、学校、図書館、地方政府のためのIT支援を通じて等）。また、復興法は、農務省地方公益事業局が地方にブロードバンドを普及させる25億㌦の予算を確保した。

こうした助成のおかげで、11万マイルを超すブロードバンド施設が新設または改善され、高速通信が約2万の地方諸機関で利用可能となった。また、400万人を超す利用者に対して、約1600万時間の技術教育がなされた。

復興法と関連諸政策が貢献要因となって、ブロードバンド接続が近年飛躍的に増加した。第5章でブロードバンドの展開をさらに深く掘り下げる。

財政持続可能性と復興法

復興法と後続財政出動は、中長期で赤字を削減する総合的財政責任・経済戦略の一部である。また、雇用措置は、それが成立する経済状況を考慮すれば、それだけでは長期の財政持続可能性に対して、あったとしてもほとんど効果をもたなかったといえる。

復興法はあくまで臨時措置である——最初の10年で予算7630億㌦（AMTパッチ延長を除く）であったが、利払いを除く支出や収入に対して長期の影響を与えるわけではない。CBOの数字を仮定して全体を見れば、同法は75年間の財政赤字の0.1％未満を増やすにすぎない。

この数値は少ない、にもかかわらず、復興法にかかった真の費用を過大に見積もっているかもしれない。同法が生産と雇用の拡大に成功するほどに、政府の収入は増え、同法がない場合に比べて反循環政策支出は少なくなる。本章で与えた2009～12年のGDP成長の数値を取れば——また、この成長が最近の歴史的平均のGDP比18％の税収増をもたらすと仮定すれば——、それによる収入増は、それだけで同法に

99

かかった費用の約25％を十分に埋め合わせている。

さらに、生産拡大効果が持続——本章では触れなかったが、IMF（2009）、ライフシュナイダーら（Reifschneider, Wascher, and Wilcox 2013）が仮定する要因——するほどに、プラスの財政フィードバック効果はますます大きくなる。たとえば、ディロングとサマーズ（Delong and Summers 2012）によると、妥当な乗数と生産効果の持続を前提すれば、復興法関連の生産拡大と、それに関連する収入増及び債務削減は、今後10年間の終わりまでに債務GDP比削減をもたらすのである。

以上の試算は復興法の生産性加速化投資の長期成長に対する潜在的利益を反映させていない。たとえば、インフラ計画が全部で10％の収益率であり、税収全体がGDP比約18％とすれば、連邦税収は2％増加する。復興法時代の借入利率を前提すると、同投資は時間を通じて回収されていくと考えられるのであり、投資が収益を生み出していけば連邦債務のGDP比は減少する。

以上の試算はいずれも、公式の財政評価法がこのようなフィードバック効果を受け入れるべきであることを結論または示唆するものと解釈されるべきでない。経済が完全雇用で、金融政策がゼロ金利に拘束されないとき、以上のマクロ経済フィードバック効果の多くはあまり関係がないか、まったく働かないこともある。さらに、財政政策措置が将来の赤字と債務を急増させ持続不可能になるとの懸念を強めている人びとの信頼感を引き下げて金利が上昇すれば、いかなる便益経済効果も生じないだろう。しかし、このことについていえば、復興法とともに、政府は長期での赤字削減へと歩を進めて、ケア適正化法や予算統制法等の重要な赤字削減措置を通過させて赤字を削減しつつある。

結果として、極めて不十分な総需要、ゼロ金利付近での金融政策運営、中長期での赤字削減措置の状況全体からすれば、雇用を支える財政政策は、生産に対してなお一層大きな効果と、それゆえに政府収入を増やす効果、さらに長期の財政コスト——それが仮にあるとして——を引き下げる効果をもつのである。

結　論

復興法と後続雇用措置の目的は、大恐慌以来最悪の収縮から経済を浮上させ、より強固な将来の成長へと向かう足がかりを得ることにあった。多くの証拠が示唆する通り、連邦政府の経済活性化努力は成功した。CEAの試算では、復興法は2009年、10年に重要かつ適時の景気づけを行い、13年までに約640万の年雇用を増やした——この数値はCBOその他予測機関の数値とほぼ同じである。それ以外にも財政努力が復興法の後に続き、全部で880万の年雇用を増やした。

わが政権の行動を導く考え方は、財政支援措置は一時期に必要なだけだというものであり、この考え方は実証されつつある。経済を支える臨時措置の多くは13年に失効した。その主なものは給与減税である。企業と家計は数年間のレバレッジ解消を経て今でははるかにいい状態にあり、非政府部門の経済成長は2010年以来政府部門の先を行っている。多くの課題が残り、また、臨時失業保険等の支援措置は、受け入れがたいほど高い長期失業率に鑑みて今なお必要とはいえ、14年の経済はなお一層強く

第3章 米国復興及び再投資法5年間の経済効果

成長する可能性をもっている。

公共投資、特に研究、インフラ、イノベーション等の分野への公共投資は経済に重要な役割を果たすことに変わりない。大統領はこの分野すべてで一層の投資と改革を提案している。しかし、この場合でも、投資は直接の反循環的支援に必要なだけでなく、経済の生産能力拡大に長期的持続的に取り組む一環でもある。

全体として、米国経済がリセッション開始後わずか4年で勤労世代1人当たりGDPの記録的水準に復帰し、失業率を年間0.8％引き下げたのは、復興法と後続政策が大きな理由の一つである。――同時期、金融システム危機に見舞われた諸外国の多くは勤労世代1人当たりGDPを十分に回復させなかったか、または失業率持続低下を開始させなかった。長期で見て、こうした取り組みすべての利益は同時期の他の状況変化から切り離してみることは難しいが、わが国の経済的福利に対して効果を蓄積させる点で意義は小さくない。

付録1　復興法と後続財政政策の構成

表3―9は復興法の当初からデータ利用可能な最近時（2013会計年度末）までの実際の財政効果を報告している。

表3―10は財政効果を図3―1でも見られた6つの大機能項目別――個人所得減税、代替ミニマム減税、企業減税、州財政救済、景気後退の直接的影響を受けた個人への援助、公共投資――に分類している。以下、本付録では、同項目をそれぞれもっと詳細に検討する。

減税

前三者の減税項目の中で主な項目は勤労促進減税で、勤労所得の6.2％の税額控除、額にして個人に最大400ドル、夫婦共同申告に最大800ドルを与え、それぞれ所得が7万5000ドル、1万5000ドルを超えると控除が段階的に消滅する（試算で2009〜11年に約1160億ドル相当）。税額控除は源泉徴収分の減額によって執行され、内国歳入庁が企業に対して09年4月1日までに源泉徴収を減額するよう求めた。また、法律によって高齢者、退役軍人、障害者に250ドルの一時金が支給された。09年と10年については復興法に勤労促進減税が含まれる。11年12月、議会は11年のソーシャル・セキュリティー給与税の2％減額を決め、12年まで延長、13年初めに失効した。

また、復興法は、低所得世帯向け給付型の児童控除拡大等の世帯向け減税（総額150億ドル）、3人以上の子どもを持つ夫婦と世帯の勤労所得税額控除拡大（同50億ドル）、大学進学支援のための米国機会税額控除を与えた。以上の措置はその後2017年まで延長され、大統領の14年予算案では恒久化――復興法のこの部分のみ恒久化――するよう提案した。

また、復興法は代替ミニマム税（AMT）向け控除額を個人に4万6700ドルに、夫婦共同申告に7万950ドルに、総額700億ドルに引き上げた。これは概ね予想されたところの以前のAMTパッチの継続であったため、復興法のこの部分は純粋に新たな財政的経済刺激とは見なされず、CEAのマクロ経済計算では考慮されない。

企業に対して同法が与える費用効果的なインセンティブは、企業が投資費用の半額を直接控除できる（ボーナス減価償却）ことによって投資を増やし、中小企業（TARP予算を受けるも

表3―9　復興法の支出、支出義務、減税

期末 [a]	支出	支出義務	減税	支出・減税合計 [b]
2009年第1四半期	8.6	30.5	2.4	11.0
09年第2四半期	47.7	127.3	35.6	83.3
09年第3四半期	54.4	98.5	31.8	86.2
09年第4四半期	53.5	57.6	30.2	83.7
10年第1四半期	46.7	48.2	64.9	111.6
10年第2四半期	46.4	41.7	77.3	123.6
10年第3四半期	50.6	48.6	16.4	66.9
10年第4四半期	40.7	20.8	8.4	49.1
11年第1四半期	25.0	6.2	31.9	56.9
11年第2四半期	25.1	5.0	-5.1	20.0
11年第3四半期	21.9	9.2	2.1	23.9
11年第4四半期	17.7	5.7	2.0	19.6
12年第1四半期	14.3	5.2	-4.0	10.4
12年第2四半期	12.8	6.5	-3.0	9.8
12年第3四半期	12.0	4.4	-0.5	11.6
12年第4四半期	11.2	5.8	0.5	11.7
13年第1四半期	11.0	6.2	0.7	11.7
13年第2四半期	7.2	4.0	0.4	7.7
13年第3四半期	5.6	2.5	0.4	5.9
2013年第3四半期までの合計	512.4	533.8	292.2	804.6

注：(a) 支出と支出義務は各四半期初日のデータ。
　　(b) 四捨五入のため合計は合計値と一致しないことがある。
出所：行政管理予算局各部局財務活動報告、財務省税制分析局 2013 会計年度中期報告。

のを除く）が損失と投資費用を申告する期間を延長した。また、負債を返済中またはより低利率で借り換える企業は、その後の収入の申告を延期することが認められた。こうした措置はすべて、信用収縮に苦しむ企業の資金繰りを助けて、投資意欲を高めさせるためのものであった。連邦政府の長期での費用は限定的である。というのは、同法の税制優遇は、企業がいずれは受ける措置を前倒しするだけだからである。5割のボーナス減価償却はその後に延長、満額費用化に拡張され、純営業損失の繰り戻しは拡張されて大企業にも適用された。また、復興法は更新投資を刺激し、エネルギー産業を州・地方政府発行の地域再生債券を通じて不況の厳しい地域に先行投資した。また、復興法は新市場税額控除の予算を増やして、失業した退役軍人や社会との接点を失った若者たちを雇用するための刺激を与えた。

失業者救済

失業給付拡大は重要な個人救済措置である[26]。一般的には、仕事を失ったアメリカ人労働者は、失業保険制度を通じて 26 週間の失業給付を受けて、失った収入の約半分を補填できる。そのすべては雇用者から天引きされる給与税から

第3章 米国復興及び再投資法5年間の経済効果

州政府を通じて支払われる。2008年6月、議会は緊急失業補償制度を創設して、失業保険給付の終了した人に対して適用条件のある場合に、全州で連邦政府資金による補償をさらに13週間延長して給付した。復興法が延長・拡大した緊急失業補償制度は、職が急速に失われつつある中で、失業保険の補償期間が長期化すべきであることを反映していた。また、失業が例外的に多くかつ上昇しつつある州で、給付期間を13週間または26週間延長する既存の給付拡張制度を、連邦資金で全額賄った(通常、既存の給付拡張制度の費用は連邦政府と州政府で折半する)。

また、復興法は週あたりの給付を25ドル増やし、年間失業給付の最初の2400ドルを非課税とした。CBO(2009a)によると、失業補償制度をこのように変えることの費用総額は390億ドルになった。また、連邦政府は州政府に失業保険制度改革を促すため、労働者が最近の収入(もっと前の収入ではなく)に基づいて申請できるよう費用についての新たな規定を整備し、給付対象をパートタイムの仕事を求める人にも広げた。

復興法はフードスタンプ給付額を13%増やし、個人がフードスタンプを受ける期間を決める際の制限のいくつかを撤廃した。連邦政府は

表3—10 機能別復興法財政刺激

期末[a]	個人減税	AMT救済	企業税制刺激	州財政救済	個人救済	公共投資支出	合計[b]
2009年第1四半期	2.3	0.0	0.1	8.5	0.0	0.0	11.0
09年第2四半期	26.3	7.8	12.5	19.6	9.6	7.4	83.3
09年第3四半期	14.3	6.0	10.5	15.6	22.2	17.6	86.2
09年第4四半期	15.8	3.5	9.0	15.5	23.4	16.5	83.7
10年第1四半期	43.3	11.4	6.9	16.2	16.1	17.7	111.6
10年第2四半期	22.4	47.5	4.9	16.6	5.2	27	123.6
10年第3四半期	9.8	7.2	-2.6	15.0	4.7	32.8	66.9
10年第4四半期	8.6	0.0	-1.5	14.6	4.7	22.6	49.1
11年第1四半期	25.5	4.6	-1.5	4.4	3.5	20.4	56.9
11年第2四半期	12.2	-19.0	-1.5	4.7	3.3	20.3	20.0
11年第3四半期	0.3	0.0	-1.5	2.3	4.1	18.7	23.9
11年第4四半期	0.1	0.0	-0.9	1.9	2.4	16.2	19.6
12年第1四半期	0.3	0.0	-0.9	1.7	2.2	7.1	10.4
12年第2四半期	0.0	0.0	-0.9	1.2	2.2	7.3	9.8
12年第3四半期	-0.0	0.0	-0.9	1.2	2.0	9.3	11.6
12年第4四半期	0.1	0.0	-0.7	0.9	1.6	9.9	11.7
13年第1四半期	0.3	0.0	-0.7	1.3	1.6	9.2	11.7
13年第2四半期	0.0	0.0	-0.7	1.2	1.6	5.5	7.7
13年第3四半期	-0.0	0.0	-0.7	0.6	1.1	5.0	5.9
2013年第3四半期までの合計[b]	181.7	69.0	28.8	143.0	111.5	270.5	804.6

注:(a) 支出と支出義務は各四半期初日のデータ。
　　(b) 四捨五入のため合計は合計値と一致しないことがある。
出所:行政管理予算局各部局財務活動報告、財務省税制分析局(2013会計年度中期報告)。

初めて、解雇された労働者がかつての職場加入医療保険の継続を望む場合に、その保険料の65％を一時的に支払うことを認めた。個人救済は他にも、仕事を見つけるのが難しい人や若年労働者の職業訓練・技能向上のための予算がある。

復興法は教育や研究開発に投資するため、かつての反循環的政策に比して相当多くの資源を投入した。ペル奨学金の最高額を500ドル増やして5550ドル、10年間で総額170億ドルになる。また、同法第1編の恵まれない子どもたちのための援助等のプログラムを130億ドルに、特殊教育予算を120億ドルにそれぞれ引き上げた。

州財政救済

復興法は、州・地方政府財政がリセッションの影響を受け、経済状況に伴って同財政収入が減少するにもかかわらず、厳しい事情にある人びとのためのプログラムの支出圧力が増加することに対して、前例のない支援を行った。州・地方財政は予算不足、つまり予測される収入が支出を賄えない可能性がある。これは不況の影響をすでに受けていた州の住民、及び広く経済に対して問題を生じさせる。というのは、州・地方政府は一般に、憲法または法律の定めによって毎年の財政運営を収支均衡させる義務を負うからである。ポターバ（Poterba 1994）によると、州・地方は増税または支出削減しなければならないまさにそのとき、そうすることによって回復を著しく阻害する可能性がある。

復興法は、こうした不生産的な増税または予算削減の影響を抑えるために、メディケイド連邦政府負担を870億ドル増やして、連邦負担率を全米で6.2％引き上げ、予定されていた保険料払い戻しの削減をいくつかの州については（リセッション以前の所得成長を基準にして）延期し、地方の失業状況に応じて支援を増やした。また、教育省が管轄する536億ドルの州財政安定化基金を設けた。ただし、その一部は公衆安全等の教育を除く「最も優先度の高い要求」のために使うことができる。こうした財政移転は、リセッション期に州・地方向け連邦助成が増加したかつての多くの例と異なり、財政救済全般に役立ち、また、取り組みの基本が継続していることや支出抑制に努めるなどの条件を満たす限りで、地方の裁量的な利用に委ねられた。

復興法は、直接の支出以外にも、州・地方政府のために新たな借入制度を設けた。州・地方政府は、米国建設債を通じて、年金基金や、米国所得税義務がなく、それゆえ免税債特典を受けられないために米国地方債を通常は購入しない外国投資家など、これまで接点のなかった市場を活用することができた。米国建設債によって、州・地方政府は金利に対して課税利率を引き上げて債券を発行することができ、債券購入者が連邦所得税額控除を利用できるようにするか、借入利払いの35％を補填する直接の補助金を受けるかのどちらかを選択できるようになった。州・地方政府は2010年末に制度が失効するまで1810億ドルの米国建設債を発行した。財務省の試算では、これによって借入費用の現在価値にして200億ドルを節約することができ、免税債市場の供給過剰感を緩和した（Department of the Treasury 2011）。

投資

復興法は人的資本と医療ITとわが国労働者の技能に多額の投資を行った[27]。たとえば、高速道路建設を275億ドル、公共交通と都市間旅客鉄道を180億ドル、水道事業を100億ドル、政府設備を180億ドル増やした。また、スマートグリッド技術向上、再生エネルギー、エネル

第3章 米国復興及び再投資法5年間の経済効果

表3—11 復興法以後の財政的経済支援

年	2009	10	11	12	13	14	15	16	17	18	19	09～12	09～19	備考
労働者、持ち家、企業支援法（HR3548）	0	46	-3	-6	-4	-3	-2	-1	-1	-1	-0	35	24	失業保険給付拡張（20週間まで）、最初の住宅取得税控除
2009年補正予算（HR2346）	1	2	0	0	0	0	0	0	0	0	0	3	3	ポンコツ車で現金
2010年国防予算法（HR3326）	0	16	2	0	-0	-0	-0	-0	-0	0	0	18	18	総合包括財政調整法の失業保険給付2カ月拡張
2010年臨時延長法（HR4691）	0	7	1	0	0	0	0	0	0	0	0	9	9	総合包括財政調整法の失業保険給付1カ月拡張
雇用促進法（HR 2847）	0	4	6	3	1	1	0	0	0	0	0	13	15	雇用税額控除、学校建設と再生エネルギー促進債券発行助成
2010年延長継続法（HR4851）	0	13	2	0	0	0	0	-0	-0	0	0	16	16	総合包括財政調整法の失業保険給付2カ月拡張
2010年失業補償法（HR4213）	0	9	25	0	0	0	0	0	0	0	0	33	34	失業給付6ヶ月拡張、最初の住宅取得税控除拡張
連邦航空局安全向上法（HR1586）	0	0	23	2	0	-3	-5	-3	-2	-1	0	26	12	教育職基金、連邦医療負担率拡張
中小企業雇用法（HR 5297）	0	0	80	-9	-12	-10	-22	-12	-4	-2	-1	68	10	中小企業融資基金、中小企業減税、全企業対象のボーナス償却
年税軽減・失業保険再認可及び雇用創出法（HR 4853）	0	0	158	145	22	-27	-21	-16	-12	-7	-5	309	237	2011年給与税減税、2011年までの失業給付拡張、米国機会税額控除と勤労所得税額控除と扶養児童税額控除の拡張
臨時給与減税継続法（HR3765）	0	0	0	27	2	0	0	0	0	0	0	28	29	2012年2月までの給与税と失業給付が対象
退役軍人雇用促進法（HR 674）	0	0	0	-0	1	-0	-0	-1	-0	-0	0	0	-0	復員兵・傷病兵税額控除
2012年中間層軽減及び雇用創出法（HR 3630）	0	0	0	90	33	-0	-0	-0	0	0	0	98	123	2012年末までの給与税と失業給付が対象
2012年米国納税者救済法（HR 8）	0	0	0	0	68	55	9	15	18	17	-4	17	178	2013年までの失業給付拡張、米国機会税額控除と勤労所得税額控除と扶養児童税額控除の拡張延長、中小企業減税とボーナス償却の延長
合計	1	98	294	253	113	13	-40	-18	-0	6	-11	674	709	

注：すべてCBOの2009-19年見込額を使用。通例の租税措置延長は見込額から除外。単年度データは会計年度のもの。12年までのデータは同暦年末までのものを、19年までのデータは同会計年度末までのものを含む。
出所：議会予算局、議会税制合同委員会。

ギー効率向上に助成、融資、試行プログラムを組み合わせて570億ドル使えるものとし、そのうちの50億ドルは低所得の家庭が住宅耐候化工事をするのを支援した。全米科学財団、国立衛生研究所、NASA、エネルギー省等研究プロジェクトの研究施設、研究、実験器具に150億ドル超を与えた。また、公共サービスの行き届かない地域にブロードバンド・インターネット接続を広げるために70億ドルを充てた。また、医療と医療ITへの投資をあげれば、医療情報をコンピュータ化するのに180億ドル、地域医療センターに20億ドル、予防可能な慢性疾患対策に10億ドル、医療効果向上研究に10億ドルを充てた。

合計で1000億ドルを超す税制優遇を含む投資が特別にイノベーションに充てられた[28]。

後続財政政策

表3—11では、政府による財政支援が会計年度ごとに、各プログラムの簡単な説明とともに与えられている。（同じデータが表3—4に要約されている。）数字はすべてCBOの見込み額を使っており、特に雇用創出関連と救済措置のための措置のみを含むが、「税制優遇延長」やメディケア持続可能成長率方式といった慣例的な拡張を除外している。

付録2　財政乗数——理論と実証

本報告で触れた乗数は単純で直感的に理解可能だが、いくつかの非現実的な仮定に基づいており、最近40年間のマクロ経済理論の研究の多くがその理論問題の克服を目指してきた。たとえば、リセッション期の赤字支出が好況期の増税で相殺されることがあるので、バロー（Barro 1974）によると、人びとは将来の増税を予測して減税の多くまたはすべてを貯蓄するだろうという。この種の極論では消費者が非現実的なほどに流動的で予見能力を持つことが求められるが、一般に消費者や企業が将来を予測する行動は、ケインジアン乗数の動きと大きさを変化させる。

厳密な予測行動モデル

現代マクロ経済モデルの多くは予測行動を緩やかな物価・賃金変動の何らかの形と結びつけており、「ニュー・ケインジアン」モデルと呼ばれることがある。金融政策が制約されておらず、金利変動が可能な正常時に、このモデルでは、財政支出乗数はプラスだが1未満とする例がコガンら（Cogan et al. 2010）やコエネンら（Coenen et al. 2012）に見られる。その理由の一つは、金融政策による金利上昇は財政拡大を一部相殺することにある。

金利の低下は、金融政策がゼロ金利付近に拘束されるとき、すなわち、名目フェデラル・ファンド・レートが最近のリセッション期のようにゼロに下がるとき、このモデルの動き方に多くの関心を惹起させる。たとえば、エガートソン（Eggertson 2001）とクリスチャーノら（Christiano, Eichenbaum, and Rebelo 2011）とウッドフォード（Woodford 2011）によると、名目金利がゼロ付近にあるとき、政府支出は特に効果的になり、1よりも大きい支出乗数を発生させることができる。すなわち、ゼロ金利に低下して拘束されると、拡大的財政政策はインフレ期待を増やして実質金利を低下させ、投資と消費を刺激し、金融政策は財政政策の邪魔を

第3章 米国復興及び再投資法5年間の経済効果

しない。コエネンら（Coenen et al. 2012）は、伝統的モデル（Smets and Wouters 2007 等）とゼロ金利低下制約効果で補強されたモデルによって将来の予測モデルを厳密化して、復興法支出の効果を計算する。その結果によると、標準モデルは乗数1未満でも生産を数年間かなり増加させることを示唆するが、ゼロ金利低下制約効果で補強されたモデルは当初数年の間1を大幅に上回る乗数を示唆する。

2007～09年リセッションは、連邦準備がゼロ金利に拘束されたこと、リセッションが厳しかったことの二つの理由で異例だったので、失業増加の恐怖が増し——深刻な衝撃から回復する道は長いので——、失業期間は異例の長さになる。失業が長期化すると技能が損なわれ自尊心が損なわれるので、仕事を見つけることが一層困難になる。こうした理由で、失業期間が長期化するほど、人はある一定期間内に仕事を見つけるのが困難になり、失業状態にとどまるか、仕事を見つけるのをやめてしまうか、するようになる。こうして悪循環に入ると、総需要停滞が続いて失業者が増えて失業期間が長期化し、失業者が仕事を見つける機会が減り、不況を持続させ長期化させる。結局、失業動向を決めるものはその量的水準だけでなく、失業が生じる経過でもあるため、この現象は失業率の「履歴現象」と呼ばれることがある。

失業が履歴現象で生じるとき、つまり失業率上昇が長期化するとき、積極主義的な財政政策を求める議論が高まり、履歴効果を組み入れたモデルは大幅かつ持続的な乗数効果を示唆するものである（たとえば、Phelps 1972, Blanchard and Summers 1986, Ball 2009, DeLong and Summers 2012 を参照）。ライフシュナイダーら（Reifschneider, Wascher, and Wilcox 2013）は、現在の回復にこうした経過が関連していることを強調する。彼らの研究によると、金融危機は資本蓄積急減、生産性成長低下、労働市場の構造的障害を引き起こし、需要停滞による生産能力障害の範囲を拡げたため、経済の生産能力が損なわれた。こうした状況では、財政政策が生産に対して重要な効果をかなりの遅れを伴いつつ発揮できることを示唆する。

この間の経済対策は基礎的乗数を遙かに上回るものであった。それは財政政策と金融政策が相互に多くの仕方で影響したことを示唆する。リセッションが緩やかで金融政策の裁量性があるとき、財政乗数は標準モデルが示唆するものよりも小さいが、金融政策がゼロ金利低下で拘束されるときには大きくなる。さらに、厳しいリセッション期の財政拡大は失業期間を縮小し、人的資本の損傷を最小化し、将来の生産性を拡大するという長期利益を持ち、従って乗数を増やすだろう。

時系列での証拠

前述の構造モデルを使った財政効果の評価は、モデル構築で使われる経済理論を反映している。従って、結論の数値の信頼性は、それが依拠する経済理論の信頼性次第である。財政政策の効果を評価する際の別の方法では、経済理論よりも歴史的実証的証拠に多く依拠したモデルを使う。

データに依拠する方法を信頼できる仕方で使い、財政政策の経済効果の結果を試算する際の主な課題は、過不足なく理論を使うか、独立変数のデータを見つける——互いに変動するデータを見つけるだけでは因果関係を立証したことにならない——かすることにある。たとえばリセッションの動きが見られるときに議会が反循環的財政政策を通過させる場合、反循環的財政政策の変数とGDP成長の数値を図示すると、反循環的政策がリセッション開始期に立ち現れ

たように見える。この政策が実際はリセッション開始が認識される以前の理由によっていたにもかかわらず、リセッションの原因になったとの間違った結論を出す分析者がいるかもしれない。こうした仮の数値に依拠する分析は、観察された（実証されたわけでない）データから因果関係を推論する際に二つの重要な問題に直面する。つまり、同時的（議会の行動を促したリセッションの現れと経済過程に影響を及ぼすことがある財政政策との）因果関係と、その他の見過ごされる相反する要因（おそらく連邦準備は反循環的に動いて、この議会以外のものによる行動がリセッションを和らげた）である。後者の変数の見過ごされる問題は多重回帰法で一部解決できるが、同時的因果関係の問題は別の方法が必要であり、単純な図示や多重回帰に依拠しても間違った結論を導くだろう[29]。

そのやり方では役に立たないので、これまで数十年間に発表された多くの文献は、この因果関係一般の、特に財政政策の効果を計算するためのより洗練された方法を使っている[30]。

財政政策一般、特に復興法の効果の評価にはさらにいくつかの問題がある。第一に、積極主義的財政政策の効果は、税制やセーフティー・ネットに組み入れられた自動安定装置から切り離して評価されなければならない。第二に、財政政策の効果は時間の経過とともに発揮されるのであり、単一の因果関係ではなく、投資が生産性に多年にわたって影響するなどの一連の動きのある因果関係がある。第三に、財政政策手段（支出、税制、移転）が違えば、一般に効果が違ってくる。第四に、前述したように、理論によると、財政政策の効果は経済状況次第であり、特にリセッションがどれほど厳しいか、金融政策がどう対応するのかによる。

今では、財政政策のマクロ経済効果を試算する際に時系列データを使う実証文献は多い。こうした文献で財政政策の効果を特定する際に使う方法は二つに大別される。第一は、そのままでは無制限となる時系列モデルに最低限の構造を与えるもので、一般に構造ベクトル自己回帰と呼ばれる。ブランチャードとペロッティ（Blanchard and Perotti 2002）による影響力のある貢献は、政策実施の遅れや、政策立案者が考慮することのできる情報に制約があるため、財政政策は経済ショックにすぐに対応できないと仮定する。この仮定の下では、予測できない財政の動き（標準的な財政政策が示唆するところと違う動き）は同時期の経済ショックと無関係なので、財政政策の効果は、予測できないその動きが生産と雇用にもたらす効果を探ることによって得られる。ブランチャードとペロッティ（Blanchard and Perotti 2002）はこの方法を使って、対GDPの政府支出乗数を0.9～1.2と試算する。ラミー（Ramey 2011b）は、構造ベクトル自己回帰を使う研究の多くがこの方法に従って財政ショックの効果を試算していることを紹介する。この研究で共通するテーマは、財政政策の構成要因の一つを使うことにあるが、ブランチャードとペロッティ（Blanchard and Perotti 2002）によれば、それは予測不可能な構成要因であり、他の経済ショックと無関係だという意味で「無作為を仮定している」のである。

財政政策の効果を特定する第二の方法は、制度的歴史的知識等の外部情報を使って、財政政策が実際に不規則に変化する（マクロ経済状況から独立している）ことを見出して、財政効果を探ろうとする。こうした情報は時系列モデルが試算することとは別のものであるから、この方法は外部機器法と呼ばれる。この分野では、ラミーとシャピロ（Ramey and Shapiro 1998）、ラミー（Ramey 2011a）が戦争・軍備の支出を使って、それが国際的で政治的だが経済的で

第3章 米国復興及び再投資法5年間の経済効果

ない事情によって決定されていることを論じており、GDP乗数を0.6〜1.2と試算している。これに対して、ローマーとローマー（Romer and Romer 2010）は大統領と議会による文書等を証拠に用いて、税制上の変化が現在及び将来の経済状況に応じて実施されていないこと、減税によっては生産効果が持続的で乗数は3と大きいことを見い出す。メートンズとラヴン（Mertens and Ravn 2012）はローマーとローマー（Romer and Romer 2010）の公文書に依拠する方法を使って、税制変更の予期されるものと予期されないものに効果を区別するが、意外にもラミー（Ramey 2011a）と違って、両効果間にほとんど違いを見い出していない。最近の貢献にファヴェロとガヴァツィ（Favero and Gavazzi 2012）とメートンズとラヴン（Mertens and Ravn 2013）がある。いわゆる外部機器法を使って財政政策の効果を試算することについて、ラミー（Ramey 2011b）とストックとワトソン（Stock and Watson 2012）が検討している。

先述の時系列モデルの試算は、財政乗数が好況期とリセッション期で同じ大きさであることを前提している。オーバッハとゴロドュニチェンコ（Auerbach and Gorodnichenko 2012）は、財政乗数が好況期に比較的小さくなるものの、リセッション期には一段と大きくなる可能性を示唆する。この結論はリセッション期の伝統的モデル、好況期の新古典派モデルと一致し、好況期に変化する財政政策の乗数（たとえばラミーとシャピロ（Ramey and Shapiro 1998）とラミー（Ramey 2011a）が軍事建設を使って財政ショックを試算した）はリセッション期の政策効果を過小評価する可能性を示唆する。

最後に、パーカー（Parker 2011）が着目したように、特定の政策上の出来事に関する消費者段階のミクロ経済データを使う方法が別にある。たとえば、ジョンソンら（Johnson, Parker, and Soulele 2006）とパーカーら（Parker, Souleles Johnson, and McClelland 2011）は、2001年と08年の月別に支給された税金還付を見て、還付のうちの多くが、特に低所得の、または流動性に制約がある家計によって支出されたことを示す。この結論によると、所得移転は短期で消費を増やす効果的な方法となることができる。この方法は、財政ショックに対する経済の動きのある間接的な反応を十分にとらえはしないものの、消費効果を直接計測するのに役立つ。

多様な要因別の乗数

最近の研究は、州別の証拠を扱ったところで引用した復興法についての研究に加えて、政府

表3—12　多様な要因別の財政乗数試算概要

研究	試算の根拠	地方乗数	一雇用あたり費用（ドル）
Chodorow-Reich et al.（2011）	2009年復興法の規定による支出	2.1	26,000
Wilson（2011）	2009年復興法の規定による支出	—	125,000
Suarez Serrato and Wingender（2011）	10年ごとの人口統計から見た連邦移転支出の効果	1.9	30,000
Shoag（2010）	年金基金の予期せぬ利益	2.1	35,000
Nakamura and Steinsson（2011）	国防支出の地域別分布の変化	1.5	—

出所：Romer（2012）.

支出の多様な要因をもとに財政乗数の大きさを試算する。たとえば、ショアグ（Shoag 2013）は年金基金の予期せぬ利益を見て、地方政府支出乗数を2.1と試算した。スワレズら（Suarez, Serrato and Wingender 2011）は、10年ごとの人口統計から連邦移転支出の変化を見て同様の結論を得た。ナカムラとスタインソン（Nakamura and Steinsson 2011）は、連邦軍事支出を地域別で見て1.5の地方乗数を認めた。

表3—12は、財政政策の州別の効果に関する経済文献が示唆する財政乗数をまとめている。

（注）
1 ラインハートとロゴフ（Reinhart and Rogoff, 近刊）。
2 ローマー（Romer, 2011）を参照。
3 米国政府が実施した政策対応を包括的に見る際、セントルイス連邦準備銀行のウェブサイト http://timeline.stlouisfed.org/ が役立つ。
4 後にドッド・フランク・ウォール・ストリート改革・消費者保護法（ドッド・フランク法）はこの額を4750億ドルに引き下げた。TARPの詳細は財務省のウェブサイト http://www.treasury.gov/initiatives/financial-stability/Pages/default.aspx で見ることが可能。
5 2008年11月19日、ワシントンDC、ウォール・ストリート・ジャーナル紙最高経営責任者諮問会議での講演。
6 基礎的財政収支赤字は国債利払いを除外する。
7 復興法の費用に関するCBOの最初の試算値7870億ドル（CBO 2009b）は8620億ドル（CBO 2010a）、8140億ドル（CBO 2010b）、8210億ドル（CBO 2011a）、8310億ドル（2012a）、8300億ドル（CBO 2013a）、最近では8320億ドル（CBO 2014）へと改訂された。その理由は、経済状況が当初の予測よりも悪化し、いくつかの支援措置の活用が想定よりも増えたためである。
8 復興法の中身のさらなる詳細は付録1を参照。
9 第15編第1512条
10 このケースに入るのは、研究・実験税額控除、所得税のない州の州・地方売上税の課税所得控除等、これまで慣例的に拡張されてきた優遇税制である。大統領の予算ではさらに進めて、優遇税制延長のすべてを恒久化して財源を確保するか、この延長の失効を認めるかするよう提案している。
11 http://www.whitehouse.gov/the-press-office/2011/09/08/fact-sheet-american-jobs-act 参照。
12 それゆえ、この基本乗数は $1+MPC+MPC^2+\cdots=1/(1-MPC)$ となる。
13 CEAは州・地方政府救済について6割は支出削減回避に、3割は増税回避に使われたと仮定した。一度の戻し減税、高齢者と退役軍人と障がい者への一度の給付は一般的な減税効果の半分と仮定した。企業優遇課税の効果はとても不確実である。控えめに見て、この要因の乗数は政府支出乗数の12分の1に相当する。CEA（2009a）参照。
14 CBOの計測法についてはライヒリンとウォーレン（Reichling and Whalen 2012）を参照。
15 後続財政出動の効果のCEA試算が依拠するのはCBOの当初費用試算であり、実際の支出ではない。CEAは後続財政出動の諸措置を復興法分析で用いたのと同等の財政機能に振り分けて、前述したのと同じ乗数を当てはめた。年単位のデータしか利用できない場合は四半期データに換算した。
16 地方乗数と国民経済乗数の関係の本格的検討についてはナカムラとスタインソン（Nakamura and Steinsson, 近刊）、ファーリとヴァーニング（Farhi and Werning 2012）を参照。
17 さらに、州はリセッション以前の個人所得成長が理由で予定されていたFMAPの削減を「無害化」され、地方の失業に連動してFMAPの一層の増額に浴した。ここでの分析の根拠は6.2％の（景気循環とは無関係の）増額だけである。
18 たとえば、イルゼツキとメンドーサとヴェー（Ilzetzki, Mendoza, and Vegh 2011）参照。
19 http://www.ers.usda.gov/topics/in-the-news/us-drought-2012-farm-and-food-impacts.aspx#.Uu1MXfldV5A
20 この研究の多くがマンネル（Munnell 1992）とフェルナルド（Fernald 1999）にまとめて紹介されて

第3章 米国復興及び再投資法5年間の経済効果

21 全米科学アカデミー交通輸送調査委員会の特別報告「経済不況対策としての交通輸送投資」を参照。
22 Environment Protection Agency（2013）参照。
23 http://www.epa.gov/recovery/accomplishments.html 参照。
24 クリーン・エネルギー投資のマクロ経済効果の詳細はCEAの09年復興法に関する第二報告（CEA 2010a）を参照。直近の試算は同第4四半期報告（CEA 2010c）にある。
25 科学技術政策室と国家経済会議の報告『四年間のブロードバンド普及』（2013年）を参照。
26 最近実施の様々な雇用給付制度の包括的な検討については、大統領経済諸問委員会と労働省による報告『失業保険拡張の経済的利益』（2014年）を参照。
27 CEAは復興法の支出と税制の直接の結果が連邦政府、州・地方政府、民間企業の資本ストックを増やした場合を公共投資に入れた。また、わが国の人的・知的資本のうち、国民所得勘定に繰り入れられないが、経済学者が長期の経済成長をもたらすのに重要と見なす分野に影響する同法の規定を入れた。税制が直接支出に類して機能する場合も含まれることに注意。いいかえれば、同法の趣旨に関連する支出が生じる場合にのみ、税制優遇を申請することができる。
28 大統領府と副大統領府『復興法—イノベーションによる米国経済の転換』2010年8月29日。
　テイラー（Taylor 2011）の多重回帰分析は2000年代の財政政策の効果を試算しているが、同時的因果関係の問題ではなく、見過ごされた変数の問題の一部を論じている。テイラーは、財政政策の所得に対する直接の影響を、01年と08年と復興法の財政プログラムに関連する09年以来の反循環的財政政策で生じた可処分所得要因によって計測する。四半期消費支出額は同時期の個人所得、財政政策措置、資産、石油価格から回帰分析に付される。こうして、この回帰分析は石油価格動向が財政政策と同時に変化する場合にその効果を分離するよう調整する。しかし、同文献が見出したように、財政政策上の係数の現れや大きさは、時期が同時であるが故にいくらか仮説的であり、プラスでもゼロでもマイナスでもありうる。結局、係数はプラスでも小さい。この見方は、大きなプラス効果を持つ財政政策が、リセッション期にそれを議会が成立させることによって回帰分析では相殺されること、財政政策がほとんど効果を持たないことと整合性がある。同時性の因果関係があるため、こうした回帰分析はグラフ化された数値に見られるように、財政政策の効果の問題を過小評価する。
30 因果関係の影響に関する計量経済学的方法の分野には、方法と応用の両方で大きな進歩が見られる。アングリストとピシュケ（Angrist and Pischke 2010）、シムズ（Sims 2010）、ストック（Stock 2010）を参照。同時的因果関係の方法論上のさらなる検討については、ストックとワトソン（Stock and Watson 2010、第9章、12章）を参照。
訳注1　AMTは一部の富裕層の課税逃れを阻止するための制度だが、1969年の導入以後AMTの適用は中間所得層にまで広がって増税することになったためこれを回避するための措置。
訳注2　燃費の悪いクルマから良いクルマへ乗り換えを促す政府の現金支給措置。

第4章
最近のヘルスケア・コストの傾向と経済への影響、そしてケア適正化法の役割

　何百万人ものアメリカ人が質の高い手ごろな値段の医療保険を得られていないという、米国ヘルスケア・システムが長いあいだかかえてきた一つの問題に対する取り組みは、劇的に進展している。1月1日以降、ケア適正化法（ACA: Affordable Care Act）によって、保険の適用を対象としたアメリカ人が何百万人も増加し、議会予算局（CBO: Congressional Budget Office）は、2016年までに医療保険未加入者数が2500万人減少すると推計している（CBO 2014）。すべての州がACAのメディケイド拡大条項（Medicaid expansion）を承認することに決めれば、医療保険未加入者数はさらに減少する。

　だが、米国のヘルスケア・システムが長いあいだかかえてきた課題はもう一つある。それは、数十年にわたるヘルスケア支出の急激な増加である。これまでヘルスケア支出が増加しているのは、健康や福祉を大幅に増進する新しい治療法が開発されたところが大きい（Cutler 2004）。だが、ほとんどの人は、システムの効率性がかなり悪いため、コストが増加し、患者の受けるケアの質が低下していると思っている。ACAのもう一つの重要な目標は、ヘルスケア・システムからこのような効率性の悪さを絞り出すと同時に、ヘルスケア支出――そしてその支出による家族、雇用主、州・連邦予算への負担――の増加の抑制、及び提供されるケアの質の向上にも着手することである。

　本章では、最近の米国ヘルスケア・コストの傾向を分析し、コストの速度が近年になって劇的に鈍化していることを立証する。国民医療費（NHE: National Health Expenditure）の確定値によれば、2010年から12年までの1人当たり実質医療費の伸び率は、年率平均わずか1.1％であった。速報値においても、メディケア・メディケイド・サービスセンター（CMS: Centers for Medicare and Medicaid Services）アクチュアリー局（Office of the Actuary）の予測では、この緩慢な成長は13年も続くとされており、CMSの予測では、10年から3年間の1人当たり実質医療費の伸び率は平均にしてわずか1.2％であった。この支出の伸び率は、2年及び3年の短期においては史上最低の水準、そして長期においては1960年以来の低水準で、過去平均の4.6％の3分の1にも満たない水準であった。その上、高齢化によってヘルスケア支出の伸び率が緩やかに上昇していくと予想されているときに、この過去最低の水準を記録している。

　歴史的な医療費の緩慢な成長は、ヘルスケア支出だけでなく、ヘルスケアの財・サービスに支払われる価格にも現れている。現在のヘルスケア価格上昇率は、個人消費支出価格指数（PCE価格指数）を使って測定すると、前年比約1％という1963年以降見られなかった水準で推移している。ヘルスケア価格上昇率は、医療の消費者物価指数（CPI: consumer price index）を

第4章 最近のヘルスケア・コストの傾向と経済への影響、そしてケア適正化法の役割

使って測定すると、72年以降見られなかった水準にある。ヘルスケア価格上昇率は、一般物価上昇率と比較して測定しても、史上まれに見る低さである。

重要な問題は、このような傾向をもたらした原因が何であるか、そしてこの傾向が今後も続くかどうかという点である。この速度の鈍化はまだ十分に解明されていないが、この原因に関するいくつかの結論を裏づける事実も、ACAの役割を立証する事実も、現在までに入手できている。

医療費の伸びが近年になって鈍化しているのはおそらく2007～09年のリセッションとその余波によるものであるといえなくもないが、もし鈍化した原因がリセッションであれば、景気の回復が持続するにつれて弱まっていくだろう。だが、ヘルスケア・コスト成長の速度の鈍化は2007～09年のリセッションの影響だけではないことを示す事実がいくつかある。つまり、何かが変わったのである。医療費の速度の鈍化は、経済が回復してもなお持続し、ヘルスケアの利用のみならず価格にも表れ、そして景気の動向に左右されることのないメディケア（Medicare）においても見られている。以上の事実はすべて、現在の速度の鈍化がリセッションとその余波によるものだけではないことを示唆するものである。むしろ、伸びが鈍化している一番の要因は、米国ヘルスケア・システムにおける「構造的」変化の表れであるように思われるが、少なくともこの傾向は——どの程度続くかは定かではないが——ある程度持続する可能性がある。近年、リセッションが鈍化に寄与したのかどうかを数値で表そうとする研究が数多くなされ、リセッションだけでは最近の傾向を説明できないことが明らかになっているが、この結論はこれらの研究と合致している。

ACAとは無関係のさまざまなリセッション以外の要因——新しい処方薬（prescription drugs）の開発の長期的減少及び雇用主提供医療保険（employer sponsored plans）の費用分担（cost-sharing）の長期的増加など——が、最近における支出の緩慢な成長に寄与し続けているようだが、ACAも有意義な役割を担っている。たとえば、この法律は、メディケアに民間保険会社及び医療提供者に対して過度な支払いをさせないようにすることによって、最近のヘルスケア価格及びヘルスケア支出の緩慢な成長に寄与し、2010年以降のヘルスケア価格上昇率を毎年およそ0.2％引き下げている。

医療提供者が直面する診療報酬上のインセンティブを改善することによってコストを削減し、質を向上させるACAの措置も、成果が出始めているようである。たとえば、再入院率は、ACAが退院後すぐに多くの患者を再入院させる病院にペナルティーを科すようになってから大幅に減少している。同様に、ACAによって、質の高い統合医療（integrated care）を促すために設計された支払い（payment）モデルに参加するヘルスケア提供者が大幅に増加している。これは明るい兆しであり、ACAの診療報酬支払い改革（payment reforms）は今後数年間にわたって継続して実施されるので、その改革が最近の速度の鈍化の延長に大きく寄与する、と信じるだけの理由を与えてくれている。

新たに発表された論文では、ACAの支払い改革は、主としてメディケアを通じて（そして、ごくわずかではあるがメディケイドを通じて）行われているが、その改革はヘルスケア・システム全体に「スピルオーバー」効果をもたらす可能性もあることを示唆している。この論文で明らかになったことは、メディケアが医療提供者への支払いを削減すると民間保険会社も同様の措置を講じる傾向があること、そして、これと同じことはメディケアの提供者への支払い構

造の変化においても当てはまる、ということである。また、最近の事実では、一つの保険会社の支払い構造が変化すると、別の保険会社が新しい支払い構造を導入しなくても、その保険会社の保険に加入している患者に利益をもたらす可能性があることも示唆している。このように一つの保険会社が変わることによって、医療提供者の「診療スタイル」に変化が生じ、医療提供者が診察するすべての患者に影響を与える可能性がある。この事実は、ACAのメディケア診療報酬支払いシステム改革が、経済学的観点から「公共財」になりうることを示唆している。

スピルオーバー効果の存在は、ACAが最近のヘルスケア支出における伸びの鈍化に想定以上にかなり大きく寄与していることを意味することになるだろう。上述のように、ACAの規定は、メディケアに民間保険会社及び医療提供者に対して過度な支払いをさせないようにすることによって、2010年以降のヘルスケア価格上昇率を直接的に年間およそ0.2%引き下げている。スピルオーバー効果を算出すると、この推計値は年間およそ0.5%——近年のヘルスケア価格上昇率の鈍化の大部分を占める——まで引き上がる。

本章の最後では、ヘルスケア・コストの速度の鈍化が持続することによる経済効果を検討する。長期にわたって、ヘルスケア支出のより緩慢な成長がケアの質を犠牲にすることなく達成されれば、生活水準は向上することになるだろう。生活水準の向上は相当な利益をもたらす可能性がある。最近における支出の速度の鈍化が3分の1でも持続できれば、今から10年後のヘルスケア支出は、支出の伸びが2000〜07年の傾向に戻った場合と比べると、1人当たり約1200ドル削減されることになり、この削減によって得られた利益の大部分は、労働者には賃金の上昇という形で、そして連邦政府及び州政府にはコストの低下という形で、それぞれ還元されることになるだろう。

最近のCBOの推計は、連邦政府の財政見通しに改善の見込みがあることを具体的に説明している。2010年以降、CBOは、20年のメディケア及びメディケイドを合わせた支出の予測を、国内総生産（GDP）の0.5%に相当する1680億ドル引き下げている。この1680億ドルの削減は、これまでの両プログラムの予想支出額が13%削減されたことを表し、主として近年においてヘルスケア支出の伸びが鈍化していることを反映したものである。だが、この修正は、ACAが直接的に寄与した赤字削減とは異なるので、CBOの推計は相当なものになるだろう。ACAがヘルスケア支出の成長を緩慢にすることに大きく寄与しているので、CBOの推計では、ACAの規定は、今後10年間で約1000億ドル、すなわち今後10年間にわたって年間平均GDPの0.5%に相当する赤字を直接的に削減するとしている。

長期的に医療費のより緩慢な成長がさらに続けば、雇用主の短期的な補償コストは減少するので、企業は従業員の数を増やそうとするようになる。本章では、雇用に起こりうる影響に関する入手可能な事実を調査し、この雇用増加の規模はかなり不明確だが、短期の雇用の増加は相当な利益になりうると結論づけている。

本章は以下の通りに進めていく。第一節では、最近のヘルスケア・コストの速度の鈍化を数値化する。第二節では、コストの速度の鈍化の背後にあるとされる要因を検討し、ACAがこれまでケアの質に与えた影響、及びACAが今後ケアの質に与える影響についても検討する。

最終節では、支出の速度の鈍化が経済効果をもたらす可能性を検討する。

第4章 最近のヘルスケア・コストの傾向と経済への影響、そしてケア適正化法の役割

最近のヘルスケア・コストの傾向

　この節では、近年のヘルスケア・コストの伸びが歴史的に見て鈍化していることを立証するために、最近 CMS アクチュアリー局が改定して 2012 年のデータを盛り込んだ国民医療費勘定を使用する（Martin et al. 2014）。このデータによって、米国における最近のヘルスケア支出の傾向を、詳細かつ包括的に見ることができる。

　分析には CMS が 2013 年 9 月に公表した最新の NHE 予測を使用し、分析の期間は 2013 年まで拡張した（Cuckler et al. 2013）。最新の予測では、13 年 6 月までに入手できたメディケア・メディケイドの支出データ及びマクロ経済データを盛り込んでいる（CMS Office of the Actuary 2013）[1]。アルタルム研究所（Altarum Institute）が経済分析局（BEA）の医療費データを使って構築した NHE「追跡」推計では、13 年の NHE 最終推計は CMS の予測にかなり近づくことを示唆している（Altarum 2014）。近年における支出の伸びの傾向をまとめたものが表 4—1 で、伸びの傾向をグラフ化して示したものが図 4—1 である。2010 年から最新の確定値が入手できる 12 年までの 1 人当たり実質 NHE の伸び率は、年率平均わずか 1.1％で

表4—1　1人当たり年間実質 NHE 伸び率（保険者・支出分類別）

分類	年間 平均伸び率（2010 年〜） ～2012 年	～2013 年	年間 平均伸び率の推移 1960〜2010 年	2000〜2007 年	2007〜2010 年
国民総医療費	1.1	1.2	4.6	4.0	1.9
主要保険者（加入者1人当たり）					
民間保険	0.9	1.2	N/A	5.2	4.1
メディケア	-0.3	-0.4	N/A	5.5	2.4
メディケイド	-1.6	-0.1	N/A	0.4	0.3
主要支出項目					
入院治療	1.6	1.6	4.5	4.0	3.2
診療・臨床サービス	1.7	1.6	4.6	3.2	1.7
処方薬	-1.1	-1.3	4.6	6.3	0.5
在宅医療・高度看護ケア	0.9	1.2	6.6	3.0	2.9

注：インフレ調整には GDP デフレーターを用いた。1960〜2010 年の加入者 1 人当たり伸び率の数値は利用できない。1960 年にはまだメディケアとメディケイドが存在していないこと、そして CMS が 87 年以前の数年間、保険種類別の加入者数を提供していないことが、その理由である。
出所：メディケア・メディケイド・サービス・センター National Health Expenditure Accounts, National Health Expenditure Projections；経済分析局（商務省）National Income and Product Accounts；CEA 算出。

図4―1　1人当たり実質NHE伸び率（1961～2013年）

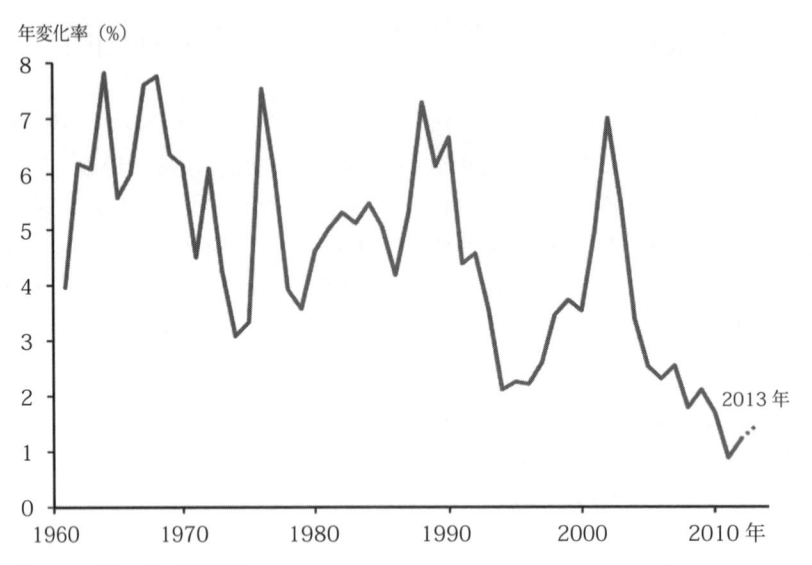

注：2013年のデータは予測。
出所：メディケア・メディケイド・サービスセンター、National Health Expenditure Accounts; 経済分析局、National Income and Product Accounts; 大統領経済諮問委員会（CEA）による計算。

図4―2　一般物価上昇率及びヘルスケア価格上昇率（1960～2013年）

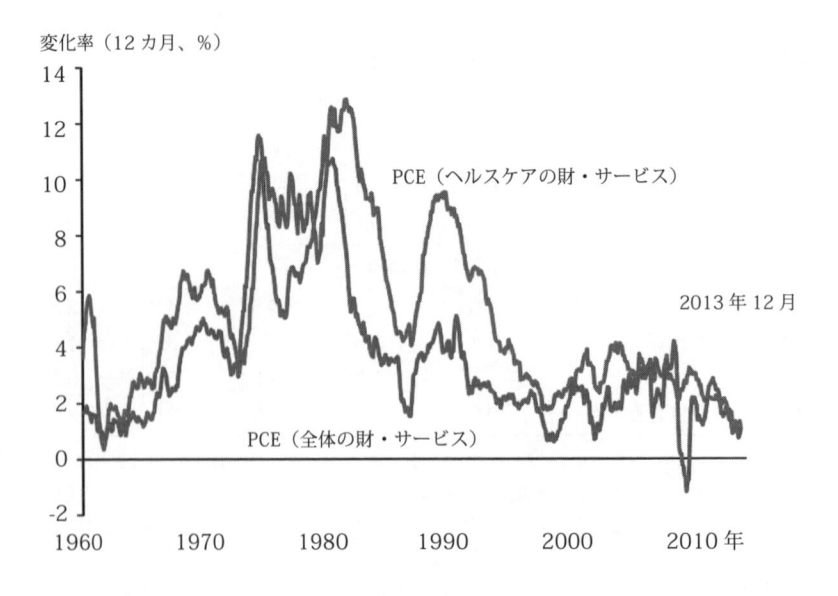

出所：経済分析局　National Income and Product Accounts、CEA算出。

第4章 最近のヘルスケア・コストの傾向と経済への影響、そしてケア適正化法の役割

Box 4—1　ヘルスケア・コストの伸びを測定する二つの指標—支出と価格

本報告は、ヘルスケア・コストの伸びを測定する二つの異なる指標、すなわち、ヘルスケアの財・サービスの価格の伸びと、ヘルスケアの財・サービスの総支出の伸びを分析する。この二種類のデータは、異なる質問に答えるのに役立つ。

ヘルスケア価格の伸びは、所定量のヘルスケア——バイパス手術、往診、あるいはアスピリンの錠剤——を購入するのに必要な金額が時間とともにどのように変化しているのかを、われわれに教えてくれる。これに対し、ヘルスケア支出の伸びには、(往診料のような) ヘルスケアの財・サービスの価格の変化だけでなく、(往診数のような) ヘルスケアの財・サービスの消費量の変化も反映される。理論上、(一般の物価上昇を超える) ヘルスケア価格の上昇は、所定量の (実質) 金額で買えるヘルスケアの量が減ってしまうので、消費者にとって明らかに悪いことである。これに対し、ヘルスケア支出の増加は、良くも悪くもなりうる。消費者が健康の増進に繋がるケアを受け続けているために支出が増加していれば、その支出の増加は良い増加である。これに対し、ケアの価格が上昇しているために、あるいは消費者が健康の増進に繋がらないケアを受け続けているために、支出が増加していれば、その支出の増加は悪い増加である。長期ヘルスケア支出の増加が懸念されるのは、その一番の原因が、価格の上昇、または価値の低いケアの利用の増加によるものだと信じられているからである。

ヘルスケア価格の変化の測定は、上述の理想論の中で行うよりも実際に行うことの方が難しい。ヘルスケア部門に見られる急速な技術的変化を踏まえると、経年的に財・サービスを比較することは難しい。たとえば、ヘルスケア価格指数は1990年に行われた虫垂切除術と2010年に行われた虫垂切除術を「同一品目」として扱っているが、2010年に行われた手術の方が、1990年に行われた手術よりも、外科技術の面で、つまり健康アウトカム (health outcomes) にとって重要で患者にとって非常に価値がある品質面で、大幅に改善されているに違いない。その結果、虫垂切除術を必要とする人が、1990年から2010年までに虫垂切除術の価格が上昇していることだけを知っていても、1990年の手術が良いのか、あるいは2010年の手術が良いのかを判断することはできない。

カトラーら (Cutler et al. 1998) は、このような測定の難しさが実際に大きな問題となっていることを実証している。筆者たちは心臓発作患者に注目し、心臓発作患者の死亡アウトカム (mortality outcomes) が主要な価格指数では説明のつかない方法で劇的に改善していることを明らかにした。その結果、この指数は、医療の価格の上昇が時間の経過とともに人にどれだけつけを払わせるかを、あまりに誇張しすぎている。

最後の説明になるが、統計機関が経年的に品質の改善を測定する技術に磨きをかけていかない限り、長期のヘルスケア価格上昇率の比較は誤解を招く恐れがある。確かに、ヘルスケア価格上昇率が図4—2のように長期的に落ち込んでいる一因には、この種の方法論的改良にあったといえるかもしれない。だが、この種の方法論的改良が短期間のうちに大きな影響を与える可能性は低く、この改良がここ数年のヘルスケア価格上昇率の急激な落ち込みを分析することに影響を及ぼした可能性はほとんど、あるいはまったくないだろう。

あった。CMS の予測では、13 年の間も緩慢な成長は続き、1 人当たりの年間実質伸び率は平均わずか 1.2％であったという。10 年以降の伸び率は、長期の平均〔表中 1960 〜 2010 年の欄〕である 4.6％の 3 分の 1 以下まで鈍化し、2000 〜 2007 年と 10 年直前までの 3 年間〔表中 2007 〜 10 年の欄〕に記録した平均伸び率を大幅に下回っている[2]。実際に、2010 年以降、こうした伸び率の鈍化は過去最低を記録し、2 年及び 3 年の期間の中でこれほど低い伸び率は見たことがない。

緩慢な成長は、120 頁の図 4—3 に示した

表 4—2　最近の各種指標の傾向（ヘルスケア支出・ヘルスケア価格上昇率）

分類	公表頻度	最新公表データ	年間上昇率 (ACA-現在)	年間平均上昇率の推移 1960-ACA	2000〜2007	2007-ACA
パネル A：ヘルスケア価格上昇率						
PCE（ヘルスケアの財・サービスの価格）	月次	2013 年 12 月	1.7	5.4	3.3	2.8
CPI（医療）	月次	2013 年 12 月	2.9	5.9	4.3	3.5
パネル B：ヘルスケア価格上昇率と一般物価上昇率との比較						
PCE（ヘルスケアの財・サービスの価格）	月次	2013 年 12 月	0.1	1.7	1.0	1.2
CPI（医療）	月次	2013 年 12 月	0.8	1.7	1.6	1.8
パネル C：家族保険の雇用主保険料（インフレ調整済み）						
KFF/HRET 調査	年次	2013 年	4.1	N/A	6.8	3.0
MEPS-IC	年次	2012 年	3.7	N/A	6.4	3.4
パネル D：PCE（ヘルスケアの財・サービスの支出、インフレ・人口動態調整済み）						
PCE（ヘルスケアの財・サービスの支出）	月次	2013 年 12 月	2.2	4.7	3.9	1.4

注：月次データのうち、記載年の初めまたは終わりの年は、その年の 7 月とする。ACA から始まる期間〔「ACA −」〕または ACA で終わる期間〔「− ACA」〕は、月次では 2010 年 3 月、年次では 2010 年とする。PCE は個人消費支出の略。ヘルスケアの財・サービスの PCE は以下の支出項目を含む。ヘルスケア、医薬品・その他医療用品、治療用装置・機器、及び正味医療保険。この支出分類の価格指数を統合して、フィッシャー総合指数を作成している。パネル A 及びパネル B に記載されている数字は、この指数の伸びを示している。パネル D の PCE 支出データは、一般 PCE デフレーター及び経済分析局（BEA）の人口動態シリーズを使って、インフレ調整済み。CPI は消費者物価指数の略。雇用主保険料は、GDP デフレーターを使ってインフレ調整済み。MEPS-IC の 2007 年のデータが利用できないため、MEPS-IC の欄の数字は 2000 〜 06 年期と 2006 〜 10 年期の平均上昇率を反映している。
出所：経済分析局（BEA）National Income and Product Accounts、労働統計局　Consumer Price Index、カイザー・ファミリー財団（Kaiser Family Foundation：KFF）　Employer Health Benefits Survey、医療研究・品質調査機構（Agency for Healthcare Research and Quality：AHRQ）　Medical Expenditure Panel Survey, Insurance Component、CEA 算出。

第4章 最近のヘルスケア・コストの傾向と経済への影響、そしてケア適正化法の役割

ように、三つの保険者すべてに表れている。2010～13年の期間における民間保険加入者1人当たりの実質医療費伸び率は、2000～07年の水準の4分の1以下、そして2007～10年の水準の3分の1以下である。同様にメディケア支出の伸びも劇的に変化し、2010～13年の期間における加入者1人当たりの実質メディケア・コストの伸びは基本的に止まっている。メディケイドでは、近年すでに加入者1人当たりの実質コストの伸びは鈍化し続けており、2010～13年の期間にはわずかだがマイナスに転じた。

この速度の鈍化は、支出項目を見回してみても広範囲に及んでいる。1人当たりの実質「入院治療費」——総支出のほぼ3分の1を占める最大の単独支出項目——の伸び率は、長期の平均〔1960～2010年〕の半分以下の水準で、そして最近の平均〔2007～10年〕よりも1％以上低い水準で推移している。「処方薬」では特に支出の伸びが急激に鈍化し、1人当たりの実質処方薬剤費は、実際にこの3年間に年率1.3％のペースで減少している。「診療・臨床サービス」と「在宅医療・高度看護ケア」においても、これまでの項目と同様な文脈で、伸び率が鈍化している。

表4—2のパネルAは、ヘルスケアの財・サービスに支払われる価格の伸びも同様に鈍化していることを示したもので、この価格の鈍化は図4—2にも描かれている。ヘルスケア価格上昇率〔ACAから現在までの数値〕は、個人消費支出（PCE）価格指数を使って測定しても、医療のCPIを使って測定しても、これまでの上昇率〔1960年からACAまでの数値〕の半分以下であり、過去10年間の上昇率〔2000年から07年までと2007年からACAまでの数値〕を下回っている。確かに、PECデータを使って測定した現在の上昇率は、前年比で約1％という1963年以来の水準で推移している。最近の医療のCPIも同じような動きを示し、ここ数カ月の前年比上昇率は1972年以来の低い水準に達している。

注意しなければならない点は、ヘルスケアの財・サービスの価格の伸びが鈍化しているのは、単に、すべての財・サービスの価格の伸びが近年において鈍化したからではない、ということである。パネルBは、ヘルスケア価格上昇率が一般物価上昇率と比較してもここ数年非常に低くなっていることを示したものである。

表4—2のパネルCは、二つの主要な雇用主調査が雇用主保険料の傾向を分析したものである。どちらの調査においても、保険料上昇率は2000～2007年の数値を2.5％以上下回っている。パネルDは、ヘルスケアの財・サービスにおける1人当たりの実質消費支出を、BEAのデータに基づいて追跡調査したものである。これによると、支出成長は、ここ10年間の前半において約半分の割合で推移しており、長期の平均〔1960年からACAまでの4.7％〕と比較すると、その低さは際立っている。この一連のパネル調査結果を見てみると、実のところ伸び率が2010年以降わずかに上昇している箇所もあるようだが、この調査結果と合致する入手可能なデータは他にもある。そのデータには、過去の短期の伸び率と比較しても、過去の長期の伸び率と比較しても、現在の伸び率の方がとても低いことが示されている。加えて、特に保険料上昇率〔パネルC〕は、その年の実費が判明する前に保険料を設定しなければならないので、必ずしもコスト基調を前年比ベースで追跡しているとはいえない。だが、長期にわたって医療費の伸びが鈍化していけば、おそらく個人と雇用主が支払う保険料に十分に反映されることになるだろう。

今何が起こっているのか、今後何が起こるのか

　もっともな——そして重要な——質問は、何が近年におけるヘルスケア・コストの緩慢な成長をひきおこしているのか、ということになるだろう。この質問に答えることによって、現在の緩慢な成長が続くのかどうか、そしてどのような政策がこの緩慢な成長に寄与したのかを明らかにすることができる。確かに、速度の鈍化は一時的であるかもしれない。1990年代の初頭から半ばまでの数年間にヘルスケア・コストの伸びは鈍化したが、90年代後半から2000年代初頭にかけて、再びコストの伸びが加速した。

　近年になって緩慢に成長している原因及びその持続性に関する最終的な結論を得るためにはさらなるデータや分析が待たれることになるが、現在入手できるデータで結論づけられるものもある。最も重要なことだが、近年の伸びが鈍化したのは、特異な要因がある一つの支出項目またはある特定の保険者に影響を与えたからではないようである。表4—1で示したように、速度の鈍化は、すべての主要な保険者及び各主要支出項目に影響を与えている。したがって、説明を探求するためには、行動システム全体に影響を与えた要因を探さなければならない。この節の第一項では2007〜09年のリセッションのかかわりを分析し、第二項では最近における緩慢な成長をACA以外・リセッション以外の要因で説明することができるかどうかを検討し、

図4—3　加入者1人当たり実質医療費の伸び率（保険者別）

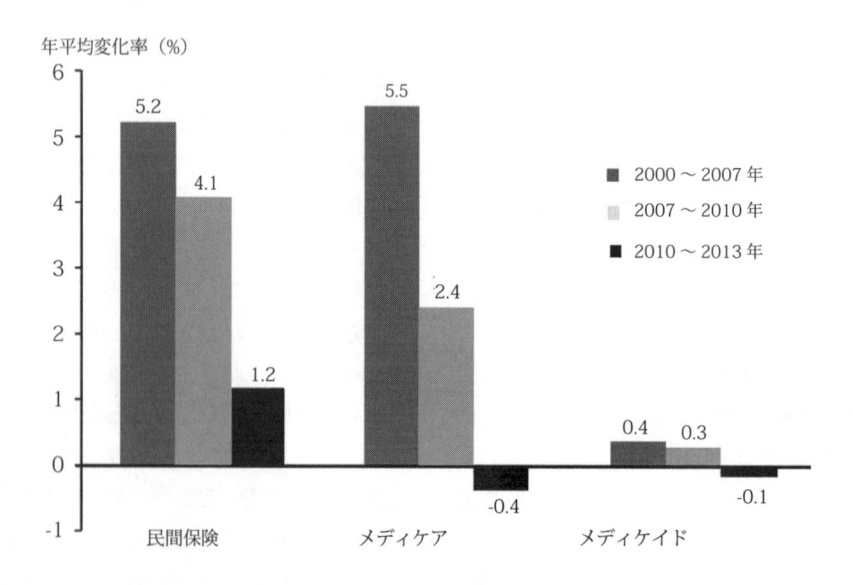

保険者	2000〜2007年	2007〜2010年	2010〜2013年
民間保険	5.2	4.1	1.2
メディケア	5.5	2.4	-0.4
メディケイド	0.4	0.3	-0.1

注：2013年の数字は予測。
出所：メディケア・メディケイド・サービスセンター；経済分析局、National Income and Product Accounts; CEA算出。

最近のヘルスケア・コストの傾向と経済への影響、そしてケア適正化法の役割

そして第三項では今までとこれからのケア適正化法（ACA）のかかわりを考察する。

2007〜09年リセッションのかかわり

2007〜09年のリセッションとその余波が、システム全体の変化を促した可能性があると断定する人もいる。たとえば、雇用の喪失によって保険の適用範囲が縮小したためにヘルスケアを利用する機会が減少したケース、あるいは、その雇用の喪失に伴って世帯の可処分所得が低下したために医療ケアよりも他のニーズを優先せざるをえなくなったケースがあった。あるいは、金融市場の混乱によって医療提供者の現金準備が激減したために、あるいは新しい機器や施設に投資するために借り入れをする能力が低下したために、その後数年間利用が低下した可能性がある[3]。もしリセッションが主として現在における医療費の伸びを鈍化させているとするならば、景気の回復が続くにつれて、その伸びはおそらくリセッション前の伸び率にすぐに戻ることになるだろう。

最近においてヘルスケア・コストの伸びが鈍化している原因はリセッション以外に考えられないとする説と矛盾する特徴が三つあり、その三つのいずれも最近の伸び鈍化の大部分は「構造」にあるので持続する可能性が高いということを示唆している。第一に、そして最も簡単にいえば、速度の鈍化は、リセッションが終わった現在においても十分に持続している。大リセッション（Great Recession）は2007年12月に始まって09年6月に終焉を迎えた。これ以降、経済は4年にわたって安定した成長を遂げてきた。だが、表4―1及び図4―3にあるように、リセッション期とその直後の数年間と比較すると、医療費の伸びは落ち着いたままであった。経済は時間を置いて医療費に影響を与えるかもしれないが、もしリセッションが速度の鈍化を促す主要なエネルギーであるとするならば、今頃はおそらく伸びの勢いが相当目立っていることだろう。

第二に、最近のCBOのエコノミストによる分析によって明らかになったことだが、表4―1及び図4―3で示したように、この速度の鈍化は民間部門だけでなくメディケアにも影響を与えている（Levine and Buntin 2013）。一般的に高齢者になるほど脆弱な労働市場の影響を受けないので、この事実は、速度の鈍化が主としてリセッションに端を発する経済の混乱によって生じたものだとする考えを揺るがすものである。加えて、レビンとブンタン（Levine and Buntin 2013）は、リセッション期において比較的大きな経済の混乱に実際に見舞われた高齢者でも、ヘルスケアにかける支出は減らさなかったことを明らかにした。レビンとブンタンは、州レベルのデータを使って、これまでメディケア支出は失業率が上昇するにつれて支出の伸びも上昇している――景気の低迷がコストの伸びを鈍化させていることを説明するために求められるメカニズムとは正反対の動き――ことを実証した[4]。

第三に、速度の鈍化は主としてリセッションから生じたものだとする説と、最近のヘルスケア価格上昇率の動きを適合させるのは難しい。表4―2及び図4―2で示したように、最近のヘルスケア価格上昇率は、経済全般の物価上昇率と比較して測定しても、大幅に鈍化している。リセッションによって人びとが必要とするヘルスケア・サービスの量が減少するために支出が減少する、といった有力なメカニズムがさまざまある一方で、なぜリセッションが他の経済部門の物価上昇と比較してヘルスケア価格上昇率の低下もたらすのかを説明することは、容易ではない。

最近の多くの研究では、リセッションがヘルスケア支出の速度の鈍化の促進にかかわっていることを直接数値化する試みもなされている。これらの分析はさまざまな方法を使って行われているが、これらの分析から導き出された結論は、おおむね、リセッションは近年のヘルスケア支出の伸びを抑えているようだが、医療費はリセッション後もなお歴史的に見て低く、速度の鈍化が著しいのは持続する可能性の高い構造変化によるものであるようだ、というものであった。この項の後半では、この増えている文献を概観する。

　チャンドラら（Chandra, Holmes and Skinner 2013）は、リセッションのかかわりを判断する一つのアプローチを提供している。彼らは、所得がヘルスケア需要に与える影響についての入手可能なミクロ計量経済学的推計を調査している。このような既存文献のほぼすべての推計値は小さく、信頼できる最大の所得弾力性の推計値は、アシモグルら（Acemoglu et al. 2013）が示した0.7であった。彼らは、この0.7という最大推計値を実際のGDP成長率に見られる鈍化に当てはめてみたところ、近年における経済成長の鈍化は、医療費の緩慢な成長化と比較するとその半分にも満たないことを示している。彼らは、将来見通しがはっきりしないところもあると表明してはいるが、それでもなお、ケア適正化法に盛り込まれた支払い改革に可能性があることも手伝って、速度の鈍化のかなりの部分は持続すると予測している。

　リュウら（Ryu et al. 2013）は別のアプローチを取っている。彼らは、リセッションがヘルスケア・コストの増加に影響を及ぼしうる二つの特定のメカニズム、すなわち、失業によって保険の適用範囲が縮小するメカニズムと、企業が従業員に大きな費用分担を義務づける低品質な医療保険を提供するメカニズムのかかわりを調査している。彼らは、2009～11年の時期に注目し、最近における支出の成長の低下はむしろ就業者の間で大きくなっていること、そしてこの費用分担の上昇は速度の鈍化のわずか5分の1程度にすぎないということを明らかにした。彼らは、この結果に基づいて、「医療費の速度の鈍化は続くとする慎重な楽観主義（cautious optimism）」を勧めている。

　もう一つの研究では、経済の成長と医療費の伸びとの歴史的な相関関係を推定し、そしてこの推定される相関関係を用いて、リセッションが起こらなければ医療費はどのくら伸びていたかをシミュレートすることによって、リセッションの影響を判断している。このような計量経済学的時系列分析は、全国規模で集計を行っているので、経済の成長と医療費の伸びとを関連づける多種多様な潜在的メカニズムの影響をとらえられるという重要な利点を持っている。だが、この分析は、全国規模で集計するという性質上、欠点もある。チャンドラらが示したように、重要な交絡因子（confounding factors）を体良くコントロールすることが難しい場合があり、また、データが不足している（わずか約50年のデータ、つまり合計約50のデータポイントしか利用できない）ために、この分析は、表面上は差し障りのないように見える方法論の変化に影響を受ける可能性がある。残念ながら、最新の文献には、計量経済学的定式化が最も信頼できる結果をもたらしうるとする、説得力のある事実が示されていない。

　カトラーとサーニ（Cutler and Sahni 2013）は、最新の医療費の伸びを経済成長率の5年平均と関連づけるモデルを推定した。彼らは、その結果に基づいて、2011年及び12年の支出の伸びはリセッションも含めたこれまでの伸び幅の中で下限に位置していること、そして03年から12年にかけて速度の鈍化に寄与した要

第4章 最近のヘルスケア・コストの傾向と経済への影響、そしてケア適正化法の役割

因の半分以上はリセッション以外の要因によるものであると推定した。彼らは、「根本的変化」が医療部門で進行している、つまりこの変化はリセッションだけに起因するものではない、と結論づけている。

カイザー・ファミリー財団（Kaiser Family Foundation）及びアルタルム研究所による分析は、これまでとは正反対の見通しを立てている（KFF and Altarum 2013）。彼らは、最近の医療費の伸び率と、過去5年間の各年の経済成長率及び過去5年間の各年の一般物価上昇率とを関連づけるモデルを推定した。著者たちは、その推定モデルに基づいて、2001～03年から2008～12年におけるヘルスケア支出の速度の鈍化は、そのうちの23％は非マクロ経済的要因によるものであるとしながらも、その大半はマクロ経済的要因によるものであると結論づけた。

だが、注意しなければならない点は、著者たちの計算は、実質（つまりインフレ調整済み）医療費伸び率の鈍化の方に大きな経済的関心があるにもかかわらず、この時期の名目医療費伸び率の鈍化を対象としている、ということである。インフレ率は平均すると2001～03年の時期よりも2008～12年の方が低いので、著者たちのアプローチは、実質支出伸び率の鈍化を説明する際に、マクロ経済的要因のかかわりを誇張している。加えて、著者たちのモデルは、比較的に複雑なモデルであるために、特に前述の時系列アプローチの欠点の影響を受けやすい。実際に、KFFとアルタルム（KFF and Altarum 2013）の推定したモデルには、特に異例の特徴が一つある。それは、経済成長率の低下による医療費の影響が**ピーク**に達するのは4年後であるという点である。ありえないわけではないが、そのようなタイムラグは信じ難いほど長いように思われる。

ACA以外に医療費の伸びに影響を与えた要因

上記のように、リセッションは、近年の医療費の伸びが鈍化している理由の全貌を明らかにしていないどころか、主な理由すらも説明していない。今後、特定される要因がさらに増えるかもしれないが、これまでに、ACAの要因以外にかなりの注目を集めている要因は二つある——だが、少なくともそのうちの一つの要因は医療費の伸びを適度に上昇させている——。

緩慢な成長が多くのさまざまな支出項目に同時に影響を及ぼしている理由を説明できる有力な要因の一つは、患者の費用分担の長期的な増加傾向である（Cutler and Sahni 2013; Ryu et al. 2013; Chandra, Holmes and Skinner 2013）。カイザー・ファミリー財団／健康調査及び教育トラスト（Kaiser Family Foundation/Health Research and Educational Trust）の雇用主医療給付調査（Employer Health Benefits Survey）は、最近の雇用主保険の費用分担はかなり増加していることを示している。標準的な雇用主保険の免責額（deductible）は、2006年の584ドルから13年の1135ドルに増加、つまりインフレ調整後で約70％増加した（Kaiser Family Foundation 2013a）。

費用分担の増加が影響を及ぼしていることを示唆する調査がいくつかある。先に述べたように、リュウら（Ryu et al. 2013）は、雇用主側の費用分担が増加していることの重要性を調査したところ、2009～11年の時期の費用分担の伸びが20％鈍化した可能性があると結論づけている。チャンドラら（Chandra, Holmes and Skinner 2013）は、利用が費用分担によってどのように影響を受けるかに関する文献の推計を使って、費用分担の増加のかかわりを判断している。彼らは、費用分担はより大きくかか

123

わっている可能性があると結論づけているが、費用分担の最近の変化に関する入手可能なデータの質が悪く、かつ費用分担が利用にどのように影響を与えるのかについて現在まだ十分に理解されていないために、彼らの推計の正確さには限界がある。

　費用分担の増加がかかわっている可能性はあると思われるし、おそらくかかわっている可能性は高いと思われるが、それは事の全体像を捕らえられていない。先ほど詳細に論じたように、メディケアの出来高払い（fee-for-service）支出の伸びは、民間部門の伸びよりもはるかに劇的に鈍化し、最近のメディケア給付構造の中心部において、民間部門で見られた変化に匹敵するほどの大きな変化は見られない。

　処方薬剤費の顕著な速度の鈍化も、表4―1に示したように、緩慢な成長傾向に盛り込まれている。複数の文献は、この処方薬剤費の急激な落ち込みを、多くの重要な薬剤に対する特許権保護の満了によるものと考えている。新薬の発明は10年以上にも及んで低迷しているため、近年特許切れになった薬剤の後継を担う特許薬が、最近になって減少してきている。その結果、処方薬に占めるジェネリック医薬品――一般的に大幅に安い――の割合は急激に増加し、コストを大幅に削減している（Aitken, Berdnt and Cutler 2009; Cutler and Sahni 2013; IMS 2013）。だが、処方薬市場がこのように変化しても、総医療費に占める処方薬の割合は10％にも満たないので、おそらく医療費全体の傾向にさほど寄与していないだろう。

　だが、近年の速度の鈍化に支障を来たす要因のうち、容易に特定できる要因は少なくとも一つある。それは、米国の高齢化である。ここ数十年間、高齢化は、米国の医療費の増加に若干寄与している。ホワイト（White 2007）の推計によれば、1970～2002年の期間に、高齢化は年間約0.3％ずつ増加した。高齢化がヘルスケア支出の増加に寄与する度合いは、近年になって若干高まっているようである。CEAが、米国センサス局の年齢分布データ、ヤマモト（Yamamato 2013）が発表した年齢別支出データ、及びヤマモトが使用したものと同じ方法論を使って推計したところ、高齢化によって、2000～07年と2007～10年のヘルスケア支出は年間約0.5％ずつ増加し、2010～13年では年間約0.8ずつ増加していた[5]。このように人口統計上の逆風にさらされていることから、実際に示されているヘルスケア・コスト成長速度の鈍化は、どの年齢層の人でも、わずかではあるが表4―1で示されている数値より大きくなるという見方もできる[6]。

ケア適正化法のかかわり

　上記で論じた事実は、リセッションだけが最近の医療費の伸びを鈍化させている原因ではないこと、そしてこれまでに特定されたその他の要因では鈍化の大きさや対象範囲を説明できないことを示している。では、ケア適正化法（ACA）は、米国のヘルスケア・システムの変化の促進に、どのようにかかわっているのだろうか。確かに、ACAだけが速度の鈍化の原因ではない。ヘルスケア支出の伸びはACAが可決される前でも若干鈍化し（表4―1参照）、リセッション及びその他のヘルスケア・システムの変化も確かに寄与し（上記の通り）、そしてACAの改革の多くはまだ完全に実施されていない。

　にもかかわらず、浪費の追放と品質の向上を目的としたACAの改革は、有意義な方法――既存の〔医療〕提供システム改革のトレンドの構築、及び新しいトレンドへの着手など――で医療費の緩慢な成長に寄与しているため、今後はさらに大きく寄与する可能性がある。最近の

第4章 最近のヘルスケア・コストの傾向と経済への影響、そしてケア適正化法の役割

Box 4—2　ACA による保険適用対象の拡大が総医療費の伸びにどう影響するか

ケア適正化法の保険適用対象の拡大が実施されているので、新たに 2500 万人を保険でカバーするコストを反映すると、総ヘルスケア支出はおそらく数年間で一段と増加するだろう (Cuckler et al. 2013; CBO 2014)。高品質で価格の手ごろな保険が、現在において保険による保護を受けられない何百万ものアメリカ人に提供されることによって得られる利益は、この 1 回限りのコストの増加を単に正当化するだけにとどまらない。したがって、コストの増加は驚きでも懸案事項でもない。

また、このような総医療費の増加はほとんどの人や従業員には直接関係していないが、重要なのは、彼らが保険料またはその他のコストにどのくらい支払っているのかということである。国民総医療費は、これまで保険に加入していなかった人が市場を通じて保険を購入する、またはメディケイドを通じて保険を入手すれば実際に増加するが、これまで雇用主を通じて、あるいは個人保険市場を通じて保険に加入した人のコストへ直接影響を与えることはない。

さらに、このような 1 回限りの変化は、医療費の基本的な傾向について私たちに何も語ってくれないが、第 3 節で論じるように、長期にわたってアメリカ人の生活水準を形作っていくのは、この基本的な傾向なのである。加えて、ACA のメディケア改革は 2014 年以降数年にわたって段階的に導入されていく予定であり、ACA のコストの削減と品質の向上を目的とした革新的な改革を生み出すメカニズムは、ちょうど結果を生み始めたところである。その結果、ACA のこのような面からもたらされる節減額が、今後数年のうちに急増する可能性は高い。議会予算局 (CBO) が、ACA による赤字削減の規模は時間とともに劇的に増加すると推定するのは、このような重要な理由からである (CBO 2012b)。

今後数年のうちに予想される伸び率の上昇が特に大きくはないということも、注目に値する。CMS は、ACA による保険適用対象の拡大による一時的な影響の後も、国民医療費の 1 人当たりの年間実質伸び率は今後 10 年間に 3.4％を超えることは決してないだろうと予測している。表 4—1 で示したように、この割合は、2000 ～ 07 年の時期に記録した平均伸び率〔2000 ～ 2007 年の 4.0％〕を下回り、長期のこれまでの平均〔1960 ～ 2010 年の 4.6％〕を大きく下回っている。

経済調査も、メディケア改革を実施すればコストは削減され、システム全体でケアの質が向上するという根拠を裏づけている。この調査は、ACA は長期間にわたってヘルスケア・コストの成長の緩慢化に重要な役割を果たすことになるという考えを裏づけるものだが、この調査によれば、現在の ACA の医療提供者〔診療報酬〕支払い改革は予想以上の衝撃を与える可能性もあるという。

メディケアの医療提供者及び医療保険への過剰な支払いを削減する　ACA によって、以前に米国のヘルスケア支出に及ぼす影響を容易に数値化できたものがすでに一つある。それは、独立した専門家たちによってすでに特定された過剰な支払いの削減である (たとえば、MedPAC 2009)。CBO による最初の ACA コスト推計では、ACA のメディケア改革は 2013 年会計年度に 170 億ドル削減するとしているが、これは主として、保険を提供する民間保険会社への支払いを、メディケア・アドバンテージ (Medicare Advantage) 及びメディケア医療提供者支払い率 (payment rates) の年次更新に

よる調整を通じて削減したことによるものである（CBO 2010a）[7]。およそ170億ドルの節減は、13年の国民医療費（NHE）の約0.6％に相当する。この節減は、10年から13年までの3年間に展開されたものであるから、ACAだけでこの時期の国民医療費の伸びを0.2％鈍化させたことを意味しており、ACAがこの3年間にわたって医療費の伸びを鈍化させてきたという説明に重要な貢献をしている。カトラーとサーニ（Cutler and Sahni 2013）による分析も、同様の結論に達している。この削減幅は今後数年にわたって徐々に拡大し、メディケア支出の伸びを抑え続けることになるだろう。

新しい支払いモデルの展開　ACAには、支払いモデルの認定及び推進を目的とした多くの改革が盛り込まれている。その支払いモデルとは、効率的なケアの提供を促し、ケアの断片化を抑制し、そして医師、病院、及びケアを多量に提供することだけに投資するよりも高品質なケアを提供することに投資しているその他の医療提供者に報酬を与えるというものである。

再入院率の引き下げ、以下で詳細に論じる節減額分与プログラム、及び医療提供者への償還（reimbursement〔支払いと同義〕）と患者が受けたケアの質の評価を結びつけるさまざまな「価値に基づく（"value-based"）」購入プログラムなど、ACAはこうした目標の達成を目的としたメディケア支払いシステムに直接的な変化をもたらしている。ACAはまた、メディケイドの中に、慢性疾患患者のケア・マネジメントを改善するためにヘルスホーム（health homes）を開設した州に対し、追加の財政支援を行った。

加えて、ACAは、包括払い（bundled payments）、さまざまな責任あるケア（accountable care）・モデル、及び複数保険者プログラムなどのさまざまな新しい支払いアプローチを試みるメディケア・メディケイド・イノベーション・センター（「イノベーション・センター」）を新設した。個々のアプローチについては、本項の後半で言及する。これまで、各州から5万以上のヘルスケア提供者が、イノベーション・センターのプログラムに参加している。また、保健社会福祉省長官は、成果をあげたパイロット・プログラムを基準化する権限を持っている。

最後に、患者中心のアウトカム調査研究所（Patient-Centered Outcomes Research Institute）を通じて、ACAは、どの治療に——そしてどの患者に——効果があるのかを特定する取り組み、及びこのエビデンスを実用化する戦略を明確にする取り組みに、資金提供を行っている。この調査プロジェクトは、医療提供者に効率的で高品質のケアを提供しなければならないという情報を知らせることによって、ACAが行っている医療提供者のインセンティブを変える取り組みを直接補完している。

上述のプログラムから利益を十分に享受するためには、今後数年はかかるだろう。だが、すでに成果をあげ始めている支払い改革がある。以下の二つの小節では、その一組の改革——ACAの再入院率を減少させたプログラム、及び責任あるケアの支払いモデルの展開——を考察する。

再入院率を減少させるインセンティブ　ACAは、メディケアの病院支払いシステムの再入院——患者が退院してすぐに病院に戻ってくるケース——の取り扱いに重要な変更を行った。これまで、約5分の1のメディケア患者が退院後30日以内に再入院したが、このような再入院の原因多くは、最初の入院時のケアの質が低かったこと、または退院後に患者が受けるケアのプランニングが悪かったことによるものだと、一般的に考えられている。ACAの改革が行われる前は、病院には再入院を減らすことを目的

第4章 最近のヘルスケア・コストの傾向と経済への影響、そしてケア適正化法の役割

とした活動に投資するインセンティブが働かず、病院は再入院回避による支払いを失うことになるので、それによって実際に財政状態が悪化する場合もあった。このインセンティブのずれによって、おそらくコストは増加し、質も低下することになる。

ACAは、特定疾患患者の再入院率の高い病院にペナルティーを科すことによって、このようなインセンティブを正すことを目的としている。このペナルティーに関する規定の多くは、2011年8月に最終決定された。このペナルティーは2013会計年度の初め（2012年10月）に施行されたが、ペナルティーの対象になる会計年度は前年の病院の再入院率に基づいているので、その規定が最終決定されるとすぐに（または、支払い規定が構築されることを見越した病院ほど早く）、病院には、再入院率の削減に着手しようというインセンティブが働き始めた[8]。このプログラムに盛り込まれる疾患の数、及び罰金最高額は時間とともに増加するだろう。

図4—4は、この再入院対策によってケアの傾向が変化し始めていることを証明したものである。メディケア患者全体の30日再入院率は数年間横ばいが続いていたが、このプログラム規定が最終決定された直後に急激に減少に転じ、2013年7月時点では、2007〜11年平均の再入院率の水準を1％以上下回っていた。12年1月から13年8月までの減少は、13万件の再入院回避に相当するものであった（CMS, 2013a）。その他にも再入院を減少させる同様の取り組みが同時期に進行していたものの、この傾向の急激な変化——及びその変化のタイミング——から、再入院削減プログラムはこのような変化を引き起こす際に重要な役割を果たしているということが示されている。そ

図4—4 メディケア患者の再入院率（30日以内・全疾患）

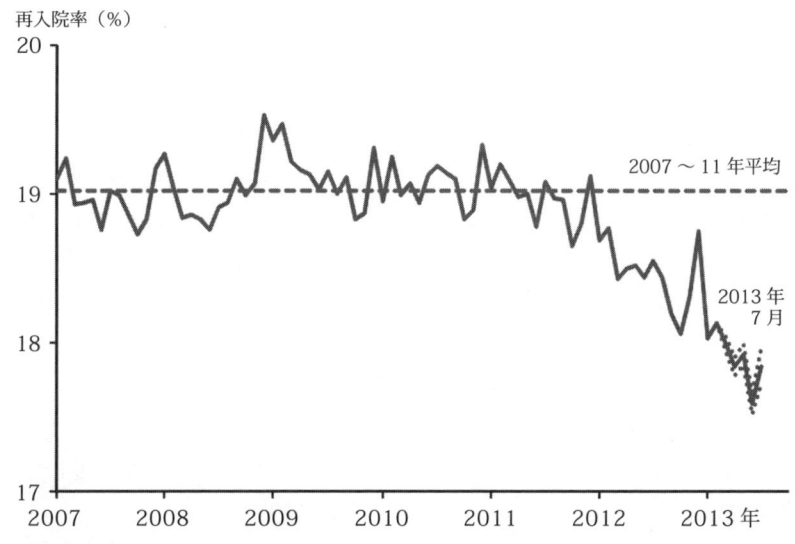

注：最近数カ月のデータは速報値に基づく。点を打った青線〔原文ママ—右端の点線部分〕は、確定値が収まりうる範囲を表す。
出所：メディケア・メディケイド・サービスセンター、Office of Information Products and Data AnalyticsOffice of Information Products and Data Analytics.

の他の活動の中には、保健社会福祉省が、患者のためのパートナーシップ（Partnership for Patients）及び地域密着型ケア移行プログラム（Community-Based Care Transitions Program）を通じて、病院及び地域密着型の組織を退院プロセスの改善に活発に従事させようとした取り組みもあった（Gerhardt et al. 2013）。

責任あるケア支払いモデル もう一つの重要な進行中のACA改革は、メディケア節減額分与プログラム及びイノベーション・センターを通じた「責任あるケア」支払いモデルの創設である。このプログラムは、医療提供者のインセンティブを再調整し、効率的かつ高品質のケアの提供を働きかけようとするものである。出来高払い診療報酬支払いシステムの下では、サービスの量が減少すればするほどメディケアから支払われる診療報酬も減少するので、有効なケアを提供する医療提供者ほど、財政的に悪化してしまうことが多い。加えて、ACAが施行される前の支払いシステムでは、医療提供者への支払いがサービスの量に基づいていたので、医療提供者には高品質なケアを提供しようという直接的な金銭上のインセンティブが働かなかった。また、現行の出来高払いの支払いシステムでは、医療提供者の提供したサービスが患者の幅広いケアプランにいかに適合しているかを考慮せずに個々の医療提供者に別々に報酬が支払われるので、医療提供者間で効果的にケアの連携を図ろうとするインセンティブが生まれないのである。

この責任あるケア・プログラムの下で、個人の医療提供者及び医療提供者グループは、責任あるケア組織（ACO: Accountable Care Organization）の指定を求めることができる。ACOは、担当患者のケアにかかるコストを削減したときに生じた節減分を分け合うことができるので、医療提供者はさらに効果的なサービスを利用していこうとするようになる。加えて、ACOは、特定の往診または手術にかかるコストだけでなく患者のケアにかかる全医療提供者の総コストに基づいて節減額分与を獲得するので、ACOには、ケアの連携に投資し、重複を避けようとするインセンティブが働く。おそらく最も重要なことだが、ACOは、節減額分与の資格を得るために、担当する患者に施したケアの質を指定基準に到達させなければならないので、ACOには強力なインセンティブが働き、患者は高品質のケアを受けられるようになるのである。現在、530万人のメディケア受給者に提供する360以上の組織がACOモデルを導入し、ACO受給者数は今後増加していくだろう。パイオニアACO（大規模組織及び先進組織を対象としたイノベーション・センターのACOプログラム）の予備調査では、2011年から12年までの、パイオニアACOと提携している受給者のコストの伸びは、ACOと提携していない同様の受給者のコストよりも鈍化していることが分かった（L&M Policy Research, 2013）。このプログラムの初年度の12年における、パイオニアACOと提携している加入者の1人当たりの年間コスト節減額は、少なくとも150^{ドル}、同年の受給者当たりの平均メディケア支出の1％以上になると推計された。加えて、全般的に見て、ACOは、比較可能なデータが利用できるすべての品質評価指標の出来高払い基準よりも、良い成果をあげていた（CMS 2013b）同様の民間モデルに関する学術データも、この支払いモデルは品質を向上させながらコストを削減するというACOの本来の目的を達成することができる、ということを示唆している（Song et al. 2012）。

イノベーション・センターは、2013年から実施しているケア改善プログラムのための包括払い（Bundled Payment for Care Improvement

第4章 最近のヘルスケア・コストの傾向と経済への影響、そしてケア適正化法の役割

Initiative）を通じて、関連する〔診療報酬〕支払いモデルの実験を行っている[9]。このモデルの下では、メディケアは、ケアのエピソードの間に提供される個々のサービスに対して別々に支払うのではなく、入院時のケアの「エピソード（episode）」に提供されるすべてのサービスに対して一つに「まとめて（bundled）」支払うことになる。包括払いの対象が最も広いモデルでは、入院、入院中に提供される医師の診療サービス、及び退院後のケアをカバーする。イノベーション・センターは、入院中に提供されるサービスだけ、または退院後に提供されるサービスだけしかカバーしない包括払いの対象の狭いモデルもテストしている。詳細は支払いモデルによって異なるが、包括払いは、その後、医療提供者間の合意に従って、参加している医療提供者間で分配されることになる。そのモデルは、入院期間中のかなりの割合を占める一般的な入院治療エピソードで、テストされつつある[10]。

このような包括払いモデルは、責任あるケア支払いモデルとほぼ同様に、（そのサービスが包括払いの対象に含まれていれば）医療提供者がサービスを追加しても支払いは増えないので、より効果的なケアを提供するよう医療提供者に働きかける。同様に、入院治療エピソードに従事するすべての医療提供者はケアのエピソードにかかる総コストに責任を負っているので、この包括払い構造は、ケアの効果や質の良さによって利益を得られるようにすることで、医療提供者に自身の活動を調整しようという動機を与える。メディケアは、このように有効性を高める余地があるので、包括払い額を、既存の出来高払い診療報酬システム下での支払い総額よりも低く設定する（そしてテスト済みのモデルの下で設定する）ことができる。このような支払いモデルによって有効性はかなり向上するだろう。CBO の最近の推計では、入院中及び入院後に提供されたサービスをカバーし、5％の節減目標額を掲げる包括払いモデルが、2017 年から全国的に段階的に導入されれば、メディケアの節減額は 10 年間で合計 470 億ドルになるとしている（CBO 2013c）。

最近の保険者間の「スピルオーバー効果」に関する研究　これまでの ACA のメディケア及びメディケイド改革の直接的影響を判断し、改革を前進させることによって及ぼしうる影響を検討する際に重要になってくる問題は、この改革がその他のヘルスケア・システムにどのような影響を与えるかということである。近年の経済学及び医療政策における実証的研究によって、公的部門の医療プログラムの改革は無駄を減らして質を高めるので民間部門にスピルオーバー効果をもたらす、という根拠が裏づけられている[11]。

特に、最近のさまざまな研究では、メディケアが特定サービスへの過度の支払いを減らす取り組みを行うことによって、民間保険会社及びその加入者もそれに倣って節減に取り組む可能性があると示唆している。クレメンスとゴットリーブ（Clemens and Gottlieb 2013）は、メディケアが医師に支払う方法を早期に改革した効果に地域差があることから生まれた自然実験（natural experiment）を有効に利用しながら、メディケアが医師に支払う報酬を変更した際に民間保険会社が医師に支払う報酬はどのように変化するかを研究している。彼らは、メディケアがサービスに支払う報酬を引き下げれば、民間保険会社はそれと同じ額だけケアに支払う額を引き下げられることを明らかにした。

ホワイト（White 2013）及びホワイトとウー（White and Wu 2013）も、同様にメディケアの病院への支払いに焦点を合わせた分析を行い、早期のメディケア支払い改革による効果が

病院間で異なることから生まれた自然実験を有効に利用している。ホワイト（White 2013）は、メディケアが支払い率を削減すると、民間保険者は自身の支払い率を約77％削減することを明らかにした。ホワイトとウー（White and Wu 2013）は、1ドル当たりのメディケア節減に対して、民間保険会社は55ドルの追加節減を実現していることを明らかにしている。

この推計結果は顕著である。たとえば、メディケアの過度の支払いを削減した結果、2013年会計年度に達成されたメディケア節減額は推計で170億ドルであった。以前に適用した同じ論理を使用すると、推定節減額は、2010～13年の平均ヘルスケア価格上昇率の0.2％の削減に相当する。ホワイト（White 2013）による推計では、この報酬削減効果が、その半分でもその他のヘルスケア・システムに波及すれば、これらのメディケア改革による経済全体の予想ヘルスケア価格上昇率は0.5％鈍化することになるだろう[12]。このシナリオでは、ACOはヘルスケア価格に見られる緩慢な成長──最近のヘルスケア価格上昇率の鈍化は一般物価上昇率の鈍化の約2倍──の促進に大きく寄与しているといえるだろう[13]。

それ以上に重要になる可能性を秘めているのは、クレメンスとゴットリーブの研究によって、ACAによる公的部門の支払い構造の改善によってもたらされる利益は、そのプログラム加入者間だけでなく、システム全体で実現される可能性があると証明されたことである。さらに彼らは、医師の診療サービスへのメディケア支払いに焦点を合わせ、メディケア支払い改革はサービスへの支払いを引き上げたり引き下げたりするので、民間保険会社にマッチする傾向があることを示している。クレメンスとゴットリーブの研究結果によって、メディケアの支払い構造は多くの場合、医療提供者と民間保険会社との交渉における「出発点」としての役割を果たし、その場合には、メディケアの改革は民間部門にも同様にかなり早く導入されるようになると広く信じられている考えが、実証的に裏づけられた。この事実はこれまでの経験と合致している。メディケアは1980年代に入院患者サービスに対する「定額」払いを導入し、その定額払いの下で、入院期間中に患者が受けるすべてのケアは、患者の診断結果に基づいて決められた診断群別の一括払いを通じてカバーされ、現在、ほぼすべての民間保険会社が、この種のシステムを使って病院への支払いを行っている。

最近のいくつかの事実から、ACAの公的部門の支払い改革によってもたらされるスピルオーバー効果は、民間保険者がこの支払いモデルを直接導入しなくても生じることが示唆されている。マクウィリアムズら（McWilliams et al. 2013）は、マサチューセッツ州のブルークロス・ブルーシールド社（Blue Cross Blue Shield）が2009年から試みている新品質契約（AQC: Alternative Quality Contract）──現在CMSが展開している責任あるケア支払い構造と同様の契約──を研究している。上記ソングら（Song et al. 2012）の研究によって、AQCは、ケアが直接契約の対象となっている患者のコストを削減し、品質を向上させることが明らかになっている。だが、マクウィリアムズらの調査によって、ケアが直接契約の対象となっていない AQC参加医療提供者の患者も改善したことが明らかになっている。この場合、コスト節減額は平均3.4％にのぼり、いくつかの品質評価指標が改善された。このような結果は医療提供者がすべての患者に対して同一の「診療スタイル」を導入したことから生じた可能性があるので、一つのインセンティブによって、医療提供者が有効性または品質を高めようと診療アプローチを進んで変えるようになれば、その医

第4章 最近のヘルスケア・コストの傾向と経済への影響、そしてケア適正化法の役割

療提供者の診察を受けるすべての患者が利益を得るのである。

　総合すれば、上述の保険者間におけるスピルオーバー効果の事実から、公的部門の支払いシステムの構造改革はシステム全体のコスト削減及び質の向上に役立つことが示唆されているだけでなく、公的部門は改善の可能性を十分に実現するためには欠かせない部門であることも示唆されている。経済学的に見れば、スピルオーバー効果の存在は、支払いシステム改革が「公共財」――購入者以外の多くの人に利益をもたらす投資であり、したがって及び購入者が結果として生じるすべての利益を獲得することができない投資――であることを意味する（Clemens and Gottlieb 2013）。公共財への投資から十分な利益を得る個人投資家はいないので、民間市場が公共財を生み出すことはほとんどない。その他の公共財と同様に、過少投資への一つの解決策は、政府が直接、投資をすることであり、その場合には、メディケア及びメディケイドを通じた改革を実施することになる。

　CMS は、医療提供者が新しい支払い協定への対応を決める際に、その他の保険者の決定がいかに重要であるかを認識して、積極的に複数の保険者を取り込んだ実証プロジェクトを立ち上げた。複数の保険者を最初から改革の取り組みに組み込むことによって、生まれ出た支払いモデルはいったん立証されれば保険者間の境界線を簡単に越えられる、という可能性が高まる。スピルオーバー効果はメディケア・メディケイドから民間部門へ、そして民間部門からメディケア・メディケイドへと両方向に及ぼしうるという上述の事実を踏まえて、このプロジェクトは、民間保険者を改革の取り組みに引き込むことはメディケア及びメディケイド受給者自身にとって重要である、ということも認識している。

　二つの複数保険者（multi-payer）イニシアティブは特筆に値する。包括的プライマリケア・イニシアティブ（Comprehensive Primary Care Initiative）を通じて、CMS は、メディケアとともに、2年後に節減額分与が見込まれるプライマリケア診療（primary care practices）に投資するよう、八つの州の公的・民間保険者に協力を求めている。もう一つの期待できる取り組みは、州イノベーション・モデル・イニシアティブ（State Innovation Models Initiative）で、これは、医療提供者支払いシステムに対する複数保険者の改革を州全体にわたって推進することを希望する州に補助金を提供するというものである。このプログラムの支援を受けて、オレゴン州は、州の ACA によって創設された医療保険市場を通じて購入したメディケイド受給者、州の従業員及び個人を、ACO のような支払いモデルに移行する取り組みに着手している。アーカンソー州は、2016年までにアーカンソー州の半数の人が患者中心のメディカルホームを利用できるようにすることを目的とした、公的及び民間保険者から成る取り組みに着手している。

医療費の伸びが鈍化することによる経済効果

　ヘルスケア・コストの伸びが鈍化することによって、生活水準が向上し、赤字の削減が安定した経済成長を生み出し、そして少なくとも短期的には雇用が増加するといった、三つの重要な経済効果がもたらされる。本節では、ヘルスケア・コストの伸びが鈍化したことによっても

> **Box 4―3** コストの伸びの鈍化及びACA改革がメディケア受給者の自己負担コストを削減している
>
> 本文で論じたように、メディケア支出の伸びの低下は、連邦政府予算にかなりの利益をもたらしている。より低くなる伸びはまた、メディケア受給者にもかなりの利益をもたらしている。より低くなる伸びによって受給者の費用分担義務が軽減されたのは、多くの人が保険料を支払ってメディケア・パートB及びパートDに加入し、その保険料が保険を提供する政府のコストの一定額をカバーすることになっているからである。メディケア・パートDの基準保険料は、主に本章で論じている幅広い傾向が奏功して、2010年と比較するとインフレ率調整済みの数値で約5％減少している（図4―5）。同様に、14年のメディケア・パートBの標準保険料は、09年と比較しても、インフレ率調整済みの数値において基本的に変わっていない。（メディケア・パートBの標準保険料は、10年と比較すると、インフレ率調整済みの数値で約11％減少している。しかし、09年と比較することはさらに意味がある。技術的な理由で、多くの受給者は10年及び11年に09年の保険料を支払ったため、当該年の標準保険料も同様の理由で異常に高くなっている〔SSA 2013〕）。
>
> ACAには、メディケアの保険料を横ばいにさせる特徴に加えて、直接的にメディケア加入者の自己負担コストを削減する特徴も備わっている。ACAの下では、メディケア受給者は費用分担を請求されることなく広範囲に及ぶ予防サービスを受けられる。CMSの推計によれば、3400万のメディケア受給者が、2012年の間に少なくともそのサービスのうちの一つを受けていた（CMS 2013c）。ACAは、ブランド医薬品（brand-name drugs）の割引と追加補償を組み合わせることによって、メディケア・パートDの「ドーナツホール（donut hole）」――「標準」メディケア・パートDプランに加入している受給者が、これまで自身の薬剤にかかった費用の全額を負担するよう義務づけられた薬剤費の範囲――も塞ぎつつある。CMSの推計によれば、その保険ギャップ（coverage gap〔ドーナツホールと同義〕）に達した350万人のメディケア受給者は、2012年においてブランド医薬品にかかるコストを平均706㌦削減し、さらに280万のメディケア受給者は、ジェネリック医薬品にかかるコストを1人当たり約40㌦削減した（CMS 2013c）。

たらされた変化の意味するところを慎重に考察する。

生活水準の向上

他のすべてが等しければ、医療部門の消費が控えられると、その他のニーズを満たすために利用できる資源は多くなる。そのため、有効性の向上、または低価値のケアの排除によってヘルスケア支出が削減されれば、生活水準は向上する可能性がある。わが国の多くの資源がヘルスケアにあてられているので、削減の規模が比較的に小さくても、経済的福祉に非常に大きな影響を与える可能性がある。

この利益は二つの主要なルートを通じて家計に還元される。第一に、標準的な経済学では、長期的には、医療保険などの給付の提供にかかるコスト削減されると、雇用主は労働者を得るために競い合わなければならないので、その分高賃金という形で労働者に還元されることを示唆する（Summers 1989）。この理論予測には実証的な裏づけがある（Gruber and Krueger 1991; Gruber 1994; Baicker and Chandra 2006）。第二に、以下で詳細に論じるように、

第4章

最近のヘルスケア・コストの傾向と経済への影響、そしてケア適正化法の役割

図4—5 メディケア・パートB及びパートD保険料（2000〜14年、インフレ調整済み）

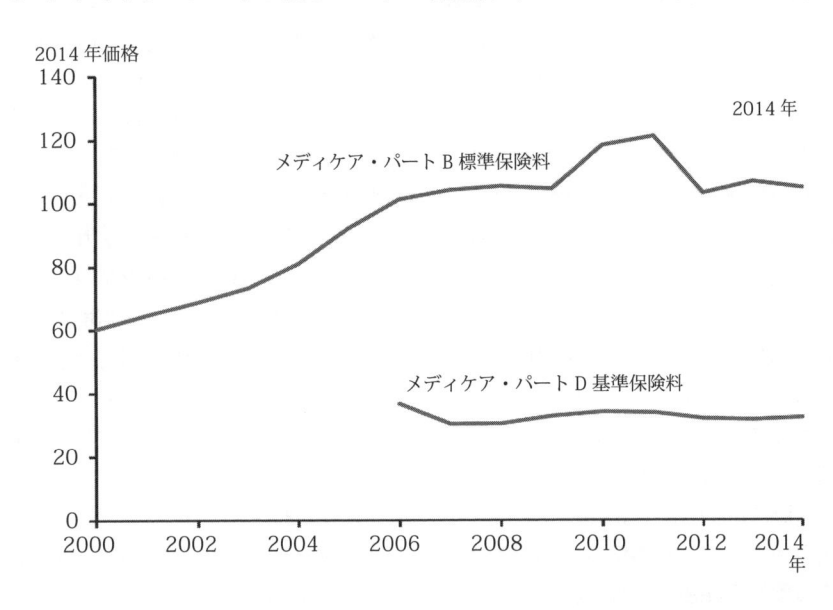

出所：メディケア・メディケイド・サービスセンター；経済分析局、National Income and Product Accounts; CEA算出。

ヘルスケア・コストの低下によって、連邦政府予算に大きな利益がもたらされ、最終的に、税率の引き下げあるいはその他の価値のある公共サービス投資の増加が可能になる。

潜在的な影響の大きさを示す一番簡単な方法は、ここ数年の緩慢な伸びが続いた効果を考察することである。そのために、表4—1を思い出してもらいたい。1人当たり年間実質NHE伸び率は、2000〜07年では4.0％であるのに対し、2010〜13年では1.2％であった。この速度の鈍化の3分の1だけでも持続すると仮定すると、1人当たり実質医療費の伸び率は、チャンドラら（Chandra, Holmes and Skinner 2013）の最近の論文における予測と同じ3.1％となり、2000〜07年の4％には戻らなかった。この実例に基づくシナリオの下では、10年後の節減額は1人当たり約1200㌦になる。上述のように、この節減分は、主として賃金の上昇、及び州・連邦政府コストの低下という形で姿を現すことになるだろう。

赤字の削減

2013年、連邦政府は米国予算の22％、すなわちGDPの4.6％をメディケア及びメディケイドに充当した。したがって、将来のヘルスケア・コストの方針は長期予算見通しに重大な影響を及ぼす。

図4—6に描かれているように、CBOは、ここ3年の間に、将来のメディケア及びメディケイド支出予測（CBO 2010a; 2011; 2012c; 2013a; 2014）を相次いで下方修正した。CBO

Box 4—4　ACA市場の保険料は予測以上に安い

最近、議会予算局（CBO）は、ACA市場における2014年の実際の保険料が以前の推計よりも約15％低いことを発表した（CBO 2014）。これには二つの重要なメリットがある。第一に、保険料が下がれば、多くの世帯のコストも下がることになる。所得が高すぎて保険料税額控除（premium tax credits）が受けられない人、及び二番目にコストの低いシルバー・プラン（silver plan）が提供するものよりも補償範囲の広い保険〔プラチナ・プラン、ゴールド・プランなど〕の購入を希望する人などのコストも、下がることになるだろう。第二に、保険料が下がれば、保険料税額控除及び費用分担補助にかかる連邦政府コストも下がることになるだろう。CBOは、2014年以降の数年間の保険料推計を引き下げるかどうかはまだ決めていないと明言する一方で、スピロとグルーバー（Spiro and Gruber 2013）による推計では、そのような改定が行われれば、今後10年間で1000億ドル以上の連邦貯蓄をもたらすことが示されている。

なぜACA市場の保険料が予想よりも安いのかどうかはまだ十分に分かっていないが、この保険料の安さが、最近のヘルスケア支出の緩慢な成長のもう一つの利益をもたらす可能性がある。この市場によって、保険会社は予想以上に価格で競争するようになることも分かっている（Spiro and Gruber 2013）。ACA市場が予想を上回るほどの保険会社の参入を呼び込んだことも、関係している可能性がある。保険料は、参入する保険会社が増える地域ほど著しく下がっているようである（ASPE 2013）。

図4—6　最近のCBO予測（メディケア及びメディケイド支出）

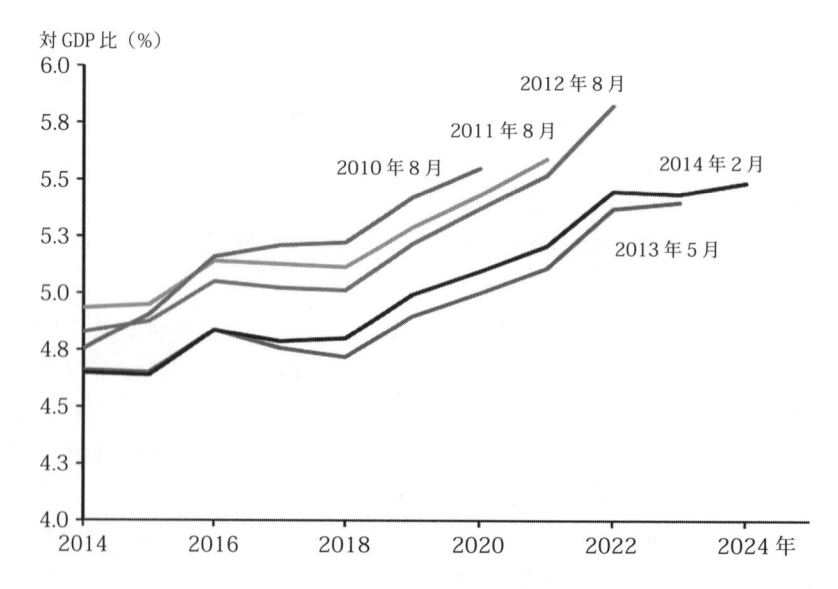

注：メディケア支出は、支出から相殺受取金を差し引いた額を反映する。メディケイド支出は連邦支出のみを反映する。
出所：議会予算局（CBO）Budget and Economic Outlook、CEA算出。

最近のヘルスケア・コストの傾向と経済への影響、そしてケア適正化法の役割

が公表した2010年8月から14年2月の最新版までの予測では、CBOは、20年のメディケア及びメディケイド支出の推計を、GDPの0.5％に相当する1680億ドル引き下げている[14]。この1680億ドルは、CBOの以前のこのプログラムへの支出予測と比較すると、13％の支出削減に相当する。

この削減は、主としてヘルスケア・コストの伸びの将来予測が低いことを反映したものである[15]。その点について、CBO局長ダグラス・エレメンドルフ（Douglas Elmendorf）は、最近の発表で以下のようにコメントした。「ヘルスケア・コストの伸びの鈍化は、われわれに連邦ヘルスケア支出の予測を大幅に下方修正させるほど、十分明白で、かつ持続している」（Elmendorf 2013）。

比較として、CBOは、最新の長期予算見通しにおいて、現行法の25年財政ギャップ（fiscal gap）──今後25年間の経済に占める債務の比率を安定化するよう義務づけた年次財政調整指標──はGDPのわずか0.9％であると予測した（CBO 2013b）。最近のこのような連邦医療費の見通しの改善がなければ、わが国の中期的な財政問題はその約1.5倍になるだろう。

上述のメディケア及びメディケイド支出予測の削減は、ACAが直接の原因となって生じる赤字削減とは別個のものであるということに留意しなければならない。最新のCBO推計によれば、ACAは2013～22年の10年間に赤字を約1000億ドル削減し、今後10年間に赤字を対GDP比で平均約5％削減するとしている（CBO 2012b）。CBOは、この赤字削減効果は今後数十年にわたって高まっていく可能性があると指摘している。

高雇用と経済成長

ヘルスケア・コストの伸びが鈍化すると、雇用主が支払う医療保険の保険料の上昇が抑制される。上述のように、長期的には、雇用主は労働者を得るために競い合わなければならないので、ヘルスケアにかかるコストの削減は、高賃金という形で労働者に還元される可能性が高い。したがって、長期的には、ヘルスケア・コストの伸び率の変化が雇用主の雇用のコスト及び雇用決定に影響を与える可能性はかなり低い[16]。

だが、短期的には、状況は異なる場合がある。賃金決定は、医療保険コストが低くなると、短期的には十分に転嫁されないかもしれないが、中期的には雇用主コストが削減されて雇用が促される可能性があるといった、さまざまな「硬直性」の影響を受ける（Sommers 2005）。この種の硬直性は、超低インフレによって名目賃金の調整が抑制されるという重大性が高まるので、2007～09年リセッションの余波の中では特に重要であるかもしれない（Daly et al. 2012）。

雇用主医療保険の保険料のより緩慢な上昇が雇用に与える影響に関する実証的文献は比較的少なく、この影響がどの程度の規模になるかについては、エコノミストの間で一致した意見はない。だが、これらの効果はかなりなものになると示唆する実証的研究が、少なくとも二つある。

ベイカーとチャンドラ（Baicker and Chandra 2006）は、州内の医療過誤コストの経年的変化によって生じる雇用主医療保険の変化を使って、医療保険の保険料の上昇が雇用に与える影響を推計している。彼らは、保険料を10％引き下げると労働年齢層の雇用者の割合が1.2％上昇すること明らかにした。この推計は、医療保険料上昇の近年の鈍化が雇用に相当なプラス効果を与えることを示唆している。

スードら（Sood, Ghosh and Escarce 2009）

は、別の手法を使って、保険料上昇の加速化が雇用に与える影響を数値化している。特に彼らは、医療費が急上昇している時期に、大部分の従業員に保険を提供する産業の雇用の速度は鈍化しているかどうかを調査している。彼らは、彼らの労働者のすべてに医療保険を提供する産業が医療保険の保険料を1％引き上げると、その産業の雇用は、労働者に一切保険を提供しない産業と比べると、1.6％減少することを明らかにした。

彼らの調査結果は、医療保険コストの上昇によって雇用数全体が減少したか、あるいはそれによって雇用が保険提供率の高い産業から保険提供率の低い産業へ再配分されたことから生じた可能性があるので、スードらの推計を総雇用者数に置き換えることは難しい。カトラーとスード（Cutler and Sood 2010）は、この二種類の雇用の変化に関する一つの有力な仮説を立て、ACAがヘルスケア・コストの軌道に与える影響を推定したところ、ACAはこの10年の後半までに、雇用の増加を年間25万から40万に引き上げることを明らかにした。

より長期的に見れば、ACAによる赤字の削減と医療費上昇の速度の鈍化は、経済成長を高める可能性もある。長期間にわたって赤字が削減されていけば、わが国の貯蓄は増加し、それによって資本蓄積が増加して対外債務が減少し、その結果、時間とともに国民所得が増加して生活水準が向上する。このことは、2009年のCEA報告で、経済のためのヘルスケア改革がもたらす潜在的な利益について詳細に論じたように、ヘルスケア・コストの伸びの鈍化の減少がわずかであっても持続すれば、かなりの経済効果をもたらす可能性があることを意味している。

結論

最近のヘルスケア支出及び物価上昇の傾向は、少なくともある程度は、ヘルスケア部門における進行中の構造変化を反映したものである、という事実は明確である。現在、その速度の鈍化によって雇用が増加しているので、このまま持続すれば、今後の生活水準はかなり改善されることになるだろう。ケア適正化法（ACA）はすでに支出及び物価上昇の抑制に寄与していること、そしてその効果は今後拡大し、低コストで高品質のケアが、メディケア及びメディケイド受給者、ひいては医療システム全体にもたらされることを示す事実もある。だが、このような利益を実現させるためには、ACAの改革を積極果敢に実施し続けること、革新的な新しい〔診療報酬〕支払いモデルを開発・展開するACAのメカニズムを最大限に活用すること、そして、新たな取り組みを推し進め、大統領の最近の予算改革案のようなシステム全体の医療費を削減するACAのアプローチを構築することなどのように、さらなる行動が求められることになるだろう。

（注）

1　2014年1月のCMSの報告によると、12年の最終的な医療費の伸び率は、13年9月のCMS予測をおよそ0.2％下回っていた。12年のこの伸び率の低調な推移を明らかにするために、この分析では、CMSの2013年医療費水準予測ではなく、2013年医療費伸び率予測を使用した。

2　2007〜09年リセッションが最近の鈍化傾向を促しているのかについての議論を次項で促すために、

比較対象期間を「2000～07年」及び「2007～10年」とした。

3 　実際に、NHEデータにその急激な落ち込みが認められ、2009年から10年までのヘルスケア部門における1人当たりの機器・構造物投資は実質約12％も減少している。だが、注目されるべき点は、この縮小のあとに力強い投資の伸びが2年間続いたことである。その上、金融状況が正常化してもなお投資が落ち着きを見せているのは、医療提供者自身が巨額な投資損失を被ったと考えていたことを示唆するものでもなければ、差し迫った投資によってヘルスケア・コストの伸びが回復したことを示唆するものでもない。

4 　**2013年大統領経済報告**では、これに関連した分析を行っている（CEA, 2013）。報告では、2007～09年の期間の州レベルの失業率が、同時期の州レベルの医療支出の伸びにどう変化したかを分析している。この分析によって失業は医療費の成長のより一層の低下につながることが判明したが、その影響はわずかであるため、その影響だけで最近の医療費の減少の要因を説明することはできない。

5 　ヤマモト（Yamamato 2013）が言及しているように、この方法論は、人が65歳になってメディケアへ移行するときに、支出が不連続に変化することはないと仮定する。この方法論は、65歳以下の年齢別の保険構成の違いも説明していない。この要因が結果を意味のあるものに変えるようには見えないが、この分野をさらに研究すれば、価値のある研究になるだろう。

6 　人口動態の変化が特定保険者別の受給者1人当たりの支出に与える影響は、総人口に与える影響とは異なる場合がある。メディケア受給者の平均年齢は、現在、ベビー・ブーム世代の一番下の人が65歳になるにつれて低下している。レビンとブンタン（Levine and Buntin 2013）は、これに則って推計したところによると、メディケア受給者の年齢構成の変化は2000～07年の時期の受給者1人当たりのメディケア支出の伸びには影響がなかったが、2007～10年の時期は0.2％減少したという。本文でこのような計算をすると、2010～13年の期間の年齢構成の変化によって、伸びが約0.4％**縮小した**ようである。メディケア支出全体の成長速度の鈍化から見れば、この割合はわずかではあるが、取るに足りない割合ではない。加えて、（高齢化の原因の筆頭ではない）受給者構成の変化は、受給者1人当たりのメディケイド支出の最近の傾向により大きな影響を与えたようである。2000～10年の期間における児童、親、及び妊婦のメディケイド加入者数は、高齢者及び障がい者の加入者数よりも速いペースで大幅に増加している（Kaiser Family Foundation, 2013b）。非高齢者〔65歳未満の高齢者〕及び非障がい者は通常ヘルスケアをあまり利用しないので、加入者構成の変化によって、受給者1人当たりのコストが減少した。ホーラハンとマクモロー（Holahan and McMorrow 2012）は、この加入者構成の変化によって、2000～10年の期間における受給者1人当たりのメディケア支出の伸びが、年間1.5％ずつ減少すると推計している。だが、カイザー・ファミリー財団が発表した加入者数のデータによれば、逆に加入者構成が変化したことによって、10年以降の受給者当たりのコストが実際に増加しているという。したがって、加入構成が調整されれば、2010～13年の受給者当たりのメディケア・コストの伸びは、表4─1で示されている以上に劇的に鈍化することになるだろう。

7 　本章では、2012年7月から、ACAの廃止による予算上の影響を調べたCBO推計も引き合いに出している。その推計によれば、ACAの廃止によって13年会計年度のメディケア支出は40億㌦増加するとしているが、この額はここで引き合いに出した170億㌦よりもかなり少ない額である。だが、CBOの短報で論じているように、13年会計年度のACAのいくつかの規定を今頃になって元に戻しても手遅れであるなどの理由で、この推計には、必ずしもこの年のACAの影響が十分に反映されてはいない。

8 　現行のプログラム規定の下では、ある会計年度における病院のペナルティーは、5四半期前までの3年間の再入院率に基づいている。

9 　これらのモデルは、初期のいくつかのメディケア実証プロジェクトを基礎に置いている。これに最も近いプロジェクトは急性期治療エピソード（ACE: Acute Care Episode）実証実験で、このとても小規模な実証

実験は 2013 年に終了している。
10　包括払いは、さまざまなモデルの下で、さまざまな方法で運営されている。入院中のサービスのみをカバーしているモデルでは、包括払い〔で支払われる診療報酬〕は単一の事業体（たとえば病院）に「事前に」支払われ、病院は、その後、エピソードに従事する他の医療提供者への支払いに対して責任を持つ。その他のモデルにおいては、メディケアは既存の出来高払い規定に従って医療提供者への支払いを続けている。出来高払いの総支払い額が包括払いの額を下回った場合、メディケアはその余剰分を指定医療提供者に支払い、その医療提供者が余剰分を治療に従事した他の医療提供者に分配する。出来高払いの総支払い額が包括払いを上回った場合には、その逆のことが生じる。原理的には、この二つの構造は同じ方法で医療提供者のインセンティブを変えるものである。

11　この論文のように、従来の見解と異なる論文が、いくつかの医療政策の分野で増加している。従来の見解では、メディケア（またはメディケイド）が節減を実現させようとすると医療提供者は収入の低下を埋め合わせるために民間保険会社に請求する価格を引き上げるので、メディケア改革を行ってもコストを保険部門に「転嫁させる」だけでコストは削減されないとされてきた。以前からこの見解の実証的な裏付けには一貫性がなく、ドラノブ（Dranove 1988）及びモリッシー（Morrissey 1994）が論じているように、この見解には重大な概念上の欠陥がある。特に病院は、メディケア支払い率（payment rates）引き下げ後に民間保険者に請求した価格を引き上げることができるので、病院は、メディケア支払い率引き下げ前の市場価格よりも低い価格を積極的に請求しているはずである。この文献、特にこれより前の文献の包括的概観については、フラクト（Frakt 2011; 2013）を参照。

12　メディケア・アドバンテージ（MA）・プランへの過度の支払いの削減が、一般的な民間部門の支払い率に「スピルオーバー効果をもたらす」可能性は低いようである（もっとも、**民間部門の支払い率によって、MA 参加保険会社が医療提供者支払い率を引き下げる交渉を行うようになれば、そのようなスピルオーバー効果は、特定のスピルオーバー・モデルの下で起こる可能性はあるが**）。MA の削減額は 2013 年の支払い削減額のおよそ 170 億ドルの約半分を占めているので、本文の計算では、この半分の削減額だけがスピルオーバー効果をもたらすと仮定している。

13　もちろん、総支出に与える影響は、これらの報酬の変化によって量が変化すれば、小さくも大きくもなり得る。確かに、上述のホワイト（White）及びウー（Wu）の推計は、ヒーとメラー（He and Mellor 2012）が報告した推計と同様に、量の変化はこのような報酬のスピルオーバー効果を弱めるように働くことを示唆している。だが、ホワイトとウー（White and Wu 2013）の推計に基づいても、メディケア改革による民間保険会社の削減額はかなりのものになるだろう。

14　2013 年 7 月に、経済分析局（BEA）は、国民所得生産勘定（National Income and Product Accounts）の基準改定を発表し、最近の BEA の GDP 推計を 3% 以上引き上げた。そのため、改定前及び改定後に公表された CBO の GDP 予測は、直接比較できない。

　本文に記載した数値、及び図 4—6 で示した数値は、この問題を次のように説明する。13 年 5 月に、CBO は BEA 改定前及び改定後の二種類の GDP 予測を公表した。示した数値は、BEA 改定後に公表された GDP 予測を使用している。以前の CBO のベースラインでは、CEA は、13 年 5 月の CBO の改定前及び改定後の GDP 予測比率に基づいて、CBO の GDP 予測を上方修正した。この調整が行われなければ、CBO の 2010 年 8 月のベースラインから 14 年 2 月のベースラインまでの、2020 年の GDP に占めるメディケア・メディケイド支出予測の割合の減少は、本文に記載した 0.5% ではなく 0.6% になり、図 4—6 に示したメディケア・メディケイド支出の減少はより大きくなるだろう。

15　最近のヘルスケア・コストの緩慢な成長以外にも、この時期の CBO のメディケア及びメディケイド支出の予測に影響を及ぼしている要因がいくつかある。これらの要因は違う方向に作用する。第一に、CBO は、将来のメディケア及びメディケイド支出予測を約

第4章
最近のヘルスケア・コストの傾向と経済への影響、そしてケア適正化法の役割

250億ドル純増させる形で、一般経済見通しを改定した。第二に、2012年6月以降に公表したCBO推計には、「NFIB v. Sebelius」の連邦最高裁判決が盛り込まれている。CBOの資料によれば、この判決によって、12年7月から、20年のメディケイド支出予測はおよそ300億ドル引き下げられたとしているが、CBOがメディケア拡大条項を承認する州の数の想定を変更しているので、この予測額は変動する可能性がある。より詳細な情報については、CBOの連邦最高裁判決による予算の影響の分析（CBO 2012c）、及びCBOの2012年3月ベースライン（CBO 2012a）を参照してほしい。第三に、11年8月以降に公表された予測には、予算統制法（Budget Control Act）に基づく財政支出一律削減（sequestration）の影響が盛り込まれ、CBOが13年5月に推計した予測では、20年のメディケア支出は110億ドル引き下げられた（CBO 2013a）。

CBOは、ヘルスケア・コストの伸びの鈍化に応じてどの程度予測を下方修正しているのかについて議論する際に、若干大きい額を引き合いに出す。たとえば、最近CBOは、ヘルスケア・コストのより緩慢な成長を受けて、2020年のメディケア支出予測を10年3月から1090億ドルに下方修正したことを発表した（CBO 2014）が、その一方で、本文のアプローチに基づいた比較可能な額は870億ドルであった。CBOの予測額が大きくなる原因は、CBOが上述の経済見通しの更新による変更を除外していること、CBOが微妙に異なる時期を考察していること、そしてCBOの予測額は純メディケア支出ではなく総（gross）メディケア支出を当てはめているように見受けられることにある。他方、CBOの予測額は強制歳出削減の影響を除外し、部分的にこれらの差額を相殺している。本文に示した推計は、説明及び発表を平易化するために、CBOが示した推計を選択した。

16　医療保険コストが急速に上昇すると、別のメカニズムを通じて雇用が減少する可能性がある。特に、労働者が医療費の負担増を高く評価していなければ、高価な医療保険と低い賃金の負の連鎖で時間とともに雇用の魅力がなくなり、彼らは自分の労働供給を減らそうとするようになる。労働者の労働供給は職場復帰にあまり反応しないという証拠が示されているので、この影響はわずかだろう。

第5章
生産性成長を促進する

1870年、アイオワ州でトウモロコシを栽培していた家族経営の農場は、1エーカー当たり35ブッシェル収穫できると期待していただろう。今日、その開拓者の子孫は、1エーカー当たり180ブッシェル近く収穫することができ、先祖の何倍もの土地を耕すために精巧な機器を用いている。収穫を増やし、時間の節約となる機械を使用するので、1時間の農場労働によって生産されるトウモロコシの量は、1870年の推計0.64ブッシェルから、2013年には60ブッシェル以上に増加した。この労働生産性——つまり、1時間当たりのトウモロコシのブッシェル（実質産出）——の90倍の上昇は、143年にわたって毎年3.2％の上昇率が積み重ねられてきたことを意味する。70年には、1ブッシェルのトウモロコシはおよそ0.80ドルで売られており、それは、典型的な製造業労働者の約2日分の所得に相当していた。今日ではおよそ4.30ドルで売られていて、それは12分の平均賃金に相当するものである[1]。

大草原を最初に耕した初期の開拓者たちよりも、今日の私たちの方が力強かったり、勤勉であったり、あるいは、頑健であったりしたため、トウモロコシ産出のこの尋常ならざる増加、トウモロコシの実質価格の低下、その結果として生じた肉体的健康の増進がもたらされたわけではない。そうではなく、発明、より進んだ機器、より良い教育の結合を通して、今日、アイオワ州の農場経営者は、1エーカー当たりより多くの産出を得るため、高生産株と高度な農法を利用するのである。今日の農場経営者は、より多くの土地を耕作するため、高度な苗植機やコンバインなど、より多くの資本設備を利用し、また、この精巧な機器を操作するノウハウを備えている。

トウモロコシの交雑、肥料技術、耐病性、機械を使った苗植えと収穫などの技術進歩は、数十年にわたる研究開発から生じた。政府は研究とその普及の一部を——たとえば基礎的な生物学的研究や土地付与大学によって——支援してきたが、この研究の大部分は民間セクターで行われたものである。しかしながら、政府は民間セクターの技術革新を促進してきた。次第に増えていく生産物を輸送、販売するインフラを供給し、また、民間セクターが研究の見返りを得られるように発明に対する権利（もっと一般的にいえば知的財産に対する権利）を明確化して執行する米国特許制度のような規制及び法的環境を提供することによって、促進したのである。こうした知的財産権はイノベーターに対するインセンティブを創出し、他方で、他の者がそれらの発明を基礎に置くことができるようにする。技術進歩によって可能になった生産性の上昇は、農業だけに現れているのではなく、米国経済全体にわたって現れているのである。

技術革新に対する政府支援の枠組みは、絶え間なく変化していく科学的・法的地平に由来する新たな課題に直面している。これらの課題の多くは、知的財産の開発を支援、奨励する最善の方法に集中しており、知的財産は今や、トラ

第5章
生産性成長を促進する

クターの設計の改善だけでなく、性能を最適化するソフトウェアの技術変化までも含むのである。農場経営者は現在、市場調査を行い、投入物を購入し、直販を行い、作物及び家畜のオンライン・オークションに参加するのにインターネットを利用できる。他の課題は、電磁スペクトルの割り当てにまつわる問題を含んでいる。電磁スペクトルは、——その他大勢の消費者と同様に、コンバインに乗り込む農場経営者のためにも——国家安全保障その他の懸念を考慮しつつ、生産性と接続度を改善する新しい無線通信技術の効果的開発を支援するように配分されなくてはらない。政府が基礎研究を支援することは、どのような個別の民間主体でもなしえないほど大きなプラスの外部性をもたらすことがあるが、それに対する必要性と、技術を進歩させる民間セクターのイノベーションの重要性との間に適切なバランスをとることも、これらの課題に含まれている。

さらに別の一連の課題は、イノベーションの利益をいかに分かち合えるかに関連している。第二次世界大戦後の数十年間には、生産性上昇は、全所得階層の家族に対する報酬の増加にほぼ自動的に形を変えた。しかし、1970年代以降、不平等が容赦なく拡大し始め、生産性成長は典型的な家族の報酬の伸びと次第に切り離されるようになった。不平等のトレンドは、他の幅広い経済的トレンドとともに、生産性のトレンドにも関係している。過去30年に及ぶ技術変化の一部、とりわけ情報技術に関係するものは、先端的な学術研究によって獲得されたスキルに対する相対的報酬を引き上げてきた。したがって、教育達成度の伸びの停滞は、イノベーションを減速させる可能性があり、また、最高水準の教育を受けた労働者に対する報酬を上昇させることにより不平等を拡大させる。グローバリゼーションによって市場の規模が拡大することは、一国経済の生産性を高めるのに役立つこともあるが、それは不平等に対する課題を生み出すこともある。

本章では、まず、第二次世界大戦後における生産性成長の歴史、不平等トレンドの出現、生産性成長を促進することにおける政府の役割を再検討する。それから、二つの重要な現在の問題をより詳細に論じる。一つは、有線・無線のブロードバンド・インフラと電磁スペクトルの効率的割り当てである。もう一つは、標準必須規格特許と特許権主張事業体によって課せられた米国特許制度の新たな課題である。

全要素生産性のトレンド

生産性について最も一般的に使われる計測値は**労働生産性**である——すなわち、1労働時間当たりの実質産出である。長期的に見れば、労働生産性の上昇は、産出、賃金、所得の成長に形を変える。労働生産性は複数の理由によって上昇することがある。すなわち、労働者1人当たりの資本の増加（資本集約度の上昇）、労働スキルの向上（より経験豊富な労働力、より多くより良い教育訓練）、そして一定水準の資本及び労働スキルに対しての質及び生産性を改善する技術進歩（発明、技術改良、生産工程改善、その他の要因）である。

長期的成長を高めることにおいて技術進歩が重要であるため、経済学者は、**全要素生産性**（TFP: total factor productivity）と呼ばれるもう一つの計測値も使用するが、それは技術進歩

の影響を示すものである。1948年から2012年まで、民間非農業企業セクターにおける労働生産性成長率は、平均して年2.2％であった。また、労働統計局（BLS: Bureau of Labor Statistics）が作成した多要素生産性の統計によって計測された全要素生産性の成長率は、平均して年1.1％であった。しかしながら、この生産性成長は一定であったわけではなく、三つのエピソードで上下したと考えるのが有益である。すなわち、1970年代初めまでの生産性成長の速い時期、90年代半ばまでの生産性成長の遅い時期、そしてそれ以降の生産性成長がいくらか加速したが、50年代、60年代ほどは依然として速くない時期である。

労働生産性、全要素生産性、多要素生産性

労働生産性成長率は、産出の成長率から、労働投入（労働時間）の成長率を差し引いたものに等しく、それは1労働時間当たりの産出の成長率となる。それに対して、TFPの成長率は、産出の成長率から、生産への投入物の成長率からのみ生じると考えられる産出の成長率を差し引いたものである。実際の産出の成長率と、投入の成長からのみ生じた成長率との間に生じたギャップは、ソロー残差と呼ばれており、それらの投入がいかにうまく組み合わされているかについての計測値である。したがって、TFPの成長率は、科学的なイノベーション及び発明、経営上のイノベーション、生産工程の再編成の効果、単一の計測された投入物だけに帰属されないその他の効率改善を含め、幅広く定義された技術変化という概念を跡づけるものである。

全要素生産性という概念は魅力的である。なぜなら、それが経済成長に対する技術的発展の寄与率を推計するからであり、経済全体だけでなく1産業のレベルに適用できるからである。実際には、TFPの計測にはいくつかの難題がある。第一に、TFPは直接観察されるのではなく、投入物の計測値と、その投入物がいかに産出に寄与するかについての計測値を用いて推計されなくてはならない。第二に、これまで論じてきた投入物は資本と労働であったが、しかし、生産のための他の投入物には、エネルギー、原材料、ビジネス・サービスなどが含まれる。第三に、一定水準のその他の投入物を前提として、より良い訓練を受けたりより高いスキルを備えた労働者を雇用することによっても、産出は増加することがある。そのため、TFPを計測するという目的にとって、労働投入の望ましい概念は、労働投入の量的、質的両面の変化をとらえるものである。労働の質は観察されないので、年齢、教育といった代理変数を用いなくてはならない。学界も米国政府も、これらやその他の計測上の問題と格闘し、TFP成長の推計値を開発してきた。本章では、**多要素生産性**（MFP: multifactor productivity）と呼ばれるBLSによって作成されたTFPの推計値を用いる。それについてはBox 5—1で詳述されている[2]。

戦後の米国における生産性成長

表5—1に示されている労働生産性に関するBLSの計測値によれば、米国の労働者は、1948年に比べて2012年には4倍以上の1時間当たりの産出を生み出せるという[3]。MFPは資本とその他の要素の成長を取り除くので、労働生産性成長は一般的にMFP成長を超える。たとえば、仮に技術変化がなかったとしても、たんにより多くの資本を用いることで、つまり、資本・労働比率の上昇、いわゆる資本深化によって、労働はより生産的になることがある。数学的には、労働生産性の成長率は、MFP成長率、

第5章
生産性成長を促進する

（労働力構成の変化によって計測されるような）労働の質が変化する寄与率、1労働者当たりの資本量が成長する寄与率の合計である[4]。表5—1の一番右の列はこの寄与率の分解を示しており、それによると、労働生産性の10％は労働構成の改善（主として教育達成度の上昇）のためであり、38％は労働者が自分で扱うことができる資本量の増加のためであり、そして

表5—1　生産性改善の源泉、非農業民間企業（1948～2012年）

源泉	改善（倍数）	労働生産性成長への寄与率（％）
労働力の構成	1.15	10
資本	1.74	38
MFP	2.10	52
労働生産性	4.21	100

出所：労働統計局、生産性とコスト、多要素生産性。

Box 5—1　多要素生産性を計測する

労働統計局（BLS）は、多要素生産性に関する年次データを公表しており、民間企業セクター、民間非農業企業セクター、製造業セクター、製造業セクター内の18産業をカバーしている。

民間企業セクター産出は、国内総生産（GDP）から一般政府、非営利組織、民間家計（持ち家を含む）、政府関連企業を差し引いた後で構築された連鎖年次ウェイト方式（フィッシャー理想算式）の指数である。投入の計測値は、二つの投入、労働と資本の集計である。労働投入は、総労働報酬に占める各グループのシェアによって決定されたウェイトをつけられ、年齢、教育、性別ごとに分類されたすべての人びとが民間企業で労働した時間の連鎖トロンキスト集計によって得られる。資本投入は、物的資産に由来するサービスのフローに基づいて計測される。民間企業セクターの60産業のそれぞれについて、それぞれの資本資産の量は、レンタル価格の推計値を用いて、トロンキスト指数に集計される。時価の資本コストは、資本構成の影響を調整し、各資産のレンタル価格にその資産の恒常価格ストックを掛け合わせて得られる。最後に、合わせた投入（労働と資本）の計測値は、国民所得生産勘定に由来する総コストに占める各投入のシェアをウェイトとして、別のトロンキスト指数によって構築される。

製造業はいくらか異なった扱いをされる。産出の計測値は、セクター別産出と呼ばれるものであり、最終需要を満たすためか、その他の産業の投入として使われるかいずれかのため、当該産業の外部の購入者に出荷された生産額である。製造業に対する追加的な投入は追跡できるため、投入の利用可能な計測値は資本と労働だけでなく、エネルギー、エネルギー以外の原材料、購入されたビジネス・サービスの投入も含む。産業内の購入は二重計算を回避するために取り除かれる。結果として導き出される集計的投入は、KLEMSという頭字語——資本（K）、労働（L）、エネルギー（E）、原材料（M）、サービス（S）——で論及される。これらの投入と産出が与えられて、多要素生産性は、3桁北米産業分類体系の製造業の18産業、4桁のそれの86産業について、また、製造業セクター全体について、前述のトロンキスト集計法を民間企業セクター製造業に用いて計算される。

52％は MFP によって計測される幅広い技術進歩における上昇のためである。

労働生産性と多要素生産性に関する BLS 計測値の成長率は、時間を通して変化してきており、そのことは図 5—1 に示されている。過去 60 年にわたり、労働生産性は、平均すると、MFP よりもちょうど 1 ％ポイント速く成長してきた。1953 年〜 2012 年、労働生産性は平均年率 2.2％の速さで成長し、MFP は平均年率 1.1 ％の速さで成長した。

図 5—1 に見られるように、労働生産性と MFP はともに、年ごとに極めて変動しやすい。この変動性の一つの理由は、両方の統計の推計値に含まれる計測誤差である。実際、投入と産出を適切に計測するのはたじろぐような作業であり、この理由だけをとっても、あまり多くのことをある特定の年の生産性成長から読み取るべきではない。別の理由は、これらの統計と、その統計間のギャップは、循環的に変動するということにある。たとえば、1969 年、80 〜 81 年、90 年、2007 年に始まったリセッション期に、MFP 成長は下落した――事実、マイナスの値をとった。これらのマイナスの値は、リセッション中に企業がマイナスの技術進歩を行ったり、その前の数年間に生み出してきたイノベーションをまるっきり忘れたりしたということを意味しない。もっと正確にいえば、MFP のそのような低下は、相対価格の変化から生じることがあるから、既存の生産方法が産出を生み出すために投入を組み合わせるのにもはや最適な方法ではなくなるということである。マイナスの MFP 成長はまた、1 景気循環を通じての資本と労働の利用率の変動からも起こることがある。

長期的経済成長を促進する諸政策という観点からすれば、これらの年ごとの変動や循環的変

図 5—1　非農業民間企業生産性成長（1949〜2012 年）

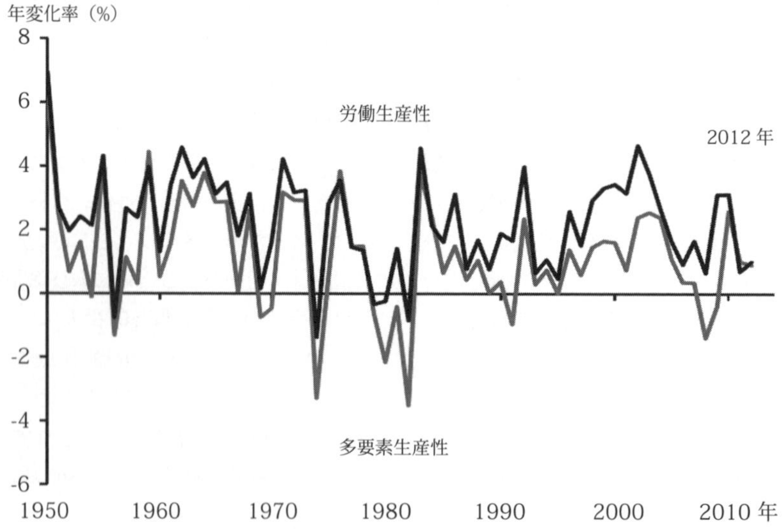

出所：労働統計局、生産性とコスト、多要素生産性、CEA 算出。

第5章
生産性成長を促進する

動は、生産性成長率の長期的トレンドよりも適切ではない。図5—2は、労働生産性とMFP成長率の15年中心化移動平均を示す。そして表5—2は、2012年に至るまでの各10年間及び20年間と、1953〜2012年の60年間について、これらの統計の年平均成長率を要約している。

表5—2と図5—2は似たような来歴を物語っており、二つの部分に分かれている。第一に、長期的に見れば、労働生産性成長とMFP成長の間のギャップは小さな範囲で変動してきており、10年平均では1.0%ポから1.3%ポの差である。さらにこのギャップには顕著なトレンドがまったく見られない。2003〜2012年について、これら二つの生産性計測値の成長率における差の中央値は、1953〜62年についての差の中央値の0.2%ポ以内である。これらの計測値の間の差が安定していることは、幅広い技術変化——MFPによって計測されたもの——が1人当たり産出の長期的成長の重要な推進力としての役割を強調するものである。

第二に、過去60年を通して、労働生産性とMFPの長期的な中位成長率はかなり変動してきたが、それは三つのエピソードに現れているように思える。最初のエピソード、1950年代から70年代初めまでは、MFPの成長（と労働生産性の成長）が高く、53年から72年までMFP成長は平均して年1.7%であった。第二のエピソード、70年代から90年代初めまでは、MFP成長がはるかに低く、平均して年0.5%であった。第三のエピソード、90年代半ばから現在までは、MFP成長は年1.0%という中間的な水準であった。

生産性は1人当たりの産出を増加させる方法の手がかりとなるので、おびただしい数の学術研究が、なぜ生産性成長が時間を通して変動するのかを理解することに集中してきた。研究は、1970年代の生産性の減速をもたらしたいくつかの要因を指摘している。主な原因は70年代のエネルギー価格の急上昇のようである。

表5—2 非農業民間企業の生産性成長

10年平均年間変化率			
期間	多要素生産性	労働生産性	差
1953〜1962	1.5	2.6	1.1
1963〜1972	1.9	2.8	1.0
1973〜1982	−0.1	1.1	1.2
1983〜1992	1.1	2.2	1.1
1993〜2002	1.1	2.4	1.3
2003〜2012	0.9	1.9	1.0
20年平均年間変化率			
期間	多要素生産性	労働生産性	差
1953〜1972	1.7	2.7	1.0
1973〜1992	0.5	1.6	1.1
1993〜2012	1.0	2.1	1.1
60年平均年間変化率			
1953-2012	1.1	2.2	1.1

出所：労働統計局、生産性とコスト、多要素生産性。

それによってエネルギー集約的でない技術が魅力的になったので、投入を組み合わせる最適な方法が変化し、MFP 成長が低下したのである（Jorgenson 1988, Nordhaus 2004）。この期間から引き出せる一つの教訓は、潜在的産出の成長を決定することにおいて、エネルギー・コストの変動がいかに重要かということである。

もう一つの説明は、1970 年代における労働力の急激な変化によるというものだが、そのとき労働力はより新しく経験の乏しい労働者に大きくシフトした。ベビー・ブーム世代（46 年から 64 年生まれの群）は、70 年代及び 80 年代に成人し、経済における全体的な労働経験を引き下げた。これは、初めて女性が労働力に急速に参加した時期だが、そのシフトも経済における全体的な労働経験の水準を一時的に引き下げた（Feyrer 2007, 2011）。さらに、労働力へのこれら新規労働者の急激な参加は投資を上回り、資本・労働比率の成長を減速させた。

1950 年代及び 60 年代の生産性成長は一時的に拍車をかけられたというのがこの来歴のもう一つの部分のありうる説明である。それは、州際ハイウェイ・システムや、ジェットエンジン、合成ゴムといった第二次世界大戦期からの軍事的イノベーションの商業化など、大規模な公共投資の商業化によるものであった。

1990 年代と 2000 年代の生産性の反発は、情報技術（IT）革命に幅広く起因する。1996 年から 2005 年の 9 年間に、MFP は年 1.6％で成長したが、その成長率は 1960 年代半ば以降のどの 9 年間にも見られなかった成長率である。パソコンやそれを動かすソフトウェアのように、この成長を促進した基礎的テクノロジーの多くは、1970 年代及び 80 年代に発明された。だが、スピードの改善、アプリケーションの幅広さ、このテクノロジーを活用する企業の能力は、

図 5─2　労働生産性と多要素生産性の年成長率の 15 年中心化移動平均（1956〜2005 年）

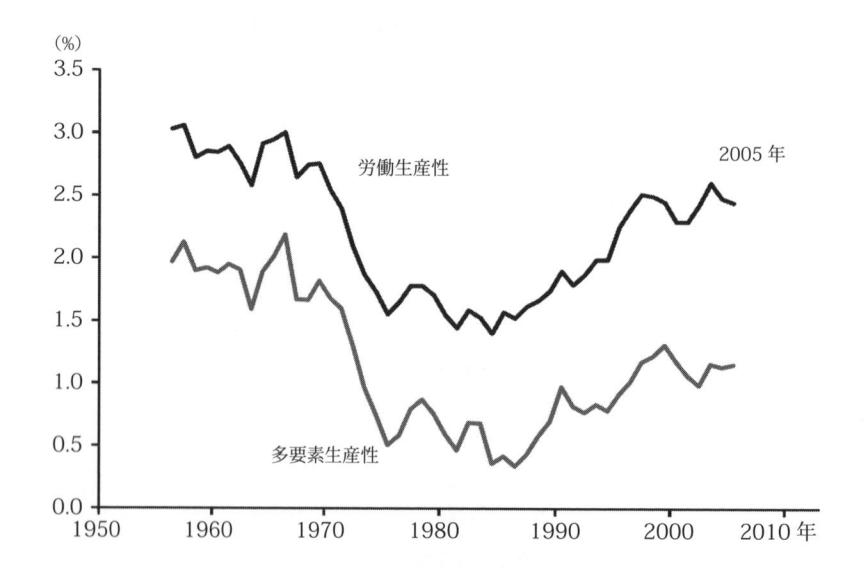

出所：労働統計局、生産性とコスト、多要素生産性、CEA 算出。

第5章
生産性成長を促進する

続く2、30年を通じて伸びたのである。BLS MFP計測値は、その生産性上昇の大部分が技術改良及び生産工程改良から生じたことを示している。その主張は、たとえば、バスら（Basu, Fernald, Oulton, and Srinivasan 2004）によって支持されている。他方、ジョルゲンソン（Jorgenson 2001）やジョルゲンソンとホー（Jorgenson and Ho 2012）は、物理的なIT資本の蓄積の重要性を強調している。オライナーら（Oliner, Sichel, and Stiroh 2007）は、1990年代の生産性ブームに関し、文献の詳細にわたるレビューを与えるものである。

現在の重要な問題は、将来どのくらいの生産性成長率になるだろうかということである――米国経済は最近2、30年のペースを維持するだろうか、新しいイノベーションは生産性成長のペースを加速させるだろうか、あるいは、生産性成長は最近のブーム以前のゆっくりとした速度に戻るのだろうか。MFP成長はリセッション中に急速に落ち込み、回復の初期段階で急速に伸び、2011年及び12年に平均で1％となった。これらの大きな循環的波動は、1990年代末及び2000年代初期に対し、技術進歩の速さに最近変化があったかどうか、評価するのを困難にするものである。学術研究は、IT生産性ブームが一時的であったかどうかに関し、結論の異なる事実発見に至っている[5]。この研究はまた条件付きである。なぜなら、2013年夏に公表された歴史的GDP及び生産性の大幅なデータ改訂に先行したもので、その改訂によって、2000年代における一部の年の生産性推計がかなり上方修正されたからである。

この論争に関するいくつかの業績は、将来を見通すものである。一部の経済学者は、将来の変革に対応した汎用性のある発明の余地が限られているので、労働生産性成長は来たる2、30年間低下するかもしれないと予測する（Gordon 2012）。他方で、他の経済学者は、ITは実際汎用性のある発明であり、少なくとも中期的には、スピンオフ技術や改良だけでなく、職場再編や効率改善に向けた継続的な機会を提供すると論じている[6]。バーナンキ（Bernanke 2012）の論じるところによると、これらの改良を行うためには、ただたんにハードウェアやソフトウェアを購入すること以上のことがしばしば必要とされ、潜在的な生産性上昇を実現するには、組織内及び組織間の変化が必要となるので、完全な実現にはかなりの時間がかかるという[7]。

結局のところ、将来のイノベーションの成長率を予測することは極めて困難で、こうした成長率が時間を通して一定となるはずだという経済的理由はまったくない。さらに、過去40年間には、かなりの変化が見られ、生産性成長が全体にわたる所得上昇に形を変えている。これが次節のトピックである。

生産性成長と不平等拡大

生産性向上はより多くの産出を与え、社会に幅広く恩恵をもたらす可能性をもつ。1970年代まで、生産性上昇は、労働報酬の増加に結びついていた。しかし、それ以降、生産性成長はそれに見合った労働報酬の増加に形を変えていない。そして所得不平等が著しく拡大したのである。

不平等、生産性成長、報酬のトレンド

1時間当たりの実質産出は、1972年末までに47年に比べて99％高くなった一方で、1時間当たりの実質平均賃金（GDPデフレーター）は73％伸びた。図5—3が示すところによると、70年代初め以降、労働生産性と1時間当たりの平均賃金はより幅広く分岐した。その結果、2013年9月末までに、1時間当たりの実質産出は1972年末に比べて107％高くなったが、しかし、1時間当たりの実質平均賃金はわずかに31％伸びたにすぎなかった[8]。

表5—3は、1時間当たりの実質産出と、民間生産非監督労働者の1時間当たりの平均賃金の平均年間変化率を、10年ごとに示している。1953年から62年まで、生産性成長は1時間当たり賃金の平均年間変化率を、わずか0.4％がＩ上回ったにすぎなかった。次の10年間、その差はわずかに0.6％がＩに拡大したにすぎなかった。しかし、1973年から2012年まで、労働生産性は賃金よりも1.4％がＩ速く成長したのである。

1970年代以降、こうしたトレンドは、一般的に、高所得世帯よりも低所得世帯の方が悪かった（DiNardo, Fortin, Lemieux 1996; Piketty and Saez 2003; Lemieux 2008; CEA 2012; Haskel, Lawrence, Leamer, and Slaughter 2012）[9]。とりわけ、所得分布の最上位の百分位における所得の伸びは、その他の百分位よりもはるかに力強かった。たとえば、議会予算局の報告（CBO 2011）によると、1979年から2007年まで、世帯所得分布の中央値の実質税引前所得は約19％増えたが、最上位1％の家計の所得はおよそ200％増加したという[10]。

図5—3　生産性と平均賃金の成長（1947〜2013年）

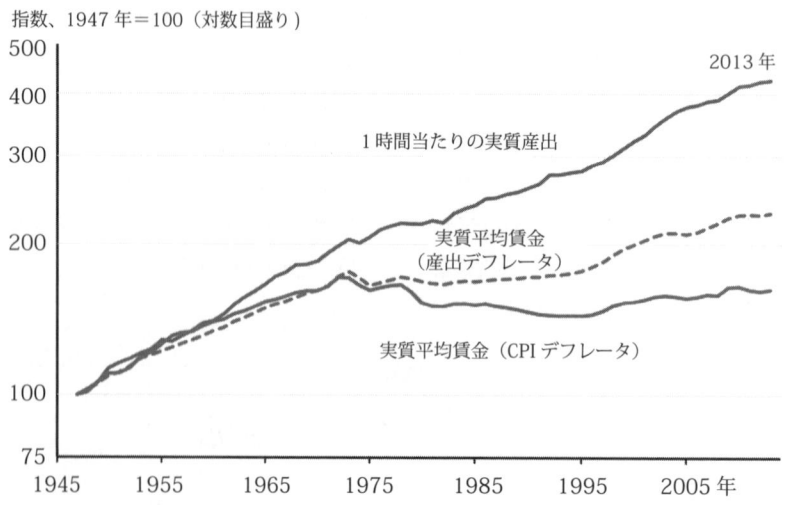

指数、1947年＝100（対数目盛り）

注：1時間当たりの実質産出は、非農業企業セクターの全労働者についてのものである。平均賃金は、民間生産非監督労働者についてのものである。産出デフレーターは、非農業企業産出の価格指数である。CPIデフレーターは、CPI-Wである。1964年以前の賃金に関するデータは、SICに基づく産業分類を反映するものである。

出所：労働統計局、生産性とコスト、雇用現況統計；CEA算出。

第5章 生産性成長を促進する

技術変化と不平等

　図5—3から得られる教訓は、生産性成長は賃金上昇にとって重要だが、それが自動的に賃金上昇に結びつくことを意味しないということである。一つ考えられることは、1970年代以降の労働生産性とMFPの成長源がそれ以前のものとは質的に異なっているということで、こうした成長源の違いが過去40年にわたって不平等のトレンドを駆り立てたということである。教育のある労働力の供給に比して、スキルに対する需要が増加したことが、80年代における不平等急拡大の大きな推進力であったということについて、90年代初めに経済学者の間に幅広いコンセンサスが生じた（Bound and Johnson 1995; Katz and Murphy 1992; and Juhn, Murphy, and Pierce 1993）。「スキル偏向型技術変化」（SBTC: skill-biased technological change）が不平等拡大の最重要要因であったということがすぐに受容された（Berman, Bound, and Griliches 1994; Krueger 1993）。議論の核心は、コンピュータ技術が次第に高価でなくなったので、それを補完するスキルを備えた労働者に対する相対的需要が高まったということである。この説明は、基本的主張はほとんど修正されることなく、経済学者の間で最近まで人気が高かった（たとえば、Acemoglu 2002）。

　この仮説は依然として影響力があるが、1980年代に出現した不平等の変化を引き起こすのにテクノロジーが大きな役割を果たしたということに対し、疑問を呈するには理由がある。たとえば、ドイツや日本のような他の多くの工業国において、80年代に同様のテクノロジー・ショックがあったが、賃金不平等の拡大はほとんど、あるいは、まったく見られなかった。このことによって、一部の経済学者は、テクノロジー・ショックを中和させる際の賃金設定制度の重要性を認めるように、不平等を説明するフレームワークを拡張した（Freeman and Katz 1995）。制度の変化——とりわけ最低賃金の実質価値の低下と労働組合の衰退——が、少なくとも所得分布の最底辺においては、80年代における不平等拡大のほとんどを説明できると他の研究者が明らかにしたことで、この批判は力を得た（Lee 1999 and DiNardo, Fortin, and Lemieux 1996）。スキル偏向型技術変化仮説

表5—3　非農業企業セクターにおける平均年間変化率

期間（年）	全労働者の1時間当たりの実質産出	民間生産非監督労働者の1時間当たりの平均賃金	差（%ポイント）
1953-1962	2.5	2.1	0.4
1963-1972	2.7	2.1	0.6
1973-1982	1.1	-0.4	1.4
1983-1992	2.2	0.4	1.8
1993-2002	2.3	1.8	0.5
2003-2012	2.1	1.0	1.1

注：両方の統計は、非農業企業セクターの産出についての価格指数によってデフレートされている。1964年以前の賃金に関するデータは、SICに基づく産業分類を反映したものである。

出所：労働統計局、生産性とコスト、雇用現況統計；CEA算出。

に対するさらなる異議は、不平等の変化のタイミングが、数十年にわたるという技術変化の性質に整合しないということである。所得分布の最底辺における不平等は80年代に拡大したが、それ以降一定のままかあるいは、縮小している。しかしながら、インターネットを含むITの幅広い企業による採用のほとんどは90年代に生じたのであり、それらのイノベーションは80年代の変化と少なくとも同じくらい顕著であった（Card and DiNardo 2002）。事実、所得分布の最上位の不平等は拡大し続けているが、しかし、所得分布の最底辺の不平等は、80年代に急速に拡大した後、一定のままであるか、縮小しているのである。

ゴールディンとカッツ（Goldin and Katz 2008）は、技術変化の挿話的な増加よりも、むしろスキル供給の成長の変化に焦点を合わせている。スキルの相対的供給の計測値として、大卒労働者と非大卒労働者の比率を用い、彼らはこの相対的スキル供給が1960年から80年まで3.9％増加したことを示した。しかし、80年、ヘックマンとラ・フォンテーヌ（Heckman and LaFontaine 2010）や他の者によって確認されたように、高卒率の改善が停止し、大学卒業率が減速したことでこの増加は遅くなった。ゴールディンとカッツ（Goldin and Katz 2008））が示すところによると、相対的スキルに対する需要の絶え間ない増加は、80年以降の相対的スキル供給の減速とあいまって、賃金不平等の計測された一側面である大卒賃金プレミアムの対数の時間経路を説明する[11]。賃金不平等拡大の性質は90年代初め頃変化し始め、賃金分布の最上位にますます集中するようになっている。賃金分布の第90百分位と第50百分位の比率は、80年代初め以来だいたい同じ率で上昇し続けたが、他方、底辺の不平等（第50百分位・第10百分位比率）は80年代末以降いくぶん縮小した。ピケッティとサエズ（Piketty and Saez 2006）が明らかにしたところによると、所得上昇は、80年代以降最上位10％及び最上位1％にますます集中してきた。その結果は、賃金分布の「分極化」あるいは「空洞化」であり、賃金分布の底辺と、特に上位の相対賃金が中間に比べて伸びている（Goos and Manning 2007; Autor 2010; Acemoglu and Autor 2011; Lemieux 2006）。

アウターと共著者は、従来のスキル偏向型技術変化の研究を洗練し、不平等の変化は一部の作業を代替するが他の作業を代替しない技術変化によって推進されると主張した（Autor, Levy, and Murnane 2003; Autor, Katz, and Kearney 2006; Acemoglu and Autor 2011）。この新しい研究は次のように論じた。すなわち、コンピュータ技術は非定型認識業務を補完し、それらの業務には高給が支払われる傾向がある。また、定型業務を代替し、それらは賃金分布の中間の賃金が支払われる職業であることが多い。そして低賃金と結びつく傾向がある肉体的業務にはほとんど影響を及ぼさない。しかし、分極化に関するこの技術的な説明は論争の的となっている。そしてミッシェルら（Mishel, Shierholz, and Schmitt 2013）によると、その理論は分極化の変化のタイミングを説明するものではなく、もっと一般的にいえば、職業別の雇用と賃金は、時間を通しての賃金もしくは不平等のトレンドの大きな部分を説明するものではないという。さらに、過去30年間を通しての不平等における最も印象的な変化の一つ——所得分布の最上位における所得の急増——は、技術変化にもスキルに対する相対的需要にも関連してなさそうである（Alvaredo, Atkinson, Piketty, and Saez 2013）。

この議論は、生産性の上昇が収入の増加に形を変えるのか、それとも不平等の拡大につなが

第5章
生産性成長を促進する

るのかに焦点を絞っている。関連しているがあまり理解されていない疑問は、不平等拡大が生産性成長を直接台無しにするかどうかということだが、この疑問は Box 5—2 でさらに詳細に論じられる。

生産性成長を促進し、誰もが利益を得らるよう支援する諸政策

　技術進歩の利益は、新たな生産工程や発明を開発する人びとだけに帰属するわけではない。それらはまた人びとにあまねく波及する。この理由のため、米国政府は技術開発を支援し、それを可能にすることに役割を有している。政府のこの役割には次のようなものがある。すなわち、研究開発（R&D）に直接資金提供したりインセンティブを与えたりすること、競争を守る

Box 5—2　不平等は生産性に影響を及ぼすのか

　従来の経済モデルは、所得分布の平等性を経済産出の一決定要因として含めてないが、最近の一部の研究は、所得不平等の拡大が生産性の成長率を引き下げるかどうかに焦点を当てている。このリンクを生み出すかもしれない経路が少なくとも三つあり、それぞれ、所得不平等の基底的原因が生産性成長の減速をもたらす可能性がある。第一の経路は、公的資金による中等教育へのアクセスとその質の格差を通じたものである。教育の質の不平等はスキルの不均衡をもたらすので、労働時間の増加が労働の質を高めず、労働生産性を減速させるかもしれない。たとえば、ゴールディンとカッツ（Goldin and Katz 2008）は、19世紀及び20世紀初期において、ヨーロッパよりも米国の方が教育へのアクセスが大きかったので、米国はより高い労働生産性成長率を有することになったと論じた。今日の米国では、該当する経路はおそらく、公立学校へのアクセスに関連しているというよりも、むしろ公立学校で生徒が利用できる資源の地理的不均衡に関するものである。

　第二の経路は、所得不平等拡大が個人が資金拠出する教育、とりわけ幼稚園前の教育と大学に支払う能力に不均衡を創出するというものである。中等教育後の教育への支出が増加しているため、この経路も考えられる。

　第三の経路は、アセモグルとロビンソン（Acemoglu and Robinson 2011）によって論じられたように、十分な力をもち確立されたエリートたちは、成長を促進するよりも権益を保護するために資源を使うインセンティブをもつというものである。アセモグルとロビンソンによって世界史から紐解かれた収奪的社会の事例——古代ローマ、マヤ文明、奴隷制に依存した初期の南北アメリカなど——が、今日の米国に当てはまるかどうかは、他の経路ほどは明確ではない。

　不平等から生産性成長に至るリンクに関する計量経済学的研究のため、諸国間の相違を変動要因として用いるいくつかの試みがなされた。しかしながら、そうした試みは、比較可能な不平等の計測値（Fields 2001）、不平等の計測に課せられた偽造の影響を回避するのに不十分な変数（Banerjee and Duflo 2003）など、データの利用可能性の違いや計測上の問題に直面している。いずれの場合においても、過去20年にわたる米国の不平等拡大が生産性成長を台無しにしてきたのか、あるいは、台無しにする可能性があるのかについては、依然として重大な懸念材料である。

制度的、法的、規制環境を提供すること、知的財産権を定義して支持し、それによって民間のイノベーションを奨励すること、特に科学、技術分野において教育を通して人的資本を開発することである。さらに、政府は、誰もがそうした技術進歩から確実に利益を得られるようにする役割を有している。

R&Dへの投資はしばしば「スピルオーバー」効果をもつ。つまり、投資収益の一部は、発明者以外の人びとに帰属するのである。その結果、社会一般のために行う価値のある投資は、一企業にとっては利益のあるものではなく、R&D投資の合計は社会的に最適な水準を下回るかもしれない（たとえば、Nelson 1959）。過小投資に向かうこの傾向は、大学のような非営利組織とともに、政府によって行使されたり資金提供されたりする研究の役割を生み出す。

これらのプラスのスピルオーバーは、基礎的科学研究についてはとりわけ大きくなる場合がある。基礎研究を通してなされた発見は、幅広い応用可能性をもつがゆえに、しばしば非常に大きな社会的価値をもつ。しかし、個別の民間企業にとってはほとんど価値がなく、それらの企業にとって利益のあがる応用可能性はもしあるとしてもほとんどないだろう。ジョーンズとウィリアムズ（Jones and Williams 1998］）、ブルームら（Bloom et al. 2012）の実証研究によると、最適なR&D水準は、実際の水準の2倍から4倍であるという。アクシジットら（Akcigit et al. 2013）もまた基礎研究における過小投資を明らかにし（もっとも、大量の研究に反して、彼らは応用研究における過剰投資を明らかにしている）、基礎研究に特に焦点を合わせた諸政策を提案している。

大きなスピルオーバーの便益があることに合わせて、米国におけるほとんどの基礎研究は、政府及びその他の非営利主体によって資金提供がなされている。図5—4が示すように、半分以上が政府資金で、民間産業からの資金は4分の1未満である。しかしながら、図5—5に見られるように、基礎研究に対する支出は、R&D支出合計のほんの一部にすぎず、応用研究と開発の資金源に占める民間セクターのシェアは、基礎研究の場合よりもはるかに高い。

R&Dへの直接的資金提供に加えて、政府はまた税制を通して民間R&D投資に金銭的インセンティブを与える。さらに政府は、制度的、法的、規制的フレームワークを与えることによって、民間R&D投資と技術進歩を促進することができる。そのフレームワークは、知的財産権を明確化して執行し、それによって最適水準に近いR&Dに従事するのに十分なインセンティブを与えるように、イノベーターがそのイノベーションから十分な金銭的報酬を得られることを保証する[12]。

知的財産権の重要なタイプの一つは特許である。特許は、その発明に対して一時的な独占権を発明者に付与する。その権利の行使は、うまく商業化された投資に対して高価格と高利潤をもたらし、そうした利潤が発明するインセンティブを与えるのである。しかしながら、独占権の行使はまた、特許保護がもっと弱かったりまったくなかったりしても創出されたかもしれない発明の価格を引き上げ、こうした価格上昇は消費者に害を及ぼす。さらに、特許発明品はさらなるイノベーションを創出する際に投入物として使われることがあるので、特許によって生じた価格上昇は（ライセンス交渉のような関連する法的、行政的な負担と同様に）、後続のイノベーションを減速させることがある。後に詳しく論じられるように、特許政策における中心的な経済的課題は、発明に経済的インセンティブを与えることと、特許権の行使から生じる可能性のある害悪との間に、正しいバランス

第5章 生産性成長を促進する

図5—4　米国の資金源別基礎研究支出（2010年）

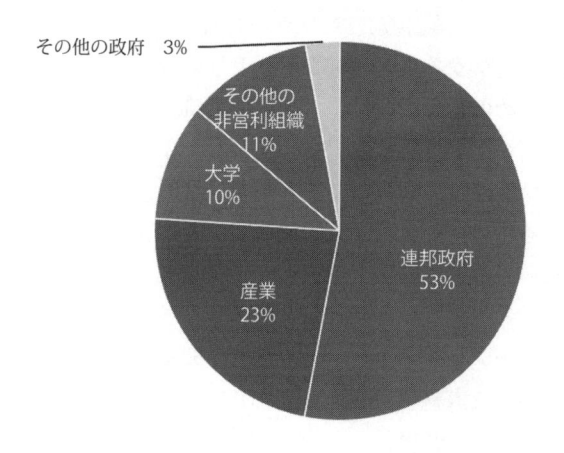

- その他の政府　3%
- その他の非営利組織　11%
- 大学　10%
- 産業　23%
- 連邦政府　53%

出所：全米科学財団、R&D資金源の全国パターン：2010～11年更新。

図5—5　対GDP比でのR&D支出の構成（1953～2011年）

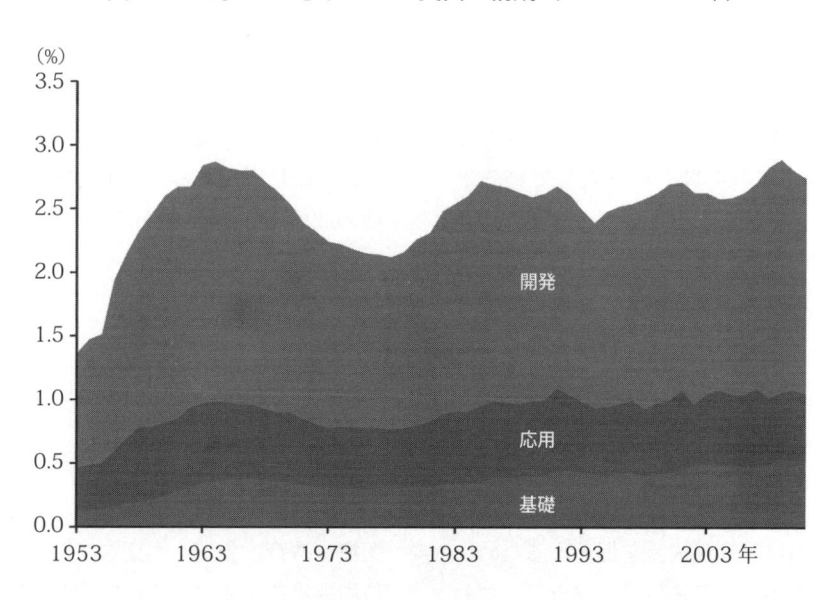

開発
応用
基礎

出所：全米科学財団、R&D資金源の全国パターン：2010-11年更新。

をとることである。最低限として、特許が誤って認可されないこと、非自明性、有用性、進歩性を有する発明に対してだけ認可されるようにすることが大切である。

また政府は、人的資本の開発を支援することにより、創造性と発明を高めるための基礎を築くことができる。特に科学・技術・工学及び数学（STEM）分野において、教育及び職業訓練への投資と改善は、将来におけるイノベーションの担い手を育成する[13]。これらの労働者の生産性は、「イノベーション・クラスター」への投資によって強化される。イノベーション・クラスターは、企業と高スキルを備えた人材の密集地域であり、通常主要な研究大学に近接しており、それら相互の近接性がイノベーションをさらに促進できるのである（Greenstone, Hornbeck, and Moretti 2008 を参照のこと）。

移民制度改革は、イノベーションの速度を加速させる可能性を有する、もう一つの人的資本政策である。研究が明らかにしたところによると、米国に居住する外国人は、2006年に米国の特許出願の25％以上の出願人あるいは共同出願人となっており、米国の特許数上位10大学に与えられた特許の75％以上が、少なくとも1人の外国生まれの発明者を有しているという。さらに、移民によるイノベーションの利益は、イノベーターの移民に限定されない。非イノベーターの高スキル労働者の移民だけでなく、低スキル労働者の移民は、特化を進めることによって間接的にイノベーションを加速できる。より多くの非イノベーターがその職業により完全に特化するとき、彼らによってイノベーターはイノベーションにより完全に特化できるようになる。議会予算局（Congressional Budget Office 2013）の予測によると、上院で可決されたような国境警備・経済機会及び移民制度近代化法（Border Security, Economic Opportunity, and Immigration Modernization Act）から生じる追加的な移民は、イノベーションの増加及び仕事の特化の結果として、23年までに全要素生産性を約0.7％、33年までに約1.0％引き上げるという。

最後に、政府は、生産性成長に大きな変化をもたらす技術へのアクセスと、その生産性成長の産物であり、米国社会全体にわたって幅広く利用できる技術及び製品へのアクセスを確保することに、重要な役割を有している。これらの利益の共有は、経済厚生を直接的に高めるもので、また、職場において、そして現在及び将来の世代にとって必要な技術的スキルを幅広い人びとが保持するのを確保するものである。

本章では、以上の技術進歩の達成において政府政策が果たす役割に関する一般的議論から転じ、生産性成長にとって重要で、かつ、わが政権の政策の中心でもある、現在重要な2分野に焦点を合わせることにする。電気通信と特許改革にほかならない。

電気通信と生産性成長

電気通信産業は生産性成長を促進するために重要な産業である。電気通信インフラ、とりわけ高速かつ幅広くアクセス可能な有線及び無線のブロードバンド・ネットワークは、ビジネス、医療、教育、公安、娯楽などにおいて、重要な技術進歩を可能にする決定的要因である。以下で論じられるように、政府政策は、これらの改善を促進し、大きな変化をもたらすことにおい

第5章
生産性成長を促進する

て、重要な役割を有している。本章では、電気通信政策について特に詳細に論じられる。一つにはその重要性のためであり、もう一つにはより一般的な経済的、政策的原理の好例としてそれが役立つためである。

イノベーションと投資

電気通信セクターは米国経済における有名な成功物語である。最近のホワイトハウス（White House 2013）つまり『ブロードバンドの成長の4年間』の報告は、次のような数多くの印象的な事実を記している。

・図5—6に見られるように、米国の大電気通信事業会社のうちのたった2社だけで、国内投資は合わせると、石油・ガス上位5社よりも多く、自動車会社のビッグスリー全部の4倍近くを占めている。

・2009年から12年までに、米国の無線ネットワークへの年間投資は40％以上伸び、210億㌦から300億㌦に増加した。同じ期間に、ヨーロッパの無線ネットワークへの投資は横ばいのままで、アジア（中国を含む）における無線ネットワーク投資はわずか4％増加したにすぎなかった。同報告書の予測によると、米国の無線ネットワーク投資は13年にさらに増加し、350億㌦になるという。

・LTEのような最先端の4G無線ブロードバンド・インターネットサービスの利用度において、米国は世界をリードしている。4G LTEの世界の加入者数の約半数は米国のものである。

・米国は、モバイル・ブロードバンドに利用でき、現在認可されているスペクトルの量において、世界トップレベルに位置する。

このインフラは活発なエコシステムの中心にあるが、それにはスマートフォン設計、モバイル・アプリ開発、そして経済及び社会の幅広い変化をもたらすこれらの技術の利用が含まれる——そのすべては米国に集中している。モバイル・アプリ産業は、2013年には250億㌦以上の収入を生み、17年には740億㌦に増加し、約200万のアプリが二大モバイル・アプリストアでダウンロードできるようになると予測される。電気通信の改善はまた、企業の組織のあり方、生産性の一層の改善をもたらす方法の変化に寄与している。この一例はBox 5—3で論じられる。

電気通信政策の四つの重要な分野

米国政府は、前述したのと同じ一般的政策を通して、電気通信のイノベーションと投資を支援できる。すなわち、研究開発への直接的政府投資、研究実験税額控除（Research and Experimentation Tax Credit）を改善して拡張するなどの政策を通じて民間のイノベーションに触媒作用を及ぼすこと、ブロードバンドのような分野への技術インフラ投資に触媒作用を及ぼすこと、すべての人がブロードバンド技術から確実に利益を得られるようにすることである。

研究開発への政府投資　前述のように、研究開発、特に基礎的な科学・技術のスピルオーバーの便益は、直接的な政府投資の役割を創出する。おそらく最も有名な電気通信技術への政府投資は、国防総省国防高等研究計画局（DARPA: Defense Advanced Research Projects Agency）のインターネット開発であった。しかし、DARPAは他の重要な国防ベースの公的研究にも貢献してきた。これらの貢献にはラジオが含まれ、もっと最近では全地球測位網があり、それは今日膨大な消費者向けアプリにとって中心的なものである。

今日、国防総省（DOD: Department of Defense）は、電気通信研究において引き続き重

図 5—6　電気通信セクターの相対的投資（2011 年）

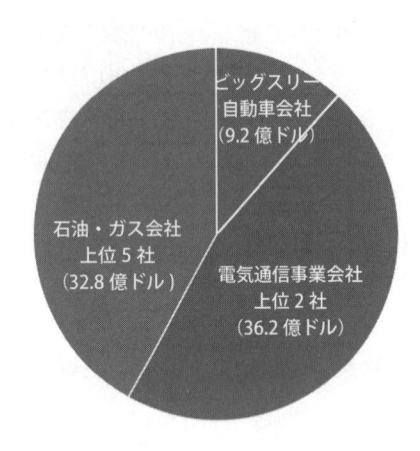

ビッグスリー自動車会社
（9.2 億ドル）

石油・ガス会社
上位 5 社
（32.8 億ドル）

電気通信事業会社
上位 2 社
（36.2 億ドル）

出所：革新的政策研究所。

Box 5—3　ジャスト・イン・タイム製造方式

製造業のジャスト・イン・タイム（JIT: Just-In-Time）方式は、在庫とそのコストを劇的に削減することによって、利潤を最大化することを目的としている。在庫が保有される時間を最少化することによって、そのシステムは、一定の在庫スペース量をより生産的に使用できるようにする。つまり、一定時間内に一定間隔でより多くの商品を加工することによって、そうするのである。アゲラワル（Agrawal 2010）は、JIT 方式がコストを削減し、品質と顧客サービスを改善し、フレキシビリティを維持し、物流の効率性を高める経路を描写している。これらの経路の多くは、現在、情報技術と電気通信技術の改善に依拠している。JIT は需要と供給の正確な調整を必要とするので、それぞれの同時的な追跡が不可欠である。供給側においては、チャン（Zhang et al. 2012）が論じるところによると、無線 IC タグにより、製造プロセスを通過するときに原材料についての精密で正確なリアルタイム情報を企業にもたらすことができるという。しかし、JIT を実行可能にする技術は一つの必要条件にすぎない。他の研究（Hur, Jeong and Suh 2009, Tayal 2012, Fairris and Brenner 2001, Agrawal 2010, Sim and Koh 2003）が示すところによると、その技術を用いる際の組織的な実験、イノベーション、学習もまた、生産性上昇を実現するのに必要となるという。

要な役割を果たしており、とりわけ、政府・民間ユーザー間を含め、さまざまユーザーが電磁スペクトル周波数帯を共有するためのアイデア及び技術の開発支援においてはそうである。後にさらに論じられるように、これは、将来における効率的なスペクトル管理に

第5章
生産性成長を促進する

とって重要であると認識されている（PCAST〔: President's Council of Advisors on Science and Technology〕2012）。たとえば、DODは、レーダーと通信システムの間のスペクトルの効率的かつ信頼できる共有を目的とした、革新的な研究提案を求めてきた。全部で、1億ドルの連邦政府投資が、全米科学財団（NSF）、DARPA、商務省を通したスペクトル共有及び先端的通信に向けられている。

民間投資に触媒作用を及ぼす 研究実験税額控除の改革、拡張、恒久化は、電気通信技術の投資を増加させ、イノベーションを加速させるだろう。移民制度改革もまたイノベーションを加速させるだろう。特許制度の改革もまた、この産業、特にスマートフォンの中に展開された技術にとって重要である。スマートフォンは何千もの特許を具体化した複雑な機器である。この分野で特許紛争の頻度が高まっていることは、しかるべきライセンスを管理するコストが増しているかもしれないことを示す。もしこれらのコストが新製品を導入するのに悪影響を及ぼすほど高いとするならば、特許改革は電気通信産業にとって特に重要である。

技術インフラ投資に触媒作用を及ぼす 連邦政府は、全米初の電気通信インフラ、1840年代に敷設されたワシントンDCからボルティモアへの電信線への投資に資金を提供した。しかし、適切なことに、それ以降は技術インフラ投資の圧倒的大部分は民間によるものであった。数十年の間に、電気通信インフラの異例の拡大によって、基礎的電話サービスは全米のほぼすべての居住者が利用できるようになったが、それは他の多くの国よりもはるかに早かった。米国の国土規模が大きいこと、人口密度が相対的に低いことを前提すれば、目覚ましい達成であった。

公共政策はこれらの投資を奨励した。多くの民間通信事業会社は、規制された独占企業として、長距離通話、ビジネス・サービス、電話機自体に高い料金を課すことを認められていた。その結果生じた資金の一部は、人口密度の低さや地理的要因のため、サービスを提供するのにコストのかかる農村その他の地域において、基礎的な市内電話サービスに補助金を交付するために必要とされた。1996年電気通信法（Telecommunications Act of 1996）は、特に市内電話及び長距離電話サービスにおいて、一層の競争を可能にすることによって、また、高コスト地域のサービスを支援する補助金制度を合理化し、明示化することによって、電気通信規制を改革、改善することを追求した。その後、かなりの追加的な民間投資が行われたのである。

近年、米国政府は、有利な税制によって民間電気通信投資をさらに促進してきた。2010年、オバマ大統領は、史上最大の臨時投資インセンティブ──100％経費計上──を提案して署名したが、それは、相前後して認められた特別減価償却とともに、電気通信セクターにおける有線及び無線の投資をかなり増加させるなど、投資を増加させ加速させることにおいて、決定的に重要な役割を果たした。たとえば、大手2社は共同声明で、「経済の落ち込みにもかかわらず、ケーブル通信セクターは、100％経費計上のような政策の結果、着実に投資を継続し、雇用を維持できている」と述べた。

モバイル・ブロードバンド・インフラへの投資に触媒作用を及ぼすことは、無線ブロードバンド情報量を流すための電磁スペクトルの使用が急激に伸び、不足していることを考えると、とりわけ重要である。2010年、連邦通信委員会の専門家は、ブロードバンド容量に対するニーズは利用可能なスペクトルを圧倒するだろうと予測した（「スペクトル危機」）。もしスペクトル危機が起これば、これは、ブロードバン

ド・ベースのイノベーション、サービス、雇用の成長の落ち込みだけでなく、モバイル・ブロードバンド・サービスの価格上昇をもたらすだろう。ブロードバンド容量の不足は、投資の増加（送信インフラの高密度化は、一定のスペクトル周波数上の通信量の増加を意味する）、すでに無線通信事業者に認可されているスペクトルを完全に活用すること、スペクトル認可の統合、技術進歩、スペクトル政策の改善を通じて緩和される。

　一つの重要なイニシアティブは、より価値のある民間の用途がある場合、公的スペクトルを再割り当てしようとするものである。図5—7が示すように、連邦政府はスペクトルの大口ユーザーである。図5—8が示すように、この用途のほとんどは、国家安全保障及び法執行機能にかかわっている。連邦政府のスペクトル用途は価値あるものだが、しかし、それは費用がかからないわけではない。一経済問題として、もし特定のスペクトル帯域が公的な管理よりも民間の管理による方がより大きな純社会的余剰を生み出せば、それは再割り当てがされるべきであるし、逆もまた然りである。つまり、政府機関の重大な使命（多くの場合生命の安全及び国家安全保障にかかわる）を危険にさらさずに達成されるとき、また、それらの帯域からの政府業務移転関連コストが民間セクターへの再割り当ての結果として解放される社会的価値によって正当化されるとき、連邦政府は、特定のスペクトル帯域から政府機関を完全に引き払うか、それらを民間ユーザーと共有させることによって、スペクトル不足を緩和できる。引き払われたスペクトルは、商業用ユーザーに競売で売却するか、あるいは、場合によっては、免許不要方式で幅広く利用できるようにするかもしれない（これについては後で詳述）。連邦政府

図5—7　電波スペクトルの排他的配分及び共有配分

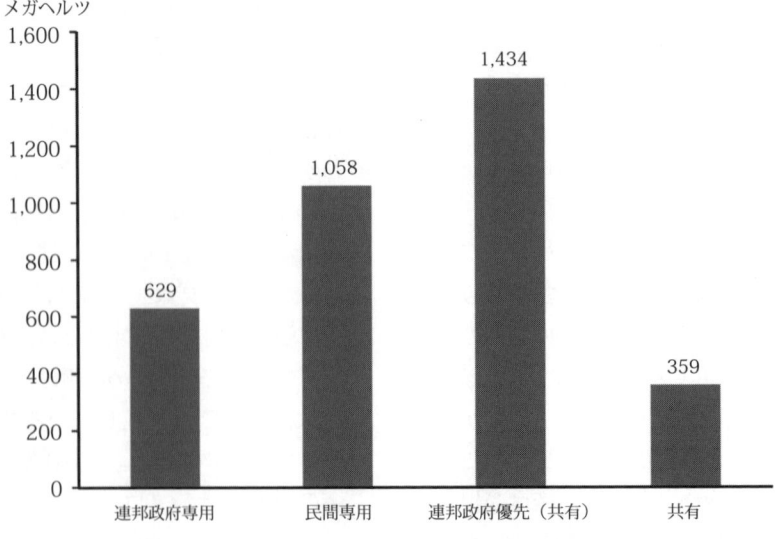

区分	メガヘルツ
連邦政府専用	629
民間専用	1,058
連邦政府優先（共有）	1,434
共有	359

出所：全米電気通信・情報局（2009）。

第5章
生産性成長を促進する

のユーザーは、追加的な資源がより新しい設備への投資のために利用できるならば、より集中的に、より経済的に使用できる代替的スペクトルに移転するだろう。

全体的なスペクトル使用の節約に加えて、政府は、スペクトル割り当てを合理化することによって、スペクトル不足をさらに緩和できる。スペクトル帯域が（たとえば建物群、農村地域全体への力強い伝播のように）一般的に価値あるものにしている特性以外に、もし、商業用スペクトル帯域と補完的であるとすれば、それらは、商業用途にとってとりわけ貴重となる。それらの場合には、政府をそれらの帯域からその特性をもたない他の帯域に移転させることによって、価値が解放される場合がある——ここでも、重大な使命を危険にさらすことなくこれができ、その移転コストが法外に高くないという条件の下でのことである。

Box 5—4 は、オバマ政権によって着手されたり、提案されたりしているいくつかのスペクトル投資政策について述べている。

現在、民間主体に認可されている一部のスペクトル帯域を、無線ブロードバンドというより価値のある用途に再割り当てする相当の余地がある。地上波放送のテレビ局のように免許を受けている会社は、無線ブロードバンドスペクトル帯域としては、はるかに価値の高いスペクトルの権利を保有している。2010 年（National Broadband Plan）は、それらの権利保有者に、権利を返上する場合にオークション収益を分配することによりスペクトルに対するニーズを満たすのを支援するツールとして、「インセンティブ・オークション」というアイデアを導入した。2012 年スペクトル法（Spectrum Act of 2012）では、議会は、連邦通信委員会（FCC: Federal Communications Commission）にイン

図5—8　多くのスペクトル割当を有する連邦政府機関

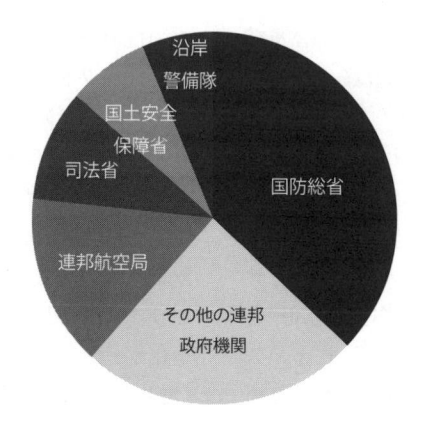

注：「その他の連邦政府機関」には、内務省、農務省、エネルギー省、商務省、その他 48 の周波数割当を受けている省庁が含まれる。
出所：全米電気通信・情報局、政府マスターファイル（2010）；会計検査院分析。

センティブ・オークションを行う権限を与え、テレビ放送のスペクトル帯域のインセンティブ・オークションにこの革新的ツールを用いるよう指示した。12年9月、FCCは、スペクトル法の権限付与によって与えられた課題に対応できるよう規則作成記録をつくるため、規則作成案公示を行った。社会的余剰の潜在的増加の規模は巨大である。あまりスペクトル帯域を使わない新しい、より効率的な送信技術へのアクセスをもつか、あるいは、地上波放送の視聴者層が小さく縮小しつつあり、100万㌦、200万㌦程度の年間収入しかもたない放送局は、スペクトルを返上するインセンティブをもつだろう。つまり、保有するスペクトルが商業用ブロードバンド用に再構成された場合、膨大な数の顧客へのサービスを改善するのにそれを利用する通信事業会社に対し、数億㌦もの金額でそのスペクトルを売却できるのである。

一部のスペクトルは、まったく免許が交付されなくても効果的に使われる場合がある。もっと正確にいえば、免許不要方式で誰もが使えるようなる。ちょうど一部の道路はめったに交通渋滞が起こらないように、いくつかの例では、特定のスペクトル帯域はアクセスが無料であったとしても、非常に混雑することにならない。免許不要スペクトル帯域は、ブロードバンドのエコシステムにおいて重要な役割を果たし、Wi-Fi、Bluetooth、「スマートホーム」などを可能にする。免許不要スペクトル帯域上で作動するデバイスを用いるが、スペクトル帯域を共有する無数のデバイス間の相互干渉が大きな懸念にならないほどそれはパワーが低い。それはまた、認可されたスペクトル帯域の希少性を緩和するのを助ける。これは、大部分のモバイル使用法が、通信事業会社に認可されたモバイル・ネットワーク上で送信されなくてはならな

Box 5—4　スペクトル投資政策

2010年、オバマ大統領は、「無線ブロードバンド革命を解き放つ」と題した大統領覚書を発し、商務長官に、全国電気通信及び情報局（NTIA）を通じて連邦通信委員会（FCC）と協力し、モバイルにも固定無線ブロードバンド用にも適した形で、次の10年にわたり連邦政府及び連邦政府以外のスペクトルのうち合計500メガ㌹（MHz）を利用できるようにし、そのような目的に利用できるスペクトルの量を倍増させるように指示した。商務長官は、省庁と連邦政府機関以外の主体との議論を円滑化し、省庁がスペクトルを返上もしくは共有する機会を見定めるため、未曾有の水準の情報共有化と共同作業を生み出しており、現在は1695〜1710MHz、1755〜1850MHz、3550〜3650MHz、5350〜5470MHz、5850〜5925MHzのスペクトル帯域に注目している。

オバマ大統領の2015会計年度予算は、連邦政府の使命を保護する一方で、オークションを通じてスペクトルを再利用するための機会を見い出すため、優先順位の高い市場で連邦機関により使われているスペクトルを監視するのに、750万㌦を投資するだろう。この予算案は、2012年中間層税軽減及び雇用創出法（Middle Class Tax Relief and Job Creation Act of 2012）に基づいており、スペクトルの効率的活用を促進するため、現在オークションされないで交付されている免許（たとえば、国際衛星免許）に対し、スペクトル免許利用者料の適用を認める提案をしている。このスペクトル免許利用者料は次の10年にわたり約50億㌦を集め、スペクトルのより効率的な割り当てと使用を引き続き奨励するだろう

第5章
生産性成長を促進する

い「移動式」モバイル使用法ではなく、むしろいわゆる「遊牧民的な」（たとえば、自宅、オフィス、あるいは、その他固定された場所）での使用法だからである。それは、大部分が有線ブロードバンド接続によって送受信され、最後は近くの免許不要の Wi-Fi ルーターを用いる無線接続として完結する。この理由のため、免許を受けた通信事業者は、Wi-Fi ネットワークの展開と利用に大々的に投資している。この免許不要スペクトルの価値は、年間 160 億㌦から 370 億㌦と推計されている。

2月、FCC は、5 ギガ㌹帯域において最大 195 メガ㌹の追加的スペクトルを、免許不要の無線デバイス用にすることを提案したが、それは 35％の増加となる。この帯域が免許不要の使用法のために選ばれた。一つには、通信情報の安全性と効率性を大きく改善できる射程の短い通信を開発してきた自動車メーカーを含め、この帯域の現行ユーザーの存在が免許を要する用途のために空けられたり競売にかけられたりするのに相応しくないからである。免許不要の用途にその帯域の価値を解き放つため、FCC はまた、より柔軟な規制環境を創出し、この帯域のデバイス向けの既存ルールと機器認可手続きを合理化する提案を行ってきた。現在進行中のものは、一方でこのスペクトルの価値を免許不要の用途に解放することと、他方で現行のユーザーに対する有害な干渉を回避することの間に、最良のバランスを見い出す規制変更を特定するプロセスである。

排他的な利用のために連邦政府に認められたスペクトルを整理し、それを共有の免許不要の用途向けにすることは、近いうちに実行可能な解決法である。しかし、劇的なスペクトルの逼迫と、再割り当てのために最も低くぶら下がった果実のほとんどがすでに摘み取られたという事実を前提とすると、より新しくより革新的なアイデアに焦点を当てることもまた重要である。これらのアイデアには、さまざまなユーザー間、特に政府ユーザーと民間ユーザーの間でスペクトルを共有するという新たな進展が含まれる。スペクトル共有におけるイノベーションは、将来有望でもあり、必要でもある。というのは、政府が完全に引き払うことはできないが、それにもかかわらず余剰容量を有し、適切なプロセスと手順で共有できる一部のスペクトル帯域があり、基幹機能を危険にさらすことなく、なんらかの価値ある民間の用途に提供できるからである。

大統領科学技術諮問委員会（PCAST）は、「最善の状況では、スペクトルの一定帯域から獲得できる有効容量の大きさは、特定の新しい無線システムのスペクトル、地理、時間、その他の物理的性質を最適に利用するダイナミックな共有技術によって、現行の使用法の数千倍増大する場合がある」と推定する報告書を公表した（PCAST 2012）。

わが政権のスペクトルに関する目標を設定した 2010 年大統領覚書は、その目標を達成する一手段として連邦政府のスペクトル共有を俎上に載せた。もっと最近では、13 年 6 月、別の大統領覚書で、大統領行政府にスペクトル政策チームを立ち上げたが、それは、「スペクトル共有政策と技術の進展を監視及び支援する」義務を負っている。同覚書はまた、スペクトル共有とその他スペクトル関連の効率を高める研究、開発、試験、評価を促進する措置を含んでいる。

より先端的な形態のスペクトル共有への投資を刺激するため、DARPA は、レーダーと通信システムの間のスペクトルの効率的かつ信頼できる共有を目指した革新的な研究提案を求めている。軍事用、商業用両方のための画期的な技術的革新を促進してきた歴史と整合的なことに、DARPA は、特にブロードバンド及び通信サー

ビスに最も見合ったスペクトル帯域におけるスペクトル共有で、「革命的な進歩を可能にする革新的アプローチ」を求めている。そのプログラムは、既存のレーダー及び通信システムを大幅に修正するか、一から再設計された新しいシステム・アーキテクチャーを公開するか、そのどちらかを意図した複数年プロジェクトに資金を提供するかもしれない。

　排他的ベースであれ共有ベースであれ、さらに連邦政府のスペクトルを商業用に利用できるようにすることだけでは、帯域に対する爆発的需要に遅れずについていくには十分ではないだろう。500MHzのスペクトルを解放するという大胆な目標は、10年のうちにモバイル・ブロードバンドに利用できるスペクトルの量を約2倍にするだろうが、しかし、それでさえもスペクトル使用の成長についていくには十分ではないかもしれない。それゆえ、その需要の一部の負荷を軽減できる有線ブロードバンド・ネットワーク（しばしば最後の接続は無線だが、セルラーではなくWi-Fiによってである）への投資を増額することから、無線セルの密度を高めること、スペクトルをより効率的に用いる技術的イノベーションを奨励することまで、すべてを行うことが重要である。

　わが政権は、オバマ大統領によって発せられた2012年6月の行政命令を含め、さまざまな他の方法で、こうした取り組みを支援しようとしている。その行政命令は、携帯電話基地局を含め、ブロードバンド・インフラを展開するため、連邦政府の土地と建物に対する通信事業会社のアクセスを容易にし、促進するいくつかの措置を規定している。

　誰もが利益を得られるようにする　ブロードバンド電気通信技術の利益が幅広く共有されることによって、より多くの人びとがその才能を開発するためにそうした利益を使えるので、幅広い共有を確保することは重要であり、将来の経済成長を引き上げ、生活水準を改善する。幅広い共有の一要素は、技術とその製品が手頃であることを確保することである。その目的を果たすため、力強い反トラスト法執行は、競争の欠如によってその価格が暴騰せず選択が限定されないことを確保するために決定的に重要である。これは、法執行機関の焦点であったし、また、これからの政策上の観点として重要である。

　オバマ政権は、サービスを十分に受けられていないコミュニティにブロードバンドを拡張することにおいて、重大な意味をもつ投資を行ってきた。2009年米国復興及び再投資法（American Recovery and Reinvestment Act of 2009）には、全米のブロードバンド・インフラを改善するための資金69億ドルが、商務省全国電気通信及び情報局（NTIA: National Telecommunications and Information Administration）によって管理される44億ドル、農務省地方公益事業局による25億ドルとともに含まれていた。これらの資金の中で、合計44億ドル（2013年5月末時点）がブロードバンド技術機会プログラム（Broadband Technology Opportunities Program）及びブロードバンド・イニシアティブ・プログラム（Broadband Initiatives Program）を通じて325以上のブロードバンド・プロジェクトの資金に使われた。連邦通信委員会はまた、ユニバーサル・サービス改革（Universal Service Reform）、そして音声サービスを支援するのにかつて使われた資金を再配分した年間45億ドルの米国接続基金（Connect America Fund）の設立を通して、まったくサービスを受けられない地域、十分なサービスを受けられない地域へブロードバンドを展開していく際に、重要な役割を果たしてきた。

　教育学者が長い間信じてきたところによると、生徒が授業内容に新しい個別的な方法でかかわ

第5章
生産性成長を促進する

れるようになることから、どのような授業や手法が最も効果的か教員が理解するのを助けることに至るまで、技術は教室での経験に深い影響を及ぼす。絶え間なく増大する教育資源の収集に、教室の教員と生徒がインターネット上でアクセスできるようにすることで、技術的に整えられた学校は、物理的に手元にある資源に限定されることなく、そうした教育資源への収集を得て学習を増強するのである。

オンライン教育ツールの効果についてのより質の高い研究が依然として必要だけれども、これらのツールは将来有望である。2010年に教育省によって行われたオンライン教育の効果に関する実験的あるいは非実験的研究の結果分析において、オンラインと対面の要素を組み合わせた授業を受けた学生の方が、オンラインだけ、あるいは、対面だけの授業を受けた学生よりも成績が良いことが分かった。授業時間もしくはカリキュラムのようなその他の要因がこの肯定的な効果に寄与したかもしれないが、しかし、結果分析が示すところによると、これらの混合アプローチの設計、実行、評価に関する一層の研究が有益かもしれないという。

コンピュータを組み込んだ教授法は、数学教育でも将来有望なことを示している。バローら（Barrow, Markman, and Rouse 2009）が明らかにしたところによると、参加するよう無作為に抽出され、自分のペースでコンピュータ化された数学の授業を修了した生徒は、伝統的な授業を受けた生徒よりも、数学到達度試験において、標準偏差で0.17～0.25高い点数をあげたという。コンピュータ支援の数学教育は、その他の文脈においても同様の効果を示している。バナジーら（Banerjee et al. 2007）によると、ある実験的研究で、週2時間コンピューター上で教育的な算数ゲームをすると、インドの貧困地帯の小学生の算数の点数が、標準偏差で0.47向上したという。別の実験で、カリロら（Carillo, Onofa, and Ponce 2010）は、週3時間算数と言語の適応型ソフトウェアを使ったエクアドルの貧しい小学生は、算数の点数が標準偏差で0.30改善したことを明らかにした。

現在時点での技術の使用が学習と将来時点の開発の可能性を高めるということは語られていないので、すべての生徒が21世紀型教室にアクセスをもつことは決定的に重要である。教育接続プログラム（ConnectED program）は、2013年6月にオバマ大統領によって発表されたもので、教育技術改善の利益が幅広く共有されることを確保する重要な措置である。1996年電気通信法の下で確立されたFCCのEレート・プログラム（E-Rate program）のようなイニシアティブは、全米のほぼすべての学校にインターネット・アクセスを導入するのを支援してきたが、多くの学校は、大部分の企業及び世帯によって享受されている高速ブロードバンドへのアクセスを有していない。さらに、Eレート・プログラムはまずインターネット接続を学校に導入するよう意図されており、たとえばWi-Fi技術を経由するなどして、アクセスが学校中で利用できようにすることにあまり重点を置いていない。その結果、62％の学校区は帯域幅へのニーズが接続数を12カ月以内に上回り、99％の学校区は、これが3年以内に起こるだろうといわれている。

教育接続プログラムは、5年以内に、教室と図書館で、米国の生徒の99％に高速ブロードバンドと無線インターネット接続をもたらすだろう。この接続性の向上を最大限活かすため、教育接続（ConnectED）は、生徒の学習を改善するという目的に向け、こうした資源をフルに活用できるよう教員を訓練するため、既存の専門職開発基金に再注目するだろう。最後に、ハイテク教育機器を利用するのに必要なブロード

バンド・インターネット接続を学校に備えることによって、教育接続プログラムはそのような機器と、それらが動かすデジタル教育コンテンツの市場を深化させ、この分野における民間セクターのイノベーションに拍車をかけるだろう。

大統領は、FCCにEレート・プログラムを刷新するよう要請している。そして学校や図書館での次世代型ブロードバンドと高速無線ネットワークを通してこの接続性を届け、また、5年以内に99％の米国の生徒をデジタル時代に接続するという目標を達成するようNTIAの専門家に要請している。その要請に応え、FCCは、2014年2月、次の2年にわたり2000万の生徒を接続するために20億㌦を投資すると発表したが、それは大統領の目標を達成するのに決定的に重要な手付金に相当するものである。しかしながら、そのイニシアティブはただたんにインフラについてだけのものではない。オバマ大統領はこの2月、デジタル・デバイス、コンテンツ及び学習ソフトウェア、自宅の無線アクセス、このインフラを最大限活用するのに必要な教員の訓練によって、ネットワークに接続された教室というこのヴィジョンの実現を支援するため、7億5000万㌦以上の民間セクターの関与を発表した。これらすべての資源を活用することによって、われわれは、生まれた家族の所得もしくは郵便番号に関係なく、すべての生徒に世界一流の教育を与えることに向け、大きな歩みを刻みつつある。

最後に、ブロードバンド技術の成長の利益が、プライバシー及び安全保障と矛盾しないことが決定的に重要である。また、表現の自由は守られなくてはならないので、技術発展は開放的なインターネットと整合的に進まなくてはならない。

電気通信技術の幅広い採用に対する課題

電気通信技術の幅広い採用にはいくつかの課題がある。たとえば、これらの技術は、さまざまな教育水準及び所得水準で等しく採用されているわけではない。自宅におけるブロードバンド導入は、高校中退者よりも大卒者の方が2倍以上多い。全体としていえば、30％のアメリカ人は自宅でブロードバンドを使用しておらず、これら非ユーザーの多くは低所得世帯にいる。農村部も導入に遅れがある。図5―9に示されているように、ほぼすべての都市居住者は、1秒当たり6メガバイトの下り回線にアクセスを有しているが、農村部ではわずか82％しかその速度にアクセスできず、その乖離はより速いスピードでより大きくなる。

一部の世帯がブロードバンドを導入しない一つの理由はコストである。コンピュータなど技術的ハードウェアに見られた急激な価格低下とは異なり、消費者がインターネット接続に支払う価格は依然として一定のままであるか、上昇している。しかし、ブロードバンドの価格が急激に低下しない一方、今日一定額で利用できる速度は、数年前に同じ価格で利用できた速度よりも速いことが多く、そのことは、金額に見合う価値が上昇したことを意味する。

さらに、国際比較は困難だが（税、政府補助金、地理、人口密度、製品抱き合わせのような要因がバラバラであるためである）、米国企業は、比較的遅いがそれでも役立つブロードバンド速度に対するエントリーレベルの価格設定を含め、数多くの点で有利である。

自宅でインターネット・サービスに加入しないことについて、驚くべきほど多くの世帯が価格以外の要因を挙げている。それは、彼らの日常生活に関連しているという認識の欠如である。

第5章
生産性成長を促進する

図5—9　1秒当たり6メガバイト以上のダウンロード速度へのアクセスを有する家計の比率（％）

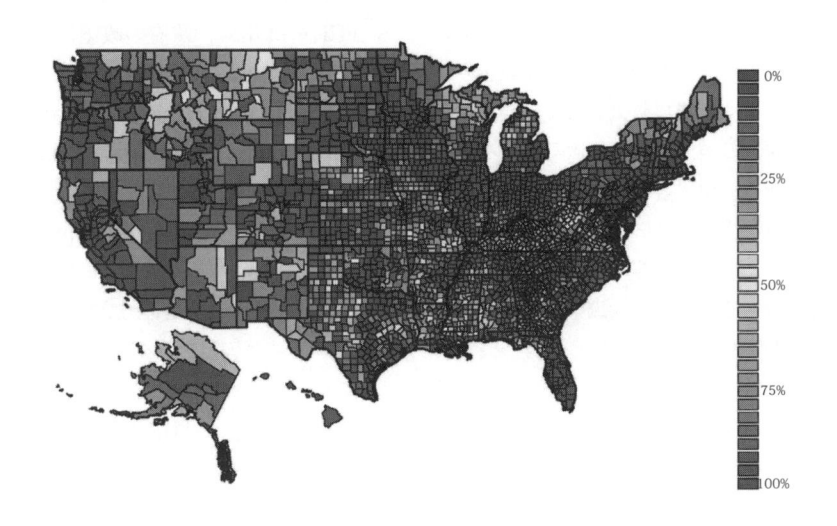

出所：商務省、全米電気通信・情報局、全米ブロードバンド・マップ。

　民間セクター及び公的セクターのブロードバンド導入プログラムは、求人情報や職業訓練、教育ツール、医療サービス、政府資源のような、オンラインで利用できる一連のサービスや支援メカニズムについて、非加入者を教育することに注目することにより、これに対処している。

　本章では、電気通信技術を大々的に取り上げてきたが、技術進歩が大きな社会経済的利益を約束し、公共政策が重要な役割を果たすことのできる他の多くの分野がある。Box 5—5で論じられるように、重要な一例は、電子カルテとその関連技術である。

Box 5—5　電子カルテ

健康情報技術、特に電子カルテ（EHR: Electronic Health Records）の技術進歩は、患者のケアを改善し、医療費を削減する見込みを有している。患者は、同じ病気もしくは関連した病気のために複数の医療従事者による治療をしばしば受ける。ある医療従事者による正しい治療は他の医療従事者が行うことにもよるので、医療従事者間のケアの効果的な調整により治療結果を改善することができる。効果的な調整はまたコストを抑制するのも手助けする。というのは、それは、調整されていない医療の結果として後から生じる問題に対処するコストと、検査や処置の不必要な重複、この両方を回避するからである。

医療従事者間の医療の調整を改善するいくつかの方法は、サービスに対して彼らが支払いを受ける方法の変更にかかわっている。2010年ケア適正化法（ACA: Affordable Care Act）は、現在さまざまな実行段階にある多様な改革を含むが、それらの多くは第四章で論じられている。しかし、そこで論じられていない方法は、より良い技術、特に電子カルテ・システムの適用にかかわるものである。その名前が示すように、電子カルテ・システムによって、検査結果、過去の治療、医療従事者の所見を含め、患者の治療のすべての局面に関し、恒久的で共有化された記録を作成できる。完全に統合されたEHRシステムでは、それぞれの医療従事者は、すべての適切な患者情報に即時に、かつ、完全にアクセスでき、それは、医療の調整を大きく改善し、また、医療過誤を削減する可能性をもっている。

EHRシステムは、処置が互いに整合しないとき、もしくは、予定された検査が行われなかったとき、自動的に警告を発するなど追加的な機能も有する。そのシステムはまた、病院及び他の医療従事者が治療結果をよりうまく追跡し、問題領域を特定できるようにすることによって、より幅広く質を改善するために使うこともできる。

EHRの採用は、政府の政策によって促進されてきた。経済的及び臨床的健全性のための医療情報技術（HITECH: Health Information Technology for Economic and Clinic Health）に関する法律は、2009年の一部として制定されたもので、EHRシステムを含む医療情報技術の採用と使用を奨励した。

HITECH法によって確立された重要プログラムは、メディケア及びメディケイドEHRプログラムであった。これらのプログラムは、病院及び医療専門家に対してEHRシステムを採用する金銭的インセンティブを与え、彼らがそのシステムの「有効利用（meaningful use）」を実証することを求めた。有効利用の規準は、時間の経過を通してますます厳格になっており、患者の医療情報を把握し、臨床診断を支援し、ケアの質を追跡し、調整されたケアを円滑化して医療の諸段階を通じて患者情報を安全に交換するため、医療従事者がEHRシステムを用いていることを実証するよう求めた。

2014年（メディケアについて）及び2016年（メディケイドについて）までにEHRシステムの有効利用を採用、実証する医療従事者は、それらのプログラムからボーナス支払いを得る資格をもつ。メディケイド・プログラムではなくメディケア・プログラムにはまた、EHRシステムの有効利用を採用、実証しない医療従事者に対する支払いの削減が含まれている。2015年までに有効利用を実証しなかったメディケア提供者は、時間の経過とともに大きくなる罰金を課せられる。たとえば、内科医については、罰金は2015年に1％でスタートし、数年のうちに3％以上に上昇する。議会予算局の推計によると、メディケイドEHRプログラムは、2019年までに127億ドルのボーナスを与え、他方、メディケアEHRプログラム

第5章 生産性成長を促進する

はその期間を通じてネットで200億㌦のボーナス支払いをするだろう (CBO 2009)。

HITECH法はまた、インフラに投資し、最良慣行を普及させるなど、医療情報技術の拡散を奨励する諸活動に資金を提供するため、保健社会福祉省に20億㌦を与えた。さらに同法は、調整されたケアを支援し、患者のプライバシーを保護するため、医療従事者間のデータ共有を円滑化する条項を含め、その他一連の変更を行った。

EHRを用いる医療従事者のシェアは、近年、劇的に上昇した。全米外来医療調査のデータが明らかにしたところによると、高度EHRシステム（初期段階の「有効利用」規準を満たすのに必要とされるものよりも概してより高度なもの）を使用している開業内科医のシェアは、2008年の17％から2012年には40％に上昇し（Hsiao and Hing 2014）、全米病院協会の病院に関する年次調査のデータが示すところによると、同システムを採用した病院のシェアは、同じ期間に9％から44％に上昇したという（Charles et al. 2013）。高度EHRシステムのこの飛躍的進歩と整合的なことに、保健社会福祉省は、2013年4月末時点で、適格の内科医の半分以上、適格の病院の80％以上がEHRシステムを採用し、有効利用規準を満たしたと推計している。

特許

イノベーター予備軍がそのイノベーションの経済的報酬に対してもつ権利は、知的財産（IP: intellectual property）権と呼ばれており、その中の主要なカテゴリーの一つが特許で、発明に適用されるものである。図5—10に示されるように、特許は、多くのさまざまな技術分野の発明に与えられる。特許保護の背景にある基本的な経済的論理は単純である。すなわち、成功した発明は、新しいより良い製品をもたらすので、社会にとって価値があるということである。しかし、発明の試みはお金がかかりリスクが高い。もし、うまくいった発明が競争相手にたやすく模倣されてしまうとすれば、発明者となるかもしれない者は、発明が失敗すれば損失を被るが、成功しても得られるものはほとんどないか、まったくない立場におかれるかもしれない。これは、発明に対して資源と労力を費やすインセンティブを衰退させ、しかも発明率の低下は社会にとって良くないことである。この問題を防ぐため、特許保護によって、発明者は自分の発明に対して一時的な独占権を享受できる。この排他性から生じる競争の枠外の価格設定は、投資のインセンティブを提供する。特許保護の別の便益は、特許が公開されることである。そうして、発明はライセンス供与することができ、発明者以外にも他の社会的に価値のある諸目的に資することができる。しかし、特許保護は消費者に害を及ぼすこともある。特許保護が弱かったり、まったく保護がなかったりした場合でも創出されたかもしれない発明については、特許は、同じ発明に対する価格上昇をもたらすだけで、さらなる発明をもたらさない。特許保護の経済的に最適な強さ（たとえば、特許は何年間有効か）は、発明の加速化から生じる便益と、価格上昇から生じる害悪の間に最善のバランスをとったものである。

特許保護に関して言及に値するいくつかの追加的な影響がある。一つの影響は、いくつかの発明が互いに補完的であることで、それは、一つの発明が利用できることによって他のものが開発しやすくなることを意味する。そうした場合において、特許保護から生じた価格上昇は、関連する法的負担、管理上の負担（ライセンス交渉など）とともに、後続のイノベーションのコストを上昇させ、それゆえその速度を低下させるのである。この影響は、経済的に最適な特許の強さを決定するのに重要である。もう一つの影響は、一部のケースにおいて、特許権は、ライバル企業に損害を与えるため、あるいは、当該特許の価値に見合わない特許権使用料を掠め取るために使えるということである。後述のように、特許の審査と執行に関する健全な政策を開発することによって、そのような行動を抑制することは重要である。また、特許が誤って認可されないこと、非自明性、有用性、進歩性をもつ発明に対してだけ確実に認可されるようにすることが重要である。

　本章では、以下、最近、政策査定の対象となっている二つの特殊な特許問題に注目する。すなわち、標準規格必須特許の適切な使用によって規格設定をいかに支援するかについてと、特許権主張事業体の諸活動及びそれらの活動の影響にほかならない。

標準規格必須特許

　給油機まで運転していって、ホースを自動車の給油口にピッタリ合わせられることを、私たちは当たり前のことと考えている。同様に、異なるメーカーによって作られたスマートフォンで互いに通信できるだろう。これらは、一定の製品仕様の標準化の結果生じる**相互運用**の例である。ある産業が相互運用性の標準規格を採用しようとし、その標準規格に利用可能な選択肢が特許発明品を含むかもしれないとき、興味深い問題が生じる。

　その経済的問題の本質は、どのようなときに標準化が市場参加者にとってより良い結果となるのかを決定するメカニズム、また、そのとき、すべての当事者が後に標準規格を実施することで利益にかなうことを確保しながら、発明し、その発明を標準規格として提案するインセンティブを当事者に与えるメカニズムを開発することである。特許に関する経済理論の中心的な前提は、特許の認可によって限定された独占権を与えることが、発明への民間投資にインセンティブを与えるということである。そのような独占権がなければ、投資を行う主体は、投資を価値あるものにするのに十分な報酬を受け取れないかもしれない。これらの独占権は、類似した技術を開発し、販売するのを排除することが目的ではない。原理的には、消費市場におけるある程度の競争は、こうした独占権によって与えられた力を制限する。しかし、仮に特許技術が標準規格となり、市場で販売されるすべての製品に使われるとすれば、その制限は取り除かれる。その結果、特許権者は、標準規格設定プロセスで当初合意されたものより高い価格を課そうとし、技術へのアクセスを不十分に制限するために特許を利用するかもしれない。そのような行動は、その技術の実施を遅らせるかもしれない。なぜなら、その技術に適応するかもしれなかった者は市場から退出するか、それを回避するために他の方法を求めるからである。そのとき、切望された標準規格は、標準規格になりえないのである（たとえば、Gilbert 2011）。

　業界のアクターが、新技術及び潜在的製品の本質的な複雑さとその普及のための市場について理解している可能性が最も高いので、業界ベースの標準規格開発団体による自発的な標準

規格設定には価値がある（DOJ 2013）。標準規格開発団体は、業界のアクターに対して、特許技術を標準規格の一部として提案し、その標準規格に組み入れた技術（あるいは標準規格を決めないこと）に関して合意に達する場所を提供する。決定が行われた後、選ばれた特許は標準規格必須と呼ばれるようになる。すべての実施者と潜在的な実施者が合意された正当な価格（妥当、あるいは、公正かつ妥当な価格）をその技術に支払い、特許技術へのアクセスが不適切に制限されないとき（無差別）、合意された標準規格が認められた標準規格として実際に実施される。ある特許を標準規格の中で使用することを提案することで、特許権者は、その技術の使用に対してより高い単価を課す力を放棄するが、より多くの単位により幅広くその技術を普及させることから報酬を享受する。

標準規格開発団体の背後にある考え方は自発的協力であるので、一つの標準規格が生み出されるという保証はまったくない。標準規格必須特許権者は、妥当かつ無差別（RAND: reasonable and non-discriminatory）という条件でのライセンス供与を抑制する場合がある[14]。そのような場合、定められた標準規格は、実施された標準規格になる可能性が低く、また、市場の力は、ある標準規格が必要とされないこと、あるいは、標準規格が時間をかけて市場で直接的に最もうまく決定されることが示される（Farrell et al. 2007）。

自発的合意が標準規格を生み出さないとき、合意の当事者の中にその合意を遵守していないと考えている者がいるからそうなる場合の例がある。そのような例では、特許権者はRAND条件でライセンスを供与し、司法及び執行手続きによって基本合意を再生することを目指すべきである。つまり、特許権者がRAND特許権使用料を受け取ることを保証することである。

そうでなければ、司法及び執行手続きは、一方の当事者と他方の当事者の勢力均衡を崩し、特許権者の手に過大な市場支配力をもたらすか、あるいは、特許実施者による妥当な使用料の不払いをもたらし、そもそも標準規格を確立することに反対するインセンティブを大きくする（Lemley and Shapiro 2005）。

特許権主張事業体

近年、特許権主張事業体（PAEs: Patent Assertion Entities）と呼ばれる組織が一般的になった。PAEsは、2011年に全特許訴訟件数の24％を起こした。また、2007～11年の期間には、特許訴訟件数の5分の1を起こし、全被告の約3分の1を占めた（GAO 2013）。これらのPAEsは、他社に属する特許権を購入し、その特許技術を使用している企業もしくは個人を相手取って特許権を主張する。この活動の一部は有益である。発明者自身よりも効果的に特許権を主張できるPAEに対して発明者がその特許を後に売却できること、あるいは、そのサービスをたんに利用できることを知っていれば、発明するインセンティブが強くなる。さらに、いくつかの場合には、ライセンスを交渉する取引コストを減少させるため、共通点のない発明者たちによって保有されている特許権を獲得することにより、PAEsが仲介者として機能することは効率的かもしれない。しかしながら、多くの業界ウォッチャーの見解によると、PAEsは善意から特許権を主張しないことがしばしばで、むしろお金がかかりリスクが高い訴訟を回避したい企業から迷惑料を掠め取るためだけに特許権を主張するという。一部の場合には、これらの特許は有効だが価値が低いもので、それは、高コストの訴訟がなければ非常に低いライセンス料しかもたらさなかったことを意味

する。他の場合には、特許は無効であり（あるいは侵害されていない）、高額の訴訟費用がなければ、それらはライセンス料をまったくもたらさなかっただろう（Scott Morton & Shapiro 2013）。

この問題は、スマートフォンやその他の消費者向け電子デバイスにとりわけ現れる（Chien 2012）。これらの製品の多くは、数千の特許に基づく技術を含み、図5—10に示されるように、「電気及び電子」のカテゴリーで認可された特許数は、過去十年にわたり増加してきた。これらの製品に組み込まれた多数の特許、その複雑さによって、価値の低い有効な特許の所有者から、あるいは、無効な特許の所有者からさえ、しばしばメーカーは特許権侵害訴訟を受けるが、コストがかかりリスクの高い訴訟に関する脅威が伴っている。それゆえ、付与される無効である特許数を減らすか、無効な特許を訴えるのをより容易にすることによって、特許訴訟を防衛するコストを削減する方法を見つけること、また、無効な特許数を削減することは、重要な公共政策上の目標である。

これらの特許関連の問題は、発明に対する適切な経済的インセンティブを阻害するが、その解決に向けた重要な一歩が、Box 5—6で詳述された2011年リーヒ＝スミス米国発明法（AIA: Leahy-Smith America Invents Act）の形で踏み出された。AIAは2012年に完全に発効した。その重要な条項は、特許手続きのファストトラック・オプションを提示し、現在未処理の特許を減らす重要な措置をとり、アメリカ人が自分たちの知的財産を海外で保護する力を高めることで、イノベーターのために特許制度を改善するのを手助けしている。

米国発明法のいくつかの条項は、特許商標庁で特許の有効性をめぐる訴訟の代替策を創出す

図5—10 米国で発行された技術カテゴリー別特許（2003～2012年）

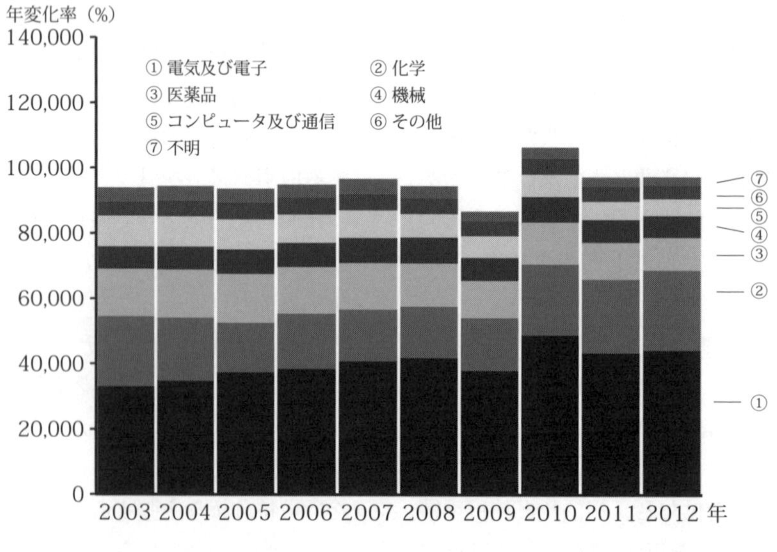

注：「不明」は、一つの特許が、高い十分な収益性をもち、単一の技術カテゴリーに分類できないことを示す。
出所：米国特許商標庁。

第5章
生産性成長を促進する

> **Box 5—6　リーヒ＝スミス米国発明法**
>
> 2011年リーヒ＝スミス米国発明法は、米国の特許制度を刷新するいくつかの重要な措置をとった。同法は、「先発明」主義から移行し、ある発明に対して特許を最初に出願した発明者に優先権を与えるように制度［先願主義］を変更し、米国を他のすべての工業国に調和させた。この変更は、同一の発明に対して特許を出願した発明者間において、誰が最初に発明したかをめぐる紛争の解決にかかる長く高額の行政手続きの必要性を取り除いた。
>
> さらに同法は、以前の制度の特徴であった1年の「先行技術」猶予期間の形態を維持することによって、発明者が早期にそれらの業績を共有する機会を確保するのを手助けする。猶予期間は、特許出願の創造性が判断される以前の知識状態から、発明者、あるいは、発明者からその知見を得た第三者によって、出願日以前の1年間になされた発明の詳細の開示を除外する。猶予期間によって、発明者は、自分の業績を公表し、申請書類を準備し、あるいは、それらの活動が後に出願の障害になることを恐れることなく、出願を支援する資金を調達しようと努力できるようになる。
>
> 同法はまた、新しい製品あるいは方法を開発及び展開するが、それらの特許を取らない選択をするイノベーターに対し、ハイテク業界に一般的な慣行である「先使用権」侵害の抗弁を拡張することによって、特許権侵害訴訟に対する保護を強める。以前は商慣行特許にだけ適用可能であったこの抗弁——侵害したと訴えられている特許化された製品もしくは方法を、独自に開発して使用し、特許出願日より1年以上前にそうしたということを実証できる責任実施者を免除する——は、現在あらゆるタイプの特許に適用可能である。

る新しいプログラム、認可済特許の事後評価のための新しい方法、基準を明確化して厳格化することによって特許の質を高める大きな措置、これらを開発することによってPAEsの問題行動の一部に対処するのを手助けするかもしれない。しかしながら、課題は依然として残されている。特許訴訟を起こすPAEのコストと、それに抗弁する標的企業のコストの間の非対称性はとりわけ問題であり、それによりPAEsは和解金を掠め取ろうとして勝ち目の薄い訴訟を起こせるのである。

2013年6月、オバマ大統領は、これらの課題に対処するため、五つの行政措置と七つの立法勧告を発した。これらには、まず、あまりにも広すぎる特許請求範囲に特許を認めないようにし、また、一度与えられたとしても弱い特許の無効化を容易にすることが含まれる。さらに、大統領の優先事項には、特許権者の同一性に加え、主張された発明の正確な性質に関し、特許出願においてさらなる明確化を要求する措置が含まれる。その他の措置には、特許権者が特許技術を含む製品の（メーカーに対するものとしての）エンドユーザーを訴えるのを難しくする方法、特許訴訟の勝訴当事者に対して弁護士費用その他のコストを与えるため、裁判官により大きな裁量を与える方法が含まれる。

連邦議会はこれらの論点を取り上げてきた。2013年12月、下院はわが政権の優先項目の多くを含む超党派法案を通過させた。関連法案が現在、上院司法委員会で審議されている。

特許に関連したもう一つの重要な政策問題は、製薬業界における特許訴訟の「後発医薬品発売延期への対価支払い」和解（"pay-for-delay" settlements）という現象である。これは以下

Box 5―7　製薬業界の特許訴訟における後発医薬品発売先延ばしへの対価支払い和解

法廷外の和解は、お金のかかる裁判を経ずして紛争が解決されるので、通常、社会的に有益である。しかしながら、特許訴訟の和解が、紛争を効率的に解決する手段ではなく、市場支配力を拡張する手段として使われることもある。近年、これは、製薬特許にかかわるいくつかの裁判で重要な論点であった。これらの場合、ブランド薬の先発医薬品販売企業は、その薬のジェネリック版を販売するため、食品医薬品局（FDA）の認可を求めている1社もしくはそれ以上の会社に対し、特許権侵害訴訟を起こす。争点の特許は、しばしば、薬の有効成分をカバーするものではなく（そのため侵害の評価は通常あまり複雑にならない）、その薬の特定の製法をカバーするものなど、二次的な特許である（Hemphill and Sampat 2011）。ジェネリック参入企業はその侵害を否認し、特許が無効であると主張するか、その製品は侵害ではないと主張するか、もしくはその両方である。特許訴訟は終結し、ジェネリック参入企業が後発医薬品を販売し始める日付を指定する協定を通じて解決されるが、その日付は、和解日以降で特許が期限切れになる前のどこかに指定される。さらにその和解は、ブランド先発医薬品企業からジェネリック参入企業への支払いを定めるものとなる。和解がない限り、その係争は裁判になっていただろう。もし先発医薬品企業が勝訴したとすれば、ジェネリック参入企業は、先発医薬品企業の特許期間が終了するまで参入を妨げられ、逆に参入企業が勝訴したとすれば、FDAの承認を得て即座に参入し、その製品を販売できるだろう。

和解金を支払うのは、被侵害者ではなく侵害被疑者であるという「誤った」道を辿るように見えるので、そのような和解に合意する先発医薬品企業の意思は不可解に見えるかもしれない。しかし、そのような和解が成立するならば、もっと早かったはずのジェネリック参入を「お金を支払う」ことで遅らせることができ、先発医薬品企業は利益を得られるのである。いい換えれば、特許紛争の和解は、市場支配力拡大の手段として使われることがある。

これらの和解を促進するものは、一製品の唯一の売り手の利潤は、二つ以上の売り手の利潤を合わせたものよりも大きいという基本的な経済原理である。なぜなら、唯一の売り手はより大きな市場支配力を有するので、消費者からより高い価格を引き出すことができるからである。それゆえ、ジェネリックの発売を延期する和解は、その薬の集計的な利潤を増加させる。これらの超過利潤は、発売延期の取引に対するインセンティブを生み出す。それぞれの当事者がその取引がなかったときよりも良い結果（つまり、特許訴訟が裁判になるよりも良い結果）になるように超過利潤が分配される限り、両方の当事者はそのような取引を受け入れるだろう。この理由のため、こうした和解は、しばしば、「後発医薬品発売延期への対価支払い」和解と呼ばれる。

後発医薬品発売延期への対価支払い和解は、ジェネリック医薬品の開発を奨励する現行法（最も顕著にはハッチ＝ワクスマン法〔Hatch-Waxman Act〕）を掘り崩す。ジェネリック医薬品が発売されるとき、それらはブランド医薬品よりもはるかに低い価格で提供され、多くの場合大きな市場シェアを獲得する。こうした理由のため、ジェネリック医薬品発売は、消費者と医療制度にとってかなりの節約をもたらす。和解によるジェネリック医薬品の発売延期は、そうした節約を大幅に減らすのである。

先発医薬品特許権者が後発医薬品発売延期への対価支払い和解を行えること、それによってより長い期間特許保護を維持できることは、製薬特許の価値を高めるものとして、それゆえ新薬の発見に投資するインセンティブを高めるものと見なさ

第5章
生産性成長を促進する

れるかもしれない。しかしながら、こうした和解から生じるイノベーション増加の価値は、比較的小さいかもしれない。最も社会的に価値がある医薬品特許は、しばしば、新規分子成分をカバーする特許である。これらの特許は訴訟がうまくいくことは比較的少なく、そのことは、ジェネリック参入企業が裁判で勝訴する見込みがほとんどないか、魅力的な発売延期への対価支払い和解の見込みがほとんどないことを意味する。その結果、そのような和解の禁止は、新規分子成分の発明に投資するインセンティブに、大きな影響を及ぼさないかもしれない。代わりに、発売延期への対価支払い和解は、しばしば、既存医薬品の漸進的改良の特許にかかわるもので、新しいバージョンの先発医薬品の処方箋が、古いバージョンの先発医薬品と同等の既存のジェネリック薬に合わないようにするためだけの特許である。発売延期への対価支払い和解を行えることは、この種のイノベーションを奨励するが、しかし、社会的便益は多くの場合比較的小さくなりそうである。

発売延期への対価支払い和解は、相当な数の訴訟の目的となっており、アンドロジェルと呼ばれる薬にかかわる、FTC 対アクタヴィス事件の2013年に出された最高裁判決で最高潮に達した。最高裁は、「発売延期への対価支払い」和解は、違法性が推定されるわけではないが、しかし、反トラスト法に基づく訴追から免れるわけではないとの判決を下し、下級裁判所による異なる判決を部分的に解決した（FTC v. Actavis 2013 を参照せよ）。しかしながら、最高裁は、そのような和解がどのように扱われるべきかに関して具体的なルールを確立しなかったので、こうした訴訟がどのように実際判決を下されるのかについて、かなりの不確実性が残っている。

わが政権は、会社が発売延期への対価支払い合意に至るのを止める明示的な権限を連邦取引委員会に与える立法を提案している。前述の理由のため、そのような権限は、消費者に対し、また、メディケア、メディケイド、国防総省、退役軍事省によって支払われる薬価の引き下げを通じて連邦政府に対し、数十億ドルの節約をおそらく生み出すだろう（CBO 2011 及び FTC 2010 を参照）。

の Box 5—7 で論じられる。

結論

生産性成長によって、一定の希少資源がより多くの産出を生み、全体としてより高い生活水準をもたらすことができる。成長を高める技術へ最適な投資をするように導くインセンティブが民間主体にある場合、政府の政策は干渉すべきではない。しかし、それ以外のときには、政府からの軽い接触は、インセンティブを整えるか、見当たらないインセンティブの代わりに機能するのに必要である。それは、政府自体が研究を行う、民間研究の補助金、あるいは、適切な知的財産権の法律、規制及び執行という形態である。さらに政府は、生活水準を高める生産性向上からすべての市民が確実に利益を受けられるようにする役割をもつ——わが国市民の可能性をさらに広げることによって、生産性成長それ自体を高められる好循環を形成する措置である。

（注）

1　出所：Parker and Klein（1966）, 1870 Census of Manufacturers, Iowa State University Extension Service（2013）, Bureau of Labor Statistics, USDA Economic Research Service.

2　全要素生産性の推計における他の多くの課題のうちの一つは、一つの景気循環を通じて投入物の利用の強度が変動するということである。たとえば、労働者を雇用し訓練するのはコストがかかるため、企業は穏やかな景気下降においては一部の労働者を保有するかもしれないので、産出の変動は雇用の変動よりも大きい（失業率という用語で練り直されると、それはオークンの法則として知られる関係である）。BLS MFP 統計は、要素利用の変化に合わせて調整しておらず、MFP の循環的変動を生み出すことがある。バスら（Basu, Fernald, and Kimball 2006）は、そのような循環的変動に合わせて調整するためのアプローチを提供し、また、彼らの方法を用いて作成された四半期の TFP 統計は、現在、サンフランシスコ連邦準備銀行によって整備されている（Fernald 2012）。

3　戦後の生産性の実績に関するこの議論は、非農業民間企業についての統計を引用している。農業における生産性成長によって、より少ない資源しか向けないことがどのようにして可能になったかに関する最初の議論を想起せよ。1947 年までに、農業は GDP のうち 9 ％未満のシェアを占めるにすぎなくなった。今日、そのシェアは約 1 ％である。

4　集計的生産関数がコブ＝ダグラス型生産関数、$Y = AL^{\alpha}K^{1-\alpha}$ によって表現されると想定しよう。Y は実質産出、L は労働の質の単位で計測された労働投入、K は資本、A は生産に対する技術の寄与率、すなわち、A は TFP であり、α は定数である。このとき、1 労働時間（H）当たりの産出は、$Y/H = A(L/H)^{\alpha}(K/H)^{1-\alpha}$ となる。したがって、1 労働者当たりの産出の年間成長、すなわち、労働生産性の成長は、A つまり TFP の成長に、1 労働時間当たりの労働の質の成長である L/H の成長の α 乗、資本・労働比率の成長である K/H の 1-α 乗を加えたものである。トロンキスト集計を用いることによって、BLS MFP 計測値では、時間を通じてシェア（α）が変化し、集計的コブ＝ダグラス型生産関数を必要としないのである。

5　最近の生産性成長トレンド研究における事実発見は、異なる生産性レジームを識別するのに用いられる統計的アプローチに依拠する傾向がある。カーンとリッチ（Kahn and Rich 2011）やフェルナンド（Fernald 2012）を含む論者たちは、不連続性あるいはレジーム・シフトを採用しており、生産性成長ブームは終わったとの結論に至る傾向がある。他方、オライナーら（Oliner, Sichel, and Stiroh 2007）は、生産性成長がよりゆっくりと進化する手法を用い、減速についての証拠をほとんど見つけていない。

6　そのような現在可能な職場再編の一例は、情報端末を用いた在宅勤務である。たとえば、Bloom, Liang, Roberts and Ying（2013）; Noonan and Glass（2012）, Bailey and Kurland（2002）; and Busch, Nash, and Bell（2011）を参照のこと。

7　これらの論点は、2013 年 2 月、ゴードンとブリニョルフソンで戦わされた TED ディベートにおいて論じられている。

8　BLS から得られる代替的な統計は、全非農業労働者についての 1 時間当たりの実質総報酬（CPI デフレーター）を計測するものである。この計測値は賃金だけでなく給付も含んでいる。1972 年以降、1 時間当たりの実質総報酬は、1 時間当たりの賃金よりも増加したが、しかし、わずか 46％増えたにすぎなかった。BLS は報酬を実質賃金と実質給付に分解しているが、それは 1991 年以降に利用できるようになったものである。それ以来、実質賃金は 7 ％成長し、実質給付は 22％成長したが、雇用主による医療保険への拠出の大きさにおいて、給付の力強い伸びが見られた。

9　本『報告』の図 6―2 が示すところによると、大リセッション及び直近の回復においては特に、より低い五分位について所得の成長がより遅かった。これが長期的トレンドにいかなる含意をもつのかいうことは時期尚早である。

10　CBO によると、不平等の計測値に循環的変動があり、両年とも景気循環のピークであるので、1979 年と 2007 年を比較ポイントとして選択したという。

11　この理論は 2008 年以前のデータに基づく。米国

第5章
生産性成長を促進する

経済は長い間いくぶんのスキル不足となっていたが、それは失業ではなくむしろ賃金格差という形態をとる傾向があった。それは、大リセッションを特徴づける総需要の大規模なショックについて、あるいは、経済がそれから依然として回復途上であるショックに推進された失業について説明しない。

12 開発経済学の研究が示唆するところによると、一国の経済実績のカギとなる要因は、たとえば法の支配や明確な財産権といった「諸制度」である（Hall and Jones 1999, Rodrik et al. 2004）。

13 Delgado et al.（2012）で論じられているように、一国の経済実績の一決定要因は、その科学及びイノベーションのインフラである。著者らは、このカテゴリーに、科学研究機関の質や数学及び科学教育の質など、協力的な政府政策によって影響がある多くの要因を含めている。

14 ときには、ライセンス契約は公正、妥当、かつ無差別という条件である。

175

第6章
「貧困との戦い」から50年
進捗報告

リンドン・B・ジョンソン大統領は、1964年1月8日に「米国における貧困に対する徹底的な戦い」を宣言し、その後数年にわたって、「貧困の軽減だけでなく、それを取り除き、そして、何よりも、それを予防するための」一連のプログラムの創設を監督した。ジョンソン大統領の経済諮問委員会は、「高水準の雇用の維持、経済成長の加速、差別との戦い、地域経済の改善、都市部及び地方のコミュニティの再建、労働市場の改善、教育機会の拡大、若年層向けの就業機会の拡大、国民の健康の改善、成人向け教育・訓練の促進、高齢者及び障害者への支援」といった多くの重要な点を1964年の『大統領経済報告』において概説した。報告は次のような宣言で結ばれている。「まさに今、すべての人間の価値と可能性に対する信頼を再び取り戻し、過去の歴史と現状がどのようなものであっても、すべてのアメリカ人がわが国に貢献できることを認識し、政府が福祉を促進する行動とリーダーシップに対する責任をとれるようにすべきときである」。

「貧困との戦い」は、連邦政府が、所得補助・栄養補助、教育へのアクセス、スキル訓練、健康保険を改善することに、そして低所得のアメリカ人のため、その他無数のサービスを改善することにリーダーシップをもつという新しい時代を到来させた。ジョンソン大統領の任期中に、議会は、公民権法、経済機会法（Economic Opportunity Act)、フードスタンプ法、初等・中等教育法、マンパワー法、メディケア、メディケイド、高等教育法、児童栄養法など、現在のわが国における社会福祉制度の基本要素を提供した数多くの法律を可決した。それ以後、これらのプログラムの多くは、現代のセーフティー・ネットがそれらを最も必要とするときに家族を支援できるように、また、彼らを労働力に繋ぎ続けられるように、改革され、更新されてきた。

「貧困との戦い」の初期には楽観主義が高まっていた。ある立案者は一世代のうちに貧困は根絶されるだろうと予測し、「長い間、人間の運命であった窮乏や退廃の多くと無縁の豊かな社会の兆し」（CEA 1964）すら見ていた。ジョンソン大統領の壮大な宣言から50周年記念〔となる本年〕は、貧困の削減に関するわが国の達成度を評価し、彼の宣言の結果として創設され、もしくは強化された貧困と戦うプログラムの実績を評価する機会を与えている。貧困層の人びとの物質的な状況が改善されてきたことは疑いようのない事実である。屋内配管（indoor plumbing）を有する貧困層の割合は1960年の58％から2011年の99％へ増加し[1]、最も高い剥奪（deprivation〔極度の貧困〕）水準にあった群の乳幼児死亡率は1969年の1000人中23.2人から2000年の1000人中9.1人にまで低下した[2]。今日、貧困層にあるアメリカの子どもが、すべて、手ごろな健康保険にアクセスでき、ケア適正化法によってメディケイド

第6章
「貧困との戦い」から50年

の拡充に取りかかった州に住む貧しい成人が、同様に手ごろな健康保険にアクセスできる。しかし、われわれは、貧困の中で暮らすアメリカ人の割合をどれほど減らすことができただろうか。実際、「貧困との戦い」を始めてから貧困率は大きく低下したが、この改善のうち、どれほどが政府の努力によるものだろうか。そして、これが意味する将来の政策への教訓はなにだろうか。

本章は、まず、貧困の測定に挑むことによって、次に、「貧困との戦い」による進展をたどるためには、公式貧困測定（official poverty measure）には限界があるということに光を当てることによって、これらの疑問に答えていく。現代の測定方法に基づく貧困に関する新しい歴史的推計法を利用することによって、本章は、過去50年にわたる貧困の変化をより正確な姿で示し、これらの変化に対するセーフティー・ネットの寄与を推計する。大統領経済諮問委員会（CEA）は、仕事と所得、健康、食料の確保、教育的成果、その他評価できる成果に対する反貧困プログラムの効果に関する研究を再検討するが、本章は、貧困と経済的流動性に対するそれらのインパクトにまず焦点を合わせる[3]。最後に、本章は、手ごろな健康保険へのアクセスの拡大と就労している家族に対する税額控除の拡大によって、そして、フルタイムで働く両親が貧困状態で彼らの子どもたちを育てることがないように手助けする大統領の提案によって、低所得のアメリカ人の物質的な困窮の軽減にオバマ大統領が果たしてきた役割を議論する。

貧困の測定――米国において誰が貧しいのか

影響力の大きかった1962年に著されたマイケル・ハリントンの『もう一つのアメリカ』（"The Other America"）は、貧しい人びとを「見えない国」に住んでいると描写し、1964年の『大統領経済報告』はその世界を「ほとんど認識できないし、彼らの同胞であるアメリカ人の多くにも、めったに認識されてこなかった」と記述した。ジョンソンの「貧困との戦い」の初期における一つの成果は、公式貧困測定を開発することによって、貧困問題に光を当てたことである。その統計は、69年8月以降、毎年、政府によって公表されている[4]。この測定方法は、その当時は合理的であったが、貧困との戦いによってもたらされた進展をとらえるには不適切なものとなってきた。その結果、現代の貧困測定は、誰が貧しいのか、そして、それが長期的にどのように変化してきたのか、こうした点について異なる来歴を語る。

貧困の測定

貧困を定義することでさえ、論争を巻き起こすのであるから、貧困を測定することは単純な作業ではない。貧しい人びとに関する常識的な定義からすると、「彼らを充足させるための収入よりも基本的ニーズが上回っている人びと」と定義されるが、これは、何が基本的ニーズを構成するのか、どのような資産を家族の収入として算入すべきなのかという、さらなる概念上の選択肢を必要とする。住宅、衣服、交通のような最も必需の消費項目に関する最低限のニーズについても、一般的に受け入れられる基準はない。さらに、われわれの最低限のニーズに関する考え方も、時間とともに変化してきたかも

しれない。たとえば、中所得の家庭の一部しか、1963年には室内の温水・冷水の設備を有していなかったが、今日では、すべての家庭の99％以上が完全な屋内配管を有している。

公式貧困測定

社会保障庁の経済学者モリー・オーシャンスキー（Moillie Orshansky）は、1963年から64年の間に公式貧困閾値（offical poverty threshold）を開発した（Fisher 1992）。当時、米国農務省は、55年家計食料消費調査のデータを用いて一つの食事プランを策定した。そこでは、その最低限の費用を、「所持金が少ないときに、その場しのぎに、もしくは緊急に利用する」ための費用とみなした。この調査に参加した家族は、平均して彼らの所得の約3分の1を食料に充てていたので、オーシャンスキーは、家族の規模、構成、そして、家族が農場で生活しているか否かで調整し、この「経済的な食事プラン」（economy food plan）〔必要最低限の食事〕に必要な費用の3倍を貧困閾値とした。

1963年度に貧困閾値として最初に利用されたこれらの所得の境界値は、それ以降、公式な貧困閾値の基準としても利用されてきた。これらの金額は、貧困を超えるために必要な所得の実質価値を把握するためにインフレーションに対して調整されてきた。インフレ調整のために利用される物価指数や、家族構成や農場に関する調整を含む統計上の微調整が行われてきている。

貧困線と比較されるべき家族の資産を定義する際に、オーシャンスキーは税引き後の貨幣所得を用いて閾値を策定した。その所得概念は、1955年の家計の食料消費調査で用いられたものである。しかしながら、彼女は、人口現況調査（CPS: Current Population Survey）データの限界のため、所得に関する全米的な唯一の情報源である（現金移転支出を含む）税引き前の貨幣所得を利用せざるをえなかった。当時、これは可処分所得に関する適切な概算であった。なぜなら、低所得の家庭は連邦所得税の納税義務も、債権も有していなかったし、現物支給もセーフティー・ネットとして量的に重要ではなかったからである。

補正貧困測定

オーシャンスキーの測定は、1960年代の貧困を合理的に描写したが、その測定は十分に発展してこなかった[5]。今日、たとえば、非保健プログラムとしては二つの最大規模の貧困層に向けた支援である勤労所得税額控除（EITC: Earned Income Tax Credit）と補足的栄養支援プログラム（SNAP: Supplemental Nutrition Assistance Program）は、公式測定でほぼ見逃されている。そのため、貧困と戦う際のこれらの手段の成果を評価することを不可能にしている。過去50年間に、研究者たちは公式測定の多くの欠陥を指摘し（Box 6―1）、家族のニーズと資産をより包括的に測定できる代替的な貧困測定の開発を行ってきた。センサス局は、貧困閾値と家族の資産に関する計測方法が公式測定とは大きく異なる補正貧困測定（SPM: Supplemental Poverty Measure）を作り出した[6]。2011年に初めて公表されたこの測定は、食品、住居、衣服、公共料金（utilities）を含む必需品支出に関する支出分布の第33百分位に位置する家族の最近の支出を用いて貧困閾値を計算している[7]。その金額は、住宅が持ち家か賃貸か、住宅ローンがあるかないかによって家族ごとに別々に計算されて、その他の必要な支出に対して20％多く認めている。さらに、家族の規模、構成による差異に基づいて調整が行

第6章 「貧困との戦い」から50年

Box 6―1　公式貧困測定の欠陥

公式貧困測定（OPM: official poverty measure）には、貧困の水準と貧困の歴史的な変化に関するわれわれの理解を歪めるようないくつかの欠陥がある。おそらくOPMの最も重大な問題は、税引き前の所得に（現金による福祉給付、ソーシャル・セキュリティーもしくは失業保険支払いのような）現金支払いを付加してはいるが、課税や税額控除もしくは非現金支給を加味しない家族の資産の計測である。そこには、「（税引き前の、移転前の資産という）市場貧困（market poverty）」と貧しい人びとに対する政策の効果を考慮に入れた暮らし向きを反映している「税引き後の、移転後の貧困（post-tax, post-transfer poverty）」の間に統計的に不確実な状態が存在している。

その他のいくつかの欠点は、さらに技術的なものである。まず、基本的ニーズの費用を定義するドル価値もしくは貧困閾値は1960年代に設定され、最初は食品価格指数を用いて、1969年以降は消費者物価指数（CPI: Consumer Price Index）を用いて、毎年、更新されてきた。CPIの利用は、歴史的比較の有用性を制限する公式測定の問題の一因である。物価計測における統計的発達（たとえば、住宅費の賃貸料の等価変換、ある種の大規模購入に関する質的調整、同様の商品に対する幾何平均）は、CPIが1980年代初頭以前のインフレーションを相当、過大評価していたということを明らかにしている。そのため、基本的ニーズの費用の過大な推計と高めの貧困基準をもたらした。CPI-U-RS（現代の統計手法を用いて一貫性をもって推計した時系列データ）を用いてOPM値を改訂すると、1966年から2012年までの貧困が減少したという結論に至るが、貧困は公式測定の描くデータよりも3％ポイント大きくなる。OPMの閾値のその他の欠陥は、生活費の地理的な多様性、家族の規模や構成に関連した家計の多様性を正確に反映していないことである。

OPMと補正貧困測定（SPM: Supplemental poverty measure）の双方を含め、現行の所得に基づくすべての貧困測定は、所得と給付を過小に計測する難点がある。たとえば、メイアーとサリバン（Meyer, Mok, and Sullivan 2009）は、1984年3月のCPSの応答者が要扶養児童家族扶助（AFDC: Aid to Families with Dependent Children）、貧困家庭臨時援助（TANF: Temporary Assistance for Needy Families）による給付額の75％しか報告していなかったこと、そして、その数字が2004年には49％に低下したことを明らかにしている。SPMには算入されるが、OPMには算入されない補足的栄養支援プログラム（SNAP）給付は、84年には給付額の71％が報告されていたが、04年には57％であった。過小報告は計測される貧困を増加させる傾向があるだろう。そのため、長期にわたる過小報告の増加は、この間の貧困率の低下を過小に評価している。また、過小報告は、上述されたように、貧困に対する政府プログラムの推計される効果が本当の効果よりも控えめに低く推計される可能性が高いことも意味している。

われ、そして、公式測定とは異なり、閾値は生活費の地理的多様性に対しても調整されている（Short 2013）。

また、補正貧困測定は、より多くの収入源とより幅広い必要な支出を説明するより正確な可処分所得に関する計測も用いている。公式測定とは異なり、SPMは税引き後、移転後〔給付後〕の資産を用いている。その資産は、家族の所得に、すべての現金給付（cash transfer）と（たとえば、SNAPやフリーランチのような）現物給付（in-kind transfer）の貨幣価値を足し、家族の所得から純納税額を引いたものである。な

Box 6—2 消費貧困測定

消費を基準とする貧困（Consumption-based poverty）は、財とサービスに関する閾値に対する家計の支出額を計測し、住宅や自動車のような大規模で頻繁ではない購入から「サービスフロー」を推計している。メイアーとサリバン（Meyer and Sullivan）は一連の論文（2003, 2012a, 2012b, 2013）において、消費は積み立てられた資産、将来の期待所得、クレジットへのアクセス、家族や友人からの支援、非市場所得、政府プログラムの保険価格などを反映しているので、消費は低所得の家計の資産をよりよく計測できることを論じている。また彼らは、消費データはSPMに含まれるいくつかのセーフティー・ネット給付について、特に、貧困層の家計もしくは貧困層に近い家計について、より正確に報告されていると主張している。

下記の図は、メイアーとサリバン（Meyer and Sullivan 2013）で示された消費貧困の計測値のトレンドを示している。それは、2012年までデータが更新され、12年のSPM計測値と同水準になるように調整されている。統計的な相違は背後にあるが、消費貧困とSPM所得貧困のトレンドは、長期にわたって著しく似通っている。たとえば、それぞれの測定で示されている1972年から2012年までの貧困の低下はほぼ同一である。

消費貧困に対する特定の政府プログラムの効果を測定することは困難である。なぜなら、SPMにおける所得に比べ、特定の政府プログラムから派生する消費を特定し、取り除くことが難しいからである。しかしながら、二つの測定が類似している事実は、給付の過小報告は、誰が貧しいのか特定する際にそれほど影響をもっていないことを示唆している。さらに、測定の類似性は、貯蓄もしくは友人や家族からの借入による支出が貧困からの脱出を可能にすることはほとんどないことも示唆している。

消費に基づく貧困とSPM貧困のトレンド（1961〜2012年）

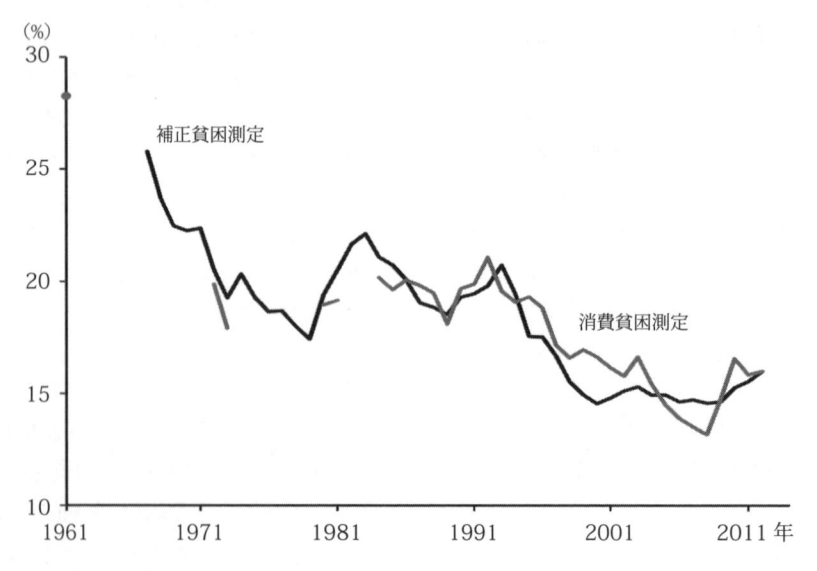

出所：Wimer et al.(2013); updated data from Meyer and Sullivan (2012).

お、純納税額は、EITC や CTC のような還付可能な税額控除を受けている家族にとっては負の数値に〔還付額が納税額より多く〕なることもありうる。さらに、仕事や養育に必要な支出は資産から差し引かれる。

補正貧困測定は、医療費の自己負担支出も家族の資産から差し引いている。なぜなら、それらの資金はその他のニーズのためには利用可能ではないからである。SPM は、非ヘルスケアの財とサービスに関する剥奪の指標とみなすこともできるだろう[8]。しかしながら、それは、ヘルスケア給付に関する正確な実態を提供していない。むしろ、SPM は、健康保険が家計の自己負担分の医療費を削減し、その他の用途のために資金を使えるようにする限りにおいて健康保険を評価している。それは、保険がヘルスケアへのアクセスを改善するので生じるかもしれない恩恵、健康状態を改善するかもしれない恩恵、もしくは金銭的なリスクにさらされることによるストレスを軽減する恩恵を見落としている。結果として、SPM が捉える貧困において計測されるトレンドは、保険へのアクセス拡大のこれらの恩恵を無視することで、「貧困との戦い」以降の経済的困難の軽減における進展を過小評価しているかもしれない。

補正貧困測定の設計の重要な側面の一つは、インフレーションだけに対する固定的な調整よりも、必需品に対する家族の支出に関する最近のデータをもとに毎年調整される最低限のニーズの定義である。食品、住居、衣服、公共料金を含む一連の必需品に対する家族の支出を考慮することによって、そして、第 33 百分位に位置する家族の支出額に基づく貧困率を設定することによって、SPM はこれら必需品のシフトに対する社会の支出パターンとして貧困閾値を調整している[9]。閾値のこのタイプは、閾値が所得とともに上昇する傾向があるという意味で「準相対的（Quasi-relative）」であり、中位家計所得の半分のところに閾値を設定するような純粋に相対的な貧困定義において所得と直接的につながっているわけではない。

代わりに、本章の議論の的である「固定的な（anchored）」バージョンの補正貧困測定を作ることは可能である。固定バージョンは、公式測定のように、ある年の必需品に対する支出に基づいて貧困閾値を固定し、そして、その後、毎年、インフレーションに対してのみ調整を行う。このバージョンは、食品、住居、衣服、公共料金に支出される基本的ニーズの構成内容に関する固定的な評価を設定する一方で、長期にわたって貧困を測定するうえでより包括的な資産の定義を用いることができる。また、固定的測定は、貧困は根絶させることができると信じた「貧困との戦い」の立案者のビジョンにより一致している。その閾値は所得とともに速やかに上昇するので、相対的な測定によって定義される貧困を削減することはほぼ不可能かもしれない[10]。

誰が貧しいのか

ジョンソンの戦いにとって「敵を理解する」試みとして、1964 年『大統領経済報告』は、「貧困の図」を描く表を提供した。表 6—1 が示すように、60 年以降、多くが同様のままだが、いくつかの指標は変化してきた。2012 年について、表は公式貧困測定と補正貧困測定の両方で計測された貧困率を示している[11]。公式測定は、二つの時期の多様なグループの相対的貧困を比較するために掲載されているが、上述のような公式測定の欠陥のため、二つの時期における貧困水準の変化を比較するために利用されるべきではない。次の節では、一貫した測定を用いたトレンド・データを提供する。利用可能な

表6—1　特性ごとの貧困率（1959〜2012年）

	1959年	2012年	
	公式貧困測定	公式貧困測定	補正貧困測定
すべての人びと	24.3	15.1	16
家計の特性			
世帯主が前年就業	17.8	10	10.5
世帯主が前年就業せず	55.7	27.4	29.2
世帯主が既婚	18.9	7.9	10.2
世帯主が独身女性	47.4	29.1	28.9
個人の特性			
高卒未満（25〜64歳）	25.3	33.9	35.8
高校卒業（25〜64歳）	10.2	15.6	17.5
大学（25〜64歳）	6.7	4.5	5.9
18歳未満	26.8	22.3	18
65歳以上	39.9	9.1	14.8
女性	24.9	16.4	16.7
アフリカ系アメリカ人	57.8	27.3	25.8
ヒスパニック系	40.5	25.8	27.8
アジア系	N/A	11.8	16.7
アラスカ先住民/アメリカ先住民	N/A	34.2	30.3
白人	19.5	9.8	10.7
移民	23.0	19.3	25.4
障害者（18〜64歳）	N/A	28.4	26.5
大都市圏以外に居住	32.7	17.9	13.9

注：世帯主の特性に基づいて計算。集団宿舎で生活している者は除く。
出所：センサス局；CEA計算。

SPMの歴史的推計値は1967年に始まったばかりなので、表6―1は60年のセンサスを利用した59年の公式貧困率のみを示している。

雇用

意外なことではないが、雇用は貧困に関する最も有力な予兆の一つである。1959年には、世帯主が年間を通じて失業している家計の個人では、55.7％が貧しかった。この数字は、世帯主が年間を通じて一週間だけでも働いた家計における個人の貧困率の3倍である。この割合は、29.2％に低下したが、世帯主が年間を通じて失業していた家計の個人は、世帯主が働いた家計の個人よりも依然として貧しくなる可能性が3倍高い。

しかしながら、今日、フルタイムの雇用は、すべての家族を貧困から脱出させるのに十分ではない。2013年にフルタイムで、年間を通じて働いた個人に支払われる最低賃金は年間で約1万4500ドルである。もし、彼らに1人の子どもがいるなら、この程度の所得だけでは、そのような労働者を貧困閾値以下に置き去りにしてしまう。EITC、SNAP、その他の給付は、2人だけの家族を貧困線の上に引き上げるが、それよりも大きな家族、たとえば、3人の子ども

第6章 「貧困との戦い」から50年

がいるような家族の場合、フルタイムで年間を通じて最低賃金で働いて、政府支援を受けても、その家族を貧困から引き上げるのには十分ではないだろう。

教育水準

貧困防止における教育の役割は、時とともに、ますます重要になってきている。1959年には、高校中退者は、大学卒業者よりも貧困に陥る可能性が3.8倍高かった。しかし、2012年には、彼らが（SPMベースで）貧しくなる可能性は6.1倍、高い。教育による貧困ギャップの拡大は、低学歴の者よりも大学卒業者に対してより大きな勤労所得をもたらす所得の不平等の拡大によってもたらされている。

子ども

SPMはわが国の貧困と戦うプログラムによって子どもたちが大きく助けられていることを示しているが、1959年同様、今日の子どもの貧困率は人口全体の貧困率よりも高い。税と現物給付を考慮に入れると、子ども以外の者の貧困のギャップは縮小する。公式測定によると、2012年の子どもの貧困率は22.3％であり、全体の割合よりも48％近く高い。しかし、公式の貧困率は、子どもに対する最も重要な反貧困プログラムであるEITC、その他の還付可能な税額控除、SNAPの貢献を無視している。これらの資金的価値を含めると、SPMは子どもの18％が貧しいと推計している。この割合は、全体の貧困率よりも12.5％（2％ポイント）高い。

高齢者

「貧困との戦い」の最も先駆的な成功の一つは高齢者の貧困率の大きな削減である。1959年に、高齢者の貧困率は高く、（OPMベースで）65歳以上の高齢者の39.9％が貧困の中で生活していた。今日、65歳以上の高齢者の貧困率は全米平均以下である。SPM計測値を利用すると、高齢者の貧困率は14.8％であり、この数字はOPM計測値でとらえた場合よりも50％以上、高い。この相違の理由は、SPMが医療費への支出を家族の資産から差し引くからであり、高齢者がより多くの医療費を支出する傾向があるからである。実際、医療費の自己負担額を差し引かなければ、測定される高齢者の貧困率はわずか8.4％となり、公式の貧困率である9.1％よりも低くなるだろう[12]。メディケアとメディケイドがなければ、高齢者の医療費の自己負担額はSPM貧困率の14.8％よりもほぼ確実に高くなるだろう。

女性

女性は男性よりも貧困に陥る可能性が高く、2012年における女性の貧困率は16.7％であり、それに対して男性では15.3％である。このギャップは、18～64歳（独身男性20.2％に対して22.9％）及び65歳以上（独身男性16.1％に対して21.2％）の独身女性が高い貧困率にあることを大きく反映している。

このことは、子育てに対する責任が、独身の就業年齢にある女性にとって、貧困率のギャップをつくっている一因である。2012年は18～64歳の独身女性のほぼ3分の1（31.0％）が子どもと一緒に生活しており、彼女らの貧困率は27.5％であった。12年には18～64歳のシングルマザーのうち3分の1を超える程度（35.2％）が、年間を通じてフルタイムで雇用されていた。それに対して就業年齢の独身男性の44.6％、自宅に子どものいない就業年

183

Box 6—3　女性と貧困

女性の貧困率が男性よりも高い状況は続いているが、女性の貧困率が男性の貧困率よりも大きく低下しているため、そのギャップは長期的に縮小してきている。次の図は、就業年齢にある女性と男性のギャップが 1967 年から 2012 年までに 4.7％から 1.7％まで縮小してきたことを表している。

女性の貧困率の減少は、貧困率の高いシングルマザーの増加によって抑えられてきた。シングルマザーである就業年齢にある女性の割合は 1967 年から 2012 年までに 11.6％から 16.1％まで上昇した。（既婚の母親という）グループの貧困率は 67 年のそれと変わらずにいるので、この変化は就業年齢にある女性の貧困率を 2.1％ポイント引き上げてきただろう。実際、既婚の母親のグループの女性の貧困率は、本章で上述されたセーフティー・ネットの影響の拡大だけでなく、就業の拡大、学歴の上昇、家族の小規模化によって、低下してきたキャンシアとリード（Cancian and Reed 2009）。

貧困者に対する政府による給付、社会保険プログラムの効果は、男性よりも女性の方が若干、大きい。これらのプログラムは、2012 年の就業年齢にある女性の貧困率を 8.1％引き下げた一方で、就業年齢にある男性のそれを 6.4％引き下げた。この性別による〔政策効果の〕格差は長期的にかなり安定しているので、これらのプログラムの拡大は上述の貧困のギャップの縮小の要因ではないことを示唆している。むしろ、性別による貧困のギャップの縮小は、男性よりも女性の学歴や就業率が上昇していることによるものだろう。

性別ごとの就業年齢の成人の SPM 貧困率（1967 〜 2012 年）

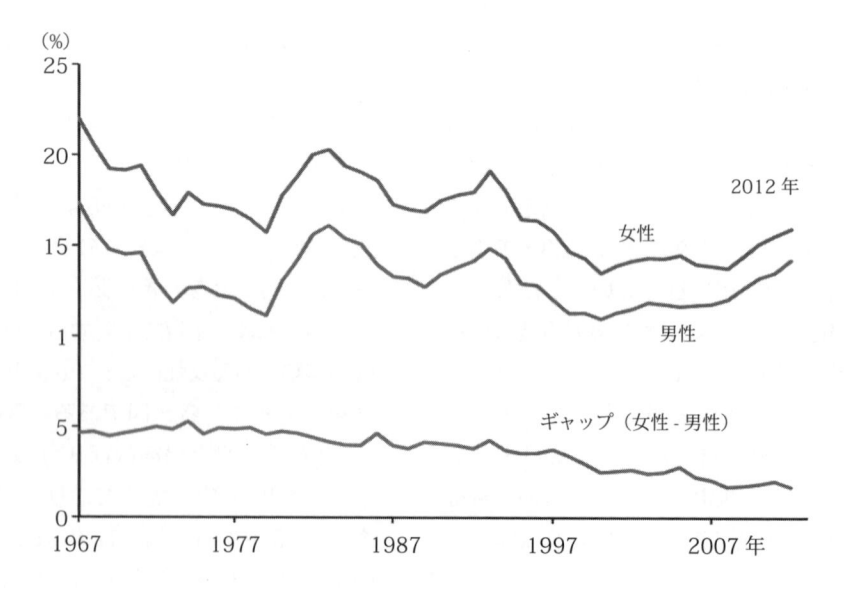

出所：Wimer et al. (2013).

第6章 「貧困との戦い」から50年

齢の独身女性の43.3％が年間を通じてフルタイムで雇用されていた。幼児保育に対する支援の拡大は、母親の就労時間と勤労所得に正の影響を与えることが明らかにされてきている（Connelly and Kimmel 2003; Misra, Budig, and Boeckmann 2011）。男性に比べ、高齢の独身女性の高い貧困率は、低い生涯賃金が原因となっている低いソーシャル・セキュリティー給付、低い年金給付対象率、個人の貯蓄を長生きして使い果たしてしまう可能性を高める長寿といった要因の組み合わせを反映している。

人種と民族

すべての人種・民族グループの貧困率は長期的に低下し、人種間のギャップもわずかながら縮小してきた。しかしながら、懸案のギャップは依然として存在し続けている。1959年にアフリカ系アメリカ人の5分の3近くが貧困の中にあり、その割合は、白人の貧困率のほぼ3倍であった。貧困にあるアフリカ系アメリカ人の割合は、それ以降、半分以上、低下してきたが、まだ25.8％であり、アフリカ系アメリカ人のSMP貧困率は相変わらず白人の10.7％の2倍以上である。今日、ヒスパニック系のSMP貧困率は27.8％であり、アフリカ系アメリカ人のそれと同等である。しかしながら、これは、過去50年にわたるヒスパニック系の貧困率のわずかな低下を映し出しているのである。アフリカ系アメリカ人とヒスパニック系については、公式貧困率も補正貧困率も同様の来歴を語る。しかしながら、SPMはアジア系アメリカ人の貧困率が全米平均よりわずかに高く、16.7％であることを明らかにしているが、彼らのOPM貧困率は全米平均よりも低い。アジア系アメリカ人のSPM貧困率が高いことは、彼らが生活費の高い大都市圏（たとえば、ロサンゼルス市やニューヨーク市）に住む傾向があること、そのような地域のSPM貧困閾値は生活費の地理的調整によって高いことをある程度、反映している。最後に、アメリカ先住民とアラスカ先住民の貧困に関する初期〔1959年〕の測定値は、利用可能ではない。今日、彼らの貧困率は人種・民族グループの中で最も高く、2012年には30.3％である。

障害者

OPM（28.4％）とSPM（26.5％）の測定値を用いると、就労年齢にある障害者の4分の1以上が貧困の中で暮らしていると推計される。これは、彼らの低い就業率を大きく反映している。障害者の実際の貧困率は、過小に評価されているかもしれない。なぜなら、自宅や自動車の改造、補助器具、人的支援、その他の物品やサービスのような障害によって生じる追加的費用が保険や政府プログラムによってカバーされていないからである（Sen 2009: 258, She and Livermore 2007, Fermastad 2009, Schur, Kruse, and Blanck 2013: 32-33）。

地方コミュニティと都市コミュニティ

公式貧困測定は、地方の貧困率を過大に評価している。なぜなら、地方のコミュニティは都市部よりも生活費が低い傾向があり、また、公式測定は生活費の地理的相違を考慮しないからである。しかしながら、OPMは、今日の米国のいたるところで地方のコミュニティに相当な貧困が残存していることを明らかにしている。米国農務省の経済研究局（Economic Research Service）は、30年以上、（OPMベースで20％を超える）高い貧困にある持続的な貧困郡〔行政区域〕の85％が地方にあること

を推計している[13]。大都市圏における内外の貧困率のギャップは、大都市圏の外側の地域の貧困率が大都市圏内の貧困率の2倍以上あった1959年以降、縮小してきた。実際、SPMにおける地理的な住宅費の相違に関する調整は、今日、貧困率は地方よりも大都市圏の方が高いことを明らかにしている[14]。

「貧困との戦い」の評価

　本節は、補正貧困測定に基づいて1967年から2012年までの貧困率に関する新しい歴史的推計を提示し、ジョンソン大統領が貧困との戦いの一部として主要な政策を開始して以降、貧困の削減において大きな進展があったことを示す。過去45年間に、貧困率は25.8％から16.0％に低下した、つまり、3分の1以上が削減された。CEAは、この低下の大半がジョンソン政権期に始まったセーフティー・ネットの拡充による貧困削減効果の増大によるものであったことを示す。税引き前、移転前の所得の測定値に基づくと、貧困率は、今日も67年と同様に高く、28％を超える。これらの分析は、セーフティー・ネット・プログラムが2012年に4500万人を貧困から引き上げていることを、そして、68年から12年までの間に12億「人年（"person years"）」を貧困線以下の生活に陥ることから防いだことを示している。まず、本節は、この間に所得分配の下位層における市場所得の上昇が欠如していたことを理解するための背景を提供する経済の変化を概観する。そして、本節は、67年以降の貧困のトレンドに関する推計を今日の統計手法を用いて示す。

背景

　「貧困との戦い」の立案者達は、彼らが生きている間に貧困の根絶を目にすることができるだろうと確信していた。当時、彼らが利用可能だったデータを見ると、アナリストが貧困の終焉の兆しがみえてきたと信じたことを理解することは容易である。図6—1は、最近まで、つまり1959年から2012年までの貧困を追跡できる一貫して利用可能な唯一の測定である公式貧困測定のトレンドを示している。1959年から68年までに観察された貧困のトレンドに基づくと、確かに、貧困が80年までには根絶されるだろうという予測、直線的な推計に至るだろう。貧困は、10年間にわたって年間約1.15％ずつ顕著に一貫して低下したが、公式貧困測定〔の貧困〕は、その後、低下を止め、73年にはその最低値に達した。

　上述してきたように、OPMは、非現金給付や税額控除を含まない現金所得に関する統計である。それは、長期的な貧困のトレンドを正確には把握できないが、それにもかかわらず、なぜ現金所得に関するこの統計値の改善が1970年代の初めに突然減速したのかを検討することは価値がある。第一の、そして、最も明白な答えは、60年代のソーシャル・セキュリティーの拡充が、70年代に〔貧困率が〕横ばいになる前に、高齢者の貧困率を急激に低下させたということである（Engelhardt and Gruber 2006）。59年に65歳以上の高齢者の39.9％が貧困であったが、74年までにはその割合は（OPMベースで）14.6％に低下した。その後の38年間で、高齢者の貧困率はさらに低下し、

第6章 「貧困との戦い」から50年

2012年の9.1%まで低下した。貧困削減における減速は、非高齢者の成人と子どもにとっては、あまり明確ではない。実際、EITCの拡充や非現金給付を計算に入れるSPMを用いると、子どもの貧困は1960年代や70年代よりも90年代の方が大きく低下した。

不平等の拡大も、ほとんどの家計の現金所得を改善することにブレーキをかけてきた。経済成長は、所得分布の最下層にいる者とも恩恵を共有している限り、貧困の重要な決定的要因である（Blank 2000）。成長が最下層に恩恵を与えない場合、それは貧困を根絶するうえで役割を果たすことができない。所得分配は、貧困水準に重大な影響を与える。1970年代、80年代には実質経済は年率約2.1%で成長したが、80年以降、経済成長はケネディ大統領が到来を告げたような「上げ潮」を作り出さず、拡大する不平等が最下層の所得をそのままにした（DiNardo, Fortin, Lemieux 1996, Piketty and Saez 2003, Lemieux 2008）。図6─2に示されているように、所得分布の上位20%の所得は2000年代まで劇的に上昇し、1973年よりも今日では50%以上高い。対照的に、所得分布の下位60%〔第1、2、3五分位〕の実質家計所得は、90年代半ばの景気拡大まで停滞し、今日でも73年の景気循環のピークからほとんど変わっていない。

貧困研究者の大部分は、不平等のこの拡大を、1980年以降において貧困削減の進展が欠如した主な原因として指摘してきた（たとえば、Blank 1993; Gottschalk and Danziger 1995, 2003; Hoynes, Page, and Stevens 2006）。

最低賃金をインフレーションに合わせて引き上げてこなかったことが、1980年代における不平等を拡大した重要な理由であり（DiNardo, Fortin, and Lemieux 1996, Lee 1999）、そして、

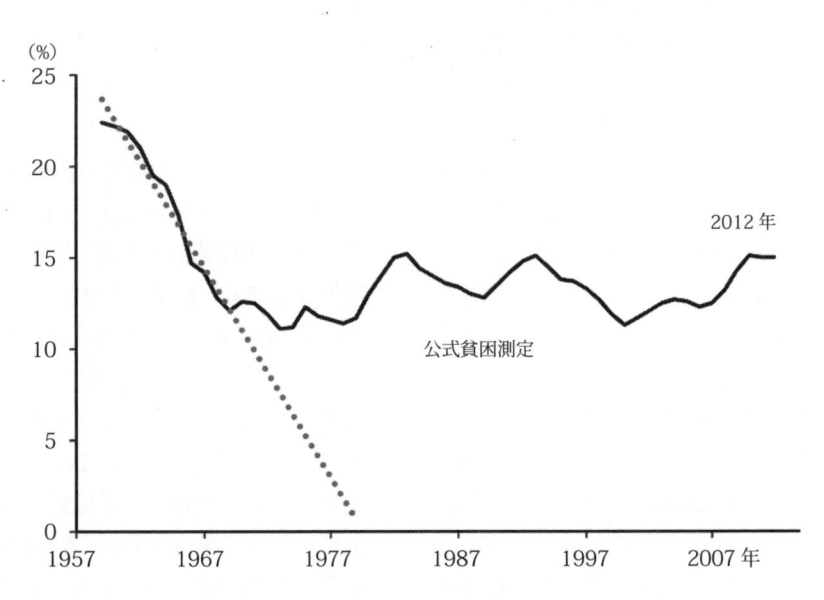

図6─1 公式貧困測定のトレンド（1959〜2012年）

出所：労働統計局、人口現況調査（CPS）、年次社会・経済捕捉、CEA計算。

図6—2 五分位ごとの平均実質家計所得（1967〜2012年）

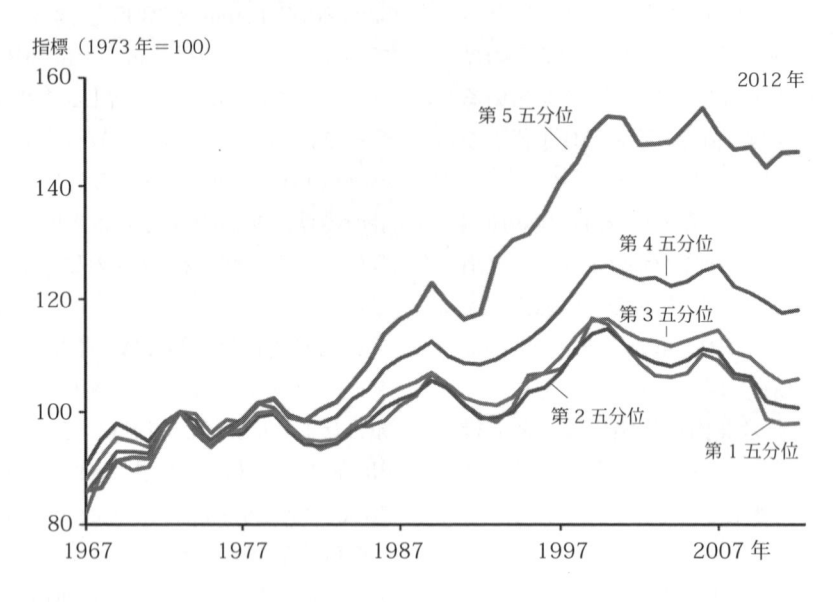

出所：センサス局。

　貧困に対する戦いの進展は減速した。ジョンソン大統領は、最低賃金を水準においても範囲においても拡充し、それは実質価値で68年にピークに達した。その後、最低賃金は上下したが、時間当たり7.25ドルという今日のその水準は実質値で50年と同様である。この水準では、EITCによって提供される補助を計算に入れても、二人の子どもを抱えてフルタイムで働く1人親は貧困線に近い所得しか得られないだろう。

　いくつかの研究は、最低賃金の価値と所得分布の下層の賃金不平等に関する統計の間には密接な関連があることを示してきた（Lee 1999, DiNardo, Fortin, and Lemieux 1996）。たとえば、図6—3に示されるように、女性の賃金分布の下層における不平等に関する一つの指標である賃金分布における中位賃金〔第50百分位の賃金〕の第10百分位〔における賃金〕に対する比率（「50-10賃金ギャップ」）の変化は、最低賃金の実質価値の変化に極めて密接に関係している[15]。最善の研究は、最低賃金の引き上げが貧困層の所得を引き上げるという目標の達成を蝕むような大きな職の喪失をもたらさないことを示している（Dube, Lester, Reich 2010）。さらに、最低賃金の影響に関する1000を超える推計を考慮したダコウリアゴスとスタンリー（Doucouliagos and Stanley 2009）による最近の結果分析は、「雇用に対する重大な悪影響に関する証拠はない」ことを明らかにしている。最後に、最近のデュベ（Dube 2013）による論文の分析と調査は、最低賃金の10％の引き上げが貧困率を約2.4％引き下げるという調査による堅実な事実を明らかにしている。

　不平等の拡大と低・中所得の労働者の遅い賃金上昇に関するもう一つの重要な要因は、労

第6章　「貧困との戦い」から50年

Box 6—4　社会的プログラムはすべてのアメリカ人に役に立つ

　セーフティー・ネットは、貧困にある家族にとって決定的に重要なサポートを提供する一方で、より多くのアメリカ人はあるときには貧困者よりもセーフティー・ネットから恩恵を受ける。もちろん、すべてのアメリカ人は、退職後の低所得、健康悪化による費用から、彼らと彼らの家族を守るため、ソーシャル・セキュリティーと高齢者を支援するメディケアからの恩恵を受けている。多くの人びとは、資産調査を経ない社会保険プログラムから恩恵を受けている。たとえば、すべてのアメリカ人のほぼ半数は、20年間のうちに何度かは失業保険の恩恵を受けるだろう。

　主として低所得の家庭に対象を絞ったプログラムでさえ、生涯のうち数度は大部分のアメリカ人の役に立っている。1989年から2006年までの行政上の納税記録を用いた近年の調査は、子どものいる納税申告者のうち50％以上が19年間のうち何度かEITCの恩恵を受けていたことを明らかにした（Dowd and Horowitz 2011）。さらに、1979年の「若年層に関する長期調査（National Longitudinal Study of Youth）」に関するCEAの分析は、79年に14〜22歳だった個人が78年から2010年までの32年間のうちに

・29.6％がSNAPの恩恵を受けた
・34.2％がSNAP、AFDC/TANFもしくはSSIの恩恵を受けた
・69.2％がSNAP、AFDC/TANF、SSIもしくはUIの恩恵を受けた

ことを明らかにしている。

　より広範のプログラムに目を転じると、多くの人びとがいずれかの時点で恩恵を受けている。2013年の「現況人口調査に関する年次人口・経済補足（Annual Demographic and Economic Supplement of Current Population Survey）」によれば、すべての家計のほぼ半数（47.5％）は、還付可能な税額控除、SNAP、失業保険、SSI、住宅補助、学校給食、TANF、女性・幼児・子ども（WIC: Women, Infants, and Children）、メディケイド、もしくは障害保険の恩恵を受けていた。

　セーフティー・ネットに関して、しばしば見落とされがちな重要な側面は次のことである。ほとんどのプログラムにおいて、受益者の大多数は、何らかの理由で収入が落ち込んだときに短期間だけ支援を受けているということ、そして、彼らはその後、飛び出していく〔支援を必要としなくなる〕ということである。研究は、たとえば、EITCの受領者の61％が2年間かそれ以下しか控除を請求していないこと（Dowd and Horowitz 2011）を、そして、2000年代半ばのSNAPへの新規参加者の半数が10カ月以内にプログラムから離れたことを明らかにした[1]。

[1] http://www.fns.usda.gov/sites/default/files/BUIldingHealthyAmerica.pdf 参照。

働組合の組織率の低下である。組合によって代表される米国の労働者の割合は、1983年の23.3％から2013年の12.4％にまでほぼ半減した[16]。組合は、低・中所得の労働者の賃金の引き上げとスキルに対する報酬の圧縮によって不平等を削減するので、この組織率の低下は不平等にも寄与してきた（DiNardo, Fortin, and Lemieux1996, DiNardo and Lemieux 1997）。

　多くの研究者は、さまざまな人口上の変化、特に、移民の増加と2人親の減少を、所得分布下位層において市場所得の伸びが欠如した背後にある追加的要因として指摘してきた。移民に関する最近のある論文は、移民がもたらす競争が米国生まれの労働者の賃金もしくは貧困率に大きな負の影響をもっているという主張を退けている（Peri 2013）。しかしながら、移民の

出身国の構成がより貧しい国にますますシフトしてきたので、移民は貧困率に対して機械的に影響を与えている。カードとラファイエル（Card and Raphael 2013）は、人口に占める割合の変化、外国生まれの移民の出身国の変化が、1970年から2009年までの間に、（OPMベースの）貧困率全体を3.7%ポイント引き上げたと推計している。米国に移住してきたことによって、所得が上昇した移民の家計もあるだろうが、彼らの多くは米国の貧困線以下に陥ったままである。しかし、異なる期間に焦点を当てた別の分析者は、かなり小さな影響しか見出していない。たとえば、ホインズら（Hoynes, Page, and Stevens 2006）は、移民の増加が1979年から99年までの間に、貧困率をわずか0.1%ポイントしか上げていないことを明らかにしている。

1960年代以降のもう一つの劇的な変化は、独身女性が世帯主の家計で暮らす人びとの大きな増加である。表2―1で示されたように、そのような家計の個人の貧困率は、全米平均の貧困率の2倍であり、そのため、この変化は貧困率を上昇させる傾向がある。分析的手法を用いて、ホインズら（Hoynes, Page, and Stevens 2006）は、家族構造の変化だけでも1967年から2003年までの間の（OPMの）貧困率を3.7%ポイント引き上げた要因であることを示している[17]。実際、女性の貧困率は、彼女らの学歴、労働力参加、高い勤労所得、それに彼女らに子どもの数が少ないことから、この間に低下した（Reed and Cancian 2001）。さらに、家族構造の変化は、経済環境の変化をもたらすだろうし、それらによってもたらされもするだろう。

また、過去30年間、深刻な貧困をもたらす投獄者数の歴史的な増加も経験してきた。刑務所にいる人口の割合は、1980年の10万人中221人から2008年の10万人中762人に

図6―3　女性の50-10賃金ギャップと実質最低賃金（1973～2012年）

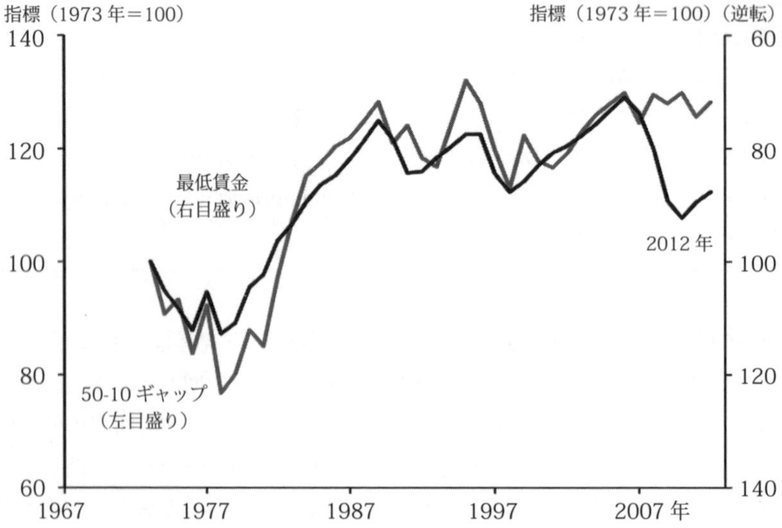

出所：Lemieux（2008）による分析をCEAが更新。

第6章 「貧困との戦い」から50年

増加した（Western and Pettit 2010）[18]。短期的に、投獄は家族から賃金の稼ぎ手を引き離す。そのため、彼らの家族の所得を減少させ、彼らの子どもが貧困の中で成長する可能性を高める。たとえば、ジョンソン（Johnson 2008）は、父親が刑務所にいる間に、子どもの貧困率が8.5%ポイント上昇し、家族の所得が平均で8700ドル減少することを明らかにしている。

犯罪歴のある者の高い貧困率をもたらす投獄による勤労所得への長期的な負の影響も存在している。投獄後に、犯罪者の賃金は3～16％減少し（Raphael 2007; Western 2002）、雇用と労働力参加も負の影響を受ける。研究は、アフリカ系アメリカ人の男性の投獄が1％増えるごとに、若いアフリカ系アメリカ人の男性の雇用もしくは労働力参加の1.0～1.5%ポイントの減少に結びつくことを示している。この関係は、過去30年間の投獄の増加が、若いアフリカ系アメリカ人の男性の雇用と労働力参加を3～5%ポイント減少させてきたことを意味している（Holzer 2007）。ホルツァー（Holzer）は、白人とラティーノの犯罪者に与える投獄の影響の程度は明白ではないが、ほとんどの調査によると投獄後の雇用と労働力参加に関する彼らの経験はアフリカ系アメリカ人の男性のそれと同様であることを明らかにしていると記している。

上述のいくつもの要因が一緒になって、貧困との格闘への向かい風を生み出してきた。これらの諸要因の正確な影響を評価することは本報告の範囲を超えているが、それらの組み合わさった影響が貧困率を押し上げるような圧力となって働いたのだろう。以下で示されるように、「市場貧困（market poverty）」がこの間、比較的一定であったという事実は、教育の改善やその他の要因がこれらの人口上の変化や、その他の変化の負の影響を相殺してきたかもしれないことを示唆している。OPMに基づく先行研究は、この見解を支持している。たとえば、ミシェル（Mishel et al. 2013）は論文で、学歴の上昇が貧困の削減に与える影響は、人口上の変化の負の影響よりも若干大きかったことを示している。

1960年代以降の歴史的貧困測定の修正

ジョンソン政権によって導入された公式貧困測定は、「貧困との戦い」中に、そして、その後に導入された最も重要な反貧困プログラムを意図的に無視している。特に、栄養支援、勤労世帯に対する税額控除、健康保険へのアクセスから得られる資産は、家族が貧困か否かを従来的測定手法で計算する際に考慮されていない。

センサス局が補正貧困測定を公表したのは、わずかにさかのぼって2009年のことである。しかし、貧困研究者による代替的な貧困測定に関する最近の研究はすべて、図6―1に示される公式貧困率が1960年代以降の貧困の低減を劇的に過小評価していることを明らかにしている（Fox et al. 2013, U.S. Census Bureau 2013, Meyer and Sullivan 2013, Sherman 2013）。ウィマーら（Wimer, Fox, Garfinkel, Kaushal, and Waldfogel 2013）による研究は特に有意義である。なぜなら、彼らは、家族の資産を計算するためにSPM手法に従って1967年から2012年までの貧困率を推計しているからである。また、彼らは、「固定された」基準を用いて貧困を測定している。その固定された基準は、2012年における必需品への支出に基づいて固定され、インフレーション（歴史的に一貫した時系列データであるCPI-U-RSを用いて測定されたインフレーション）に対してのみ毎年、調整された貧困閾値を用いている[19]。

図6―4は、目を引く事実を示している。つ

まり、固定SPM値によると、貧困は1967年以降、38％低下していた。そして、OPMとは異なり、それは70年代初め以降も低下し続けていたのである。この図は、1967～2012年までの固定SPMによる貧困を用いて、貧困率の推移を示し、図6―1から再現した公式貧困率と対比させている。家族の資産に関するより正確なSPMを用いることは、米国における貧困の歴史的測定を大きく変える。1967～2012年までの間に、貧困率は、25.8％から16.0％に、9.8％ポイント低下した。図6―4に示されるSPMのトレンドは、メイアーとサリバン（Meyer and Sullivan 2013）がデータ上の難題をより良く計測すると主張した消費データに基づく代替的貧困計測のそれと極めて類似している（Box 6―2）。

図6―4は、貧困にあるアメリカ人の割合が、1967年から79年の17.4％までに順調に低下したことを示している。この間の公式測定に示されるトレンドとの相違は、主に、70年代のインフレーションをより正確に評価したことによってもたらされている。80年代初めの二番底のリセッション期に急激に上昇した後、貧困率は90年代初めのリセッション期に生じた再上昇までの間、わずかに低下した。

OPMの描写とは対照的に、貧困にある人びとの割合の急激な低下が1990年代の景気拡大期に生じた。この期間中に、貧困は、1993年の20.7％から2000年の14.6％へ低下し、1967年以降、最も低い貧困率が観測された。図6―2に示されるように、60年代以降のどの10年間の経験とも異なり、所得の最下層である第1五分位における勤労所得でさえ上昇したので、90年代の経済成長は低所得の家計に対する力強い押し上げを生じさせた。EITCの価値の劇的増大は、低所得の勤労家庭に就労とさらなる資産の獲得をもたらす労働市場のこの上昇傾向を拡大させた。

図6―4に示されている、最後の、そして、目立った事実は、2000年代の大半を通じた安定の後の大リセッション期に貧困率がわずかしか上昇しなかったことである。大リセッション後に、失業率が大きく上昇したにもかかわらず、貧困率は07年から10年までの間にわずか0.5％ポイントしか上昇しなかった。これまで議論してきたように、このことは、セーフティー・ネットが、09年の米国復興及び再投資法（復興法）を通じたセーフティー・ネットの拡充が、効果的であったことを示している。この実績の大半はSNAPや税額控除の拡充によるものであるので、公式貧困率はこの重要な成功を捕捉できていない。

子どもの貧困率、就労年齢にある成人の貧困率は、図6―4に示された全体の貧困率のトレンドと同様のパターンを示す。貧困の中で生活している子どもの割合は、1967年の29.4％から2012年の18.7％へ低下した。就労年齢にある成人の貧困率は、同じ期間中に19.8％から15.1％へ低下した。高齢者の貧困のトレンドは、ほぼ持続的な低下トレンドである。貧困は、1人当たりのソーシャル・セキュリティー支出が大きく増大したことによって、1980年代初めまで急激に、67年の46.5％から84年の20.7％にまで低下した。高齢者の貧困は、90年代の景気拡大期にもさらに低下し、99年には16.5％にまで低下し、その後、2000年代にわずかに上昇した。復興法による刺激策的な支払いによって、高齢者の貧困は、07年から09年までに17.6％から15.2％まで低下し、12年もその水準にとどまっている。

貧困対策のための取り組みの直接的影響の測定

所得分布の底辺層の家計所得が1980年代以

第6章 「貧困との戦い」から50年

降、停滞してきたにもかかわらず、貧困率が全体として低下してきた事実は、政策のもつ相当な直接的役割が貧困層の暮らし向きの改善に寄与したことを示唆している。ウィマーら(Wimer et al. 2013)は、「事実に反する」貧困測定を構築することによって、この効果の大きさを推計している。その貧困測定は、全体的な税制を含むすべての政府による給付が無かった場合に貧困となるだろう人びとの割合を仮想している[20]。いいかえれば、彼らは、もし、彼ら〔低所得の家族〕が受け取ってきたすべての現金給付、現物給付、税による所得の移転(もしくは、家族が課税されていたなら支払い分)を計算しなかった場合、貧困線以下の所得しか得られないだろう家族の割合を推計している。この「市場貧困(market poverty)」の測定値とSPM貧困率の相違を比べることで、政府の支出による貧困削減を測ることができる。図6—5は、この分析の結果を示している。グレーで塗りつぶされた領域全体の高さが市場所得のみを計算した貧困率を示し、黒で塗りつぶされた領域の高さは図6—4で示されたSPM貧困率を示している。グレーで塗りつぶされた相違部分が、セーフティー・ネットや税制の効果によって貧困から引き上げられた人びとの割合を表している[21]。

上述したような勤労所得の不平等の拡大が一因となって、市場貧困は過去45年間に、1967年の27.0％から2012年の28.7％へ、1.7％㌽上昇した。対照的に、税と移転支出〔による収入〕を含んで計測される貧困率は、この間、ほとんど低下した。これらの税と移転支出は図6—5においてグレーで塗りつぶされた領域である。政府による移転支出は、1967年時点で貧困を1.2％㌽削減した。この効果は、「貧困との戦い」によって拍車をかけられたセーフティー・ネットの拡充のおかげで、75年ま

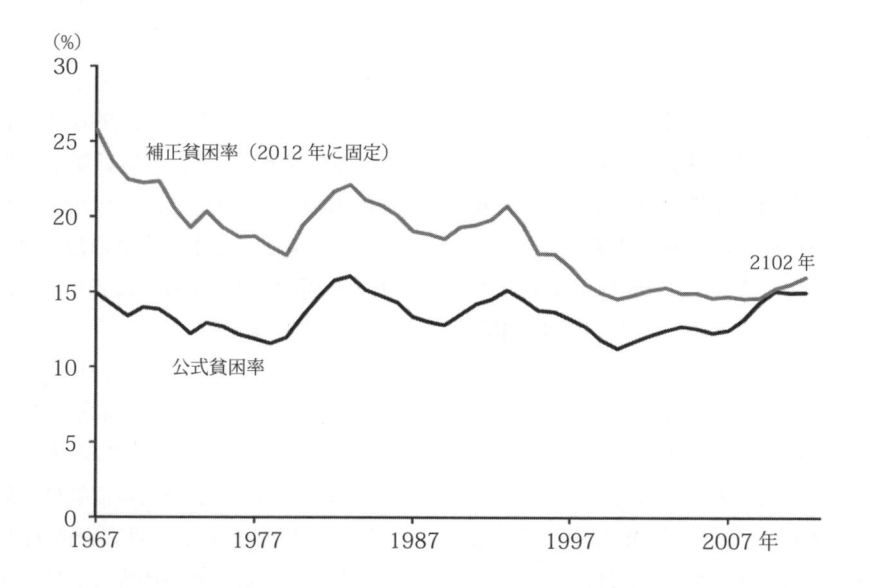

図6—4 公式貧困率と固定された補正貧困率（1967〜2012年）

出所：センサス局、Wimer et al. (2013).

図6—5　市場貧困と税引き後・移転後貧困層のトレンド（1967〜2012年）

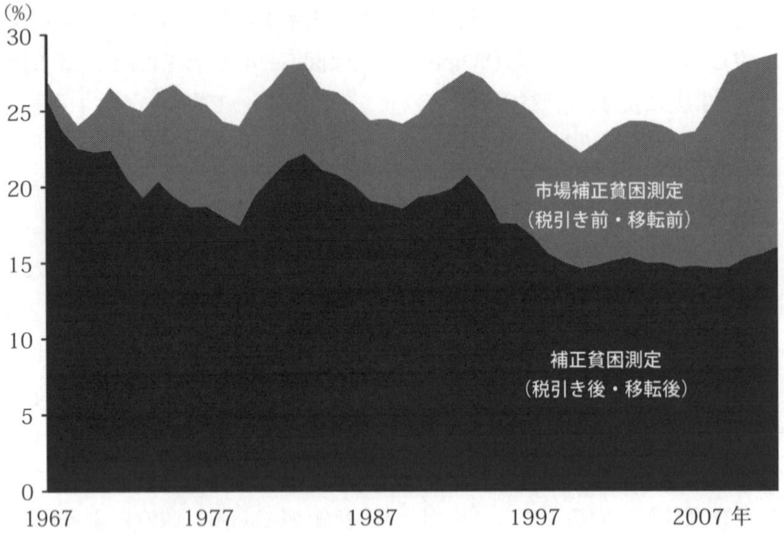

　　　　　　　市場補正貧困測定
　　　　　　　（税引き前・移転前）

　　　　　　　補正貧困測定
　　　　　　　（税引き後・移転後）

出所：Wimer et al.(2013).

でに約7.4%㌽にまで上昇し、大リセッションまでその水準付近を維持し、その後、2012年には12.7%に上昇した。

　2007年から10年までの間の4.5%㌽の「市場貧困」の上昇にもかかわらず、SPM貧困率は、セーフティー・ネットによってわずか0.5%㌽しか上昇しなかった。実際、2009年復興法は上述したようなセーフティー・ネットの拡充を通じて、2010年に貧困率を1.7%㌽引き下げた。45年間で、貧困は9.8%㌽低下したが、そのほとんどはセーフティー・ネットの効果の増大によるものである[22]。

　図6—6は、深刻な貧困層に対するセーフティー・ネットの効果に関する同様の分析を示し、しばしば見落とされがちなセーフティー・ネットの二つの重要な側面に光を当てている。第一に、セーフティー・ネットは、一般的に計算される貧困から引き上げられた人数よりも多くの人びとの暮らし向きを改善している。

2012年に、約20人に1人（5.3%）のアメリカ人は深刻な貧困の中で生活しているが、政府による移転支出が無ければ、その数は5人に1人（18.8%）に近づくだろう。

　第二に、セーフティー・ネットは、深刻な貧困の拡大に与える景気循環的な変動をほぼ消失させる。図6—6は、景気循環がもたらす深刻な貧困の大きな増大にもかかわらず、セーフティー・ネットによる支援のおかげで、深刻な貧困が実際に上昇するとしても、小さいことを示している。

　さらに、この現象は、大リセッション期において特に顕著であり、市場の深刻な貧困が3.3%㌽上昇したにもかかわらず、深刻な貧困はわずか0.2%㌽しか上昇しなかった。この数字は、大リセッション期に950万人以上の男性、女性、子どもが貧困線の2分の1以下の生活へ陥るのを防いだことに値する。図6—6に示されるように45年間を通じて、深刻な「市

場貧困」は、14.9％から18.8％へと実際に上昇した。それにもかかわらず、深刻な貧困にある人びとの割合は8.2％から5.3％へと低下した。

貧困対策プログラムの役割――詳細な調査

　本節では、セーフティー・ネットを具体的に構成している貧困対策の効果について、さらに詳細な情報を提示する。とりわけ現金給付、現物支給、税額控除といった多様なプログラムが、さまざまな年齢層の貧困率に与える影響を明らかにする。さらに、非高齢成人と子ども向けプログラムの相対的な重要度が、貧困との戦いの開始以来、いかに変化してきたのかについても示す。

　次に、本節は、セーフティー・ネット・プログラムの存在が、われわれの貧困との戦いの取り組みと同様に、市場所得の増加を損なうという懸念について論駁する。社会的なセーフティー・ネットは、労働者に報酬を与え、労働参加率の上昇を促進する――多くの場合、就労を課する――ように次第に設計されてきた。プログラムが就労を義務づけるように明確に設計されていない場合であっても、最高水準の研究が明らかにしたことは、セーフティー・ネットの負の所得効果は存在しないか、あったとしても極めて小さいということであり、たとえば、過去20年間の改革では、労働のディスインセンティブを最小化するため、勤労所得の上昇で段階的に給付を縮小させてきた。

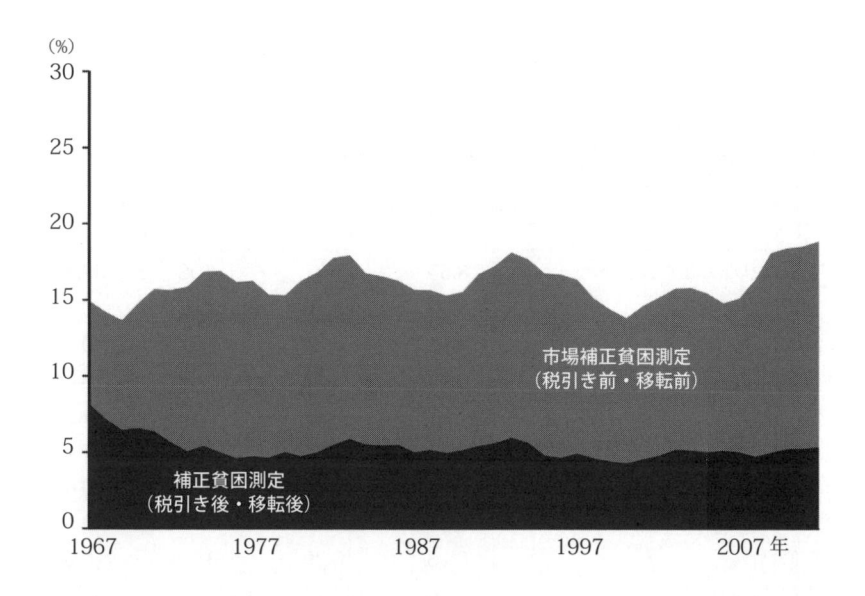

図6―6　市場貧困と税引き後・移転後極貧層のトレンド（1967～2012年）

出所：Wimer et al. (2013).

最後に、本節では、米国の貧困環境に生まれた個人の経済的移動性に関する研究結果と、援助対象の世帯における子どもの長期的成果の観点にたって、社会的支出には大きな利益が潜在的に存在することを示す最近の研究結果を提示する。

個別プログラムによる貧困対策の効果

本項では、さまざまな貧困対策プログラムが、多種多様な人びとの福祉の向上に果たしてきた役割と、こうしたプログラムの相対的な影響が、貧困との戦いの開始以来、いかに展開されてきたのか、について論じる。それは、公共プログラムが貧困に与える影響とは何かを問うため、さまざまな公共プログラムによってもたらされる所得をゼロにする事実上の「静態的」な分析に基づいている。次項では、これらプログラムが雇用と勤労所得に与える幅広い影響について検討する。

表6―2は、貧困層全体と三つの年齢層別（子ども、19歳から64歳までの成人、そして65歳以上の高齢者）に対する多様なセーフティー・ネット・プログラムの影響を示している。単独で最大の影響力を発揮するセーフティー・ネット・プログラムは、ソーシャル・セキュリティーである。これは、高齢者、障害者、そして寡夫及び寡婦と子どもへの所得を給付し、2012年には全体の貧困率を8.6％ポイント引き下げた。高齢の貧困者に対するプログラムの影響は非常に大きい。ソーシャル・セキュリティー給付がなければ、高齢者の貧困率は12年の14.8％を上回って54.7％になっただろう。年齢別グループの一方では、EITCや児童税額控除（CTC）のような還付つき税額控除が、子どもの貧困に大きな効果を発揮――貧困の子どもの割合を6.7％ポイント引き下げる――としている。

税額控除もまた、非高齢者の貧困率を2.3％ポイント引き下げる。補足的栄養支援プログラム（Supplemental Nutrition Assistance Program）も、子どもの貧困を3.0％ポイント、そして、全体の貧困率を1.6％ポイント引き下げ、貧困に対して大きな効果を発揮してきた。

最後に、失業保険（UI: Unemployment

表6―2　政府プログラムによる貧困率削減（2012年）

	全人口	子ども	非高齢成人	65歳以上の高齢者
ソーシャル・セキュリティー	8.56	1.97	4.08	39.86
還付付き税額控除	3.02	6.66	2.25	0.20
SNAP	1.62	3.01	1.27	0.76
失業保険	0.79	0.82	0.88	0.31
SSI	1.07	0.84	1.12	1.21
住宅補助	0.91	1.39	0.66	1.12
学校給食	0.38	0.91	0.25	0.03
TANF/一般扶助	0.21	0.46	0.14	0.05
WIC	0.13	0.29	0.09	0.00
人口（1000人）	311,116	74,046	193,514	43,245

注：データは％ポイントで示される。
出所：Census Bureau.

第6章 「貧困との戦い」から50年

Insurance）は、2012年全体で0.8％ポイント貧困を減少させた。この効果は、他のプログラムに対する効果と同じく、より多くの人びとが失業していた大リセッションのピーク時よりも小さいものであった。たとえば、10年に失業保険は、貧困を全体で1.5％ポイント減少させた（Short 2012）。

前述のように、これらの推計のすべては、政府のプログラムによって生じた就労態度を変えさせるインセンティブを無視しており、さまざまなプログラムの貧困に対する影響について明確な因果関係を示していない。たとえば、ソーシャル・セキュリティーは、退職と貯蓄のインセンティブを変更させることで、市場所得に影響を与える。同様に、その推計は、UIが人びとを労働力人口に参加させ続ける上で果たす役割、あるいは、EITCが労働時間を増やすことや労働力参加のインセンティブをもたせる上で果たす役割を考慮したものではない。これらの考慮の重要性は、以下で説明する。

たとえ貧困率全体にわずかな効果しか発揮していないプログラムであっても、特定の人びとに対しての貧困削減、あるいは貧困から人びとを引き上げないが困難を軽減するのに非常に効果的な場合がある。たとえば、SSIは、全体で1.1％ポイントの貧困率を引き下げるだけだが、これは比較的少数の高齢者や障害をもつ低所得の受給者に焦点を当てた、大きな貧困削減である。TANFの給付が人びとを貧困レベルから脱出させるには一般的に不十分であるように、TANFと一般扶助（General Assistance）（一般に、他の援助の要件を満たさない非常に貧しい人びとに限定した援助を提供する州政府のプログラム）は、貧困率全体にとっては0.2％ポイントというわずかな効果しか発揮しない。しかしながら、貧困層の人びとの所得を上げることによっ

図6—7 子どもの補正貧困測定（SPM）による貧困に対する年別効果

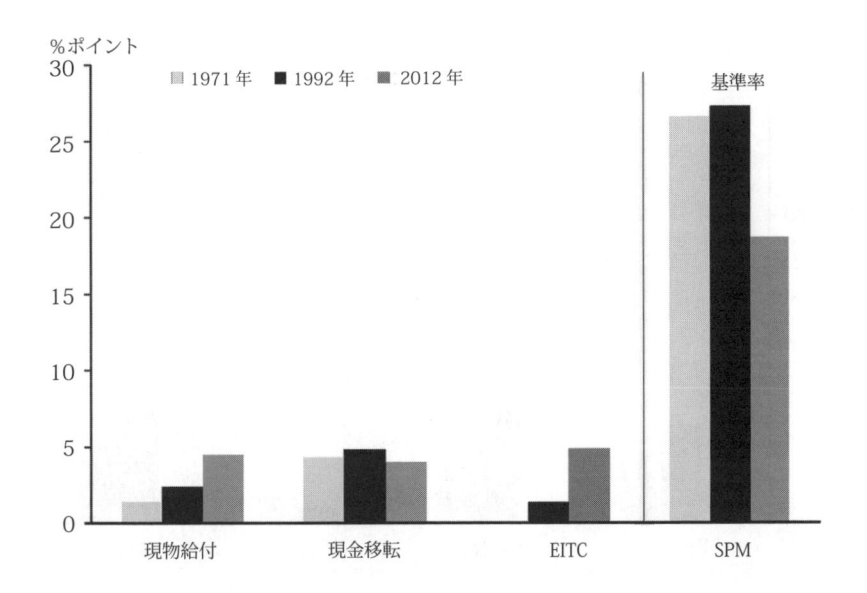

注：EITCは1975年に開始した。
出所：Wimer et al.（2013）.

て、これらのプログラムは、深刻な貧困の削減に非常に大きな効果を及ぼす。

SPMによる貧困率の歴史的推計に基づいて、ウィマーらの研究（Wimer et al. 2013）は、セーフティー・ネット・プログラムを異なるグループごとに1967年から毎年、表6—2と同様の分析を行っている。その結果は、過去50年間でセーフティー・ネットがどのように変化したかを明らかにした。

概して、三つのタイプの連邦政府による援助プログラム——ソーシャル・セキュリティー、SSI及びTANFのような現金給付プログラム、SNAPや住宅支援などの現物支給、そしてEITCやCTCのような税額控除——の貧困対策効果はすべて、時間の経過とともに大きくなり、貧困率全体を引き下げている。各プログラムの効果の着実な拡大は、それぞれのプログラムの対象となる人びとの相違を見えにくくする。たとえば、高齢者にとって、ソーシャル・セキュリティー給付の実質価値の増加は高齢者の貧困率を着実に引き下げる傾向にある。

しかしながら、子どもに対するセーフティー・ネットでは、プログラムの重要度に変化がみられる。図6—7は、リセッションの結果、貧困率が最大となった3年間のSPMによる貧困率に対するセーフティー・ネットの多様なプログラムにおける削減効果を示している。1970年代初頭のリセッションでは、AFDCとフードスタンプ（現在の補足的栄養支援プログラム、またはSNAPとして知られている）は、それほどではないにせよ、子どもの貧困を緩和するのに最も重要な役割を果たしたが、当時EITCはまだ導入されていなかった。現物支給給付もEITCのどちらも、90年代初頭のリセッション期には、子どもの貧困への効果はわずかであったが、現金給付プログラムは、両プログラムを

図6—8　極貧レベルの子どもの補正貧困測定（SPM）による貧困に対する年別効果

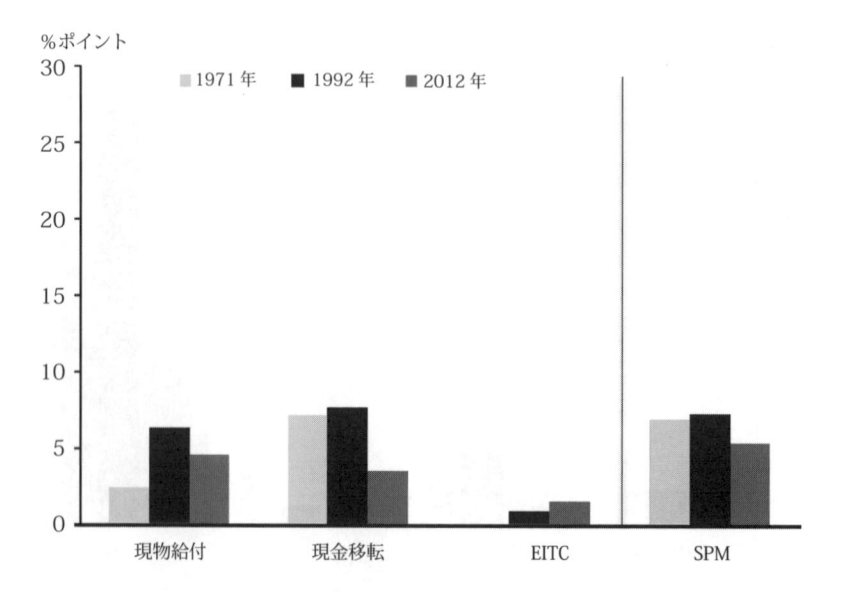

注：EITCは1975年に開始した。
出所：Wimer et al.(2013).

合わせた貧困削減効果を上回るものであった。しかしながら、大リセッション期では、現物支給と現金給付、そして税額控除の三つすべてが同じように、子どもをもつ家庭の貧困削減に重要な役割を果たした。この変化は、90年代の現金給付型援助の大規模な構造改革と、復興法を通じたSNAPと税額控除両方の拡大を反映している。

図6─8は、図6─7に類似しているが、深刻な貧困、あるいはわずかだが、貧困ラインの50％以下の所得の個人に対するいくつかの給付プログラムの効果のみを示している。このグラフは、長期的に見て、深刻な貧困にとって現物支給が最も重要なセーフティー・ネット・プログラムであることを示しており、このような世帯では雇用が欠如しているため、税額控除はあまり効果的ではない。

雇用と所得に対する貧困対策プログラムの効果

ジョンソン大統領は、「貧困との戦い」の法的根拠である経済機会法への署名に先立つ発言で次のように宣言した。「貧困に対するわれわれ米国の答えは、貧困にある人びとに貧困をより不安のないものにすることではなく、そうした人びとに手を差し伸べ、貧困の循環から彼らを抜け出させ、その多くの人びとを希望と繁栄の道へといざなうことである。わが国における給付の日々は、終わりが迫っている」。引き続き彼は、他の対策の中でも職業訓練と職業紹介を通じて貧困から人びとを救い出すための手段を提供する必要性について述べた。過去20年間にわたり、貧困対策プログラムによる雇用促進の強化が強調され、現金給付及び就労義務あるいは就労による報酬へと重点を移したプログラムへと大きな変化がみられた。

最も重要な変化は、1975年のEITCの導入で始まった。セーフティー・ネットが就労に基づく支援へと次第にシフトする中で、EITCは80年代、90年代、そして2000年代に複数回拡大された。EITCは、ごく最近の09年復興法で拡大され、それらの改善点は10年と13年に拡張された。96年以来、EITCは伝統的な現金給付よりも低所得世帯の支援に比重を置いている。12年に、EITCや部分的だが還付つきのCTCは、合計で年間900億ドルであり、貧困家庭臨時援助プログラムの4倍以上の支出であった。

EITCは、労働市場における勤労所得を補てんすることから、給付つき控除は労働参加の低い人びとに労働時間を増やす強力なインセンティブを与える。しかしながら、勤労所得が増えるにつれて給付付き控除は減少するため、EITCは勤労所得を減らすインセンティブとなる段階的廃止ライン──3人の子どもがいる夫婦では2万2870ドル──を上回る勤労所得も与える。このようなインセンティブの取り組みについての研究結果では、EITCは特にシングルマザーの労働参加の増加にかかわるのだが、すでに働いている人の労働時間あるいは勤労所得を大きく変えるものとはなっていない（Eissa and Liebman 1996, Liebman 1998, Meyer and Rosenbaum 2001, Hotz and Scholz 2003, and Eissa and Hoynes 2005）[23]。総括すると、これらの結果は、EITCの拡大がすでに職に就いている人の労働時間を削減するような影響を与えずに、シングルマザーの労働参加を高める上で重要な役割を果たしたことを示している。

一方、1996年の福祉改革法は、AFDCをTANFへと切り替え、現金給付プログラムにおける就労要件を大幅に強化した。現金給付や受給者への権利付与を終了させた96年個人責任及び就労機会調整法（Personal Responsibility and Work Opportunity Reconciliation Act of

1996) は、受給要件として、就労または「就労活動」("work activities") への参加が一般的に義務づけられた。さらに、勤労所得の増加に応じた給付金への暗黙の課税率——給付削減率——は、多くの州で劇的に引き下げられた。マツダイラとブランク（Matsudaira and Blank, 2013）の研究では、こうした変更により、週30時間就労している受給者にとっては（2000ドルのうち）1842ドル以上の潜在的な所得増になり、仕事への復帰が増えることが示されている。同時に、研究者らはこれらの改革が雇用障壁の高い人びととの困難性を強めたことを指摘し、最も不利な立場の人びとを救済するプログラムの継続的な重要性を強調する（Blank 2007, Danziger, Turner and Seefeldt 2006）。

今日のセーフティー・ネットが就労促進を目的として改革されてきた一方で、ほとんどの支援プログラムが、就労にとって仮にあるとしてもほんのわずかの阻害要因しかもたないことを、慎重な調査によって明らかにされていることに留意することは重要である。このことは、効果的に報酬を与えて就労を容易にすることで市場所得を増やすという、貧困削減に与えるプログラムの効果を過小評価する可能性と、労働に対するディスインセンティブを含むプログラムの実際の全体的な影響について、上記のプログラムにおける貧困削減効果の「静態的な」推計が大部分補足していることを示唆している。たとえば、オレゴン州医療保険実験（Oregon Health Insurance Experiment）における個人の労働供給行動についての調査の際、バイッカーら（Baicker et al. 2013）は、メディケイド受給者が採用されにくいわけではないこと、また別の方法で稼ぐよりも少なくはないことを明らかにしている。同様に、ホインズとスチャンゼンバッハ（Hoynes and Schanzenbach 2012）は、SNAP（当時はフードスタンプ）の初期の展開を研究し、SNAPが労働供給に対してわずかな影響しかないことを明らかにしている。就労要件を備えたTANFプログラムの雇用効果に関する研究は存在しないが、AFDCの先行研究と1970年代における負の所得税（Negative Income Tax）の実験は、就労に重点をおかないプログラムの控えめなディスインセンティブ効果のみを示唆している。バートレス（Burtless 1986）は、1ドルの給付が所得を20ドル減少させる（総所得は80ドルだけ増加）ことを明らかにしたが、ディスインセンティブ効果がさらに少ない可能性を示唆する研究もある（SRI International 1983）。

すべてのプログラムがもつ根拠の重要さを評価し、ベンーシャロンら（Ben-Shalom, Moffitt, and Sholz 2011）は、貧困対策の労働に対するディスインセンティブが全体的な貧困率に対して「基本的にゼロ」効果でしかないと結論づけた。プログラムごとに検証した彼らの結論は、TANFの行動的影響はゼロであり、障害者保険、メディケア、失業保険によってもたらされる労働のディスインセンティブはこれらプログラムで推計される「静態的な」貧困対策効果を8分の1あるいはそれ以下だけ低下させるというものである。住宅手当はホームレスを含む極貧世帯に大きな給付を与えるが、生産年齢にあって健常者の労働供給に対する影響は比較的控えめである。シュローダー（Shroder 2010）は、労働供給に対する家賃補助の純マイナス効果はサブグループ間でばらつきがあり、時間の経過に伴って変化し、そして補助金額に対してむしろ小さいことを示した。ジャコブとラドウィッグ（Jacob and Ludwig 2012）は、福祉制度改革の時期におけるシカゴの住宅バウチャー受給が、健常かつ生産年齢の個人で3.6%ポイント雇用を低下させ、1ドルの補助金につき平均19ドルの勤労所得を減少させたことを明らかにした。

カールソンら（Carlson et al. 2011）は、ウィスコンシン州のバウチャー受給者でも同様の範囲の雇用効果を明らかにした。ベン‐ソロモン、モフィット、ショルツは、住宅補助の受給者の貧困率が66.0％であり、静態的推計では住宅補助が受給者の貧困率を14.6％だけ低下させたのに対し、ジャコブとラドウィッグのデータを用いると、8.2％の引き下げであると推計した。最後に、チェッティら（Chetty, Friedman, and Saez 2012）による勤労所得分布に関するEITCの最近の研究では、「EITCの影響は、…主に制度の機械的効果から生じる」とする。しかしながら、行動反応が深刻な貧困に対するセーフティー・ネットの効果を強化し、プログラムがもたらす就労の増加のため、EITCの全体的な効果は「静態的」推計が示すよりもいく分大きくなるだろう[24]。

経済的移動性

経済的移動性が高い場合には、個人や世帯は彼らの経済厚生の向上の機会を活かすことで、貧困から抜け出すことができる。経済的移動性が低いと、経済的な地位を変えることは困難であり、人びとは貧困に固定化されてしまう。移動性は、相対的移動性——所得分布の上昇あるいは下降の可能性——、あるいは所得分布において必ずしも上昇することなく全般的な経済的厚生を向上させる可能性の絶対的移動性がある（「上げ潮は船を皆もち上げる」の諺が示す通りである）。

相対的移動性が低い場合には、貧しい人びとが所得分布の上昇によって社会的地位を向上させる機会はあまりなく、そして、貧困家庭の子どもは成人になっても、物質的に改善したとしても、経済的にも社会的にも低い地位にとどまり続ける。絶対的移動性が低い場合には、貧困の人びとと彼らの子どもは、経済的、物質的な貧困から逃れることは難しい。

米国の経済的移動性によって貧困から脱出する人びともいるが、多くはできない。極貧層の約半分は10年から20年後にも所得分布の最も低い5分の1にとどまったままであり、わずか4分の1だけが上位三つの五分位の一つに入る（Acs and Zimmerman 2008; Auten, Gee, and Turner 2013）。子ども時代に貧困家庭で生まれた人びとは、成人になって、貧困で育たなかった人びとに比べて、20％から40％勤労所得が低いとの推計がある（Mayer 1997; Corcoran and Adams 1997; Corcoran 2001; Duncan et al. 2012）。低い勤労所得の父親の子どものうち、約5分の2の息子と4分の1の娘は、彼らの父親の年齢時点で、最低勤労所得の五分位に取り残された（Jäntti et al. 2006）。

これと一致するのが、所得五分位で最も低い家族で育った子どもの3分の1以上が、成人になって五分位の最下位に属したことである（Isaacs 2008）。1971年に最も低い所得分類に属する両親のもとで生まれた子どものうち、8.4％が26歳までに最上位の五分位に上昇し、86年生まれでは9.0％であった。それは、所得分布の上昇する機会が乏しいままであり、過去20年間あまり変化がなかったことを示している（Chetty, Hendren, Kline, Saez, and Turner 2014）[25]。さらに一般的には、約3分の1から2分の1弱の子どもは、両親の所得が自分の後世の所得に影響するが（Chetty, Hendren, Kline, and Saez 2014, Black and Devereux 2011, Lee and Solon 2009）、それは両親が子どもの経済的地位に大きく影響を及ぼしていることを示している。

これらの研究結果は、成長期を貧困で過ごすことの長期効果を示唆している。将来の経済的な成功への貧困の影響は、子ども自身の家庭の

所得階層だけでなく、質の低い学校、低賃金の仕事、高い犯罪率、そして不利益をもたらす他の条件を伴う貧困度の高い地域で育つことからも生じる（Sharkey 2009）。世帯所得が上位三つの所得五分位に属する家庭の子どものうち、貧困度の高い地域で育った場合、下降移動性の可能性（少なくとも五分位を1段階落とす）は、52％高くなる（Sharkey 2009）。米国の地理的地域を比較すると、経済的移動性は、中間層が多くて、低所得者と中所得者の居住分離度が低く、社会資本が充実した、10代の出産率と犯罪率、離婚率、そして片親率が低い地域で高くなる（Chetty, Hendren, Kline, and Saez 2014）。

上記の結果は、ほとんどが相対的な移動性（所得階層を上下に移動）を反映したものである。絶対的な移動性（所得階層の上向なしで経済的厚生が向上）は、米国では全般的に高いのだが、その速度は過去数十年間に鈍化してきた。30歳代の男性のコーホートを比較すると、個人所得の中央値は1964年から94年に5％上昇したが、74年から2004年には12％減少した（Sawhill and Morton 2007）。すべての世帯所得を計算すると、所得は64年から94年に32％上昇し、74年から04年にはわずか9％の上昇であった。世帯所得の最近の改善は女性の雇用増を反映したものだが、64年から94年の期間の上昇の3分の1にすぎない[26]。

米国が機会の地であるという一般的な印象にもかかわらず、この国は多くの他の先進諸国よりも経済的移動性が低いようにみえる。両親の所得に対する子どもの所得の依存度の高さで移動性を測ると、米国はイギリスとイタリアと同じ程度の移動性だが、日本、オーストラリア、カナダだけでなく他のヨーロッパ諸国よりも移動性は低くなる（Solon 2002; Jäntti et al. 2006; Corak 2006, 2011）。

図6—9　主要プログラムの1人当たり実質支出

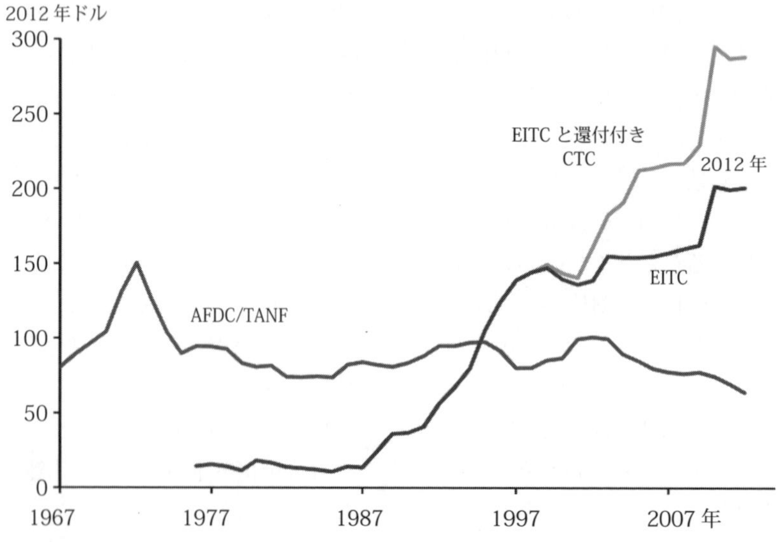

出所：Office of Management and Budget; CEAの算出。

第6章 「貧困との戦い」から50年

移動性を高めるために何ができるのか。経時的な世帯のデータ調査（双子とそうでない兄弟姉妹の比較も含む）は、遺伝と育ちのともに通性が統計的に有意であることを明らかにしたが、定量的にはそれほど重要ではなく、成人勤労所得の相違の説明において、育ち以外の環境要因が、極めて重要であることを示している（Björklund, Jäntti, and Solon 2005）。各国、各地域の移動性における大きなばらつき（Chetty, Hendren, Kline, and Saez 2014）は、制度や他の潜在的に可変的な要因が移動性に大きな影響力をもつことの、一層の根拠となる。

教育は経済的移動性の中心的な要因の一つである。図6―10で示されるように、所得五分位の最下位に属する世帯のうち、大学学位をもたない子どものおよそ半分（45％）は成人になっても一番低い所得五分位にとどまり、その一方で大学学位を取得した子どもの6分の1（16％）だけが五分位の極貧階級にとどまった（Isaacs, Sawhill, and Haskins 2008: 95）。

教育への公的支出の高い国（Ichino, Karabarbounis, and Moretti 2009）や高質のK-12教育制度のある米国の地域（Chetty, Hendren, Kline, and Saez 2014）で経済的移動性が高く、また州政府が初等教育と中等教育への支出を増やすと、極貧の3分の1の家庭の子どもを向上（Mayer and Lopoo 2008）させることからも、教育の重要性は明らかである。

世代間の便益

上述した移動性に関する研究の多くは相関しているが、セーフティー・ネットの機会を受けた子どもの長期的な結果を追跡したわずかだが詳細な研究は、大きな成果を生み出すセーフティー・ネット・プログラムへの支出の潜在力を

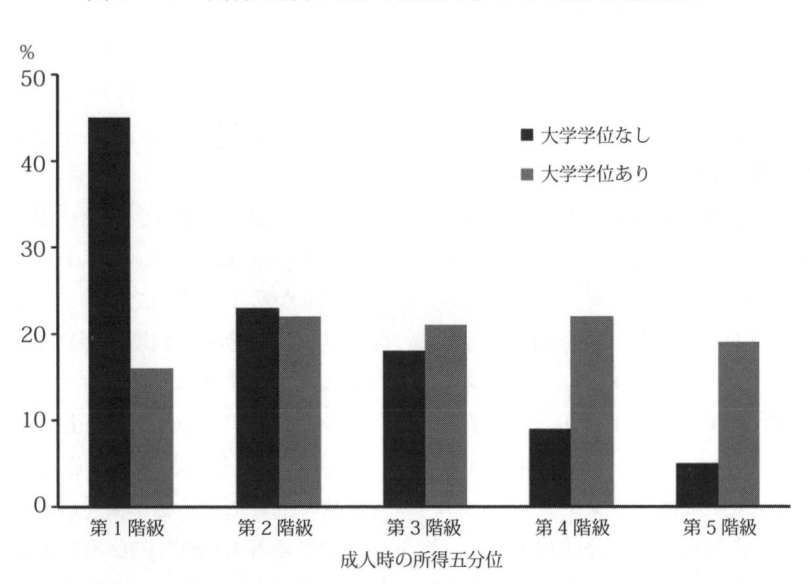

図6―10 所得五分位の第1階級の子どもの経済的移動性

注：子ども時代の所得は1967～71年の平均世帯所得である。成人所得は95年、96年、98年、2002年の平均である。
出所：Isaacs, Sawhill, and Haskins（2008）.

強調する。

　幼児教育は、成人時にさらに望ましい成果をもたらすという点で、著しく優れた利益を生み出すと多くの研究者によって指摘されている。「貧困との戦い」の早い段階で創設されたヘッドスタート・プログラムは多くの研究がなされ、それらの結果は「過去50年間の大半で成功したと考えるのが当然」であることを示す（Gibbs, Ludwig, and Miller 2013: 61）。経時的に子どもを調査した研究や、兄弟姉妹の比較による家庭環境の影響の評価によって、ヘッドスタートの参加者が高等学校を卒業し大学に進学する可能性が高くなり（Garces, Thomas, and Currie 2002）、犯罪、十代での出産、健康状態、怠惰ゆえの無職も含む若年成人を含む総合指数においても高得点（Deming 2009）をつけていることが示された。その後の研究では、ヘッドスタートが世帯所得五分位の中間から最下位の家庭の子どもの総合指数の格差を3分の1縮小することが明らかになった。ラドウィッグとミラー（Ludwig and Miller 2007）は、ヘッドスタートへのアクセス度を郡間で比較するために非連続回帰分析を用いて、教育達成、大学進学の見込み、そして死亡率に対するヘッドスタートのプラス効果を明らかにした。ギブズら（Gibbs, Ludwig, and Miller 2013）は、ヘッドスタートの便益費用比が7を上回ることから、便益の組合せを示唆する。

　ペリー就学前プロジェクト（Perry Preschool Project）、アベセダリアン・プロジェクト（Abecedarian Project）、シカゴ・チャイルド＝ペアレント・センター（Chicago Child-Parent Centers）、早期訓練プロジェクト（Early Training Project）、プロジェクトCAREプログラム（Project CARE programs）を研究する無作為実験は、これらの指摘を広く裏づける。精緻かつ多様な分析によって、プログラムに参加する子ども——特に女子——は他の便益もあるが、より高い教育達成、雇用、勤労所得を含む便益を享受することが示される（Schweinhart et al. 2005; Anderson 2008; Campbell et al. 2008; Heckman and Masterov 2007; Heckman et al. 2010; Heckman et al. 2011）。ヘックマンら（Heckman et al. 2009）は、就学前プログラム（ペリー）の1の支出に対する収益率が自己資本利益率を上回っていることを指摘する。

　過去10年間に研究者は、幼児（胎児も含む）の健康保険と長期にわたる健康維持との連関を明らかにしてきた。たとえば、アーモンドら（Almond, Chay, and Greenstone 2006）は、ジョンソン政権が人種差別撤廃を義務づけた公民権法を病院に順守させる目的で、新たに導入されたメディケア・プログラム向けの連邦資金の抑制をちらつかせることによって、乳児の健康に劇的な改善と1960年代の黒人と白人の乳児死亡率の格差を大幅に縮小させたことを実証した。チャイら（Chay, Guryan, and Mazumder 2009）は、医療へのアクセス向上と出生直後の健康状態が80年代の10代の黒人生徒の教育達成の大幅な向上という形で同調し、黒人と白人のテストの点数の格差縮小に寄与したことを示している。

　彼らの研究結果は、医療へのアクセス向上と幼児期の健康向上が、テストの成績の標準偏差を0.7から1のあいだに縮小させたことを示唆し、生涯賃金の大幅増に極めて大きな効果を及ぼした。たとえば、チェッティ、フリードマン、ロックオフ（Chetty, Friedman, and Rockoff 2011）は、それとは異なる方法で、テストの点数の上昇による標準偏差の経済的価値が成績につき4万6190ドルになることを明らかにした。

　人的資本への関与が長期的な利益をもたらすことは、驚くべきことではないかもしれないが、最近の研究では、両親への課税や現金給付

のようなものによっても、子どもの成果に世代間効果をもたらすことが明らかになってきた。つまり、世帯所得を増やすことによって子どもの貧困を改善する政府移転が、子どもの成果を高める点において持続的で長期的な利益をもたらすことが、最近の事実で示されるようになった。たとえば、ホインズら（Hoynes, Schanzenbach, and Almond 2013）は、1961年の最初のフードスタンプ実験プログラムから75年のフードスタンプ（現在のSNAP）プログラム初期の研究を行った。フードスタンプは食料購入の金券（vouchers）の配給だが、その額が一般的な世帯の食費を下回っているため、金券は現金収入が増えたのと同じように世帯行動に影響を及ぼす（Hoynes and Schanzenbach 2009）。ホインズ、シャンゼンバッハ、アーモンドは、フードスタンプによって成人の健康が改善（高血圧や肥満の発生率の低下）し、女性の経済的自律性が高まったことを指摘する。同様に、ダルとロックナー（Dahl and Lochner 2012）、チェッティら（Chetty, Friedman, and Rockoff 2011）は、還付つき税額控除による追加所得を受け取った世帯の子どもの学力試験の成績が高まったことを明らかにした。チェッティ、フリードマン、ロックオフの推計では、子どものときの学力向上によって暗示される成人勤労所得の増加はおそらく税支出の額よりも桁違いに大きくなる。

　上記の結果は、セーフティー・ネットへの政府支出の有力な経済的正当性の重要な事実を強調する。葛藤する成人を自立できるように促し、彼らとその家族を貧困から保護するだけでなく、セーフティー・ネットは子どもの機会と成人時の効果を高める。そのため、これらプログラムの貧困削減効果は、重要な投資機会となる。この機会の大きさは、ホルツァーら（Holzer et al. 2008）の推計によると、放棄所得、犯罪コストの増加、高い医療支出と不健康の観点において子どもの貧困コストは約5000億㌦（2007年時点ドル）あるいは年率で国内総生産（GDP）の約4％になる。

　ホルツァーらの研究は相関的（世代間所得の親との連鎖部分の相関性の修正を試みているが）だが、この推計のバイアスに対する懸念はその影響力の大きさによって覆される。センサス局の推計に基づくと、子どもがいる全世帯のうち全体的な貧困ギャップ——世帯所得とSPMの貧困ラインとの不足額——は、2012年に約598億㌦、あるいはGDPの0.37％であった。ホルツァーらの推計が子どもの貧困削減の「真の」因果効果を倍にするものであったとしても、利益は追加的費用の5倍以上となる。これらの数値は、貧困と戦うための新たな取り組みの有力な事例となる。

経済保障の強化と機会増加のためのオバマ政権の実績と課題

　「貧困との戦い」で導入され改善されてきたプログラムは、貧困状態のアメリカ人に重要な援助を提供してきた。しかし、課題は明らかに残っている。2012年に、1340万人の子どもを含む、4970万人のアメリカ人が貧困ライン以下で暮らしている——世界で最も豊かな国において許されない数である。このことは、貧困対策の取り組みとわが国のセーフティー・ネットの充実と強化への取り組みを一層増やさなければならないことの証左である。

　同時に、貧困対策プログラムは貧困から困窮世帯を救出する使命感溢れる取り組みだが、短

期では国民経済の強い回復、そして長期においては経済成長が貧困との戦いを持続的に前進させるために必要だというエコノミストの幅広い意見の一致があることを、われわれは自覚しなければならない。実際に、われわれの社会的セーフティー・ネットが低賃金労働者の賃金を補う取り組みの経済的利益を促進するためには、すべての労働者に雇用を提供する強い労働市場が貧困と戦うために不可欠なパートナーとなる。過去数十年間の経済的不平等の拡大において、われわれはすべてのアメリカ人が利益を得られるような均整ある成長のために奮闘しなければならない。そのためには、われわれは経済成長がすべての人びとにもたらされることを保障し、良い賃金で報われるための人的資本の幅広い土台を確保するために、生涯学習と技能向上のための機会をすべてのアメリカ人に提供することを約束する。

　本節は、オバマ政権が機会拡大と貧困削減のために戦った実績を記録したものであり、セーフティー・ネットの強化と人的資源の向上、そして労働市場における賃金引き上げの提案を論じるものである。これらは、回復と成長——貧困との戦い——をさらに進めるための幅広い経済戦略の中心的柱である。

経済危機における緊急対策

　米国経済が大リセッションに落ち入ったとき、政権はセーフティー・ネットを強化し、数百万人のアメリカ人が貧困に落ち込まないように対策を取った。復興法は、夫婦合算で800ドルを上限とする給付つき税額控除(経済復興ソーシャル・セキュリティー支出:Economic Recovery Payment for Social Security)とソーシャル・セキュリティー給付を含む数々の暫定的な貧困対策措置を設けた。また、通常の失業保険への週25ドル(26週間まで)の追加を含む失業保険の見直し、給付拡張プログラム(Extended Benefits)による連邦資金の増額、パートタイム労働者や新規の労働市場参入者も対象になるような失業保険制度の近代化を促進するための州政府へのインセンティブ供与、緊急失業給付(Emergency Unemployment Compensation)の再承認だけでなく、SNAP給付の増額、そしてコミュニティサービス包括助成制度(CSBG: Community Services Block Grant)の拡大も含んでいる。また復興法は、州政府、学区、高等教育機関、そして学費が不足している学生と全員に必要な教育を与えるため、およそ1000億ドルを用意した。この総額には地域教育機関助成プログラムのタイトルⅠ(Title I Grants to Local Educational Agencies program)の100億ドルが含まれている。それは、「貧困との戦い」の1965年初等・中等教育法(Elementary and Secondary Education Act of 1965)で最も重要なプログラムの一つであり、それは現在、貧困度の高い学校の2300万人以上の生徒に提供され、高質な公教育へのアクセスを保障している。

　加えて、復興法は政権が恒久化を目指す税額控除の拡大も含んでいた。EITCの拡大は、3人以上の子どものいる世帯の控除を増額しているが、これは子ども2人の世帯よりもさらに援助が必要であり、貧困率も高いという事実を反映するものである。低所得世帯が直面するマリッジ・ペナルティの軽減も行った。合わせてこれらの二つの条項は、年に約600万世帯に平均500ドルの恩恵を与える。さらに、勤労世帯にCTCの一部払い戻しが増額され、1200万世帯に平均800ドルの恩恵を与える。これらの変更は2017年まで大幅に延長され、大統領はそれらの恒久化を提案している。

　これらの緊急貧困対策の効果は目覚ましいものであった。復興法は、図6—11が示すよ

第6章 「貧困との戦い」から50年

うに、リセッション期にアメリカ人の貧困化を防ぐ大きな役割を果たした[27]。総計で年間400万から550万人が2009年から12年にこれらプログラムによって貧困化を防ぐことができた。復興法がなかった場合、補正貧困率（Supplemental Poverty Rate）は、09年と10年にそれぞれ1.8％ポイ、1.7％ポイ高くなっただろう。09年から12年の4年間に、CEAの推計では、復興法によるプログラム拡大の結果、年間1920万人の貧困化を防いだ（図6-11）。この試算は控え目であり、プログラム拡大による総需要増大の雇用効果は含まず、またペル奨学金や失業者へのCOBRAの増額といった復興法の他の部分の効果についても含んでいない。

ヘルスケア保障の拡充

ケア適正化法（ACA: Affordable Care Act）は、すべてのアメリカ人が質の良い適正な費用の健康保険へアクセスでき、貧困あるいは貧困に陥りそうな成人にメディケイドを提供するように、州政府に財政的なインセンティブを与えることを保障する。2014年1月時点で、26州がメディケイドの拡大を採用した。中間所得のアメリカ人に、ACAはマーケットプレイスでの保険購入への税額控除と医療費の自己負担額の減額を供与する。議会予算局（CBO）は、16年までにこれらの措置によって健康保険のあるアメリカ人が2500万人増えると推計する（CBO 2013）。

所得水準にかかわらずアメリカ人は、予防医療へのアクセスが保障され、年齢制限を外す保険市場改革ですでに恩恵を受けている。さらに、保険を購入するアメリカ人は、性別あるいは健康状態を理由に高い保険料を支払うことがなくなり、保険が十分な経済的保障を提供することに確信をもてるようになる。ACAは、医療システムの効率性と質を高めるためのヘルスケアに支出する米国流の改革も開始し、それは最近のCEA報告（CEA 2013）と本報告の第4章で現段階の成果が論じられている。

SNAPのような栄養プログラムは、多くの世帯とコミュニティの生計に必須であり、とりわけ必要とされる時期にはそうである。世帯がSNAPを利用するときはいつでも、食卓には健康な食事が提供され、その恩恵は受益者だけではなく幅広く及ぶ。事実、農務省の経済研究局（Economic Research Service）は、SNAPへの10億ドルの追加支出が8900人から1万7900人のフルタイム労働に相当する仕事を生み出すと推計する（Hanson 2010）。

雇用の報酬

家族を養うのに十分な賃金が支払われる仕事が、最も中心的な貧困対策である。2013年に、オバマ大統領は最低賃金の引き上げと、高齢者や病気、傷害、障害のある人びとを援助する約200万人の介護労働者への残業手当の支給を決定した。これは、わが国の健康補助と介護補助を保障しており、有資格の看護助手がすでに多くの米国の労働者に付与されているのと同等の基本的な保護を受けられるようにし、同時にサービスを受ける人びとのためにケアの質と安定性を向上させる。

最低賃金と残業手当は貧困に対する防波堤だが、最低賃金は物価と足並みがそろっていない。今日、最低賃金で家族を養う労働者は貧困のまま暮らしている。それゆえに、大統領は、連邦政府と契約するサービス業務と建設に従事する労働者の時給を10.10ドルにする最低賃金を引き上げる2014年大統領命令に署名した。この措置は、連邦政府に対してサービス業務を提供するいかなる労働者も貧困状態で家族を養うこと

がないことを保障するものであり、連邦政府調達の経済性と効率性を高めさせる。広範な研究によって、低所得労働者の賃上げは離職率の低下とモラルの向上につながり、コストを引き下げ、生産性を高めることが示されている。労働が数百万人以上のアメリカ人に報いることを保証するため、大統領は 16 年までに最低賃金を 10.10 ドルに引き上げるハーキン＝ミラー法案（Harkin-Miller bill）を支持する（Box 6—5）。

経済保障と意欲を高める仕事を増強するため、大統領は子どものいない労働者に最大 1000 ドルの EITC 倍額の提案を行い、年齢制限を 25 歳から 21 歳に引き下げて、より多くの低所得の若者を支援するのだが、同時に、恩恵を受けない、たとえば典型的なフルタイム学生の支援も継続する。子どものいない世帯向けの少額の EITC は 1993 年に設けられたが、その最大額は 2015 年にわずか 503 ドルになると予想され、1 万 4790 ドル（夫婦だと 2 万 290 ドル）を超える勤労所得の場合には完全に消滅してしまう。このことは、EITC の 173 ドルを受け取った後に 1966 ドルの連邦税（所得税と給与税を含む）を負担すると、子どものいない成人の賃金を貧困ラインに相当する程度にさせてしまい、彼らをさらに貧困化させ、連邦税制が貧困を深化させてしまう唯一の人口階層に子どものいない労働者を追いやってしまう。大統領の提案において、貧困ラインの世帯は EITC の拡大によって所得税の免除——給与税を含めると勤労所得への純税額は納めなければならないが——を上回る 848 ドルを受けることになるだろう。

図 6-11　復興法とその後の延長——貧困を回避した年別累積人数（2008 〜 12 年）

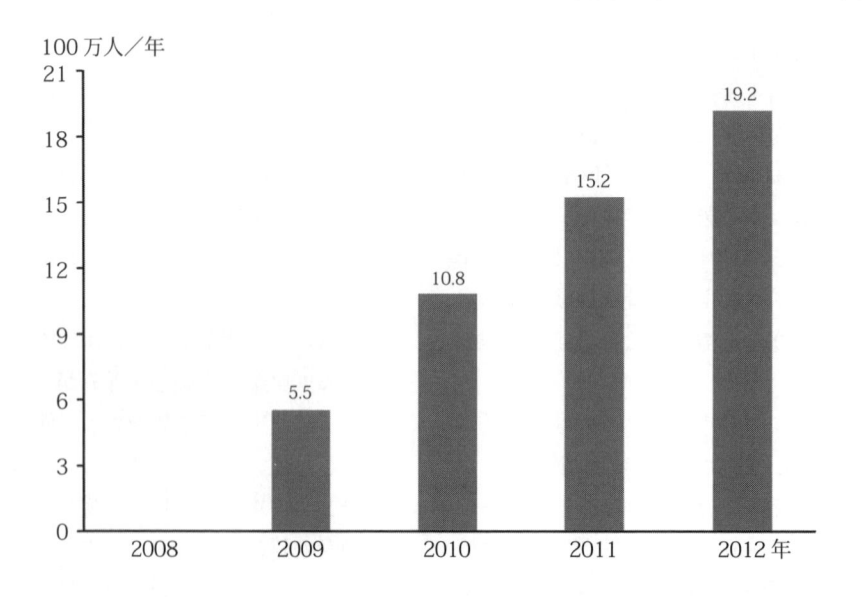

100 万人／年

年	人数
2008	—
2009	5.5
2010	10.8
2011	15.2
2012	19.2

出所：Bureau of Labor Statistics, Current Population Survey, Annual Social and Economic Supplement; CEA の算出。

第6章 「貧困との戦い」から50年

Box 6—5　最低賃金の引き上げ

2013年の連邦最低賃金は、インフレ調整すると1950年当時と同じ水準であった。時給7.25ドルの常勤労働者では、EITCやCTCの支援があっても、貧困から4人家族を抜け出させることは不可能である。上位層の所得が急増している一方で、最低賃金の価値を損なわせ続けるのではなく、最低賃金を人びとが生活できる賃金にする時がきた。

最低賃金の時給10.10ドルへの引き上げは幅広く多様な労働者を救い、インフレ連動は、過去に引き上げられた賃金の実質価値を時を経て損なわせないようにする。最低賃金付近の2800万人の労働者はそのような引き上げによって影響を受け、家計所得3万5000ドル以下の46％が対象となる。最低賃金で働く常勤労働者は、5700ドルの稼ぎの上昇が期待でき、税額控除の援助を含むならば、それは貧困ラインを17％下回る4人家族をラインから5％上に引き上げることができる。CEAの試算では、2016年までに10.10ドルの最低賃金引き上げは、現在最低賃金付近にいる約200万人の賃金を引き上げ、その家族を貧困から脱出させ、およそ1000万人以上の貧困者を減らす。

最低賃金引き上げに対する反対意見は、受益者の大半が中間層の10代の若者であり、最も支援を必要とする人びとが高給によって雇用から排除されるというものである。この主張は実証されていない。10.10ドルへの最低賃金の引き上げによって影響を受ける労働者のうち、92％が18歳以上である。多くの研究によって最低賃金の雇用への影響が取り上げられ、もっとも有力な証拠はその影響はないとする（Doucouliagos and Stanley 2009）。最低賃金の上昇が雇用主への賃金コスト増になる一方、雇用主は、離職率の低下と雇用の長期化によって求人コストや新規労働者の訓練コストの削減を含む便益も享受できるようになるだろう。同時に、低賃金労働者による財・サービス需要も増大することになる。

質の高い教育ですべての子どもの能力を高める

アメリカ人を将来の仕事に備えさせるため、われわれは国家による教育システムへの投資を強化しなければならない。政権は、州の組織化された初等教育システムに投資をし、成長の初期段階で成功の基礎が作られるという確証に基づいて新しい政策を提案する。高水準の初等教育とプログラムの開発は、語彙、社会的・感情的な発育、学力において低所得家庭の子どもの条件の平等化を促進し、生徒が軌道に乗り続け、低学年の子どもに通い続けることを援助する。これらのプログラムは、補習教育、留年、そして特別教育のような他のサービスへの必要な支出を削減し、社会投資の大きな成果を生み出すだけでなく、その後に生産性と勤労所得の向上をももたらす。政権の包括的な初等教育アジェンダは、幼児教育、保育、わが国の最年少学習者の発達に投資を行う。州政府との連携において、就学前教育をすべての子どもに（Preschool for All）イニシアティブは、中所得以下の家庭の4歳児向けに高質の就学前教育を提供し、同時に州政府に対してさらに中所得家庭の4歳児教育の提供を奨励する。わが政権は、新しい早期ヘッドスタート育児パートナーシップ（Early Head Start-Child Care Partnerships）によって、乳児と幼児への高質な早期教育への投資も提案するだけでなく、子どもの健康、発達、学習能力に有益な効果を及ぼす手段を妊婦や小さい子どものいる不安定な家庭と看護師、ソーシャルワーカー、教育者、そして他の専門家らとを結

びつける訪問プログラムの延長と拡大についても提案する。

　過去50年間で、あらゆる教育段階における質の向上は、多くのアメリカ人に大きな利益をもたらし、貧困家庭に生まれた子どもの経済的移動性において重要な役割を担ってきた。経済発展と教育達成度は不可分に結びついているため、大学入学や就職準備中にあるすべての米国の高等学校を卒業する生徒を教育することは、国家的な責務である。大統領は、2020年までに大卒率で米国を再び世界のトップに立つ目標を明言しており、わが政権の教育に対する取り組みはこの包括的目標を目指している。すべての米国の子どもに高質の教育を提供するため、わが政権は州政府と連携し、大学や職場において生徒を成功に導くための一段と高い基準の初等・中等（K-12）教育システム改革を進めている。それは、有能な教員と校長の採用、配置、育成、そして向上の取り組み、公立学校における人種、肌の色、出身、性別、障害への差別撤廃の取り組み、教室内データ管理を徹底する取り組み、そして恒常的に成果の低い学校を立て直す国家的取り組みである。学校改善助成（SIG: School Improvement Grants）プログラムは、評価が全米最低レベルの1500の学校に50億ドル以上を投資する。10年にわが政権によって打ち立てられたプロミス・ネイバーフッド・プログラム（Promise Neighborhood Program）は、生まれてから大学まで、そして就労するまでの教育と人生の成果の向上を目的とした連続的な教育と貧困との戦いのために策定された包括的なプロジェクトであり、全国の58地域に資金を提供してきた。政権は、生徒が学習しやすいように米国の高等学校を再設計し、5年以内に99％の生徒が高速ブロードバンド回線やデジタル教育システムに接続できるような提案もしている。継続的な投資と改革は、すべての生徒が大学と就労、そして今日のグローバル経済において成功するための備えができる高質の教育へのアクセスを保障するために必要である。

　大卒者の平均勤労所得は高卒者の2倍であり、高等教育は今日では中間層への明確な手段である。わが国は大学進学格差に苦悩している。最も裕福な家庭の高卒子弟は一段と高い教育をほぼ間違いなく受け続けるが、大学に進学するのは、最貧から4分の1の家庭の高卒子弟の半分程度である。この格差は過去数十年のあいだに大きくなった。大学生の半分以上が6年以内で卒業するが、低所得の学生の卒業率はおよそ25％である。大統領の大卒目標を達成し、米国の学生と労働者が今日と将来の職業に必要な教育と訓練を受けられるようにし、そして中間層にさらなる保障を与えるため、わが政権は米国のすべての家庭に対し、進学しやすく、支払い可能で卒業可能な大学づくりを進める。オバマ大統領のもとで、ペル奨学金（Pell Grant）は300万人以上の低所得の奨学生を増やし、平均給付額は900ドル以上に増額された。わが政権は、900万世帯以上に大学授業料の負担を軽減するため、米国機会税額控除（American Opportunity Tax Credit）も創設し、学生ローンの包括的改革を通じて次の10年間に680億ドルの減税を実施する。最後に、わが政権は大学費用を含む多くの政策を打ち立て、所得に応じた返済プログラムの改革によって学生が学生ローンを利用しやすくする。所得の一定割合以下に学生ローンの返済額を制限することで、若い労働者が家庭やキャリア形成において債務返済で困窮しないようにする。

　教育が技能を高め、機会を増やすために決定的に重要であることから、わが政権は低所得学生のために大学進学と支払い能力を高めるいくつもの政策を実施した。良い仕事に早期に、また教育を通じて就き、そして働き続けるための

第6章 「貧困との戦い」から50年

技能を獲得する機会のため、大統領は実学を重視して米国の高等学校の近代化も提案している。その目標は、大学や雇用主との新しい連携を構築し、今日の雇用主が現在と将来に渡って採用の際に要求するような技術、科学、工学、そして他の技能に重点をおく授業を提供する高等学校を支援することである。

雇用創出と米国経済の成長

しっかりした職業訓練が雇用と勤労所得を改善することができるという根拠（Andersson et. Al. 2013）に基づいて、わが政権は低所得あるいは長期失業の成人に対する雇用助成と職業訓練機会への投資を提案してきた。2009年と10年に、37万2000人の低所得の若者を夏の期間と年間を通じた雇用に従事させ、26万の低所得者に雇用機会を与える支援をしてきた。さらに、大統領は低所得の若者にチャンスを与える公民連携の構築を継続させる。

わが政権は、失職した人びとが新しい仕事を見つけ、より良い仕事と発展的なキャリアパスを与える成長分野で新たな職務経験を積むための訓練を支援するため、ありとあらゆる手段を活用する。この中には、直接仕事に結びつく職業訓練の機会の支援と、2012年中間層税軽減及び雇用創出法（Middle Class Tax Relief and Jobs Creation Act of 2012）に含まれている失業保険プログラムの幅広い改革を通じた再雇用促進の失業対策の徹底、そして職場復帰の迅速化が明らかになっている再雇用サービスの継続的な投資が含まれている。

大統領は、技能獲得や求職中の長期失業者と若者向けの職場における職業訓練への大きな投資の成功例を踏まえて提案を行ってきた。

わが政権は、成長産業における就労のための労働者の訓練の受け入れ拡大とカリキュラムの構築のため、すでに全50州でコミュニティカレッジと企業との連携に15億ドル投資してきた。オバマ大統領は、コミュニティカレッジの変革と、アメリカ人が技能職に就ける訓練を受けられるように支援を行うための一層の投資を提案する。

苦悩するコミュニティへの投資と再建

貧困率の高い地域での生活は、犯罪、質の高い教育機会の制限、優良な雇用の不足を含む多様な問題を提示する。これらの問題は相互に関連し、また個々に形成された問題の複合でもあり、とりわけ子どもがそうだが、人びとは貧困ゆえに生じる不利益の克服が極めて困難である。

子どもの出身地が彼らの運命を決定するのではない。チャンスを与え、すべての子どもが成功の機会を得るため、わが政権は公的・民間の資源を集中させて、貧困度の高い地域をチャンスが溢れるコミュニティへと変革するため、州・地方政府と協力している。

政権のプロミス・ゾーン（Promise Zones）構想は、競争的に選抜された地域に既存の政府資源を集中し、雇用創出、治安、教育機会の向上、そして手ごろな住宅供給のために民間投資を活用するものである。政権は今後数年間で20地域を指定し、コミュニティの再生のためにこの集中的で多層的なアプローチを実行する。

このアプローチには、地域のリーダーとの協同と大統領署名の再生構想に対して教育省、住宅都市開発省、農務省、司法省による資金拠出が盛り込まれ、全米の最も貧困度の高いおよそ20の都市、地方、先住民居留地を変革する取り組みを支援する連邦プログラムと資金を保障する。

プロミス・ゾーン構想は、HUDのチョイス・ネイバーフッド（Choice Neighborhoods）や

教育省のプロミス・ネイバーフッド助成制度を含む既存プログラムの上に構築される。わが政権は、2010年からチョイス・ネイバーフッドに2億4400万ドル、プロミス・ネイバーフッドに1億5700万ドルを投じてきた。連邦支出の1ドルにつき、チョイス・ネイバーフッドは民間や他の投資から8ドルを呼び込み、260の地域で10万戸の多様な所得階層が居住する住宅（mixed-income housing）を建設し、低所得の住民が自分たちのコミュニティで生活を続けられるようにした。プロミス・ネイバーフッド助成制度は、50地域の700校以上を援助した。助成制度を活用し維持させるため、全米、州、地域単位の1000におよぶ組織がプロミス・ネイバーフッドのホームページでパートナーの申請をしている。これらプログラムを大きくするため、わが政権は地域での取り組みの支援を継続させ、全米の都市、地方、先住民居留地の低所得コミュニティを変革する。

結論

「貧困との戦い」は、成長する経済から取り残された人びとの救済に対する連邦政府の優先順位を劇的にシフトさせた。それは変化の連続を引き起こし、われわれの社会的なセーフティー・ネットを変革させ、数多くの低所得者や彼らの子どもたちの福祉と所得を向上させた。「貧困との戦い」の策定者は、多面的に貧困に対処する政府政策——低所得者への所得の供与、健康保険の提供、最低限の食費しかない人びとの保護、すべての年齢層への教育機会の提供——の複合的効果が雇用と勤労所得を大幅に増やし、物質的困窮を削減すると信じた。1964年以来、このような恵まれないアメリカ人の生活改善に対する政府能力への楽観と信念は、セーフティー・ネットは無力で、あるいは働く能力のある人びとの労働インセンティブを低下させ、貧困問題を悪化させてしまいかねないという冷笑的な信念に取って代わられた。

「貧困との戦い」からの最も重要な教訓は、政府プログラムや政策が貧困から人びとを抜け出させることができるということである。事実、過去50年間がそうである。貧困率は1967年の25.8％から2012年には16％——約40％の減少——に低下した。12年だけでも、すべての連邦税、現金給付、現物給付プログラムの複合的効果は人口のおよそ14.5％——4500万人以上——を貧困から脱出させた。

しかし、別の教訓は、この目標を達成すると主張するからといって、あるいは、やがてそれらを中止するからといって、どんなプログラムも簡単に採用することはできないということである。そうではなく、われわれの貧困対策の取り組みは、1960年代以来の公共政策における大きな変革から恩恵を受けており、「貧困との戦い」に有効かそうでないかの重要な知見を与えてくれる成功例と失敗例の豊富な研究により知識が与えられてきたのである。われわれのセーフティー・ネットは、EITCや還付つきCTCによる勤労世帯への強化された支援の提供のように、労働の報酬と支援を一段と強調するのと同時に、SNAPやメディケイドのようなプログラムによる支援を受けられやすくした。67年に、われわれはAFDCと呼ばれるプログラムに現在のドル価値で190億ドルを費やしたが、EITCへの支出はなかった。今日では、EITCと部分的に還付つきのCTCは、TANFプログラ

第6章 「貧困との戦い」から50年

ムの3.8倍の規模になっている[28]。その間、ケア適正化法は、すべてのアメリカ人に高質で費用も適正なヘルスケアを提供することを目標に掲げ、貧困にあるか、またはそれに近い成人へのメディケイド拡大のため、財政的に州政府を促し、中間所得世帯に対して手厚い税額控除を提供する。われわれのセーフティー・ネットは完璧になってはいないが、これら改革と改善は、重要な前進を示し──そして、それは多くの世帯に仕事と子育てをも促している。

しかしながら、1340万人の子どもを含む約5000万人のアメリカ人は貧困状態にあり、貧困者の救済のためにすることはまだある。1964年大統領経済報告は、全貧困世帯を貧困ライン以上に引き上げるために必要な所得不足は、110億ドル(今日のドルで約710億ドル)、あるいは米国のGDPの約1.6％と見積った。わが国はその後ずっと豊かになり、今日の貧困以下の所得不足は、GDPのわずか0.6％である。この不足をなくすために前進を続けることは、貧困を削減するプログラムをただ守るだけでなく、米国経済を強化するための取り組みを継続させることでもあり、成長力を高め、経済成長が幅広く賃金上昇に反映されることで、貧困世帯が自らの力で貧困から脱することができるのである。

(注)
1　1960年のセンサスと2011年の米国地域調査(American Community Survey)データを用いたCEAによる計算。
2　これらの数値は、Singh and Kogan(2007)による。その分析は、教育、職業、健康、所得分布、失業、貧困、住宅の質に関するセンサスの情報をもとに、社会経済剥奪指標の五分位の最上位層と最下位層の出産の実績を比較している。そのデータは、5年間を単位として集計されており、引用されている統計は1969～74年と1995～2000年のデータを比較している。
3　経済学者の視点から「貧困との戦い」のさまざまな要素に関する確かな評価を行ったBailey and Danziger(2013)を参照せよ。
4　同様な貧困測定は、1965年に経済機会局によって国内的に採用された。
5　オーシャンスキー自身が、彼女の測定には多くの欠陥があることを指摘していて、その測定が貧困を過小に評価してしまうと確信していたことに言及すべきだろう。彼女は、自身の測定が所得を正確にというよりもむしろ不正確に計測してしまうことを述べ、「もし、『いくらなら十分なのか』について明白に述べることができないならば、いくらなら平均的に少なすぎるのかについて確信をもって断言できるようにすべきだ」と述べていた。(Orshansky 1965)
6　ここで「家族」という用語が用いられているが、SPM〔の家族という定義〕は、資産を共有する個人の集合とみなすときの「家族単位」という定義とは異なっている。最も重要なことは、SPMは同じ住所に住むすべての同家族の個人を含み、また、同居する個人と同居する扶養のもとにある子どもたちも含んでいる。
7　より正確には、閾値はその分布の第30～36百分位に位置する〔家族の〕食品、衣服、住居、公共料金への平均支出に基づき、その他の必要な支出のために1.2を掛け、さらに、生活費の地理的差異と家族規模、家族構成に応じて調整している。
8　Korenman and Remler(2013)は、医療費の自己負担支出に対するSPMの取り扱いが非ヘルスケアの財とサービスに関する剥奪をとらえることにすら実際には乏しい成果しか上げていないことを論じている。彼らは、ヘルスケアに多額を支払うことができる家計は相当の貯蓄もしくは引き出せるその他の資産をしばしば有していることを論じ、彼らは、自己負担支出が高い家計は食料不足のような「直接的な」困難を表す指標のスコアがしばしば低いという証拠を提示している。
9　たとえば、所得分布(income spectrum)上の家族が、スペースや浴室の変更を優先したり、それらに対する支払い能力のため、住居費により多く支出するなら、最低限の住居への必要な支出として考慮される

213

内容が変化するだろう。

10　SPM は、必需品に対する支出が増加すると誰が貧困者かを定義する閾値も上昇するようなハイブリッドな「準相対的な（Quasi-relative）」測定である。それは、相対貧困測定（relative poverty measure）のように、所得と同じ割合で上昇することはなく、必需品に対する支出は所得よりゆっくりと増大するので、ゆっくりと調整されるだろう。この準相対的な定義における貧困を削減することは、所得の上昇に対して必需品に対する支出がどのように展開するのかによるが、可能である。

11　この表は、センサス局から公表された補正貧困測定の統計を利用している（Short 2013）。以下の歴史的比較のため、われわれはウィマー編（Wimer et al. 2013）によって生み出された歴史的推計を信頼している。ウィマー編による一連のデータは、2012 年の SPM 閾値のその貧困測定を固定させている。そのため、彼らの推計した 2012 年の貧困率は表 1 にあるように非常に類似している。

12　医療費の自己負担分を考慮すると、非高齢者の成人及び子どもの貧困率はそれぞれ 2.9％ポイント、3.1％ポイント上昇する。

13　http://ers.usda.gov/topics/rural-economy-population/rural-poverty-well-being/geography-of-poverty.aspx#.UurSXBbXA 0 参照。

14　この対比は、住宅費よりも、交通費のようなその他の費用が地理的に大きく異なっていることを反映しているかもしれない。さらに、住宅費の相違では把握できない住宅の質の相違も存在するだろう。

15　その数字は、寛大にデータを共有するレミュー（Lemieux 2008）における分析を更新している。

16　http://www.bls.gov/cps/cpslutabs.htm　2014 年 1 月 30 日。

17　すべての分析同様に、対象とする期間が重要である。もし、1970 年の貧困率ではなく、2009 年の貧困率を用いて分析を行えば、推測される上昇は 2.8％ポイントである。

18　研究は、これらの増加が犯罪活動の増加よりも刑事手続き上の厳格化によって主にもたらされていることを示唆している（Caplow and Simon1999,Nicholson-Crotty and Meier 2003）。

19　「固定された貧困」測定は、生活費に関する一定の定義に対して計測を可能にするという進展をもたらす。食品、衣類、住居、公共料金に対する支出の上昇を反映するために貧困閾値を毎年改定する SPM の手法を用いるので、貧困の削減はあまり見ることができない。なぜなら、貧困閾値の実質価値が長期的に上昇するからである（Fox et al. 2013）。データの制限により、ウィマーら（Wimer et al. 2013）は SPM の手法に正確に従うことができない。センサス局の手法との間で最も重要な相違は、ウィマーらが生活費の地理的相違に対して貧困閾値を調整していないことである。代替的測定が、貧困閾値を 1967 年の必需品支出に基づいて固定すること、そして、その後、毎年、インフレーションに対して調整することには意味がない。両方の測定ともに、似たような貧困の削減を示すが、2012 年の支出を用いると、どの期間でもより高い貧困水準を示す。なぜなら、必需品に対する実質的な支出の長期的増加がより高い SPM 貧困閾値をもたらすからである。

20　これは、個人の勤労所得自身がセーフティー・ネット・プログラムの存在に影響されないという仮定の中での「静学的な」作業だが、本章は、この後、雇用と稼得に与えるプログラムの効果に関する研究を検討し、そのような効果は存在するが小さく、この単純化が導き出す結論を改めるほど大きくはないことを明らかにしている（Ben-Shalom,Moffitt,and Scholz 2010）。

21　本章がセーフティー・ネットの効果を議論するために用いているウィマーら（Wimer et al. 2013）による推計には、二つの事実に反する推計がある。セーフティー・ネットの効果に関するほとんどの推計で、われわれは事実に反する貧困率を用いている。その貧困率は、還付可能な税額控除だけでなく、現金給付、現物給付もすべてを剥ぎ取り（「ゼロにして」）、そして、家族の資産から「通常の」課税負担を差し引いている。この節では、われわれは「市場貧困」を同様に定義し、この測定はさらにすべての課税負担をゼロにしている。貧困線に近い貧しい家族は正の課税負担をしている傾向があるので、市場貧困率は、

若干、2012年では1.8％ほど低い（なぜなら、われわれは、家族が支払うべき税を彼らがキープできると仮定しているからである）。

22 すでに議論したように、政府所得〔政府から支払われる所得〕と給付の過小報告は、セーフティー・ネットの効果の推計を控えめ、低めにしてしまう可能性が高いことを意味している。

23 たとえば、マイヤーとローゼンバウム（2001）の研究では、1984年から96年に子どものいない独身女性に比べてシングルマザー就労率はおよそ10％ポイント高くなり、そのうちEITCの拡大によるものが約60％あったことが示されている。

24 以前の論文とは異なって、彼らは、貧困ラインの200％近くの労働者に対する勤労所得に関して、若干の下降調整の証拠を見つけた。これは、勤労所得水準が控除の段階的削減帯にあるため、静態的労働供給理論の予測と一致している。しかしながら、このマイナス効果は小さく、チェッティ、フリードマン、サエズは低い勤労所得水準における（これについても小さな）プラス効果が優位にあることを強調する。

25 世代間移動の安定性は、当該期間の親と子どもの所得階層の相関性の比較によっても示される（Chetty, Hendren, Kline, Saez, and Turner 2014）。

26 別の方法で絶対的移動性を求めると、五分位の閾値を期間始めに固定した場合、半分の人びとが1984年〜94年と94年〜04年に五分位の最低所得から抜け出した。

27 貧困に対する復興法の効果の推計は、若干の方法論的修正を経て、2014年1月の報告を改訂している。

28 http://www.whitehouse.gov/sites/default/files/omb/budget/fy2014/assets/hist.pdf. のデータを利用したCEA試算に基づいている。

第7章
連邦プログラム改善のためのツールとしての評価

　政権に就いて以来、オバマ大統領は、政府において、何がうまくいき、何がうまくいかないのかを決定する必要と、さらにこれへの回答を連邦政策や予算決定を行うにあたって使用すべきことを強調してきた。大統領の21世紀管理アジェンダが、2010会計年度予算とともに議会に提出され、経済成長を促進し、経済繁栄の基礎を強化するのに貢献する、より効率的、より効果的な政府を建設すべく大胆な目標が設定された（OMB 2009a）。今日、連邦プログラムと介入のインパクトを理解するため、それらを評価し、諸機関の中に、高いレベルの評価を維持することをサポートするためのインフラを建設することは、いまだ政権の優先事項として現存している。どのプログラムと介入が、重要な目標を達成するのに最も効果的であるかを厳格に評価することによって、政府は、そのプログラムを改善することができ、最良に働くアプローチを拡大させ、また、効果的でないものを修正したりやめさせたりすることができる。

　この政権は、投資収益から健康や電気の使用法に至るまで、連邦プログラムで目標とされたさまざまな成果の諸変化を計測するため、厳格で質の高い「インパクト」評価の方法をサポートしてきた。連邦プログラムがその目標を達成するかどうかには、多くの要因が影響するが、その中で、とりわけプログラムによるとされるインパクトを確認することは、やりがいのある仕事である。インパクト評価は、プログラム評価の特定のタイプの一つであり、重要なプログラムの結果について、そのプログラムや介入を原因とする効果を測定することを目的とする。この章では、インパクト評価に焦点を合わせる。「プロセス」評価（別のタイプのプログラム評価である）とパフォーマンス測定もまた、プログラムがどのようにうまく働くかについての根拠を構築することに貢献するものだが、しかし、重要な方法においてインパクト評価とは性格を異にするものである（Box 7―1）。

　前政権の努力の上に構築すべく、オバマ政権は、プログラム・パフォーマンスの改善を目的とし、連邦政府のアプローチを改革すべく働いている。機関が優先目的に向かって進行を追跡するにあたって、透明性と責任制の強調に加えて、この新しいアプローチは、また、わが政権のプログラム評価努力を補足し、進行させることを目的とする。たとえば、わが政権は、今年、戦略的予算決定を行うにあたって、根拠づけの使用を強化することを目的として、機関内に戦略的レヴューを確立するだろう。

　この章では、この政権の今までに学んだ教訓に特別焦点を当て、連邦プログラムにおけるインパクト評価の実施と使用を概観する。それは、政府プログラムにおける厳格なインパクト評価に内在するいくつかの課題の議論から始める。そこで、この章では、根拠を構築し使用する政権の努力に焦点を当てるのだが、それには、完

第7章 連邦プログラム改善のためのツールとしての評価

Box 7—1　インパクト評価、プロセス評価、そしてパフォーマンスの測定

プログラム管理者は、いかにプログラムが機能し、どのようにうまく働くかを評価するたくさんのアプローチを使用する。インパクト評価は、プログラムや援助の因果関係を、ある成果や興味ある諸成果において、確認することを目的としている。インパクト評価は、ほかのタイプのプログラム評価やパフォーマンスの測定から区別される。たとえば、

・**プロセス評価は**、いかにしてプログラムが、プログラムデザイン、専門的標準あるいは規則的な必要条件に関してサービスを届けるのか、その効果を分析する。たとえば、プロセス評価は、プログラムが参加者の目標数に到達するかどうか、あるいは、ケースワーカーがサービスを提供するにあたって、特別なしきたりに沿って継続的にやっているか否かに焦点を合わせる。プロセス評価は、プログラムが意図された通りに運営されていることの確認を提供するが、一般的には、これら評価は、プログラムがそれらの成果のゴールに到達するかどうかを直接的に検討するものではない（GAO 2011）。

・**パフォーマンス測定は**、「とりわけ、事前に確立された目標へ進行していることを、現在進行中のモニタリングそしてプログラムの遂行を報告すること」を含む広いカテゴリーである（GAO 2011）。典型的には、パフォーマンス測定は、プログラムがどのように機能しているのか、そして、参加者がさまざまな「中間的」成果をどのように出しているのかを叙述することであり、プログラムの因果関係を厳格に確認することを試みることではない。たとえば、職業訓練プログラムのパフォーマンス測定は、何人の個人がこの訓練プログラムを受けているのか、どの程度の部分の人たちが訓練を完了するのか、またどの程度の部分の人たちが1年後に雇われているのかをとらえるのである。しかし、これらの測定は、これら個人の雇用率は、この訓練を完了した結果として、どの程度より高いのかの問いに答えるものではないだろう。それにもかかわらず、パフォーマンス測定は、プログラム達成の指標として重要であり、プログラムが、明らかに約束された（あるいは、困難な）結果を生み出すことを確立するのを援助する。

プロセス評価とパフォーマンス測定は、プログラムの成熟度のすべての段階において有用なものだが、とりわけ、プログラムの成果へのインパクトが、把握できず、厳格な質の高いインパクト評価が可能ではないおそれがあるとき、プログラムの進行の初期の段階で、プログラムがどのようにうまくいっているかについての根拠を提出するのに役に立つのである。論理モデル――プログラム投資と成果の間の意図されたつながりを描き、プログラム活動が望まれている成果を達成することを確実にするよう援助するツール――は、重要なプログラム成果に影響を与えうる選択的因果チャンネルを理解すると同時に、インパクトに関連して、質の高い「中間的」指標を開発する機関努力を促進することができる。

成された評価から学んだ教訓を取り入れる行動や十分知られていない分野における新評価の開始、また、とりわけ補助金プログラムというような連邦プログラムにおいて、根拠づけを行う文化の創出が含まれているのである。最終節では、たとえば、増大する立法的サポートや立法的障害の除去、また、型通りのプログラム活動への埋め込まれた評価や成果、あるいは、インパクトを測定するために既存のプログラムデータを使用することなどを通じて、さらなる進歩のためにどのような優れたやり方があるのかが確認されるだろう。

217

連邦プログラムにおける厳格なインパクト評価の実施

　科学、企業、政府は、通常、プログラム、政策、あるいはイニシアティブの効果を確定する問題に直面する。新しく開発された薬は、開発目的の症状を処置するのに効果的か。就学前教育プログラムは、小学校での成功のように、参加者の成果を改善するのか。異なったセッティングであっても、これらの疑問は、すべて、一つあるいはより多くの興味ある成果に対する、介入やプログラムの効果の測定に集中する。

　これらの疑問へ答える基本的なアプローチは、「実施」前後の成果を見ることである。たとえば、薬の処方の前後、新しいマーケティング戦略が展開される前後、そして教育プログラムの参加前後の成果を見ることである。もう一つのわかりやすいアプローチは、プログラム参加者の成果と参加しなかった人の成果を比較することである。しかしながら、政策環境が複雑な場合、これらの簡単なアプローチは、しばしば間違った答えを出すだろう。たとえば、失業者に職を得させるのを援助する職業訓練プログラムである。データは、このプログラムへの参加者が、職業訓練プログラムに参加後の１年で、参加する前よりも、より多く雇用されたようであると示すかもしれない。しかしながら、もし失業率がこのプログラム実施中に大幅に低下したとすれば、雇用増は、経済の改善のせいであり、職業訓練プログラムのおかげではない。同様に、新企業のスタート・アップ援助を提供する政府プログラムは、企業成功率の上昇となって現れるかもしれない。しかし、もしより能力のある起業家が、このプログラムへ、能力の劣る起業家よりもより多く参加していたとすれば、プログラムそれ自体ではなく、自ら選んだプログラム参加者が、より良い結果を引き出したといえるかもしれないのである。

　強力なインパクト評価は、より有効な比較を行う戦略を必要とし——とりわけ、成果の違いをプログラムや介入以外のいくつか他の要因ではなく、まさにそれらに合理的に帰せしめることを可能とするため、グループを「トリートメント」（treatment）グループ〔政府プログラムの恩恵を受けるグループ〕と「コントロール」（control）グループ〔政府プログラムの恩恵を受けないが、受けるグループと同じ条件にあるグループ〕に識別するのである。厳格な、高度な方法を用いることが行われるインパクト評価は、プログラムによって目的とされる成果の観察される変化が、確かにプログラムと介入によって引き起こされているという最も信頼のおける確実性を提供するのである。それは、無作為割り当てを使って成果のインパクトを計測する評価法が、プログラムの効果の決定的証拠を提供すると、議会内や他の政府ブランチ（たとえば、GAO, National Research Council 2009）、民間セクター（Manzi 2012）、非政府研究機関（Coalition for Evidence-Based Policy, Walker et al. 2006）、や学会（たとえば、Imbens 2010,; Angrist and Krueger 1999; Burtless 1995）において、認められたのである。

　古典的なインパクト評価法は、援助受領者の無作為割り当てを、トリートメント・グループとコントロール・グループに、実験の関係で、限定したのだが、有効な比較を構成するという目標は、疑似実験といわれるアプローチ、すなわち無作為性を装うことを生み出す自然の多様性を利用することによって達成できうるのであ

第7章 連邦プログラム改善のためのツールとしての評価

る。疑似実験は、しばしば、伝統的な大規模な無作為割り当て実験よりコストがかからないものであり、以下で議論される。

プログラムまたは介入が原因となる効果の評価

プログラムあるいは介入が原因となる効果を評価する出発点は、何がその効果を生み出すかについて極めることである。個人のレベルで行われるトリートメント——つまり個人がトリートメントを受けたか否か——について考察しよう。個人がトリートメントを受けた場合のありうる成果とトリートメントを受けなかった個人のそれとの差は、個人へのトリートメント効果である[1]。このトリートメント効果を判断する課題は、所与の個人がトリートメントを受けているかまたは受けていないかの事実（たとえば、子どもが就学前教育を受けているか受けていないかである）から発する。であるから、いかなる個人もただ二つのありうる成果の一つだけが観察されうる。われわれは、事実に反する成果を直接的に観察することはできない（たとえば、もし、実際は、就学前教育を受けていなかったのに、就学前教育を受けたならば得ただろう個人の勤労所得）という事実は、われわれが、原因となる効果を直接的にはかることができないことを意味している。いかなる所与の個人にとっても、ただ一つのありうる成果だけを観察するという問題は、原因を推測するにあたっての根本的問題なのである（Holland 1986）。

無作為化が、事実に反する成果は観察できないという問題への解決方法となる。もし個人が、無作為に、トリートメント・グループとコントロール・グループに振り分けられるとすれば、二つのグループの諸個人は、成果へ影響を及ぼすかもしれないその他の特性において、平均的に同条件となるだろう。その結果、二つのグループ間の事後的な差異は、トリートメントの結果であると間違いなくとらえることができる。就学前教育を例にとれば、すでに就学前教育を受けているすべての米国全体の小学校生徒のテストスコアとそうでない米国全体の生徒のテストスコアを単純に比較すれば、前グループの高いテストスコアが就学前教育の効果であると確実にいうことはできないだろう。スコアは、二つのグループの間にある、家族の背景、小学校の財源、あるいはその他の重要な要因の違いが反映しているかもしれないからである。一方で、もし、3歳の年の一つのグループが、就学前教育を受けているかあるいは受けていないかにかかわらず無作為に割り当てられ、就学前教育を受けているグループが、第3学年でより高いテストスコアをとったならば、われわれは、このテストスコアの高さを、就学前教育を受けたことに帰せしめることができるだろう。というのは、二つのグループは学習にインパクトを与える他の諸条件において体系的に異なっているとはいえないからである。

多くのケースにおいて、無作為割り当てなしにトリートメントを受けた個人とトリートメントを受けない個人を比較することでは、有効な比較を行うことはできないだろう。というのは、トリートメントを受けた状況と他の重要な要因とが関連してしまうからである。たとえば、もし、就学前教育を受ける可能性のある名簿記載者が、最初に選別され、学校外で学ぶ機会のもたない人びとがそのプログラムに置かれると、われわれは、トリートメント・グループ（名簿記載者）のほうが、コントロール・グループより悪い成果がでるということを発見するかもしれない。しかしながら、こうしたことがなぜ起こるかといえば、名簿記載者が非記載者より、より一層恵まれていないことが反映されるから

なのである。トリートメント・グループとコントロール・グループとの多様性が、トリートメントと学校外で学ぶ機会における相違を通して究極の成果に影響するのである。そんなわけで、トリートメント・グループとコントロール・グループの間の成果のいかなる比較もトリートメントと学ぶ機会におけるそうした相違の両方の結合された効果が測られることになる。

　無作為割り当てによる実験は、お金がかかり実行不可能であるがゆえに、研究者は、疑似実験として知られる無作為仮定多様性（as-if random variation）を使用する方法を開発してきた。質の高い疑似実験デザインの必要条件は、無作為性をまねた方法において、人びとをトリートメント・グループとコントロール・グループに割り当てることである。これは、個々人が、観察されうる同様の性格をもつトリートメント・グループとコントロール・グループを形成し、関心をもたれる成果に影響なさそうな方法において、トリートメント・グループとコントロール・グループに割り当てることを支配するあるルールを開発することによってなしうる。

　プログラムまた介入のインパクトを判定することに役に立つ疑似実験デザインの一つの例は、そのプログラムにちょうど資格がある個人が、そのプログラムにちょうど資格がない個人と似ているという点において、一つあるいはより多くの変数をもとにして適格性が決定されるときである。もしそうであり、そして、適格である志願者と適格ではない志願者を追跡できるならば、非連続性回帰デザインが、二つのグループ間の他の観察しうる相違をコントロールし、取り組むべき二つのサイドの個人の成果の比較に使用することができうる。

　疑似実験デザインのもう一つの例は、プログラムが、ユニットを通じて多様であるときなのであり、それは、多様性がプログラムの成果に影響しないという理由がある場合である。ロスシュタイン（Rothstein 2011）は、たとえば、大リセッションにおける緊急失業手当（EUC: Emergency Unemployment Compensation）プログラムの失効と再開によって創り出された政策多様化を伴う異なる景気循環パターンのせいで、職を求める人びとが利用可能な手当を可能とする週の数が、州によって違ったやり方なので、月によって劇的に異なるという事実を利用する。その地域の経済状況をコントロールした後、州ごとに EUC 手当のレベルが異なるというでたらめな性格が、職探しにおける EUC 便益の推定を可能としたのである。

　疑似実験アプローチの全容を叙述することは、この章の範囲を超える[2]。疑似実験は、無作為実験より、より強力な仮定が必要とされ、この仮定をめぐっての議論は、疑似実験を、とりわけ専門家ではない人びとにとって、確実のものとすることをより困難にしている。しかしながら、使用された疑似実験多様性が、トリートメントを通した以外の関心の成果へ妥当性をもって関連しないとすれば、疑似実験による挙証は、無作為実験やより疑問の余地があるその他のやり方とほぼ等しい方法と応用とともに、確実性のあるものなのである。

質の高い、成功するインパクト評価のための他の基準

　強力なインパクト評価は、成果が重要であるということに関連し、使用可能な諸問題に対処する必要もある。いくつかのケースでは、使用可能な情報によって、プログラムが効果的であったり、あるいは、なかったりすることが確認できうるかもしれない。他のケースでは、どの介入が、プログラムの重要な成果を達成しう

第7章 連邦プログラム改善のためのツールとしての評価

るために最もよかったかどうかを確認できるかもしれず、その場合は、プログラムを、成功的な介入のより広範囲な採用によって改善することができるだろう。しかしながら、評価が高い小さな規模の介入を拡大するにあたって、法的あるいはその他の障害があれば、介入がうまく働くことを学ぶことは、プログラムの改善を全国レベルで行うことへ直接結びつけることに導きはしない。そのようなケースでは、プログラムをより効果的に運営するより適切な介入をテストすることに、希少な評価のリソースを、振り向けた方がいいかもしれない。

成果が重要であるというこれら判断基準の第二では、プログラムの長期間での目標ということが考慮されなければならない。就学前教育プログラムを取り上げれば、名簿に登載された学生の中期の成果を測ることは容易だろう、しかし、重要なのは、就学前教育が、高校の卒業率、雇用率、あるいは所得のような究極の成果に結びついているか否かなのである。プログラムの大きさや展開段階も考慮すべき重要なものであり、プログラムや介入が十分に熟したものであるべきであるし、トリートメント・グループやコントロール・グループは十分に大きく、インパクトを測るのに信頼のおけるものでなければならない。

政府プログラムにおいて、政策にふさわしいインパクト評価をするにあたって、その他の問題にも対処しなければならない。最も実践的なレベルでは、厳格な評価には、十分な資金、専門的スタッフ、そして、しばしば、機関の（それが複数の機関をまたぐ場合があるのだが）さまざまな部署横断的な協力が必要とされる。厳格な評価にはまた、政府機関の長やプログラム管理者のサポートが必要とされる。さらに、多くの政府プログラムは、複数の目的をもっているのであり、結果がある目的の達成を支持はす

るが他の目的の達成は支持しないとなると評価を行うことは困難となる。

プログラム評価の重要な仕事の一環として、結果のいかんにかかわらず、見つけ出されたことは誰にも開かれたものでなければならず、前進するために成果を改良する最高の行動のコースを知らせなければならない。肯定的なインパクトが発見されたならば、追加的な投資が当然視されるかどうか指し示すためにフィードバックすることが重要になる。インパクトが何も発見できなかった場合、より良い結果が期待できる他の戦略へプログラム資金を再配分することも含めて、修正が必要であることの重要なシグナルをプログラム目標とそれへの参加者、そしてまたそれに付随する重要目標とそれへの参加者へ送ることが肝要である。

インパクト評価を低コストで行う方法がリアルタイムの習得を促進

社会プログラムの大規模な無作為割り当て研究は、非常に影響力があるものの極めて費用がかかり、この高額な費用が、無作為性を通じて学習し、プログラムの改善をはかることへの主要な障害となってきた。この理由で、プログラムの効果について習得するよりも低コストの方法へと、研究者たちは努力を集中してきた。

低コスト法の一つは、プログラムのデザインにあたって、無作為性を構築することであり、それゆえプログラムの成果についてのデータは、プログラムが進行するにつれてリアルタイムで追跡されて、評価を下すことができねばならない。この戦略は、作製中の製品とプロセスの改善をはかる民間セクターにおける管理方法として開発されてきた。たしかに、多くの会社は、年間何千という無作為研究を行っているのであって、2000年までに、キャピタル・ワ

ン（Capital One）は、無作為法を使って年間6万の研究を行い、何が、効果があるかを決定するのに、さまざまな戦略をめぐらして実験を重ねてきた。グーグル（Google）もまた、何年もかけて、何万もの実験を行ってきたのである（Manzi 2012）。

公的セクターでは、行動経済学から学んだ教訓を採用することを含めて、連邦機関が、また質の高いより低コストで実施する評価戦略を実施する方法を見つけようとしている（Box 7—2）。米農務省食品栄養部局は、食品の不安と子どもたちの栄養状況を改善することに取り組むプログラムにおいて、効果的な戦略の事実関係の基礎をさらに開発すべく、厳格な一連の実地プロジェクトを指揮している。その一つのプロジェクトでは、学生に、より健康的な食品を選択させるよう低コストでの食堂の環境変化に取り組んでいる。一つの実演で発見されたことだが、便利に昼食が並んでいる一角に、果物をただカラフルなボールに入れただけで、102％も果物の売り上げの上昇に結びつけることができた事実がある（Wansink, just, and Smith 2011）。これら簡単な挙証を基礎とした介入のため調査に資金を投入することでは、全国学校給食プログラムによって養われている3000万人以上の子どもたちに対してより強固な栄養と飢餓を防ぐ効果的な発達を可能とするだろう。

成果を測定するのに、現存のデータを使い、また独自にプログラムを変更することは、評価コストを小さくするのに機関が使用するもう一つの戦略である。たとえば、司法省全国裁判研究所（Department of Justice's National Institute of Justice）が、自身で個別に、その介入について、評価テストを行う資源のないほぼ1万8000もの地方の法実施機関を助けるべく、介入のインパクト評価を実施することがあげられよう。ハワイの保護観察実施機会プログラム（HOPE: Opportunity Probation with Enforcement）は、ハワイのドラッグにかかわる保護観察を実地で監督する機関として設立された。監督者は、保護観察の条件を満たすことを怠っている保護監査処分中の者に対して「迅速かつ確実」な制裁の効き目をテストした。無作為に管理された実験では、1年後、一日おきの頻繁なドラッグ・テストを受けた保護観察中の者——もし彼らが、それを怠るとすぐに裁判にかけられ一晩刑務所に留め置かれるという適切かつ確実な制裁を受けるのだが、——そのドラッグ

Box 7—2　プログラムの改善可能性を知らせる行動経済学を使って

政府機関が、行動科学からの見解を使って、プログラムデザインを改善するために使われる低コストの評価を実施することが増加しつつある。無作為実験や他の厳格な評価デザインを利用して、これらの研究は、利用可能なプログラムやサービスにおいて有利となるよう人びとを援助し、再度デザインし直すことができるプログラム操作の側面を検討する——たとえば、応募プロセスを簡単化し、学生への金融援助利用可能性に光を当てることなど。最近では、科学技術政策大統領府オフィスは、行動科学と評価の専門家の機関横断的チーム——米国社会・行動科学チーム——を集めたが、それは、行動に関する見解をプログラムデザインに埋め込み、機関が、約束された機会を確認することを援助するためであり、さらに、厳格にインパクトを評価するに必要な技術ツールを供給するためである。そのような、低コスト、リアルタイムの実験は、連邦プログラムをして、より効果的かつ効率的に運営することを促進する。

第7章
連邦プログラム改善のためのツールとしての評価

の使用は72％ほど減少し、彼らが監督官と会うことを止めてしまうことは、61％、新しい犯罪で逮捕されることは55％、保護観察を取り消されることは53％いずれも減少した。これらの減少は、HOPE参加者を、延期されたより深刻な伝統的判決を受けたコントロール・グループの者たちよりも、平均すると48日刑務所にいることを少なくした（全国司法研究所）。刑務所の受刑者のサービスにかかわる高いコストゆえに、刑期を減少させるいかなる介入も大きな節約をもたらすことができる。利用可能な管理データを使用することによって、疑似実験的試行デザインならびに無作為コントロール試行デザインは、それぞれ、たった15万ドル、23万ドルのコストで実施された[3]。追跡した分析では、介入の長期にわたるインパクトが検討されており、このモデルは、他の4カ所でも実地で試験されている。

実施と厳格な評価の結果との間の長い時間は、その使用の妨げとなるが、しかし、行動に移せる見識をより迅速に獲得することを目指して、機関ではそのスピードアップの方法を探している。たとえば、メディケア・メディケイド・イノベーション・センター（「イノベーション・センター」）、これは、2010年ケア適正化法によって創設されたものだが、支出を削減しながら、一方でメディケア・メディケイド・児童健康保険プログラムの受益者にケアの質を維持し高めるため、革新的支払い及びデザインされたサービス提供・モデルを開発しテストする、革新的な「迅速サイクル」アプローチと質の高い評価方法を採用している。医療提供側により迅速なフィードバックをすることによって、Box 7—3が示しているように、「迅速サイクル」アプローチは、実行に移せる情報を提供し、しばしば、コースを修正することを可能とし、継続的な質の改善をサポートしているのである（Shrank 2013）。

Box 7—3 メディケア・メディケイド・イノベーション・センターにおける「迅速サイクル」評価

メディケア・メディケイド・イノベーション・センター（「イノベーション・センター」）は、さまざまな新しいモデルをテストする「迅速サイクル」アプローチを容認し、情報システムと制度的能力へ投資してきた。たとえば、評価者は、リアルタイムの情報を集めることができ、同じモデルを採用した供給者へパフォーマンス・データを供給することができるが、これら供給者に彼ら自身のパフォーマンスを理解し、追跡し、他の供給者のパフォーマンスと彼らのパフォーマンスを比較することを容認するのである。モデルの実施の初期の段階では、イノベーション・センターは、主として、プロセス評価へ迅速サイクルアプローチを適用し（BOX 7—1を見よ）、モデルがインパクトを十分に長期にわたって探知するように作用することが合理的に確実であれば、（実行可能であれば、重要なサブグループへのインパクトを含み）モデルすべてのインパクトを評価することに後から向きをかえるだろう。難しい事業であり、他の制約条件のゆえに、実験条件が整はないとき、疑似実験方法が採用され、事実の強健なチェックをすることが可能であるところでは、各々のトリートメント・グループにおいて、複数の比較可能グループが確認される（Shrank 2013）。

挙証ベースのアジェンダのインパクト

　最初の数カ月から、わが政権は、どの戦略が最もよく機能するかを学び、強力な根拠によって裏づけられたアプローチを拡大するため、強力な評価に集中することを、多くの新しいイニシアティブへ埋め込んできた。2009 年秋、2011 会計年度予算を作成する最中に、行政管理予算局（OMB: Office of Management and Budget）は諸機関を招き、厳格な根拠を構築する新しい評価の提案を提出させ、そしてまた、新しいプログラム・イニシアティブが、成功の信頼できる根拠に基づいていること、またそれがない場合は、根拠を収集する計画を含めることを明確にすることと諸機関を促した。わが政権は、引き続くすべての予算において、その根拠を用い、構築することを強調し続けている（OMB 2010, 2011, 2012, 2013a, 2013b）。

評価の使用

　政府諸機関は、政策とプログラムの決定を告知するに際し、広範なさまざまな方法によって、インパクト評価を用いてきた。

　失業保険制度をより効果的する　失業保険（UI: Unemployment Insurance）は、失業した労働者へ重要なセイフティー・ネットを提供している。しばしば、UI の支払いが、失業中の労働者が雇用を求めるインセンティブを削減するのではないかという懸念が表明されている。そのようないかなる影響も小さいということを根拠は指し示しているのだが（Council of Economic Advisers and the Department of Labor 2013）、連邦再雇用及適格性評価（REA: Federal Reemployment and Eligibility Assessment）イニシアティブは、州に対して、2005 年に資金提供することを始めた。それは、(1) 労働市場の情報、(2) 再雇用計画の展開、(3) 再雇用サービスへの照会行為、を個人ごとの UI 適格性評価と結合させることにより、UI 期間の短縮を狙ったものであった。労働省は、無作為デザインを用いる研究に資金を提供し、REA イニシアティブが UI 期間を短縮することに効果があったことを示した。しかしながら、これらの研究は、UI の期間短縮とそれにかかわるコスト削減を図ることにだけに焦点をあてたものであり、雇用再開や賃金上昇のような、そのほかの成果へは、焦点を当ててはいなかった。これらの研究は、そのほか無作為コントロール試行によってフォローされ、REAs は、適格性評価が個人ごとに行われ再雇用サービスの伝達がより密接に結合されれば、失業の削減へもまた効果的であることが示された（Poe-Yamagata et al. 2011）。その結果、わが政権は、米国雇用対策法において、すべての緊急失業手当請求者は、REA と再雇用サービスの両方を受けるべきことの必要を提案したが、これは、2012 年中間層税軽減及び雇用創出法に法制化された[4]。厳格な評価による挙証は、REA イニシアティブをより効果的にし、失業中のアメリカ人をより早く仕事に復帰させる役割を果たしており、わが政権は、それにより多くの労働者が加入し、拡大することを求めてきた。REA の適切な資金増大は、最近立法化された 2014 年統合歳出法においても認められた。

　学生援助の申請の単純化　多くの場合、何がうまく働くかについて、使用可能な根拠は、連邦プログラムの評価からというよりは、分野

第7章 連邦プログラム改善のためのツールとしての評価

から生み出され、補助金による研究から生み出される。2008年、教育省連邦学生援助局、教育科学研究所とその他の資金提供者のサポートを得て、大学を基盤とした研究者たちは、H&Rブロック（H&R Block）とともに一つの実験を立ち上げたのだが、その実験は、ノースカロライナ州とオハイオ州の無作為に選定された低所得者の納税ファイルを、学生援助についての情報のみならず、居住前の連邦学生援助自由申し込み（FAFSA: Free Application for Federal Student Aid）書と彼ら自身または彼らの子どもたちのFAFSA援助を伴うという条件の下で提供した。この比較的低コストでの実験は、大学進学結果へ驚くべき効果をもったのである。たとえば、この学生援助を受けている高等高学年と卒業者の進学率は、約25％上昇した——34％から42％への上昇である。さらに、この上昇は、時と共に継続し、この実験から3年たって、少なくとも2年連続で、援助を受けた8％以上の学生が、進学していたのである（Bettinger et al. 2012）。

この研究による発見によって、多くの重要な政策変化を引き起こすもととなった。最も顕著には、学生と彼らの家族は、現在、彼らが税申告書をすでに内国歳入庁に提出している所得情報とともにFAFSAに居住地を決定する前に申し込む選択を行うのであり、同様な結果がH&Rブロックと共に行われたテストでも確認された。これが、学生へのFAFSA申請を簡単化し、誤差のリスクを軽減し、そうして、社会経済的に不利であった学生の大学進学への道を大きくし、大学進学を増加に導くに違いない。補足として、教育省もまた、すべての申請者に対して申請を容易にするため、FAFSA申請を簡単化したのだが、とりわけ低所得学生に対してなされたのである。2012年教育省は、大規

図7—1　州・地方政府への補助金交付（1992～2012年）

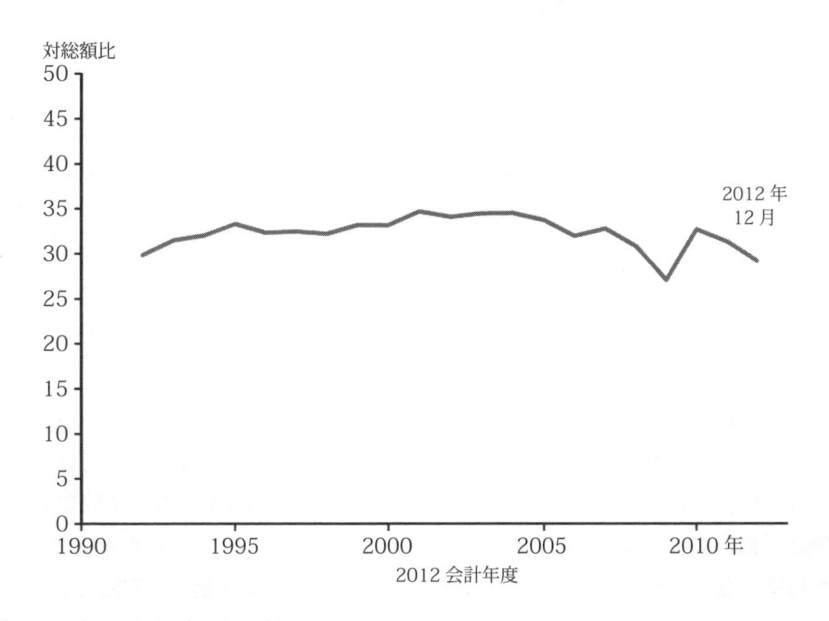

注：総額は、国防、利子払い、ソーシャル・セキュリティーを含まない。
出所：予算管理局、FY2014 Budget, Table 3.1 and 12.2.

模に、FAFSAの簡単化の効果をテストするチームに2回目の補助金を認めた。評価は、実験デザインを用い、全米9000の税ファイルを必要とするだろう。

補助金プログラムにおける挙証ベースの意思決定の制度化　多くのプログラムにおいて、資金は、州と地方の対象機関へ競争的補助金や慣習的補助金を通じて配分されている。州や地方政府への補助金は、最近の20年間において、そのほぼ3分の1を構成してきた。したがって、補助金サポートプログラムの政策告知において、根拠を使用することを増加させることは、支出のかなりの部分における成果を改善することができるだろう（図7—1）。多くの効果的プログラムの構造は、意思決定フレームワークにおいて、評価を決定的要素として取り扱うが、よく機能するアプローチは規模を拡大させ、機能しないアプローチは、規模を縮小したり廃止したりする機会をつくることとなるだろう。当時OBM長官であったピーター・オールザグ（Peter Orszag）がいったように、新しいイニシアティブは、理想をいえば、「彼らのDNAの中に、構築された評価の基準」をもつべきである（OMB 2009b）。わが政権は、挙証と補助金プログラムの「DNA」に挙証ベースの意思決定の両方を埋め込んだいくつかのモデルで実験をしてきた。

この政権において、いくつものイニシアティブは、プログラム構造の中に挙証ベースの意思決定を埋め込んだ「層をなした根拠」アプローチを採用してきた。層をなした根拠プログラムは、補助金と提案された介入の背後にある根拠を結びつける。これらのプログラムで、成功の根拠を示せた介入は、より高い段階に上昇し拡大された実施と評価によってより一層の資金を受けることが可能となる。うまく働く介入を大きくすることが内在したメカニズムは、高い収益を伴うプログラムに投資をしないという困難な問題を阻止することができる。

三層のアプローチの成功例の一つは、教育省における改善のプログラムへの投資である。このプログラムは、開発シード補助金を300万ドルまでは、高度に可能性を秘め、しかしテストされていない介入へ提供し、1200万ドルまでは、適切な根拠の大きさによって、介入のための補助金を提供し、そして、非常にインパクトがあり、変化させる可能性のある教育への介入には、2000万ドルにスケールアップした補助金を提供するという三層からなるものである。効果があるという挙証は、認可の「参加必要条件」であり、規模の大きな補助金やすべて補助金受領者には、効果について挙証ベースに付け加えて評価を行うことが期待されている。規模の大きな補助金や認可の必要な補助金に対して、補助金受領者は、第三者の研究者が利用可能な彼らの評価からプライバシー条件の適用可能性をもって、データを作らなければならない（Department of Education 2013a）

同様に、保健社会福祉省（HHS: Department of Health and Human Services）の、母親、乳児、幼児家庭訪問（Maternal, Infant, and Early Childhood Home Visiting）プログラムは、二層の根拠構造を用いる、初期におけるわが政権のイニシアティブであった。これは、ケア適正化法の一部として2010年に実施されたのだが、この任意の家庭訪問プログラムは、リスクにさらされている子どもや彼らの家族のために健康、発達、福祉の成果を増進するため、傷つきやすい妊婦や幼い子どもの両親へ援助するため、訓練された専門家や助手を使うのである。法律は、少なくとも75％の家庭訪問プログラム資金は、根拠をベースとして証明されたアプローチに使用され、残りは厳格に評価される限りという条件で、約束されたアプローチへ使用が許されるということとなった。現在では14の訪問プロ

第7章
連邦プログラム改善のためのツールとしての評価

グラムが、「根拠に根差したアプローチ」というHHSの基準に合致しており、重要な成果を複数で測定することを用いた、無作為実験と疑似実験の混合によって評価されてきた（Pausell et al. 2013）。法律は、2014年を通じて家庭訪問プログラムに予算付けをしているので、わが政権は、幼児支援の継続の一部として、必要としている家庭に追加的手を差し延べ、任意の根拠に根差した家庭訪問プログラムの利用可能性を拡大し、継続的に予算化することを提案している。

階層的根拠構造に付け加えて、政府諸機関は、挙証ベースの実施を用いることを鼓舞する競争的補助金プログラムにおけるそのほかのデザインを用いることを始めている。そのようなデザインの一つに「成功報酬」アプローチがある。このパフォーマンスを基盤としたモデルにおいて、博愛的な民間の資金が大きな力を発揮し、政府は、目標とされる成果が達成された後のみ支払いを供給する。2012年と13年において、わが政権は、予防サービスに資金を投入する成功報酬モデルを使用するプログラムをサポートし始めた。そして、信頼のおける評価方法によって測定した成果を実現したのである。一番目の成功報酬裁定は、常習犯防止のプロジェクトであった[5]。2014年統合歳出法は、成功報酬プロジェクトを2億1500万㌦に上昇させ認可した。

より伝統的な構造をもった補助金プログラムでは、資金は前払いされるのだが、担当機関は、資金提供に際し、より厳格な評価を資金提供の条件に組み込んでいる。たとえば、労働省労働力イノベーション・ファンドにおける前払いの補助金は、2011年に初めて支払われたのだが、有望ではあるが未経験の雇用や訓練サービスまた行政的戦略に資金投与された。これらの補助金は、失業の期間を短縮するというような、公的労働力システム・パフォーマンスにおける長期の改善を生み出す介入について、はっきりと根拠を増大させるという方式で、新しいコンテキストに、すでによくテスト済みの考えを資金化もするのである。補助金受領者は、厳格な評価を行うことが必要とされており、全国評価コーディネーターが補助金受領者音ともに、一貫した高い品質の評価を確実にするために働くのである（Department of Labor 2011）。

介入やプログラムの資金削減や廃止 わが政権の根拠を基盤とした評価へのコミットメントが意味するのは、プログラムがその当初の目的を達成していないことを評価機関が一貫して示したときは、それへの資金は、削減され廃止され、効果のないプログラムへ納税者の税金を使うことの削減が促進される。2012会計年度予算は、保健社会福祉省によって運営されていた囚人の子どもへの助言（MCP: Mentoring Children of Prisoners）プログラムについて、この方式を採用した。厳格な評価が示すところによれば、質の高い助言関係が、少なくとも12カ月続いたことは、若者に肯定的なインパクトをもたらすのだが、3カ月以上続かない関係は、若者に実際には害のある影響を与える（Grossman and Rhodes 2002）。MCPプログラムのパフォーマンス・データによれば、毎年、プログラム参加者の半分以下が少なくとも12カ月続いたのだが、08年だけだと組み合わせの27％が、3カ月以内にうまくいかずに終わった。MCP資金でのプログラムの評価が指し示したところによれば、熟さず終わったのは、プログラムのパフォーマンスの結果であって、参加者の人口構成上の特徴によるものではないのである（Schlafer et al. 2009）。

MCPパフォーマンス・データは、その他の助言プログラムのインパクト評価からの根拠に照らして解釈し、わが政権は、MCPは、目標

に到達せず効果的ではないと結論したのである。その結果、わが政権は、MCPへの資金提供を削減することを提案し、そのほかの競争的補助金プログラムが、MCPがターゲットにした若者へサービスを提供できるはずで、プロミス・ネイバーフッド（Promise Neighborhoods）のような、これらのプログラムのいくつかでは、根拠を基盤とした実践を行っていることに言及した。議会は、最終的に、2011年継続歳出法において、このプログラムへの資金提供を廃止した。

恵まれない人びとの家族における読み書きの改善をもともとは計画した、平等に出発（Even Start）も、当初の目標を実現できないもう一つのプログラムであって、わが政権は、取り替える手段をとった。平等に出発の子どもたちの読み書きレベルは、改善されたのではあるが、全国複合的無作為実験が、示したところによれば、平等に出発に参加していなかったコントロール・グループの親や子どもにも（そのほかの幼児期教育や成人教育サービスを受けていた3分の1）同じような改善があった（St. Pierre et al. 2003）。大統領は、2012会計年度予算の提案を行い、議会は、平等に出発に対する単独の予算付けを廃止することを認めた。わが政権は、それとそのほかの焦点を絞った読み書きプログラムを合体させ、高い質の、根拠を基盤とする読み書きプログラムに対する州への競争的補助金をサポートする効果的教育・学習プログラムの新しく創られた構成要因にすることとして合体させることを提案してきた。

現存の根拠が限られているときの根拠の構築

上記の多くの例に明らかなごとく、どのプログラムや介入が最も効果的かという根拠は存在するのであり、政策担当者が直面する重要な課題は、その根拠に基づいて行動することである。しかしながら、その他多くの重要な分野における事業について、知られていることは十分ではないし、したがって、根拠を基盤とした政策決定の最初のステップは、根拠を明らかにすることに能力を注ぐことなのである。

電気使用量の削減　専門家は、電気の需要を削減することを含め、電気使用の効率性を高める一つの方法として、使用時間帯による価格設定（需要がピークを迎える時間がより高いという）を長らく提案してきた。そのような時間帯による価格付けは、効率性を高め、高価な新しい発電所への投資を妨げ、汚染を削減するだろう。しかしながら、多くの送電システムにおいては、住民消費者が時間帯による価格付けに対応するのに必要な家庭内の技術へ投資を行ってはこなかった。加えるに、規制者は、異なる価格付けを認めることに躊躇し、民間会社は、時間帯による価格付けが十分に消費者の行動に影響を与えるかどうかを知らず、彼らのシステムへの近代化投資を怠ってきた。近年では、連邦政府が州や公益事業と協力し、時間帯による価格付けが消費者にどのような影響を与えるかの評価について能力を注いだので、この情報が公益事業や規制者や州に利用可能となるだろう。これら消費者の行動の研究は、米国復興及び再投資法の資金で実施されたが、無作為コントロール実験法を使用する。どのタイプの価格戦略を使うかの決定は、連邦というよりは、州の権限内のことでこれらの研究は、価格モデルについてのより詳しい決定を州や地方の公益事業になさしめることになるだろう（Cappers et al. 2013）。これら研究は、なお現在進行中であり、二つの公益事業と彼らの規制者は、今日まで観察された諸結果を基礎に彼らのサービス地域を通して時間によって異なるレートの実施を決定

第7章
連邦プログラム改善のためのツールとしての評価

してきたのである。そのような努力は、時間によって異なる価格設定を採用するよう公益事業へ与える、より一層の刺激となって貢献できる。

ヘルスケア供給の改善 もう一つの例として、ケア適正化法は、適切なヘルスケアの適用拡大に加えて、いかにしてヘルスケア供給の質の改善とコストの削減を行うかを理解させることに大きな力を注いできた。この章の初めに書いたように、この法律によって創設された、メディケア・メディケイド・イノベーション・センター（「イノベーション・センター」）は、質の高い評価の方法を用いて革新的支払いと支出の削減をデザインする医療サービスの供給モデルをテストし、一方で、メディケア・メディケイドそして児童健康保険プログラムの受益者のケアの質の確保と向上を図るのである。いくつか進行するイノベーション・センターの支払い改革イニシアティブ──そしてこれらイニシアティブからの初期の結果──は第4章において議論される。イノベーション・センターは、これらモデル評価と実際のデータを使用し、最高の実施を確認し、どの成功的なモデルがより広範囲に実施されるか決定する。

身体障害をもった若者に対するより良い成果 わが政権は、また障害をもった若者をターゲットにした多くのさまざまなアプローチをテストしている。弱者への補足的所得の保障促進（PROMISE: Promoting Readiness of Minors in Supplemental Security Income）は、教育省、保健社会福祉省、労働省と社会保障局との合同のイニシアティブである。PROMISEは、補足的所得保障（SSI: Supplemental Security Income）を受領する障害をもった若者とその家族の教育と雇用の成果を改善する目的をもっており、障害者教育法、職業リハビリ州補助金プログラム、メディケイド健康医療の家庭及び地域をベースにするサービス、職の法人組織、貧困家庭臨時援助法、それに労働力投資法プログラムを通して利用可能なサービスの協力を改善することによって可能となる。PROMISEプログラムは、補助金受領者に（州や州との共同体が）、2年の延長の選択をもった3年にわたる若者と家族へサービスする彼ら自身の援助モデルをデザインすることを、それらが最適のサービス・セットを含んでいるということを前提に許される。受領者はまた、成果を達成する彼らの能力を抑えると彼らが信じる個別のプログラムにある資金の制約やルールについて権利を放棄することができる。受領者は、PROMISE援助の適用可能な、（ほぼ2000人）の大人数の若者として登録することに同意するのであり、適用可能な若者の半分をトリートメント・グループとして割り当て使用すべく、また、残りの半分を通常は子どもSSIの受領者としてサービスを受けるコントロール・グループとして割り当て使用すべく、無作為振り分けを許すのである。最初の補助金は、2013年9月に支出された。PROMISEが子どもSSI受領者の成果をよりよく達成させたかいなかは、全国的な評価がすべての受領者に対して行われ、補助金のインパクトが教育の達成、雇用の確保や成果にどう影響したか、また補助金が、公的援助、とりわけSSI支払いとの長期にわたっての依存関係を減少したか否かが問われるだろう（Social Security Administration 2013）。

リスクにさらされている若者の事態を改善する わが政権は、またリスクにさらされている若者を救済するアプローチを確認するために働いている。全国若者チャレンジ保護（ChalleNGe: National Guard Youth Challenge）プログラム、それは厳格に評価されきており、学校を退学したのではあるが彼らの生活を取り戻したいことを願っている若者へチャンスを提供することを企画している。無作為割り当てを用いて、ミレ

ンスキーら（Millensky et al. 2011）は、ChalleNGe プログラムの卒業生は、コントロール・グループよりも、より高等学校の卒業証書や証明を獲得しているし、大学の単位もとっているし、プログラム終了後3年間働いているように、より高い収入に付けくわえて、プログラム参加者に重要な利益があることを発見した。参加者は、2010年ドルで、4万ドル以上も生涯割引収益の増加が予測されている（Perez-Arce et al. 2012）。学生への教育コストやその他収益につながらない利益を考慮すると、このプログラムは、プログラム・コスト1ドルに対して2.66ドルを生み出したと推定された（Perez-Arce et al. 2012）。わが政権は、現在このモデルが、罪を犯し判決を受けた若者へ適用可能であるかどうかについて、労働省前科者更生プログラムを通じて、テストすることを計画している。

ホームレスの削減　ホームレスを急激に減少させることは、わが政権の焦眉の課題である[6]。かつては、手におえない問題であると考えられていたのだが、（厳格な評価を含む）広範な研究機関が慢性的なホームレスを経験している個人へ効果的に働くモデルがあることが明らかにされた。住宅都市開発省（HUD: Department of Housing and Development）は、これら根拠を基盤にしたアプローチに強力に投資してきたし、一時的な住宅供給のような伝統的なアプローチからはなれ、より効果的な永住をサポートするようなホームレス援助補助金プログラムを再構成してきた（第7―2図）。ホームレス家族への効果的な援助の研究は、ホームレス個人と同様の厳格さのレベルとしては存在していないということで、HUDは、家族選択研究というホームレス家族について実験的研究に取り組んできた。この研究は、住宅援助やサービスのいくつかのコンビネーションを比較検討するものであり、どの援助の仕事が、住宅安定、家族の維持、子どもの福祉、成人の福祉、そして自身の満足を、最も促進したかを決定するため、多くの角度から実験的にとりくまれるだろう。通常のケアに付けくわえて、緊急シェルターに残り、また、シェルターの中の家族が通常どのような源泉を手に入れて利用が可能かを決定しようとするとき、三つの援助が研究されるだろう。第一が主として食券のみの補助　第二が一時的住宅供給、第三が、急速な再度の住宅供給[7]である。

根拠アジェンダを深める

　オバマ大統領が2009年1月にその職に就いたときから比べると、政府諸機関が、重要なプログラムや政策問題に答えるのにより一層、作動可能な根拠を構築することを行っている。これらの努力は、広範な機関とプログラムに広がっている。個人に直接的にサービスを提供し、連邦支出のほぼ65％を占めるプログラムのパフォーマンスを改善することに大きく注力しながら、商務省、中小企業庁、農務省と財務省が含まれる多くの政府機関は、事業に援助を供給するプログラムにインパクト評価を組み込む方法を追求している。

　機関の内部に根拠を基盤として意思決定を行う文化を育み、新しい投資や操縦方法を導くのに厳格な評価を可能とする基礎を築くことは、決して早急かつ簡単にできるものではない。特定の投資や全体のプログラムの評価は、その場限りにおこる孤立した問題解決とすべきではな

第7章
連邦プログラム改善のためのツールとしての評価

図7―2　ホームレスならびに以前ホームレスだった人びとに対しての備付ベッド数（2007～12年）

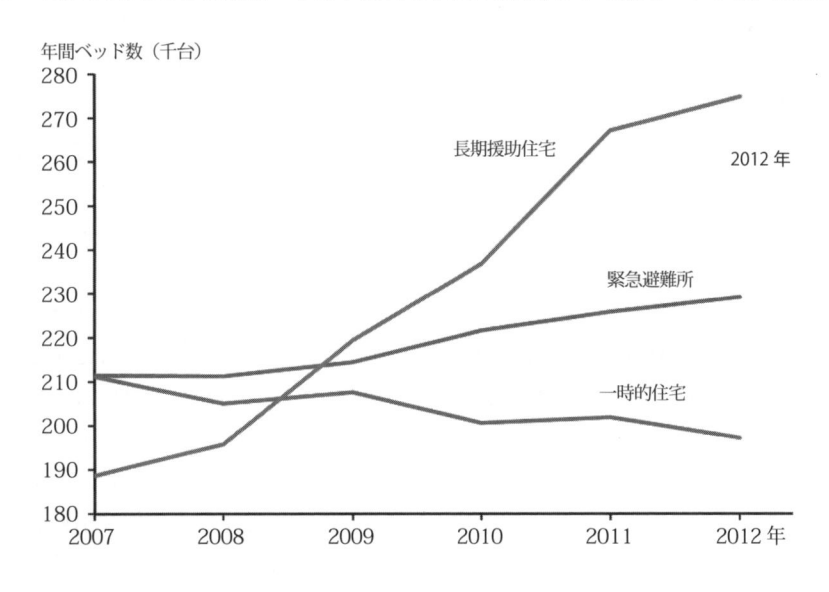

```
年間ベッド数（千台）
280
270                                              長期援助住宅
260                                                              2012年
250
240
230                                        緊急避難所
220
210
200                                        一時的住宅
190
180
    2007   2008   2009   2010   2011   2012年
```

出所：住宅及び都市開発省、Homeless Data Exchange, Housing Inventory Count.

く、あらかじめ計画しておくべきである。チャレンジには、重要な変化を制定する努力を常に伴うものだが、いくつかの重要な要素は、根拠の収集と使用を改善する機関の努力を大きく促進することができる。完全なリストではないが、これらの問題は、根拠を基盤とするアジェンダを構築し前進させる機関努力において、使える機会もしくは障害となってしまうか、どちらかを供給するいくつかの重要な分野を提示する。

評価の立法的サポート

　立法や歳出法案を認めることによって、機関は、さまざまな広範囲の活動のためのプログラム資金を使用することができる。立法化することで多くの方法で、より強力かつコスト効率的な評価を促進できる。一つは、厳格な評価を行う重要性を認識する言語を通してである。もう一つは、すでに収集したプログラムデータをそのような統計的かつ分析的方法に利用できることを確実にすることである。

　厳格な評価への立法的サポート　立法が厳格な評価をサポートしうる二つ方法は、取り置いておいた資金を通じてか、示威プログラム評価をサポートすることを通じてか、である。近年では、機関内の最高経営者のサポートを得て、かなりの機関では、プログラム立法化と予算化において特別に評価のためにとり置く分をもつこととなっている。たとえば、2012年統合歳出法は、初めて、労働長官に評価のための労働省（DOL: Department of Labor）予算の0.5％を上限として特別の予算化を可能とした。また、教師インセンティブ・ファンドにおける競争的補助金の5％の留め置きが、教育省がプログラムの厳格な評価を行い、さらに、現在進行中の改善を促進援助するため現行の厳格な調査の結

果を補助金受領者と共に、シェアーすることを許している。加えて、評価のためにプログラム資金の何パーセントを留め置くかの権限は、HHSとHUDプログラムのいくつかでは特定化されているのであり、そこには10年ケア適正化法や2009年米国復興及び再投資法を通じた追加的な資金受領のいくつかが含まれる[8]。

多くのプログラムは、年次歳出を通じて資金配分されるが、それは、与えられた会計年の中での資金使用という義務を負う。しかしながら、統合歳出法における評価のためのDOLの留め置き分はDOLが2年間で評価資金を移転させるという義務を負わねばならないことで、期限を延長する。厳格な評価をデザインするには時間がかかるという理由で、評価資金を基準の1年を超えて使用できるようになれば、いくつかのケースでは、機関が質の高い評価を計画し、完全に実行することが可能となる。

試験的なデモンストレーションのために特別に資金化する立法はまた、根拠の基盤を開発するための重要なサポートとなるだろう。イノベーション・センターによって実施され立法的に権威づけられたデモンストレーションは、根拠の構築のための立法的サポートの価値を指し示す最近の事例である[9]。もう一つの事例は、保健社会福祉省児童福祉ウエーバー権限が州に許可して、児童福祉の改革とその成果の改善のための広範囲のアプローチをデザインし試行させるのであり、それには、最初に里子に出されることやまた再び出されることが減少すること、児童の発達、行動、及び社会的機能というさまざまな局面での改善が含まれる。州は、彼らの権利放棄の合意の部分として、プロセス評価のみならず、厳格なインパクト評価を実施することが必要とされる[10]。加えて、わが政権は、障害者保険プログラムのためのデモンストレーション権限を回復することを提案しているのであり、一方で、また、障害者が労働力として残ることを促進する、初期の援助戦略をテストするため、新しい権限を社会保障局とその関連機関へ与えることを提案している。

立法化は、明確な言葉を通じて、さらに証明された介入を使用することによって、強力な評価を鼓舞し、受領者は、評価に参加することが必要とされる。健康飢餓なし児童法では、たとえば、多くの栄養援助プログラムにおける州と地方の補助金受領者が必要とする差別のない条項を含んでいるが、それには、全国学校給食プログラム、婦人、幼児、子どものための特別栄養補足プログラムや農務省の管轄下で実施される評価に協力する全国学校給食法と児童栄養法において権限づけられたそのほかのプログラムを含むのである[11]。この法律は、補足的栄養援助プログラムを通して供給される栄養教育を改革したのであって、低所得個人や家族が適格とされる栄養補給を行う社会的セイフティー・ネットの主要な重しの一つといえるだろう。それは、新しい改善された栄養教育及び肥満阻止補助金プログラムを設定したのであり、肥満を阻止することに焦点を合わせ、インパクトを最大にし、コストを節約する他のプログラムとともに、根拠を基盤とし、成果誘導型援助を必要としたのである。

評価を含む統計的目的のためデータにアクセスするに際しての立法的サポート 現存の法律では、評価に不可欠な統計的目的に使用しうる行政プログラムの一部として収集された情報であるかどうかに関しては、明示的でもいいし、またそうでなくてもいい、のどちらかとなっている。明示的かつ協力的な法によれば、評価を目的としてデータを供給するための協定を協議する貴重な時間と労力を節約でき、もっと良い分析を促進できる。たとえば、社会保障法では、その機関の一つのデータセットは、連邦や

第7章
連邦プログラム改善のためのツールとしての評価

州の機関によって行われる統計と研究活動に使うことができると明示的に述べている。

　かなりの立法は、プログラムデータの適切な使用を決定することを機関の長に広い権限とともに与えている。プログラム評価データの統計的使用が、しばしば、与えられた法によって権限づけられた同じプログラムの状況、政策、及び操作を告知することを条件として、機関は、その一般的立法権限において、統計的目的で他の連邦機関へ行政データを供給する十分な権限を認めることを決定する。たとえば、社会保障局は、その規制の実施において叙述したように、統計的かつ研究の目的のため、あるデータセットを供給するのである。

　データへ適切にアクセスすると決断するときは、複数の正当性をもった諸目的では、バランスがとられなければならないのであり、それには、個人と機関のデータを収集する負担を軽減することと個人のプライバシーを守るということが含まれる。またそうであっても、注意深く法律言語は作られているから、これらの目的を達成することができ、一方ではなお、連邦研究者にとっては、データの利用が可能となり、厳格に評価し、政府のプログラムを改善することができる。鍵となる考え方は、次の3点であり、あいまいなあるいは不明確な権限が、プログラムデータの適切な使用方法を決定することを阻止すべきこと、狭く規定されたプログラムによる理由によってだけデータへのアクセスが唯一許される極めて狭く書かれた法律用語を避けること、あるいは、援助受領者からデータを集める連邦機関の能力を制限することである。

　州レベルで管理されたプログラムの情報に対する必要は、理論的には、非連邦データシステムを通して対処されるが、しかし、これは必ずしもいつも可能というわけではない。州やその他の補助金受領者は、州をまたがって、包括的データシステムの開発を比較可能な方法で任意で行わないおそれがあるし、あるいは、研究者に対してはデータを利用可能にする能力とインセンティブをもっているかもしれない。これら問題をやわらげる解決可能な解答が存在しないとき、立法は、研究者にアクセス可能な連邦のデータセットの創出を、権限づけることを許すかもしれないし、あるいは、州をまたがって比較可能なデータの交換の必要条件を確立し、研究者に、アクセスを確実にするかもしれない。

プログラムのデザインに評価を構築する

　多くの既述の例が示しているように、政府機関は評価を促進するためにプログラムをデザインしている。しかしながら、機関はなお、新しいプログラムや現存のプログラムに厳格な評価を埋め込むことができる。

　新プログラム　根拠に根差したプログラムを採用する利益は、イノベーションへの投資プログラムやHHSの家庭訪問プログラムに何重もの根拠が構造化されているように、ある強力な根拠に根差した戦略へ競争的補助金を導く能力を含んでいるが、一方でまた、根拠をいまだ使うことのできないところで補助金受領者たちに評価を実施することを必要とさせる。そのようなプログラム構造なしでさえも、過去5年間における新プログラムを実施する機関は、受領者にデータを収集し、行政データシステムの開発を促し続けてきたのであり、それによって、プログラムの運営上必要とされるものに加えて、比較を改善し、評価を促進することができるのである。たとえば、2010年に開始された教育省プロミス・ネイバーフッド・プログラムは、受領者に対して、厳格なる評価を促進するため、個人レベルでの長期にわたるデータシステムにおける成果を収集し追跡することを義務づける。

233

このプログラムは、疲弊したコミュニティーにおける子どもと若者の教育的かつ発達上の成果を改善することを目的とする[12]。質が高くかつ比較可能なデータを受領者が収集することをやりやすくするため、教育省は、データ収集と報告について広範囲なガイダンスを提供している（Comey et al. 2013）。

新しいプログラムのデザインにあたって評価を必要とすること以外の利益を考察するに、率直に評価データを確認することによって時間と金を節約し機会を創出すること、プログラムへ対応しようとする人へ負担を軽減すること、そして、お互いにあまり長い時間根拠を追っかけることによる情報の無駄を避けることがあげられる。プログラムデザインの最初の段階で考えることができなかったとき、評価に必要な情報を集めることに替わるやり方の典型は、調査を実施することであり、そうするためには、調査を計画しテストする専門的知識を確認し、その使用の許可を得、しばしば、根拠を追って長くかかるデータの収集を管理することが必要となる。調査には、根拠を構築するに時間とコストがかかるのだが、それは、質の高いデータを生み出す調査手段を開発するにかかる時間とスキル、必要とされる認可を得る必要性、そして、調査の実際の実施によるものである[13]。注意深い計画によって、その他の方法では獲得できない評価にかかわる、評価に関するデータへの調査の必要の制限を促進できるが、プログラムあるいは援助の長期にわたるインパクトを確認するために必要な、プログラム後の選択、収入、または職についての情報のようなものがそうである。プログラムデザインが根拠を構築するのを促進する最も重要なやり方の一つが、インパクト評価を促進するため、トリートメント・グループとコントロール・グループをどのように確定するかを注意深く考察することである。す

でに述べたように、プログラム参加可能者をトリートメント・グループとコントロール・グループに無作為に割り当てることによって、インパクト評価を最も信頼のあるものとすることができる。比較をうまく行えるグループを創設するのにいくつかのメカニズムがあるが、これによって、プログラム効果の質が高い推定を行うのに採用される実験的あるいは疑似実験的技術が可能となる。

プログラムや介入の参加可能者の名簿を作成するにあたって、いくつかの選択肢があり、これらによって、厳格な評価ができうるのだが、それらは次の通りである。

1　能力が限られている場合のくじ引きによる無作為割り当て。多くの場合、限られた資金やその他の制約条件によって、プログラムや介入は適用が可能なすべての人や対象にサービスを与えることができない。そのような場合、「早い者勝ち」や無作為ではないやり方よりも、くじ引きを実施し、プログラムや介入に参加したい応募者を選択すれば、低コストの無作為実験となる。この戦略は、メディケアへのアクセス（Baicker et al. 2013）、設立認可学校への入学（Abdulkadiroglu et al. 2011）、そして中小起業家の訓練（Benus et al. 2009）のインパクトを測るため最近使用されている。くじ引きに敗れた人を追跡しその成果データを確認しておくことを忘れてはならない。

2　連続的な「必要度」のもとでの割り当て。無作為割り当ての共通の一つの目的は、資源は、最も必要としている人、あるいは、最も利益を生じさせる人にターゲットを絞るべきということがある。この場合、もし、割り当てが明確な、連続的な、応募者の必要度（あるいは利益受領度）のランキングと必要度をある程度外視したプログラム適応性を基礎とすることを合体したのであれば、プログラムでの割り当て

234

第7章 連邦プログラム改善のためのツールとしての評価

それ自身が、強度の評価に手を貸しているということになる。たとえば、ルードウイッヒとミラー（Ludwig and Miller 2007）は、ヘッド・スタート参加者の子どもの死亡率への影響を経済機会局が1965年に300の貧しいカウンティ（郡）への技術的援助を提供した事実を使用することで研究する。この技術援助は、ヘッド・スタート資金率における永続的な相違を300番目の貧困カウンティの貧困率のちょうど下とちょうど上のカウンティに創り出した。このタイプの割り当てルールと共に、非連続回帰デザインがこのプログラムのインパクトを研究するのに使用されうる。デザインの論理は、分水嶺のちょうど上とちょうど下の「貧困度」をもった個人は、──ルードウイッヒとミラーにおいて、300番目の貧しいカウンティの率のちょうど上とちょうど下の貧困率のカウンティに住んでいるのだが──トリートメントを受けているちょうど下の人（このケースでは、ヘッド・スタートへ参加している）を除いて、お互いに彼らの成果への影響の仕方は、同じようなものである。このデザインでは、無作為実験と同様のプログラム効果の推定を行えるのである[14]。

3　巨大プログラムの初公開を展開する。
もしプログラムが異なる地理的範囲、あるいは学校、あるいはその他自然のグルーピングを通して広がっている多くの参加者へ究極的にはサービスするように導入させるならば、初公開の一連の流れを無作為に選択しながら、初公開を時間と空間を通してずらすことによって、それを評価することをより容易にする。たとえば、大学への進学を増加させる目的をもった助言プログラムがある学校のグループに導入されようとし、政府が、そのプログラムが導入される前と後との学生の大学進学率の変化を推定することによってそのプログラムの効果について知ろうと望んだとしよう。もし、プログラムが、たった一つの学区にだけ導入されれば、そのときは、学区が同時に導入したいかなるその他の諸変化も成果に影響し、結果に偏りが生じるかもしれない。同様に、もし、プログラムが多くの異なった学校へしかし、同年に導入されたとしたら、そのときは、政策、経済環境、あるいは、他のマクロ経済状況のいかなる変化も、トリートメント効果とともに、ごちゃ混ぜにされ、トリートメント効果の推定に「偏り」が生じるかもしれない。時間と場所を超えてプログラムの初公開をずらし、無作為性と、可能であれば観察可能な性格に基づくトリートメントとコントロール・ユニットを更にうまく取り合わせ用いれば、これらの偏りが生じるのを抑えることに役立つし、プログラム・インパクトのより良い推定を可能とするだろう。この戦略は、延長された失業手当の効果を研究するため、ローシュタイン（Rothstein 2010）によって用いられた。

上述の三つの戦略は、質の高いインパクト評価に役に立つ実験あるいは疑似実験を創出する。このような工夫がなかったならば、評価者には、プログラム（あるいは援助）参加者と非参加者との間に存在する相違を認識する必要があり、多変数回帰分析のような統計的技術を使用し、これら相違を抑制し調整する必要がある。これら戦略はすべて同様の特性をもってプログラム参加者と非参加者の成果を比較することを試みるのであるから、評価の成功は、なぜ個人がプログラムに参加することを選択するのかの理由と共に、成果が最も予想できる人びとの特性についての良い情報の、研究における使用可能性にかかっているだろう。しかしながら、これら戦略が働くからには、トリートメント・グループとコントロール・グループの間にある相違を抑制する統計的あるいは調整技術を使用した後のこれらグループ間にある多様性は、トリートメントの効果を通してのものを除けば、興味の

対象となっている成果とはかかわりがないに違いない。無作為性として作用するトリートメント・グループとコントロール・グループの間のいく分かの多様性は、必要なものなのである。

現存のプログラム　評価を促進するためのプログラムのデザインは、現存のプログラムより新しいプログラムのほうが比較するとより簡単かもしれない、というのは、現存のプログラムの場合、新しい戦略を試みることをプログラム・マネージャーは、嫌うからであり、もし、コントロール・グループがサービスを受けていないとすると、参加者の中での平等性に配慮しなければならないからでもあり、またそのほかの理由からでもある。しかしながら、いくつかの機関での経験が示しているのだが、これらの障害は克服しうる。希望者殺到のプログラムでのくじ引きは、新しい場合であっても長年続いているプログラムでは適用可能である（たとえば、ジェイコブとルードウィッヒ（Jacob and Ludwig 2012）の住宅バウチャーのインパクトについての研究をみよ）。しかしながら、公式を基礎にして、州へ資金を配分するプログラムにおける根拠に基づく意思決定の機会が増加すると、とりわけ、課題が多くなるものである。というのは、資金を州が受け取る場合、評価や根拠に基づく資金配分は必要条件とはならないからである。これらプログラムにおいて、評価を積極的に進める権利放棄権限諸当局（Waiver authorities）やその他のメカニズムでは、ただ、いくつかの場合においてのみ役立つだけである。これらのタイプのプログラムにおいて、州や地方の受領者に評価を行うことを促進する規制は、いちおう法的必要条件となっているのであって、資金のある程度の部分が、根拠に根差した補助金あるいは配分のモデルのためにとっておかれるのである。たとえば、2014会計年度上院歳出配分承認法案において、薬物中毒ならびに精神衛生サービス局の精神衛生政府補助金プログラムでは、根拠に根差した補助金のため5％をとどめおくように文言化されている[15]。

プログラムの中には、なおより一層、評価と根拠に根差した意思決定を組み込むべき仕事が残されているである。政府諸機関が、これらプログラムにおいて、評価努力に注力できれば、それは、機関の最も重要なプログラムや政策問題に対処することを確実に促進することが可能となるだろう[16]。

他の行政的調査データソースへのリンクの受け入れ能力を増進する

政府諸機関は、ますます、他の利用可能な政府データでもって、彼らの行政的プログラムデータを補い合い、彼らの評価アプローチを改善しようと機会をうかがっているが、そこには、適切さが求められる一方、強いプライバシー保護を確実にする必要がある。他の理由で収集された既存のデータを使用することは、強いプライバシー保護を維持する一方で、多くの利便性をもたらすものである。そうするときには、いくつかの課題が浮かび上がり、わが政権は、これら課題に対応すべくいくつかの手段をとっている。

既存のデータソースを使用する利便性　他の理由で収集された既存のデータを使用することは、厳しいプライバシー保護が維持されなければならない一方、ある一つのプログラムデータベースや調査によって簡単に対応できかねる重要な政策問題に、諸機関が応えることを促進できる。行政データは、プログラム参加についての最も完全かつ正確な情報源を提供するし、より正確な収入データ、テストスコア、そしてそのほか重要な諸結果を提供できる。たしかに、既存の行政データを評価とそのほかの統計的目

第7章 連邦プログラム改善のためのツールとしての評価

的のために使用する利便性は、かなり前から広範に認められてきた。トリートメント・グループとコントロール・グループの性格を主として確認し、研究コストを削減し、そのほかの調査を通じたデータを収集する必要を避けることによる研究参加者への負担を軽減する目的をもって、複数のソースからのデータは、多くのインパクト評価に使用されてきた（Coalition for Evidence-Based Policy 2012; Finkelstein et al. 2012; Bettinger et al. 2009; Jacob and Ludwig 2012）。リンクされたデータセットはまた、さまざまな機関で現在の挙証努力を促進するのであり、保健社会福祉省児童支援実施局では、無作為割り当て評価（そこでは、このプログラムの下で、トリートメントは、特別サービスを受けるのだが、コントロール・グループは利用可能な通常サービスを受ける）とコスト・ベネフィット分析を伴う児童支援主導の雇用サービスのデモンストレーション・プロジェクトを現在実施中である。計画された評価は、よりコスト効率的かつ正確にプログラムの真のコストとベネフィットを決定するため、補足的栄養支援プログラムとその他の公的支援プログラムのベネフィットにおいて州が管理するデータと刑事裁判制度のデータ、そして、その他のデータをもとに行われるだろうが、同時に、失業保険の報酬と給付金記録をもとにも行われるだろう。もう一つの例として、HUDまたHHSは、住宅支援の健康へのインパクトと同時に、HUD住宅支援のメディケア・メディケイド受益者の健康を改善するため、HUD行政データとHHSメディケア・メディケイド・データ間のリンクを試験的にテストしている。

課題と解決 それにもかかわらず、これらの統計的使用のため行政データにアクセスすることには、課題が多い。これらデータは、実施策の開発を含め、日々のプログラム操作を促進するために収集される。しかしながら、評価の必要性は、データベースの作成段階において考慮されないと、厳格な評価を実施するための行政データの重要性は限られたものとなるおそれがある。また、データの定義は、データセットごとに大きく異なるのであって、とりわけ、州レベルのデータでは、しばしば州ごと、ときには郡ごとに定義が異なることがある。定義の異なるのを別とすれば、プログラムデータの質は、——その完璧性と正確さにおいて——データセットごとに大きく異なるのである。重要なデータの質のギャップあるいは誤りは、分析を危うくする。州ごとのベースでデータへのアクセスを協議することはまたコストが大変かかることに違いはない。

一つの鍵となる実践的課題は、政府機関が、プライバシーに神経質になることで、プログラムへの志願者と参加者に対して、特異の確認者をプログラムデータベースの中に含まないおそれがあることである。このような特異の確認者は、他のプログラムを通したり、時間をかけて同じプログラムを通したりして、主題ごとに供給されたデータをリンクすることを促進する。名前と住所によってデータベースをマッチングし、そのほか特異性の欠ける変数において、マッチングにリンクすることは、偏見を生み、厳格な分析にとって使えないリンクされたデータを作り出してしまうのである。

かなりの政府機関が（情報を確認することを含めて）統計的目的をもってデータの使用を許可する確立された歴史をもっている一方、多くの場合では、そのようなデータへのアクセスは、現実の障害や確認される法的、政策的あるいは運営上の障害によってただちに利用することができないのである[17]。いくつかのケースでは、データについて責任のある機関との広範囲な協議が、評価研究において使用されるデータのア

クセスを獲得するのに必要とされるが、ときどき、何カ月、何年とかけた協議でも、その努力が報われない場合がある。

　これらの障害に取り組むことを援助するため、OMBは最近になって、評価を含む、統計的目的のために行政データを使用する機会を増加させることにおいて、プログラムと統計的機関(そして、機関内の統計部署)の両方に対して、援助するガイダンスを発行した[18]。ある程度、このガイダンスは、行政的データセットが統計的目的のための潜在的価値を確認し、統計的目的をもった行政的データを使用することの促進の重要性をスタッフに連絡し、そして、統計的目的でアクセスを供給するのを妨げるとおもわれる決定的障害の叙述を伴って、現在供給されてはいない統計的目的からいって、もっとも価値のあるいくつかのデータセットを確認することにおいて、政府の省が、プログラムならびに統計的機関の両方を関係させることを必要とする。ガイダンスは、また、適切な法律上の必要条件を理解するガイダンスを含み、以上の任務を遂行する上で機関を援助するツールを提供するのであり、より効率的な機関間の協定を促進するツール、また統計方法について連邦委員会のお墨付きの下で、展開された行政データの質を評価するツールである。政府の省は、さらに、協調を促進し、統計的目的をもって行政データへのアクセスを増加させる努力について、OMBに報告をしなければならない。

プライバシーを保護する一方、連邦データへの研究者のアクセスを促進する

　いくつかの機関は、個人記録の秘密を守る調査環境を確保するため、統計的目的で研究者が連邦データにアクセスする方法を開発してきた。センサス局と健康統計の全国センターは、調査データセンターの確保に働いているが、そこでは、認められたプロジェクトをもつ資格のある研究者が、統計調査のためミクロデータ・ファイルを使用することができる。退職調査コンソーシアムは、社会保障局が、退職とソーシャル・セキュリティーについて政策に適合的な調査を促進するために使用する一つの鍵となるツールである。コンソーシアムは、ミシガン大学、ボストン大学、そして全国経済調査局に基盤を置く三つの競争的に選択された調査センターで成り立つ。

　センターでは、価値ある調査と退職政策の評価を実施し、結果を普及し、訓練と教育審査を施し、さらに、外部研究者によって、社会保障局(SSA)の行政データの使用を促進する。にもかかわらず、秘密性という制約、政府に提供されたデータのプライバシーを統括する法律の一様ではない解釈、やその他の理由によって、多くのデータセットは、研究者にとって統計的使用を目的としてアクセスすることが難しい状況となっているし、研究者が収集したデータへのリンクの機会が依然制限されたままである。

　わが政権は、連邦プログラム参加者のプライバシー保護を完全に維持するやり方で、研究者にとっての機会を改善することを決意している。メディケア・メディケイド・サービスHHSセンター(CMS: HHS' Center for Medicare and Medicaid Services)の仮想調査データセンターは、連邦自身が使用し、さらに連邦の補助金受領者が、連邦がスポンサーとなった調査活動を実施するために連邦機関へアクセスするのを改善するために働いている機関の革新的方法の一つの例証である。2013年末、仮想調査データセンターは、使用者が外部ファイルをアップロードし、それらを分析のためにCMSデータとともに使用し、また彼らのワークステーションへ統計的総データをダウンロー

第7章 連邦プログラム改善のためのツールとしての評価

ドできる献身的な働き場所を使用者に提供し始めた。このモデルは、より効率的であり、よりお金がかからず、より柔軟、さらにはより確実に研究者に、さまざまなメディケア・メディケイド・プログラムデータにアクセスする方法であり、膨大な情報を切り刻み、暗号化し、送り出す結果となる既存のアプローチとは対照的である。

結論

　どのような発見、厳格な評価であっても、現行のプログラムが効果的か、あるいは、重要なプログラムの目的に沿うように修正が必要かどうかについて批判的かつ信頼できるフィードバックを提供する。たしかに、ビジネスと医療を含むかなりの分野においては、巨大な無作為に仕切られる試みが、介入の効果を評価してきたのであり、戦略によっては、なんら積極的な介入の効果を見つけ出してはいない（Coalition for Evidence-Based Policy 2013）。厳格なインパクト評価は、プログラム投資について経営的決定を導くのに、重要な学習ツールとして、役立っている。わが政権は、広範囲にそしてしばしば、これらのツールを使用することを継続的にサポートし、そうして、連邦の資金とともにサービスを提供する組織と共有できる最良の実践と効果的な新しいアプローチを確認するだけではなく、政府プログラムの継続的改善を促進するのである。

　最近の5年間で、連邦機関は、プログラムの改善方法を含めて、プログラム決定を知らせるのに厳格なインパクト評価をいよいよますます使用してきている。機関は、既存の戦略が重要な成果として十分公的なインパクトを生み出していないという事実が分かれば新しいアプローチを試みる。彼らは、新しい戦略がより良い結果を生み出すことを事実が示すときには、効果を高めるためプログラムを再構成し、不十分な根拠基盤しか見い出せないところでは、その根拠を明らかにさせるだろう。そして、彼らは、うまく働くアプローチをスケールアップさせ、公共政策を改善し、人びとの生活を向上させる。この努力の一環として、機関は、評価のための新しい機会を準備するため、データを収集し、比較できるように改善する。彼らは、また、一方でプライバシーを守りながら、他の連邦機関や外部の研究者に対して、データのアクセスを改善する鋭い切れ味のいい技術を使用し、より速くそしてより低いコストでなされる評価を可能とする戦略を用いるだろう。わが政権は、変革に影響さすべくこれら努力をサポートし続ける。何がうまくいくかを確認するために厳格な評価戦略を使用することによって、そしてまた、必要な修正を行う手段をとることによって、政府機関と納税者は、限られた資源が、優先的な目的に応じて、可能な限り効率的に使用されることに最大の確信をもつだろう。

（注）

1　二人の個人は、同じではないので一般的に、プログラムや介入の効果は、個人によって異なる。たとえば、就学前教育の効果は、子どもの家庭での学習機会に依存するだろう。インパクト評価は、典型的には、平均的な効果を推定するのであって、それは、平均的個人レベルの効果である。

2　より広範な インパクト評価（無作為実験と疑似実験の双方）へ手始めとして、Angrist and Pischke（2008, ch.1）と Stock and Watson（2010, ch.13）を参照せよ。Shadish, Cook and Cambell（2002）と Berk and

Rossi（1998）は、より上級のテキストブックでの処理を提供しているし、Imbens and Wooldridge（2009）は、この分野における最近の方法上の発展のサーヴェイを提供している。

3 コストの推定は、司法省全国裁判研究所によって提供された。

4 Public Law 112-96.

5 たとえば、労働省は、雇用を増加させ、かつて投獄された人の再犯を削減することを目的とする成功報酬補助金を監督する労働力イノベーションに2400万㌦を割り当てた（United States Interagency Council on Homelessness, 2013a）。労働省は、成果のインパクトを測るに、厳格な評価方式を採用することを補助金受領者に必要とした。

6 一部には、2009年ホームレス緊急援助と緊急住宅移動法に刺激され、オバマ政権は、『ドアを開けよ――ホームレスを終わらせる、2010年連邦戦略プラン』を発表した。このプランは、若者や家族のホームレスと同様に、ホームレスのヴェテランや長期のホームレスを終了させるという目的をもっている。米国ホームレス機関間会議は、19のメンバーによって行動を調整することに努めている（United States Interagency Council on Homelessness, 2013b）。

7 中間報告のみならず研究のサマリー（無作為や研究人口の性格についての研究デザイン過程を明らかにしている）は、ここに見ることができる。http://www.huduser.org/portal/family_options_study.html

8 プログラムの中で留め置くことは、用いやすいが、省のなかでの留め置きは、評価投資の見返りを最大化する以上に、より柔軟性をもつ機関に供給されることによって、優位性が働くかもしれないと指摘する者もいる。また、留め置きは、機関が、評価資金を管理する示威能力をもてば、さらに柔軟に使用されるだろう。

9 ACAが通過する前は、現存のデモンストレーション支出権利放棄権限は、HHSに対して、新しいサービス提供法と新しい支払いアプローチのインパクトというメディケア・デモンストレーションを指揮することを許した。しかしながら、立法的制限によって、これらデモンストレーションは傾向的に小さくなっている。ACAは、長官に支払いと供給システムのイノベーションをテストするより柔軟な権限を与えたが、それは、根拠を基盤として拡大している。この仕事はCMMIの、指揮下においてなされるのである。

10 児童及び家族サービス改善改革法、第2編、201節、公法112－34.

11 米国農務省食品栄養部内最終ルール、農務省研究における協力と評価、そして、2010年健康飢餓なし児童法の栄養援助プログラム差別なし条項、公法111－296、Federal Register Vol76, No.125, June 29, 2011.

12 このプログラムは、ハーレム・児童ゾーン・モデルに基づいており、学生の収入を増加させ、犯罪に手を染める可能性を減少させ、健康障害に陥る危険性を減少させることに基づいているのだが、大きな公共的利益を生み出す可能性をもっている（Dobbie and Fryer 2011）。

13 たとえば、事務処理削減法（PRA: Paperwork Reduction Act）は、初め1980年に制定され、1995年に修正された（44U.S.C., Chapter 35）が、機関が、確認できる報告、記録保持、あるいは開示の必要性を用いて、10あるいはそれ以上の人から情報を収集する計画を立てるとき、連邦機関は、OBMから許可を得ることが必要とされる。PRAの目的は、そこから公共の利益をできるだけ多く確実にすることであり、連邦政府による、あるいは、そのために創り出され、収集され、維持され、使用され、共有され、広められる情報の有用性の最大化をはかることであり、さらには、連邦政府による、あるいはそのための情報の収集から帰結する人びとの負担を最小限にすることにある。さらなる例証として、かなりのデータ収集は、制度的レビュー・ボードによって監査の対象であり、42USC289,45CFR46での必要要件として、そのような調査の人にかかわる主題の権利を保護する目的があるからである。

14 一方で、RDDからの推定は、厳格にいうと、境界「近く」の参加者のタイプに限られる。貧困度の異なるレベルをもった参加者を通してインパクトは異なる限り、これには限界がある。

15 S.1284, Report No.113-71.

第7章
連邦プログラム改善のためのツールとしての評価

16　政府諸機関が限られた資源で運営をしなければならないことを考慮し、OMB は、諸機関に、評価に力を入れるよう励ましてきた。

17　一つの法律的障害は、プログラムに権限を付与する法律が、(評価を含む) 統計的目的のために供給されうるデータへアクセスできるかどうかについて明らかではない場合、政府諸機関は、使用可能かどうかについて決断する必要があるということである。そのようなケースの場合、機関は、他の機関へデータを供給するについて禁止する明確な権限がないことによって説明するかもしれない。しかしながら、OMB メモランダム M-14-06 で議論されたように諸機関は、彼らの一般的な法的権限の下に、データを供給することができるかもしれない (OMB 2014)。

18　統計的目的は、OMB メモランダム M-14-06 (OMB 2014) の注 2 に規定されている：〔それは〕「当該グループを含む個人や組織を確認することなしに、グループの性格の叙述、推定、あるいはその分析」に言及している (PL-107-347, 第Ⅴ章—秘密情報保護及び統計的効率性法 (CIPSEA)、第 502 節 (9)(A))。統計的目的には、「いかなる行政的、規制的、法律による強制、判決や特定の確認しうる対応者の権利、特権、利益に影響するその他の諸目的」を排除するとある (PL-107-347, 第Ⅴ章—CIPSEA, 第 502 節 (5)(A))。

参考文献

第1章

Almunia, Miguel, Agustin Benetrix, Barry Eichengreen, Kevin H. O'Rourke and Gisela Rua. 2010. "From Great Depression to Great Credit Crisis: similarities, differences and lessons." *Economic Policy* 25, no. 62: 219-265.

Bernanke, Ben S. 2012. "Monetary Policy since the Onset of the Crisis." Speech at the Federal Reserve Bank of Kansas City Economic Symposium. (http://www.federalreserve.gov/newsevents/speech/ bernanke20120831a.htm).

____. 2014. "The Federal Reserve: Looking Back, Looking Forward." Speech at the Annual Meeting of the American Economic Association. (http://www.federalreserve.gov/newsevents/speech/ bernanke20140103a.htm).

(CBO) Congressional Budget Office. 2013a. "Automatic Reductions in Government Spending—aka Sequestration." (http://www.cbo.gov/ publication/43961).

____. 2013b. "The Economic Impact of S. 744, the Border Security, Economic Opportunity, and Immigration Modernization Act." (http://www.cbo.gov/publication/44346).

Greenspan, Alan. 2013. *The Map and the Territory: Risk, Human Nature, and the Future of Forecasting*. The Penguin Press.

Piketty, Thomas and Emmanuel Saez. 2003. "Income Inequality in the United States 1913–1998." *Quarterly Journal of Economics* 118, no. 1: 1–39.

____. 2013. Data update to "Income Inequality in the United States 1913– 1998." September (http://elsa.berkeley.edu/~saez/TabFig2012prel. xls).

Reinhart, Carmen M., and Kenneth S. Rogoff. Forthcoming. "Recovery from Financial Crises: Evidence from 100 Episodes." *American Economic Review*.

Romer, Christina D. 2009. "Back from the Brink." Speech at the Federal Reserve Bank of Chicago. (http://www.whitehouse.gov/assets/documents/ Back_from_the_Brink2.pdf).

Wimer, Christopher, Liana Fox, Irwin Garfinkel, Neeraj Kaushal, and Jane Waldfogel. 2013. "Trends in Poverty with an Anchored Supplemental Poverty Measure." Working Paper. New York: Columbia Population Research Center. (http://socialwork.columbia.edu/sites/default/files/file_manager/ pdfs/News/Anchored%20SPM.December7.pdf).

第2章

Ball, Laurence, and Sandeep Mazumder. 2011. "Inflation Dynamics and the Great Recession." *Brookings Papers on Economic Activity* 42, no. 1: 337-405.

Bank of Japan, Financial Markets Department. 2013. *Outline of Outright Purchases of Japanese Government Bonds*. Financial Market Department 1-3. April.

Blanchard, Oliver J., and Peter A. Diamond. 1994. "Ranking, Unemployment Duration, and Wages." *Review of Economic Studies* 61, no. 3: 417-34.

Board of Governors of the Federal Reserve System. 2009. "FRB/US Equation Documentation."

____. 2012. "Press Release: December 12, 2012." (http://www.federalreserve. gov/newsevents/press/monetary/20121212a.htm).

____. 2013a. "The October 2013 Senior Loan Officer Opinion Survey on Banking Lending Practices."

____. 2013b. "Press Release: June 19, 2013." (http://www.federalreserve.gov/ newsevents/press/monetary/20130619a.htm).

____. 2013c. "Press Release: December 18, 2013." (http://www.federalreserve. gov/newsevents/press/

monetary/20131218a.htm).

———. 2014. "Press Release: January 29, 2014." (http://www.federalreserve. gov/newsevents/press/monetary/20140129a.htm).

(BEA) Bureau of Economic Analysis. 2013. "Comprehensive Revision: 1929 Through First Quarter 2013." U.S. Department of Commerce.

———. 2014. "Technical Note: Gross Domestic Product Fourth Quarter of 2013 (Advance Estimate)." U.S. Department of Commerce. January.

(CBO) Congressional Budget Office. 2012. "Economic Effects of Policies Contributing to Fiscal Tightening in 2013." November.

———. 2013a. "Automatic Reductions in Government Spending aka Sequestration." February.

———. 2013b. "The Economic Impact of S. 744, the Border Security, Economic Opportunity, and Immigration Modernization Act." June.

(CEA) Council of Economic Advisers. 1997. *Economic Report of the President*. February.

———. 2013. "Comprehensive GDP Revision and Advance Estimate for the Second Quarter of 2013." July (http://www.whitehouse.gov/ blog/2013/07/31/comprehensive-gdp-revision-and-advance-estimate-second-quarter-2013).

Database of State Incentives for Renewables and Efficiency. 2013. "Renewable Electricity Production Tax Credit (PTC)." October (http://dsireusa.org/incentives/incentive.cfm?Incentive_Code=US13F).

(DOT) Department of the Treasury. 2012. "Description of the Extraordinary Measures." December (http://web.archive.org/ web/20131019163723/http://www.treasury.gov/connect/blog/Documents/Sec%20Geithner%20LETTER%2012-26-2012%20Debt%20 Limit.pdf).

(EIA) Energy Information Administration. 2013. "Industrial Sector Natural Gas Use Rising." June (http://www.eia.gov/todayinenergy/detail. cfm?id=11771).

———. 2013b. "International Energy Outlook." April (http://www.eia.gov/forecasts/ ieo/pdf/ieorefng-tab_1.pdf).

———. 2013c. "Oil and Gas Industry Employment Growing Much Faster than Total Private Sector Employment." August (http://www.eia.gov/ todayinenergy/detail.cfm?id=12451).

(EPA) Environmental Protection Agency. 2011. "Paving the Way Toward Cleaner, More Efficient Trucks." August.

European Central Bank. 2012. "Press Release: Technical Features of Outright Monetary Transactions." September (http://www.ecb.europa.eu/ press/pr/date/2012/html/pr120906_1.en.html).

———. 2013. "Monetary Policy." (http://www.ecb.europa. eu/mopo/html/index. en.html).

European Commission. 2013. "European Economic Forecast: Autumn 2013." November.

Executive Office of the President. 2013. "The President's Climate Action Plan." The White House. June.

Fuhrer, Jeffrey C., and Giovanni P. Olivei. 2010. "The Role of Expectations and Output in the Inflation Process: An Empirical Assessment." *Federal Reserve Bank of Boston Public Policy Brief*, no. 10-2: 1-39.

Gordon, Robert. 1990. "U.S. Inflation, Labor's Share, and the Natural Rate of Unemployment." Working Papers 2585. Cambridge, MA: National Bureau of Economic Research.

———. 2013. "The Phillips Curve is Alive and Well: Inflation and the NAIRU During the Slow Recovery." Working Paper 19390. Cambridge, MA: National Bureau of Economic Research.

Layard, Richard, Stephen Nickells, and Richard Jackman. 1991. *Unemployment: Macroeconomic Performance and the Labor Market*. New York: Oxford University Press.

Krueger, Alan B., and Andreas I. Mueller. 2011. "Job Search and Job Finding in a Period of Mass Unemployment: Evidence from High-Frequency Longitudinal Data." Working Papers 1295. Princeton, NJ: Center for Economic Policy Studies.

Nalewaik, Jeremy J. 2010. "The Income-and Expendi-

参考文献

ture-Side Measures of U.S. Output Growth." *Brookings Papers on Economic Activity* 41, no. 1: 71-127.

(OMB) Office of Management and Budget. 2013. "Impacts and Costs of the Government Shutdown." (http://www.whitehouse.gov/ blog/2013/11/07/impacts-and-costs-government-shutdown).

Office of the Press Secretary. 2012. "Obama Administration Finalizes Historic 54.5 MPG Fuel Efficiency Standards." The White House. (http://www.whitehouse.gov/the-press-office/2012/08/28/obama-administration-finalizes-historic-545-mpg-fuel-efficiency-standard).

(USTR) Office of the United States Trade Representative. 2013a. "Acting Deputy U.S. Trade Representative Endy Cutler Discussed Japan and the TPP at the Peterson Institute for International Economics." (http://www.ustr.gov/about-us/press-office/blog/2013/November/ Cutler-TPP-Japan-PIIE).

____.2013b. "Ambassador Froman Discusses the Transatlantic Trade and Investment Partnership at the Munich Security Conference." (http://www.ustr.gov/about-us/press-office/blog/2013/November/Froman-Munich-Security-Conference).

____.2013c. "Statement of the Ministers and Heads of Delegation for the Trans-Pacific Partnership Countries." (http://www.ustr.gov/tpp).

____.2013d. "Weekly Trade Spotlight: The Benefits of the WTO Trade Facilitation Agreement to Small Business." (http://www.ustr.gov/about-us/ press-office/blog/2013/December/Benefits-of-WTO-Trade-Facilitation-Agreement-to-Small-Business).

____.2013e. "White House Fact Sheet: Transatlantic Trade and Investment Partnership (T-TIP)." (http://www.ustr.gov/about-us/press-office/ factsheets/2013/june/wh-ttip).

(OECD) Organization for Economic Cooperation and Development. 2013. "General Assessment of the Macroeconomic Situation." *OECD Economic Outlook*, no. 2: 9-66.

Polk. 2013. "Polk Finds Average Age of Light Vehicles Continues to Rise." (https://www.polk.com/company/news/polk_finds_average_age_ of_light_vehicles_continues_to_rise).

Stock, James H. 2011. "Discussion of Ball and Mazumder, 'Inflation Dynamics and the Great Recession.'" *Brookings Papers on Economic Activity* 42, no. 1: 387-402.

Stock, James H., and Mark W. Watson. 2010. "Modeling Inflation After the Crisis." Working Papers 16488. Cambridge, MA: National Bureau of Economic Research.

Zindler, Ethan. 2013. "Burst of Construction in December Delivers Record Year for US Wind." *Bloomberg New Energy Finance.* January 18.

第3章

Aldy, Joseph E. 2013. "A Preliminary Assessment of the American Recovery and Reinvestment Act's Clean Energy Package." *Review of Environmental Economics and Policy* 7(1): 136-155.

Alesina, Alberto,and Silvia Ardagna. 2010. "Large Changes in Fiscal Policy: Taxes versus Spending." *Tax Policy and the Economy* 24: 35-68.

Angrist, Joshua D., and Jorn-Steffen Pischke. 2010. "The Credibility Revolution in Empirical Economics: How Better Research Design Is Taking the Con out of Econometrics." *Journal of Economic Perspectives* 24, no. 2: 3-30.

Auerbach, Alan J., and Daniel Feenberg. 2000. "The Significance of Federal Taxes as Automatic Stabilizers." *Journal of Economic Perspectives* 14(3): 37-56.

Auerbach, Alan, and Yuriy Gorodnichenko. 2012. "Measuring the Output Responses to Fiscal Policy." *American Economic Journal: Economic Policy* 4(2): 1-27.

Barro, Robert J. 1974. "Are Government Bonds Net Wealth?" *Journal of Political Economy* 82(6): 1095-1117.

Ball, Laurence M. 2009. "Hysteresis in Unemployment: Old and New Evidence." Working Paper 14818. Cambridge, MA: National Bureau of Economic Research.

Bastiat, Frederic. 1848. "Selected Essays on Political Economy." Seymour Cain, trans. 1995. Library of Economics and Liberty. 3 February 2014.

Blanchard, Olivier, Giovanni Dell'Ariccia, and Paolo Mauro. 2010. "Rethinking Macroeconomic Policy." *IMF Staff Position Note.* Washington: International Monetary Fund.

Blanchard, Olivier, and Daniel Leigh. 2013. "Growth Forecast Errors and Fiscal Multipliers." *IMF Working Paper.*

Blanchard, Olivier, and Roberto, Perotti. 2002. "An Empirical Characterization of the Dynamic Effects of Changes in Government Spending and Taxes on Output." *Quarterly Journal of Economics.*

Blanchard, Olivier, and Lawrence H. Summers. 1986. "Hysteresis and the European Unemployment Problem." *NBER Macroeconomics Annual*, 1, 15-90. Cambridge, MA: National Bureau of Economic Research.

Blinder, Alan S., and Mark Zandi. 2010. "How the Great Recession was Brought to an End." Princeton University and Moody's Analytics.

Chetty, Raj. 2008. "Moral Hazard vs Liquidity and Optimal Unemployment Insurance." Working Paper 13967. Cambridge, MA: National Bureau of Economic Research.

Chodorow-Reich, Gabriel, Laura Feiveson, Zachary Liscow, and William Gui Woolston. 2012. "Does State Fiscal Relief During Recessions Increase Employment? Evidence from the American Recovery and Reinvestment Act." *American Economic Journal: Economic Policy* 4, no. 3: 118-145.

Christiano, Lawrence, Martin Eichenbaum, and Sergio Rebelo. 2011. "When Is the Government Spending Multiplier Too Large?" *Journal of Political Economy* 119(1): 78-121.

Coenen, Gunter, et al. 2012. "Effects of Fiscal Stimulus in Structural Models." *American Economic Journal: Macroeconomics* 4(1): 22-68.

Cogan, John F., et al. 2010 "New Keynesian versus old Keynesian government spending multipliers." *Journal of Economic Dynamics and Control* 34(3): 281-295.

(CBO) Congressional Budget Office. 2009a. "Health Information Technology for Economic and Clinical Health Act."

___. 2009b. "Cost Estimate: H.R. 1, American Recovery and Reinvestment Act of 2009."

___. 2009c. "Cost Estimate: H.R. 3548, Worker, Homeownership, and Business Assistance Act of 2009."

___. 2010a. "The Budget and Economic Outlook: Fiscal Years 2010 to 2020."

___. 2010b. "The Budget and Economic Outlook: An Update."

___. 2010c. "Cost Estimate: H.R. 4691, the Temporary Extension Act of 2010, As Introduced on February 25, 2010."

___. 2010d. "Cost Estimate: Budgetary Effects of Hiring Incentives to Restore Employment Act, as Introduced by Senator Reid on February 11, 2010."

___. 2010e. "Cost Estimate: Amendment No. 3721 to H.R. 4851, the Continuing Extension Act, 2010, as Proposed by Senator Baucus."

___. 2010f. "Cost Estimate: Budgetary Effects of Senate Amendment 4425, the Unemployment Compensation Extension Act of 2010."

___. 2010g. "Cost Estimate: CBO Estimate of Changes in Revenues and Direct Spending for Senate Amendment 4594 in the Nature of a Substitute to H.R. 5297, the Small Business Jobs and Credit Act of 2010."

___. 2010h. "Cost Estimate: CBO Estimate of Changes in Revenues and Direct Spending for S.A. 4753, an amendment to H.R. 4852, the Tax Relief, Unemployment Insurance Reauthorization, and Job Creation Act of 2010."

___. 2010i. "Cost Estimate: Budgetary Effects of Senate Amendment 4575, containing proposals related to education, state fiscal relief, the Supplemental Nutrition Assistance Program, rescissions, and revenue offsets."

参考文献

___. 2011a. "The Budget and Economic Outlook: Fiscal Years 2011 to 2021."

___. 2011b. "Cost Estimate: Budgetary Effects of Senate Amendment 927 to H.R. 674, as proposed by Senator Reid for Senator Tester."

___. 2011c. "Cost Estimate: H.R. 5297, the Small Business Jobs Act of 2010."

___. 2011d. "Cost Estimate: Budgetary Effects of the Temporary Payroll Tax Cut Continuation Act of 2011, as Posted on the Website of the House Committee on Rules on December 22, 2011."

___. 2012a. "The Budget and Economic Outlook: Fiscal Years 2012 to 2022."

___. 2012b. "Cost Estimate: Budgetary effects of the Conference Agreement for H.R. 3630, the Middle Class Tax Relief and Job Creation Act of 2012, as Posted on the Web Site of the House Committee on Rules on February 16, 2012."

___. 2012c. "Cost Estimate: Budgetary effects of the Conference Agreement for H.R. 3630, the Middle Class Tax Relief and Job Creation Act of 2012, as Posted on the Web Site of the House Committee on Rules on February 16, 2012."

___. 2013a. "Cost Estimate: Estimate of Budgetary Effects of H.R. 8, the American Taxpayer Relief Act of 2012, as passed by the Senate on January 1, 2013."

___. 2014a. "The Budget and Economic Outlook: 2014 to 2024."

___. 2014b. "Estimated Impact of the American Recovery and Reinvestment Act on Employment and Economic Output in 2013."

Conley, Timothy, and Bill Dupor. 2013. "The American Recovery and Reinvestment Act: Public Sector Jobs Saved, Private Sector Jobs Forestalled." *Journal of Monetary Economics*.

(CEA) Council of Economic Advisers. 2009a. "Estimates of Job Creation from the American Recovery and Reinvestment Act of 2009."

___. 2009b. "The Economic Impact of the American Recovery and Reinvestment Act of 2009." *First Quarterly* Report. September.

___. 2010a. "The Economic Impact of the American Recovery and Reinvestment Act of 2009." *Second Quarterly* Report. January.

___. 2010b. "The Economic Impact of the American Recovery and Reinvestment Act of 2009." *Third Quarterly* Report. April.

___. 2010c. "The Economic Impact of the American Recovery and Reinvestment Act of 2009." *Fourth Quarterly* Report. July.

___. 2011. "The Economic Impact of the American Recovery and Reinvestment Act of 2009." *Sixth Quarterly* Report. March.

___. 2013a. "The Economic Impact of the American Recovery and Reinvestment Act of 2009." *Ninth Quarterly* Report. February.

___. 2013b. "Economic Report of the President." March.

Council of Economic Advisers and the Department of Labor. 2014. "The Economic Benefits of Extending Unemployment Insurance." January.

Delong, J. Bradford, and Lawrence H. Summers. 2012. "Fiscal Policy in a Depressed Economy." *Brookings Papers on Economic Activity*. Spring.

Department of Education. 2011. "FY 2012 Department of Education Justifications of Appropriation Estimates to the Congress: Student Financial Assistance" in President's FY 2012 Budget Request for the U.S. Department of Education.

Department of the Treasury. 2010a. "The Case for Temporary 100 Percent Expensing: Encouraging Business to Expand now by Lowering the Cost of Investment."

___. 2010b. "The American Opportunity Tax Credit."

___. 2011. "Treasury Analysis of Build America Bonds Issuance and Savings."

Department of the Treasury and Council of Economic Advisers. 2012. "A New Economic Analysis of Infrastructure Investment." March.

Eggertson, Gauti B. 2001. "Real Government Spending in a Liquidity Trap." New York Federal Reserve.

Elmendorf, Douglas W., and Jason Furman. 2008. "If,

When, How: A Primer on Fiscal Stimulus." Washington: Brookings Institution.

(EPA) Environmental Protection Agency. 2013. "American Recovery and Reinvestment Act Quarterly Performance Report – FY2013 Quarter 4 Cumulative Results as of September 30, 2013."

Executive Office of the President and Office of the Vice President. 2010. "The Recovery Act: Transforming the American Economy through Innovation".The White House.

Farhi, Emmanuel, and Ivan Werning. 2012. "Fiscal Multipliers: Liquidity Traps and Currency Unions." Working Paper 18321. Cambridge, MA: National Bureau of Economic Research.

Favero, Carlo, and Francesco Giavazzi. 2012. "Measuring Tax Multipliers: The Narrative Method in Fiscal VARs." *American Economic Journal: Economic Policy* 4(2): 69–94.

Fernald, John G. 1999. "Roads to Prosperity? Assessing the Link Between Public Capital and Productivity," *The American Economic Review,* Vol. 89, No. 3:619-638.

Feyrer, James, and Bruce Sacerdote. 2011. "Did the Stimulus Stimulate? Real Time Estimates of the Effects of the American Recovery and Reinvestment Act." Working Paper 16759. National Bureau of Economic Research.

Financial Crisis Inquiry Commission. 2011. *The Financial Crisis Inquiry Report.* New York: PublicAffairs.

Follette, Glenn, and Byron Lutz. 2010. "Fiscal Policy in the United States: Automatic Stabilizers, Discretionary Fiscal Policy Actions, and the Economy." *Finance and Economics Discussion Series*. Washington: Federal Reserve Board.

Guajardo, Jaime, Daniel Leigh, and Andrea Pescatori. Forthcoming. "Expansionary Austerity? New International Evidence." *Journal of the European Economic Association*.

Hall, Bronwyn H., Jacques Mairesse, Pierre Mohnen. 2009. "Measuring the Returns to R&D." Working Paper 15622. Cambridge, MA: National Bureau of Economic Research.

House, Christopher L., and Matthew D. Shapiro. 2008. "Temporary Investment Tax Incentives: Theory with Evidence from Bonus Depreciation." *American Economic Review* 98(3): 737-768.

Ilzetzki, Ethan, Enrique G. Mendoza, and Carlos A. Vegh. 2011. "How Big (Small?) are Fiscal Multipliers?" IMF Working Paper.

(IMF) International Monetary Fund. 2009 "What's the Damage? Medium Term Dynamics after Financial Crises." *World Economic Outlook October 2009: Sustaining the Recovery* Chapter 4, p. 121-151.

___. 2012. *World Economic Outlook April 2012: Growth Resuming, Dangers Remain."*

Johnson, David S., Jonathan A. Parker, and Nicholas S. Souleles. 2006. "Household Expenditure and the Income Tax Rebates of 2001." *American Economic Review* 96(5): 1589-1610.

Joint Committee on Taxation. 2009. "Estimated Budget Effects of the Revenue Provisions Contained in the Conference Agreement for H.R.1, The 'American Recovery and Reinvestment Tax Act of 2009.'"

___. 2010a. "Estimated Budget Effects of the Revenue Provisions Contained in Senate Amendment #4594 to H.R. 5297, The 'Small Business Jobs Act of 2010,' Scheduled for Consideration by the United States Senate on September 16, 2010."

___. 2010b. "Estimated Revenue Effects of the House Amendment to the Senate Amendment to H.R. 4853, The 'Middle Class Tax Relief Act of 2010,' Scheduled for Consideration by the House of Representatives on December 2, 2010."

___. 2012. "Estimated Revenue Effects of H.R. 8, The 'Job Protection and Recession Prevention Act of 2012.'"

Laeven, Luc, and Fabian Valencia. 2012. "Systemic Banking Crises Database: An Update."Working Paper WP/12/163. Washington: International Monetary Fund.

Ljungqvist, Lars, and Thomas J. Sargent. 1998. "The European Unemployment Dilemma." *Journal of Political Economy* 106(3): 514-550.

Mertens, Karel, and Morten O. Ravn. 2012. "Empirical Evidence on the Aggregate Effects of Anticipated and Unanticipated US Tax Policy Shocks." *American Economic Journal: Economic Policy* 4(2): 145–181.

Mertens, Karel, and Morten Ravn. 2013. "The Dynamic Effects of Personal and Corporate Income Tax Changes in the United States." *American Economic Review.* June.

Munnell, Alicia H, 1992. "Infrastructure Investment and Economic Growth," Journal of Economic Perspectives, vol. 6(4), pages 189-98, Fall. Pittsburg, PA: American Economic Association.

Nakamura, Emi, and Jon Steinsson. 2011. "Fiscal Stimulus in a Monetary Union: Evidence from U.S. Regions." Unpublished paper, New York: Columbia University.

Office of Science and Technology Policy, and The National Economic Council. 2013. "Four Years of Broadband Growth." The White House.

Parker, Jonathan A. 2011. "On Measuring the Effects of Fiscal Policy in Recessions." Working Paper 17240. Cambridge, MA: National Bureau of Economic Research.

Parker, Jonathan A., Nicholas S. Souleles, David S. Johnson, and Robert McClelland. 2011. "Consumer Spending and the Economic Stimulus Payments of 2008." Working Paper 16684. Cambridge, MA: National Bureau of Economic Research.

Perotti, Roberto. 2011. "The Austerity Myth: Gain Without Pain?" Working Paper 17571. Cambridge, MA: National Bureau of Economic Research.

Phelps, Edmund. 1972. "Inflation policy and unemployment theory." New York: WW Norton and Company.

Poterba, James M. 1994. "State Responses to Fiscal Crises: The Effects of Budgetary Institutions and Politics." *Journal of Political Economy* 102(4): 799-821.

Ramey, Valerie A. 2011a. "Identifying Government Spending Shocks: It's All in the Timing" *Quarterly Journal of Economics* 126, no. 1: 1-50.

___. 2011b. "Can Government Purchases Stimulate the Economy?" *Journal of Economic Literature* 49, no. 3: 673-85.

Ramey, Valerie A, and Matthew Shapiro. 1998. "Costly Capital Reallocation and the Effects of Government Spending." *Carnegie-Rochester Conference on Public Policy* 48: 145-94.

Reichling, Felix, and Charles Whalen. 2012. "Assessing the Short-Term Effects on Output Changes in Federal Fiscal Policies." Working Paper 2012-08. Congressional Budget Office.

Reinhart, Carmen M., and Kenneth S. Rogoff. 2009. *This time is different: Eight Centuries of Financial Folly*. Princeton, NJ: Princeton University Press.

___. Forthcoming. "Recovery from Financial Crises: Evidence from 100 Episodes." *American Economic Review*.

Reifschneider, Dave, William L. Wascher, and David Wilcox. 2013. "Aggregate Supply in the United States: Recent Developments and Implications for the Conduct of Monetary Policy." 14th *Jacques Polak Annual Research Conference.* Washington: International Monetary Fund.

Romer, Christina D. 2011. "Back from the Brink." In *The International Financial Crisis: Have the Rules of Finance Changed?* Edited by Asli Demirguc-Kunt, Douglas D. Evanoff, George G. Kaufman, pp. 15-31. World Scientific Publishing Company.

___. 2012. "Fiscal Policy In the Crisis: Lessons and Policy Implications." Univers ity of California-Berkeley, Department of Economics.

Romer, Christina D., and David H. Romer. 2010. "The Macroeconomic Effects of Tax Changes: Estimates Based on a New Measure of Fiscal Shocks." *American Economic Review* 100(3): 763-801.

Rothstein, Jesse. 2011. "Unemployment Insurance and Job Search in the Great Recession." *Brookings Papers on Economic Activity*, Fall.

Shoag, Daniel. 2013. "Using state pension shocks to estimate fiscal multipliers since the Great Recession."

The American Economic Review 103(3): 121-124.

Sims, Christopher A. 2010. "But Economics Is Not an Experimental Science." *Journal of Economic Perspectives* 24, no. 2: 59-68.

Smets, Frank, and Rafael Wouters. 2007. "Shocks and Frictions in US Business Cycles: a Bayesian DSGE Approach." *American Economic Review* 97(3): 586-606.

Sperling, Gene. 2007. "Ways to Get Economic Stimulus Right This Time." Bloomberg.com. December 17.

Stock, James H. 2010. "The Other Transformation in Econometric Practice: Robust Tools for Inference." *Journal of Economic Perspectives* 24, no. 2: 83-94.

Stock, James H. and Mark W. Watson. 2012. "Disentangling the Channels of the 2007–09 Recession," *Brookings Papers on Economic Activity*. Spring.

Stock, James H., and Mark W. Watson. 2010. *Introduction to Econometrics*. 3rd ed. Boston, MA: Addison-Wesley.

Suarez Serrato, Juan Carlos, and Philippe Wingender. 2011. "Estimating the Incidence of Government Spending."

Summers, Lawrence H. 2007. "The State of the US Economy." Presentation at Brookings Institution Forum on December 19th, 2007.

___. 2008. Speech at the *Wall Street Journal*-CEO Council Conference. Washington, D.C., November 19.

Taylor, John B. 2011. "An Empirical analysis of the Revival of Fiscal Activism in the 2000s." *Journal of Economic Literature* 49(3): 686:702.

___. Forthcoming. "The Role of Policy in the Great Recession and the Weak Recovery." *American Economic Review, Papers and Proceedings*.

Transportation Research Board of the National Academies. 2013. "Transportation Investments in Response to Economic Downturns, Special Report 312."

Wilson, Daniel J. 2012. "Fiscal Spending Jobs Multipliers: Evidence from the 2009 American Recovery and Reinvestment Act." *American Economic Journal: Economic Policy*.

Wimer, Christopher, Liana Fox, Irwin Garfinkel, Neeraj Kaushal, and Jane Waldfogel. 2013. "Trends in Poverty with an Anchored Supplemental Poverty Measure." Working Paper 1-25. New York: Columbia Population Research Center.

Woodford, Michael. 2011. "Simple Analytics of the Government Expenditure Multiplier." *American Economic Journal: Macroeconomics* (3), p. 1-35.

第4章

Acemoglu, Daron, Amy Finkelstein, and Matthew J. Notowidigdo. 2013. "Income and Health Spending: Evidence from Oil Price Shocks." *Review of Economics and Statistics* 95, no. 4: 1079-1095.

Aitken, Murray, Ernst R. Berndt, and David M. Cutler. 2009. "Prescription Drug Spending Trends in the United States: Looking Beyond the Turning Point." *Health Affairs* 28, no. 1: 151-160.

Altarum Institute. 2014. "Insights from Monthly National Health Expenditures Estimates through November 2013." (http://altarum.org/ sites/default/files/uploaded-related-files/CSHS-Spending-Brief_January%202014.pdf).

ASPE (Assistant Secretary for Planning and Evaluation, Office of). 2013. "Health Insurance Marketplace Premiums for 2014." Health and Human Services. (http://aspe.hhs.gov/health/reports/2013/MarketplacePremiums/ ib_marketplace_premiums.cfm).

Baicker, Katherine and Amitabh Chandra. 2006. "The Labor Market Effects of Rising Health Insurance Premiums." *Journal of Labor Economics* 24, no. 3: 609-634.

Chandra, Amitabh, Jonathan Holmes, and Jonathan Skinner. 2013. "Is This Time Different? The Slowdown in Healthcare Spending." Brookings Panel on Economic Activity. Washington: Brookings Institution. (http://www.brookings.edu/~/media/Projects/BPEA/Fall%202013/2013b%20chandra%20healthcare%20spending.pdf).

Centers for Medicare and Medicaid Services Office of

the Actuary. 2013. "Projections of National Health Expenditures: Methodology and Model Specification."

(CMS) Centers for Medicare and Medicaid Services. 2013a. "New Data Shows Affordable Care Act Reforms Are Leading to Lower Hospital Readmission Rates for Medicare Beneficiaries." (http://blog.cms.gov/2013/12/06/new-data-shows-affordable-care-act-reforms-areleading-to-lower-hospital-readmission-rates-for-medicare-beneficiaries/).

___. 2013b. "Pioneer Accountable Care Organizations succeed in improving care, lowering costs." News Release. (http://www.cms.gov/Newsroom/MediaReleaseDatabase/Press-Releases/2013-Press-Releases-Items/2013-07-16.html).

___. 2013c. "The Affordable Care Act: A Stronger Medicare Program." (http://www.cms.gov/apps/files/Medicarereport2012.pdf).

Clemens, Jeffrey and Joshua D. Gottlieb. 2013. "Bargaining in the Shadow of a Giant: Medicare's Influence on Private Payment Systems." Working Paper 19503. Cambridge, MA: National Bureau of Economic Research.

(CBO) Congressional Budget Office. 2010a. "Cost Estimate of H.R. 4872, Reconciliation Act of 2010 (Final Health Care Legislation)." (http://www.cbo.gov/publication/21351).

___. 2010b. "The Budget and Economic Outlook: An Update." (http://www.cbo.gov/publication/21670).

___. 2011. "The Budget and Economic Outlook: An Update." (http://www.cbo.gov/publication/41586).

___. 2012a. "Updated Budget Projections: Fiscal Years 2012 to 2022." (http://www.cbo.gov/publication/43119).

___. 2012b. "Letter to the Honorable John Boehner providing an estimate for H.R. 6079, the Repeal of Obamacare Act." (http://www.cbo.gov/publication/43471).

___. 2012c. "Estimates for the Insurance Coverage Provisions of the Affordable Care Act Updated for the Recent Supreme Court Decision." (http://www.cbo.gov/sites/default/files/cbofiles/ attachments/43472-07-24-2012-CoverageEstimates.pdf).

___. 2012d. "An Update to the Budget and Economic Outlook: Fiscal Years 2012 to 2022." (http://www.cbo.gov/publication/43539).

___. 2013a. "Updated Budget Projections: Fiscal Years 2013 to 2023." (http://www.cbo.gov/publication/44172).

___. 2013b. "The 2013 Long-Term Budget Outlook." (http://www.cbo. gov/publication/44521).

___. 2013c. "Health-Related Options for Reducing the Deficit: 2014 to 2023." (http://www.cbo.gov/sites/default/files/cbofiles/ attachments/44906-HealthOptions.pdf).

___. 2014. "The Budget and Economic Outlook: Fiscal Years 2014 to 2024." (http://www.cbo.gov/publication/45010).

(CEA) Council of Economic Advisers. 2009. "The Economic Case for Health Care Reform." (http://www.whitehouse.gov/assets/documents/ CEA_Health_Care_Report.pdf).

___. 2013. *Economic Report of the President*. (http://www.whitehouse.gov/ administration/eop/cea/economic-report-of-the-President/2013).

Cuckler, Gigi A., et al. 2013. "National Health Expenditure Projections, 2012-22: Slow Growth Until Coverage Expands And Economy Improves." *Health Affairs* 32 (September): 1-12.

Cutler, David. 2004. *Your Money or Your Life: Strong Medicine for America's Health Care System*. New York: Oxford University.

Cutler, David and Neeraj Sood. 2010. "New Jobs Through Better Health Care: Health Care Reform Could Boost Employment by 250,000 to 400,000 a Year this Decade." Washington: Center for American Progress. (http://www.americanprogress.org/issues/2010/01/pdf/ health_care_jobs.pdf).

Cutler, David and Nikhil R. Sahni. 2013. "If Slow Rate of Health Care Spending Growth Persists, Projections May Be Off by $770 Billion." *Health Affairs* 32 (September): 841-850.

Daly, Mary, Bart Hobijn, and Brian Lucking. 2012. "Why Has Wage Growth Stayed Strong?" Federal Reserve Board of San Francisco. (http://www.frbsf.org/economic-research/publications/ economic-letter/2012/april/strong-wage-growth/).

Dranove, David. 1988. "Pricing by Non-Profit Institutions." *Journal of Health Economics* 7 (March): 47-57.

Elmendorf, Douglas. 2013. "The Slowdown in Health Care Spending." Presentation to the Brookings Panel on Economic Activity. Washington: Brookings Institution. September 19 (http://www.cbo.gov/ publication/44596).

Frakt, Austin B. 2011. "How Much Do Hospitals Cost Shift? A Review of the Evidence." *The Milbank Quarterly* 89, no. 1: 90-130.

___. 2013. "The End of Hospital Cost Shifting and the Quest for Hospital Productivity." *Health Services Research* 49 (September): 1-10.

Gerhardt, Geoffrey, et al. 2013. "Medicare Readmission Rates Showed Meaningful Decline in 2012." *Medicare & Medicaid Research Review* 3, no. 2: E1-E12.

Gruber, Jonathan and Alan B. Krueger. 1991. "The Incidence of Mandated Employer-Provided Insurance: Lessons From Workers' Compensation Insurance." In *Tax Policy and the Economy, Volume 5*, edited by David Bradford, pp. 111-144. Cambridge, MA: MIT Press.

Gruber, Jonathan. 1994. "The Incidence of Mandated Maternity Benefits." *American Economic Review* 84, no. 3: 622-641.

He, Daifeng and Jennifer M. Mellor. 2012. "Hospital volume responses to Medicare's Outpatient Prospective Payment System: Evidence from Florida." *Journal of Health Economics* 31: 730-743.

Holahan, John and Stacey McMorrow. 2012. "Medicare, Medicaid, and the Deficit Debate." Washington: Urban Institute. (http://www.urban. org/UploadedPDF/412544-Medicare-Medicaid-and-the-Deficit-Debate.pdf).

IMS Institute for Healthcare Informatics. 2013. "Declining Medicine Use and Costs: For Better or Worse?" (http://static.correofarmaceutico. com/docs/2013/05/20/usareport.pdf).

Kaiser Family Foundation. 2013a. "2013 Employer Health Benefits Survey." (http://kff.org/private-insurance/ report/2013-employer-health-benefits).

___. 2013b. "Medicaid Enrollment: June 2012 Data Snapshot." (http://kaiserfamilyfoundation.files.wordpress.com/2013/08/8050-06-medicaid-enrollment.pdf).

Kaiser Family Foundation and Altarum Institute. 2013. "Assessing the Effects of the Economy on the Recent Slowdown in Health Spending." (http://kff.org/health-costs/issue-brief/assessing-the-effects-of-theeconomy-on-the-recent-slowdown-in-health-spending-2).

Levine, Michael and Melinda Buntin. 2013. "Why Has Growth in Spending for Fee-for-Service Medicare Slowed?" Working Paper 2013-06. Congressional Budget Office.

Martin, Anne B., et al. 2014. "National Health Spending in 2012: Rate of Health Spending Growth Remained Low for the Fourth Consecutive Year." *Health Affairs* 33, no. 1: 1-11.

McClellan, Mark, et al. 1998. "Are Medical Prices Declining? Evidence from Heart Attack Treatments." *The Quarterly Journal of Economics* 113, no. 4: 991-1024.

McWilliams, J. Michael, Bruce Landon, Michael E. Chernew. 2013. "Changes in Health Care Spending and Quality for Medicare Beneficiaries Associated With a Commercial ACO Contract." *Journal of the American Medical Association* 310, no. 8: 829-836.

MedPAC (Medicare Payment Advisory Commission). 2009. "Improving Incentives in the Medicare Program." (http://www.medpac.gov/ documents/jun09_entirereport.pdf).

Morrissey, Michael A. 1994. *Cost Shifting in Health Care: Separating Evidence from Rhetoric*. Washing-

251

ton: American Enterprise Institute.

Ryu, Alexander J., et al. 2013. "The Slowdown in Health Care Spending in 2009-11 Reflected Factors Other than the Weak Economy and Thus May Persist." *Health Affairs* 32, no. 5: 835-840.

Sisko, Andrea, et al. 2009. "Health Spending Projections Through 2018: Recession Effects Add Uncertainty to the Outlook." *Health Affairs* 28, no. 2: 346-357.

Sood, Neeraj, Arkadipta Ghosh and Jose J. Escarce. 2009. "Costs, Use and Outcomes: Employer-Sponsored Insurance, Health Care Cost Growth, and the Economic Performance of U.S. Industries." *Health Services Research* 44, no. 5: 1449-1464.

Sommers, Benjamin D. 2005. "Who Really Pays for Health Insurance? The Incidence of Employer-Provided Health Insurance with Sticky Nominal Wages," *International Journal of Health Care Finance and Economics* 5, no. 1: 89-118.

Song, Zirui, et al. 2012. "The 'Alternative Quality Contract,' Based on a Global Budget, Lowered Medical Spending and Improved Quality." *Health Affairs* 31, no.8: 1885-1894.

Spiro, Topher and Jonathan Gruber. 2013. "The Affordable Care Act's Lower-Than-Projected Premiums Will Save $190 billion." Washington: Center for American Progress. October 21 (http://www.americanprogress.org/issues/healthcare/report/2013/10/23/77537/the-affordable-care-acts-lower-than-projected-premiums-willsave-190-billion/).

(SSA) Social Security Administration. 2013. "Annual Statistical Supplement, 2013." (http://www.ssa.gov/policy/docs/statcomps/supplement/). Summers, Lawrence H. 1989. "Some Simple Economics of Mandated Benefits." *The American Economic Review* 79, no. 2: 177-183.

White, Chapin. 2007. "Health Care Spending Growth: How Different is the United States from the Rest of the OECD." *Health Affairs*, 26 no. 1: 154-161.

___. 2013. "Contrary To Cost-Shift Theory, Lower Medicare Hospital Payment rates For Inpatient Care Lead To Lower Private Payment Rates." *Health Affairs* 32, no. 5: 935-943.

White, Chapin and Vivian Yaling Wu. 2013. "How Do Hospitals Cope with Sustained Slow Growth in Medicare Prices?" *Health Services Research* 49: 1-21.

Yamamato, Dale H. 2013. "Health Care Costs From Birth to Death." Health Care Cost Institute Independent Report Series. (http://www.healthcostinstitute.org/files/Age-Curve-Study_0.pdf).

第 5 章

Acemoglu, Daron. 2002. "Directed Technical Change." *The Review of Economic Studies* 69, no. 4: 781-809.

Acemoglu, Daron, and David Autor. 2011 "Skill, Tasks and Technologies: Implications for Employment Earnings." In *The Handbook of Labor Economics*, edited by Orley Ashenfelter and David Card, vol. 4b. Amsterdam: Elsevier.

Acemoglu, Daron and James Robinson. 2012. *Why Nations Fail: The Origins of Power, Prosperity and Poverty*. New York: Crown Publishers.

Acemoglu, Daron and David Autor. 2012. "What Does Human Capital Do? A Review of Goldin and Katz's Race between Education and Technology." *Journal of Economic Literature*, 50(2): 426–463.

Agrawal, N. 2010. "Review on just in time techniques in manufacturing systems." In *Advances in Production Engineering & Management* 5, no.2: 101-110

Akcigit, Ufuk, Douglas Hanley, and Nicolas Serrano-Velarde. 2013. "Back to Basics: Basic Research Spillovers, Innovation Policy and Growth." Working Paper 19473. Cambridge, MA.: National Bureau of Economic Research.

Alvaredo, Facundo, Anthony B. Atkinson, Thomas Piketty, and Emmanuel Saez. 2013. "The Top 1 Percent in International and Historical Perspective." *Journal of Economic Perspectives*, 27(3): 3-20.

Autor, David. 2010. "The Polarization of Job Opportunities in the U.S. Labor Market, Implications for

Employment and Earnings." Washington: Center for American Progress and The Hamilton Project.

Autor, David, Lawrence F. Katz, and Melissa S. Kearney. 2006. "The Polarization of the U.S. Labor Market." Working Paper 11986. Cambridge, MA: National Bureau of Economic Research.

Autor, David, Frank Levy, and Richard J. Murnane. 2003. "The Skill Content of Recent Technological Change: an Empirical Exploration." *Quarterly Journal of Economics* 116 (4): 1279-1333.

Ayres, Ian, and Peter Cramton. 1996. "Deficit Reduction Through Diversity: How Affirmative Action at the FCC Increased Auction Competition," *Stanford Law Review* 48: 761-815.

Bailey, Diane E., and Nancy B. Kurland. 1999. "The Advantages and Challenges of Working Here, There, Anywhere, and Anytime." *Organizational Dynamics* (Autumn): 1-16.

Bailey, Diane E., and Nancy B. Kurland. 2002. "A Review of Telework Research: Findings, New Directions, and Lessons for the Study of Modern Work." *Journal of Organizational Behavior* 23, no. 4: 383-400.

Baily, Martin N., and Robert J. Gordon. 1988. "The Productivity Slowdown, Measurement Issues, and the Explosion of Computer Power," *Brookings Papers on Economic Activity*, vol. 19(2): 347-432.

Bakia, Marianne, Karla Jones, Barbara Means, Robert Murphy, and Yukie Toyama. 2010. "Evaluation of Evidence-Based Practices in Online Learning: A Meta-Analysis and Review of Online Learning Studies." U.S. Department of Education Office of Planning, Evaluation, and Policy Development Policy and Program Studies Service.

Banerjee, Abhijit V., and Esther Duflo. 2003. "Inequality and Growth: What Can the Data Say?" *Journal of Economic Growth* 8, no. 3: 267-299.

Banerjee, Abhijit, Shawn Cole, Esther Duflo, and Leigh Linden. 2007. "Remedying Education: Evidence from Two Randomized Experiments in India." *The Quarterly Journal of Economics*, 1235-1264.

Barrow, Lisa, Lisa Markman, and Cecilia Rouse. 2009. "Technology's Edge: The Educational Benefits of Computer-Aided Instruction." *The American Economic Journal: Economic Policy*, (1), 52-74.

Basu, Fernald, Oulton, and Srinivasan. 2004. "The Case of the Missing Productivity Growth, or Does Information Technology Explain Why Productivity Accelerated in the United States but Not in the United Kingdom?" Working Paper 10010. Cambridge, MA: National Bureau of Economic Research.

Basu, Susanto, John Fernald, and Miles Kimball. 2006. "Are Technology Improvements Contractionary?" *American Economic Review*. 96(5), 1418-48.

Berman, Eli, John Bound, and Zvi Griliches. 1994. "Changes in the Demand for Skilled Labor within U.S. Manufacturing: Evidence from the Annual Survey of Manufactures." *The Quarterly Journal of Economics* 109(2), 367–397.

Bernanke, Ben. 2013. "Economic Progress for the Long Run." Speech at Bard College. May 18.

Bernstein, Jared. 2013. "The Impact of Inequality on Growth," Washington: Center for American Progress.

Bloom, Kretschmer, and Van Reenen. 2006. "Work-Life Balance, Management Practices and Productivity." *Centre for Economic Performance* (January): 1-45.

Bloom, Nicholas, Mark Schankerman, and John Van Reenen. 2012. "Identifying Technology Spillovers and Product Market Rivalry." *Centre for Economic Performance* (December): 1-81.

Bloom, Liang, Roberts, and Ying. 2013. "Does Working from Home Work? Evidence from a Chinese Experiment." Working Paper. London: Centre for Economic Performance.

BLS (Bureau of Labor Statistics). "Private Nonfarm Business Sector: Multifactor Productivity"

——. "Private Nonfarm Business Sector: Output per Hour of all Persons"

——. "Private Nonfarm Business Sector: Sources of Productivity Growth."

——. "Private Nonfarm Business Sector: Real Output

253

参考文献

Per Hour."

———. "Private Nonfarm Business Sector: Real Compensation Per Hour."

Bound, John and George Johnson. 1995. "What are the Causes of Rising Wage Inequality in the United States?" *Economic Policy Review* 1, no. 1: 9-17.

Bureau of Labor Statistics, Office of Productivity and Technology. 2013. *Net Multifactor Productivity and Cost, 1948-2012*.

Busch, Emily, Jenna Nash, and Bradford S. Bell. 2011. "Remote Work: An Examination of Current Trends and Emerging Issues." *Center for Advanced Human Resource Studies, Cornell University* (Spring): 1-12.

Card, David, and John DiNardo. 2002. "Skill Biased Technological Change and Rising Wage Inequality: Some Problems and Puzzles." *Journal of Labor Economics* 20(4), 733–783.

Carew, Diana, G. and Michael Mandel. 2013. *Progressive Policy Institute*. "U.S. Investment heroes of 2013: The Companies Betting on America's Future".

Carillo, Ponce, Mercedes Onofa, and Juan Ponce. 2010. "Information Technology and Student Achievement: Evidence from a Randomized Experiment in Ecuador." Washington: Inter-American Development Bank.

CBO (Congressional Budget Office). 2011a. "Trends in the Distribution of Household Income between 1979 and 2007."

———. 2011b. "S. 27, Preserve Access to Affordable Generics Act."

———. 2013. *The Economic Impact of S. 744, the Border Security, Economic Opportunity, and Immigration Modernization Act*. Government Printing Office.

Charles, Dustin, et al. 2013. "Adoption of Electric Health Record Systems among U.S. Non-federal Acute Care hospitals: 2008-2012." ONC Data Brief no. 9. The Office of the National Coordinator for Health Information Technology, U.S. Department of Health and Human Resources.

Chien, Colleen V. 2012. "Reforming Software Patents." *Legal Studies Research Paper Series*. Santa Clara, CA: Santa Clara University School of Law.

Coase, Ronald H. 1959. "The Federal Communications Commission," *Journal of Law and Economics* 2: 1-40.

Council of Economic Advisers, the National Economic Council, and the Office of Science & Technology Policy. 2013. "Patent Assertion and U.S. Innovation." The White House.

CEA (Council of Economic Advisers). ———. 2010. "Work-Life Balance and the Economics of Workplace Flexibility."(March).

———. 2012 "The Economic Benefits of New Spectrum for Wireless Broadband."

Cramton, Peter and Jesse A. Schwartz. 2000. "Collusive Bidding: Lessons from the FCC Spectrum Auctions," *Journal of Regulatory Economics* 17: 229-252.

———. 2002. "Collusive Bidding in the FCC Spectrum Auctions," *Contributions to Economic Analysis & Policy* 1: 1-18.

Deardorff, Alan V. 1991. "Welfare Effects of Global Patent Protection." *Economica* 59 (May): 35-51.

Delgado, Mercedes, Christian Ketels, Michael E. Porter, and Scott Stern. 2012. "The Determinants of National Competiveness." Working Paper 18249. Cambridge, MA.: National Bureau of Economic Research (July).

Department of Justice and United States Patent and Trademark Office. 2013. *Policy Statement on Remedies for Standard-Essential Patents Subject to Voluntary FRAND Commitments*. Government Printing Office.

DiNardo, John, Nicole M Fortin, and Thomas Lemieux. 1996. "Labor Market Institutions and the Distribution of Wages, 1973-1992: A Semiparametric Approach." *Econometrica* 64(5), 1001–1044.

Evenson, Robert, and Sunil Kanwar. 2003. "Does intellectual property spur technological change?" *Oxford Economic Papers* 55: 235-264.

Fairris, David, and Mark Brenner. 2001. "Workplace Transformation and the Rise in Cumulative Trauma Disorders: Is There a Connection?" *Journal of Labor Research* XXII, no.1 (Winter): 15-28.

Falvey, Rod, Neil Foster, and David Greenaway. 2006. "Intellectual Property Rights and Economic Growth." *Review of Development Economics* 10(4): 700-719.

Farrell, Joseph, John Hayes, Carl Shapiro, and Theresa Sullivan. 2007. "Standard Setting, Patents, and Hold-Up." *Antitrust Law Journal* 74, no. 3: 603-670.

Federal Trade Commission v. Actavis, Inc. et al. 570 U.S. __ (2013).

FTC (Federal Trade Commission). 2010. "Pay-for-delay: How drug company pay-offs cost consumers billions: An FTC staff study.".

Fernald, John. 2012. "Productivity and potential output before, during, and after the Great Recession." Working Paper 2012-18. Federal Reserve Bank of San Francisco.

Feyrer, James. 2007. "Demographics and Productivity." *The Review of Economics and Statistics* 89, 100-109.

____. 2011. "The U.S. Productivity Slowdown, the Baby Boom, and Management Quality." *Journal of Population Economics* 24, 267-284.

Fields, Gary. 2001. "Distribution and Development, A New Look at the Developing World." *Journal of Development Economics,* Vol. 70: 238-243.

Foellmi, R. and Zweimuller, J. 2006. "Income Distribution and Demand-Induced Innovations."

Review of Economic Studies 73(4): 941-960.

Freeman, Richard B., and Lawrence F. Katz, eds. 1995. *Differences and Changes in Wage Structures*. Chicago, IL: University of Chicago Press.

Furman, Jason. 2013. "Remarks at AEI's Center on Internet, Communications and Technology Policy." Washington, D.C., September 17.

Galor, Oded. 2011.*"Inequality, Human Capital Formation and the Process of Development,"* Working Paper 17058. Cambrige: MA: National Bureau of Economic Research.

Galor, Oded and Omer Moav. 2000. "Ability-Biased Technological Transition, Wage Inequality, and Economic Growth," *Quarterly Journal of Economics*, 115, 469-497.

____. 2004. "From Physical to Human Capital Accumulation: Inequality and the Process of Development." *Review of Economic Studies,* 71, 1001-1026.

Galor, Oded and Daniel Tsiddon. 1997. "The Distribution of Human Capital, Technological Progress, and Economic Growth." *Journal of Economic Growth*, 2, 93-124

GAO (Government Accountability Office). 2001. *Spectrum Management: NTIA Planning and Processes Need Strengthening to Promote the Efficient Use of Spectrum by Federal Agencies*. GAO-11-352.

____. 2012. *Electronic Health Records: Number and Characteristics of Providers Awarded Medicaid Incentive Payments for 2011*. Government Printing Office.

____. 2013a. *Assessing Factors That Affect Patent Infringement Litigation Could Help Improve Patent Quality.* GAO 13-465. Government Printing Office.

____. 2013b. *Electronic Health Records: Number and Characteristics of Providers Awarded Medicare Incentive Payments for 2011-2012*. Government Printing Office.

Gilbert, Richard J. 2010-2011. "Deal or No Deal? Licensing Negotiations in Standard-Setting Organizations." *HeinOnline* 77 855-888.

Goos, Martin and Alan M. Manning, 2007. "Lousy and Lovely Jobs: the rising polarization of work in Britain. *Review of Economics and Statistics*. 89(1): 118-133.

Goldin, Claudia, and Lawrence F. Katz. 2008. "The Race between Education and Technology." Cambridge, MA: The Belknap Press of Harvard University Press.

Gordon, Robert J. 2012. "Is U.S. Economic Growth Over? Faltering Innovation Confronts the Six Headwinds." Working Paper 18315. Cambridge, MA.: National Bureau of Economic Research.

Greenstone, M., R. Hornbeck, and E. Moretti. 2010. "Identifying Agglomeration Spillovers: Evidence from Winners and Losers of Large Plant Openings," *Journal of Political Economy*, 118, 536-598.

Hall, Robert E., and Charles I. Jones. 1999. "Why Do Some Countries Produce So Much More Output Per

参考文献

Worker Than Others?" *The Quarterly Journal of Economics*: 83-116.

Haskel, Jonathan, Robert Z. Lawrence, Edward E. Leamer, and Matthew J. Slaughter. 2012. "Globalization and U.S. Wages: Modifying Classic Theory to Explain Recent Facts." *Journal of Economic Perspectives* 26, no. 2: 119-40.

Heckman, James J. and Paul A. LaFontaine. 2010. "The American High School Graduation Rate: Trends and Levels." *The Review of Economics and Statistics* 92, no. 2: 244-262.

Heckman, James J., Rodrigo Pinto, and Peter A. Savelyev. 2012. "Understanding the Mechanisms Through Which an Influential Early Childhood Program Boosted Adult Outcomes." Working Paper 18581, Cambridge, MA.:National Bureau of Economic Research.

Hemphill, C. Scott, and Bhaven N. Sampat. 2011. "When Do Generics Challenge Drug Patents?." Journal of Empirical Legal Studies 8.4: 613-649.

HHS (Department of Health and Human Services). 2013. "Doctors and hospitals' use of health IT more than doubles since 2012." May 22.

Holl, Adelheid, Rafael Pardo, and Ruth Rama. 2010. "Inside and outside the factory: Just-in time manufacturing systems, subcontracting and geographic proximity." *Regional Studies* 44, no. 5: 519-533.

———. 2011. "Spatial Patterns of Adoption of Just-in-Time Manufacturing." Working Paper, No. 1. Spanish National Research Council.

Hong, Jun, George Huang, Pingyu Jiang, Ting Qu, Yingfeng Zahang, and Guanghui Zhou. 2010. "RFID-enabled real-time manufacturing information tracking infrastructure for extended enterprises." *Journal of Intelligent Manufacturing* 23 (November): 2357-2366.

Hsiao, Chun-Ju and Esther Hing. 2014. "Use and Characteristics of Electric Health Record Systems Among Office-based Physician Practices: United States, 2001-2013." *NCHS Data Brief* No. 143. U.S. Department of Health and Human Services.

Hur, Seung Min, Suho Jeong, and Suk-Hwan Suh. 2009. "An experimental approach to RFID system performance prediction model." *International Journal of Computer Integrated Manufacturing* 22, no. 7 (July): 686-697.

Iowa State University Extension Service. 2013. Corn Production, Harvest and Yield.

JEC (U.S. Congress Joint Economic Committee). 2010a. *The Pivotal Role of Government Investment in Basic Research*. Government Printing Office.

———. 2010b. *Challenges and Opportunities for Job Creation in the Aftermath of the Great Recession*. Cong. 2 sess. Government Printing Office.

Jones, Charles J., and John C. Williams. 1998. "Measuring the Social Return to R&D." The Quarterly Journal of Economics (November): 1119-1135.

Jorgenson, Dale. 2001. "Information Technology and the US Economy." *The American Economic Review*. Vol 91 (No. 1). 1-32. March.

Jorgenson, Dale, Mun Ho, and Jon Samuels. 2012. "Information Technology and U.S. Productivity Growth." *Industrial Productivity in Europe*, 35-64. Northampton MA: Edward Elgar.

Jorgenson, Dale W. 1988. "Productivity and Postwar U.S. Economic Growth."*Journal of Economic Perspectives*." 2(4): 23-41.

Juhn, Chinhui, Kevin M. Murphy, and Brooks Pierce. 1993. "Wage Inequality and the Rise in Returns to Skill." *Journal of Political Economy* 101(3), 410–442.

Kahn, James and Robert Rich. 2011. "The Productivity Slowdown Reaffirmed." Federal Reserve Bank of New York.

Katz, Lawrence F. and Kevin M. Murphy. 1992. "Changed in Relative Wages, 1963-1987: Supply and Demand Factors." *The Quarterly Journal of Economics* 107, no. 1: 35-78.

Klein, Judith L.V., and William N. Parker. 1966. "Productivity Growth in Grain Production in the United States, 1840-60 and 1900-10." Working Paper 523-582. Cambridge, MA: National Bureau of Economic

Research.

Krueger, Alan B. 1993. "How Computers Have Changed the Wage Structure: Evidence from Microdata, 1984-1989." *The Quarterly Journal of Economics* 108, no. 1: 33-60.

Kwerel, Evan R. and Gregory L. Rosston. 2000. "An Insiders' View of FCC Spectrum Auctions," *Journal of Regulatory Economics* 17: 253-289.

Lee, David. 1999. "Wage Inequality in the United States during the 1980s: Rising Dispersion or Falling Minimum Wage?" *Quarterly Journal of Economics*. 114(3), 977–1023.

Lemieux, Thomas. 2008. "The Changing Nature of Wage Inequality." *Journal of Population Economics* 21, no. 1: 21-48.

____. 2006. "Post-Secondary Education and Increasing Wage Inequality," *American Economic Review* 96(2), 195–99.

Lemley, Mark A., and Carl Shapiro. 2005. "Probabilistic Patents." *Journal of Economic Perspectives* 19, no.2 (Spring): 75-98.

Mateyka, Peter J., and Melanie A. Rapino. 2012. "Home-Based Workers in the United States: 2010." *Household Economic Studies, U.S. Census Bureau* (October): 1-32.

Mishel, Lawrence, Heidi Shierholz, and John Schmitt. 2013. "Don't Blame the Robots: Assessing the Job Polarization Explanation of Growing Wage Inequality." Washington: Economic Policy Institute.

National Science Foundation. 2013. *National Patterns of R&D Resources: 2010-11 Update*.

National Telecommunications and information Administration. 2013. *National Broadband Map*. "US Broadband Availability Data."

Nelson, Richard, R. 1959. "The Simple Economics of Basic Scientific Research." *Journal of Political Economy* 297. 727-736.

Noonan, Mary C. and Jennifer L. Glass. 2012. "The hard truth about telecommuting." *Monthly Labor Review, Statistics* (June): 38-45. U.S. Bureau of Labor Statistics.

Nordhaus, William. 2004. "Retrospective on the Postwar Productivity Slowdown." Cowles Foundation Discussion Paper No. 494. Cambridge, MA: National Bureau of Economic Research.

Office of Science and Technology Policy and the National Economic Council. 2013. *Four Years of Broadband Growth*." The White House. (June).

Oliner, Sichel. And Stiroh, 2007. "Explaining a Productive Decade," Finance and Economics Discussion Series 2007-63, Board of Governors of the Federal Reserve System.

Pham, Duc Truong, and Paulette Pham. 2009. "FIT Manufacturing: Linking manufacturing, marketing and product innovation strategies to achieve long term economic sustainability." Wales, UK: Cardiff University.

Piketty, Thomas and Emmanuel Saez. 2003. "Income Inequality in the United States, 1919 1998." *The Quarterly Journal of Economics*118, no. 1: 1-39.

____. 2006. "The Evolution of Top Incomes: A Historical and International Perspective." Working Paper 11955. Cambridge, Mass: national Bureau of Economic Research (January).

Presidential Memorandum. 2010. "Unleashing the Broadband Wireless Revolution." June 10.

President's Council of Advisors on Science and Technology. 2012. *Report to the President: Realizing the Full Potential of Government-Held Spectrum to Spur Economic Growth*. The White House.

Rodrik, Dani, Arvind Subramanian, and Francesco Trebbi. 2004. "Institutions Rule: The Primacy of Institutions Over Geography and Integration in Economic Development." *Journal of Economic Growth* 9: 131-165.

Scott Morton, Fiona, and Carl Shapiro. 2013. "Strategic Patent Acquisitions." Working Paper. University of California at Berkeley. (July).

Shackleton, Robert. 2013. "Total Factor Productivity Growth in Historical Perspective." Working Paper

参考文献

2013-01. Congressional Budget Office

Sim, Khim Ling, and Hian Chye Koh. 2003. "An Empirical Examination of Management Control Systems in Just-In-Time Manufacturing." *The Review of Business Information Systems* 7, no.3: 71-82.

Stalk, George. 1989. "Time-the next source of competitive advantage." *The McKinsey Quarterly* (Spring): 28-50.

Tayal, S.P. 2012. "Just In Time Manufacturing." *International Journal of Applied Engineering Research* 7, no.11.

USDA. 2013. *Farm Computer Usage and Ownership*. Government Printing Office.

U.S. House of Representatives. Committee on the Judiciary. 2011. *America Invents Act*. Report 112-98. Part 1 Cong.1 sess. Government Printing Office.

U.S. Patent and Trademark Office. 2013. US Patents by Technological Category.

Zhang, Yingfeng, Pingyu Jiang, George Huang, Ting Qu, Guangui Zhou, Jun Hong. 2012. "RFID-enabled real-time manufacturing information tracking infrastructure for extended enterprises."

第6章

Acs, Gregory and Seth Zimmerman. 2008. "U.S. Intragenerational Economic Mobility from 1984-2004: Trends and Implications." Washington: The Pew Charitable Trusts.

Almond, Douglas, Kenneth Y. Chay, and Michael Greenstone. 2006. "Civil Rights, the War on Poverty, and Black-White Convergence in Infant Mortality in the Rural South and Mississippi." MIT Department of Economics Working Paper 07-04.

Anderson, Michael L. 2008. "Multiple Inference and Gender Differences in the Effects of Early Intervention: A Reevaluation of the Abecedarian, Perry Preschool, and Early Training Projects." *Journal of the American Statistical Association* 103, no. 484: 1481-1495.

Andersson, Fredrik, Harry J. Holzer, Julia I. Lane, David Rosenblum and Jeffrey Smith. 2013. "Does Federally-Funded Job Training Work? Nonexperimental Estimates of WIA Training Impacts Using Longitudinal Data on Workers and Firms," Working Paper 19446. Cambridge, MA: National Bureau of Economic Research.

Anzick, Michael A. and David A. Weaver. 2001. "Reducing Poverty Among Elderly Women." Working Paper Series Number 87. Office of Research, Evaluation, and Statistics, Social Security Administration.

Auten, Gerald, Geoffrey Gee, and Nicholas Turner. 2013. "Income Inequality, Mobility, and Turnover at the Top in the US, 1987–2010." *American Economic Review* 103 (May, Papers and Proceedings, 2012): 168–172.

Baicker, Katherine, Sarah L. Taubman, Heidi L. Allen, Mira Bernstein, Jonathan H. Gruber, Joseph P. Newhouse, Eric C. Schneider, Bill J. Wright, Alan M. Zaslavsky, and Amy N. Finkelstein. 2013. "The Oregon Experiment—Effects of Medicaid on Clinical Outcomes." *The New England Journal of Medicine* 368: 1713-1722.

Bailey, Martha J. and Sheldon Danziger, eds. 2013. *Legacies of the War on Poverty*. New York: Russell Sage Foundation.

Ben-Shalom, Yonatan, Robert A. Moffitt, and John Karl Scholz. 2011. "An Assessment of Anti-Poverty Programs in the United States." Working Paper 17042. Cambridge, MA: National Bureau of Economic Research.

Bjorklund, Anders, Markus Jantti, and Gary Solon. 2005. "Influences of Nature and Nurture on Earnings Variation: A Report on a Study of Various Sibling Types in Sweden." In *Unequal Chances: Family Background and Economic Success,* edited by Samuel Bowles, Herbert Gintis, and Melissa Osborne Groves, pp. 145-164. Princeton University Press.

Black, Sandra E. and Paul J. Devereux. 2011. "Recent Developments in Intergenerational Mobility." In *Handbook of Labor Economics*, Volume 4B, edited by

Orley Ashenfelter and David Card, pp. 1487–1541. Amsterdam: North Holland Publishing Co.

Blank, Rebecca M. 1993. "Public Sector Growth and Labor Market Flexibility: The United States vs. the United Kingdom." Working Paper 4338. Cambridge, MA: National Bureau of Economic Research.

――――. 2000. "Fighting Poverty: Lessons from Recent U.S. History." *Journal of Economic Perspectives* 14, no. 2: 3-19.

――――. 2007. "Improving the Safety Net for Single Mothers Who Face Serious Barriers to Work." *Future of Children* 17, no. 2: 183-197.

Burtless, Gary. 1986. "Social Security, Unanticipated Benefit Increases, and the Timing of Retirement." *Review of Economic Studies* 53, no. 5: 781-805.

Campbell, Frances A., Barbara H. Wasik, Elizabeth Pungello, Margaret Burchinal, Oscar Barbarin, Kirsten Kainz, Joseph J. Sparling, and Craig T. Ramey. 2008. "Young Adult Outcomes of the Abecedarian and CARE Early Childhood Educational Interventions." *Early Childhood Research Quarterly* 23, no. 4: 452–466.

Cancian, Maria and Deborah Reed. 2009. "Family structure, childbearing, and parental employment: Implications for the level and trend in poverty." *Focus* 26, no.2: 21-26.

Caplow, Theodore and Jonathan Simon. 1999. "Understanding Prison Policy and Population Trends." *Crime and Justice* 26: 63-120.

Card, David E. and Steven Raphael. 2013. *Immigration, Poverty, and Socioeconomic Inequality.* New York: Russell Sage.

Carlson, Deven, Robert Haveman, Thomas Kaplan, and Barbara Wolfe. 2011. "The Benefits and Costs of the Section 8 Housing Subsidy Program: A Framework and Estimates of First-Year Effects." *Journal of Policy Analysis and Management* 30, 2: 233–255.

Census Bureau. 2013. "Poverty – Experimental Measures." http://www.census.gov/hhes/povmeas/data/nas/tables/index.html

Chay, Kenneth Y., Jonathan Guryan, and Bhashkar Mazumder. 2009. "Birth Cohort and the Black-White Achievement Gap: The Roles of Access and Health Soon After Birth." Working Paper No. 15078. Cambridge, MA, National Bureau of Economic Research.

Chetty, Raj. 2008. "Moral Hazard versus Liquidity and Optimal Unemployment Insurance." *Journal of Political Economy* 116, no. 2: 173-234.

Chetty, Raj, John N. Friedman, and Jonah E. Rockoff. 2011. "New Evidence on the Long-Term Impacts of Tax Credits." Statistics of Income Paper Series. Internal Revenue Service.

Chetty, Raj, John N. Friedman, and Emmanuel Saez. 2012. "Using Differences in Knowledge Across Neighborhoods to Uncover the Impacts of the EITC on Earnings." Working Paper 18232. Cambridge, MA: National Bureau of Economic Research.

Chetty, Raj, John N. Friedman, Soren Leth-Peterson, Torben Heien Nielson, and Tore Olsen. 2013. "Subsidies vs. Nudges: Which Policies Increase Saving the Most?" Issue Brief 13-3. Center for Retirement Research at Boston College.

Chetty, Raj, Nathaniel Hendren, Patrick Kline, and Emmanuel Saez. 2014. "Where is the Land of Opportunity? The Geography of Intergenerational Mobility in the United States." Working Paper 19843. Cambridge, MA: National Bureau of Economic Research.

Chetty, Raj, Nathaniel Hendren, Patrick Kline, Emmanuel Saez, and Nick Turner. 2014. "Is the United States Still a Land of Opportunity? Recent Trends in Intergenerational Mobility." Working Paper 19844. Cambridge, MA: National Bureau of Economic Research.

(CBO) Congressional Budget Office. 2013. "Growth in Means-Tested Programs and Tax Credits for Low-Income Households." http://www.cbo.gov/sites/default/files/cbofiles/attachments/43934-Means-TestedPrograms.pdf.

Connelly, Rachel and Jean Kimmel. 2003. "The Effect of Child Care Costs on the Employment and Welfare Recipiency of Single Mothers." *Southern Economic*

参考文献

Journal 69, no. 3: 498-519.

Corak, Miles. 2006. "Do Poor Children Become Poor Adults? Lessons from a Cross Country Comparison of Generational Earnings Mobility." IZA Discussion Paper No. 1993.

———. 2011. "Inequality from generation to generation: the United States in Comparison." Graduate School of Public and International Affairs, University of Ottawa.

Corcoran, Mary. 2001. "Mobility, Persistence, and the Consequences of Child Poverty for Children: Child and Adult Outcomes." In *Understanding Poverty*, edited by Sheldon H. Danziger and Robert H. Haveman, pp. 127-140. Cambridge, MA: Harvard University Press.

Corcoran, Mary and Terry Adams. 1997. "Race, Sex, and the Intergenerational Transmission of Poverty." In *Consequences of Growing Up Poor*, edited by Greg J. Duncan and Jeanne Brooks-Gunn, pp. 461-517. New York: Russell Sage Foundation.

(CEA) Council of Economic Advisers. 1964. *Economic Report of the President*.

———. 2013. "Trends in Health Care and Cost Growth and the Role of the Affordable Care Act."

Dahl, Gordon B. and Lance Lochner. 2012. "The Impact of Family Income on Child Achievement: Evidence from the Earned Income Tax Credit." *American Economic Review* 102, no. 5: 1927-1956.

Danziger, Sheldon and Peter Gottschalk. 1995. *America Unequal*. Cambridge, MA: Harvard University Press.

Danziger, Sheldon H., Lesley J. Turner, and Kristin S. Seefeldt. 2006. "Failing the Transition from Welfare to Work: Women Chronically Disconnected from Employment and Cash Welfare." *Social Science Quarterly* 87, no. 2: 227-249.

Deming, David. 2009. "Early Childhood Intervention and Life-Cycle Skill Development: Evidence from Head Start." *American Economic Journal: Applied Economics* 1, no. 3: 111-134.

DiNardo, John, Nicole M. Fortin, and Thomas Lemieux. 1996. "Labor Market Institutions and the Distribution of Wages, 1973-1992: A Semiparametric Approach." *Econometrica* 64, no. 5: 1001-1044.

DiNardo, John, and Thomas Lemieux. 1997. "Diverging Male Wage Inequality in the United States and Canada, 1981-1988: Do Institutions Explain the Difference?" *Industrial and Labor Relations Review* 50, no. 4: 629-651.

Doucouliagos, Hirstos and T.D. Stanley. 2009. "Publication Selection Bias in Minimum-Wage Research? A Meta-Regression Analysis." *British Journal of Industrial Relations* 47, no. 2: 406-428.

Dowd, Tim and John B. Horowitz. 2011. "Income Mobility and the Earned Income Tax Credit: Short-Term Safety Net or Long-Term Income Support." *Public Finance Review* 39, no. 5: 619-652.

Dube, Arindrajit, T. William Lester, and Michael Reich. 2010. "Minimum Wage Effects Across State Borders: Estimates Using Contiguous Counties." *The Review of Economics and Statistics* 92, no. 4: 945-964.

Dube, Arindrajit. 2013. "Minimum Wages and the Distribution of Family Incomes." University of Massachusetts, Amherst Working Paper. https://dl.dropboxusercontent.com/u/15038936/Dube_Minimum-WagesFamilyIncomes.pdf.

Duncan, Greg J., Katherine Magnuson, Ariel Kalil, Kathleen Ziol-Guest. 2012. "The Importance of Early Childhood Poverty." *Social Indicators Research* 108, no. 1: pp 87-98.

Eissa, Nada and Hilary W. Hoynes. 2005. "Behavioral Responses to Taxes: Lessons from the EITC and Labor Supply." Working Paper 11729. Cambridge, MA: National Bureau of Economic Research.

Eissa, Nada and Jeffrey B. Liebman. 1996. "Labor Supply Response to the Earned Income Tax Credit." *The Quarterly Journal of Economics* 111, no. 2: 605-637.

Engelhardt, Gary V., and Jonathan Gruber. 2006. "Social Security and the Evolution of Elderly Poverty." In *Public Policy and the Income Distribution*, edited by Alan J. Auerbach, David E. Card, and John M. Quigley, pp. 259-287. New York: Russell Sage Foundation.

Fisher, Gordon M. 1992. "The Development and History of the Poverty Thresholds." *Social Security Bulletin* 55, no. 4: 3-14.

Fox, Liana, Irwin Garfinkel, Neeraj Kaushal, Jane Waldfogel, and Christopher Wimer. 2013. "Waging War on Poverty: Historical Trends in Poverty Using the Supplemental Poverty Measure." Working Paper 13-01. New York: Columbia Population Research Center.

Fremstad, Shawn. 2009. "Half in Ten: Why Taking Disability into Account is Essential to Reducing Income Poverty and Expanding Economic Inclusion." Reports and Issue Briefs 2009-30. Washington: Center for Economic and Policy Research.

Garces, Eliana, Duncan Thomas, and Janet Currie. 2002. "Longer-Term Effects of Head Start." *American Economic Review* 92, no. 4: 999–1012.

Gibbs, Chloe, Jens Ludwig, and Douglas L. Miller. 2013. "Head Start Origins and Impacts." In *Legacies of the War on Poverty*, edited by Martha Bailey and Sheldon Danziger, pp. 39-65. New York: Russell Sage Foundation Press.

Gottschalk, Peter and Sheldon Danziger. 2003. "Wage Inequality, Earnings Inequality and Poverty in the U.S. Over the Last Quarter of the Twentieth Century." Working Papers in Economics 560. Boston College Department of Economics.

Hanson, Kenneth. 2010. "The Food Assistance National Income-Output Multiplier (FANIOM) Model and Stimulus Effects of SNAP." Economic Research Report No. 103. U.S. Department of Agriculture Economic Research Service.

Harrington, Michael. 1962. *The Other America*. New York: Simon and Schuster.

Heckman, James J. and Dimitriy V. Masterov. 2007. "The Productivity Argument for Investing in Young Children." *Applied Economic Perspectives and Policy* 29, no. 3: 446-493.

Heckman, James J., Seong Hyeok Moon, Rodrigo Pinto, Peter A. Savelyev, and Adam Yavitz. 2009. "The Rate of Return to the High/Scope Perry Preschool Program." Working Paper No. 15471. Cambridge, MA: National Bureau of Economic Research.

_____. 2010. "A New Cost-Benefit and Rate of Return Analysis for the Perry Preschool Program: A Summary." Working Paper No. 16180. Cambridge, Mass.: National Bureau of Economic Research.

Heckman, James J., Rodrigo Pinto, Azeem M. Shaikh, and Adam Yavitz. 2011. "Inference with Imperfect Randomization: the Case of the Perry Preschool Program." Working Paper No. 16935. Cambridge, MA: National Bureau of Economic Research.

Holzer, Harry J. 2007. "Collateral Costs: The Effects of Incarceration on the Employment and Earnings of Young Workers." IZA Discussion Paper No. 3118.

Holzer, Harry J., Diane Whitmore Schanzenbach, Greg J. Duncan, and Jens Ludwig. 2008. "The Economic Costs of Childhood Poverty in the United States." *Journal of Children and Poverty* 14, no. 1: 41-61.

Hotz, V. Joseph and John Karl Scholz. 2003. "The Earned Income Tax Credit." In *Means-Tested Transfer Programs in the U.S.*, edited by Robert A. Moffitt, pp. 141-198. Chicago: University of Chicago Press.

Hoynes, Hilary W., Marianne E. Page, and Ann Huff Stevens. 2006. "Poverty in America: Trends and Explanations." *Journal of Economic Perspectives* 92, no. 3: 748-765.

Hoynes, Hilary W. and Diane W. Schanzenbach. 2009. "Consumption Reponses to In-Kind Transfers: Evidence from the Introduction of the Food Stamp Program." *American Economic Journal: Applied Economics* 1, no. 4: 109-139.

_____. 2012. "Work incentives and the Food Stamp Program." *Journal of Public Economics* 96, no. 1: 151-162.

Hoynes, Hilary W., Diane W. Schanzenbach, and Douglas Almond. 2013. "Long Run Impacts of Childhood Access to the Safety Net." Working Paper 18535. Cambridge, MA: National Bureau of Economic Research.

Ichino, Andrea, Loukas Karabarbounis, and Enrico

参考文献

Moretti. 2009. "The Political Economy of Intergenerational Income Mobility." IZA Discussion Paper No. 4767.

Isaacs, Julia B. 2008. "Economic Mobility of Families across Generations." In *Getting Ahead or Losing Ground: Economic Mobility in America*, edited by Julia Isaacs, Isabel Sawhill and Ron Haskins. Washington: The Pew Charitable Trusts.

Isaacs, Julia B., Isabel Sawhill, and Ron Haskins. 2008. *Getting Ahead or Losing Ground: Economic Mobility in America*. Washington: The Pew Charitable Trusts.

Jacob, Brian A. and Jens Ludwig. 2012. "The Effects of Housing Assistance on Labor Supply: Evidence from a Voucher Lottery." *American Economic Review* 102, no. 1: 272-304.

Jantti, Markus, Bernt Bratsberg, Knut Roed, Oddbjorn Raaum, Robin Naylor, Eva Osterbacka, Anders Bjorklund, and Tor Eriksson. 2006. "American Exceptionalism in a New Light: A Comparison of Intergenerational Earnings Mobility in the Nordic Countries, the United Kingdom and the United States." IZA Discussion Paper No. 1938.

Johnson, Rucker C. 2008. "Ever-increasing Levels of Parental Incarceration and the Consequences for Children." In *Do Prisons Make us Safer*?, edited by S. Raphael and M. Stoll, 177-206. New York: Russell Sage Foundation.

Korenman, Sanders and Dahlia Remler. 2013. "Rethinking Elderly Poverty: Time for a Health Inclusive Poverty Measure?" Working Paper 18900. Cambridge, MA: National Bureau of Economic Research.

Lee, Chul-In and Gary *Solon*, 2009. "*Trends* in *Intergenerational* Income Mobility," *The Review of Economics and Statistics*, 91, no. 4: 766-772

Lee, David S. 1999. "Wage Inequality in the United States During the 1980s: Rising Dispersion or Falling Minimum Wage?" *Quarterly Journal of Economics* 114, no. 3: 977-1023.

Lemieux, Thomas. 2008. "The Changing Nature of Wage Inequality." *Journal of Population Economics* 21, no. 1: 21-48.

Liebman, Jeffrey B. 1998. "The Impact of the Earned Income Tax Credit on Incentives and Income Distribution." In *Tax Policy and the Economy, Volume 12*, edited by James M. Poterba, pp. 83-120. Cambridge, MA: National Bureau of Economic Research.

Ludwig, Jens and Douglas Miller. 2007. "Does Head Start Improve Children's Life Chances? Evidence from a Regression Discontinuity Design." *Quarterly Journal of Economics* 122, no. 1: 159-208.

Matsudaira, Jordan D. and Rebecca M. Blank. 2013. "The Impact of Earnings Disregards on the Behavior of Low-Income Families." *Journal of Policy Analysis and Management* 33, no. 1: 7-35.

Mayer, Susan E. and Leonard M. Lopoo. 2008. "Government Spending and Intergenerational Mobility." *Journal of Public Economics* 92, no. 1-2: 139-158.

Mayer, Susan E. 1997. *What Money Can't Buy: Family Income and Children's Life Chances*. Cambridge, MA: Harvard University Press.

Meyer, Bruce D., Wallace K. C. Mok, and James X. Sullivan. 2009. "The Underreporting of Transfers in Household Surveys: Its Nature and Consequences." Working Paper 15181. Cambridge, MA: National Bureau of Economic Research.

Meyer, Bruce D. and Dan T. Rosenbaum. 2001. "Welfare, the Earned Income Tax Credit, and the Labor Supply of Single Mothers." *Quarterly Journal of Economics* 116, no. 3: 1063-1114.

Meyer, Bruce D. and James X. Sullivan. 2003. "Measuring the Well-Being of the Poor Using Income and Consumption." Journal of Human Resources 38, Supplement: 1180-1220.

_____. 2012a. "Winning the War: Poverty from the Great Society to the Great Recession." *Brookings Papers on Economic Activity* 45, no. 2: 133-200.

_____. 2012b. "Identifying the Disadvantaged: Official Poverty, Consumption Poverty, and the New Supplemental Poverty Measure." Journal of Economic Perspectives 26, no. 3: 111-136.

____. 2013. "Winning the War: Poverty from the Great Society to the Great Recession." Working Paper 18718. Cambridge, MA: National Bureau of Economic Research.

Mishel, Lawrence, Josh Bivens, Elise Gould, and Heidi Shierholz. *The State of Working America, 12th Edition.* A forthcoming Economic Policy Institute book. Ithaca, NY: Cornell University Press.

Misra, Joya, Michelle Budig, and Irene Boeckmann. 2011. "Work-Family Policies and the Effects of Children on Women's Employment Hours and Wages." *Community, Work and Family* 14, no. 2: 139-157.

Nicholson-Crotty, Sean and Kenneth J. Meier. 2003. "Crime and Punishment: The Politics of Federal Criminal Justice Sanctions." *Political Research Quarterly* 56, no. 2: 119-126.

Orshansky, Mollie. 1965. "Counting the Poor: Another Look at the Poverty Profile." *Social Security Bulletin* 28, no. 1: 3-29.

Peri, Giovanni. 2013. "Immigrant Workers, Native Poverty and Labor Market Competition." *Policy Brief, Center for Poverty Research* 1, no. 3.

Peters, Alan H. and Peter S. Fisher. 2002. "State Enterprise Zones: Have They Worked?" Kalamazoo, MI: W.E. Upjohn Institute for Employment Research Press.

Piketty, Thomas and Emmanuel Saez. 2003. "Income Inequality in the United States, 1913-1998." *Quarterly Journal of Economics* 118, no. 1: 1-39.

Raphael, Steven. 2007. "Early Incarceration Spells and the Transition to Adulthood." In *The Price of Independence: The Economics of Early Adulthood*, edited by Sheldon Danziger and Cecilia Elena Rouse, pp. 278-306. New York: Russell Sage Foundation.

Reed, Deborah and Maria Cancian. 2001. "Sources of Inequality: Measuring the Contributions of Income Sources to Rising Family Income Inequality." *Review of Income and Wealth* 47, no. 3: 321-333.

Sawhill, Isabel V. and John E. Morton. 2007. "Economic Mobility: Is the American Dream Alive and Well?" Washington: Economic Mobility Project, Pew Charitable Trusts.

Schur, Lisa A., Douglas L. Kruse, and Peter Blanck. 2013. *People with Disabilities: Sidelined or Mainstreamed?* Cambridge, England: Cambridge University Press.

Schweinhart, Lawrence J., Jeanne Montie, Zongping Xiang, W. Steven Barnett, Clive R. Belfield, and Milagros Nores. 2005. *Lifetime Effects: The High/Scope Perry Preschool Study Through Age 40*. Monographs of the High/Scope Educational Research Foundation. Ypsilanti, MI: High/Scope Press.

Sen, Amartya. 2009. *The Idea of Justice.* London: Allen Lane.

Singh, Gopal K. and Michael D. Kogan. 2007. "Persistent Socioeconomic Disparities in Infant, Neonatal, and Postneonatal Mortality Rates in the United States, 1969-2001." *Pediatrics* 119, no. 4: 928-939.

Sharkey, Patrick. 2009. "Neighborhoods and the Black-White Mobility Gap." Washington: Economic Mobility Project, Pew Charitable Trusts.

She, Peiyun and Gina A. Livermore. 2007. "Material Hardship, Poverty, and Disability Among Working‐Age Adults." *Social Science Quarterly* 88, no. 4: 970-989.

Sherman, Arloc. 2013. "Official Poverty Measure Masks Gains Made Over Last 50 Years." Washington: Center on Budget and Policy Priorities. http://www.cbpp.org/files/9-13-13pov.pdf.

Short, Kathleen. 2012. "The Research Supplemental Poverty Measure: 2011" Current Population Reports.

____. 2013. "The Research Supplemental Poverty Measure: 2012" Current Population Reports.

Shroder, Mark. 2010. "Housing Subsidies and Work Incentives." MPRA Paper 26019, University Library of Munich, Germany.

Solon, Gary. 2002. "Cross-Country Differences in Intergenerational Earnings Mobility." *Journal of Economic Perspectives* 16, no. 3: 59– 66. S

RI International. 1983. "Final Report of the Seattle/Denver Income Maintenance Experiment. Vol 1: Design

参考文献

and Results." Menlo Park, CA.

(SSA) Social Security Administration. 2012. *Income of the Population 55 or Older, 2010*. SSA Publication No. 13-11871.

Western, Bruce. 2002. "The Impact of Incarceration on Wage Mobility and Inequality."

American Sociological Review 67: 526-46.

Western, Bruce and Becky Pettit. 2010. "Incarceration and Social Inequality." *Daedalus* 139: 8-19.

Wimer, Christopher, Liana Fox, Irwin Garfinkel, Neeraj Kaushal, and Jane Waldfogel. 2013. "Trends in Poverty with an Anchored Supplemental Poverty Measure." Working Paper 1-25. New York: Columbia Population Research Center.

第7章

Abdulkadiroglu, Atila, Joshua D Angrist, Susan M Dynarski, Thomas J Kane, Parag A Pathak. 2011. "Accountability and Flexibility in Public Schools: Evidence from Boston's Charters and Pilots." *The Quarterly Journal of Economics* 126, no. 2: 699-748.

Angrist, Joshua D., and Jorn-Steffen Pischke. 2008. *Mostly Harmless Econometrics: An Empiricist's Companion*. Princeton, NJ: Princeton University Press.

Angrist, Joshua. D., and Alan B. Krueger. 1999. "Empirical strategies in labor economics." In *Handbook of Labor Economics*, edited by O. Ashenfelter and D. Card, pp.1277-1366. Vol 3, Elsevier.

Baicker, Katherine, Amy Finkelstein, Jae Song, and Sarah Taubman. 2013. "The Impact of Medicaid on Labor Force Activity and Program Participation: Evidence from the Oregon Health Insurance Experiment." Working Paper. Cambridge, MA: National Bureau of Economic Research (October).

Benus, J. T. Shen, S. Zhang, M. Chan and B. Hansen. 2009. "Growing America Through Entrepreneurship: Final Evaluation of Project GATE." Columbia, MD: IMPAQ International LLC.

Benus, J., Poe-Yamagata, E., Wang, Y., & Blass, E. 2008. "Reemployment and Eligibility Assessment (REA) Study FY 2005 Initiative." Columbia, MD: IMPAQ International LLC.

Berk, Richard A., and Peter H. Rossi. 1998. *Thinking about Program Evaluation 2*. 2nd ed. London: Sage Publications, Inc.

Bettinger, E.P., B.T. Long, P. Oreopoulos and L. Sanbonmatsu. 2009. "The Role Of Simplification and Information In College Decisions: Results From The H&R Block FAFSA Experiment." Working Paper 15361. Cambridge, MA: National Bureau of Economic Research (September).

Burtless, G. 1995. (The case for randomized field trials in economic and policy research.) *The Journal of Economic Perspectives* 9, no. 2 (Spring): 63-84.

Cappers, Peter, Charles Goldman, and Annika Todd. 2013. "Smart Grid Investment Grant Consumer Behavior Study Analysis: Summary of Utility Studies." Environmental Energy Technologies Division, Lawrence Berkeley National Laboratory.

Card, David, Carlos Dobkin, and Nicole Maestas. 2009. "Does Medicare Save Lives?" *The Quarterly Journal of Economics* 124, no. 2: 597-636.

Coalition for Evidence-Based Policy. 2012. "Rigorous Program Evaluations on a Budget: How Low-Cost Randomized Controlled Trials are Possible in Many Areas of Social Policy." Washington, DC (March).

———. 2013. "Practical Evaluation Strategies for Building a Body of Proven-Effective Social Programs." Washington, DC (October).

Comey, Jennifer, Kaitlin Franks, Lesley Freiman, Christopher Hayes, Reed Jordan, Peter A. Tatian, and Mary K. Winkler. 2013. "Measuring Performance: A Guidance Document for Promise Neighborhoods on Collecting Data and Reporting Results." Washington, DC: The Urban Institute (February).

Council Of Economic Advisers And Department Of Labor. 2013. "The Economic Benefits of Extending Unemployment Insurance" (December).

Culhane, D. P., S. Metraux, J.M. Park, M.A. Schretzman, M.

A., and J. Valente. 2007. "Testing a Typology of Family Homelessness Based on Patterns of Public Shelter Utilization in Four U.S. Jurisdictions: Implications for Policy and Program Planning." *Housing Policy Debate*, 18(1), 1-28.

Department of Education. 2012. *Education Improvement Programs: Fiscal Year 2012 Budget Request*. http://www2.ed.gov/about/overview/ budget/budget12/justifications/d-eip.pdf

_____. 2013a. *Investing in Innovation Fund (i3) Program Guidance and Frequently Asked Questions (FAQs)*. http://www2.ed.gov/programs/ innovation/faq.html

_____. 2013b. *Promise Neighborhoods: Purpose*. http://www2.ed.gov/ programs/promiseneighborhoods/index.html

_____. 2013c. *PROMISE: Promoting Readiness of Minors in Supplemental Security Income*. http://www2.ed.gov/about/inits/ed/promise/index. html#about

Department of Labor. 2011. *Employment and Training Administration Notice of Availability of Funds and Solicitation for Grant Applications for Workforce Innovation Fund Grants*. SGA/DFA PY-11-05 at http://www.doleta.gov/workforce_innovation/applicant_ information. cfm

_____. 2013. *Congressional Budget Justification: Employment and Training Administration*. http://www.dol.gov/dol/budget/2013/PDF/CBJ-2013-V1-05.pdf

Departments of Labor, Health and Human Services, and Education, and Related Agencies Appropriations Act, 2006, Title V, Part D (P.L. 109-149). http://www2.ed.gov/programs/teacherincentive/legislation. html)

Dobbie, Will and Roland G. Fryer. 2011. "Are High Quality Schools Enough to Increase Achievement Among the Poor? Evidence from the Harlem Children's Zone." American Economic Journal: Applied Economics 3 (July):158-187.

Finkelstein, Amy, Sarah Taubman, Bill Wright, Mira Bernstein, Jonathan Gruber, Joseph P. Newhouse, Heidi Allen, Katherine Baicker, and the Oregon Health Study Group. 2012. "The Oregon Health Insurance Experiment: Evidence from the First Year." *Quarterly Journal of Economics* 127(3): 1057-1106 (August).

General Accounting Office. 2011. *Performance Measurement and Evaluation: Definitions and Relationships*. GAO-11-646SP, May.

_____. 2012. "Designing Evaluations: 2012 Revision." U.S. Government Accountability Office, GAO-12-208G, January.

Grossman, J.B., and J.E. Rhodes. 2002. "The test of time: Predictors and effects of duration in youth mentoring programs." American Journal of Community Psychology (30), 199-219.

Jacob, Brian A., Jens Ludwig. 2012. "The Effects of Housing Assistance On Labor Supply: Evidence From A Voucher Lottery." *American Economic Review* 102(1): 272–304.

Holland, Paul W. 1986. "Statistics and Causal Inference." *Journal of the American Statistical Association* 81, no. 396: 945-960.

Imbens, Guido W. and Jeffrey M. Woolridge. 2009. "Recent Developments in the Econometrics of Program Evaluation." *Journal of Economic Literature* 47, no. 1: 5-86.

Imbens, Guido W. 2010. "Better LATE Than Nothing: Some Comments on Deaton (2009) and Heckman and Urzua (2009)." *Journal of Economic Literature* 48 (June 2010): 399-423.

Ludwig, J. and D. L. Miller. 2007. "Does Head Start improve children's life chances? Evidence From a Regression Discontinuity Design." *Quarterly Journal of Economics* 122 no. 1: 159-208.

Manzi, Jim. 2012. *Uncontrolled: The Surprising Payoff of Trial-and-Error for Business, Politics, and Society*. New York: Basic Books.

Millensky, Megan, et al. 2011. "Staying on Course: Three-Year Results of the National Guard Youth ChalleNGe Evaluation. MDRC. http://www.mdrc.org/sites/default/files/full_510.pdf

National Institute of Justice. 2012. *"Swift and Certain"*

参考文献

Sanctions in Probation Are Highly Effective: Evaluation of the Hope Program. http://www.nij.gov/topics/corrections/community/drug-offenders/ hawaii-hope.htm

National Research Council and Institute of Medicine. 2009. *Preventing Mental, Emotional, and Behavioral Disorders Among Young People: Progress and Possibilities*. Committee on Prevention of Mental Disorders and Substance Abuse Among Children, Youth and Young Adults: Research Advances and Promising Interventions. Mary Ellen O'Connell, Thomas Boat, and Kenneth E. Warner, Editors. Board on Children, Youth, and Families, Division of Behavioral and Social Sciences and Education. Washington, DC: The National Academies Press. Online at http://www.nap.edu/ catalog.php?record_id=12480.

Office of Management and Budget. 2009a. *Analytical Perspectives: Budget of the U.S. Government*, February. At http://www.gpo.gov/fdsys/pkg/ BUDGET-2010-PER/pdf/BUDGET-2010-PER.pdf

_____. 2009b. *Building Rigorous Evidence to Drive Policy*. OMB Blogpost, http://www.whitehouse.gov/omb/blog/09/06/08/ BuildingRigorousEvidencetoDrivePolicy

_____. 2009c. *Increased Emphasis on Program Evaluations*. Memorandum M-10-01, October 7, 2009.

_____. 2010. *Analytical Perspectives: Budget of the U.S. Government*, at http://www.gpo.gov/fdsys/pkg/BUDGET-2011-PER/pdf/BUDGET-2011-PER.pdf

_____. 2011. *Analytical Perspectives: Budget of the U.S. Government*, February 14, 2011 at http://www.gpo.gov/fdsys/pkg/BUDGET-2012-PER/pdf/BUDGET-2012-PER.pdf

_____. 2012. *Analytical Perspectives: Budget of the U.S. Government*, February 13, 2012 at http://www.gpo.gov/fdsys/pkg/BUDGET-2013-PER/pdf/BUDGET-2013-PER.pdf

_____. 2013a. Creating a 21st Century Government, Budget of the United States Government, Fiscal Year 2014 http://www.whitehouse.gov/ sites/default/files/omb/budget/fy2014/assets/21st_century.pdf

_____. 2013b. *Next Steps in the Evidence and Innovation Agenda*. Memorandum M-13-17, July 26, 2013.

_____. 2014. *Guidance for Providing and Using Administrative Data for Statistical Purposes*. Memorandum M-14-06, February 14, 2014.

Paulsell, Diane, S. Avellar, E. Sama Martin, P. Del Grosso. 2010. "Home visiting Evidence of Effectiveness Review: Executive Summary." Washington, DC:Mathematica Policy Research.

Perez-Arce, Francisco, et al. 2012. "A Cost-Benefit Analysis of the National Guard Youth ChalleNGe Program." RAND Corporation. http://www.rand.org/pubs/technical_reports/TR1193.html#key-findings

Poe-Yamagata, E., Benus, J., Bill, N., Carrington, H., Michaelides, M., & Shen, T. 2011. "Impact of the Reemployment and Eligibility Assessment (REA) Initiative." Columbia, MD: IMPAQ International LLC.

Rivkin, Steven G., Eric A. Hanushek and John F. Kain. 2005. "Teachers, Schools, and Academic Achievement." *Econometrica*, vol. 73 (2) (March): 417-458.

Rothstein, Jesse. 2011. "Unemployment Insurance and Job Search in the Great Recession." *Brookings Papers on Economic Activity* Fall 2011: 143-213.

Shadish, William R., Thomas D. Cook, and Donald Thomas Campbell. 2002. *Experimental and Quasi-Experimental Designs for Generalized Causal Inference*. Boston, MA: Houghton Mifflin.

Schlafer, Rebecca J., Poehlmann, Julie, Coffino, Brianna, Henneman, Ashley (2009). "Mentoring Children with Incarcerated Parents: Implications for Research, Practice, and Policy." *Family Relations* (58), 507-519.

Schochet, Peter Z., John Burghardt, and Sheena McConnell. 2008. "Does Job Corps Work? Impact Findings from the National Job Corps Study." *American Economic Review* 98:5, 1864-1886. http://www.jstor.org/ stable/29730155?seq=2

Shadish, William R., Thomas D. Cook, and Donald Thomas Campbell. 2002. *Experimental and Quasi-Experimental Designs for Generalized Causal Infer-

ence. Boston, MA: Houghton Mifflin.

Shrank, W. 2013. "The Center for Medicare and Medicaid Innovation's Blueprint for Rapid-Cycle Evaluation of New Care and Payment Models." *Health Affairs* 32(4):807-812.

Social Security Administration. 2013. *Solicitation: PROMISE Evaluation Statement of Work*. SSA-RFP-13-0018, July 16, 2013. https://www.fedconnect.net/FedConnect/PublicPages/PublicSearch/Public_ Opportunities.aspx

Stock, James H., and Mark Watson. 2010. *Introduction to Econometrics*. 3rd ed. Boston, MA: Addison-Wesley.

St.Pierre, R., A. Ricciuti, F. Tao, C. Creps, J. Swartz, W. Lee, A. Parsad and T. Rimdzius. 2003. "Third National Even Start Evaluation: Program Impacts and Implications for Improvement." Abt Associates, Inc. and U.S. Department of Education.

United States Interagency Council on Homelessness. 2013a. "US Labor Department awards nearly $24 million in Pay for Success grants." September 26, 2013, available at http://usich.gov/media_center/news/us_labor_department_awards_nearly_24_million_in_pay_ for_success_grants (accessed November 24, 2013).

United States Interagency Council on Homelessness, 2013b. "Opening Doors," available at http://usich.gov/opening_doors/ (accessed November 24, 2013).

Walker, Robert, Hoggart, Lesley, and Hamilton Gayle. 2006. "Making Random Assignment Happen: Evidence from the UK Employment Retention and Advancement (ERA) Demonstration." Policy Studies Institute (PSI), the Office for National Statistics (ONS), the Institute for Fiscal Studies (IFS) and MDRC for the UK Department for Work and Pensions.

Wansink, Brian, David Just, and Laura Smith. 2011. "Move the Fruit: Putting Fruit in New Bowls and New Places Doubles Lunchroom Sales." *Journal of Nutrition Education and Behavior* 43:4.

付録 A

経済諮問委員会活動報告

2013年大統領経済諮問委員会活動についての大統領への報告

提 出 者

経済諮問委員会
ワシントン D.C. 2013 年 12 月 31 日

大統領閣下
経済諮問委員会は、1978年「完全雇用および均衡成長法」によって修正された「1916年雇用法」10条d項に基づき、議会の要請にしたがって、2013暦年を通じた当委員会の活動に基づいて本報告を提出するものです。

敬具

委員長
ジェイソン・ファーマン

委員
ベッツィ・スティーブンソン

委員
ジェームズ・H・ストック

Council Members and Their Dates of Service

Name	Position	Oath of office date	Separation date
William A. Niskanen	Member	June 12, 1981	March 30, 1985
Jerry L. Jordan	Member	July 14, 1981	July 31, 1982
Martin Feldstein	Chairman	October 14, 1982	July 10, 1984
William Poole	Member	December 10, 1982	January 20, 1985
Beryl W. Sprinkel	Chairman	April 18, 1985	January 20, 1989
Thomas Gale Moore	Member	July 1, 1985	May 1, 1989
Michael L. Mussa	Member	August 18, 1986	September 19, 1988
Michael J. Boskin	Chairman	February 2, 1989	January 12, 1993
John B. Taylor	Member	June 9, 1989	August 2, 1991
Richard L. Schmalensee	Member	October 3, 1989	June 21, 1991
David F. Bradford	Member	November 13, 1991	January 20, 1993
Paul Wonnacott	Member	November 13, 1991	January 20, 1993
Laura D'Andrea Tyson	Chair	February 5, 1993	April 22, 1995
Alan S. Blinder	Member	July 27, 1993	June 26, 1994
Joseph E. Stiglitz	Member	July 27, 1993	
	Chairman	June 28, 1995	February 10, 1997
Martin N. Baily	Member	June 30, 1995	August 30, 1996
Alicia H. Munnell	Member	January 29, 1996	August 1, 1997
Janet L. Yellen	Chair	February 18, 1997	August 3, 1999
Jeffrey A. Frankel	Member	April 23, 1997	March 2, 1999
Rebecca M. Blank	Member	October 22, 1998	July 9, 1999
Martin N. Baily	Chairman	August 12, 1999	January 19, 2001
Robert Z. Lawrence	Membe	August 12, 1999	January 12, 2001
Kathryn L. Shaw	Member	May 31, 2000	January 19, 2001
R. Glenn Hubbard	Chairman	May 11, 2001	February 28, 2003
Mark B. McClellan	Member	July 25, 2001	November 13, 2002
Randall S. Kroszner	Member	November 30, 2001	July 1, 2003
N. Gregory Mankiw	Chairman	May 29, 2003	February 18, 2005
Kristin J. Forbes	Membe	November 21, 2003	June 3, 2005
Harvey S. Rosen	Member	November 21, 2003	
	Chairman	February 23, 2005	June 10, 2005
Ben S. Bernanke	Chairman	June 21, 2005	January 31, 2006
Katherine Baicker	Member	November 18, 2005	July 11, 2007
Matthew J. Slaughter	Member	November 18, 2005	March 1, 2007
Edward P. Lazear	Chairman	February 27, 2006	January 20, 2009
Donald B. Marron	Member	July 17, 2008	January 20, 2009
Christina D. Romer	Chair	January 29, 2009	September 3, 2010
Austan D. Goolsbee	Member	March 11, 2009	
	Chairman	September 10, 2010	August 5, 2011
Cecilia Elena Rouse	Member	March 11, 2009	February 28, 2011
Katharine G. Abraham	Member	April 19, 2011	April 19, 2013
Carl Shapiro	Member	April 19, 2011	May 4, 2012
Alan B. Krueger	Chairman	November 7, 2011	August 2, 2013
James H. Stock	Member	February 7, 2013	
Jason Furman	Chairman	August 4, 2013	
Betsey Stevenson	Member	August 6, 2013	

付録 A

付録 A

Name	Position	Oath of office date	Separation date
Edwin G. Nourse	Chairman	August 9, 1946	November 1, 1949
Leon H. Keyserling	Vice Chairman	August 9, 1946	
	Acting Chairman	November 2, 1949	
	Chairman	May 10, 1950	January 20, 1953
John D. Clark	Member	August 9, 1946	
	Vice Chairman	May 10, 1950	February 11, 1953
Roy Blough	Member	June 29, 1950	August 20, 1952
Robert C. Turner	Member	September 8, 1952	January 20, 1953
Arthur F. Burns	Chairman	March 19, 1953	December 1, 1956
Neil H. Jacoby	Member	September 15, 1953	February 9, 1955
Walter W. Stewart	Member	December 2, 1953	April 29, 1955
Raymond J. Saulnier	Member	April 4, 1955	
	Chairman	December 3, 1956	January 20, 1961
Joseph S. Davis	Member	May 2, 1955	October 31, 1958
Paul W. McCracken	Member	December 3, 1956	January 31, 1959
Karl Brandt	Member	November 1, 1958	January 20, 1961
Henry C. Wallich	Member	May 7, 1959	January 20, 1961
Walter W. Heller	Chairman	January 29, 1961	November 15, 1964
James Tobin	Member	January 29, 1961	July 31, 1962
Kermit Gordon	Member	January 29, 1961	December 27, 1962
Gardner Ackley	Member	August 3, 1962	
	Chairman	November 16, 1964	February 15, 1968
John P. Lewis	Member	May 17, 1963	August 31, 1964
Otto Eckstein	Member	September 2, 1964	February 1, 1966
Arthur M. Okun	Member	November 16, 1964	
	Chairman	February 15, 1968	January 20, 1969
James S. Duesenberry	Member	February 2, 1966	June 30, 1968
Merton J. Peck	Member	February 15, 1968	January 20, 1969
Warren L. Smith	Member	July 1, 1968	January 20, 1969
Paul W. McCracken	Chairman	February 4, 1969	December 31, 1971
Hendrik S. Houthakker	Member	February 4, 1969	July 15, 1971
Herbert Stein	Member	February 4, 1969	
	Chairman	January 1, 1972	August 31, 1974
Ezra Solomon	Member	September 9, 1971	March 26, 1973
Marina v.N. Whitman	Member	March 13, 1972	August 15, 1973
Gary L. Seevers	Member	July 23, 1973	April 15, 1975
William J. Fellner	Member	October 31, 1973	February 25, 1975
Alan Greenspan	Chairman	September 4, 1974	January 20, 1977
Paul W. MacAvoy	Member	June 13, 1975	November 15, 1976
Burton G. Malkiel	Member	July 22, 1975	January 20, 1977
Charles L. Schultze	Chairman	January 22, 1977	January 20, 1981
William D. Nordhaus	Member	March 18, 1977	February 4, 1979
Lyle E. Gramley	Member	March 18, 1977	May 27, 1980
George C. Eads	Member	June 6, 1979	January 20, 1981
Stephen M. Goldfeld	Member	August 20, 1980	January 20, 1981
Murray L. Weidenbaum	Chairman	February 27, 1981	August 25, 1982

経済諮問委員会は、1946年雇用法によって設立され、客観的な経済分析と広範囲な内外の経済政策問題の進展と実施についての助言を、大統領に提供する。委員会は、委員長と二人の委員によって執り行われる。委員長は、大統領によって任命され、米国上院によって承認される。委員は、大統領によって任命される。

経済諮問委員会委員長

ジェイソン・ファーマンは、米国上院によって2013年8月1日承認された。この任務の前、ファーマンは、経済政策について大統領への助言者また国家経済会議の主要副ディレクターとして仕えた。

2007年から2008年までファーマンは、ブルッキングズ研究所の経済研究上席フェローとハミルトンプロジェクトのディレクターであった。以前、彼は、経済諮問委員会のスタッフ・エコノミスト、クリントン大統領の下で国家経済会議経済政策大統領特別補佐官、世界銀行チーフ・エコノミストならびにその上席副総裁への上席助言者として仕えた。ファーマンは、米国オバマのための経済政策ディレクターであった。ファーマンはまたニューヨーク大学ワグナー公共サービス大学院の客員研究員、イエールおよびコロンビア大学客員講師、そして予算および政策優先センター上席フェローであった。

アラン・B・クルーガーは、2013年8月2日委員長を辞し、プリンストン大学へ復職したが、そこで彼は、ベントハイム経済学公共政策教授である。

経済諮問委員会委員

ベッツィー・スティーヴェンソンは、2013年8月6日に大統領によって任命された。彼女は、ミシガン大学ジェラルド・フォード公共政策学部ならびに経済学部を休職中であり、そこで彼女は、公共政策・経済学准教授である。彼女は、2010年から2011年まで米国労働省チーフ・エコノミストとして仕えた。

ジェームズ・H・ストックは、2013年2月7日大統領によって任命された。彼は、2012年9月12日からこれまで経済諮問委員会チーフ・エコノミストとして仕えた。ストック博士は、ハーヴァード大学を休職中で、そこで彼は、ハロルド・ヒッチングス・バーバンク政治経済学教授である。ストック博士は、2006年から2009年まで、ハーヴァード大学経済学部長を務めた。

キャサリン・G・エイブラハムは、2013年4月19日委員会委員を辞任し、メリーランド大学に復職したが、彼女はそこで調査方法論共同プログラム教授であり、メリーランド人口調査センターの准会員である。

活動分野

委員会の中心的機能は、経済問題と進展のすべてにわたって大統領に助言することである。昨年は、その前の4年と同様に、経済成長と職の創造について大統領に助言し、経済政策についてその効果を評価することが優先された。

委員会は、国家経済会議、行政管理予算局、ホワイトハウス上級スタッフ、そして他の職員を含む様々な政府機関と密接に働き、様々な政策事項の議論へ参加する。国際経済政策の分野では、ホワイトハウスの他の部署、財務省、国務省、商務省、そして連邦準備制度理事会とともに、グローバル金融システムとの関連事項を調整する。

2013年において、とりわけ注目を浴びた経

付録 A

付録 A

済政策分野は、次の通り。住宅政策、ヘルスケア・コストの上昇とケア適正化法、個人及び法人課税、大学費用の適正化と序列、地域開発、二酸化炭素汚染の経済コスト、再生可能燃料基準、エネルギー政策、知的財産とイノベーション、インフラ投資、規制処置、通商政策、貧困と所得格差、失業保険と最適賃金、労働力参加率、職業訓練、そして対外直接投資。委員会は、また経済状況を把握するのに利用するデータの質に関連したいくつかの問題についても検討した。

委員会は、大統領、副大統領、ホワイトハウス上級スタッフに対し、現下の経済進展を分析した毎日の経済ブリーフィング用メモと重要な経済データの発表に関するほぼ毎日のメモを準備する。ファーマン委員長はまた、経済状況の月例ブリーフィングとホワイトハウス上級職員へ委員会のエネルギー分析を提供する。

委員会、財務省、行政管理予算局は、わが政権の経済「トロイカ」であるが、政権の予算提案の基礎となる経済予測を作成する責任がある。委員会は、年2回の予測プロセスを行うが、主要民間セクターの予測専門家とその他の政府機関を含む様々な外部情報源と相談する。

委員会は、通商政策プロセスにおける活動的参加者であって、通商政策スタッフ委員会と通商政策検討グループに参加した。委員会は、通商関連問題の分野において、分析と見解を提供したが、それには、既存の通商協定の施行、現下の米国通商政策と将来の政策の検討が含まれる。委員会はまた、通商促進調整委員会に参加し、将来の輸出が経済成長をサポートする方法の検討について援助した。投資と安全保障の分野で、委員会は、米国対外投資委員会 (CFIUS: Committee on Foreign Investment in the United States) に参加し、委員会前に個別のケースについて検討した。

委員会は、経済協力開発機構 (OECD: Organisation for Economic Co-operation and Development) の主導的参加者であり、この組織は、高所得工業経済国間の経済協力の重要なフォーラムである。委員会は、米国経済についてのOECDの見解を調整し監督した。ファーマン委員長は、OECD経済政策委員会委員長であり、委員会委員とスタッフもマクロ経済政策と調整に関しての作業部会に積極的に参加し、OECD研究課題に貢献する。

委員会は、2013年と2014年初めに、広範囲の報告書を発行した。6月に委員会は、米国の「壊れた移民システム」を改革する経済的利益を評価する報告を発表した。10月に委員会は、政府機関の閉鎖と負債限度に関する瀬戸際政策が、経済に与える否定的なインパクトを分析した報告を発表した。10月にまた、委員会は、米国はなぜ地球全域にわたって企業に魅力的な投資環境のようなものを提供するのか、またこれがいかに米国に利益をもたらすのか、を叙述した報告を発表した。11月に、委員会は、ケア適正化法がヘルスケア・コスト上昇を抑えるのに貢献しているのに付け加えて、最近のヘルスケア・コストの傾向を分析した報告を発表した。12月に委員会は、失業保険の延長の利益についての研究を労働省と協力して行った。2014年1月に、委員会は、リンドン・B・ジョンソン大統領が50年前に宣言した「貧困撲滅戦争」についての進行報告を発表した。2014年2月に、委員会は、議会へ米国復興法の5周年記念最終報告を送付した。今述べたすべての報告については、委員会のウエブサイトで見ることができるが、同時にその一部はこの年次報告に含まれている (http://www.whitehouse.gov/administration/eop/cea/factsheets-reports.)

委員会は、経済進展とわが政権の経済政策に

ついての一般の理解を改善する努力を続けたが、経済及び金融についての報道、スピーチ、外部エコノミストとの討論を伴うブリーフィング、そして主要発表データの規則的なアップデートとホワイトハウスならびにCEAブログへのCEA報告の掲載を通じて行った。委員長と委員はまた、連邦準備制度理事会議長とそのメンバーと経済についての見解を交換するために規則的に会合を持った。

広報

委員会の年次報告『大統領経済報告』は、わが政権の国内・国際経済政策を提示する重要な媒体のひとつである。それは、政府印刷局を通して購入可能であり、www.gpo.gov/erp のインターネットでも見ることができる。

委員会は、2013年に報告とブログへの搭載をしばしば準備し、委員長と委員は、公の席でのスピーチをたくさん行った。報告書、郵便文書、スピーチ原稿は、委員会のウエブサイト www.whitehouse.gov/cea において利用可能である。最後に、委員会は、エコノミック・インディケータを月次に発行したが、それは、www.gpo.gov/economicindicators のオンライ上で利用可能である。

経済諮問委員会スタッフ

この委員会のスタッフは、上級スタッフ、上級エコノミスト、エコノミスト、スタッフ・エコノミスト、研究エコノミスト、研究助手、事務局およびサポート・スタッフによって構成される。2013年末のスタッフは、別表のとおりである。

統計部

統計部は、委員会のための統計情報を、収集、管理、そして作成をおこなう。その業務には、『大統領経済報告』統計付録ならびに月刊『エコノミック・インディケータ』の準備が含まれる。スタッフはまた、経済分析の背景となる資料を作り、大統領覚書の統計的内容を確認する。統計部は、統計機関へ委員会の連絡をとる任務もある。

事務局

事務局は、委員会活動への一般的な支援を提供する。これには、財務管理、人事管理、移動、施設運営、安全、情報技術そして通信管理などへの支援が含まれる。

インターン

学生インターンは、研究プロジェクト、日常業務、事実確認に貴重な支援を提供する。今年のインターンは次の通りである。
キャサリン・オールソップ、ブライアン・ベンデット、ラッチェ・バーディック、キャサリン・カーペンター、ベンジャミン・クラーク、ブライアン・コロピー、クリストファー・ガム、トーマス・ヘディン、アシュイン・カムバムパティ、マイケル・ケネディ、サムスン・ナイト、カテリン・ラムソン、キャサリン・マホーニー、ブレナン・マンゲ、ダヴィッド・マッカーシー、エリオット・メラニー、J.ミンツマイヤー、イヴァン・モルゲンセン、ベンジャミン・マレー、アンドリュー・オレンシキー、サラ・オーゼル、パトリック・ルーニー、チェース・ロス、ミチェル・サイプ、ジュリアン・サラフィン、リー・ソファー、コートニー・スペッコ、ベンジャミン・

付録 A

スプルング-ケイザー、マティ・トーマ、ケイト・トムリンソン、ウイリアム・ウエーバー、キャサリン・ウエン、ケイラ・ウィルディング、そして、アンドリュー・ウイルスロー。

2013年の退任

8月、デーヴィッド・P・ヴァンディヴィエルは、最高責任者の任を離れた。2013年に辞任した上級エコノミスト（括弧内は、委員会辞任後に復職した機関である）は、以下のとおりである。ベヴィン・アシュミラー（オキシデンタル大学）、ベンジャミン・H・ハリス（ブルッキングズ研究所）、スーザン・ヘルパー（ケース・ウエスタン大学）、ジャスティン・ジョフリオン（米国空軍アカデミー）、チンフイ・ジューン（ヒューストン大学）、ポール・レンガーマン（連邦準備制度理事会）、エミリー・Y・リン（米財務省）、ロドニィ・ルデマ（ジョージタウン大学）、ジェームズ・M・ウイリアムソン（米農務省）、そして、ウエズリー・イン（カリフォルニア大学ロスアンゼルス校）。

2013年離任したエコノミストは、デーヴィッド・チョー（プリンストン大学）とジュド・N・L・クレーマー（プリンストン大学）であった。デーヴィッドは、2年以上も諮問委員会に仕え、その顕著な仕事ぶりにロバート・M・ソロー賞を授与された。

2013年に離任したスタッフ・エコノミストは、ニコラス・リー、ベン・マイゼルマン、ニコラス・ティリプマン、リー・タッカー、とジェフェリー・Y・ザングであった。

2013年に離任した研究エコノミストは、キャリーズ・ゴールズワージー、ダイナ・グロスマンとスペンサー・スミスであった。

ペトラ・S・スタールケは、一般顧問としての任から離れた。マイケル・ブルジョアは、委員長の特別助手の任から離れた。エミリー・C・ベレットは、委員の特別助手の任を離れた。サラ・A・ムーレーは、経済統計官の任を離れた。トーマス・F・ハントは、スタッフ助手の任を離れた。

経済諮問委員会スタッフ

上級スタッフ

Jessica Schumer（最高責任者）
Steven N. Braun（マクロ経済予測ディレクター）
Alexander G. Krulic（全般的相談役）
Adrienne Pilot（統計部ディレクター）
Archana Snyder（財務・事務ディレクター）

上級エコノミスト

David J. Balan（産業組織、技術、健康）
Marco Cagetti（マクロ経済）
Jane K. Dokko（住宅）
Matthew Fiedler（健康）
Tracy M. Gordon（税、予算）
Douglas Kruse（労働、身体障害）
Jordan D. Matsudaira（労働、教育）
Cynthia J. Nickerson（農業、環境、評価）
Ronald J. Shadbegian（エネルギー、環境）
Kenneth A. Swinnerton（国際）

付録
A

スタッフ・エコノミスト

Zachary Y. Brown（労働、健康、住宅）
John Coglianese（労働、財政、マクロ経済）
Kevin Rinz（労働、教育）

研究エコノミスト

Philip K. Lambrakos（マクロ経済）
Cordaye T. Ogletree（エネルギー、環境、国際）
Krista Ruffini（健康）
Rudy Telles Jr.（国際、技術、研究助手）

研究助手

Brendan Mochoruk（税、予算）
Jenny Shen（エネルギー、環境）
David N. Wasser（労働、移民、教育、統計部）

統計部

Brian A. Amorosi（統計分析官）
Wenfan Chen（経済統計官）

委員長及び委員室

Andrea Taverna（委員長特別助手）
Natasha Lawrence（委員特別助手）
Mattew L. Aks（委員長ならびに研究エコノミスト特別助手）

事務局

Doris T. Searles（運営・情報管理専門委員）
Anna Y. Lee（金融システム分析官）

付録 B

所得・雇用・生産関連統計表

一般注記事項

各表の係数は四捨五入のため、合計と一致しない場合がある。

特に断りがない限り、ドル表示はすべて名目値（current dollars）で表す。

細目にわたる各種要素の 2009 年連鎖価格の推定値は、実質国内総生産（GDP）の算出に用いられる計算式の都合上、GDP の連鎖価格の数値とは一致しない。また同様に、いかなる中間集計値とも一致しない。商務省（経済分析局）では、主要時系列データを除き、1999 年以前の連鎖価格推定値は公表していない。

表中の記号 "p" は「速報値」、"…" は「該当なし」を示す。

表のデータは、2014 年 2 月 28 日までに出所機関が算出した改定値を反映している。特に、国民所得生産勘定（national income and product account：NIPA）の推定値を含む表は、商務省が 13 年 7 月に公表した改定値を反映し、米雇用統計（Current employment statistics：CES）調査の推定値を含む表は、労働省が 2014 年 2 月に公表した改定値を反映している。

表のエクセル版は www.gpo.gov/erp で入手できる。

付録のスリム化に関する注記事項

現在では広範な経済データをオンラインで入手できるので、2014 年統計付録ではスリム化を行った。

これまで掲載してきたデータは、出所機関を通じて、一般に公開されている。284 頁以降の「出所」の項には、昨年の統計付録の表ごとに、掲載したデータの出所（諸）機関、ウェブサイト、及びデータ・プログラムが、主要な連絡先とともに記載されている。

これまでのデータは改定されている可能性があるため、出所機関のページに掲載されなくなったデータは、各機関に尋ねてほしい。ただ、初期のデータで、据え置かれたままのデータ及び出所機関のウェブサイトで入手できないデータは、前号の米国経済白書（www.gpo.gov/erp 及び fraser.stlouisfed.org のページ）から入手できるかもしれない。

統計機関及びデータ集積事業者も、利用者がデータそのものをダウンロードし、グラフ化し、写像し、プログラムすることができるツールを用意している。セントルイス連邦準備銀行は優れた経済統計データ集積事業者で、同連銀の特色は、59 の国内外の官民データソースの 15 万 4000 以上の経済時系列データから成る「連邦準備経済統計データ（Federal Reserve Economic Data：FRED）」サイトのオンライン・データベースである。FRED は、携帯アプリやその他のデータ・ツールに加え、アプリケーション・プログラミング・インターフェース（APIs）も提供し、ソフトウェア開発者がアプリケーションまたはプログラムを作成し、作成したウェブコンテンツをそのまま利用することができるようにしている。詳細については、www.research.stlouisfed.org/fred2 を参照。

所得・雇用・生産関連統計表　目次

		GDP・所得・物価・主要指標	GDP, INCOME, PRICES, AND SELECTED INDICATORS
B—1 表		実質国内総生産の増減率（1965 〜 2013 年）	Percent changes in real gross domestic product, 1965–2013
B—2 表		国内総生産（1999 〜 2013 年）	Gross domestic product, 1999–2013
B—3 表		国内総生産の数量・価格指数及び増減率（1965 〜 2013 年）	Quantity and price indexes for gross domestic product, and percent changes, 1965–2013
B—4 表		地域別・国別実質 GDP 成長率（1995 〜 2014 年）	Growth rates in real gross domestic product by area and country, 1995–2014
B—5 表		財・サービスの実質輸出入（1999 〜 2013 年）	Real exports and imports of goods and services, 1999–2013
B—6 表		産業別法人利益（1965 〜 2013 年）	Corporate profits by industry, 1965–2013
B—7 表		実質農業所得（1950 〜 2014 年）	Real farm income, 1950–2014
B—8 表		住宅建設：着工・認可済み・完工及び販売戸数（1970 〜 2014 年）	New private housing units started, authorized, and completed and houses sold, 1970–2014
B—9 表		人種別貨幣所得中央値（2012 年値）及び貧困状況（2003 〜 2012 年）	Median money income (in 2012 dollars) and poverty status of families and people, by race, 2003-2012
B—10 表		消費者物価指数の推移（1945 〜 2013 年）	Changes in consumer price indexes, 1945–2013
		労働市場指標	LABOR MARKET INDICATORS
B—11 表		非軍人人口及び労働力（1929 〜 2014 年）	Civilian population and labor force, 1929–2014
B—12 表		非軍人失業率（1970 〜 2014 年）	Civilian unemployment rate, 1970–2014
B—13 表		失業期間別・理由別失業者数（1970 〜 2014 年）	Unemployment by duration and reason, 1970–2014
B—14 表		主要産業別非農業就業者数（1970 〜 2014 年）	Employees on nonagricultural payrolls, by major industry, 1970–2014
B—15 表		非農業民間産業における労働時間及び賃金（1970 〜 2014 年）	Hours and earnings in private nonagricultural industries, 1970–2014
B—16 表		企業部門・非農業企業部門の生産性及び関連データ（1963 〜 2012 年）	Productivity and related data, business and nonfarm business sectors, 1965–2013
		金利、マネーストック、財政	NTEREST RATES, MONEY STOCK, AND GOVERNMENT FINANCE
B—17 表		債券利回り及び貸出金利（1942 〜 2014 年）	Bond yields and interest rates, 1942–2014
B—18 表		マネーストック及び債務（1974 〜 2014 年）	Money stock and debt measures, 1974–2014
B—19 表		連邦政府歳入・歳出・収支及び債務（1947 〜 2015 年度）	Federal receipts, outlays, surplus or deficit, and debt, fiscal years, 1947–2015
B—20 表		連邦政府歳入・歳出・収支及び債務の対 GDP 比（1942 〜 2015 年度）	Federal receipts, outlays, surplus or deficit, and debt, as percent of gross domestic product, fiscal years 1942– 2015
B—21 表		主要部門別連邦政府歳入・歳出及び財政収支（1947 〜 2015 年度）	B-21. Federal receipts and outlays, by major category, and surplus or deficit, fiscal years 1947–2015
B—22 表		連邦政府歳入・歳出・収支及び債務（2010 〜 2015 年度）	Federal receipts, outlays, surplus or deficit, and debt, fiscal years 2010–2015
B—23 表		国民所得生産勘定（NIPA）ベースの連邦・州・地方政府経常収入及び支出（1965 〜 2013 年）	Federal and State and local government current receipts and expenditures, national income and product accounts (NIPA), 1965–2013
B—24 表		主要会計年度の州・地方政府の歳入及び歳出（1954 〜 2011 年度）	State and local government revenues and expenditures, selected fiscal years, 1954–2011
B—25 表		債務種類別米国財務省証券残高（1976 〜 2014 年）	U.S. Treasury securities outstanding by kind of obligation, 1976–2014
B—26 表		米国財務省証券推定所有者（2000 〜 2013 年）	Estimated ownership of U.S. Treasury securities, 2000–2013

付録 B

付録 B

B—1 表　実質国内総生産の増減率（1965 ～ 2013 年）

[対前期増減率（%）、四半期データは季節調整済み、年率換算]

年／四半期	国内総生産(GDP)	個人消費支出 合計	財	サービス	民間国内総投資 合計	固定投資 合計	非住宅 合計	構造物	機器	知的財産製品	住宅	在庫増減
1965.	6.5	6.3	7.1	5.5	13.8	10.4	16.7	15.9	18.2	12.7	-2.6	……
1966.	6.6	5.7	6.3	4.9	9.0	6.2	12.3	6.8	15.5	13.2	-8.4	……
1967.	2.7	3.0	2.0	4.1	-3.5	-.9	-.3	-2.5	-1.0	7.8	-2.6	……
1968.	4.9	5.7	6.2	5.3	6.0	7.0	4.8	1.4	6.1	7.5	13.5	……
1969.	3.1	3.7	3.1	4.4	5.6	5.9	7.0	5.4	8.3	5.4	3.1	……
1970.	0.2	2.4	.8	3.9	-6.1	-2.1	-.9	.3	-1.8	-.1	-5.2	……
1971.	3.3	3.8	4.2	3.5	10.3	6.9	0.0	-1.6	.4	26.6		……
1972.	5.2	6.1	6.5	5.7	11.3	11.4	8.7	3.1	12.7	7.0	17.4	……
1973.	5.6	5.0	5.2	4.7	10.9	8.6	13.2	8.2	18.5	5.0	-.6	……
1974.	-.5	-.8	-3.6	1.9	-6.6	-5.6	.8	-2.2	2.1	2.9	-19.6	……
1975.	-.2	2.3	.7	3.8	-16.2	-9.8	-9.0	-10.5	-10.5	.9	-12.1	……
1976.	5.4	5.6	7.0	4.3	19.1	9.8	5.7	2.4	6.1	10.9	22.1	……
1977.	4.6	4.2	4.3	4.1	14.3	13.6	10.8	4.1	15.5	6.6	20.5	……
1978.	5.6	4.4	4.1	4.6	11.6	11.6	13.8	14.4	15.1	7.1	6.7	……
1979.	3.2	2.4	1.6	3.1	3.5	5.8	10.0	12.7	8.2	11.7	-3.7	……
1980.	-.2	-.3	-2.5	1.6	-10.1	-5.9	0.0	5.9	-4.4	5.0	-20.9	……
1981.	2.6	1.5	1.2	1.7	8.8	2.7	6.1	8.0	3.7	10.9	-8.2	……
1982.	-1.9	1.4	.7	2.0	-13.0	-6.7	-3.6	-1.6	-7.6	6.2	-18.1	……
1983.	4.6	5.7	6.4	5.2	9.3	7.5	-.4	-10.8	4.6	7.9	42.0	……
1984.	7.3	5.3	7.2	3.9	27.3	16.2	16.7	13.9	19.4	13.7	14.8	……
1985.	4.2	5.3	5.3	5.3	-.1	5.5	6.6	7.1	5.5	9.0	2.3	……
1986.	3.5	4.2	5.6	3.2	.2	1.8	-1.7	-11.0	1.1	7.0	12.4	……
1987.	3.5	3.4	1.8	4.5	2.8	.6	.1	-2.9	.4	3.9	2.0	……
1988.	4.2	4.2	3.7	4.5	2.5	3.3	5.0	.7	6.6	7.1	-.9	……
1989.	3.7	2.9	2.5	3.2	4.0	3.2	5.7	2.0	5.3	11.7	-3.2	……
1990.	1.9	2.1	.6	3.0	-2.6	-1.4	1.1	1.5	-2.1	8.4	-8.5	……
1991.	-.1	.2	-2.0	1.6	-6.6	-5.1	-3.9	-11.1	-4.6	6.4	-8.9	……
1992.	3.6	3.7	3.2	4.0	7.3	5.5	2.9	-6.0	5.9	6.0	13.8	……
1993.	2.7	3.5	4.2	3.1	8.0	7.7	7.5	-.3	12.7	4.2	8.2	……
1994.	4.0	3.9	5.3	3.1	11.9	8.2	7.9	1.8	12.3	4.0	9.0	……
1995.	2.7	3.0	3.0	3.0	3.2	6.1	9.7	6.4	12.1	7.3	-3.4	……
1996.	3.8	3.5	4.5	2.9	8.8	8.9	9.1	5.7	9.5	11.3	8.2	……
1997.	4.5	3.8	4.8	3.2	11.4	8.6	10.8	7.3	11.1	13.0	2.4	……
1998.	4.4	5.3	6.7	4.3	9.5	10.2	10.8	5.1	13.1	10.8	8.6	……
1999.	4.8	5.5	7.9	4.1	8.4	8.8	9.7	.1	12.5	12.4	6.3	……
2000.	4.1	5.1	5.2	5.0	6.5	6.9	9.1	7.8	9.7	8.9	.7	……
2001.	1.0	2.5	3.0	2.2	-6.1	-1.6	-2.4	-1.5	-4.3	.5	.9	……
2002.	1.8	2.5	3.9	1.8	-.6	-3.5	-6.9	-17.7	-5.4	-.5	6.1	……
2003.	2.8	3.1	4.8	2.2	4.1	4.0	1.9	-3.9	3.2	3.8	9.1	……
2004.	3.8	3.8	5.1	3.2	8.8	6.7	5.2	-.4	7.7	5.1	10.0	……
2005.	3.4	3.5	4.1	3.2	6.4	6.8	7.0	1.7	9.6	6.5	6.6	……
2006.	2.7	3.0	3.6	2.7	2.1	2.0	7.1	7.2	8.6	4.5	-7.6	……
2007.	1.8	2.2	2.7	2.0	-3.1	-2.0	5.9	12.7	3.2	4.8	-18.8	……
2008.	-.3	-.4	-2.5	.8	-9.4	-6.8	-.7	6.1	-6.9	3.0	-24.0	……
2009.	-2.8	-1.6	-3.0	-.8	-21.6	-16.7	-15.6	-18.9	-22.9	-1.4	-21.2	……
2010.	2.5	2.0	3.4	1.2	12.9	1.5	2.5	-16.4	15.9	1.9	-2.5	……
2011.	1.8	2.5	3.4	2.1	4.9	6.2	7.6	2.1	12.7	4.4	.5	……
2012.	2.8	2.2	3.3	1.6	9.5	8.3	7.3	12.7	7.6	3.4	12.9	……
2013 P.	1.9	2.0	3.6	1.1	5.5	4.5	2.8	1.4	3.1	3.4	12.1	……
2010: I.	1.6	2.1	4.0	1.2	13.6	.8	4.2	-25.0	31.2	-1.6	-12.2	……
II.	3.9	3.3	5.2	2.4	22.3	13.6	11.4	11.8	23.3	-2.0	23.2	……
III.	2.8	2.8	3.8	2.2	13.7	-.4	8.3	-5.8	18.0	6.1	-30.7	……
IV.	2.8	4.3	7.6	2.6	-3.5	8.5	8.6	7.7	11.8	5.0	7.9	……
2011: I.	-1.3	2.1	2.7	1.8	-7.5	-.5	-.9	-29.8	12.0	3.7	1.7	……
II.	3.2	1.5	.2	2.1	14.2	8.6	9.9	33.7	4.3	4.9	2.7	……
III.	1.4	2.1	1.2	2.5	2.5	14.8	16.7	28.4	20.3	5.3	6.1	……
IV.	4.9	2.4	5.0	1.1	31.9	10.0	9.5	14.4	10.2	5.5	12.2	……
2012: I.	3.7	2.9	4.6	2.1	10.5	8.6	5.8	7.0	8.3	1.3	23.0	……
II.	1.2	1.9	2.2	1.7	-1.6	4.7	4.5	6.9	5.3	1.8	5.7	……
III.	2.8	1.7	3.7	.7	6.5	2.7	.3	5.9	-3.9	2.8	14.1	……
IV.	.1	1.7	3.7	.6	-2.4	11.6	9.8	17.6	8.9	5.7	19.8	……
2013: I.	1.1	2.3	3.7	1.5	4.7	-1.5	-4.6	-25.7	1.6	3.7	12.5	……
II.	2.5	1.8	3.1	1.2	9.2	6.5	4.7	17.6	3.3	-1.5	14.2	……
III.	4.1	2.0	4.5	.7	17.2	5.9	4.8	13.4	.2	5.8	10.3	……
IV P.	2.4	2.6	3.2	2.2	4.5	3.8	7.3	.2	10.6	8.0	-8.7	……

（次ページに続く）

278

付録 B

所得・雇用・生産関連統計表

B—1表続き　実質国内総生産の増減率（1965～2013年）

[対前期増減率（%）、四半期データは季節調整済み、年率換算]

年/四半期	財・サービスの純輸出 純輸出	輸出	輸入	政府消費支出・総投資 合計	連邦政府 合計	国防	非国防	州・地方政府	国内生産の最終販売	国内総購入[1]	国内総所得[2]	国民総生産[3]
1965.	……	2.8	10.6	3.2	0.8	-1.3	7.9	6.6	5.9	6.9	6.4	6.5
1966.	……	6.9	14.9	8.7	10.7	12.9	3.6	6.2	6.1	6.9	6.0	6.5
1967.	……	2.3	7.3	7.9	10.1	12.5	1.9	5.0	3.3	3.0	3.0	2.7
1968.	……	7.8	14.9	3.4	1.5	1.6	1.3	6.0	5.1	5.2	5.0	4.9
1969.	……	4.8	5.7	.2	-2.4	-4.1	3.9	3.5	3.2	3.2	3.3	3.1
1970.	……	10.8	4.3	-2.0	-6.1	-8.2	1.0	2.9	.9	-.1	-.1	.2
1971.	……	1.7	5.3	-1.8	-6.4	-10.2	5.6	3.1	2.7	3.5	3.0	3.3
1972.	……	7.5	11.2	-.5	-3.1	-6.9	7.2	2.2	5.2	5.5	5.5	5.3
1973.	……	18.9	4.6	-.3	-3.6	-5.1	.2	2.8	5.2	4.8	5.8	5.9
1974.	……	7.9	-2.3	2.3	.7	-1.0	4.6	3.7	-.3	-1.2	-.6	-.4
1975.	……	-0.6	-11.1	2.2	.5	-1.0	3.9	3.6	1.0	-1.1	-.5	-.4
1976.	……	4.4	19.6	.5	.2	-.5	1.6	.8	4.0	6.5	5.1	5.5
1977.	……	2.4	10.9	1.2	2.2	1.0	4.7	.4	4.4	5.3	4.8	4.7
1978.	……	10.5	8.7	2.9	2.5	.8	6.0	3.3	5.5	5.5	5.5	5.5
1979.	……	9.9	1.7	1.9	2.3	2.7	1.7	1.5	3.6	2.5	2.4	3.5
1980.	……	10.8	-6.6	1.9	4.4	3.9	5.4	-.2	.6	-1.9	-.1	-.3
1981.	……	1.2	2.6	1.0	4.5	6.2	1.0	-2.0	1.5	2.7	3.0	2.4
1982.	……	-7.6	-1.3	1.8	3.7	7.2	-3.6	.1	-.6	-1.3	-1.0	-1.8
1983.	……	-2.6	12.6	3.8	6.5	7.3	4.7	1.3	4.3	5.9	3.3	4.6
1984.	……	8.2	24.3	3.6	3.3	5.2	-1.4	3.8	5.4	8.7	7.8	7.1
1985.	……	3.3	6.5	6.8	7.9	8.8	5.7	5.7	5.4	4.5	4.0	3.9
1986.	……	7.7	8.5	5.4	5.9	6.9	3.1	5.0	3.8	3.7	3.0	3.3
1987.	……	10.9	5.9	3.0	3.8	5.1	.2	2.2	3.1	3.2	4.3	3.4
1988.	……	16.2	3.9	1.3	-1.3	-.2	-4.3	3.9	4.4	3.3	5.1	4.3
1989.	……	11.6	4.4	2.9	1.7	-.2	7.2	4.0	3.5	3.1	2.5	3.7
1990.	……	8.8	3.6	3.2	2.1	.3	7.3	4.1	2.1	1.5	1.5	2.0
1991.	……	6.6	-.1	1.2	0.0	-1.0	2.4	2.2	.2	-.7	0.0	-.2
1992.	……	6.9	7.0	0.5	-1.5	-4.5	5.9	2.1	3.3	3.6	3.3	3.5
1993.	……	3.3	8.6	-0.8	-3.5	-5.1	0.0	1.2	2.7	3.3	2.2	2.7
1994.	……	8.8	11.9	.1	-3.5	-4.9	-.8	2.8	3.4	4.4	4.4	3.9
1995.	……	10.3	8.0	.5	-2.6	-4.0	0.0	2.7	3.2	2.6	3.4	2.8
1996.	……	8.2	8.7	1.0	-1.2	-1.6	-.5	2.4	3.8	3.9	4.3	3.8
1997.	……	11.9	13.5	1.9	-.8	-2.7	2.8	3.6	4.0	4.7	5.1	4.4
1998.	……	2.3	11.7	2.1	-.9	-2.1	1.3	3.8	4.5	5.5	5.3	4.4
1999.	……	4.6	11.4	3.4	2.0	1.5	2.7	4.2	4.9	5.7	4.5	4.9
2000.	……	8.4	12.8	1.9	.3	-.9	2.3	2.8	4.2	4.8	4.7	4.2
2001.	……	-5.7	-2.9	3.8	3.9	3.5	4.7	3.7	1.9	1.1	1.1	1.1
2002.	……	-1.9	3.4	4.4	7.2	7.0	7.4	2.9	1.2	2.3	1.4	1.7
2003.	……	1.6	4.3	2.2	6.8	8.5	4.1	-.4	2.8	3.1	2.2	2.9
2004.	……	9.4	11.0	1.6	4.5	6.0	2.0	-.1	3.4	4.2	3.7	3.9
2005.	……	6.0	6.1	.6	1.7	2.0	1.3	0.0	3.4	3.5	3.6	3.3
2006.	……	8.9	6.1	1.5	2.5	2.0	3.5	.9	2.6	2.6	4.0	2.4
2007.	……	8.9	2.3	1.6	1.7	2.5	.3	1.5	2.0	1.1	.1	2.2
2008.	……	5.7	-2.6	2.8	6.8	7.5	5.5	.3	.2	-1.3	-.8	0.0
2009.	……	-9.1	-13.7	3.2	5.7	5.4	6.2	1.6	-2.0	-3.8	-2.6	-3.0
2010.	……	11.5	12.8	.1	4.4	3.2	6.4	-2.7	1.0	2.9	2.7	2.8
2011.	……	7.1	4.9	-3.2	-2.6	-2.3	-3.0	-3.6	2.0	1.7	2.5	2.1
2012.	……	3.5	2.2	-1.0	-1.4	-3.2	1.8	-.7	2.6	2.6	2.5	2.7
2013 p.	……	2.7	1.4	-2.3	-5.2	-7.0	-1.9	-.2	1.7	1.7	……	……
2010: I.	……	6.4	11.9	-2.9	3.8	-1.8	14.8	-7.1	0.0	2.5	.5	1.7
II.	……	9.5	20.2	2.9	8.5	6.4	12.3	-.8	2.8	5.5	2.8	3.9
III.	……	10.9	14.5	-.3	3.7	7.6	-2.8	-3.1	.9	3.5	5.2	2.6
IV.	……	12.4	.9	-4.1	-2.7	-3.5	-1.2	-5.0	4.5	1.4	1.6	3.2
2011: I.	……	3.8	2.8	-7.5	-10.5	-14.2	-3.5	-5.4	-.3	-1.3	2.0	-.5
II.	……	4.9	.7	-1.3	1.8	6.8	-6.5	-3.4	2.4	2.6	2.3	3.1
III.	……	7.0	4.9	-2.5	-3.4	2.4	-13.1	-1.9	3.0	1.2	2.2	1.9
IV.	……	2.7	5.9	-1.5	-3.1	-10.2	11.3	-.4	2.1	5.3	2.6	4.8
2012: I.	……	4.2	.7	-1.4	-2.5	-6.7	5.4	-.6	3.4	3.1	5.4	3.0
II.	……	3.8	2.5	.3	-.2	-1.0	1.2	.6	2.2	1.1	-.6	1.4
III.	……	.4	.5	3.5	8.9	12.5	2.8	-.2	2.2	2.7	.9	2.4
IV.	……	1.1	-3.1	-6.5	-13.9	-21.6	1.0	-1.0	2.2	-.5	4.9	.3
2013: I.	……	-1.3	.6	-4.2	-8.4	-11.2	-3.6	-1.3	.2	1.4	2.4	.6
II.	……	8.0	6.9	-.4	-1.6	-.6	-3.1	.4	2.1	2.5	3.2	2.7
III.	……	3.9	2.4	.4	-1.5	-.5	-3.1	1.7	2.5	3.9	1.8	4.4
IV p.	……	9.4	1.5	-5.6	-12.8	-14.4	-10.1	-.5	2.3	1.4	……	……

1　国内総生産（GDP）− 財・サービス輸出 + 財・サービス輸入。
2　国内総所得は GDP デフレーター（インプリシット方式）で調整済み。
3　GDP + 海外からの純所得受取。
注：増減率は四捨五入前の GDP 数量指数で計算したもの。
出所：Department of Commerce (Bureau of Economic Analysis)〔訳注：商務省（経済分析局）〕.

付録 B

B—2表　国内総生産（1999 ～ 2013 年）
[四半期データは季節調整済み、年率換算]

年/四半期	国内総生産（GDP）	個人消費支出 合計	財	サービス	民間国内総投資 合計	固定投資 合計	非住宅 合計	構造物	機器	知的財産製品	住宅	在庫増減
					10億ドル							
1999.	9,665.7	6,316.9	2,286.8	4,030.1	1,884.2	1,823.4	1,361.6	283.9	713.6	364.0	461.8	60.8
2000.	10,289.7	6,801.6	2,452.9	4,348.8	2,033.8	1,979.2	1,493.8	318.1	766.1	409.5	485.4	54.5
2001.	10,625.3	7,106.9	2,525.2	4,581.6	1,928.6	1,966.9	1,453.9	329.7	711.5	412.6	513.0	-38.3
2002.	10,980.2	7,385.3	2,598.6	4,786.7	1,925.0	1,906.5	1,348.9	282.9	659.6	406.4	557.6	18.5
2003.	11,512.2	7,764.4	2,721.6	5,042.8	2,027.9	2,008.7	1,371.7	281.8	669.0	420.9	636.9	19.3
2004.	12,277.0	8,257.8	2,900.3	5,357.5	2,276.7	2,212.8	1,463.1	301.8	719.2	442.1	749.7	63.9
2005.	13,095.4	8,790.3	3,080.3	5,710.1	2,527.1	2,467.5	1,611.5	345.6	790.7	475.1	856.1	59.6
2006.	13,857.9	9,297.5	3,235.8	6,061.7	2,680.6	2,613.7	1,776.3	415.6	856.1	504.6	837.4	67.0
2007.	14,480.3	9,744.4	3,361.6	6,382.9	2,643.7	2,609.3	1,920.6	496.9	885.8	537.9	688.7	34.5
2008.	14,720.3	10,005.5	3,375.7	6,629.8	2,424.8	2,456.8	1,941.0	552.4	825.1	563.4	515.9	-32.0
2009.	14,417.9	9,842.9	3,198.4	6,644.5	1,878.1	2,025.7	1,633.4	438.2	644.3	550.9	392.2	-147.6
2010.	14,958.3	10,201.9	3,362.8	6,839.1	2,100.8	2,039.3	1,658.2	362.0	731.8	564.3	381.1	61.5
2011.	15,533.8	10,711.8	3,602.7	7,109.1	2,232.1	2,195.6	1,809.9	380.6	832.7	596.6	385.8	36.4
2012.	16,244.6	11,149.6	3,769.7	7,379.9	2,475.2	2,409.1	1,970.0	437.3	907.6	625.0	439.2	66.1
2013.ᵖ	16,797.5	11,496.2	3,886.6	7,609.6	2,673.7	2,565.7	2,049.0	457.1	939.4	652.5	516.8	107.9
2010: I.	14,672.5	10,042.3	3,304.9	6,737.4	1,989.5	1,977.5	1,594.4	352.4	682.7	559.2	383.1	12.1
II.	14,879.2	10,134.7	3,325.6	6,809.1	2,092.7	2,042.6	1,641.8	364.5	719.0	558.4	400.8	50.1
III.	15,049.8	10,234.3	3,362.4	6,871.9	2,164.6	2,043.0	1,677.6	361.1	751.2	565.1	365.6	121.5
IV.	15,231.7	10,396.3	3,458.4	6,937.9	2,156.5	2,094.1	1,719.3	370.1	774.4	574.8	374.7	62.4
2011: I.	15,242.9	10,527.1	3,532.2	6,995.0	2,120.4	2,098.9	1,721.8	340.8	798.0	582.9	377.1	21.5
II.	15,461.9	10,662.6	3,588.2	7,074.4	2,199.9	2,154.1	1,773.1	370.1	809.9	593.1	381.0	45.8
III.	15,611.8	10,778.6	3,622.3	7,156.3	2,222.2	2,235.7	1,848.9	397.5	849.8	601.6	386.8	-13.5
IV.	15,818.7	10,878.9	3,668.2	7,210.7	2,385.7	2,293.8	1,895.7	413.9	873.0	608.8	398.1	91.9
2012: I.	16,041.6	11,019.1	3,729.3	7,289.7	2,453.6	2,350.7	1,932.3	422.0	895.4	614.9	418.4	102.9
II.	16,160.4	11,100.2	3,738.4	7,361.8	2,454.0	2,387.1	1,961.4	431.3	907.9	622.2	425.7	66.8
III.	16,356.0	11,193.6	3,784.9	7,408.7	2,493.3	2,411.7	1,968.0	438.3	902.2	627.5	443.7	81.6
IV.	16,420.3	11,285.5	3,826.1	7,459.4	2,499.9	2,486.9	2,018.2	457.8	925.0	635.4	468.8	13.0
2013: I.	16,535.3	11,379.2	3,851.8	7,527.4	2,555.1	2,491.7	2,001.4	429.1	928.0	644.3	490.3	63.4
II.	16,661.0	11,427.1	3,848.5	7,578.6	2,621.0	2,543.8	2,030.6	452.6	934.6	643.5	513.2	77.2
III.	16,912.9	11,537.7	3,912.8	7,624.8	2,738.0	2,593.2	2,060.5	470.7	935.8	654.1	532.6	144.8
IV.ᵖ	17,080.7	11,640.7	3,933.2	7,707.6	2,780.5	2,634.2	2,103.3	475.9	959.1	668.2	531.0	146.3
					10億ドル（2009年連鎖価格）							
1999.	12,071.4	7,788.1	2,460.9	5,344.8	2,231.4	2,165.9	1,510.1	494.9	662.4	391.1	633.8	75.5
2000.	12,565.2	8,182.1	2,588.5	5,611.6	2,375.5	2,316.2	1,647.7	533.5	726.9	426.1	637.9	66.2
2001.	12,684.4	8,387.5	2,666.6	5,736.3	2,231.4	2,280.5	1,608.4	525.4	695.7	428.0	643.7	-46.2
2002.	12,909.7	8,600.4	2,770.2	5,840.0	2,218.5	2,201.1	1,498.0	432.5	658.0	425.9	682.7	22.5
2003.	13,270.0	8,866.2	2,904.5	5,965.6	2,308.7	2,289.5	1,526.1	415.8	679.0	442.2	744.5	22.6
2004.	13,774.0	9,205.6	3,051.9	6,154.1	2,511.3	2,443.9	1,605.4	414.1	731.2	464.9	818.9	71.4
2005.	14,235.6	9,527.8	3,177.2	6,349.4	2,672.6	2,611.0	1,717.4	421.2	801.6	495.0	872.6	64.3
2006.	14,615.2	9,814.9	3,292.5	6,519.8	2,730.0	2,662.5	1,839.6	451.5	870.8	517.5	806.6	71.6
2007.	14,876.8	10,035.5	3,381.8	6,650.4	2,644.1	2,609.6	1,948.4	509.0	898.3	542.4	654.8	35.5
2008.	14,833.6	9,999.2	3,297.8	6,700.6	2,396.0	2,432.6	1,934.4	540.2	836.1	558.8	497.7	-33.7
2009.	14,417.9	9,842.9	3,198.4	6,644.5	1,878.1	2,025.7	1,633.4	438.2	644.3	550.9	392.2	-147.6
2010.	14,779.4	10,035.9	3,308.7	6,727.2	2,120.4	2,056.0	1,673.8	366.3	746.7	561.3	382.4	58.2
2011.	15,052.4	10,291.3	3,419.9	6,871.1	2,224.6	2,184.6	1,800.5	374.1	841.7	586.1	384.3	33.6
2012.	15,470.7	10,517.6	3,534.1	6,982.7	2,436.0	2,365.3	1,931.8	421.6	905.9	605.8	433.7	57.6
2013.ᵖ	15,759.0	10,723.0	3,660.1	7,062.3	2,569.6	2,472.5	1,986.3	427.4	934.2	626.3	486.4	83.0
2010: I.	14,597.7	9,915.4	3,247.0	6,668.3	2,012.9	1,997.9	1,615.0	359.7	697.7	557.6	383.0	9.8
II.	14,738.0	9,995.3	3,288.0	6,707.2	2,116.9	2,062.8	1,659.3	369.8	735.2	554.7	403.5	48.8
III.	14,839.3	10,063.7	3,319.1	6,744.6	2,185.7	2,060.8	1,692.8	364.4	766.2	563.6	368.1	116.2
IV.	14,942.4	10,169.0	3,380.5	6,788.5	2,166.1	2,103.1	1,728.1	371.2	787.8	570.0	375.1	58.1
2011: I.	14,894.0	10,221.3	3,402.8	6,818.2	2,124.3	2,100.7	1,724.1	339.8	810.6	575.2	376.7	22.0
II.	15,011.3	10,258.9	3,404.6	6,854.1	2,196.1	2,144.4	1,765.3	365.3	819.2	582.0	379.2	42.9
III.	15,062.1	10,311.9	3,415.2	6,896.6	2,209.9	2,219.8	1,835.0	388.9	858.0	589.6	384.9	-11.0
IV.	15,242.1	10,373.1	3,457.0	6,915.5	2,368.2	2,273.4	1,877.3	402.2	879.1	597.6	396.2	80.6
2012: I.	15,381.6	10,447.8	3,495.8	6,951.2	2,427.8	2,320.8	1,903.8	409.0	896.9	599.6	417.2	89.2
II.	15,427.7	10,496.8	3,514.7	6,981.4	2,418.0	2,347.9	1,925.0	416.0	908.5	602.3	423.0	56.8
III.	15,534.0	10,541.0	3,546.6	6,993.4	2,456.5	2,363.5	1,926.4	422.0	899.5	606.4	437.3	77.2
IV.	15,539.6	10,584.8	3,579.2	7,004.7	2,441.8	2,429.1	1,971.9	439.4	918.8	614.9	457.5	7.3
2013: I.	15,583.9	10,644.0	3,611.9	7,031.1	2,470.1	2,420.0	1,949.0	407.9	922.5	620.6	471.2	42.2
II.	15,679.7	10,691.9	3,639.6	7,051.5	2,524.9	2,458.4	1,971.3	424.8	929.5	618.3	487.1	56.6
III.	15,839.3	10,744.2	3,680.5	7,063.6	2,627.2	2,494.0	1,994.7	438.4	930.4	627.0	499.2	115.7
IV.ᵖ	15,932.9	10,812.1	3,708.8	7,102.8	2,656.2	2,517.5	2,030.1	438.6	954.0	639.2	487.9	117.4

（次ページに続く）

付録B

所得・雇用・生産関連統計表

B—2表続き　国内総生産（1999〜2013年）

[四半期データは季調済み、年率換算]

年/四半期	財・サービスの純輸出 純輸出	輸出	輸入	政府消費支出・総投資 合計	連邦政府 合計	国防	非国防	州・地方政府	国内生産の最終販売	国内総購入1	国内総所得2	国民総生産3
				10億ドル								
1999.	-261.4	989.2	1,250.6	1,726.0	610.4	382.7	227.7	1,115.6	9,604.9	9,927.1	9,698.1	9,692.8
2000.	-380.1	1,094.3	1,474.4	1,834.4	632.4	391.7	240.7	1,202.0	10,235.2	10,669.8	10,384.3	10,326.8
2001.	-369.0	1,028.8	1,397.8	1,958.8	669.2	412.7	256.5	1,289.5	10,663.5	10,994.3	10,736.8	10,677.1
2002.	-425.0	1,004.7	1,429.7	2,094.9	740.6	456.8	283.8	1,354.3	10,961.7	11,405.2	11,050.3	11,028.8
2003.	-500.9	1,043.4	1,544.3	2,220.8	824.8	519.9	304.9	1,396.0	11,493.0	12,013.2	11,524.3	11,580.3
2004.	-614.8	1,183.1	1,797.9	2,357.4	892.4	570.2	322.1	1,465.0	12,213.2	12,891.8	12,283.5	12,367.1
2005.	-715.7	1,310.4	2,026.1	2,493.7	946.3	608.3	338.1	1,547.4	13,035.8	13,811.1	13,129.2	13,189.0
2006.	-762.4	1,478.5	2,240.9	2,642.2	1,002.0	642.4	359.6	1,640.2	13,790.9	14,620.3	14,073.2	13,926.3
2007.	-709.8	1,665.7	2,375.5	2,801.9	1,049.8	678.7	371.0	1,752.2	14,445.9	15,190.1	14,460.1	14,606.8
2008.	-713.2	1,843.1	2,556.4	3,003.2	1,155.6	754.1	401.5	1,847.6	14,752.3	15,433.5	14,621.2	14,893.2
2009.	-392.2	1,583.8	1,976.0	3,089.1	1,217.7	788.3	429.4	1,871.4	14,565.5	14,810.1	14,345.7	14,565.1
2010.	-518.5	1,843.5	2,362.0	3,174.0	1,303.9	832.8	471.1	1,870.2	14,896.7	15,476.7	14,915.2	15,164.2
2011.	-568.7	2,101.2	2,669.9	3,158.7	1,304.1	835.8	468.2	1,854.7	15,497.4	16,102.6	15,587.5	15,794.6
2012.	-547.2	2,195.9	2,743.1	3,167.0	1,295.7	817.1	478.6	1,871.3	16,178.5	16,791.6	16,261.6	16,497.4
2013 P.	-497.3	2,259.8	2,757.0	3,124.9	1,245.9	770.8	475.1	1,879.0	16,689.6	17,294.8	……	……
2010: I.	-495.1	1,746.4	2,241.4	3,135.7	1,269.2	811.9	457.3	1,866.5	14,660.4	15,167.5	14,627.4	14,875.9
II.	-529.2	1,807.0	2,336.7	3,181.5	1,304.9	829.3	475.2	1,876.9	14,829.0	15,408.9	14,793.7	15,084.3
III.	-543.8	1,860.3	2,404.0	3,194.7	1,321.6	846.3	475.3	1,873.1	14,928.2	15,593.5	15,050.5	15,249.5
IV.	-505.3	1,960.4	2,465.7	3,184.2	1,320.1	843.5	476.6	1,864.2	15,170.0	15,737.0	15,189.0	15,447.2
2011: I.	-554.7	2,029.5	2,584.1	3,150.0	1,297.4	822.0	475.4	1,852.6	15,221.4	15,797.6	15,326.2	15,491.2
II.	-572.2	2,095.5	2,667.7	3,171.7	1,315.4	844.2	471.2	1,856.3	15,416.2	16,034.1	15,513.6	15,712.1
III.	-553.7	2,143.4	2,697.1	3,164.6	1,308.5	851.6	456.9	1,856.1	15,625.3	16,165.5	15,694.9	15,884.0
IV.	-594.4	2,136.2	2,730.7	3,148.5	1,294.9	825.6	469.3	1,853.6	15,726.8	16,413.1	15,815.3	16,091.0
2012: I.	-590.8	2,173.4	2,764.2	3,159.7	1,291.8	816.3	475.5	1,867.9	15,938.7	16,632.4	16,104.6	16,289.6
II.	-557.9	2,197.4	2,755.3	3,164.1	1,293.8	816.7	477.1	1,870.3	16,093.6	16,718.3	16,150.3	16,419.2
III.	-524.4	2,199.2	2,723.5	3,193.5	1,322.1	841.9	480.2	1,871.4	16,274.4	16,880.4	16,269.6	16,603.7
IV.	-515.8	2,213.7	2,729.5	3,150.7	1,275.2	793.7	481.5	1,875.4	16,407.3	16,936.1	16,522.0	16,677.3
2013: I.	-523.1	2,214.2	2,737.3	3,124.1	1,255.0	775.8	479.2	1,869.1	16,471.9	17,058.4	16,690.9	16,772.7
II.	-509.0	2,238.9	2,747.9	3,121.9	1,252.6	776.3	476.3	1,869.3	16,583.8	17,170.0	16,847.8	16,907.9
III.	-500.2	2,265.8	2,766.0	3,137.5	1,251.2	777.3	473.9	1,886.3	16,768.1	17,413.2	17,004.6	17,175.9
IV P.	-456.8	2,320.1	2,776.9	3,116.2	1,224.8	753.7	471.1	1,891.4	16,934.4	17,537.5	……	……
				10億ドル（2009年連鎖価格）								
1999.	-382.3	1,174.1	1,556.4	2,451.7	815.3	516.9	298.5	1,643.6	12,000.3	12,474.6	12,111.9	12,108.9
2000.	-482.7	1,272.4	1,755.1	2,498.2	817.7	512.3	305.4	1,689.1	12,500.4	13,069.5	12,680.6	12,614.3
2001.	-504.2	1,200.5	1,704.7	2,592.4	849.8	530.0	319.7	1,751.5	12,731.7	13,213.5	12,817.6	12,750.2
2002.	-584.9	1,178.1	1,763.0	2,705.8	910.8	567.3	343.3	1,802.4	12,889.9	13,520.1	12,992.1	12,970.8
2003.	-641.6	1,197.2	1,838.8	2,764.3	973.0	615.4	357.5	1,795.3	13,247.9	13,937.1	13,283.9	13,352.2
2004.	-731.9	1,309.3	2,041.2	2,808.2	1,017.1	652.7	364.5	1,792.8	13,702.7	14,529.1	13,781.3	13,879.0
2005.	-777.1	1,388.4	2,165.5	2,826.2	1,034.8	665.5	369.4	1,792.3	14,170.1	15,036.2	14,272.3	14,340.8
2006.	-786.2	1,512.4	2,298.6	2,869.3	1,060.9	678.8	382.1	1,808.8	14,543.6	15,424.8	14,842.3	14,690.9
2007.	-703.6	1,647.3	2,350.9	2,914.4	1,078.7	695.6	383.1	1,836.1	14,839.2	15,600.8	14,856.1	15,009.7
2008.	-546.9	1,741.8	2,288.7	2,994.8	1,152.3	748.1	404.2	1,842.4	14,868.9	15,392.0	14,733.8	15,009.0
2009.	-392.2	1,583.8	1,976.0	3,089.1	1,217.7	788.3	429.4	1,871.4	14,565.5	14,810.1	14,345.7	14,565.1
2010.	-462.6	1,765.6	2,228.1	3,091.4	1,270.7	813.5	457.1	1,820.8	14,717.7	15,244.5	14,736.7	14,966.5
2011.	-445.9	1,890.5	2,336.4	2,992.3	1,237.9	794.6	443.3	1,754.5	15,014.6	15,501.1	15,104.3	15,286.7
2012.	-430.8	1,957.4	2,388.2	2,963.1	1,220.3	769.1	451.2	1,742.8	15,403.2	15,902.3	15,487.0	15,693.1
2013 P.	-412.3	2,010.0	2,422.3	2,896.3	1,157.4	715.0	442.4	1,738.6	15,665.8	16,170.4	……	……
2010: I.	-413.6	1,700.4	2,113.9	3,084.3	1,247.8	798.6	449.2	1,836.5	14,584.3	15,011.5	14,552.8	14,782.7
II.	-474.3	1,739.3	2,213.6	3,106.2	1,273.4	811.0	462.4	1,832.8	14,686.3	15,215.4	14,653.4	14,925.1
III.	-504.9	1,784.9	2,289.8	3,103.5	1,285.0	825.9	459.1	1,818.5	14,718.3	15,348.5	14,840.1	15,020.5
IV.	-457.5	1,837.7	2,295.2	3,071.5	1,276.4	818.6	457.7	1,795.2	14,881.8	15,402.5	14,900.5	15,137.8
2011: I.	-456.5	1,854.7	2,311.3	3,012.0	1,241.6	787.8	453.7	1,770.5	14,871.9	15,354.0	14,975.4	15,119.2
II.	-438.3	1,876.9	2,315.2	3,002.4	1,247.0	800.8	446.2	1,755.5	14,961.8	15,451.6	15,061.5	15,235.6
III.	-433.9	1,908.9	2,342.8	2,983.2	1,236.4	805.6	430.8	1,746.9	15,072.7	15,498.4	15,142.2	15,306.4
IV.	-454.7	1,921.7	2,376.4	2,971.7	1,226.7	784.2	442.5	1,745.0	15,151.3	15,700.5	15,238.8	15,485.7
2012: I.	-439.2	1,941.4	2,380.6	2,961.3	1,219.1	770.7	448.3	1,742.2	15,278.9	15,822.6	15,441.9	15,600.2
II.	-435.3	1,959.8	2,395.1	2,963.5	1,218.5	768.8	449.7	1,745.0	15,360.8	15,864.5	15,418.0	15,656.2
III.	-436.5	1,961.6	2,398.0	2,988.8	1,244.6	791.8	452.8	1,744.3	15,444.9	15,971.4	15,451.9	15,751.1
IV.	-412.1	1,967.0	2,379.1	2,938.8	1,198.9	745.0	453.9	1,739.8	15,528.3	15,950.8	15,636.0	15,764.8
2013: I.	-422.3	1,960.5	2,382.7	2,907.4	1,172.8	723.1	449.8	1,734.3	15,536.4	16,005.8	15,730.6	15,789.7
II.	-424.4	1,998.4	2,422.9	2,904.5	1,168.2	722.0	446.2	1,736.0	15,616.2	16,104.1	15,855.4	15,893.9
III.	-419.6	2,017.6	2,437.3	2,907.4	1,163.9	721.2	442.7	1,743.2	15,711.1	16,258.5	15,925.2	16,067.4
IV P.	-382.8	2,063.5	2,446.2	2,866.2	1,124.7	693.6	431.1	1,741.1	15,799.4	16,313.1	……	……

1　国内総生産（GDP）－財・サービス輸出＋財・サービス輸入。
2　国内総所得は、連鎖価格で測定したGDPデフレーター（インプリシット方式）で調整済み。
3　GDP＋海外からの純所得受取。
出所：Department of Commerce (Bureau of Economic Analysis)〔訳注：商務省（経済分析局）〕。

付録 B

B—3 表　国内総生産の数量・価格指数及び増減率（1965～2013年）

[四半期データは季節調整済み]

年/四半期	指数（2009=100）					対前期増減率（％）1						
	国内総生産 (GDP)			個人消費支出 (PCE)			国内総生産 (GDP)			個人消費支出 (PCE)		
	実質GDP数量指数（連鎖方式）	GDP価格指数（連鎖方式）	GDPデフレーター（インプリシット方式）	PCE価格指数（連鎖方式）	PCE価格指数（食料・エネルギーを除く）	国内総購入指数	実質GDP数量指数（連鎖方式）	GDP価格指数（連鎖方式）	GDPデフレーター（インプリシット方式）	PCE価格指数（連鎖方式）	PCE価格指数（食料・エネルギーを除く）	国内総購入指数
1965.	27.555	18.744	18.720	18.680	19.325	18.321	6.5	1.8	1.8	1.4	1.3	1.7
1966.	29.373	19.270	19.246	19.155	19.761	18.829	6.6	2.8	2.8	2.5	2.3	2.8
1967.	30.179	19.830	19.805	19.637	20.367	19.346	2.7	2.9	2.9	2.5	3.1	2.7
1968.	31.660	20.673	20.647	20.402	21.240	20.163	4.9	4.3	4.3	3.9	4.3	4.2
1969.	32.653	21.692	21.663	21.326	22.237	21.149	3.1	4.9	4.9	4.5	4.7	4.9
1970.	32.721	22.835	22.805	22.325	23.281	22.287	.2	5.3	5.3	4.7	4.7	5.4
1971.	33.798	23.996	23.964	23.274	24.377	23.449	3.3	5.1	5.1	4.3	4.7	5.2
1972.	35.572	25.038	25.005	24.070	25.164	24.498	5.2	4.3	4.3	3.4	3.2	4.5
1973.	37.580	26.399	26.366	25.367	26.125	25.888	5.6	5.4	5.4	5.4	3.8	5.7
1974.	37.385	28.763	28.734	28.008	28.196	28.510	-.5	9.0	9.0	10.4	7.9	10.1
1975.	37.311	31.435	31.395	30.347	30.557	31.116	-.2	9.3	9.3	8.4	8.4	9.1
1976.	39.321	33.161	33.119	32.012	32.414	32.821	5.4	5.5	5.5	5.5	6.1	5.5
1977.	41.133	35.213	35.173	34.091	34.494	34.977	4.6	6.2	6.2	6.5	6.4	6.6
1978.	43.421	37.685	37.643	36.479	36.801	37.459	5.6	7.0	7.0	7.0	6.7	7.1
1979.	44.800	40.795	40.750	39.713	39.478	40.729	3.2	8.3	8.3	8.9	7.3	8.7
1980.	44.690	44.485	44.425	43.977	43.092	44.962	-.2	9.0	9.0	10.7	9.2	10.4
1981.	45.850	48.663	48.572	47.907	46.856	49.087	2.6	9.4	9.3	8.9	8.7	9.2
1982.	44.974	51.630	51.586	50.552	49.880	51.875	-1.9	6.1	6.2	5.5	6.5	5.7
1983.	47.057	53.664	53.623	52.728	52.465	53.696	4.6	3.9	3.9	4.3	5.2	3.5
1984.	50.473	55.570	55.525	54.723	54.644	55.482	7.3	3.6	3.5	3.8	4.2	3.3
1985.	52.613	57.347	57.302	56.660	56.897	57.150	4.2	3.2	3.2	3.5	4.1	3.0
1986.	54.460	58.510	58.458	57.886	58.849	58.345	3.5	2.0	2.0	2.2	3.4	2.1
1987.	56.346	59.941	59.949	59.649	60.717	59.985	3.5	2.4	2.6	3.0	3.2	2.8
1988.	58.715	62.042	62.048	61.973	63.288	62.091	4.2	3.5	3.5	3.9	4.2	3.5
1989.	60.875	64.455	64.460	64.640	65.868	64.515	3.7	3.9	3.9	4.3	4.1	3.9
1990.	62.044	66.848	66.845	67.439	68.491	67.039	1.9	3.7	3.7	4.3	4.0	3.9
1991.	61.998	69.063	69.069	69.651	70.885	69.111	-.1	3.3	3.3	3.3	3.5	3.1
1992.	64.202	70.639	70.644	71.493	73.019	70.719	3.6	2.3	2.3	2.6	3.0	2.3
1993.	65.965	72.322	72.325	73.277	75.006	72.323	2.7	2.4	2.4	2.5	2.7	2.3
1994.	68.628	73.859	73.865	74.802	76.679	73.835	4.0	2.1	2.1	2.1	2.2	2.1
1995.	70.493	75.402	75.406	76.354	78.323	75.420	2.7	2.1	2.1	2.1	2.1	2.1
1996.	73.169	76.776	76.783	77.980	79.799	76.728	3.8	1.8	1.8	2.1	1.9	1.7
1997.	76.453	78.097	78.096	79.326	81.194	77.851	4.5	1.7	1.7	1.7	1.7	1.5
1998.	79.855	78.944	78.944	79.934	82.198	78.358	4.4	1.1	1.1	.8	1.2	.7
1999.	83.725	80.071	80.071	81.109	83.290	79.578	4.8	1.4	1.4	1.5	1.3	1.6
2000.	87.149	81.894	81.891	83.128	84.744	81.641	4.1	2.3	2.3	2.5	1.7	2.6
2001.	87.977	83.767	83.766	84.731	86.277	83.206	1.0	2.3	2.3	1.9	1.8	1.9
2002.	89.539	85.055	85.054	85.872	87.749	84.359	1.8	1.5	1.5	1.3	1.7	1.4
2003.	92.038	86.754	86.754	87.573	89.048	86.196	2.8	2.0	2.0	2.0	1.5	2.2
2004.	95.534	89.130	89.132	89.703	90.751	88.729	3.8	2.7	2.7	2.4	1.9	2.9
2005.	98.735	91.989	91.991	92.260	92.710	91.850	3.4	3.2	3.2	2.9	2.2	3.5
2006.	101.368	94.816	94.818	94.728	94.785	94.782	2.7	3.1	3.1	2.7	2.2	3.2
2007.	103.182	97.338	97.335	97.099	96.829	97.370	1.8	2.7	2.7	2.5	2.2	2.7
2008.	102.883	99.208	99.236	100.063	98.824	100.243	-.3	1.9	2.0	3.1	2.1	3.0
2009.	100.000	100.000	100.000	100.000	100.000	100.000	-2.8	.8	.8	-.1	1.2	-.2
2010.	102.507	101.215	101.211	101.654	101.287	101.528	2.5	1.2	1.2	1.7	1.3	1.5
2011.	104.400	103.203	103.199	104.086	102.743	103.884	1.8	2.0	2.0	2.4	1.4	2.3
2012.	107.302	105.008	105.002	106.009	104.632	105.599	2.8	1.7	1.7	1.8	1.8	1.7
2013.ᵖ	109.301	106.487	106.590	107.210	105.935	106.852	1.9	1.4	1.5	1.1	1.2	1.2
2010: I.	101.247	100.509	100.513	101.282	100.911	101.036	1.6	1.3	1.4	1.4	1.0	1.8
II.	102.220	100.972	100.958	101.398	101.179	101.285	3.9	1.9	1.8	.5	1.1	1.0
III.	102.923	101.432	101.418	101.698	101.427	101.609	2.8	1.8	1.8	1.2	1.0	1.3
IV.	103.638	101.948	101.936	102.239	101.632	102.183	2.8	2.1	2.1	2.1	.8	2.3
2011: I.	103.302	102.354	102.343	102.996	101.959	102.900	-1.3	1.6	1.6	3.0	1.3	2.8
II.	104.115	103.024	103.002	103.938	102.522	103.792	3.2	2.6	2.6	3.7	2.2	3.5
III.	104.468	103.651	103.650	104.509	103.039	104.307	1.4	2.5	2.5	2.3	2.0	2.0
IV.	105.716	103.782	103.783	104.880	103.452	104.538	4.9	.5	.5	1.3	1.6	.9
2012: I.	106.683	104.296	104.291	105.471	104.010	105.124	3.7	2.0	2.0	2.3	2.2	2.3
II.	107.003	104.751	104.750	105.750	104.482	105.383	1.2	1.8	1.8	1.1	1.8	1.0
III.	107.741	105.345	105.292	106.193	104.849	105.742	2.8	2.3	2.1	1.7	1.4	1.4
IV.	107.780	105.640	105.667	106.622	105.187	106.150	.1	1.1	1.4	1.6	1.3	1.6
2013: I.	108.087	105.994	106.105	106.909	105.542	106.467	1.1	1.3	1.7	1.1	1.4	1.2
II.	108.751	106.165	106.259	106.878	105.711	106.526	2.5	.6	.6	-.1	.6	.2
III.	109.859	106.593	106.778	107.387	106.077	107.010	4.1	2.0	2.0	1.9	1.4	1.8
IV.ᵖ	110.508	107.103	107.204	107.666	106.410	107.406	2.4	1.6	1.6	1.0	1.3	1.5

1　四半期の増減率は年率換算。

出所：Department of Commerce (Bureau of Economic Analysis)〔訳注：商務省（経済分析局）〕．

付録 B

所得・雇用・生産関連統計表

B—4 表　地域別・国別実質 GDP 成長率 （1995 ～ 2014 年）

[%]

地域/国	1995～2004年平均	2005	2006	2007	2008	2009	2010	2011	2012	2013[1]	2014[1]
世界	3.6	4.7	5.2	5.3	2.7	-.4	5.2	3.9	3.1	3.0	3.7
先進諸国	2.8	2.8	3.0	2.7	.1	-3.4	3.0	1.7	1.4	1.3	2.2
米国	3.4	3.4	2.7	1.8	-.3	-2.8	2.5	1.8	2.8	1.9	2.8
ユーロ圏[2]	2.2	1.7	3.2	3.0	.4	-4.4	2.0	1.5	-.7	-.4	1.0
ドイツ	1.3	.8	3.9	3.4	.8	-5.1	3.9	3.4	.9	.5	1.6
フランス	2.2	1.8	2.5	2.3	-.1	-3.1	1.7	2.0	0.0	.2	.9
イタリア	1.6	.9	2.2	1.7	-1.2	-5.5	1.7	.4	-2.5	-1.8	.6
スペイン	3.7	3.6	4.1	3.5	.9	-3.8	-.2	.1	-1.6	-1.2	.6
日本	1.1	1.3	1.7	2.2	-1.0	-5.5	4.7	-.6	1.4	1.7	1.7
英国	3.4	3.2	2.8	3.4	-.8	-5.2	1.7	1.1	.3	1.7	2.4
カナダ	3.2	3.2	2.6	2.0	1.2	-2.7	3.4	2.5	1.7	1.7	2.2
その他先進国	4.0	4.2	4.8	5.0	1.7	-1.1	5.9	3.2	1.9	2.2	3.0
新興市場国・開発途上国	4.9	7.3	8.3	8.7	5.8	3.1	7.5	6.2	4.9	4.7	5.1
地域別											
中・東欧	4.0	5.9	6.4	5.4	3.2	-3.6	4.6	5.4	1.4	2.5	2.8
独立国家共同体（CIS）[3]	2.9	6.7	8.8	8.9	5.3	-6.4	4.9	4.8	3.4	2.1	2.6
ロシア	2.8	6.4	8.2	8.5	5.2	-7.8	4.5	4.3	3.4	1.5	2.0
ロシアを除く	3.2	7.7	10.6	9.9	5.6	-3.1	6.0	6.1	3.3	3.5	4.0
アジア途上国	7.1	9.5	10.3	11.5	7.3	7.7	9.8	7.8	6.4	6.5	6.7
中国	9.2	11.3	12.7	14.2	9.6	9.2	10.4	9.3	7.7	7.7	7.5
インド[4]	6.2	9.3	9.3	9.8	3.9	8.5	10.5	6.3	3.2	4.4	5.4
ASEAN5 カ国[5]	4.0	5.4	5.5	6.2	4.7	1.8	7.0	4.5	6.2	5.0	5.1
ラテンアメリカ・カリブ諸国	2.5	4.7	5.6	5.7	4.2	-1.2	6.0	4.6	3.0	2.6	3.0
ブラジル	2.5	3.2	4.0	6.1	5.2	-.3	7.5	2.7	1.0	2.3	2.3
メキシコ	2.4	3.2	5.0	3.1	1.2	-4.5	5.1	4.0	3.7	1.2	3.0
中東・北アフリカ・アフガニスタン・パキスタン	4.6	6.0	6.7	5.9	5.0	2.8	5.2	3.9	4.1	2.4	3.3
サハラ以南アフリカ	4.5	6.3	6.4	7.1	5.7	2.6	5.6	5.5	4.8	5.1	6.1
南アフリカ	3.1	5.3	5.6	5.5	3.6	-1.5	3.1	3.5	2.5	1.8	2.8

1　数値はいずれも国際通貨基金（IMF）予測値。米商務省の推定による 2013 年の米国の実質 GDP 成長率は 1.9%。
2　ユーロ圏はオーストリア、ベルギー、キプロス、エストニア、フィンランド、フランス、ドイツ、ギリシャ、アイルランド、イタリア、ラトビア、ルクセンブルク、マルタ、オランダ、ポルトガル、スロバキア、スロベニア、スペイン。
3　グルジアを含む。グルジアは CIS の加盟国ではないが、地理的近接性及び経済構造上の類似性からこの分類に含めている。
4　データ及び予測は会計年度ベースで示している。GDP 成長率は市場価格表示の GDP に基づいている。
5　インドネシア、マレーシア、フィリピン、タイ、ベトナム。
注：この表の詳細に関しては、国際通貨基金（IMF）の World Economic Outlook（2013 年 10 月）及び World Economic Outlook Update（2014 年 1 月）を参照。
出所：Department of Commerce (Bureau of Economic Analysis) and International Monetary Fund〔訳注：商務省（経済分析局）、IMF〕.

付録 B

B—5表 財・サービスの実質輸出入（1999～2013年）

[10億ドル、2009年連鎖価格、四半期データは季節調整済み、年率換算]

年／四半期	財・サービスの輸出 合計	財[1] 合計	耐久財	非耐久財	サービス[1]	財・サービスの輸入 合計	財[1] 合計	耐久財	非耐久財	サービス[1]
1999.	1,174.1	819.0	533.8	287.7	354.4	1,556.4	1,286.1	724.1	572.2	267.7
2000.	1,272.4	902.0	599.3	301.9		1,755.1	1,454.4	833.9	623.9	297.2
2001.	1,200.5	846.5	549.5	300.1	352.3	1,704.7	1,407.3	781.6	640.5	294.7
2002.	1,178.1	817.1	518.7	305.1	360.5	1,763.0	1,459.9	814.7	658.7	300.0
2003.	1,197.2	832.4	528.0	311.3	364.1	1,838.8	1,531.3	849.7	697.9	303.8
2004.	1,309.3	902.8	586.0	321.6	406.3	2,041.2	1,701.4	968.1	744.0	335.7
2005.	1,388.4	969.2	641.1	331.8	418.4	2,165.5	1,814.7	1,050.2	773.0	346.1
2006.	1,512.4	1,060.5	710.5	353.6	450.8	2,298.6	1,922.2	1,143.8	785.9	371.6
2007.	1,647.3	1,140.4	771.1	372.6	506.2	2,350.9	1,957.5	1,172.9	792.3	389.0
2008.	1,741.8	1,210.4	810.4	402.9	530.5	2,288.7	1,885.1	1,128.2	764.2	401.1
2009.	1,583.8	1,064.7	671.9	392.8	519.1	1,976.0	1,587.3	893.1	694.2	388.7
2010.	1,765.6	1,217.2	784.6	433.1	548.1	2,228.1	1,828.0	1,096.6	735.7	399.4
2011.	1,890.5	1,303.9	855.5	450.9	586.3	2,336.4	1,923.4	1,194.6	740.7	411.8
2012.	1,957.4	1,353.2	896.4	460.9	603.7	2,388.2	1,964.3	1,280.6	710.3	422.8
2013[p].	2,010.0	1,384.9	913.7	474.9	624.8	2,422.3	1,988.4	1,327.9	694.7	433.2
2010: I.	1,700.4	1,170.6	743.5	427.1	529.6	2,113.9	1,722.9	1,008.5	715.6	390.7
II.	1,739.3	1,203.3	781.5	422.7	535.6	2,213.6	1,818.4	1,084.4	737.4	394.4
III.	1,784.9	1,228.4	794.9	434.2	556.3	2,289.8	1,881.4	1,134.6	751.8	407.5
IV.	1,837.7	1,266.4	818.5	448.5	571.0	2,295.2	1,889.2	1,158.8	737.9	404.9
2011: I.	1,854.7	1,280.0	832.0	449.1	574.3	2,311.3	1,909.8	1,172.1	745.9	399.8
II.	1,876.9	1,291.6	851.3	443.5	585.0	2,315.2	1,906.5	1,170.2	744.8	407.4
III.	1,908.9	1,309.8	864.9	448.3	599.2	2,342.8	1,923.1	1,202.9	734.2	419.0
IV.	1,921.7	1,334.3	873.9	462.7	586.6	2,376.4	1,954.4	1,233.0	738.0	420.9
2012: I.	1,941.4	1,340.2	897.5	448.4	600.7	2,380.6	1,958.6	1,268.1	715.2	420.8
II.	1,959.8	1,357.3	898.3	462.9	601.9	2,395.1	1,970.7	1,284.6	712.8	423.2
III.	1,961.6	1,362.8	897.8	468.3	598.0	2,398.0	1,972.7	1,282.1	716.3	424.2
IV.	1,967.0	1,352.6	892.0	464.0	614.2	2,379.1	1,955.1	1,287.6	696.8	423.1
2013: I.	1,960.5	1,342.8	890.5	456.7	617.5	2,382.7	1,954.0	1,284.6	698.1	428.3
II.	1,998.4	1,373.4	921.2	458.4	624.9	2,422.9	1,989.6	1,324.2	698.5	432.6
III.	2,017.6	1,392.2	916.6	479.0	625.1	2,437.3	2,001.4	1,342.1	695.0	435.2
IV[p].	2,063.5	1,431.3	926.7	505.4	631.8	2,446.2	2,008.9	1,360.7	687.3	436.7

1 連邦政府が購入・売却する軍装備品など一部の財はサービスに含まれる。機器の修理・交換は財からサービスに分類変更。

出所：Department of Commerce（Bureau of Economic Analysis）〔訳注：商務省（経済分析局）〕.

付録 B

所得・雇用・生産関連統計表

B—6表　産業別法人利益（1965～2013年）

[10億ドル、四半期データは年率換算、季節調整済み]

年／四半期	合計	法人利益（在庫評価調整後、資本減耗調整前）												海外
		合計	国内産業										
			合計	金融部門			非金融部門						
				合計	連銀	その他	合計	製造業	運輸[1]	公益事業	卸売	小売	情報	その他	
SIC:[2]														
1965.	81.9	77.2	9.3	1.3	8.0	67.9	42.1	11.4	……	3.8	4.9	……	5.7	4.7
1966.	88.3	83.7	10.7	1.7	9.1	73.0	45.3	12.6	……	4.0	4.9	……	6.3	4.5
1967.	86.1	81.3	11.2	2.0	9.2	70.1	42.4	11.4	……	4.1	5.7	……	6.6	4.8
1968.	94.3	88.6	12.9	2.5	10.4	75.7	45.8	11.4	……	4.7	6.4	……	7.4	5.6
1969.	90.8	84.2	13.6	3.1	10.6	70.6	41.6	11.1	……	4.9	6.4	……	6.5	6.6
1970.	79.7	72.6	15.5	3.5	12.0	57.1	32.0	8.8	……	4.6	6.1	……	5.8	7.1
1971.	94.7	86.8	17.9	3.3	14.6	69.0	40.0	9.6	……	5.4	7.3	……	6.7	7.9
1972.	109.3	99.7	19.5	3.3	16.1	80.3	47.6	10.4	……	7.2	7.5	……	7.6	9.5
1973.	126.6	111.7	21.1	4.5	16.6	90.6	55.0	10.2	……	8.8	7.0	……	9.6	14.9
1974.	123.3	105.8	20.8	5.7	15.1	85.1	51.0	9.1	……	12.2	2.8	……	10.0	17.5
1975.	144.2	129.6	20.4	5.6	14.8	109.2	63.0	11.7	……	14.3	8.4	……	11.8	14.6
1976.	182.1	165.6	25.6	5.9	19.7	140.0	82.5	17.5	……	13.7	10.9	……	15.3	16.5
1977.	212.8	193.7	32.6	6.1	26.5	161.1	91.5	21.2	……	16.4	12.8	……	19.2	19.1
1978.	246.7	223.8	40.8	7.6	33.1	183.1	105.8	25.5	……	16.7	13.1	……	22.0	22.9
1979.	261.0	226.4	41.8	9.4	32.3	184.6	107.1	21.6	……	20.0	10.7	……	25.2	34.6
1980.	240.6	205.2	35.2	11.8	23.5	169.9	97.6	22.2	……	18.5	7.0	……	24.6	35.5
1981.	252.0	222.3	30.3	14.4	15.9	192.0	112.5	25.1	……	23.7	10.7	……	20.1	29.7
1982.	224.8	192.2	27.2	15.2	12.0	165.0	89.6	28.1	……	20.7	14.3	……	12.3	32.6
1983.	256.4	221.4	36.2	14.6	21.6	185.2	97.3	34.3	……	21.9	19.3	……	12.3	35.1
1984.	294.3	257.7	34.7	16.4	18.3	223.0	114.2	44.7	……	30.4	21.5	……	12.1	36.6
1985.	289.7	251.6	46.5	16.3	30.2	205.1	107.1	39.1	……	24.6	22.8	……	11.4	38.1
1986.	273.3	233.8	56.4	15.6	40.8	177.4	75.6	39.3	……	24.4	23.4	……	14.7	39.5
1987.	314.6	266.5	60.3	16.2	44.1	206.2	101.8	42.0	……	18.9	23.3	……	20.3	48.0
1988.	366.2	309.2	66.9	18.1	48.8	242.3	132.8	46.8	……	20.4	19.8	……	22.5	57.0
1989.	373.1	305.9	78.3	20.6	57.6	227.6	122.3	41.9	……	22.0	20.9	……	20.5	67.1
1990.	391.2	315.1	89.6	21.8	67.8	225.5	120.9	43.5	……	19.4	20.3	……	21.3	76.1
1991.	434.2	357.8	120.4	20.7	99.7	237.3	109.3	54.5	……	22.3	26.9	……	24.3	76.5
1992.	459.7	386.6	132.4	18.3	114.1	254.2	109.8	57.7	……	25.3	28.1	……	33.4	73.1
1993.	501.9	425.0	119.9	16.7	103.2	305.1	122.9	70.1	……	26.5	39.7	……	45.8	76.9
1994.	589.3	511.3	125.9	18.5	107.4	385.4	162.6	83.9	……	31.4	46.3	……	61.2	78.0
1995.	667.0	574.0	140.3	22.9	117.3	433.7	199.8	89.0	……	28.0	43.9	……	73.1	92.9
1996.	741.8	639.8	147.9	22.5	125.3	492.0	220.4	91.2	……	39.9	52.0	……	88.5	102.0
1997.	811.0	703.4	162.2	24.3	137.9	541.2	248.5	81.0	……	48.1	63.4	……	100.3	107.6
1998.	743.8	641.1	138.9	25.6	113.3	502.1	220.4	72.6	……	50.6	72.3	……	86.3	102.8
1999.	762.2	640.2	154.6	26.7	127.9	485.6	219.4	49.3	……	46.8	72.5	……	97.6	122.0
2000.	730.3	584.1	149.7	31.2	118.5	434.4	205.9	33.8	……	50.4	68.9	……	75.4	146.2
NAICS:[2]															
1998.	743.8	641.1	138.9	25.6	113.3	502.1	193.5	12.8	33.3	57.3	62.5	33.1	109.7	102.8
1999.	762.2	640.2	154.6	26.7	127.9	485.6	184.5	7.2	34.4	55.6	59.5	20.8	123.5	122.0
2000.	730.3	584.1	149.7	31.2	118.5	434.4	175.6	9.5	24.3	59.5	51.3	-11.9	126.1	146.2
2001.	698.7	528.3	195.0	28.9	166.1	333.3	75.1	-.7	22.5	51.1	71.3	-26.4	140.2	170.4
2002.	795.1	636.3	270.7	23.5	247.2	365.6	75.1	-6.0	11.1	55.8	83.7	-3.1	149.0	158.8
2003.	959.9	793.3	306.5	20.1	286.5	486.7	125.3	4.8	13.5	59.3	90.5	16.3	177.1	166.6
2004.	1,215.2	1,010.1	349.4	20.0	329.4	660.7	182.7	12.0	20.5	74.7	93.2	52.7	224.9	205.0
2005.	1,621.2	1,382.1	409.7	26.6	383.1	972.4	277.7	27.7	30.8	96.2	121.7	91.3	327.2	239.1
2006.	1,815.7	1,559.6	415.1	33.8	381.3	1,144.4	349.7	41.2	55.1	105.9	132.5	107.0	353.1	256.2
2007.	1,708.9	1,355.5	301.5	36.0	265.5	1,054.0	321.9	23.9	49.5	103.2	119.0	108.4	328.2	353.4
2008.	1,345.5	938.8	95.4	35.1	60.4	843.4	240.6	28.8	30.1	90.6	80.3	92.2	280.8	406.7
2009.	1,474.8	1,122.0	362.9	47.3	315.5	759.2	171.4	22.4	23.8	89.3	108.7	81.2	262.3	352.8
2010.	1,793.8	1,398.6	405.3	71.6	333.8	993.3	284.9	44.6	29.8	102.2	118.3	94.7	318.7	395.2
2011.	1,791.3	1,354.8	384.1	75.9	308.1	970.7	303.9	32.1	11.1	96.3	116.1	87.4	323.7	436.6
2012.	2,180.0	1,761.1	477.4	71.7	405.7	1,283.7	404.3	51.5	37.1	137.8	149.2	110.6	393.2	418.9
2011: I.	1,672.2	1,244.3	377.8	72.4	305.4	866.5	278.1	29.8	3.9	74.4	112.7	85.3	283.0	427.8
II.	1,782.3	1,354.9	364.6	80.0	284.6	990.3	291.5	33.3	29.7	94.7	109.1	92.4	339.5	427.3
III.	1,805.4	1,354.6	348.8	76.6	272.2	1,005.8	314.5	30.3	3.2	110.3	114.9	86.7	346.0	450.8
IV.	1,905.4	1,465.2	445.1	74.7	370.4	1,020.1	331.7	35.1	7.9	105.9	128.2	85.1	326.2	440.2
2012: I.	2,142.5	1,726.7	462.5	73.4	389.1	1,264.2	408.7	53.4	34.5	128.8	149.9	110.3	378.6	415.9
II.	2,169.8	1,740.5	447.7	72.6	375.1	1,292.8	410.3	53.5	39.4	146.5	145.3	116.6	381.0	429.3
III.	2,186.6	1,774.0	507.2	67.5	439.8	1,266.8	387.8	52.2	40.8	131.6	142.5	112.9	399.0	412.5
IV.	2,221.1	1,803.0	492.1	73.3	418.7	1,310.9	410.1	47.1	33.6	144.4	159.0	102.5	414.2	418.1
2013: I.	2,180.0	1,781.5	486.9	70.0	416.9	1,294.6	389.7	54.5	38.3	150.2	148.9	124.2	388.9	398.5
II.	2,248.6	1,845.5	511.9	82.1	429.8	1,333.6	381.8	57.6	47.2	151.1	169.9	131.8	394.2	403.1
III.	2,288.2	1,868.4	521.6	90.4	431.2	1,346.8	392.4	61.3	50.2	154.7	166.0	118.3	403.9	419.8

1　標準産業分類（Standard Industrial Classification：SIC）に基づくデータは運輸と公益事業を含む。北米産業分類（North American Industry Classification System：NAICS）に基づくデータは運輸と倉庫を含む。NAICSでは（1998年以降のデータに示されるように）公益事業は独立項目となっている。
2　SICに基づく産業データは、1987年以降は1987年SIC、それ以前は1972年SICによる。NAICSに基づくデータは2002年NAICSによる。
注：SICに基づく産業データとNAICSに基づく産業データは必ずしも一致せず、厳密な比較はできない。
出所：Department of Commerce（Bureau of Economic Analysis）〔訳注：商務省（経済分析局）〕.

付録 B

B—7表 実質農業所得（1950～2014年）

[10億ドル、2009年連鎖価格]

年	合計[2]	総農業所得 合計	農作物[3,4]	畜産物[4]	林業・サービス	政府直接支払	生産コスト	純農業所得
1950.	240.8	238.8	96.0	132.0	10.8	2.1	141.5	99.3
1951.	260.9	258.9	95.6	152.1	11.2	1.9	152.3	108.6
1952.	251.7	249.9	102.2	135.7	12.0	1.8	152.0	99.8
1953.	226.8	225.4	93.1	120.1	12.2	1.4	141.3	85.4
1954.	222.7	221.1	94.0	115.3	11.8	1.7	142.1	80.6
1955.	215.1	213.6	91.6	110.0	12.0	1.5	142.4	72.6
1956.	210.9	207.5	89.7	106.2	11.6	3.4	141.0	69.9
1957.	208.8	202.7	81.9	109.0	11.7	6.1	142.2	66.5
1958.	228.5	222.1	88.0	121.9	12.2	6.4	151.3	77.2
1959.	219.3	215.4	85.5	116.8	13.1	3.9	157.3	62.0
1960.	220.3	216.3	89.5	113.5	13.4	4.0	156.3	64.0
1961.	229.0	220.5	89.3	117.4	13.8	8.4	161.4	67.5
1962.	236.2	226.5	92.9	119.5	14.0	9.7	168.9	67.3
1963.	239.2	229.9	98.9	116.4	14.6	9.4	174.3	64.9
1964.	229.8	218.0	91.7	111.2	15.1	11.8	172.8	57.0
1965.	248.3	235.2	101.5	118.4	15.3	13.1	179.5	68.8
1966.	261.9	244.9	95.0	134.2	15.6	17.0	189.5	72.4
1967.	254.8	239.2	96.9	126.0	16.3	15.5	192.5	62.2
1968.	250.8	234.0	91.5	126.3	16.2	16.7	191.2	59.6
1969.	260.0	242.6	90.7	135.2	16.6	17.5	194.1	65.9
1970.	257.6	241.3	89.9	134.7	16.7	16.3	194.7	62.9
1971.	258.9	245.8	97.6	131.1	17.0	13.1	196.3	62.6
1972.	284.2	268.3	103.6	147.4	17.3	15.8	206.4	77.7
1973.	374.7	364.8	163.1	183.2	18.5	9.9	244.5	130.1
1974.	341.6	339.7	170.9	148.9	20.0	1.8	246.8	94.8
1975.	319.9	317.3	160.3	136.8	20.2	2.6	238.7	81.2
1976.	310.4	308.1	145.8	140.6	21.7	2.2	249.5	60.8
1977.	308.9	303.7	145.3	134.4	24.1	5.2	252.4	56.5
1978.	340.8	332.8	150.2	156.2	26.4	8.0	274.0	66.9
1979.	369.5	366.1	163.4	174.5	28.2	3.4	302.3	67.2
1980.	335.6	332.7	144.7	158.1	29.9	2.9	299.3	36.3
1981.	341.8	337.8	162.2	144.7	31.0	4.0	286.5	55.2
1982.	317.9	311.2	139.1	136.5	35.5	6.8	271.8	46.2
1983.	286.7	269.4	106.0	130.5	32.9	17.3	260.1	26.6
1984.	302.3	287.1	139.9	129.6	17.6	15.2	255.5	46.7
1985.	280.9	267.4	128.4	120.3	18.7	13.4	231.2	49.7
1986.	266.8	246.6	108.2	120.9	17.5	20.2	213.7	53.2
1987.	281.0	253.0	107.6	126.4	19.1	27.9	217.6	63.4
1988.	286.8	263.4	111.6	126.7	25.0	23.3	222.9	63.9
1989.	297.3	280.4	126.4	129.5	24.5	16.9	225.1	72.1
1990.	295.9	282.0	124.5	134.7	22.8	13.9	226.7	69.2
1991.	278.1	266.2	117.6	126.3	22.3	11.9	219.8	58.3
1992.	283.9	270.9	126.1	123.4	21.5	13.0	212.9	71.0
1993.	283.5	265.0	114.3	127.2	23.5	18.5	218.9	64.6
1994.	292.6	281.9	136.0	121.5	24.4	10.7	221.4	71.2
1995.	279.6	270.0	127.2	116.4	26.4	9.7	226.9	52.7
1996.	307.1	297.6	150.7	119.9	27.0	9.6	230.4	76.8
1997.	304.8	295.2	144.1	123.3	27.8	9.6	239.1	65.7
1998.	294.6	278.9	129.3	119.3	30.3	15.7	234.9	59.7
1999.	293.4	266.5	115.9	118.9	31.8	26.9	233.8	59.6
2000.	295.1	266.7	116.0	121.0	29.8	28.4	233.2	61.9
2001.	298.3	271.5	113.4	127.0	31.1	26.8	232.8	65.5
2002.	271.1	256.5	115.1	109.9	31.5	14.6	225.1	46.0
2003.	298.2	279.2	125.2	121.0	33.0	19.0	227.9	70.3
2004.	330.8	316.3	140.4	139.4	36.5	14.6	232.8	98.1
2005.	324.5	298.0	124.3	137.5	36.1	26.5	238.9	85.6
2006.	306.0	289.4	125.2	125.8	38.3	16.7	245.5	60.6
2007.	348.8	336.6	155.2	142.2	39.2	12.2	276.9	71.9
2008.	380.7	368.3	184.5	141.5	42.3	12.3	296.3	84.3
2009.	343.3	331.2	168.6	119.8	42.7	12.2	283.0	60.4
2010.	361.1	348.9	170.7	139.1	39.0	12.2	284.0	77.1
2011.	417.1	407.0	200.5	159.5	47.1	10.1	302.8	114.3
2012.	433.2	423.1	206.6	162.3	54.2	10.1	324.8	108.4
2013[P].	453.0	442.5	216.0	169.9	56.6	10.5	330.5	122.5
2014[P].	408.1	402.4	178.9	169.6	53.9	5.6	320.0	88.0

1　GDP価格指数（連鎖方式）を用いて名目ベースの統計値を2009年連鎖価格に換算。
2　生産額、政府支払、在庫変動、その他の農業現金収入、農業関連非貨幣所得（農業経営者の住宅の帰属家賃を含む）。
3　農産物収入は、商品信用公社（Commodity Credit Corporation）に担保として農産物を差し出して受け取った額を含む。
4　生産額は、現金受取額、自家消費、在庫変動額の和に等しい。
注：2013及び2014データは予測値。
出所：Department of Agriculture (Economic Research Service)〔訳注：農務省（経済分析サービス）〕。

付録 B

所得・雇用・生産関連統計表

B—8表　住宅建設：着工・認可済み・完工及び販売戸数（1970～2014年）

[1000戸、月次データは季節調整済み、年率換算]

年/月	新規住宅着工件数 合計	戸建	集合4戸まで[2]	集合5戸以上	新規住宅許可件数[1] 合計	戸建	集合4戸まで	集合5戸以上	新規住宅完工戸数	新規住宅販売戸数
1970.	1,433.6	812.9	84.9	535.9	1,351.5	646.8	88.1	616.7	1,418.4	485
1971.	2,052.2	1,151.0	120.5	780.9	1,924.6	906.1	132.9	885.7	1,706.1	656
1972.	2,356.6	1,309.2	141.2	906.2	2,218.9	1,033.1	148.6	1,037.2	2,003.9	718
1973.	2,045.3	1,132.0	118.2	795.0	1,819.5	882.1	117.0	820.5	2,100.5	634
1974.	1,337.7	888.1	68.0	381.6	1,074.4	643.8	64.4	366.2	1,728.5	519
1975.	1,160.4	892.2	64.0	204.3	939.2	675.5	63.8	199.8	1,317.2	549
1976.	1,537.5	1,162.4	85.8	289.2	1,296.2	893.6	93.1	309.5	1,377.2	646
1977.	1,987.1	1,450.9	121.7	414.4	1,690.0	1,126.1	121.3	442.7	1,657.1	819
1978.	2,020.3	1,433.3	125.1	462.0	1,800.5	1,182.6	130.6	487.3	1,867.5	817
1979.	1,745.1	1,194.1	122.0	429.0	1,551.8	981.5	125.4	444.8	1,870.8	709
1980.	1,292.2	852.2	109.5	330.5	1,190.6	710.4	114.5	365.7	1,501.6	545
1981.	1,084.2	705.4	91.2	287.7	985.5	564.3	101.8	319.4	1,265.7	436
1982.	1,062.2	662.6	80.1	319.6	1,000.5	546.4	88.3	365.8	1,005.5	412
1983.	1,703.0	1,067.6	113.5	522.0	1,605.2	901.5	133.7	570.1	1,390.3	623
1984.	1,749.5	1,084.2	121.4	543.9	1,681.8	922.4	142.6	616.8	1,652.2	639
1985.	1,741.8	1,072.4	93.5	576.0	1,733.3	956.6	120.1	656.6	1,703.3	688
1986.	1,805.4	1,179.4	84.0	542.0	1,769.4	1,077.6	108.4	583.5	1,756.4	750
1987.	1,620.5	1,146.4	65.1	408.7	1,534.8	1,024.4	89.3	421.1	1,668.8	671
1988.	1,488.1	1,081.3	58.7	348.0	1,455.6	993.8	75.7	386.1	1,529.8	676
1989.	1,376.1	1,003.3	55.3	317.6	1,338.4	931.7	66.9	339.8	1,422.8	650
1990.	1,192.7	894.8	37.6	260.4	1,110.8	793.9	54.3	262.6	1,308.0	534
1991.	1,013.9	840.4	35.6	137.9	948.8	753.5	43.1	152.1	1,090.8	509
1992.	1,199.7	1,029.9	30.9	139.0	1,094.9	910.7	45.8	138.4	1,157.5	610
1993.	1,287.6	1,125.7	29.4	132.6	1,199.1	986.5	52.4	160.2	1,192.7	666
1994.	1,457.0	1,198.4	35.2	223.5	1,371.6	1,068.5	62.2	241.0	1,346.9	670
1995.	1,354.1	1,076.2	33.8	244.1	1,332.5	997.3	63.8	271.5	1,312.6	667
1996.	1,476.8	1,160.9	45.3	270.8	1,425.6	1,069.5	65.8	290.3	1,412.9	757
1997.	1,474.0	1,133.7	44.5	295.8	1,441.1	1,062.4	68.4	310.3	1,400.5	804
1998.	1,616.9	1,271.4	42.6	302.9	1,612.3	1,187.6	69.2	355.5	1,474.2	886
1999.	1,640.9	1,302.4	31.9	306.6	1,663.5	1,246.7	65.8	351.1	1,604.9	880
2000.	1,568.7	1,230.9	38.7	299.1	1,592.3	1,198.1	64.9	329.3	1,573.7	877
2001.	1,602.7	1,273.3	36.6	292.8	1,636.7	1,235.6	66.0	335.2	1,570.8	908
2002.	1,704.9	1,358.6	38.5	307.9	1,747.7	1,332.6	73.7	341.4	1,648.4	973
2003.	1,847.7	1,499.0	33.5	315.2	1,889.2	1,460.9	82.5	345.8	1,678.7	1,086
2004.	1,955.8	1,610.5	42.3	303.0	2,070.1	1,613.4	90.4	366.2	1,841.9	1,203
2005.	2,068.3	1,715.8	41.1	311.4	2,155.3	1,682.0	84.0	389.3	1,931.4	1,283
2006.	1,800.9	1,465.4	42.7	292.8	1,838.9	1,378.2	76.6	384.1	1,979.4	1,051
2007.	1,355.0	1,046.0	31.7	277.3	1,398.4	979.9	59.6	359.0	1,502.8	776
2008.	905.5	622.0	17.5	266.0	905.4	575.6	34.4	295.4	1,119.7	485
2009.	554.0	445.1	11.6	97.3	583.0	441.1	20.7	121.1	794.4	375
2010.	586.9	471.2	11.4	104.3	604.6	447.3	22.0	135.3	651.7	323
2011.	608.8	430.6	10.9	167.3	624.1	418.5	21.6	184.0	584.9	306
2012.	780.6	535.3	11.4	233.9	829.7	518.7	25.9	285.1	649.2	368
2013 ᵖ.	926.7	618.3	13.8	294.6	976.4	617.5	26.6	332.3	765.1	428
2012: 1月	723	513	......	194	714	461	22	231	540	338
2月	713	462	......	243	739	486	26	227	566	366
Mar.	707	483	......	214	785	477	23	285	588	349
Apr.	754	505	......	240	749	484	23	242	667	352
May.	711	515	......	181	806	499	23	284	613	369
June.	757	530	......	219	785	501	24	260	628	360
July.	741	512	......	217	839	520	29	290	673	369
Aug.	749	537	......	205	827	520	28	279	686	374
Sept.	854	591	......	254	921	559	29	333	651	384
Oct.	864	595	......	252	908	570	26	312	741	365
Nov.	842	576	......	256	933	574	29	330	677	398
Dec.	983	620	......	345	943	584	30	329	672	396
2013: Jan.	898	614	......	273	915	588	26	301	720	458
Feb.	969	652	......	307	952	600	31	321	727	445
Mar.	1,005	623	......	356	890	599	25	266	810	443
Apr.	852	593	......	244	1,005	614	25	366	698	446
May.	919	597	......	311	985	620	27	338	711	429
June.	835	605	......	219	918	625	26	267	759	450
July.	891	587	......	285	954	609	27	318	783	373
Aug.	883	620	......	251	926	627	23	276	765	388
Sept.	873	580	......	283	974	615	28	331	762	403
Oct.	899	600	......	289	1,039	621	27	391	814	452
Nov.	1,101	713	......	379	1,017	641	24	352	826	444
Dec ᵖ.	1,048	681	......	344	991	610	26	355	778	427
2014: Jan ᵖ.	880	573	......	300	945	599	27	319	814	468

1　地方建築許可証の発行により許可された件数。発行所は、2004年以降は2万箇所、1994～2003年は1万9000箇所、1984～93年は1万7000箇所、1978～83年は1万6000箇所、1972～77年は1万4000箇所、1970～71年は1万3000箇所。
2　月次データについては、季節調整値の安定性が確保されておらず、公表基準を満たしていない。
注：1999年以前の戸建住宅の新規着工件数、完工戸数、販売戸数の推定値は、着工認可が行われていなかった地域における戸建住宅分として3.3%上方修正した数値。
出所：Department of Commerce（Bureau of the Census）〔訳注：商務省（センサス局）〕.

付録 B

B―9表　人種別貨幣所得中央値（2012年値）及び貧困状況（2003～2012年）

人種・ヒスパニック系分類／年	世帯数(100万)	貨幣所得中央値(2012年値)[2]	貧困世帯 合計 世帯数(100万)	比率(%)	貧困世帯 女性世帯主 世帯数(100万)	比率(%)	貧困者 世帯数(100万)	比率(%)	男性 全体	男性 常勤者	女性 全体	女性 常勤者
全人種[3]												
2003.	76.2	$65,767	7.6	10.0	3.9	28.0	35.9	12.5	$37,367	$51,813	$21,547	$39,516
2004[4]	76.9	65,715	7.8	10.2	4.0	28.3	37.0	12.7	37,094	50,649	21,476	39,039
2005.	77.4	66,092	7.7	9.9	4.0	28.7	37.0	12.6	36,784	49,619	21,848	39,114
2006.	78.5	66,514	7.7	9.8	4.1	28.3	36.5	12.3	36,744	51,198	22,792	39,846
2007.	77.9	67,944	7.6	9.8	4.1	28.3	37.3	12.5	36,761	51,188	23,169	40,051
2008.	78.9	65,607	8.1	10.3	4.2	28.7	39.8	13.2	35,363	50,952	22,253	39,125
2009[5]	78.9	64,323	8.8	11.1	4.4	29.9	43.6	14.3	34,452	52,629	22,434	39,858
2010[6]	79.6	63,434	9.4	11.8	4.8	31.7	46.3	15.1	33,915	52,814	21,878	40,480
2011.	80.5	62,248	9.5	11.8	4.9	31.2	46.2	15.0	33,675	51,367	21,543	39,493
2012.	80.9	62,241	9.5	11.8	4.8	30.9	46.5	15.0	33,904	50,683	21,520	40,019
白人（ヒスパニックを除く）[7]												
2003.	54.0	74,827	3.3	6.1	1.5	20.4	15.9	8.2	40,363	57,795	22,847	42,493
2004[4]	54.3	74,143	3.5	6.5	1.5	20.8	16.9	8.7	40,938	57,110	22,409	42,451
2005.	54.3	74,280	3.3	6.1	1.5	21.5	16.2	8.3	41,571	56,595	22,877	42,102
2006.	54.7	75,008	3.4	6.2	1.6	22.0	16.0	8.2	41,639	57,446	23,604	42,006
2007.	53.9	77,447	3.2	5.9	1.5	20.7	16.0	8.2	41,386	56,992	24,016	42,832
2008.	54.5	74,724	3.4	6.2	1.5	20.7	17.0	8.6	39,893	55,822	23,193	42,091
2009[5]	54.5	72,087	3.8	7.0	1.7	23.3	18.5	9.4	39,377	56,167	23,485	43,103
2010[6]	53.8	72,561	3.9	7.2	1.7	24.1	19.3	9.9	39,127	57,555	22,868	43,526
2011.	54.2	71,288	4.0	7.3	1.8	23.4	19.2	9.8	38,945	56,928	22,690	42,237
2012.	54.0	71,478	3.8	7.1	1.7	23.4	18.9	9.7	38,751	56,247	22,902	42,171
黒人[7]												
2003.	8.9	42,907	2.0	22.3	1.5	36.9	8.8	24.4	27,448	41,734	20,700	34,484
2004[4]	8.9	42,725	2.0	22.8	1.5	37.6	9.0	24.7	27,581	38,558	21,101	35,428
2005.	9.1	41,711	2.0	22.1	1.5	36.1	9.2	24.9	26,643	40,263	20,737	35,711
2006.	9.3	43,581	2.0	21.6	1.5	36.6	9.0	24.3	28,543	40,401	21,755	35,230
2007.	9.3	44,454	2.0	22.1	1.5	37.3	9.2	24.5	28,595	40,681	21,873	34,984
2008.	9.4	42,528	2.1	22.0	1.5	37.2	9.4	24.7	26,931	41,176	21,538	34,324
2009[5]	9.4	41,116	2.1	22.7	1.5	36.7	9.9	25.8	25,411	42,136	20,842	34,758
2010[6]	9.6	40,643	2.3	24.1	1.7	38.7	10.7	27.4	24,533	39,727	20,689	35,850
2011.	9.7	41,341	2.3	24.2	1.7	39.0	10.9	27.6	23,965	41,114	20,168	35,880
2012.	9.8	40,517	2.3	23.7	1.6	37.8	10.9	27.2	24,923	39,816	20,021	35,090
アジア人[7]												
2003.	3.1	78,964	.3	10.2	.1	23.8	1.4	11.8	40,313	57,702	22,071	43,176
2004[4]	3.1	79,523	.2	7.4	0.0	13.6	1.2	9.8	40,137	56,906	24,946	44,508
2005.	3.2	81,103	.3	9.0	.1	19.7	1.4	11.1	40,242	58,487	25,453	43,297
2006.	3.3	84,968	.3	7.8	.1	15.4	1.4	10.3	42,611	59,333	25,283	45,835
2007.	3.3	85,416	.3	7.9	.1	16.1	1.3	10.2	41,187	56,713	26,970	45,752
2008.	3.5	78,465	.3	9.8	.1	16.7	1.6	11.8	39,038	55,224	24,644	47,144
2009[5]	3.6	80,315	.3	9.4	.1	16.9	1.7	12.5	39,961	57,193	26,059	47,772
2010[6]	3.9	79,210	.4	9.3	.1	21.1	1.9	12.2	37,725	55,293	24,814	44,146
2011.	4.2	74,521	.4	9.7	.1	19.1	2.0	12.3	37,093	57,459	22,499	42,276
2012.	4.1	77,864	.4	9.4	.1	19.2	1.9	11.7	40,227	60,253	23,335	46,371
ヒスパニック系（人種を問わない）[7]												
2003.	9.3	42,786	1.9	20.8	.8	37.0	9.1	22.5	26,283	32,976	17,031	28,791
2004[4]	9.5	43,080	2.0	20.5	.9	38.9	9.1	21.9	26,203	32,696	17,567	29,532
2005.	9.9	44,537	1.9	19.7	.9	38.9	9.4	21.8	25,980	31,716	17,684	29,429
2006.	10.2	45,552	1.9	18.9	.9	36.0	9.2	20.6	26,707	33,676	17,945	29,260
2007.	10.4	44,922	2.0	19.7	1.0	38.4	9.9	21.5	27,077	33,724	18,547	30,070
2008.	10.5	43,153	2.2	21.3	1.0	39.2	11.0	23.2	25,597	33,292	17,507	29,263
2009[5]	10.4	42,530	2.4	22.7	1.1	38.8	12.4	25.3	23,825	33,868	17,352	29,848
2010.	11.3	41,387	2.7	24.3	1.3	42.6	13.5	26.5	23,534	33,534	17,157	30,641
2011.	11.6	40,898	2.7	22.9	1.3	41.2	13.2	25.3	24,227	32,758	17,181	30,731
2012.	12.0	40,764	2.8	23.5	1.3	40.7	13.6	25.6	24,592	32,516	16,725	29,508

1　「世帯」は、出生、結婚、養子縁組に基づく2人以上の同居集団を指し、各世帯に世帯主が含まれなければならない。
2　消費者物価指数リサーチシリーズ（consumer price index research series：CPI-U-RS）で調整済み。
3　個別に表示されていないアメリカン・インディアン及びアラスカ先住民、アジア系、ハワイ先住民及びその他の太平洋諸島系、複数の人種を選んだ者も合計に含まれる。
4　2004年の数値は、2005年社会経済補足調査（Annual Social and Economic Supplement：ASES）におけるウエートの修正に基づき調整したもの。
5　2009年以降、所得中央値の計算における高所得層の所得区分は25万ドル以上。
6　2010年センサスに基づく調整を反映し、以降のデータとの比較可能性を確保している。
7　人口現況調査（Current Population Survey：CPS）では、人種・民族出身について複数回答が可能。上記の「白人（ヒスパニックを除く）」「黒人」「アジア人」はそれぞれ「ヒスパニック以外の白人のみ」「黒人のみ」「アジア系のみ」の数値（「黒人」は「黒人またはアフリカ系アメリカ人」のこと）。世帯の人種・ヒスパニック系分類は世帯主の分類に基づく。
注：貧困ラインは消費者物価指数（consumer price index：CPI-U）の変動に基づき毎年改定される。詳細は人口現況調査（CPI）P-60シリーズ及び社会経済補足調査（ASES）を参照。
出所：Department of Commerce (Bureau of the Census)〔訳注：商務省（センサス局）〕．

付録B

所得・雇用・生産関連統計表

B—10表　消費者物価指数の推移（1945〜2013年）
[全都市消費者、増減率（％）]

各年12月時点で比較	全項目	食品・エネルギーを除く全項目 合計[1]	住居[2]	医療[3]	アパレル	新車	食品 合計[1]	自宅消費	自宅外消費	エネルギー[4] 合計[1]	ガソリン	C-CPI-U[5]
1945.	2.2	……	……	2.6	4.9	……	3.5	……	……	……	-1.4	……
1946.	18.1	……	……	8.3	18.1	……	31.3	……	……	……	7.8	……
1947.	8.8	……	……	6.9	8.2	……	11.3	……	……	……	16.4	……
1948.	3.0	……	……	5.8	5.1	11.5	-.8	-1.1	……	……	6.2	……
1949.	-2.1	……	……	1.4	-7.4	4.0	-3.9	-3.7	……	……	1.6	……
1950.	5.9	……	……	3.4	5.3	.2	9.8	9.5	……	……	1.6	……
1951.	6.0	……	……	5.8	5.7	9.7	7.1	7.6	……	……	2.1	……
1952.	.8	……	……	4.3	-2.9	4.4	-1.0	-1.3	……	……	.5	……
1953.	.7	……	3.2	3.5	.7	-1.7	-1.1	-1.6	……	……	10.1	……
1954.	-.7	……	1.8	2.3	-.7	1.3	-1.8	-2.3	0.9	……	-1.4	……
1955.	.4	……	.9	3.3	.5	-2.3	-.7	-1.0	1.4	……	4.2	……
1956.	3.0	……	2.6	3.2	2.5	7.8	2.9	2.7	2.7	……	3.1	……
1957.	2.9	……	3.4	4.7	.9	2.0	2.8	3.0	3.9	……	2.2	……
1958.	1.8	1.7	.8	4.5	.2	6.1	2.4	1.9	2.1	-0.9	-3.8	……
1959.	1.7	2.0	2.0	3.8	1.3	-.2	-1.0	-1.3	3.3	4.7	7.0	……
1960.	1.4	1.0	1.6	3.2	1.5	-3.0	3.1	3.2	2.4	1.3	1.2	……
1961.	.7	1.3	.8	3.1	.4	.2	-.7	-1.6	2.3	-1.3	-3.2	……
1962.	1.3	1.3	.8	2.2	.6	-1.0	1.3	1.3	3.0	2.2	3.8	……
1963.	1.6	1.6	1.9	2.5	1.7	-.4	2.0	1.6	1.8	-.9	-2.4	……
1964.	1.0	1.2	1.5	2.1	.4	-.6	1.3	1.5	1.4	0.0	0.0	……
1965.	1.9	1.5	2.2	2.8	1.3	-2.9	3.5	3.6	3.2	1.8	4.1	……
1966.	3.5	3.3	4.0	6.7	3.9	0.0	4.0	3.2	5.5	1.7	3.2	……
1967.	3.0	3.8	2.8	6.3	4.2	2.8	1.2	.3	4.6	1.7	1.5	……
1968.	4.7	5.1	6.5	6.2	6.3	1.4	4.4	4.0	5.6	1.7	1.5	……
1969.	6.2	6.2	8.7	6.2	5.2	2.1	7.0	7.1	7.4	2.9	3.4	……
1970.	5.6	6.6	8.9	7.4	3.9	6.6	2.3	1.3	6.1	4.8	2.5	……
1971.	3.3	3.1	2.7	4.6	2.1	-3.2	4.3	4.3	4.4	3.1	-.4	……
1972.	3.4	3.0	4.0	3.3	2.6	.2	4.6	5.1	4.2	2.6	2.8	……
1973.	8.7	4.7	7.1	5.3	4.4	1.3	20.3	22.0	12.7	17.0	19.6	……
1974.	12.3	11.1	11.4	12.6	8.7	11.4	12.0	12.4	11.3	21.6	20.7	……
1975.	6.9	6.7	7.2	9.8	2.4	7.3	6.6	6.2	7.4	11.4	11.0	……
1976.	4.9	6.1	4.2	10.0	4.6	4.8	.5	-.8	6.0	7.1	2.8	……
1977.	6.7	6.5	8.8	8.9	4.3	7.2	8.1	7.9	7.9	7.2	4.8	……
1978.	9.0	8.5	11.4	8.8	3.1	6.2	11.8	12.5	10.4	7.9	8.6	……
1979.	13.3	11.3	17.5	10.1	5.5	7.4	10.2	9.7	11.4	37.5	52.1	……
1980.	12.5	12.2	15.0	9.9	6.8	7.4	10.2	10.5	9.6	18.0	18.9	……
1981.	8.9	9.5	9.9	12.5	3.5	6.8	4.3	2.9	7.1	11.9	9.4	……
1982.	3.8	4.5	2.4	11.0	1.6	1.4	3.1	2.3	5.1	1.3	-6.7	……
1983.	3.8	4.8	4.7	6.4	2.9	3.3	2.7	1.8	4.1	-.5	-1.6	……
1984.	3.9	4.7	5.2	6.1	2.0	2.5	3.8	3.6	4.2	.2	-2.5	……
1985.	3.8	4.3	6.0	6.8	2.8	3.6	2.6	2.0	3.8	1.8	3.0	……
1986.	1.1	3.8	4.6	7.7	.9	5.6	3.8	3.7	4.3	-19.7	-30.7	……
1987.	4.4	4.2	4.8	5.8	4.8	1.8	3.5	3.5	3.7	8.2	18.6	……
1988.	4.4	4.7	4.5	6.9	4.7	2.2	5.2	5.6	4.4	.5	-1.8	……
1989.	4.6	4.4	4.9	8.5	1.0	2.4	5.6	6.2	4.6	5.1	6.5	……
1990.	6.1	5.2	5.2	9.6	5.1	2.0	5.3	5.8	4.5	18.1	36.8	……
1991.	3.1	4.4	3.9	7.9	3.4	3.2	1.9	1.3	2.9	-7.4	-16.2	……
1992.	2.9	3.3	2.9	6.6	1.4	2.3	1.5	1.5	1.4	2.0	2.0	……
1993.	2.7	3.2	3.0	5.4	.9	3.3	2.9	3.5	1.9	-1.4	-5.9	……
1994.	2.7	2.6	3.0	4.9	-1.6	3.3	2.9	3.5	1.9	2.2	6.4	……
1995.	2.5	3.0	3.5	3.9	.1	1.9	2.1	2.0	2.2	-1.3	-4.2	……
1996.	3.3	2.6	2.9	3.0	-.2	1.8	4.3	4.9	3.1	8.6	12.4	……
1997.	1.7	2.2	3.4	2.8	1.0	-.9	1.5	1.0	2.6	-3.4	-6.1	……
1998.	1.6	2.4	3.3	3.4	-.7	0.0	2.3	2.1	2.5	-8.8	-15.4	……
1999.	2.7	1.9	2.5	3.7	-.5	-.3	1.9	1.7	2.3	13.4	30.1	……
2000.	3.4	2.6	3.4	4.2	-1.8	0.0	2.8	2.9	2.4	14.2	13.9	2.6
2001.	1.6	2.7	4.2	4.7	-3.2	-.1	2.8	2.6	3.0	-13.0	-24.9	1.3
2002.	2.4	1.9	3.1	5.0	-1.8	-2.0	1.5	.8	2.3	10.7	24.8	2.0
2003.	1.9	1.1	2.2	3.7	-2.1	-1.8	3.6	4.5	2.3	6.9	6.8	1.7
2004.	3.3	2.2	2.7	4.2	-.2	.6	2.7	2.4	3.0	16.6	26.1	3.2
2005.	3.4	2.2	2.6	4.3	-1.1	-.4	2.3	1.7	3.2	17.1	16.1	2.9
2006.	2.5	2.6	4.2	3.6	.9	-.9	2.1	1.4	3.2	2.9	6.4	2.3
2007.	4.1	2.4	3.1	5.2	-.3	-.3	4.9	5.6	4.0	17.4	29.6	3.7
2008.	.1	1.8	1.9	2.6	-1.0	-3.2	5.9	6.6	5.0	-21.3	-43.1	.2
2009.	2.7	1.8	.3	3.4	1.9	4.9	-.5	-2.4	1.9	18.2	53.5	2.5
2010.	1.5	.8	.4	3.3	-1.1	-.2	1.5	1.7	1.3	7.7	13.8	1.3
2011.	3.0	2.2	1.9	3.5	4.6	3.2	4.7	6.0	2.9	6.6	9.9	2.9
2012.	1.7	1.9	2.2	3.2	1.8	1.6	1.8	1.3	2.5	.5	1.7	1.5
2013.	1.5	1.7	2.5	2.0	.6	.4	1.1	.4	2.1	.5	-1.0	1.3

1　本表に個別表示されていないその他の項目も含む。
2　1983年以降は、持家の帰属家賃も反映されている。
3　商品とサービス
4　家庭用エネルギー（電力、都市ガス、燃料油など）及び自動車燃料。
5　連鎖式消費者物価指数（Chained consumer price index：C-CPI-U）は2002年に導入された。C-CPI-Uは、相対価格の変化によって消費者の購入品目がシフトする代替効果を反映したものである。2013年のデータは今後改定される可能性がある。

注：12月時点での比較は季節調整前データに基づく。
　　各データ系列は、1998年以降の構成品目・カテゴリー名の変更及び1999年以降の指数算定方式などの変更を反映している。
出所：Department of Labor（Bureau of Labor Statistics）〔訳注：労働省（労働統計局）〕.

付録 B

B—11 表 非軍人人口及び労働力（1929～2014 年）
［特に断らない限り、月次データは季節調整済み］

年／月	非軍人人口（施設収容者を除く）[1]	非軍人労働力 合計	就業者 合計	就業者 農業	就業者 非農業	失業者	非労働力	非軍人労働力参加率[2]	非軍人就業者人口比率[3]	非軍人労働者の失業率[4]
			14 歳以上人口（1000 人）						(%)	
1929.	......	49,180	47,630	10,450	37,180	1,550	......	......	......	3.2
1930.	......	49,820	45,480	10,340	35,140	4,340	......	......	......	8.7
1931.	......	50,420	42,400	10,290	32,110	8,020	......	......	......	15.9
1932.	......	51,000	38,940	10,170	28,770	12,060	......	......	......	23.6
1933.	......	51,590	38,760	10,090	28,670	12,830	......	......	......	24.9
1934.	......	52,230	40,890	9,900	30,990	11,340	......	......	......	21.7
1935.	......	52,870	42,260	10,110	32,150	10,610	......	......	......	20.1
1936.	......	53,440	44,410	10,000	34,410	9,030	......	......	......	16.9
1937.	......	54,000	46,300	9,820	36,480	7,700	......	......	......	14.3
1938.	......	54,610	44,220	9,690	34,530	10,390	......	......	......	19.0
1939.	......	55,230	45,750	9,610	36,140	9,480	......	......	......	17.2
1940.	99,840	55,640	47,520	9,540	37,980	8,120	44,200	55.7	47.6	14.6
1941.	99,900	55,910	50,350	9,100	41,250	5,560	43,990	56.0	50.4	9.9
1942.	98,640	56,410	53,750	9,250	44,500	2,660	42,230	57.2	54.5	4.7
1943.	94,640	55,540	54,470	9,080	45,390	1,070	39,100	58.7	57.6	1.9
1944.	93,220	54,630	53,960	8,950	45,010	670	38,590	58.6	57.9	1.2
1945.	94,090	53,860	52,820	8,580	44,240	1,040	40,230	57.2	56.1	1.9
1946.	103,070	57,520	55,250	8,320	46,930	2,270	45,550	55.8	53.6	3.9
1947.	106,018	60,168	57,812	8,256	49,557	2,356	45,850	56.8	54.5	3.9
			16 歳以上人口（1000 人）							
1947.	101,827	59,350	57,038	7,890	49,148	2,311	42,477	58.3	56.0	3.9
1948.	103,068	60,621	58,343	7,629	50,714	2,276	42,447	58.8	56.6	3.8
1949.	103,994	61,286	57,651	7,658	49,993	3,637	42,708	58.9	55.4	5.9
1950.	104,995	62,208	58,918	7,160	51,758	3,288	42,787	59.2	56.1	5.3
1951.	104,621	62,017	59,961	6,726	53,235	2,055	42,604	59.2	57.3	3.3
1952.	105,231	62,138	60,250	6,500	53,749	1,883	43,093	59.0	57.3	3.0
1953.	107,056	63,015	61,179	6,260	54,919	1,834	44,041	58.9	57.1	2.9
1954.	108,321	63,643	60,109	6,205	53,904	3,532	44,678	58.8	55.5	5.5
1955.	109,683	65,023	62,170	6,450	55,722	2,852	44,660	59.3	56.7	4.4
1956.	110,954	66,552	63,799	6,283	57,514	2,750	44,402	60.0	57.5	4.1
1957.	112,265	66,929	64,071	5,947	58,123	2,859	45,336	59.6	57.1	4.3
1958.	113,727	67,639	63,036	5,586	57,450	4,602	46,088	59.5	55.4	6.8
1959.	115,329	68,369	64,630	5,565	59,065	3,740	46,960	59.3	56.0	5.5
1960.	117,245	69,628	65,778	5,458	60,318	3,852	47,617	59.4	56.1	5.5
1961.	118,771	70,459	65,746	5,200	60,546	4,714	48,312	59.3	55.4	6.7
1962.	120,153	70,614	66,702	4,944	61,759	3,911	49,539	58.8	55.5	5.5
1963.	122,416	71,833	67,762	4,687	63,076	4,070	50,583	58.7	55.4	5.7
1964.	124,485	73,091	69,305	4,523	64,782	3,786	51,394	58.7	55.7	5.2
1965.	126,513	74,455	71,088	4,361	66,726	3,366	52,058	58.9	56.2	4.5
1966.	128,058	75,770	72,895	3,979	68,915	2,875	52,288	59.2	56.9	3.8
1967.	129,874	77,347	74,372	3,844	70,527	2,975	52,527	59.6	57.3	3.8
1968.	132,028	78,737	75,920	3,817	72,103	2,817	53,291	59.6	57.5	3.6
1969.	134,335	80,734	77,902	3,606	74,296	2,832	53,602	60.1	58.0	3.5
1970.	137,085	82,771	78,678	3,463	75,215	4,093	54,315	60.4	57.4	4.9
1971.	140,216	84,382	79,367	3,394	75,972	5,016	55,834	60.2	56.6	5.9
1972.	144,126	87,034	82,153	3,484	78,669	4,882	57,091	60.4	57.0	5.6
1973.	147,096	89,429	85,064	3,470	81,594	4,365	57,667	60.8	57.8	4.9
1974.	150,120	91,949	86,794	3,515	83,279	5,156	58,171	61.3	57.8	5.6
1975.	153,153	93,775	85,846	3,408	82,438	7,929	59,377	61.2	56.1	8.5
1976.	156,150	96,158	88,752	3,331	85,421	7,406	59,991	61.6	56.8	7.7
1977.	159,033	99,009	92,017	3,283	88,734	6,991	60,025	62.3	57.9	7.1
1978.	161,910	102,251	96,048	3,387	92,661	6,202	59,659	63.2	59.3	6.1
1979.	164,863	104,962	98,824	3,347	95,477	6,137	59,900	63.7	59.9	5.8
1980.	167,745	106,940	99,303	3,364	95,938	7,637	60,806	63.8	59.2	7.1
1981.	170,130	108,670	100,397	3,368	97,030	8,273	61,460	63.9	59.0	7.6
1982.	172,271	110,204	99,526	3,401	96,125	10,678	62,067	64.0	57.8	9.7
1983.	174,215	111,550	100,834	3,383	97,450	10,717	62,665	64.0	57.9	9.6
1984.	176,383	113,544	105,005	3,321	101,685	8,539	62,839	64.4	59.5	7.5
1985.	178,206	115,461	107,150	3,179	103,971	8,312	62,744	64.8	60.1	7.2
1986.	180,587	117,834	109,597	3,163	106,434	8,237	62,752	65.3	60.7	7.0
1987.	182,753	119,865	112,440	3,208	109,232	7,425	62,888	65.6	61.5	6.2
1988.	184,613	121,669	114,968	3,169	111,800	6,701	62,944	65.9	62.3	5.5
1989.	186,393	123,869	117,342	3,199	114,142	6,528	62,523	66.5	63.0	5.3

1 季節調整前。
2 非軍人人口（施設収容者を除く）に対する非軍人労働力の割合。
3 非軍人人口（施設収容者を除く）に対する非軍人就業者の割合。
4 非軍人労働力に対する失業者の割合。
（次ページに続く）

付録B

所得・雇用・生産関連統計表

B—11 表続き　非軍人人口および労働力（1929～2014年）

[特に断らない限り、月次データは季節調整済み]

年／月	非軍人人口（施設収容者を除く）[1]	非軍人労働力 合計	就業者 合計	農業	非農業	失業者	非労働者	非軍人労働力参加率[2]	非軍人就業者人口比率[3]	非軍人労働者の失業率[4]
								16歳以上人口（1000人）		(%)
1990.	189,164	125,840	118,793	3,223	115,570	7,047	63,324	66.5	62.8	5.6
1991.	190,925	126,346	117,718	3,269	114,449	8,628	64,578	66.2	61.7	6.8
1992.	192,805	128,105	118,492	3,247	115,245	9,613	64,700	66.4	61.5	7.5
1993.	194,838	129,200	120,259	3,115	117,144	8,940	65,638	66.3	61.7	6.9
1994.	196,814	131,056	123,060	3,409	119,651	7,996	65,758	66.6	62.5	6.1
1995.	198,584	132,304	124,900	3,440	121,460	7,404	66,280	66.6	62.9	5.6
1996.	200,591	133,943	126,708	3,443	123,264	7,236	66,647	66.8	63.2	5.4
1997.	203,133	136,297	129,558	3,399	126,159	6,739	66,837	67.1	63.8	4.9
1998.	205,220	137,673	131,463	3,378	128,085	6,210	67,547	67.1	64.1	4.5
1999.	207,753	139,368	133,488	3,281	130,207	5,880	68,385	67.1	64.3	4.2
2000.[5]	212,577	142,583	136,891	2,464	134,427	5,692	69,994	67.1	64.4	4.0
2001.	215,092	143,734	136,933	2,299	134,635	6,801	71,359	66.8	63.7	4.7
2002.	217,570	144,863	136,485	2,311	134,174	8,378	72,707	66.6	62.7	5.8
2003.	221,168	146,510	137,736	2,275	135,461	8,774	74,658	66.2	62.3	6.0
2004.	223,357	147,401	139,252	2,232	137,020	8,149	75,956	66.0	62.3	5.5
2005.	226,082	149,320	141,730	2,197	139,532	7,591	76,762	66.0	62.7	5.1
2006.	228,815	151,428	144,427	2,206	142,221	7,001	77,387	66.2	63.1	4.6
2007.	231,867	153,124	146,047	2,095	143,952	7,078	78,743	66.0	63.0	4.6
2008.	233,788	154,287	145,362	2,168	143,194	8,924	79,501	66.0	62.2	5.8
2009.	235,801	154,142	139,878	2,103	137,774	14,265	81,659	65.4	59.3	9.3
2010.	237,829	153,889	139,064	2,206	136,858	14,825	83,941	64.7	58.5	9.6
2011.	239,618	153,617	139,869	2,254	137,615	13,747	86,001	64.1	58.4	9.0
2012.	243,284	154,975	142,469	2,186	140,283	12,506	88,310	63.7	58.6	8.1
2013.	245,679	155,389	143,929	2,130	141,799	11,460	90,290	63.2	58.6	7.4
2011: 1月	238,704	153,198	139,287	2,270	137,036	13,910	85,506	64.2	58.4	9.1
2月	238,851	153,280	139,422	2,266	137,182	13,858	85,571	64.2	58.4	9.0
3月	239,000	153,403	139,655	2,260	137,471	13,748	85,597	64.2	58.4	9.0
4月	239,146	153,566	139,622	2,143	137,438	13,944	85,580	64.2	58.4	9.1
5月	239,313	153,526	139,653	2,230	137,395	13,873	85,787	64.2	58.4	9.0
6月	239,489	153,379	139,409	2,253	137,136	13,971	86,110	64.0	58.2	9.1
7月	239,671	153,309	139,524	2,225	137,215	13,785	86,362	64.0	58.2	9.0
8月	239,871	153,724	139,904	2,344	137,470	13,820	86,147	64.1	58.3	9.0
9月	240,071	154,059	140,154	2,232	137,904	13,905	86,012	64.2	58.4	9.0
10月	240,269	153,940	140,335	2,211	138,283	13,604	86,330	64.1	58.4	8.8
11月	240,441	154,072	140,747	2,251	138,500	13,326	86,368	64.1	58.5	8.6
12月	240,584	153,927	140,836	2,362	138,454	13,090	86,658	64.0	58.5	8.5
2012: 1月	242,269	154,328	141,677	2,211	139,437	12,650	87,942	63.7	58.5	8.2
2月	242,435	154,826	141,943	2,193	139,782	12,883	87,610	63.9	58.5	8.3
3月	242,604	154,811	142,079	2,246	139,888	12,732	87,793	63.8	58.6	8.2
4月	242,784	154,565	141,963	2,203	139,712	12,603	88,218	63.7	58.5	8.2
5月	242,966	154,946	142,257	2,278	139,980	12,689	88,019	63.8	58.6	8.2
6月	243,155	155,134	142,432	2,221	140,246	12,702	88,022	63.8	58.6	8.2
7月	243,354	154,970	142,272	2,212	140,020	12,698	88,384	63.7	58.5	8.2
8月	243,566	154,669	142,204	2,106	140,017	12,464	88,897	63.5	58.4	8.1
9月	243,772	155,018	142,947	2,178	140,773	12,070	88,754	63.6	58.6	7.8
10月	243,983	155,507	143,369	2,176	141,379	12,138	88,476	63.7	58.8	7.8
11月	244,174	155,279	143,233	2,126	141,110	12,045	88,895	63.6	58.7	7.8
12月	244,350	155,485	143,212	2,066	141,121	12,273	88,865	63.6	58.6	7.9
2013: 1月	244,663	155,699	143,384	2,057	141,234	12,315	88,963	63.6	58.6	7.9
2月	244,828	155,511	143,464	2,070	141,393	12,047	89,317	63.5	58.6	7.7
3月	244,995	155,099	143,393	2,020	141,350	11,706	89,896	63.3	58.5	7.5
4月	245,175	155,359	143,676	2,048	141,604	11,683	89,815	63.4	58.7	7.5
5月	245,363	155,609	143,919	2,081	141,860	11,690	89,754	63.4	58.7	7.5
6月	245,552	155,822	144,075	2,091	142,021	11,747	89,730	63.5	58.7	7.5
7月	245,756	155,693	144,285	2,171	142,081	11,408	90,062	63.4	58.7	7.3
8月	245,959	155,435	144,179	2,205	141,918	11,256	90,524	63.2	58.6	7.2
9月	246,168	155,473	144,270	2,208	142,058	11,203	90,695	63.2	58.6	7.2
10月	246,381	154,625	143,485	2,208	141,449	11,140	91,756	62.8	58.2	7.2
11月	246,567	155,284	144,443	2,139	142,317	10,841	91,283	63.0	58.6	7.0
12月	246,745	154,937	144,586	2,229	142,337	10,351	91,808	62.8	58.6	6.7
2014: 1月	246,915	155,460	145,224	2,183	142,970	10,236	91,455	63.0	58.8	6.6

5　2000年以降の農業就業者に関するデータは、農業及び農業関連産業の就職者数。本データと非農業就業者に関するデータは、それ以前のデータと厳密に比較することはできない。この2系列に関しては、季節調整が別々に行われているため、月次データを合計しても非軍人就業者合計欄の数値と一致しない。

注：B—11～B—13表の労働力データは通常、当該月の12日目を含む週を反映している。これまでのデータとの比較ができるかどうかは、人口調整の見直し、職業・産業分類の変化、及びその他調査の変更に左右される。近年、最新の人口調整は毎年1月のデータの発表とともに紹介されているため、それより前のデータと厳密には比較できない。特に顕著なデータの変更が行われたのは、1953年、60年、62年、72年、73年、78年、80年、90年、94年、97年、98年、2000年、03年、08年、12年であった。用語の定義、使用される地域サンプル、これまでのデータとの比較可能性、その他のデータ系列との比較可能性などについては、Employment and Earnings または「concepts and methodology of the CPS」(http://www.bls.gov/cps/documentation.htm#concepts)〔訳注：労働省・労働統計局のウェブサイト「Technical Documentation」の最初の項目〕を参照。

出所：Department of Labor (Bureau of Labor Statistics)〔訳注：労働省（労働統計局）〕.

付録 B

B—12 表　非軍人失業率（1970～2014 年）

[%[1]、月次データは季節調整済み]

年／月	非軍人労働者	男性 合計	男性 16～19歳	男性 20歳以上	女性 合計	女性 16～19歳	女性 20歳以上	若年男女(16～19歳)	白人[2]	黒人その他	黒人またはアフリカ系アメリカ人[2]	アジア系(季節調整前)[2,3]	ヒスパニックもしくはラテン系[4]	既婚男性、配偶者あり	家族を扶養している女性(季節調整前)[3]
1970.	4.9	4.4	15.0	3.5	5.9	15.6	4.8	15.3	4.5	8.2	......	......	......	2.6	5.4
1971.	5.9	5.3	16.6	4.4	6.9	17.2	5.7	16.9	5.4	9.9	......	......	......	3.2	7.3
1972.	5.6	5.0	15.9	4.0	6.6	16.7	5.4	16.2	5.1	10.0	10.4	......	......	2.8	7.2
1973.	4.9	4.2	13.9	3.3	6.0	15.3	4.9	14.5	4.3	9.0	9.4	......	7.5	2.3	7.1
1974.	5.6	4.9	15.6	3.8	6.7	16.6	5.5	16.0	5.0	9.9	10.5	......	8.1	2.7	7.0
1975.	8.5	7.9	20.1	6.8	9.3	19.7	8.0	19.9	7.8	13.8	14.8	......	12.2	5.1	10.0
1976.	7.7	7.1	19.2	5.9	8.6	18.7	7.4	19.0	7.0	13.1	14.0	......	11.5	4.2	10.1
1977.	7.1	6.3	17.3	5.2	8.2	18.3	7.0	17.8	6.2	13.1	14.0	......	10.1	3.6	9.4
1978.	6.1	5.3	15.8	4.3	7.2	17.1	6.0	16.4	5.2	11.9	12.8	......	9.1	2.8	8.5
1979.	5.8	5.1	15.9	4.2	6.8	16.4	5.7	16.1	5.1	11.3	12.3	......	8.3	2.8	8.3
1980.	7.1	6.9	18.3	5.9	7.4	17.2	6.4	17.8	6.3	13.1	14.3	......	10.1	4.2	9.2
1981.	7.6	7.4	20.1	6.3	7.9	19.0	6.8	19.6	6.7	14.2	15.6	......	10.4	4.3	10.4
1982.	9.7	9.9	24.4	8.8	9.4	21.9	8.3	23.2	8.6	17.3	18.9	......	13.8	6.5	11.7
1983.	9.6	9.9	23.3	8.9	9.2	21.3	8.1	22.4	8.4	17.8	19.5	......	13.7	6.5	12.2
1984.	7.5	7.4	19.6	6.6	7.6	18.0	6.8	18.9	6.5	14.4	15.9	......	10.7	4.6	10.3
1985.	7.2	7.0	19.5	6.2	7.4	17.6	6.6	18.6	6.2	13.7	15.1	......	10.5	4.3	10.4
1986.	7.0	6.9	19.0	6.1	7.1	17.6	6.2	18.3	6.0	13.1	14.5	......	10.6	4.4	9.8
1987.	6.2	6.2	17.8	5.4	6.2	15.9	5.4	16.9	5.3	11.6	13.0	......	8.8	3.9	9.2
1988.	5.5	5.5	16.0	4.8	5.6	14.4	4.9	15.3	4.7	10.4	11.7	......	8.2	3.3	8.1
1989.	5.3	5.2	15.9	4.5	5.4	14.0	4.7	15.0	4.5	10.0	11.4	......	8.0	3.0	8.1
1990.	5.6	5.7	16.3	5.0	5.5	14.7	4.9	15.5	4.8	10.1	11.4	......	8.2	3.4	8.3
1991.	6.8	7.2	19.8	6.4	6.4	17.5	5.7	18.7	6.1	11.1	12.5	......	10.0	4.4	9.3
1992.	7.5	7.9	21.5	7.1	7.0	18.6	6.3	20.1	6.6	12.7	14.2	......	11.6	5.1	10.0
1993.	6.9	7.2	20.4	6.4	6.6	17.5	5.9	19.0	6.1	11.7	13.0	......	10.8	4.4	9.7
1994.	6.1	6.2	19.0	5.4	6.0	16.2	5.4	17.6	5.3	10.5	11.5	......	9.9	3.7	8.9
1995.	5.6	5.6	18.4	4.8	5.6	16.1	4.9	17.3	4.9	9.6	10.4	......	9.3	3.3	8.0
1996.	5.4	5.4	18.1	4.6	5.4	15.2	4.8	16.7	4.7	9.3	10.5	......	8.9	3.0	8.2
1997.	4.9	4.9	16.9	4.2	5.0	15.0	4.4	16.0	4.2	8.8	10.0	......	7.7	2.7	8.1
1998.	4.5	4.4	16.2	3.7	4.6	12.9	4.1	14.6	3.9	7.8	8.9	......	7.2	2.4	7.2
1999.	4.2	4.1	14.7	3.5	4.3	13.2	3.8	13.9	3.7	7.0	8.0	......	6.4	2.2	6.4
2000.	4.0	3.9	14.0	3.3	4.1	12.1	3.6	13.1	3.5	......	7.6	3.6	5.7	2.0	5.9
2001.	4.7	4.8	16.0	4.2	4.7	13.4	4.1	14.7	4.2	......	8.6	4.5	6.6	2.7	6.6
2002.	5.8	5.9	18.1	5.3	5.6	14.9	5.1	16.5	5.1	......	10.2	5.9	7.5	3.6	8.0
2003.	6.0	6.3	19.3	5.6	5.7	15.6	5.1	17.5	5.2	......	10.8	6.0	7.7	3.8	8.5
2004.	5.5	5.6	18.4	5.0	5.4	15.5	4.9	17.0	4.8	......	10.4	4.4	7.0	3.1	8.0
2005.	5.1	5.1	18.6	4.4	5.1	14.5	4.6	16.6	4.4	......	10.0	4.0	6.0	2.8	7.8
2006.	4.6	4.6	16.9	4.0	4.6	13.8	4.1	15.4	4.0	......	8.9	3.0	5.2	2.4	7.1
2007.	4.6	4.7	17.6	4.1	4.5	13.8	4.0	15.7	4.1	......	8.3	3.2	5.6	2.5	6.5
2008.	5.8	6.1	21.2	5.4	5.4	16.2	4.9	18.7	5.2	......	10.1	4.0	7.6	3.4	8.0
2009.	9.3	10.3	27.8	9.6	8.1	20.7	7.5	24.3	8.5	......	14.8	7.3	12.1	6.6	11.5
2010.	9.6	10.5	28.8	9.8	8.6	22.8	8.0	25.9	8.7	......	16.0	7.5	12.5	6.8	12.3
2011.	8.9	9.4	27.2	8.7	8.5	21.7	7.9	24.4	7.9	......	15.8	7.0	11.5	5.8	12.4
2012.	8.1	8.2	26.8	7.5	7.9	21.1	7.3	24.0	7.2	......	13.8	5.9	10.3	4.9	11.4
2013.	7.4	7.6	25.5	7.0	7.1	20.3	6.5	22.9	6.5	......	13.1	5.2	9.1	4.3	10.2
2012: 1月	8.2	8.2	25.7	7.6	8.2	21.3	7.6	23.5	7.4	......	13.6	6.7	10.5	5.1	12.0
2月	8.3	8.5	27.0	7.8	8.1	20.6	7.6	23.8	7.4	......	14.0	6.3	10.6	5.1	11.7
3月	8.2	8.4	26.9	7.7	8.0	22.7	7.4	24.8	7.3	......	14.1	6.2	10.4	5.2	10.8
4月	8.2	8.3	26.9	7.6	8.0	22.1	7.4	24.6	7.4	......	13.2	5.2	10.4	5.1	10.2
5月	8.2	8.4	26.7	7.7	7.9	21.6	7.3	24.2	7.4	......	13.6	5.2	11.1	5.2	10.9
6月	8.2	8.4	26.4	7.7	7.9	21.0	7.4	23.7	7.3	......	14.1	6.3	11.0	5.0	11.8
7月	8.2	8.3	26.1	7.7	8.0	21.2	7.5	23.7	7.4	......	14.2	6.2	10.2	5.0	11.7
8月	8.1	8.3	28.5	7.5	7.8	20.2	7.3	24.4	7.2	......	13.9	5.9	10.1	4.9	12.3
9月	7.8	8.0	27.0	7.3	7.6	20.5	7.0	23.8	7.0	......	13.5	4.8	9.9	4.6	11.3
10月	7.8	7.9	26.8	7.2	7.7	20.7	7.1	23.8	6.9	......	14.2	4.9	10.0	4.6	11.5
11月	7.8	7.9	26.8	7.2	7.6	21.0	7.0	23.9	6.8	......	13.3	6.4	9.9	4.6	10.7
12月	7.9	7.9	26.7	7.2	7.9	21.3	7.3	24.0	6.9	......	14.0	6.6	9.5	4.6	11.3
2013: 1月	7.9	8.0	26.5	7.4	7.7	20.6	7.2	23.5	7.1	......	13.8	6.5	9.7	4.6	11.3
2月	7.7	7.9	27.2	7.2	7.6	23.2	7.0	25.2	6.8	......	13.8	6.1	9.5	4.5	11.0
3月	7.5	7.6	25.8	6.9	7.5	22.1	6.9	23.9	6.7	......	13.2	5.0	9.2	4.3	10.7
4月	7.5	7.8	25.9	7.1	7.2	21.6	6.6	23.7	6.6	......	13.1	5.1	9.0	4.4	10.3
5月	7.5	7.9	26.8	7.2	7.1	21.3	6.5	24.1	6.6	......	13.5	4.3	9.1	4.3	9.9
6月	7.5	7.8	27.7	7.0	7.3	19.7	6.8	23.8	6.6	......	13.5	5.0	9.1	4.4	10.7
7月	7.3	7.7	26.9	7.0	6.9	19.8	6.4	23.4	6.6	......	12.6	5.7	9.5	4.3	10.5
8月	7.2	7.7	25.0	7.0	6.8	20.1	6.2	22.6	6.4	......	12.9	5.1	9.3	4.3	11.0
9月	7.2	7.7	24.1	7.0	6.7	18.1	6.2	21.3	6.3	......	13.0	5.3	8.9	4.3	8.8
10月	7.2	7.5	24.4	6.9	6.9	19.6	6.4	22.0	6.3	......	13.0	5.2	9.0	4.5	9.5
11月	7.0	7.3	23.3	6.7	6.7	18.3	6.2	20.8	6.1	......	12.4	5.3	8.7	4.2	9.7
12月	6.7	6.8	21.1	6.3	6.5	19.3	6.0	20.2	5.9	......	11.9	4.1	8.3	3.8	8.7
2014: 1月	6.6	6.8	22.6	6.2	6.4	18.7	5.9	20.7	5.7	......	12.1	4.8	8.4	3.8	9.1

1　各属性における非軍人労働力人口に占める失業者の割合。
2　2003 年以降は該当人種集団のみを選択した人の数。2003 年以前は、複数人種を選択した場合、主たる人種として選んだ人種に含められる。「黒人またはアフリカ系アメリカ人」における 2003 年以前のデータは「黒人」を選択した人の数。「黒人その他」のデータは中断されている。詳細については、Employment and Earnings または「concepts and methodology of the CPS」(http://www.bls.gov/cps/documentation.htm#concepts)〔訳注：労働省・労働統計局のウェブサイト「Technical Documentation」の最初の項目〕を参照。
3　季節調整は行っていない。
4　ヒスパニックもしくはラテン系民族と表明した人。人種は問わない。
注：16 歳以上のデータ。
　　B -11 表の注記を参照。
出所：Department of Labor（Bureau of Labor Statistics）〔訳注：労働省（労働統計局）〕.

付録 B

所得・雇用・生産関連統計表

B—13 表　失業期間別・理由別失業者数（1970 〜 2014 年）

[特に断らない限り 1000 人、月次データは季調済み [1]]

年／月	失業者数	失業期間 5週間未満	5〜14週間	15〜26週間	27週間以上	平均期間（週）[2]	中央値（週）	失業理由 失職[3] 合計	レイオフ	その他	離職	労働市場再参入	労働市場新規参入
1970.	4,093	2,139	1,290	428	235	8.6	4.9	1,811	675	1,137	550	1,228	504
1971.	5,016	2,245	1,585	668	519	11.3	6.3	2,323	735	1,588	590	1,472	630
1972.	4,882	2,242	1,472	601	566	12.0	6.2	2,108	582	1,526	641	1,456	677
1973.	4,365	2,224	1,314	483	343	10.0	5.2	1,694	472	1,221	683	1,340	649
1974.	5,156	2,604	1,597	574	381	9.8	5.2	2,242	746	1,495	768	1,463	681
1975.	7,929	2,940	2,484	1,303	1,203	14.2	8.4	4,386	1,671	2,714	827	1,892	823
1976.	7,406	2,844	2,196	1,018	1,348	15.8	8.2	3,679	1,050	2,628	903	1,928	895
1977.	6,991	2,919	2,132	913	1,028	14.3	7.0	3,166	865	2,300	909	1,963	953
1978.	6,202	2,865	1,923	766	648	11.9	5.9	2,585	712	1,873	874	1,857	885
1979.	6,137	2,950	1,946	706	535	10.8	5.4	2,635	851	1,784	880	1,806	817
1980.	7,637	3,295	2,470	1,052	820	11.9	6.5	3,947	1,488	2,459	891	1,927	872
1981.	8,273	3,449	2,539	1,122	1,162	13.7	6.9	4,267	1,430	2,837	923	2,102	981
1982.	10,678	3,883	3,311	1,708	1,776	15.6	8.7	6,268	2,127	4,141	840	2,384	1,185
1983.	10,717	3,570	2,937	1,652	2,559	20.0	10.1	6,258	1,780	4,478	830	2,412	1,216
1984.	8,539	3,350	2,451	1,104	1,634	18.2	7.9	4,421	1,171	3,250	823	2,184	1,110
1985.	8,312	3,498	2,509	1,025	1,280	15.6	6.8	4,139	1,157	2,982	877	2,256	1,039
1986.	8,237	3,448	2,557	1,045	1,187	15.0	6.9	4,033	1,090	2,943	1,015	2,160	1,029
1987.	7,425	3,246	2,196	943	1,040	14.5	6.5	3,566	943	2,623	965	1,974	920
1988.	6,701	3,084	2,007	801	809	13.5	5.9	3,092	851	2,241	983	1,809	816
1989.	6,528	3,174	1,978	730	646	11.9	4.8	2,983	850	2,133	1,024	1,843	677
1990.	7,047	3,265	2,257	822	703	12.0	5.3	3,387	1,028	2,359	1,041	1,930	688
1991.	8,628	3,480	2,791	1,246	1,111	13.7	6.8	4,694	1,292	3,402	1,004	2,139	792
1992.	9,613	3,376	2,830	1,453	1,954	17.7	8.7	5,389	1,260	4,129	1,002	2,285	937
1993.	8,940	3,262	2,584	1,297	1,798	18.0	8.3	4,848	1,115	3,733	976	2,198	919
1994.	7,996	2,728	2,408	1,237	1,623	18.8	9.2	3,815	977	2,838	791	2,786	604
1995.	7,404	2,700	2,342	1,085	1,278	16.6	8.3	3,476	1,030	2,446	824	2,525	579
1996.	7,236	2,633	2,287	1,053	1,262	16.7	8.3	3,370	1,021	2,349	774	2,512	580
1997.	6,739	2,538	2,138	995	1,067	15.8	8.0	3,037	931	2,106	795	2,338	569
1998.	6,210	2,622	1,950	763	875	14.5	6.7	2,822	866	1,957	734	2,132	520
1999.	5,880	2,568	1,832	755	725	13.4	6.4	2,622	848	1,774	783	2,005	469
2000.	5,692	2,558	1,815	669	649	12.6	5.9	2,517	852	1,664	780	1,961	434
2001.	6,801	2,853	2,196	951	801	13.1	6.8	3,476	1,067	2,409	835	2,031	459
2002.	8,378	2,893	2,580	1,369	1,535	16.6	9.1	4,607	1,124	3,483	866	2,368	536
2003.	8,774	2,785	2,612	1,442	1,936	19.2	10.1	4,838	1,121	3,717	818	2,477	641
2004.	8,149	2,696	2,382	1,293	1,779	19.6	9.8	4,197	998	3,199	858	2,408	686
2005.	7,591	2,667	2,304	1,130	1,490	18.4	8.9	3,667	933	2,734	872	2,386	666
2006.	7,001	2,614	2,121	1,031	1,235	16.8	8.3	3,321	921	2,400	827	2,237	616
2007.	7,078	2,542	2,232	1,061	1,243	16.8	8.5	3,515	976	2,539	793	2,142	627
2008.	8,924	2,932	2,804	1,427	1,761	17.9	9.4	4,789	1,176	3,614	896	2,472	766
2009.	14,265	3,165	3,828	2,775	4,496	24.4	15.1	9,160	1,630	7,530	882	3,187	1,035
2010.	14,825	2,771	3,267	2,371	6,415	33.0	21.4	9,250	1,431	7,819	889	3,466	1,220
2011.	13,747	2,677	2,993	2,061	6,016	39.3	21.4	8,106	1,230	6,876	956	3,401	1,284
2012.	12,506	2,644	2,866	1,859	5,136	39.4	19.3	6,877	1,183	5,694	967	3,345	1,316
2013.	11,460	2,584	2,759	1,807	4,310	36.5	17.0	6,073	1,136	4,937	932	3,207	1,247
2012: 1月	12,650	2,461	2,880	1,942	5,524	40.1	20.9	7,270	1,253	6,017	928	3,303	1,252
2月	12,883	2,584	2,842	2,021	5,352	40.0	20.0	7,167	1,160	6,007	1,035	3,360	1,383
3月	12,732	2,724	2,792	1,924	5,292	39.4	19.6	7,051	1,148	5,903	1,101	3,300	1,392
4月	12,603	2,621	2,839	1,951	5,106	39.3	19.2	6,859	1,099	5,760	987	3,360	1,357
5月	12,689	2,575	3,018	1,677	5,392	39.6	19.8	6,980	1,143	5,838	906	3,395	1,347
6月	12,702	2,741	2,804	1,839	5,331	40.0	19.8	7,106	1,264	5,842	929	3,193	1,318
7月	12,698	2,708	3,037	1,780	5,166	38.8	17.2	7,121	1,383	5,738	873	3,365	1,298
8月	12,464	2,832	2,834	1,845	5,003	39.1	18.2	6,885	1,231	5,654	953	3,336	1,264
9月	12,070	2,517	2,825	1,853	4,875	39.4	18.7	6,508	1,170	5,338	956	3,303	1,268
10月	12,138	2,619	2,850	1,774	5,021	40.3	20.0	6,511	1,058	5,452	1,018	3,321	1,306
11月	12,045	2,636	2,777	1,796	4,767	39.2	18.6	6,434	1,082	5,351	929	3,336	1,349
12月	12,273	2,688	2,876	1,862	4,772	38.0	17.8	6,475	1,110	5,365	1,000	3,615	1,296
2013: 1月	12,315	2,753	3,077	1,867	4,707	35.4	16.0	6,675	1,164	5,511	984	3,520	1,274
2月	12,047	2,677	2,788	1,735	4,750	36.9	17.7	6,495	1,091	5,404	952	3,330	1,276
3月	11,706	2,497	2,843	1,779	4,576	37.0	18.1	6,321	1,118	5,204	978	3,182	1,304
4月	11,683	2,491	2,844	1,969	4,360	36.6	17.3	6,367	1,179	5,188	857	3,131	1,268
5月	11,690	2,704	2,642	1,934	4,353	36.9	16.9	6,094	980	5,114	944	3,326	1,257
6月	11,747	2,665	2,848	1,892	4,325	35.7	16.2	6,089	1,195	4,894	1,034	3,240	1,250
7月	11,408	2,548	2,826	1,786	4,246	36.7	15.8	5,894	1,197	4,697	970	3,234	1,246
8月	11,256	2,527	2,738	1,704	4,269	37.0	16.5	5,887	1,059	4,828	890	3,116	1,295
9月	11,203	2,571	2,685	1,802	4,125	36.8	16.4	5,803	1,091	4,712	984	3,165	1,211
10月	11,140	2,794	2,636	1,777	4,047	36.0	16.5	6,162	1,507	4,655	842	3,104	1,217
11月	10,841	2,439	2,585	1,742	4,044	37.1	17.0	5,731	1,128	4,603	890	3,065	1,169
12月	10,351	2,255	2,506	1,651	3,878	37.1	17.1	5,366	997	4,369	862	3,036	1,201
2014: 1月	10,236	2,434	2,429	1,689	3,646	35.4	16.0	5,407	986	4,421	818	2,937	1,184

1　各系列別々に季節調整が行われているため、各項目の合算値と合計値は必ずしも一致しない。
2　2011 年 1 月以降は失業期間最長 5 年まで、2010 年以前は同 2 年まで。
3　1994 年 1 月以降は、失業者と臨時雇用終了者の数。
注：16 歳以上のデータ。
　　　B-11 表の注記を参照。
出所：Department of Labor (Bureau of Labor Statistics)〔訳注：労働省（労働統計局）〕．

付録 B

B—14 表　主要産業別非農業就業者数（1970～2014 年）
[1000 人、月次データは季節調整済み]

年／月	非農業雇用者合計	民間産業合計	民間産業 財生産業 合計	鉱業・伐採業	建設業	製造業 合計	製造業 耐久財	製造業 非耐久財	サービス供給業 合計	商業・運輸業・公益事業 [1] 合計	小売業
1970.	71,006	58,318	22,179	677	3,654	17,848	10,762	7,086	36,139	14,144	7,463
1971.	71,335	58,323	21,602	658	3,770	17,174	10,229	6,944	36,721	14,318	7,657
1972.	73,798	60,333	22,299	672	3,957	17,669	10,630	7,039	38,034	14,788	8,038
1973.	76,912	63,050	23,450	693	4,167	18,589	11,414	7,176	39,600	15,349	8,371
1974.	78,389	64,086	23,364	755	4,095	18,514	11,432	7,082	40,721	15,693	8,536
1975.	77,069	62,250	21,318	802	3,608	16,909	10,266	6,643	40,932	15,606	8,600
1976.	79,502	64,501	22,025	832	3,662	17,531	10,640	6,891	42,476	16,128	8,966
1977.	82,593	67,334	22,972	865	3,940	18,167	11,132	7,035	44,362	16,765	9,359
1978.	86,826	71,014	24,156	902	4,322	18,932	11,770	7,162	46,858	17,658	9,879
1979.	89,933	73,865	24,997	1,008	4,562	19,426	12,220	7,206	48,869	18,303	10,180
1980.	90,533	74,158	24,263	1,077	4,454	18,733	11,679	7,054	49,895	18,413	10,244
1981.	91,297	75,117	24,118	1,180	4,304	18,634	11,611	7,023	50,999	18,604	10,364
1982.	89,689	73,706	22,550	1,163	4,024	17,363	10,610	6,753	51,156	18,457	10,372
1983.	90,295	74,284	22,110	997	4,065	17,048	10,326	6,722	52,174	18,668	10,635
1984.	94,548	78,389	23,435	1,014	4,501	17,920	11,050	6,870	54,954	19,653	11,223
1985.	97,532	81,000	23,585	974	4,793	17,819	11,034	6,784	57,415	20,379	11,733
1986.	99,500	82,661	23,318	829	4,937	17,552	10,795	6,757	59,343	20,795	12,078
1987.	102,116	84,960	23,470	771	5,090	17,609	10,767	6,842	61,490	21,302	12,419
1988.	105,378	87,838	23,909	770	5,233	17,906	10,969	6,938	63,929	21,974	12,808
1989.	108,051	90,124	24,045	750	5,309	17,985	11,004	6,981	66,079	22,510	13,108
1990.	109,527	91,112	23,723	765	5,263	17,695	10,737	6,958	67,389	22,666	13,182
1991.	108,427	89,881	22,588	739	4,780	17,068	10,220	6,848	67,293	22,281	12,896
1992.	108,802	90,015	22,095	689	4,608	16,799	9,946	6,853	67,921	22,125	12,828
1993.	110,935	91,946	22,219	666	4,779	16,774	9,901	6,872	69,727	22,278	13,021
1994.	114,398	95,124	22,774	659	5,095	17,020	10,132	6,889	72,350	23,128	13,491
1995.	117,407	97,975	23,156	641	5,274	17,241	10,373	6,868	74,819	23,834	13,897
1996.	119,836	100,297	23,409	637	5,536	17,237	10,486	6,751	76,888	24,239	14,143
1997.	122,951	103,287	23,886	654	5,813	17,419	10,705	6,714	79,401	24,700	14,389
1998.	126,157	106,248	24,354	645	6,149	17,560	10,911	6,649	81,894	25,186	14,609
1999.	129,240	108,933	24,465	598	6,545	17,322	10,831	6,491	84,468	25,771	14,970
2000.	132,019	111,230	24,649	599	6,787	17,263	10,877	6,386	86,581	26,225	15,280
2001.	132,074	110,956	23,873	606	6,826	16,441	10,336	6,105	87,083	25,983	15,239
2002.	130,628	109,115	22,557	583	6,716	15,259	9,485	5,774	86,558	25,497	15,025
2003.	130,318	108,735	21,816	572	6,735	14,509	8,964	5,546	86,918	25,287	14,917
2004.	131,749	110,128	21,882	591	6,976	14,315	8,925	5,390	88,246	25,533	15,058
2005.	134,005	112,201	22,190	628	7,336	14,227	8,956	5,271	90,010	25,959	15,280
2006.	136,398	114,424	22,530	684	7,691	14,155	8,981	5,174	91,894	26,276	15,353
2007.	137,936	115,718	22,233	724	7,630	13,879	8,808	5,071	93,485	26,630	15,520
2008.	137,170	114,661	21,335	767	7,162	13,406	8,463	4,943	93,326	26,293	15,283
2009.	131,233	108,678	18,558	694	6,016	11,847	7,284	4,564	90,121	24,906	14,522
2010.	130,275	107,785	17,751	705	5,518	11,528	7,064	4,464	90,034	24,636	14,440
2011.	131,842	109,756	18,047	788	5,533	11,726	7,273	4,453	91,708	25,065	14,668
2012.	134,104	112,184	18,420	848	5,646	11,927	7,470	4,457	93,763	25,476	14,841
2013 [p].	136,368	114,503	18,700	868	5,827	12,005	7,543	4,463	95,804	25,871	15,077
2012: 1 月	133,188	111,246	18,304	840	5,627	11,837	7,395	4,442	92,942	25,355	14,818
2 月	133,414	111,474	18,327	846	5,622	11,859	7,419	4,440	93,147	25,368	14,803
3 月	133,657	111,720	18,377	849	5,627	11,901	7,447	4,454	93,343	25,396	14,808
4 月	133,753	111,822	18,396	850	5,630	11,916	7,460	4,456	93,426	25,417	14,833
5 月	133,863	111,953	18,394	853	5,613	11,928	7,470	4,458	93,559	25,457	14,827
6 月	133,951	112,028	18,411	852	5,620	11,939	7,480	4,459	93,617	25,447	14,814
7 月	134,111	112,200	18,465	851	5,635	11,979	7,518	4,461	93,735	25,451	14,802
8 月	134,261	112,336	18,452	849	5,647	11,956	7,492	4,464	93,884	25,470	14,802
9 月	134,422	112,495	18,436	846	5,648	11,942	7,477	4,465	94,059	25,495	14,834
10 月	134,647	112,750	18,452	839	5,666	11,947	7,481	4,466	94,298	25,545	14,861
11 月	134,850	112,961	18,484	846	5,687	11,951	7,493	4,458	94,477	25,618	14,915
12 月	135,064	113,176	18,536	851	5,720	11,965	7,505	4,460	94,640	25,638	14,917
2013: 1 月	135,261	113,395	18,579	854	5,743	11,982	7,514	4,468	94,816	25,691	14,944
2 月	135,541	113,658	18,651	858	5,789	12,004	7,527	4,477	95,007	25,691	14,953
3 月	135,682	113,822	18,680	860	5,813	12,007	7,533	4,474	95,142	25,683	14,944
4 月	135,885	114,010	18,669	857	5,811	12,001	7,533	4,468	95,341	25,718	14,967
5 月	136,084	114,232	18,671	861	5,816	11,994	7,531	4,463	95,561	25,760	15,002
6 月	136,285	114,433	18,684	864	5,829	11,991	7,532	4,459	95,749	25,811	15,040
7 月	136,434	114,603	18,679	867	5,830	11,982	7,526	4,456	95,924	25,862	15,089
8 月	136,636	114,783	18,696	870	5,836	11,990	7,540	4,450	96,087	25,911	15,118
9 月	136,800	114,936	18,718	876	5,849	11,993	7,549	4,444	96,218	25,973	15,146
10 月	137,037	115,183	18,756	881	5,864	12,011	7,562	4,449	96,427	26,017	15,187
11 月	137,311	115,455	18,824	882	5,896	12,046	7,581	4,465	96,631	26,090	15,210
12 月 [p]	137,386	115,544	18,811	883	5,874	12,054	7,583	4,471	96,733	26,172	15,272
2014: 1 月 [p]	137,499	115,686	18,887	890	5,922	12,075	7,598	4,477	96,799	26,182	15,260

1　本表で個別表示されていない卸売業、運輸・倉庫業、公益事業を含む。
注：B-14 及び B-15 表は、非農業部門における常勤・非常勤の賃金労働者で、各月 12 日を含む賃金計算期間の賃金を受け取った者の数を事業所得単位の報告に基づきとりまとめたものであり、労働力データ（B-11～13 表）との比較はできない。労働力データにおいては、個人事業主、自営業者、無給家族労働者、家事使用人も就業者数に含まれ、労働争議や悪天候等の理由で就業せず、その間の賃金が支払われない場合でも就業者とみなされる。

（次ページに続く）

所得・雇用・生産関連統計表

B—14 表続き　主要産業別非農業就業者数（1970〜2014年）

[1000人、月次データは季節調整済み]

年/月	民間産業（続き）					政府			
	サービス供給業（続き）								
	情報	金融	専門・対企業サービス	教育・医療	余暇・宿泊・飲食業	その他サービス	合計	連邦	州	地方
1970.	2,041	3,532	5,267	4,577	4,789	1,789	12,687	2,865	2,664	7,158
1971.	2,009	3,651	5,328	4,675	4,914	1,827	13,012	2,828	2,747	7,437
1972.	2,056	3,784	5,523	4,863	5,121	1,900	13,465	2,815	2,859	7,790
1973.	2,135	3,920	5,774	5,092	5,341	1,990	13,862	2,794	2,923	8,146
1974.	2,160	4,023	5,974	5,322	5,471	2,078	14,303	2,858	3,039	8,407
1975.	2,061	4,047	6,034	5,497	5,544	2,144	14,820	2,882	3,179	8,758
1976.	2,111	4,155	6,287	5,756	5,794	2,244	15,001	2,863	3,273	8,865
1977.	2,185	4,348	6,587	6,052	6,065	2,359	15,258	2,859	3,377	9,023
1978.	2,287	4,599	6,972	6,427	6,411	2,505	15,812	2,893	3,474	9,446
1979.	2,375	4,843	7,312	6,768	6,631	2,637	16,068	2,894	3,541	9,633
1980.	2,361	5,025	7,544	7,077	6,721	2,755	16,375	3,000	3,610	9,765
1981.	2,382	5,163	7,782	7,364	6,840	2,865	16,180	2,922	3,640	9,619
1982.	2,317	5,209	7,848	7,526	6,874	2,924	15,982	2,884	3,640	9,458
1983.	2,253	5,334	8,039	7,781	7,078	3,021	16,011	2,915	3,662	9,434
1984.	2,398	5,553	8,464	8,211	7,489	3,186	16,159	2,943	3,734	9,482
1985.	2,437	5,815	8,871	8,679	7,869	3,366	16,533	3,014	3,832	9,687
1986.	2,445	6,128	9,211	9,086	8,156	3,523	16,838	3,044	3,893	9,901
1987.	2,507	6,385	9,608	9,543	8,446	3,699	17,156	3,089	3,967	10,100
1988.	2,585	6,500	10,090	10,096	8,778	3,907	17,540	3,124	4,076	10,339
1989.	2,622	6,562	10,555	10,652	9,062	4,116	17,927	3,136	4,182	10,609
1990.	2,688	6,614	10,848	11,024	9,288	4,261	18,415	3,196	4,305	10,914
1991.	2,677	6,561	10,714	11,556	9,256	4,249	18,545	3,110	4,355	11,081
1992.	2,641	6,559	10,970	11,948	9,437	4,240	18,787	3,111	4,408	11,267
1993.	2,668	6,742	11,495	12,362	9,732	4,350	18,989	3,063	4,488	11,438
1994.	2,738	6,910	12,174	12,872	10,100	4,428	19,275	3,018	4,576	11,682
1995.	2,843	6,866	12,844	13,360	10,501	4,572	19,432	2,949	4,635	11,849
1996.	2,940	7,018	13,462	13,761	10,777	4,690	19,539	2,877	4,606	12,056
1997.	3,084	7,255	14,335	14,185	11,018	4,825	19,664	2,806	4,582	12,276
1998.	3,218	7,565	15,147	14,570	11,232	4,976	19,909	2,772	4,612	12,525
1999.	3,419	7,753	15,957	14,939	11,543	5,087	20,307	2,769	4,709	12,829
2000.	3,630	7,783	16,666	15,247	11,862	5,168	20,790	2,865	4,786	13,139
2001.	3,629	7,900	16,476	15,801	12,036	5,258	21,118	2,764	4,905	13,449
2002.	3,395	7,956	15,976	16,377	11,986	5,372	21,513	2,766	5,029	13,718
2003.	3,188	8,078	15,987	16,805	12,173	5,401	21,583	2,761	5,002	13,820
2004.	3,118	8,105	16,394	17,192	12,493	5,409	21,621	2,730	4,982	13,909
2005.	3,061	8,197	16,954	17,630	12,816	5,395	21,804	2,732	5,032	14,041
2006.	3,038	8,367	17,566	18,099	13,110	5,438	21,974	2,732	5,075	14,167
2007.	3,032	8,348	17,942	18,613	13,427	5,494	22,218	2,734	5,122	14,362
2008.	2,984	8,206	17,735	19,156	13,436	5,515	22,509	2,762	5,177	14,571
2009.	2,804	7,838	16,579	19,550	13,077	5,367	22,555	2,832	5,169	14,554
2010.	2,707	7,695	16,728	19,889	13,049	5,331	22,490	2,977	5,137	14,376
2011.	2,674	7,697	17,332	20,228	13,353	5,360	22,086	2,859	5,078	14,150
2012.	2,676	7,784	17,932	20,698	13,768	5,430	21,920	2,820	5,055	14,045
2013.[p]	2,685	7,880	18,560	21,102	14,242	5,464	21,864	2,766	5,048	14,050
2012:1月	2,673	7,733	17,694	20,479	13,594	5,414	21,942	2,833	5,048	14,061
2月	2,673	7,741	17,752	20,563	13,638	5,412	21,940	2,827	5,049	14,064
3月	2,675	7,765	17,790	20,593	13,703	5,421	21,937	2,826	5,053	14,058
4月	2,677	7,766	17,835	20,613	13,700	5,418	21,931	2,826	5,058	14,047
5月	2,680	7,778	17,864	20,656	13,705	5,419	21,910	2,825	5,049	14,036
6月	2,675	7,781	17,912	20,666	13,711	5,425	21,923	2,824	5,056	14,043
7月	2,679	7,781	17,964	20,689	13,739	5,432	21,911	2,814	5,053	14,044
8月	2,680	7,789	17,998	20,706	13,810	5,431	21,925	2,819	5,058	14,048
9月	2,673	7,803	18,014	20,765	13,868	5,441	21,927	2,819	5,074	14,034
10月	2,672	7,812	18,078	20,858	13,889	5,444	21,897	2,821	5,052	14,024
11月	2,681	7,816	18,132	20,862	13,921	5,447	21,889	2,816	5,052	14,021
12月	2,674	7,827	18,165	20,904	13,981	5,451	21,888	2,814	5,050	14,024
2013:1月	2,673	7,835	18,210	20,921	14,028	5,458	21,866	2,809	5,034	14,023
2月	2,692	7,847	18,295	20,948	14,078	5,456	21,883	2,810	5,049	14,024
3月	2,694	7,853	18,362	20,989	14,112	5,449	21,860	2,789	5,056	14,015
4月	2,688	7,863	18,434	21,040	14,145	5,453	21,875	2,791	5,053	14,031
5月	2,686	7,872	18,511	21,069	14,198	5,465	21,852	2,768	5,047	14,037
6月	2,685	7,885	18,570	21,084	14,249	5,465	21,852	2,767	5,034	14,051
7月	2,697	7,901	18,621	21,108	14,272	5,463	21,831	2,756	5,025	14,050
8月	2,669	7,897	18,663	21,172	14,306	5,469	21,853	2,749	5,039	14,065
9月	2,682	7,896	18,700	21,181	14,315	5,471	21,864	2,744	5,051	14,069
10月	2,688	7,903	18,753	21,212	14,380	5,474	21,854	2,732	5,057	14,065
11月	2,689	7,899	18,826	21,237	14,417	5,473	21,856	2,739	5,060	14,057
12月[p]	2,679	7,902	18,830	21,233	14,437	5,480	21,842	2,736	5,059	14,047
2014:1月[p]	2,679	7,900	18,866	21,227	14,461	5,484	21,813	2,724	5,053	14,036

注：(続き) また、労働力データは、就労年齢人口のサンプル調査に基づくものであり、調査対象者はそれぞれ就業、失業、労働力非参加のいずれかに分類され、重複カウントされることはない。本表（B-14 及び B-15 表）では、複数の職を有するものは給料支払い名簿に掲載される度にカウントされる。

雇用、労働時間、給与に関する事業所データは、2012年版北米産業分類システム (NAICS) に基づき分類されている。詳細は Employment and Earnings を参照。

出所：Department of Labor (Bureau of Labor Statistics) 〔訳注：労働省（労働統計局）〕。

付録 B

B—15 表　非農業民間産業における労働時間及び賃金（1970～2014 年）[1]

[月次データは季節調整済み]

年／月	平均週当たり労働時間 民間産業全体	製造業 合計	製造業 超過勤務	平均時間当たり賃金 民間産業全体 名目ドル	1982～84年ドル[2]	製造業 （名目ドル）	民間産業全体の平均週当たり賃金 賃金水準 名目ドル	1982～84年ドル[2]	対前年増加率（％）名目ドル	1982～84年ドル[2]
1970.	37.0	39.8	2.9	$3.40	$8.72	$3.24	$125.79	$322.54	4.2	-1.4
1971.	36.7	39.9	2.9	3.63	8.92	3.45	133.22	327.32	5.9	1.5
1972.	36.9	40.6	3.4	3.90	9.26	3.70	143.87	341.73	8.0	4.4
1973.	36.9	40.7	3.8	4.14	9.26	3.97	152.59	341.36	6.1	-.1
1974.	36.4	40.0	3.2	4.43	8.93	4.31	161.61	325.83	5.9	-4.5
1975.	36.0	39.5	2.6	4.73	8.74	4.71	170.29	314.77	5.4	-3.4
1976.	36.1	40.1	3.1	5.06	8.85	5.10	182.65	319.32	7.3	1.4
1977.	35.9	40.3	3.4	5.44	8.93	5.55	195.58	321.15	7.1	.6
1978.	35.8	40.4	3.6	5.88	8.96	6.05	210.29	320.56	7.5	-.2
1979.	35.6	40.2	3.3	6.34	8.67	6.57	225.69	308.74	7.3	-3.7
1980.	35.2	39.6	2.8	6.85	8.26	7.15	241.07	290.80	6.8	-5.8
1981.	35.2	39.8	2.8	7.44	8.14	7.87	261.53	286.14	8.5	-1.6
1982.	34.7	38.9	2.3	7.87	8.12	8.36	273.10	281.84	4.4	-1.5
1983.	34.9	40.1	2.9	8.20	8.22	8.70	286.43	287.00	4.9	1.8
1984.	35.1	40.6	3.4	8.49	8.22	9.05	298.26	288.73	4.1	.6
1985.	34.9	40.5	3.3	8.74	8.18	9.40	304.62	284.96	2.1	-1.3
1986.	34.7	40.7	3.4	8.93	8.22	9.60	309.78	285.25	1.7	.1
1987.	34.7	40.9	3.7	9.14	8.12	9.77	317.39	282.12	2.5	-1.1
1988.	34.6	41.0	3.8	9.44	8.07	10.05	326.48	279.04	2.9	-1.1
1989.	34.5	40.9	3.8	9.80	7.99	10.35	338.34	275.97	3.6	-1.1
1990.	34.3	40.5	3.9	10.20	7.91	10.78	349.63	271.03	3.3	-1.8
1991.	34.1	40.4	3.8	10.51	7.83	11.13	358.46	266.91	2.5	-1.5
1992.	34.2	40.7	4.0	10.77	7.79	11.40	368.20	266.43	2.7	-.2
1993.	34.3	41.1	4.4	11.05	7.78	11.70	378.89	266.64	2.9	.1
1994.	34.5	41.7	5.0	11.34	7.79	12.04	391.17	268.66	3.2	.8
1995.	34.3	41.3	4.7	11.65	7.78	12.34	400.04	267.05	2.3	-.6
1996.	34.3	41.3	4.8	12.04	7.81	12.75	413.25	268.17	3.3	.4
1997.	34.5	41.7	5.1	12.51	7.94	13.14	431.86	274.02	4.5	2.2
1998.	34.5	41.4	4.9	13.01	8.15	13.45	448.59	280.90	3.9	2.5
1999.	34.3	41.4	4.9	13.49	8.27	13.85	463.15	283.79	3.2	1.0
2000.	34.3	41.3	4.7	14.02	8.30	14.32	480.99	284.78	3.9	.3
2001.	34.0	40.3	4.0	14.54	8.38	14.76	493.74	284.58	2.7	-.1
2002.	33.9	40.5	4.2	14.97	8.51	15.29	506.60	288.00	2.6	1.2
2003.	33.7	40.4	4.2	15.37	8.55	15.74	517.82	288.00	2.2	0.0
2004.	33.7	40.8	4.6	15.69	8.50	16.14	528.89	286.66	2.1	-.5
2005.	33.8	40.7	4.6	16.12	8.44	16.56	544.05	284.84	2.9	-.6
2006.	33.9	41.1	4.4	16.75	8.50	16.81	567.39	287.87	4.3	1.1
2007.	33.8	41.2	4.2	17.42	8.59	17.26	589.27	290.61	3.9	1.0
2008.	33.6	40.8	3.7	18.07	8.56	17.75	607.53	287.86	3.1	-.9
2009.	33.1	39.8	2.9	18.61	8.88	18.24	616.01	293.86	1.4	2.1
2010.	33.4	41.1	3.8	19.05	8.90	18.61	636.25	297.36	3.3	1.2
2011.	33.6	41.4	4.1	19.44	8.77	18.93	653.19	294.79	2.7	-.9
2012.	33.7	41.7	4.2	19.74	8.73	19.08	665.82	294.31	1.9	-.2
2013.p	33.7	41.9	4.3	20.13	8.78	19.30	677.67	295.51	1.8	.4
2012: 1月	33.8	41.8	4.2	19.58	8.73	19.02	661.80	295.00	2.6	-.6
2月	33.7	41.8	4.1	19.60	8.72	19.01	660.52	293.73	2.1	-1.0
3月	33.7	41.6	4.2	19.65	8.71	19.02	662.21	293.64	2.0	-.7
4月	33.7	41.6	4.2	19.70	8.72	19.09	663.89	293.85	2.1	-.3
5月	33.6	41.5	4.1	19.69	8.73	19.02	661.58	293.40	1.4	-.3
6月	33.7	41.6	4.2	19.72	8.75	19.08	664.56	294.99	1.8	.2
7月	33.7	41.7	4.2	19.76	8.77	19.11	665.91	295.71	1.4	.1
8月	33.6	41.5	4.1	19.75	8.72	19.06	663.60	292.90	1.3	-.3
9月	33.6	41.5	4.2	19.78	8.68	19.07	664.61	291.66	1.4	-.6
10月	33.6	41.5	4.2	19.80	8.67	19.10	665.28	291.21	1.0	-1.2
11月	33.7	41.6	4.1	19.85	8.72	19.15	668.95	293.73	1.4	-.3
12月	33.7	41.7	4.3	19.89	8.74	19.14	670.29	294.53	1.6	-.1
2013: 1月	33.6	41.6	4.3	19.95	8.76	19.15	670.32	294.38	1.3	-.2
2月	33.8	41.9	4.3	20.00	8.73	19.22	676.00	294.96	2.3	.4
3月	33.8	41.9	4.4	20.02	8.76	19.22	676.68	296.16	2.2	.9
4月	33.7	41.8	4.3	20.04	8.79	19.21	675.35	296.26	1.7	.8
5月	33.7	41.8	4.3	20.06	8.78	19.25	676.02	295.94	2.2	.9
6月	33.7	41.9	4.3	20.12	8.78	19.28	678.04	295.75	2.0	.3
7月	33.5	41.7	4.3	20.15	8.77	19.27	675.03	293.89	1.4	-.6
8月	33.7	41.9	4.3	20.17	8.78	19.33	679.73	295.74	2.4	1.0
9月	33.6	41.9	4.3	20.21	8.78	19.35	679.06	295.10	2.2	1.2
10月	33.6	41.9	4.4	20.25	8.80	19.37	680.40	295.71	2.3	1.5
11月	33.7	42.0	4.5	20.30	8.82	19.42	684.11	297.09	2.3	1.1
12月p	33.5	41.9	4.5	20.33	8.80	19.46	681.06	294.93	1.6	.1
2014: 1月p	33.5	41.7	4.3	20.39	8.82	19.47	683.07	295.40	1.9	.3

1　製造業の生産雇用者数及び民間の非管理職雇用者数、サービス業の雇用者数のデータ。「全体」には B-14 表の各民間産業が含まれる。
2　各名目賃金を 1982～84 年= 100 とする都市賃金労働者物価指数〔訳注：consumer price index for urban wage earners（CPI-W）〕で割ったもの。
注：B-14 表の注記を参照。
出所：Department of Labor (Bureau of Labor Statistics)〔訳注：労働省（労働統計局）〕.

付録 B

所得・雇用・生産関連統計表

B—16 表　企業部門・非農業企業部門の生産性及び関連データ（1963 ～ 2012 年）

［指数、2009 年 =100、四半期データは季節調整済み］

年 / 四半期	労働生産性 (全労働者、時間当たり) 企業部門	非農業企業部門	生産[1] 企業部門	非農業企業部門	延べ労働時間[2] 企業部門	非農業企業部門	時間当たり報酬[3] 企業部門	非農業企業部門	時間当たり報酬（実質）[4] 企業部門	非農業企業部門	単位労働費用 企業部門	非農業企業部門	インプリシット価格デフレータ[5] 企業部門	非農業企業部門
1965.	39.4	41.4	25.0	25.0	63.5	60.4	9.2	9.4	57.1	58.7	23.4	22.8	21.9	21.4
1966.	41.0	42.9	26.7	26.8	65.2	62.4	9.8	10.0	59.3	60.4	24.0	23.3	22.4	21.9
1967.	41.9	43.7	27.3	27.3	65.0	62.4	10.4	10.6	60.8	62.0	24.7	24.2	23.0	22.6
1968.	43.4	45.2	28.6	28.7	66.0	63.5	11.2	11.4	62.9	64.0	25.8	25.2	23.9	23.4
1969.	43.6	45.3	29.5	29.6	67.7	65.4	12.0	12.2	63.8	64.8	27.4	26.8	25.0	24.5
1970.	44.5	46.0	29.5	29.6	66.3	64.3	12.9	13.0	64.9	65.6	28.9	28.3	26.1	25.6
1971.	46.3	47.8	30.6	30.7	66.2	64.2	13.6	13.8	65.9	66.7	29.5	28.9	27.2	26.7
1972.	47.8	49.4	32.6	32.7	68.2	66.3	14.5	14.7	67.9	68.8	30.3	29.7	28.2	27.5
1973.	49.2	50.9	34.9	35.1	70.8	69.0	15.6	15.8	68.9	69.7	31.8	31.1	29.6	28.5
1974.	48.4	50.1	34.3	34.6	71.0	69.1	17.1	17.3	67.9	68.8	35.3	34.6	32.5	31.4
1975.	50.1	51.4	34.0	34.0	67.9	66.1	18.9	19.1	68.9	69.6	37.8	37.2	35.7	34.8
1976.	51.7	53.2	36.3	36.4	70.1	68.5	20.4	20.6	70.3	70.9	39.5	38.7	37.6	36.7
1977.	52.7	54.1	38.4	38.5	72.8	71.2	22.1	22.3	71.3	72.0	41.9	41.2	39.8	39.0
1978.	53.3	54.8	40.8	41.1	76.6	74.9	23.9	24.2	72.2	73.1	44.9	44.2	42.6	41.6
1979.	53.3	54.7	42.2	42.4	79.1	77.6	26.3	26.5	72.3	73.1	49.3	48.5	46.2	45.1
1980.	53.3	54.7	41.8	42.0	78.5	76.9	29.1	29.4	72.1	72.8	54.6	53.8	50.3	49.4
1981.	54.5	55.5	43.0	43.0	79.0	77.5	31.8	32.2	72.0	72.9	58.4	58.0	54.9	54.1
1982.	54.1	55.0	41.7	41.6	77.2	75.8	34.2	34.6	72.9	73.7	63.2	62.9	58.1	57.5
1983.	56.0	57.4	44.0	44.3	78.6	77.3	35.7	36.1	73.1	74.0	63.7	62.9	60.1	59.3
1984.	57.6	58.6	47.9	48.1	83.2	82.0	37.3	37.7	73.3	74.1	64.7	64.3	61.8	61.0
1985.	58.9	59.6	50.1	50.1	85.1	84.1	39.2	39.5	74.5	75.1	66.5	66.3	63.6	63.0
1986.	60.6	61.4	52.0	52.0	85.8	84.8	41.4	41.8	77.3	78.0	68.4	68.1	64.4	63.9
1987.	60.9	61.7	53.8	53.9	88.3	87.3	43.0	43.4	77.6	78.4	70.6	70.3	65.7	65.2
1988.	61.8	62.7	56.1	56.3	90.8	89.8	45.2	45.6	78.8	79.5	73.2	72.7	67.8	67.2
1989.	62.5	63.3	58.2	58.4	93.1	92.3	46.6	46.9	77.9	78.4	74.5	74.2	70.3	69.6
1990.	63.9	64.5	59.2	59.3	92.6	91.9	49.6	49.9	79.0	79.3	77.6	77.3	72.6	71.9
1991.	65.1	65.7	58.9	59.0	90.4	89.7	52.1	52.3	79.9	80.4	80.0	79.7	74.6	74.2
1992.	68.0	68.5	61.3	61.3	90.2	89.5	55.1	55.5	82.6	83.1	81.1	81.0	75.8	75.4
1993.	68.1	68.6	63.1	63.2	92.7	92.2	56.0	56.2	81.8	82.1	82.2	81.9	77.6	77.1
1994.	68.6	69.3	66.2	66.2	96.4	95.5	56.5	56.9	80.9	81.4	82.3	82.1	79.0	78.6
1995.	68.9	69.8	68.2	68.5	99.1	98.2	57.6	58.0	80.5	81.1	83.6	83.1	80.4	79.9
1996.	70.9	71.6	71.4	71.6	100.7	99.9	60.0	60.4	81.7	82.2	84.6	84.3	81.6	81.0
1997.	72.3	72.8	75.2	75.3	104.0	103.4	62.2	62.5	82.9	83.3	86.0	85.8	82.8	82.4
1998.	74.5	75.0	79.1	79.3	106.1	105.7	65.9	66.1	86.6	86.9	88.4	88.1	83.2	82.9
1999.	77.3	77.6	83.6	83.9	108.2	108.0	68.8	68.9	88.5	88.7	89.0	88.7	83.7	83.6
2000.	79.9	80.2	87.4	87.5	109.4	109.1	73.8	74.0	91.9	92.1	92.4	92.2	85.3	85.2
2001.	82.1	82.4	87.9	88.1	107.1	107.0	77.2	77.2	93.5	93.5	94.0	93.7	86.8	86.6
2002.	85.6	85.9	89.5	89.7	104.5	104.4	78.9	79.0	94.1	94.2	92.2	91.9	87.4	87.4
2003.	88.9	89.1	92.3	92.5	103.9	103.8	81.9	81.9	95.5	95.6	92.1	92.0	88.6	88.5
2004.	91.8	91.9	96.5	96.6	105.2	105.2	85.7	85.7	97.3	97.3	93.4	93.3	90.7	90.3
2005.	93.7	93.8	100.2	100.3	106.9	106.9	88.8	88.8	97.6	97.6	94.8	94.7	93.5	93.4
2006.	94.6	94.6	103.3	103.5	109.2	109.3	92.3	92.3	98.2	98.2	97.5	97.5	96.1	96.0
2007.	96.0	96.2	105.5	105.8	109.9	110.0	96.4	96.3	99.7	99.6	100.4	100.1	98.2	97.9
2008.	96.8	96.9	104.3	104.5	107.7	107.8	99.0	98.9	98.6	98.5	102.2	102.0	99.7	99.4
2009.	100.0	100.0	100.0	100.0	100.0	100.0	100.0	100.0	100.0	100.0	100.0	100.0	100.0	100.0
2010.	103.3	103.3	103.1	103.2	99.9	99.9	102.0	102.1	100.3	100.4	98.8	98.8	101.1	101.0
2011.	103.6	103.8	105.6	105.7	101.9	101.9	104.4	104.6	99.6	99.7	100.8	100.8	103.3	102.7
2012.	105.1	105.3	109.5	109.7	104.1	104.1	107.2	107.4	100.1	100.3	102.0	102.0	105.1	104.6
2013[P].	106.2	105.9	112.2	112.1	105.7	105.9	109.1	109.1	100.4	100.5	102.7	103.0	106.7	105.9
2010: I.	102.5	102.6	101.5	101.5	98.9	98.9	100.7	100.7	99.3	99.4	98.2	98.2	100.5	100.4
II.	102.9	102.9	102.7	102.7	99.8	99.7	101.9	102.0	100.6	100.6	99.0	99.1	100.9	100.8
III.	103.6	103.5	103.7	103.7	100.2	100.2	102.5	102.5	100.8	100.9	98.9	99.0	101.3	101.2
IV.	104.0	104.1	104.7	104.8	100.7	100.7	102.9	103.1	100.5	100.6	99.0	99.0	101.9	101.6
2011: I.	103.1	103.2	104.2	104.2	101.0	101.0	104.5	104.7	101.0	101.2	101.4	101.5	102.4	101.9
II.	103.6	103.7	105.2	105.4	101.6	101.7	104.4	104.4	99.7	99.8	100.8	100.7	103.0	102.5
III.	103.5	103.7	105.7	105.9	102.1	102.1	105.0	105.2	99.6	99.8	101.5	101.5	103.8	103.2
IV.	104.4	104.5	107.3	107.4	102.9	102.8	103.8	104.0	98.1	98.3	99.5	99.6	103.9	103.4
2012: I.	104.7	104.8	108.6	108.7	103.7	103.7	106.0	106.3	99.6	99.8	101.3	101.3	104.4	103.8
II.	105.0	105.2	109.1	109.2	103.8	103.8	106.5	106.8	99.9	100.1	101.4	101.5	104.9	104.4
III.	105.6	105.8	110.0	110.3	104.2	104.2	106.7	106.9	99.5	99.7	101.1	101.1	105.5	105.0
IV.	105.1	105.4	110.1	110.5	104.7	104.8	109.4	109.5	101.4	101.5	104.0	103.9	105.8	105.2
2013: I.	105.2	104.9	110.5	110.4	105.0	105.2	108.1	108.0	99.9	99.8	102.7	103.0	106.3	105.4
II.	105.7	105.4	111.4	111.3	105.4	105.6	109.1	109.1	100.8	100.8	103.2	103.5	106.4	105.6
III.	106.6	106.3	112.9	112.8	105.9	106.1	109.4	109.5	100.5	100.5	102.7	103.0	106.9	106.2
IV[P].	107.3	107.1	114.1	114.1	106.4	106.5	109.8	109.9	100.6	100.7	102.3	102.6	107.1	106.5

1 「生産」は各部門の実質国内総生産（GDP）。
2 各部門の全労働者（従業員、個人事業主、無給家族労働者を含む）の延べ労働時間。推計値は主として事業所データに基づく。
3 雇用者の賃金・俸給に、社会保険料および個人年金等の雇用主負担分を加算したもの。自営業者の賃金、俸給、加給金の推定値も含む。
4 時間当たり報酬額を一連の消費者物価指数で割った値。1978 年から 2012 年までの一連の消費者物価指数は、消費者物価指数リサーチシリーズ（CPI-U-RS）に基づく。最近の四半期では、全都市消費者物価指数（CPI-U）に基づく。
5 名目生産額を生産指数で割った値。
出所：Department of Labor (Bureau of Labor Statistics)〔訳注：労働省（労働統計局）〕.

付録 B

B—17 表　債券利回り及び貸出金利（1942～2014 年）

[年率、％]

年/月	財務省証券 短期割引債[TB](落札利回り)[1] 3カ月物	6カ月物	財務省証券 中長期利付債[2] 3年物	10年物	30年物	社債（ムーディーズ） Aaa[3]	Baa	高格付け地方債（スタンダード&プアーズ）	新設住宅抵当証券利回り[4]	銀行のプライム・レート[5]	連銀貸出（ニューヨーク連銀）[5,6] プライマリー・クレジット	調整信用	フェデラル・ファンド[FF]金利[7]
1942.	0.326	......	......	......	......	2.83	4.28	2.36	......	1.50	......	8 1.00	......
1943.	.373	......	......	......	......	2.73	3.91	2.06	......	1.50	......	8 1.00	......
1944.	.375	......	......	......	......	2.72	3.61	1.86	......	1.50	......	8 1.00	......
1945.	.375	......	......	......	......	2.62	3.29	1.67	......	1.50	......	8 1.00	......
1946.	.375	......	......	......	......	2.53	3.05	1.64	......	1.50	......	8 1.00	......
1947.	.594	......	......	......	......	2.61	3.24	2.01	......	1.50-1.75	......	1.00	......
1948.	1.040	......	......	......	......	2.82	3.47	2.40	......	1.75-2.00	......	1.34	......
1949.	1.102	......	......	......	......	2.66	3.42	2.21	......	2.00	......	1.50	......
1950.	1.218	......	......	......	......	2.62	3.24	1.98	......	2.07	......	1.59	......
1951.	1.552	......	......	......	......	2.86	3.41	2.00	......	2.56	......	1.75	......
1952.	1.766	......	......	......	......	2.96	3.52	2.19	......	3.00	......	1.75	......
1953.	1.931	......	2.47	2.85	......	3.20	3.74	2.72	......	3.17	......	1.99	......
1954.	.953	......	1.63	2.40	......	2.90	3.51	2.37	......	3.05	......	1.60	......
1955.	1.753	......	2.47	2.82	......	3.06	3.53	2.53	......	3.16	......	1.89	1.79
1956.	2.658	......	3.19	3.18	......	3.36	3.88	2.93	......	3.77	......	2.77	2.73
1957.	3.267	......	3.98	3.65	......	3.89	4.71	3.60	......	4.20	......	3.12	3.11
1958.	1.839	......	2.84	3.32	......	3.79	4.73	3.56	......	3.83	......	2.15	1.57
1959.	3.405	3.832	4.46	4.33	......	4.38	5.05	3.95	......	4.48	......	3.36	3.31
1960.	2.93	3.25	3.98	4.12	......	4.41	5.19	3.73	......	4.82	......	3.53	3.21
1961.	2.38	2.61	3.54	3.88	......	4.35	5.08	3.46	......	4.50	......	3.00	1.95
1962.	2.78	2.91	3.47	3.95	......	4.33	5.02	3.18	......	4.50	......	3.00	2.71
1963.	3.16	3.25	3.67	4.00	......	4.26	4.86	3.23	5.89	4.50	......	3.23	3.18
1964.	3.56	3.69	4.03	4.19	......	4.40	4.83	3.22	5.83	4.50	......	3.55	3.50
1965.	3.95	4.05	4.22	4.28	......	4.49	4.87	3.27	5.81	4.54	......	4.04	4.07
1966.	4.88	5.08	5.23	4.93	......	5.13	5.67	3.82	6.25	5.63	......	4.50	5.11
1967.	4.32	4.63	5.03	5.07	......	5.51	6.23	3.98	6.46	5.63	......	4.19	4.22
1968.	5.34	5.47	5.68	5.64	......	6.18	6.94	4.51	6.97	6.31	......	5.17	5.66
1969.	6.68	6.85	7.02	6.67	......	7.03	7.81	5.81	7.81	7.96	......	5.87	8.21
1970.	6.43	6.53	7.29	7.35	......	8.04	9.11	6.51	8.45	7.91	......	5.95	7.17
1971.	4.35	4.51	5.66	6.16	......	7.39	8.56	5.70	7.74	5.73	......	4.88	4.67
1972.	4.07	4.47	5.72	6.21	......	7.21	8.16	5.27	7.60	5.25	......	4.50	4.44
1973.	7.04	7.18	6.96	6.85	......	7.44	8.24	5.18	7.96	8.03	......	6.45	8.74
1974.	7.89	7.93	7.84	7.56	......	8.57	9.50	6.09	8.92	10.81	......	7.83	10.51
1975.	5.84	6.12	7.50	7.99	......	8.83	10.61	6.89	9.00	7.86	......	6.25	5.82
1976.	4.99	5.27	6.77	7.61	......	8.43	9.75	6.49	9.00	6.84	......	5.50	5.05
1977.	5.27	5.52	6.68	7.42	7.75	8.02	8.97	5.56	9.02	6.83	......	5.46	5.54
1978.	7.22	7.58	8.29	8.41	8.49	8.73	9.49	5.90	9.56	9.06	......	7.46	7.94
1979.	10.05	10.02	9.70	9.43	9.28	9.63	10.69	6.39	10.78	12.67	......	10.29	11.20
1980.	11.51	11.37	11.51	11.43	11.27	11.94	13.67	8.51	12.66	15.26	......	11.77	13.35
1981.	14.03	13.78	14.46	13.92	13.45	14.17	16.04	11.23	14.70	18.87	......	13.42	16.39
1982.	10.69	11.08	12.93	13.01	12.76	13.79	16.11	11.57	15.14	14.85	......	11.01	12.24
1983.	8.63	8.75	10.45	11.10	11.18	12.04	13.55	9.47	12.57	10.79	......	8.50	9.09
1984.	9.53	9.77	11.92	12.46	12.41	12.71	14.19	10.15	12.38	12.04	......	8.80	10.23
1985.	7.47	7.64	9.64	10.62	10.79	11.37	12.72	9.18	11.55	9.93	......	7.69	8.10
1986.	5.98	6.03	7.06	7.67	7.78	9.02	10.39	7.38	10.17	8.33	......	6.32	6.80
1987.	5.82	6.05	7.68	8.39	8.59	9.38	10.58	7.73	9.31	8.21	......	5.66	6.66
1988.	6.69	6.92	8.26	8.85	8.96	9.71	10.83	7.76	9.19	9.32	......	6.20	7.57
1989.	8.12	8.04	8.55	8.49	8.45	9.26	10.18	7.24	10.13	10.87	......	6.93	9.21
1990.	7.51	7.47	8.26	8.55	8.61	9.32	10.36	7.25	10.05	10.01	......	6.98	8.10
1991.	5.42	5.49	6.82	7.86	8.14	8.77	9.80	6.89	9.32	8.46	......	5.45	5.69
1992.	3.45	3.57	5.30	7.01	7.67	8.14	8.98	6.41	8.24	6.25	......	3.25	3.52
1993.	3.02	3.14	4.44	5.87	6.59	7.22	7.93	5.63	7.20	6.00	......	3.00	3.02
1994.	4.29	4.66	6.27	7.09	7.37	7.96	8.62	6.19	7.49	7.15	......	3.60	4.21
1995.	5.51	5.59	6.25	6.57	6.88	7.59	8.20	5.95	7.87	8.83	......	5.21	5.83
1996.	5.02	5.09	5.99	6.44	6.71	7.37	8.05	5.75	7.80	8.27	......	5.02	5.30
1997.	5.07	5.18	6.10	6.35	6.61	7.26	7.86	5.55	7.71	8.44	......	5.00	5.46
1998.	4.81	4.85	5.14	5.26	5.58	6.53	7.22	5.12	7.07	8.35	......	4.92	5.35
1999.	4.66	4.76	5.49	5.65	5.87	7.04	7.87	5.43	7.04	8.00	......	4.62	4.97
2000.	5.85	5.92	6.22	6.03	5.94	7.62	8.36	5.77	7.52	9.23	......	5.73	6.24
2001.	3.44	3.39	4.09	5.02	5.49	7.08	7.95	5.19	7.00	6.91	......	3.40	3.88
2002.	1.62	1.69	3.10	4.61	5.43	6.49	7.80	5.05	6.43	4.67	......	1.17	1.67
2003.	1.01	1.06	2.10	4.01	......	5.67	6.77	4.73	5.80	4.12	2.12	......	1.13
2004.	1.38	1.57	2.78	4.27	......	5.63	6.39	4.63	5.77	4.34	2.34	......	1.35
2005.	3.16	3.40	3.93	4.29	......	5.24	6.06	4.29	5.94	6.19	4.19	......	3.22
2006.	4.73	4.80	4.77	4.80	4.91	5.59	6.48	4.42	6.63	7.96	5.96	......	4.97
2007.	4.41	4.48	4.35	4.63	4.84	5.56	6.48	4.42	6.41	8.05	5.86	......	5.02
2008.	1.48	1.71	2.24	3.66	4.28	5.63	7.45	4.80	6.05	5.09	2.39	......	1.92
2009.	.16	.29	1.43	3.26	4.08	5.31	7.30	4.64	5.14	3.25	.50	......	.16
2010.	.14	.20	1.11	3.22	4.25	4.94	6.04	4.16	4.80	3.25	.72	......	.18
2011.	.06	.10	.75	2.78	3.91	4.64	5.66	4.29	4.56	3.25	.75	......	.10
2012.	.09	.13	.38	1.80	2.92	3.67	4.94	3.14	3.69	3.25	.75	......	.14
2013.	.06	.09	.54	2.35	3.45	4.24	5.10	3.96	4.00	3.25	.75	......	.11

1　各期間内に発行された証券の最高落札利回り（割引率ベース）。1998 年 10 月 28 日以降のデータは単一価格方式入札における最高入札利回り。それより前のデータは複数価格入札方式における入札利回りの加重平均〔訳注：財務省短期証券（Treasury Bonds：TB）〕。
（次ページに続く）

付録 B

所得・雇用・生産関連統計表

B—17 表続き 債券利回り及び貸出金利（1942〜2014 年）

[年率、%]

年/月	短期割引債[TB]（落札利回り）[1] 3カ月物	6カ月物	中長期利付債[2] 3年物	10年物	30年物	社債（ムーディーズ） Aaa[3]	Baa	高格付け地方債（スタンダード＆プアーズ）	新設住宅抵当証券利回り[4]	銀行のプライム・レート[5]	連銀貸出（ニューヨーク連銀）[5,6] プライマリー・クレジット 最高ー最低	調整信用 最高ー最低	フェデラル・ファンド[FF]金利[7]
2009: 1月	0.12	0.31	1.13	2.52	3.13	5.05	8.14	5.13	5.11	3.25-3.25	0.50-0.50	……	0.15
2月	.31	.46	1.37	2.87	3.59	5.27	8.08	5.00	5.09	3.25-3.25	0.50-0.50	……	.22
3月	.25	.43	1.31	2.82	3.64	5.50	8.42	5.15	5.10	3.25-3.25	0.50-0.50	……	.18
4月	.17	.37	1.32	2.93	3.76	5.39	8.39	4.88	4.96	3.25-3.25	0.50-0.50	……	.15
5月	.19	.31	1.39	3.29	4.23	5.54	8.06	4.60	4.92	3.25-3.25	0.50-0.50	……	.18
6月	.17	.32	1.76	3.72	4.52	5.61	7.50	4.84	5.17	3.25-3.25	0.50-0.50	……	.21
7月	.19	.29	1.55	3.56	4.41	5.41	7.09	4.69	5.40	3.25-3.25	0.50-0.50	……	.16
8月	.18	.27	1.65	3.59	4.37	5.26	6.58	4.58	5.32	3.25-3.25	0.50-0.50	……	.16
9月	.13	.22	1.48	3.40	4.19	5.13	6.31	4.13	5.26	3.25-3.25	0.50-0.50	……	.15
10月	.08	.17	1.46	3.39	4.19	5.15	6.29	4.20	5.14	3.25-3.25	0.50-0.50	……	.12
11月	.06	.16	1.32	3.40	4.31	5.19	6.32	4.35	5.08	3.25-3.25	0.50-0.50	……	.12
12月	.07	.17	1.38	3.59	4.49	5.26	6.37	4.16	5.01	3.25-3.25	0.50-0.50	……	.12
2010: 1月	.06	.15	1.49	3.73	4.60	5.26	6.25	4.22	5.04	3.25-3.25	0.50-0.50	……	.11
2月	.10	.18	1.40	3.69	4.62	5.35	6.34	4.23	5.08	3.25-3.25	0.75-0.75	……	.13
3月	.15	.22	1.51	3.73	4.64	5.27	6.27	4.22	5.09	3.25-3.25	0.75-0.75	……	.16
4月	.15	.24	1.64	3.85	4.69	5.29	6.25	4.24	5.21	3.25-3.25	0.75-0.75	……	.20
5月	.16	.23	1.32	3.42	4.29	4.96	6.05	4.15	5.12	3.25-3.25	0.75-0.75	……	.20
6月	.12	.19	1.17	3.20	4.13	4.88	6.23	4.18	5.00	3.25-3.25	0.75-0.75	……	.18
7月	.16	.20	.98	3.01	3.99	4.72	6.01	4.11	4.87	3.25-3.25	0.75-0.75	……	.18
8月	.15	.19	.78	2.70	3.80	4.49	5.66	3.91	4.67	3.25-3.25	0.75-0.75	……	.19
9月	.15	.19	.74	2.65	3.77	4.53	5.66	3.76	4.52	3.25-3.25	0.75-0.75	……	.19
10月	.13	.17	.57	2.54	3.87	4.68	5.72	3.83	4.40	3.25-3.25	0.75-0.75	……	.19
11月	.13	.17	.67	2.76	4.19	4.87	5.92	4.30	4.26	3.25-3.25	0.75-0.75	……	.19
12月	.15	.20	.99	3.29	4.42	5.02	6.10	4.72	4.44	3.25-3.25	0.75-0.75	……	.18
2011: 1月	.15	.18	1.03	3.39	4.52	5.04	6.09	5.02	4.75	3.25-3.25	0.75-0.75	……	.17
2月	.14	.17	1.28	3.58	4.65	5.22	6.15	4.92	4.94	3.25-3.25	0.75-0.75	……	.16
3月	.11	.16	1.17	3.41	4.51	5.13	6.03	4.70	4.98	3.25-3.25	0.75-0.75	……	.14
4月	.06	.12	1.21	3.46	4.50	5.16	6.02	4.71	4.91	3.25-3.25	0.75-0.75	……	.10
5月	.04	.08	.94	3.17	4.29	4.96	5.78	4.34	4.86	3.25-3.25	0.75-0.75	……	.09
6月	.04	.10	.71	3.00	4.23	4.99	5.75	4.22	4.61	3.25-3.25	0.75-0.75	……	.09
7月	.03	.08	.68	3.00	4.27	4.93	5.76	4.24	4.55	3.25-3.25	0.75-0.75	……	.07
8月	.05	.09	.38	2.30	3.65	4.37	5.36	3.92	4.29	3.25-3.25	0.75-0.75	……	.10
9月	.02	.05	.35	1.98	3.18	4.09	5.27	3.79	4.36	3.25-3.25	0.75-0.75	……	.08
10月	.02	.06	.47	2.15	3.13	3.98	5.37	3.94	4.19	3.25-3.25	0.75-0.75	……	.07
11月	.01	.05	.39	2.01	3.02	3.87	5.14	3.95	4.26	3.25-3.25	0.75-0.75	……	.08
12月	.02	.05	.39	1.98	2.98	3.93	5.25	3.76	4.18	3.25-3.25	0.75-0.75	……	.07
2012: 1月	.02	.06	.36	1.97	3.03	3.85	5.23	3.43	4.09	3.25-3.25	0.75-0.75	……	.08
2月	.08	.11	.38	1.97	3.11	3.85	5.14	3.25	4.01	3.25-3.25	0.75-0.75	……	.10
3月	.09	.14	.51	2.17	3.28	3.99	5.23	3.51	3.72	3.25-3.25	0.75-0.75	……	.13
4月	.08	.14	.43	2.05	3.18	3.96	5.19	3.47	3.93	3.25-3.25	0.75-0.75	……	.14
5月	.09	.14	.39	1.80	2.93	3.80	5.07	3.21	3.88	3.25-3.25	0.75-0.75	……	.16
6月	.09	.14	.39	1.62	2.70	3.64	5.02	3.30	3.80	3.25-3.25	0.75-0.75	……	.16
7月	.10	.14	.33	1.53	2.59	3.40	4.87	3.14	3.76	3.25-3.25	0.75-0.75	……	.16
8月	.11	.14	.37	1.68	2.77	3.48	4.91	3.07	3.67	3.25-3.25	0.75-0.75	……	.13
9月	.10	.13	.34	1.72	2.88	3.49	4.84	3.02	3.62	3.25-3.25	0.75-0.75	……	.14
10月	.10	.15	.37	1.75	2.90	3.47	4.58	2.89	3.58	3.25-3.25	0.75-0.75	……	.16
11月	.11	.15	.36	1.65	2.80	3.50	4.51	2.68	3.46	3.25-3.25	0.75-0.75	……	.16
12月	.08	.12	.35	1.72	2.88	3.65	4.63	2.73	3.40	3.25-3.25	0.75-0.75	……	.16
2013: 1月	.07	.11	.39	1.91	3.08	3.80	4.73	2.93	3.41	3.25-3.25	0.75-0.75	……	.14
2月	.10	.12	.40	1.98	3.17	3.90	4.85	3.09	3.49	3.25-3.25	0.75-0.75	……	.15
3月	.09	.11	.39	1.96	3.16	3.93	4.85	3.27	3.61	3.25-3.25	0.75-0.75	……	.14
4月	.06	.09	.34	1.76	2.93	3.73	4.59	3.22	3.66	3.25-3.25	0.75-0.75	……	.15
5月	.05	.08	.40	1.93	3.11	3.89	4.73	3.39	3.55	3.25-3.25	0.75-0.75	……	.11
6月	.05	.09	.58	2.30	3.40	4.27	5.19	4.02	3.64	3.25-3.25	0.75-0.75	……	.09
7月	.04	.08	.64	2.58	3.61	4.34	5.32	4.51	4.07	3.25-3.25	0.75-0.75	……	.09
8月	.04	.07	.70	2.74	3.76	4.54	5.42	4.77	4.33	3.25-3.25	0.75-0.75	……	.08
9月	.02	.04	.78	2.81	3.79	4.64	5.47	4.74	4.44	3.25-3.25	0.75-0.75	……	.08
10月	.05	.08	.63	2.62	3.68	4.53	5.31	4.50	4.47	3.25-3.25	0.75-0.75	……	.09
11月	.07	.10	.58	2.72	3.80	4.63	5.38	4.51	4.39	3.25-3.25	0.75-0.75	……	.08
12月	.07	.09	.69	2.90	3.89	4.62	5.38	4.55	4.37	3.25-3.25	0.75-0.75	……	.09
2014: 1月	.05	.07	.78	2.86	3.77	4.49	5.19	4.38	4.45	3.25-3.25	0.75-0.75	……	.07

2 取引高の多い債券の利回りに基づいて財務省がはじき出した各利付債の利回り。30 年債の発行は 2002 年 2 月 18 日に中断されたが、2006 年 2 月 9 日に再開された。
3 2001 年 12 月 7 日以降、Ａａａ格付けの社債は一般事業債のみ。
4 通常の住宅ローンの（発行市場における）実効金利。約定金利に手数料と諸掛かりを加えたもので、平均して 10 年後に返済されると想定されている。1973 年 1 月以降のデータはそれより前のものと厳密には比較できない。
5 月次データは各月間の最高金利と最低金利。1947〜1948 年のプライムレートは期間中の実効利率のレンジ。
6 2003 年 1 月 9 日以降、連銀貸出の枠組みとして、従来の調整信用にかわってプライマリー・クレジットが導入された。
7 1975 年 7 月 19 日以降の日次ＦＦ実効金利は、その日の市場レートを取引高に応じて加重平均したもの。それより前の日次ＦＦ実効金利は、各日の代表的な金利で、一般的取引金額が最も大きかったもの。
8 1942 年 10 月 30 日から 1946 年 4 月 24 日まで、1 年以内に満期が到来する政府証券を担保とする貸出については、優遇金利 0.5％が適用されていた。

出所：Department of the Treasury, Board of Governors of the Federal Reserve System, Federal Housing Finance Agency, Moody's Investors Service, and Standard & Poor's〔訳注：財務省、連邦準備制度理事会、連邦住宅金融局、ムーディーズ・インベスターズ・サービス社、スタンダード＆プアーズ社〕．

付録 B

B—18表　マネーストック及び債務（1974～2014年）

[債務のみ期末残高、それ以外は日次計数の平均値、10億ドル、季節調整済み]

年／月	M1 通貨・要求払い預金・トラベラーズチェック・その他の小切手振出可能預金（OCDs）	M2 M1・一般保有のMMMF・貯蓄性預金（MMDAを含む）・小口定期預金[2]	債務[1] 国内非金融部門	増減率（％） 対前年比または半年前との比較[3] M1	増減率（％） 対前年比または半年前との比較[3] M2	対前年比[4] 債務
12月						
1974.	274.2	902.1	2,069.1	4.3	5.4	9.2
1975.	287.1	1,016.2	2,259.8	4.7	12.6	9.3
1976.	306.2	1,152.0	2,503.0	6.7	13.4	10.8
1977.	330.9	1,270.3	2,824.0	8.1	10.3	12.8
1978.	357.3	1,366.0	3,207.9	8.0	7.5	13.8
1979.	381.8	1,473.7	3,596.3	6.9	7.9	12.1
1980.	408.5	1,599.8	3,944.3	7.0	8.6	9.5
1981.	436.7	1,755.5	4,351.9	6.9	9.7	10.3
1982.	474.8	1,906.4	4,773.1	8.7	8.6	10.4
1983.	521.4	2,123.8	5,348.6	9.8	11.4	12.0
1984.	551.6	2,306.8	6,134.8	5.8	8.6	14.8
1985.	619.8	2,492.6	7,110.6	12.4	8.1	15.6
1986.	724.7	2,729.2	7,953.0	16.9	9.5	11.9
1987.	750.2	2,828.8	8,656.1	3.5	3.6	9.1
1988.	786.7	2,990.6	9,437.0	4.9	5.7	9.1
1989.	792.9	3,154.4	10,139.3	.8	5.5	7.3
1990.	824.7	3,272.7	10,825.1	4.0	3.8	6.5
1991.	897.0	3,371.6	11,295.2	8.8	3.0	4.4
1992.	1,024.9	3,423.1	11,812.7	14.3	1.5	4.6
1993.	1,129.6	3,472.4	12,494.8	10.2	1.4	5.6
1994.	1,150.6	3,485.0	13,140.9	1.9	.4	5.1
1995.	1,127.5	3,626.7	13,810.3	-2.0	4.1	5.0
1996.	1,081.3	3,804.9	14,516.4	-4.1	4.9	5.1
1997.	1,072.4	4,017.3	15,309.0	-.8	5.6	5.5
1998.	1,095.3	4,356.4	16,307.0	2.1	8.4	6.5
1999.	1,122.8	4,616.8	17,353.2	2.5	6.0	6.2
2000.	1,088.5	4,903.5	18,227.9	-3.1	6.2	5.0
2001.	1,183.3	5,405.6	19,374.9	8.7	10.2	6.4
2002.	1,220.2	5,740.8	20,804.5	3.1	6.2	7.4
2003.	1,306.1	6,036.0	22,520.1	7.0	5.1	8.0
2004.	1,376.0	6,388.6	25,349.1	5.4	5.8	9.3
2005.	1,374.8	6,651.5	27,696.1	-.1	4.1	9.3
2006.	1,367.5	7,040.6	30,174.2	-.5	5.8	8.7
2007.	1,375.0	7,444.0	32,765.2	.5	5.7	8.6
2008.	1,603.8	8,166.2	34,724.9	16.6	9.7	6.0
2009.	1,694.2	8,463.8	35,667.3	5.6	3.6	3.1
2010.	1,836.2	8,766.0	37,039.9	8.4	3.6	4.0
2011.	2,159.9	9,620.2	38,421.4	17.6	9.7	3.7
2012.	2,447.2	10,406.8	40,286.2	13.3	8.2	4.9
2013.	2,648.3	10,958.8	……	8.2	5.3	……
2012: 1月	2,199.6	9,707.5	……	19.3	9.2	……
2月	2,212.1	9,760.0	……	9.0	5.7	……
3月	2,228.5	9,802.1	38,871.1	9.5	6.3	4.7
4月	2,250.4	9,856.7	……	10.3	6.8	……
5月	2,254.2	9,886.0	……	8.6	6.4	……
6月	2,269.6	9,948.7	39,380.4	10.2	6.8	5.3
7月	2,322.1	10,022.1	……	11.1	6.5	……
8月	2,346.7	10,086.0	……	12.2	6.7	……
9月	2,383.5	10,157.7	39,671.9	13.9	7.3	3.0
10月	2,415.4	10,214.1	……	14.7	7.3	……
11月	2,407.7	10,279.9	……	13.6	8.0	……
12月	2,447.2	10,406.8	40,286.2	15.7	9.2	6.2
2013: 1月	2,464.5	10,442.6	……	12.3	8.4	……
2月	2,473.5	10,454.7	……	10.8	7.3	……
3月	2,476.4	10,519.8	40,731.2	7.8	7.1	4.4
4月	2,517.8	10,553.7	……	8.5	6.6	……
5月	2,525.8	10,590.6	……	9.8	6.0	……
6月	2,529.1	10,639.0	41,074.1	6.7	4.5	3.4
7月	2,558.3	10,702.2	……	7.6	5.0	……
8月	2,560.3	10,756.2	……	7.0	5.8	……
9月	2,587.0	10,802.2	41,431.9	8.9	5.4	3.5
10月	2,625.8	10,900.1	……	8.6	6.6	……
11月	2,612.3	10,908.9	……	6.8	6.0	……
12月	2,648.3	10,958.8	……	9.4	6.0	……
2014: 1月	2,683.0	11,011.5	……	9.7	5.8	……

1　連邦政府、州・地方政府、民間非金融部門の信用市場における債務残高。
2　マネー・マーケット・ミューチュアル・ファンド（MMMF）、市場金利連動型普通預金（MMMD）。
3　年次データの増減率は各年12月時点での比較。月次データの増減率は6カ月前の数値と比べた増減率を年率換算したもの。
4　年次データの増減率は各年の第4四半期の数値の比較。四半期データの増減率は対前期比を年率換算したもの。

注：M1およびM2の詳細な構成については連邦準備制度理事会（FRB）定期公表資料H.6を参照のこと。現在、FRBはM3通貨供給量とそのほとんどの構成要素について公表していない。機関保有のMMMFについてH6で参考項目として、また大口定期預金の構成についてはFRBのその他の公表資料に記載されている。詳細は2006年3月23日付のH.6を参照。

出所：Board of Governors of the Federal Reserve System〔訳注：連邦準備制度理事会〕.

所得・雇用・生産関連統計表

B―19表　連邦政府歳入・歳出・収支及び債務（1947～2015年度）

[10億ドル、会計年度]

会計年度/期	合計 歳入	合計 歳出	合計 収支(-は赤字)	連邦政府予算内 歳入	連邦政府予算内 歳出	連邦政府予算内 収支(-は赤字)	連邦政府予算外 歳入	連邦政府予算外 歳出	連邦政府予算外 収支(-は赤字)	連邦政府(期末) 総額	連邦政府(期末) 連邦政府以外の保有分	参考: GDP
1947.	38.5	34.5	4.0	37.1	34.2	2.9	1.5	0.3	1.2	257.1	224.3	238.9
1948.	41.6	29.8	11.8	39.9	29.4	10.5	1.6	.4	1.2	252.0	216.3	262.4
1949.	39.4	38.8	.6	37.7	38.4	-.7	1.7	.4	1.3	252.6	214.3	276.8
1950.	39.4	42.6	-3.1	37.3	42.0	-4.7	2.1	.5	1.6	256.9	219.0	279.0
1951.	51.6	45.5	6.1	48.5	44.2	4.3	3.1	1.3	1.8	255.3	214.3	327.4
1952.	66.2	67.7	-1.5	62.6	66.0	-3.4	3.6	1.7	1.9	259.1	214.8	357.5
1953.	69.6	76.1	-6.5	65.5	73.8	-8.3	4.1	2.3	1.8	266.0	218.4	382.5
1954.	69.7	70.9	-1.2	65.1	67.9	-2.8	4.6	2.9	1.7	270.8	224.5	387.7
1955.	65.5	68.4	-3.0	60.4	64.5	-4.1	5.1	4.0	1.1	274.4	226.6	407.0
1956.	74.6	70.6	3.9	68.2	65.7	2.5	6.4	5.0	1.5	272.7	222.2	439.0
1957.	80.0	76.6	3.4	73.2	70.6	2.6	6.8	6.0	.8	272.3	219.3	464.2
1958.	79.6	82.4	-2.8	71.6	74.9	-3.3	8.0	7.5	.5	279.7	226.3	474.3
1959.	79.2	92.1	-12.8	71.0	83.1	-12.1	8.3	9.0	-.7	287.5	234.7	505.6
1960.	92.5	92.2	.3	81.9	81.3	.5	10.6	10.9	-.2	290.5	236.8	535.1
1961.	94.4	97.7	-3.3	82.3	86.0	-3.8	12.1	11.7	.4	292.6	238.4	547.6
1962.	99.7	106.8	-7.1	87.4	93.3	-5.9	12.3	13.5	-1.3	302.9	248.0	586.9
1963.	106.6	111.3	-4.8	92.4	96.4	-4.0	14.2	15.0	-.8	310.3	254.0	619.3
1964.	112.6	118.5	-5.9	96.2	102.8	-6.5	16.4	15.7	.6	316.1	256.8	662.9
1965.	116.8	118.2	-1.4	100.1	101.7	-1.6	16.7	16.5	.2	322.3	260.8	710.7
1966.	130.8	134.5	-3.7	111.7	114.8	-3.1	19.1	19.7	-.6	328.5	263.7	781.9
1967.	148.8	157.5	-8.6	124.4	137.0	-12.6	24.4	20.4	4.0	340.4	266.6	838.2
1968.	153.0	178.1	-25.2	128.1	155.8	-27.7	24.9	22.3	2.6	368.7	289.5	899.3
1969.	186.9	183.6	3.2	157.9	158.4	-.5	29.0	25.2	3.7	365.8	278.1	982.3
1970.	192.8	195.6	-2.8	159.3	168.0	-8.7	33.5	27.6	5.9	380.9	283.2	1,049.1
1971.	187.1	210.2	-23.0	151.3	177.3	-26.1	35.8	32.8	3.0	408.2	303.0	1,119.3
1972.	207.3	230.7	-23.4	167.4	193.5	-26.1	39.9	37.2	2.7	435.9	322.4	1,219.5
1973.	230.8	245.7	-14.9	184.7	200.0	-15.2	46.1	45.7	.3	466.3	340.9	1,356.0
1974.	263.2	269.4	-6.1	209.3	216.5	-7.2	53.9	52.9	1.1	483.9	343.7	1,486.2
1975.	279.1	332.3	-53.2	216.6	270.8	-54.1	62.5	61.6	.9	541.9	394.7	1,610.6
1976.	298.1	371.8	-73.7	231.7	301.1	-69.4	66.4	70.7	-4.3	629.0	477.4	1,790.3
過渡的四半期	81.2	96.0	-14.7	63.2	77.3	-14.1	18.0	18.7	-.7	643.6	495.5	472.6
1977.	355.6	409.2	-53.7	278.7	328.7	-49.9	76.8	80.5	-3.7	706.4	549.1	2,028.4
1978.	399.6	458.7	-59.2	314.2	369.6	-55.4	85.4	89.2	-3.8	776.6	607.1	2,278.2
1979.	463.3	504.0	-40.7	365.3	404.9	-39.6	98.0	99.1	-1.1	829.5	640.3	2,570.0
1980.	517.1	590.9	-73.8	403.9	477.0	-73.1	113.2	113.9	-.7	909.0	711.9	2,796.8
1981.	599.3	678.2	-79.0	469.1	543.0	-73.9	130.2	135.3	-5.1	994.8	789.4	3,138.4
1982.	617.8	745.7	-128.0	474.3	594.9	-120.6	143.5	150.9	-7.4	1,137.3	924.6	3,313.9
1983.	600.6	808.4	-207.8	453.2	660.9	-207.7	147.3	147.4	-.1	1,371.7	1,137.3	3,541.1
1984.	666.4	851.8	-185.4	500.4	685.6	-185.3	166.1	166.2	-.1	1,564.6	1,307.0	3,952.8
1985.	734.0	946.3	-212.3	547.9	769.4	-221.5	186.2	176.9	9.2	1,817.4	1,507.3	4,270.4
1986.	769.2	990.4	-221.2	568.9	806.8	-237.9	200.2	183.5	16.7	2,120.5	1,740.6	4,536.1
1987.	854.3	1,004.0	-149.7	640.9	809.2	-168.4	213.4	194.8	18.6	2,346.0	1,889.8	4,781.9
1988.	909.2	1,064.4	-155.2	667.7	860.0	-192.3	241.5	204.4	37.1	2,601.1	2,051.6	5,155.1
1989.	991.1	1,143.7	-152.6	727.4	932.8	-205.4	263.7	210.9	52.8	2,867.8	2,190.7	5,570.0
1990.	1,032.0	1,253.0	-221.0	750.3	1,027.9	-277.6	281.7	225.1	56.6	3,206.3	2,411.6	5,914.6
1991.	1,055.0	1,324.2	-269.2	761.1	1,082.5	-321.4	293.9	241.7	52.2	3,598.2	2,689.0	6,110.0
1992.	1,091.2	1,381.5	-290.3	788.8	1,129.2	-340.4	302.4	252.3	50.1	4,001.8	2,999.7	6,434.7
1993.	1,154.3	1,409.4	-255.1	842.4	1,142.8	-300.4	311.9	266.6	45.3	4,351.0	3,248.4	6,794.9
1994.	1,258.6	1,461.8	-203.2	923.5	1,182.4	-258.8	335.0	279.4	55.7	4,643.3	3,433.1	7,197.8
1995.	1,351.8	1,515.7	-164.0	1,000.7	1,227.1	-226.4	351.1	288.7	62.4	4,920.6	3,604.4	7,583.3
1996.	1,453.1	1,560.5	-107.4	1,085.6	1,259.6	-174.0	367.5	300.9	66.6	5,181.5	3,734.1	7,978.3
1997.	1,579.2	1,601.1	-21.9	1,187.2	1,290.5	-103.2	392.0	310.6	81.4	5,369.2	3,772.3	8,483.2
1998.	1,721.7	1,652.5	69.3	1,305.9	1,335.9	-29.9	415.8	316.6	99.2	5,478.2	3,721.1	8,954.8
1999.	1,827.5	1,701.8	125.6	1,383.0	1,381.1	1.9	444.5	320.8	123.7	5,605.5	3,632.4	9,514.0
2000.	2,025.2	1,789.0	236.2	1,544.6	1,458.2	86.4	480.6	330.8	149.8	5,628.7	3,409.8	10,154.0
2001.	1,991.1	1,862.8	128.2	1,483.6	1,516.0	-32.4	507.5	346.8	160.7	5,769.9	3,319.6	10,568.4
2002.	1,853.1	2,010.9	-157.8	1,337.8	1,655.2	-317.4	515.3	355.7	159.7	6,198.4	3,540.4	10,879.4
2003.	1,782.3	2,159.9	-377.6	1,258.5	1,796.9	-538.4	523.8	363.0	160.8	6,760.0	3,913.4	11,334.0
2004.	1,880.1	2,292.8	-412.7	1,345.4	1,913.3	-568.0	534.7	379.5	155.2	7,354.7	4,295.5	12,090.7
2005.	2,153.6	2,472.0	-318.3	1,576.1	2,069.7	-493.6	577.5	402.2	175.3	7,905.3	4,592.2	12,890.5
2006.	2,406.9	2,655.1	-248.2	1,798.5	2,233.0	-434.5	608.4	422.1	186.3	8,451.4	4,829.0	13,686.6
2007.	2,568.0	2,728.7	-160.7	1,932.9	2,275.0	-342.2	635.1	453.6	181.5	8,950.7	5,035.1	14,324.9
2008.	2,524.0	2,982.5	-458.6	1,865.9	2,507.8	-641.8	658.0	474.8	183.3	9,986.1	5,803.1	14,756.1
2009.	2,105.0	3,517.7	-1,412.7	1,451.0	3,000.7	-1,549.7	654.0	517.0	137.0	11,875.9	7,544.7	14,413.6
2010.	2,162.7	3,457.1	-1,294.4	1,531.0	2,902.4	-1,371.4	631.7	554.7	77.0	13,528.8	9,018.9	14,791.4
2011.	2,303.5	3,603.1	-1,299.6	1,737.7	3,104.5	-1,366.8	565.8	498.6	67.2	14,764.2	10,128.2	15,387.1
2012.	2,450.2	3,537.1	-1,087.0	1,880.7	3,029.5	-1,148.9	569.5	507.6	61.9	16,050.9	11,281.1	16,094.2
2013.	2,775.1	3,454.6	-679.5	2,101.8	2,820.8	-719.0	673.3	633.8	39.5	16,719.4	11,982.6	16,618.6
2014（推定値）.	3,001.7	3,650.5	-648.8	2,269.4	2,939.3	-669.9	732.3	711.2	21.1	17,892.6	12,902.7	17,332.3
2015（推定値）.	3,337.4	3,901.0	-563.6	2,579.5	3,143.4	-563.8	757.9	757.6	.3	18,713.5	13,591.8	18,219.4

注：1976年度までの会計年度は7月1日から翌年6月30日まで。76年10月（77年度）以降は10月1日から翌年9月30日まで。「過渡的四半期」は1976年7月1日から9月30日までの3カ月間。
　　追加情報については、Budget of the United States Government, Fiscal Year 2015を参照。

出所：Department of Commerce (Bureau of Economic Analysis), Department of the Treasury, and Office of Management and Budget〔訳注：商務省（経済分析局）、財務省、行政管理予算局〕．

付録 B

B—20 表　連邦政府歳入・歳出・収支及び債務の対 GDP 比（1942 ～ 2015 年度）

［%、会計年度］

会計年度 / 期	歳入	歳出 合計	歳出 国防	収支（- は赤字）	連邦債務（期末） 総額	連邦債務（期末） 連邦政府以外の保有分
1942.	9.9	23.8	17.4	-13.9	53.6	45.9
1943.	13.0	42.6	36.1	-29.6	77.3	69.2
1944.	20.5	42.7	37.0	-22.2	95.5	86.4
1945.	19.9	41.0	36.6	-21.0	114.9	103.9
1946.	17.2	24.2	18.7	-7.0	118.9	106.1
1947.	16.1	14.4	5.4	1.7	107.6	93.9
1948.	15.8	11.3	3.5	4.5	96.0	82.4
1949.	14.2	14.0	4.8	.2	91.3	77.4
1950.	14.1	15.3	4.9	-1.1	92.1	78.5
1951.	15.8	13.9	7.2	1.9	78.0	65.5
1952.	18.5	18.9	12.9	-.4	72.5	60.1
1953.	18.2	19.9	13.8	-1.7	69.5	57.1
1954.	18.0	18.3	12.7	-.3	69.9	57.9
1955.	16.1	16.8	10.5	-.7	67.4	55.7
1956.	17.0	16.1	9.7	.9	62.1	50.6
1957.	17.2	16.5	9.8	.7	58.6	47.2
1958.	16.8	17.4	9.9	-.6	59.0	47.7
1959.	15.7	18.2	9.7	-2.5	56.9	46.4
1960.	17.3	17.2	9.0	.1	54.3	44.3
1961.	17.2	17.8	9.1	-.6	53.4	43.5
1962.	17.0	18.2	8.9	-1.2	51.6	42.3
1963.	17.2	18.0	8.6	-.8	50.1	41.0
1964.	17.0	17.9	8.3	-.9	47.7	38.7
1965.	16.4	16.6	7.1	-.2	45.4	36.7
1966.	16.7	17.2	7.4	-.5	42.0	33.7
1967.	17.8	18.8	8.5	-1.0	40.6	31.8
1968.	17.0	19.8	9.1	-2.8	41.0	32.2
1969.	19.0	18.7	8.4	.3	37.2	28.3
1970.	18.4	18.6	7.8	-.3	36.3	27.0
1971.	16.7	18.8	7.0	-2.1	36.5	27.1
1972.	17.0	18.9	6.5	-1.9	35.7	26.4
1973.	17.0	18.1	5.7	-1.1	34.4	25.1
1974.	17.7	18.1	5.3	-.4	32.6	23.1
1975.	17.3	20.6	5.4	-3.3	33.6	24.5
1976.	16.6	20.8	5.0	-4.1	35.1	26.7
過渡的四半期	17.2	20.3	4.7	-3.1	34.0	26.2
1977.	17.5	20.2	4.8	-2.6	34.8	27.1
1978.	17.5	20.1	4.6	-2.6	34.1	26.6
1979.	18.0	19.6	4.5	-1.6	32.3	24.9
1980.	18.5	21.1	4.8	-2.6	32.5	25.5
1981.	19.1	21.6	5.0	-2.5	31.7	25.2
1982.	18.6	22.5	5.6	-3.9	34.3	27.9
1983.	17.0	22.8	5.9	-5.9	38.7	32.1
1984.	16.9	21.5	5.8	-4.7	39.6	33.1
1985.	17.2	22.2	5.9	-5.0	42.6	35.3
1986.	17.0	21.8	6.0	-4.9	46.7	38.4
1987.	17.9	21.0	5.9	-3.1	49.1	39.5
1988.	17.6	20.6	5.6	-3.0	50.5	39.8
1989.	17.8	20.5	5.4	-2.7	51.5	39.3
1990.	17.4	21.2	5.1	-3.7	54.2	40.8
1991.	17.3	21.7	4.5	-4.4	58.9	44.0
1992.	17.0	21.5	4.6	-4.5	62.2	46.6
1993.	17.0	20.7	4.3	-3.8	64.0	47.8
1994.	17.5	20.3	3.9	-2.8	64.5	47.7
1995.	17.8	20.0	3.6	-2.2	64.9	47.5
1996.	18.2	19.6	3.3	-1.3	64.9	46.8
1997.	18.6	18.9	3.2	-.3	63.3	44.5
1998.	19.2	18.5	3.0	.8	61.2	41.6
1999.	19.2	17.9	2.9	1.3	58.9	38.2
2000.	19.9	17.6	2.9	2.3	55.4	33.6
2001.	18.8	17.6	2.9	1.2	54.6	31.4
2002.	17.0	18.5	3.2	-1.5	57.0	32.5
2003.	15.7	19.1	3.6	-3.3	59.6	34.5
2004.	15.6	19.0	3.8	-3.4	60.8	35.5
2005.	16.7	19.2	3.8	-2.5	61.3	35.6
2006.	17.6	19.4	3.8	-1.8	61.7	35.3
2007.	17.9	19.0	3.8	-1.1	62.5	35.1
2008.	17.1	20.2	4.2	-3.1	67.7	39.3
2009.	14.6	24.4	4.6	-9.8	82.4	52.3
2010.	14.6	23.4	4.7	-8.8	91.5	61.0
2011.	15.0	23.4	4.6	-8.4	96.0	65.8
2012.	15.2	22.0	4.2	-6.8	99.7	70.1
2013.	16.7	20.8	3.8	-4.1	100.6	72.1
2014（推定値）.	17.3	21.1	3.6	-3.7	103.2	74.4
2015（推定値）.	18.3	21.4	3.5	-3.1	102.7	74.6

注：B-19 表の注記を参照。
出所：Department of the Treasury and Office of Management and Budget〔訳注：財務省、行政管理予算局〕。

付録B

所得・雇用・生産関連統計表

B—21 表　主要部門別連邦政府歳入・歳出及び財政収支（1947 ～ 2015 年度）

[10 億ドル、会計年度]

会計年度/期	歳入合計	個人所得税	法人所得税	社会保険・退職年金料	その他	歳出合計	国防合計	国防省(軍事)	外交	医療	メディケア	所得保障	ソーシャル・セキュリティー	純利子	その他	収支(-は赤字)
1947.	38.5	17.9	8.6	3.4	8.5	34.5	12.8	......	5.8	0.2	......	2.8	0.5	4.2	8.2	4.0
1948.	41.6	19.3	9.7	3.8	8.8	29.8	9.1	......	4.6	.2	......	2.5	.6	4.3	8.5	11.8
1949.	39.4	15.6	11.2	3.8	8.9	38.8	13.2	......	6.1	.2	......	3.2	.7	4.5	11.1	.6
1950.	39.4	15.8	10.4	4.3	8.9	42.6	13.7	......	4.7	.3	......	4.1	.8	4.8	14.2	-3.1
1951.	51.6	21.6	14.1	5.7	10.2	45.5	23.6	......	3.6	.3	......	3.4	1.6	4.7	8.4	6.1
1952.	66.2	27.9	21.2	6.4	10.6	67.7	46.1	......	2.7	.3	......	3.7	2.1	4.7	8.1	-1.5
1953.	69.6	29.8	21.2	6.8	11.7	76.1	52.8	......	2.1	.3	......	3.8	2.7	5.2	9.1	-6.5
1954.	69.7	29.5	21.1	7.2	11.9	70.9	49.3	......	1.6	.3	......	4.4	3.4	4.8	7.1	-1.2
1955.	65.5	28.7	17.9	7.9	11.0	68.4	42.7	......	2.2	.3	......	5.1	4.4	4.9	8.9	-3.0
1956.	74.6	32.2	20.9	9.3	12.2	70.6	42.5	......	2.4	.4	......	4.7	5.5	5.1	10.1	3.9
1957.	80.0	35.6	21.2	10.0	13.2	76.6	45.4	......	3.1	.5	......	5.4	6.7	5.4	10.1	3.4
1958.	79.6	34.7	20.1	11.2	13.6	82.4	46.8	......	3.4	.5	......	7.5	8.2	5.6	10.3	-2.8
1959.	79.2	36.7	17.3	11.7	13.5	92.1	49.0	......	3.1	.7	......	8.2	9.7	5.8	15.5	-12.8
1960.	92.5	40.7	21.5	14.7	15.6	92.2	48.1	......	3.0	.8	......	7.4	11.6	6.9	14.4	.3
1961.	94.4	41.3	21.0	16.4	15.7	97.7	49.6	......	3.2	.9	......	9.7	12.5	6.7	15.2	-3.3
1962.	99.7	45.6	20.5	17.0	16.5	106.8	52.3	50.1	5.6	1.2	......	9.2	14.4	6.9	17.2	-7.1
1963.	106.6	47.6	21.6	19.8	17.6	111.3	53.4	51.1	5.3	1.5	......	9.3	15.8	7.7	18.3	-4.8
1964.	112.6	48.7	23.5	22.0	18.5	118.5	54.8	52.6	4.9	1.8	......	9.7	16.6	8.2	22.6	-5.9
1965.	116.8	48.8	25.5	22.2	20.3	118.2	50.6	48.8	5.3	1.8	......	9.5	17.5	8.6	25.0	-1.4
1966.	130.8	55.4	30.1	25.5	19.8	134.5	58.1	56.6	5.6	2.5	0.1	9.7	20.7	9.4	28.5	-3.7
1967.	148.8	61.5	34.0	32.6	20.7	157.5	71.4	70.1	5.6	3.4	2.7	10.3	21.7	10.3	32.1	-8.6
1968.	153.0	68.7	28.7	33.9	21.7	178.1	81.9	80.4	5.3	4.4	4.6	11.8	23.9	11.1	35.1	-25.2
1969.	186.9	87.2	36.7	39.0	23.9	183.6	82.5	80.8	4.6	5.2	5.7	13.1	27.3	12.7	32.6	3.2
1970.	192.8	90.4	32.8	44.4	25.2	195.6	81.7	80.1	4.3	5.9	6.2	15.7	30.3	14.4	37.2	-2.8
1971.	187.1	86.2	26.8	47.3	26.8	210.2	78.9	77.5	4.2	6.8	6.6	22.9	35.9	14.8	40.0	-23.0
1972.	207.3	94.7	32.2	52.6	27.8	230.7	79.2	77.6	4.8	8.7	7.5	27.7	40.2	15.5	47.3	-23.4
1973.	230.8	103.2	36.2	63.1	28.3	245.7	76.7	75.0	4.1	9.4	8.1	28.3	49.1	17.3	52.9	-14.9
1974.	263.2	119.0	38.6	75.1	30.6	269.4	79.3	77.9	5.7	10.7	9.6	33.7	55.9	21.4	52.9	-6.1
1975.	279.1	122.4	40.6	84.5	31.5	332.3	86.5	84.9	7.1	12.9	12.9	50.2	64.7	23.2	74.8	-53.2
1976.	298.1	131.6	41.4	90.8	34.3	371.8	89.6	87.9	6.4	15.7	15.8	60.8	73.9	26.7	82.7	-73.7
過渡的四半期	81.2	38.8	8.5	25.2	8.8	96.0	22.3	21.8	2.5	3.9	4.3	15.0	19.8	6.9	21.4	-14.7
1977.	355.6	157.6	54.9	106.5	36.6	409.2	97.2	95.1	6.4	17.3	19.3	61.1	85.1	29.9	93.0	-53.7
1978.	399.6	181.0	60.0	121.0	37.7	458.7	104.5	102.3	7.5	18.5	22.8	61.5	93.9	35.5	114.7	-59.2
1979.	463.3	217.8	65.7	138.9	40.8	504.0	116.3	113.6	7.5	20.5	26.5	66.4	104.1	42.6	120.2	-40.7
1980.	517.1	244.1	64.6	157.8	50.6	590.9	134.0	130.9	12.7	23.2	32.1	86.6	118.5	52.5	131.3	-73.8
1981.	599.3	285.9	61.1	182.7	69.5	678.2	157.5	153.9	13.1	26.9	39.1	100.3	139.6	68.8	133.0	-79.0
1982.	617.8	297.7	49.2	201.5	69.3	745.7	185.3	180.7	12.3	27.4	46.6	108.2	156.0	85.0	125.0	-128.0
1983.	600.6	288.9	37.0	209.0	65.6	808.4	209.9	204.4	11.8	28.6	52.6	123.0	170.7	89.8	121.4	-207.8
1984.	666.4	298.4	56.9	239.4	71.8	851.8	227.4	220.9	15.9	30.4	57.5	113.4	178.2	111.1	117.9	-185.4
1985.	734.0	334.5	61.3	265.2	73.0	946.3	252.7	245.1	16.2	33.5	65.8	129.0	188.6	129.5	131.0	-212.3
1986.	769.2	349.0	63.1	283.9	73.2	990.4	273.4	265.4	14.1	35.9	70.2	120.6	198.8	136.0	141.4	-221.2
1987.	854.3	392.6	83.9	303.3	74.5	1,004.0	282.0	273.9	11.6	40.0	75.1	124.1	207.4	138.6	125.2	-149.7
1988.	909.2	401.2	94.5	334.3	79.2	1,064.4	290.4	281.9	10.5	44.5	78.9	130.4	219.3	151.8	138.7	-155.2
1989.	991.1	445.7	103.3	359.4	82.7	1,143.7	303.6	294.8	9.6	48.4	85.0	137.4	232.5	169.0	158.3	-152.6
1990.	1,032.0	466.9	93.5	380.0	91.5	1,253.0	299.3	289.7	13.8	57.7	98.1	148.7	248.6	184.3	202.5	-221.0
1991.	1,055.0	467.8	98.1	396.0	93.1	1,324.2	273.3	262.3	15.8	71.2	104.5	172.5	269.0	194.4	223.5	-269.2
1992.	1,091.2	476.0	100.3	413.7	101.3	1,381.5	298.3	286.8	16.1	89.5	119.0	199.6	287.6	199.3	172.1	-290.3
1993.	1,154.3	509.7	117.5	428.3	98.8	1,409.4	291.1	278.5	17.2	99.4	130.6	210.0	304.6	198.7	157.9	-255.1
1994.	1,258.6	543.1	140.4	461.5	113.7	1,461.8	281.6	268.6	17.1	107.1	144.7	217.2	319.6	202.9	171.5	-203.2
1995.	1,351.8	590.2	157.0	484.5	120.1	1,515.9	272.1	259.4	16.4	115.4	159.9	223.8	335.8	232.1	160.2	-164.0
1996.	1,453.1	656.4	171.8	509.4	115.4	1,560.5	265.7	253.1	13.5	119.4	174.2	229.7	349.7	241.1	167.2	-107.4
1997.	1,579.2	737.5	182.3	539.4	120.1	1,601.1	270.5	258.3	15.2	123.8	190.0	235.0	365.3	244.0	157.3	-21.9
1998.	1,721.7	828.6	188.7	571.8	132.6	1,652.5	268.2	255.8	13.1	131.4	192.8	237.8	379.2	241.1	188.9	69.3
1999.	1,827.5	879.5	184.7	611.8	151.5	1,701.8	274.8	261.2	15.2	141.0	190.4	242.5	390.0	229.8	218.1	125.6
2000.	2,025.2	1,004.5	207.3	652.9	160.6	1,789.0	294.4	281.0	17.2	154.5	197.1	253.7	409.4	222.9	239.7	236.2
2001.	1,991.1	994.3	151.1	694.0	151.7	1,862.8	304.7	290.2	16.5	172.2	217.4	269.8	433.0	206.2	243.1	128.2
2002.	1,853.1	858.3	148.0	700.8	146.0	2,010.9	348.5	331.8	22.3	196.5	230.9	312.7	456.0	170.9	273.1	-157.8
2003.	1,782.3	793.7	131.8	713.0	143.9	2,159.9	404.7	387.1	21.2	219.5	249.4	334.6	474.7	153.1	302.6	-377.6
2004.	1,880.1	809.0	189.4	733.4	148.4	2,292.8	455.8	436.4	26.9	240.1	269.4	333.1	495.5	160.2	311.8	-412.7
2005.	2,153.6	927.2	278.3	794.1	154.0	2,472.0	495.3	474.1	34.6	250.5	298.6	345.8	523.3	184.0	339.8	-318.3
2006.	2,406.9	1,043.9	353.9	837.8	171.2	2,655.1	521.8	499.3	29.5	252.7	329.9	352.5	548.5	226.6	393.5	-248.2
2007.	2,568.0	1,163.5	370.2	869.6	164.7	2,728.7	551.3	528.5	28.5	266.4	375.4	366.0	586.2	237.1	317.9	-160.7
2008.	2,524.0	1,145.7	304.3	900.2	173.7	2,982.5	616.1	594.6	28.9	280.6	390.8	431.3	617.0	252.8	365.2	-458.6
2009.	2,105.0	915.3	138.2	890.9	160.5	3,517.7	661.0	636.7	37.5	334.3	430.1	533.2	683.0	186.9	651.6	-1,412.7
2010.	2,162.7	898.5	191.4	864.8	207.9	3,457.1	693.5	666.7	45.2	369.1	451.6	622.2	706.7	196.2	372.6	-1,294.4
2011.	2,303.5	1,091.5	181.1	818.8	212.1	3,603.1	705.6	678.1	45.7	372.5	485.7	597.4	730.8	230.0	435.5	-1,299.6
2012.	2,450.2	1,132.2	242.3	845.3	230.4	3,537.1	677.9	650.9	47.2	346.7	471.8	541.3	773.3	220.4	458.5	-1,087.0
2013.	2,775.1	1,316.4	273.5	947.8	237.4	3,454.6	633.4	607.8	46.4	358.3	497.8	536.5	813.6	220.9	347.7	-679.5
2014（推定値）	3,001.7	1,386.1	332.7	1,021.1	261.8	3,650.5	620.6	593.3	48.5	450.8	519.0	542.2	857.3	223.5	388.7	-648.8
2015（推定値）	3,337.4	1,533.9	449.0	1,055.7	298.7	3,901.0	631.3	584.3	50.1	512.2	532.3	536.0	903.2	251.9	484.1	-563.6

注：B-19 表の注記を参照。
出所：Department of the Treasury and Office of Management and Budget〔訳注：財務省、行政管理予算局〕．

付録 B

B—22 表　連邦政府歳入・歳出・収支及び債務（2010～2015 年度）

[100 万ドル、会計年度]

内容	実績 2010	実績 2011	実績 2012	実績 2013	推定 2014	推定 2015
歳入・歳出・収支						
全勘定：						
歳入	2,162,706	2,303,466	2,450,164	2,775,103	3,001,721	3,337,425
歳出	3,457,079	3,603,059	3,537,127	3,454,605	3,650,526	3,900,989
収支（－は赤字）	-1,294,373	-1,299,593	-1,086,963	-679,502	-648,805	-563,564
予算内勘定：						
歳入	1,531,019	1,737,678	1,880,663	2,101,829	2,269,389	2,579,548
歳出	2,902,397	3,104,453	3,029,539	2,820,794	2,939,299	3,143,368
収支（－は赤字）	-1,371,378	-1,366,775	-1,148,876	-718,965	-669,910	-563,820
予算外勘定：						
歳入	631,687	565,788	569,501	673,274	732,332	757,877
歳出	554,682	498,606	507,588	633,811	711,227	757,621
収支（－は赤字）	77,005	67,182	61,913	39,463	21,105	256
期末債務残高						
連邦総債務	13,528,807	14,764,222	16,050,921	16,719,434	17,892,637	18,713,486
連邦政府保有分	4,509,926	4,636,035	4,769,790	4,736,856	4,989,977	5,121,683
連邦政府以外の保有分	9,018,882	10,128,187	11,281,131	11,982,577	12,902,660	13,591,802
連邦準備制度	811,669	1,664,660	1,645,285	2,072,283	……	……
その他	8,207,213	8,463,527	9,635,846	9,910,294	……	……
財源別歳入						
全勘定：予算内および予算外	2,162,706	2,303,466	2,450,164	2,775,103	3,001,721	3,337,425
個人所得税	898,549	1,091,473	1,132,206	1,316,405	1,386,068	1,533,942
法人所得税	191,437	181,085	242,289	273,506	332,740	449,020
社会保険・退職年金料	864,814	818,792	845,314	947,820	1,021,109	1,055,744
予算内	233,127	253,004	275,813	274,546	288,777	297,867
予算外	631,687	565,788	569,501	673,274	732,332	757,877
消費税	66,909	72,381	79,061	84,007	93,528	110,539
遺産税・贈与税	18,885	7,399	13,973	18,912	15,746	17,526
関税・手数料	25,298	29,519	30,307	31,815	34,966	36,965
雑収入	96,814	102,817	107,014	102,638	117,564	131,689
連邦準備制度の国庫納付金	75,845	82,546	81,957	75,767	90,422	88,292
その他	20,969	20,271	25,057	26,871	27,142	43,397
立法上の提案[1]	……	……	……	……	……	2,000
目的別歳出						
全勘定：予算内および予算外	3,457,079	3,603,059	3,537,127	3,454,605	3,650,526	3,900,989
国防	693,485	705,554	677,852	633,385	620,562	631,280
外交	45,195	45,685	47,189	46,418	48,472	50,086
一般科学・宇宙・技術	30,100	29,466	29,060	28,908	28,718	30,839
エネルギー	11,618	12,174	14,858	11,042	13,375	8,620
天然資源・環境	43,667	45,473	41,631	38,145	39,102	41,349
農業	21,356	20,662	17,791	29,492	22,659	16,953
商業信用・住宅信用	-82,316	-12,573	40,823	-83,199	-82,283	-31,430
予算内	-87,016	-13,381	38,153	-81,286	-78,331	-30,472
予算外	4,700	808	2,670	-1,913	-3,952	-958
運輸	91,972	92,966	93,019	91,673	95,519	97,825
地域開発	23,894	23,883	25,132	32,336	33,305	28,865
教育・訓練・雇用・社会サービス	128,598	101,233	90,823	72,808	100,460	117,350
医療	369,068	372,504	346,742	358,315	450,795	512,193
メディケア	451,636	485,653	471,793	497,826	519,027	532,324
所得保障	622,210	597,352	541,344	536,511	542,237	535,963
ソーシャル・セキュリティー	706,737	730,811	773,290	813,551	857,319	903,196
予算内	23,317	101,933	140,387	56,009	26,204	32,388
予算外	683,420	628,878	632,903	757,542	831,115	870,808
退役軍人給付・サービス	108,384	127,189	124,595	138,938	151,165	158,524
司法行政費	54,383	56,056	56,277	52,601	53,102	55,843
一般行政費	23,014	27,476	28,036	27,755	22,407	25,706
純利払費	196,194	229,962	220,408	220,885	223,450	251,871
予算内	314,696	345,943	332,801	326,535	323,689	348,074
予算外	-118,502	-115,981	-112,393	-105,650	-100,239	-96,203
予備費	……	……	……	……	1,875	29,285
政府内取引の重複調整	-82,116	-88,467	-103,536	-92,785	-90,740	-95,653
予算内	-67,180	-73,368	-87,944	-76,617	-75,043	-79,627
予算外	-14,936	-15,099	-15,592	-16,168	-15,697	-16,026

1　未分配の移民改革引当金を含む。
注：B-19 表の注記を参照。
出所：Department of the Treasury and Office of Management and Budget〔訳注：財務省、行政管理予算局〕。

付録B

所得・雇用・生産関連統計表

B—23表　国民所得生産勘定（NIPA）ベースの連邦・州・地方政府経常収入及び支出
（1965～2013年）
[10億ドル、四半期データは年率換算、季節調整済み]

年／四半期	全政府 経常収入	全政府 経常支出	収支（NIPA）	連邦政府 経常収入	連邦政府 経常支出	収支（NIPA）	州・地方政府 経常収入	州・地方政府 経常支出	収支（NIPA）	参考：州・地方政府への補助金
1965.	179.7	181.0	-1.4	120.4	125.9	-5.5	65.8	61.7	4.1	6.6
1966.	202.1	203.9	-1.8	137.4	144.3	-7.0	74.1	68.9	5.2	9.4
1967.	216.9	231.7	-14.8	146.3	165.7	-19.5	81.6	76.9	4.7	10.9
1968.	251.2	260.7	-9.5	170.6	184.3	-13.7	92.5	88.2	4.3	11.8
1969.	282.5	283.5	-1.0	191.8	196.9	-5.1	104.3	100.2	4.1	13.7
1970.	285.7	317.5	-31.8	185.1	219.9	-34.8	118.9	115.9	3.0	18.3
1971.	302.1	352.4	-50.2	190.7	241.5	-50.8	133.6	133.0	0.6	22.1
1972.	345.4	385.9	-40.5	219.0	267.9	-48.9	156.9	148.5	8.4	30.5
1973.	388.5	416.6	-28.0	249.2	286.9	-37.7	172.8	163.1	9.6	33.5
1974.	430.0	468.3	-38.3	278.5	319.1	-40.6	186.4	184.1	2.3	34.9
1975.	440.9	543.5	-102.5	276.8	373.8	-97.0	207.7	213.3	-5.6	43.6
1976.	505.0	582.1	-77.1	322.2	402.1	-79.9	231.9	229.1	2.8	49.1
1977.	566.7	630.1	-63.5	363.5	435.4	-71.9	257.9	249.5	8.4	54.8
1978.	645.4	691.8	-46.4	423.6	483.4	-59.8	285.3	271.9	13.4	63.5
1979.	728.6	764.9	-36.3	486.8	531.3	-44.5	305.8	297.6	8.2	64.0
1980.	798.7	879.5	-80.9	533.0	619.3	-86.3	335.3	329.9	5.4	69.7
1981.	918.0	999.7	-81.7	620.4	706.3	-85.8	367.0	362.9	4.1	69.4
1982.	939.9	1,109.6	-169.7	618.0	782.7	-164.6	388.1	393.2	-5.1	66.3
1983.	1,001.1	1,204.9	-203.7	644.2	849.2	-205.0	424.8	423.6	1.3	67.9
1984.	1,113.9	1,285.4	-171.4	710.7	903.0	-192.3	475.6	454.7	20.9	72.3
1985.	1,216.0	1,391.4	-175.4	775.3	970.9	-195.6	516.9	496.7	20.3	76.2
1986.	1,291.7	1,483.9	-192.2	817.3	1,030.0	-212.7	556.8	536.4	20.4	82.4
1987.	1,405.5	1,556.6	-151.1	899.0	1,062.1	-163.2	585.0	572.9	12.1	78.4
1988.	1,505.5	1,645.9	-140.4	961.4	1,118.8	-157.3	629.9	612.9	17.0	85.7
1989.	1,629.8	1,779.0	-149.2	1,040.8	1,197.5	-156.6	680.8	673.4	7.4	91.8
1990.	1,710.9	1,918.3	-207.4	1,085.7	1,286.6	-200.9	729.6	736.0	-6.5	104.4
1991.	1,761.0	2,032.3	-271.3	1,105.6	1,351.8	-246.2	779.5	804.6	-25.1	124.0
1992.	1,846.0	2,216.1	-370.2	1,152.1	1,484.7	-332.7	835.6	873.1	-37.5	141.7
1993.	1,950.1	2,299.1	-349.0	1,228.8	1,540.6	-311.8	877.1	914.3	-37.2	155.7
1994.	2,094.0	2,374.6	-280.7	1,326.7	1,580.4	-253.7	934.1	961.0	-27.0	166.8
1995.	2,218.2	2,490.6	-272.4	1,412.9	1,653.7	-240.8	979.8	1,011.4	-31.5	174.5
1996.	2,382.3	2,573.2	-191.0	1,531.2	1,709.7	-178.5	1,032.6	1,045.0	-12.5	181.5
1997.	2,559.3	2,648.8	-89.5	1,661.6	1,752.8	-91.2	1,085.8	1,084.1	1.7	188.1
1998.	2,731.7	2,713.6	18.1	1,783.8	1,781.0	2.7	1,148.7	1,133.3	15.4	200.8
1999.	2,903.4	2,827.6	75.8	1,900.7	1,834.2	66.5	1,221.8	1,212.6	9.2	219.2
2000.	3,133.1	2,967.3	165.8	2,063.2	1,907.3	155.9	1,303.1	1,293.2	9.9	233.1
2001.	3,118.2	3,169.5	-51.3	2,026.8	2,012.8	14.0	1,352.6	1,417.9	-65.3	261.3
2002.	2,967.0	3,358.9	-391.9	1,865.8	2,136.7	-270.9	1,388.4	1,509.4	-120.9	287.2
2003.	3,042.8	3,567.8	-524.9	1,889.9	2,293.5	-403.5	1,474.6	1,596.0	-121.4	321.7
2004.	3,265.1	3,773.2	-508.1	2,022.2	2,422.0	-399.8	1,575.1	1,683.4	-108.4	332.2
2005.	3,663.5	4,035.6	-372.0	2,298.1	2,603.5	-305.4	1,708.8	1,775.4	-66.6	343.4
2006.	4,001.8	4,269.3	-267.5	2,531.7	2,759.8	-228.1	1,810.9	1,850.3	-39.4	340.8
2007.	4,202.4	4,541.8	-339.4	2,660.8	2,927.5	-266.7	1,900.6	1,973.3	-72.7	359.0
2008.	4,043.8	4,844.0	-800.2	2,505.7	3,140.8	-635.1	1,909.1	2,074.1	-165.1	371.0
2009.	3,691.2	5,213.0	-1,521.7	2,230.1	3,479.9	-1,249.8	1,919.2	2,191.2	-271.9	458.1
2010.	3,885.0	5,451.8	-1,566.8	2,391.7	3,721.3	-1,329.5	1,998.5	2,235.8	-237.3	505.3
2011.	4,074.1	5,535.4	-1,461.3	2,516.7	3,764.9	-1,248.3	2,029.9	2,243.0	-213.1	472.5
2012.	4,259.2	5,621.6	-1,362.3	2,663.0	3,772.7	-1,109.7	2,039.4	2,292.1	-252.7	443.2
2013 ᴾ.	......	5,669.3	......	......	3,792.8	......	......	2,320.4	......	444.0
2010: I.	3,780.5	5,393.2	-1,612.6	2,309.0	3,661.3	-1,352.3	1,963.7	2,224.0	-260.3	492.2
II.	3,836.2	5,439.2	-1,603.0	2,363.1	3,703.1	-1,340.0	1,965.4	2,228.4	-262.9	492.3
III.	3,933.2	5,474.9	-1,541.7	2,429.9	3,750.0	-1,320.1	2,020.5	2,242.1	-221.6	517.2
IV.	3,989.9	5,500.0	-1,510.1	2,465.0	3,770.6	-1,305.7	2,044.5	2,248.9	-204.4	519.5
2011: I.	4,051.7	5,507.0	-1,455.3	2,506.3	3,751.3	-1,244.9	2,040.7	2,251.1	-210.3	495.4
II.	4,081.6	5,583.6	-1,502.0	2,523.1	3,836.4	-1,313.4	2,059.0	2,247.6	-188.6	500.5
III.	4,075.1	5,529.9	-1,454.8	2,515.7	3,747.4	-1,231.7	2,013.1	2,236.3	-223.1	453.8
IV.	4,088.0	5,521.3	-1,433.3	2,521.6	3,724.6	-1,203.0	2,006.7	2,236.9	-230.3	440.3
2012: I.	4,233.7	5,568.9	-1,335.1	2,645.4	3,739.4	-1,094.0	2,024.4	2,265.5	-241.1	436.1
II.	4,234.4	5,636.5	-1,402.1	2,641.1	3,787.9	-1,146.9	2,034.1	2,289.3	-255.2	440.7
III.	4,248.5	5,627.9	-1,379.4	2,656.6	3,775.8	-1,119.3	2,039.6	2,299.7	-260.1	447.7
IV.	4,320.3	5,653.0	-1,332.7	2,709.0	3,787.5	-1,078.5	2,059.7	2,313.9	-254.2	448.4
2013: I.	4,547.3	5,630.1	-1,082.9	2,900.1	3,753.2	-853.1	2,078.7	2,308.5	-229.8	431.5
II.	4,832.0	5,682.7	-850.7	3,166.9	3,820.1	-653.1	2,110.8	2,308.4	-197.6	445.7
III.	4,623.3	5,699.3	-1,075.9	2,975.8	3,825.7	-850.0	2,103.2	2,329.2	-226.0	455.7
IV ᴾ.	......	5,665.0	......	......	3,772.4	......	......	2,335.6	......	442.9

注：連邦政府から州・地方政府への補助金は、連邦政府の経常支出及び州・地方政府の経常収入に反映されている。全政府の経常収入と経常支出は重複分調整済み。
出所：Department of Commerce (Bureau of Economic Analysis)〔訳注：商務省（経済分析局）〕。

付録 B

B―24 表　主要会計年度の州・地方政府の歳入及び歳出（1954～2011 年度）
［100 万ドル］

会計年度[1]	合計	資産税	売上税	個人所得税	法人所得税	連邦政府からの収入	その他[3]	合計[4]	教育	高速道路	公共福祉[4]	その他[4,5]
1954	29,012	9,967	7,276	1,127	778	2,966	6,898	30,701	10,557	5,527	3,060	11,557
1955	31,073	10,735	7,643	1,237	744	3,131	7,583	33,724	11,907	6,452	3,168	12,197
1956	34,670	11,749	8,691	1,538	890	3,335	8,467	36,715	13,224	6,953	3,139	13,399
1957	38,164	12,864	9,467	1,754	984	3,843	9,252	40,375	14,134	7,816	3,485	14,940
1958	41,219	14,047	9,829	1,759	1,018	4,865	9,701	44,851	15,919	8,567	3,818	16,547
1959	45,306	14,983	10,437	1,994	1,001	6,377	10,514	48,887	17,283	9,592	4,136	17,876
1960	50,505	16,405	11,849	2,463	1,180	6,974	11,634	51,876	18,719	9,428	4,404	19,325
1961	54,037	18,002	12,463	2,613	1,266	7,131	12,562	56,201	20,574	9,844	4,720	21,063
1962	58,252	19,054	13,494	3,037	1,308	7,871	13,488	60,206	22,216	10,357	5,084	22,549
1963	62,891	20,089	14,456	3,269	1,505	8,722	14,850	64,815	23,776	11,135	5,481	24,423
1963-64	68,443	21,241	15,762	3,791	1,695	10,002	15,952	69,302	26,286	11,664	5,766	25,586
1964-65	74,000	22,583	17,118	4,090	1,929	11,029	17,251	74,678	28,563	12,221	6,315	27,579
1965-66	83,036	24,670	19,085	4,760	2,038	13,214	19,269	82,843	33,287	12,770	6,757	30,029
1966-67	91,197	26,047	20,530	5,825	2,227	15,370	21,198	93,350	37,919	13,932	8,218	33,281
1967-68	101,264	27,747	22,911	7,308	2,518	17,181	23,599	102,411	41,158	14,481	9,857	36,915
1968-69	114,550	30,673	26,519	8,908	3,180	19,153	26,117	116,728	47,238	15,417	12,110	41,963
1969-70	130,756	34,054	30,322	10,812	3,738	21,857	29,973	131,332	52,718	16,427	14,679	47,508
1970-71	144,927	37,852	33,233	11,900	3,424	26,146	32,372	150,674	59,413	18,095	18,226	54,940
1971-72	167,535	42,877	37,518	15,227	4,416	31,342	36,156	168,549	65,813	19,021	21,117	62,598
1972-73	190,222	45,283	42,047	17,994	5,425	39,264	40,210	181,357	69,713	18,615	23,582	69,447
1973-74	207,670	47,705	46,098	19,491	6,015	41,820	46,542	199,222	75,833	19,946	25,085	78,358
1974-75	228,171	51,491	49,815	21,454	6,642	47,034	51,735	230,722	87,858	22,528	28,156	92,180
1975-76	256,176	57,001	54,547	24,575	7,273	55,589	57,191	256,731	97,216	23,907	32,604	103,004
1976-77	285,157	62,527	60,641	29,246	9,174	62,444	61,125	274,215	102,780	23,058	35,906	112,472
1977-78	315,960	66,422	67,596	33,176	10,738	69,592	68,435	296,984	110,758	24,609	39,140	122,478
1978-79	343,236	64,944	74,247	36,932	12,128	75,164	79,822	327,517	119,448	28,440	41,898	137,731
1979-80	382,322	68,499	79,927	42,080	13,321	83,029	95,467	369,086	133,211	33,311	47,288	155,276
1980-81	423,404	74,969	85,971	46,426	14,143	90,294	111,599	407,449	145,784	34,603	54,105	172,957
1981-82	457,654	82,067	93,613	50,738	15,028	87,282	128,925	436,733	154,282	34,520	57,996	189,935
1982-83	486,753	89,105	100,247	55,129	14,258	90,007	138,008	466,516	163,876	36,655	60,906	205,080
1983-84	542,730	96,457	114,097	64,871	16,798	96,935	153,571	505,008	176,108	39,419	66,414	223,068
1984-85	598,121	103,757	126,376	70,361	19,152	106,158	172,317	553,899	192,686	44,989	71,479	244,745
1985-86	641,486	111,709	135,005	74,365	19,994	113,099	187,314	605,623	210,819	49,368	75,868	269,568
1986-87	686,860	121,203	144,095	83,935	22,425	114,857	200,350	657,134	226,619	52,355	82,650	295,510
1987-88	726,762	132,212	156,452	88,350	23,663	117,602	208,482	704,921	242,683	55,621	89,090	317,527
1988-89	786,129	142,400	166,336	97,806	25,926	125,824	227,838	762,360	263,898	58,105	97,879	342,479
1989-90	849,502	155,613	177,885	105,640	23,566	136,802	249,996	834,818	288,148	61,057	110,518	375,094
1990-91	902,207	167,999	185,570	109,341	22,242	154,099	262,955	908,108	309,302	64,937	130,402	403,467
1991-92	979,137	180,337	197,731	115,638	23,880	179,174	282,376	981,253	324,652	67,351	158,723	430,526
1992-93	1,041,643	189,744	209,649	123,235	26,417	198,663	293,935	1,030,434	342,287	68,370	170,705	449,072
1993-94	1,100,490	197,141	223,628	128,810	28,320	215,492	307,099	1,077,665	353,287	72,067	183,394	468,916
1994-95	1,169,505	203,451	237,268	137,931	31,406	228,771	330,677	1,149,863	378,273	77,109	196,703	497,779
1995-96	1,222,821	209,440	248,993	146,844	32,009	234,891	350,645	1,193,276	398,859	79,092	197,354	517,971
1996-97	1,289,237	218,877	261,418	159,042	33,820	244,847	371,233	1,249,984	418,416	82,062	203,779	545,727
1997-98	1,365,762	230,150	274,883	175,630	34,412	255,048	395,639	1,318,042	450,365	87,214	208,120	572,343
1998-99	1,434,029	239,672	290,993	189,309	33,922	270,628	409,505	1,402,369	483,259	93,018	218,957	607,134
1999-2000	1,541,322	249,178	309,290	211,661	36,059	291,950	443,186	1,506,797	521,612	101,336	237,336	646,512
2000-01	1,647,161	263,689	320,217	226,334	35,296	324,033	477,592	1,626,063	563,572	107,235	261,622	693,634
2001-02	1,684,879	279,191	324,123	202,832	28,152	360,546	490,035	1,736,866	594,694	115,295	285,464	741,413
2002-03	1,763,212	296,683	337,787	199,407	31,369	389,264	508,702	1,821,917	621,335	117,696	310,783	772,102
2003-04	1,887,397	317,941	361,027	215,215	33,716	423,112	536,386	1,908,543	655,182	117,215	340,523	795,622
2004-05	2,026,034	335,779	384,266	242,273	43,256	438,558	581,902	2,012,110	688,314	126,350	365,295	832,151
2005-06	2,197,675	364,559	417,735	268,667	53,081	452,975	640,458	2,123,663	728,917	136,502	373,846	884,398
2006-07	2,329,356	388,701	440,331	290,278	60,626	464,585	684,834	2,259,899	773,676	144,714	388,277	953,232
2007-08	2,421,977	409,540	449,945	304,902	57,231	477,441	722,919	2,406,183	826,061	153,831	408,920	1,017,372
2008-09	2,424,867	430,935	433,252	270,862	46,281	536,823	706,713	2,499,881	851,149	154,047	436,640	1,058,044
2009-10	2,502,548	440,577	432,470	260,315	43,865	623,081	702,241	2,542,553	858,259	155,688	460,835	1,067,772
2010-11	2,612,777	443,259	460,824	284,938	48,547	645,962	729,247	2,587,397	861,131	153,005	496,044	1,077,217

1 会計年度は州によっては異なる場合がある。注記参照。
2 公営の公益事業・酒販売店及び保険信託活動などによる収入及び支出は含まれない。州・地方政府間の受取・支払も除かれている。
3 運転免許税、その他の税、課金、雑収入を含む。
4 連邦政府への政府間支払を含む。
5 図書館、病院、保健、雇用安定行政、退役軍人向けサービス、空港・港湾ターミナル、駐車場施設、警察、消防、矯正、住民保護のための検査・規制、下水、天然資源、公園・レクリエーション、住宅・地域開発、固形廃棄物処理、金融行政、司法、一般公共建物、その他政府部局、一般債務利払い、その他一般的支出を含む。

注：1963～64 年度から 2010～11 年度のデータは、テキサス、アラバマ、ミシガンの 3 州を除き、7 月 1 日から翌年 6 月 30 日までの 12 カ月の集計値。テキサス州の会計年度は 9 月から翌年 8 月まで、アラバマ州とミシガン州は 10 月から翌年 9 月まで、1963 年以前のデータは、各暦年中に終了した会計年度のデータ。

出所：Department of Commerce (Bureau of the Census) 〔訳注：商務省（センサス局）〕。

付録 B

所得・雇用・生産関連統計表

B—25 表　債務種類別米国財務省証券残高（1976 〜 2014 年度）
[10 億ドル]

年度末/月末	財務省証券残高合計[1]	市場性証券 合計[2]	財務省短期証券	財務省中期債	財務省長期債	財務省インフレ連動債（TIPS）合計	中期物	長期物	非市場性証券 合計	米国貯蓄証券[3]	外国政府向け証券[4]	政府勘定向け証券	その他[5]
会計年度													
1976.	609.2	392.6	161.2	191.8	39.6	……	……	……	216.7	69.7	21.5	120.6	4.9
1977.	697.8	443.5	156.1	241.7	45.7	……	……	……	254.3	75.6	21.8	140.1	16.8
1978.	767.2	485.2	160.9	267.9	56.4	……	……	……	282.0	79.9	21.7	153.3	27.1
1979.	819.1	506.7	161.4	274.2	71.1	……	……	……	312.4	80.6	28.1	176.4	27.4
1980.	906.8	594.5	199.8	310.9	83.8	……	……	……	312.3	73.0	25.2	189.8	24.2
1981.	996.8	683.2	223.4	363.6	96.2	……	……	……	313.6	68.3	20.5	201.1	23.7
1982.	1,141.2	824.4	277.9	442.9	103.6	……	……	……	316.8	67.6	14.6	210.5	24.1
1983.	1,376.3	1,024.0	340.7	557.5	125.7	……	……	……	352.3	70.6	11.5	234.7	35.6
1984.	1,560.4	1,176.6	356.8	661.7	158.1	……	……	……	383.8	73.7	8.8	259.5	41.8
1985.	1,822.3	1,360.2	384.2	776.4	199.5	……	……	……	462.1	78.2	6.6	313.9	63.3
1986.	2,124.9	1,564.3	410.7	896.9	241.7	……	……	……	560.5	87.8	4.1	365.9	102.8
1987.	2,349.4	1,676.0	378.3	1,005.1	277.6	……	……	……	673.4	98.5	4.4	440.7	129.8
1988.	2,601.4	1,802.9	398.5	1,089.6	299.9	……	……	……	798.5	107.8	6.3	536.5	148.0
1989.	2,837.9	1,892.8	406.6	1,133.2	338.0	……	……	……	945.2	115.7	6.8	663.7	159.0
1990.	3,212.7	2,092.8	482.5	1,218.1	377.2	……	……	……	1,119.9	123.9	36.0	779.4	180.6
1991.	3,664.5	2,390.7	564.6	1,387.7	423.4	……	……	……	1,273.9	135.4	41.6	908.4	188.5
1992.	4,063.8	2,677.5	634.3	1,566.3	461.8	……	……	……	1,386.3	150.3	37.0	1,011.0	188.0
1993.	4,410.7	2,904.9	658.4	1,734.6	497.4	……	……	……	1,505.8	169.1	42.5	1,114.3	179.9
1994.	4,691.7	3,091.6	697.3	1,867.5	511.8	……	……	……	1,600.1	178.6	42.0	1,211.7	167.8
1995.	4,953.0	3,260.4	742.5	1,980.3	522.6	……	……	……	1,692.6	183.5	41.0	1,324.3	143.8
1996.	5,220.8	3,418.4	761.2	2,098.7	543.5	……	……	……	1,802.4	184.1	37.5	1,454.7	126.1
1997.	5,407.6	3,439.6	701.9	2,122.2	576.2	24.4	24.4	……	1,968.0	182.7	34.9	1,608.5	141.9
1998.	5,518.7	3,331.0	637.6	2,009.1	610.4	58.8	41.9	17.0	2,187.6	180.8	35.1	1,777.3	194.4
1999.	5,647.3	3,233.0	653.2	1,828.8	643.7	92.4	67.6	24.8	2,414.3	180.0	31.0	2,005.2	198.1
2000.	5,622.1	2,992.8	616.2	1,611.3	635.3	115.0	81.6	33.4	2,629.4	177.7	25.4	2,242.9	183.3
2001.[1]	5,807.5	2,930.7	734.9	1,433.0	613.0	134.9	95.1	39.7	2,876.7	186.5	18.3	2,492.1	179.9
2002.	6,228.2	3,136.7	868.3	1,521.6	593.0	138.9	93.7	45.1	3,091.5	193.3	12.5	2,707.3	178.4
2003.	6,783.2	3,460.7	918.2	1,799.5	576.9	166.1	120.0	46.1	3,322.5	201.6	11.0	2,912.2	197.7
2004.	7,379.1	3,846.1	961.5	2,109.6	552.0	223.0	164.5	58.5	3,533.0	204.2	5.9	3,130.0	192.9
2005.	7,932.7	4,084.9	914.3	2,328.8	520.7	307.1	229.1	78.0	3,847.8	203.6	3.1	3,380.6	260.5
2006.	8,507.0	4,303.0	911.5	2,447.2	534.7	395.6	293.9	101.7	4,203.9	203.7	3.0	3,722.7	274.5
2007.	9,007.7	4,448.1	958.1	2,458.0	561.1	456.9	335.7	121.2	4,559.5	197.1	3.0	4,026.8	332.6
2008.	10,024.7	5,236.0	1,489.8	2,624.8	582.9	524.5	380.2	144.3	4,788.7	194.3	3.0	4,297.7	293.8
2009.	11,909.8	7,009.7	1,992.5	3,773.8	679.8	551.7	396.2	155.5	4,900.1	192.5	4.9	4,454.3	248.4
2010.	13,561.6	8,498.3	1,788.5	5,255.9	849.9	593.8	421.1	172.7	5,063.3	188.7	4.2	4,645.3	225.1
2011.	14,790.3	9,624.5	1,477.5	6,412.5	1,020.4	705.7	509.4	196.3	5,165.8	185.1	3.0	4,793.9	183.8
2012.	16,066.2	10,749.7	1,616.0	7,120.7	1,198.2	807.7	584.7	223.0	5,316.5	183.8	3.0	4,939.3	190.4
2013.	16,738.2	11,596.2	1,530.0	7,758.0	1,366.2	936.4	685.5	250.8	5,142.0	180.0	3.0	4,803.1	156.0
2012: 1 月	15,356.1	10,068.9	1,525.4	6,711.3	1,078.0	745.7	541.6	204.0	5,287.2	185.2	3.8	4,922.0	176.3
2 月	15,488.9	10,222.3	1,610.4	6,754.4	1,096.0	753.0	540.4	212.7	5,266.6	185.0	3.8	4,902.1	175.7
3 月	15,582.3	10,338.5	1,674.6	6,776.5	1,109.9	769.3	555.7	213.6	5,243.8	184.8	3.6	4,870.8	184.6
4 月	15,692.7	10,400.1	1,613.4	6,883.3	1,125.3	769.6	555.1	214.5	5,292.6	185.2	3.4	4,912.5	191.6
5 月	15,771.0	10,486.2	1,605.4	6,941.5	1,142.3	788.5	572.4	216.1	5,284.8	184.9	3.2	4,901.7	195.0
6 月	15,855.5	10,520.8	1,596.6	6,962.9	1,156.2	798.2	574.3	223.9	5,334.7	184.7	3.0	4,953.1	193.9
7 月	15,933.5	10,607.3	1,581.0	7,067.2	1,169.2	782.9	559.2	223.7	5,326.1	184.4	3.0	4,952.9	185.9
8 月	16,016.0	10,757.0	1,663.0	7,105.8	1,185.2	795.9	572.6	223.4	5,259.0	184.0	3.0	4,885.5	186.5
9 月	16,066.2	10,749.7	1,616.0	7,120.7	1,198.2	807.7	584.7	223.0	5,316.5	183.8	3.0	4,939.3	190.4
10 月	16,261.7	10,887.5	1,622.0	7,228.2	1,211.2	819.0	587.7	231.3	5,374.2	183.6	3.0	4,992.1	195.4
11 月	16,369.7	11,032.8	1,695.0	7,267.7	1,227.4	835.8	603.4	232.4	5,336.9	183.3	3.0	4,959.9	190.7
12 月	16,432.7	11,053.2	1,629.0	7,327.1	1,240.2	849.8	617.5	232.3	5,379.5	182.5	3.0	4,999.6	194.4
2013: 1 月	16,433.8	11,115.3	1,607.9	7,386.2	1,253.2	860.9	629.7	231.2	5,318.5	182.2	3.0	4,943.7	189.6
2 月	16,687.3	11,308.4	1,742.0	7,422.5	1,269.2	867.7	628.1	239.6	5,379.0	182.0	3.0	5,008.1	185.8
3 月	16,771.6	11,398.3	1,791.0	7,435.0	1,282.2	883.0	642.8	240.3	5,373.4	181.7	3.0	4,999.0	189.7
4 月	16,828.9	11,416.8	1,694.9	7,528.0	1,295.2	891.6	649.4	242.2	5,412.1	181.5	3.0	5,032.2	195.4
5 月	16,738.8	11,397.3	1,606.9	7,564.9	1,311.0	907.2	664.3	242.9	5,341.5	181.2	3.0	4,958.8	198.5
6 月	16,738.2	11,394.9	1,569.9	7,581.7	1,324.2	913.4	663.7	249.7	5,343.3	180.9	3.0	4,972.7	186.7
7 月	16,738.6	11,483.5	1,556.0	7,680.1	1,337.2	904.6	654.5	250.1	5,255.1	180.6	3.0	4,901.6	170.0
8 月	16,738.8	11,586.3	1,638.0	7,666.5	1,353.2	923.0	672.2	250.7	5,152.5	180.2	3.0	4,809.7	159.5
9 月	16,738.2	11,596.2	1,530.0	7,758.0	1,366.2	936.4	685.5	250.8	5,142.0	180.0	3.0	4,803.1	156.0
10 月	17,156.1	11,695.0	1,545.0	7,811.3	1,379.2	944.6	686.3	258.3	5,461.1	179.7	3.0	5,125.9	152.5
11 月	17,217.2	11,791.7	1,621.0	7,801.8	1,395.2	958.8	700.2	258.6	5,425.5	179.6	3.0	5,092.1	150.9
12 月	17,352.0	11,869.4	1,592.0	7,881.7	1,408.2	972.6	714.7	257.9	5,482.5	179.2	3.0	5,152.9	147.5
2014: 1 月	17,293.0	11,825.3	1,486.0	7,929.1	1,421.2	959.1	701.7	257.4	5,467.7	178.8	3.0	5,143.6	142.3

1 2001 年 1 月以降のデータは利付証券と無利息証券の合計額。それより前のデータは利付証券のみ。
2 1986 〜 2002 年のデータと 2005 〜 14 年のデータは、本表に個別表示されていない連邦融資銀行の証券を含む。14 年 1 月以降は、本表では個別表示されていない変動利付債を含む。
3 1996 年以前は米国貯蓄債券のデータ。1997 年以降は、それまで非市場性証券の「その他」に含まれていた米国退職年金債、米国個人退職債、米国貯蓄債も含む。
4 財務省が外国政府向けにドル建て及び外貨建てで発行する非市場性の債務証書、短期、中期、長期の債券。
5 預託債券、1996 年までの退職年金債、農村電力化局債、州・地方債、米政府機関・トラストファンド・連邦住宅貸付銀行のみが保有する特別債を含む。2003 年 7 月から 2004 年 2 月までの間については預託補償債券（DCS）、2008 年 8 月以降は「自宅所有者に希望を」プログラム（HOPE For Homeowners Program）のホープ債（HOPE）も含まれる。
注：1976 年度の会計年度は 7 月 1 日から翌年 6 月 30 日まで、1976 年 10 月（1977 会計年度）以降は 10 月 1 日から翌年 9 月 30 日まで。
出所：Department of the Treasury〔訳注：財務省〕。

付録 B

B—26 表　米国財務省証券推定所有者（2000～2013 年）
[10 億ドル]

月末	公的債務合計[1]	連邦準備制度・政府内保有[2]	民間投資家保有合計	預金取扱機関[3]	貯蓄債券[4]	年金基金 民間[5]	年金基金 州・地方政府	保険会社	ミューチュアル・ファンド[6]	州・地方政府	外国及び国際機関[7]	その他の投資家[8]
2000: 3月	5,773.4	2,590.6	3,182.8	237.7	178.6	150.2	196.9	120.0	222.3	306.3	1,085.0	685.7
6月	5,685.9	2,698.6	2,987.3	222.2	177.7	149.0	194.9	116.5	205.4	309.3	1,060.7	551.7
9月	5,674.2	2,737.9	2,936.3	220.5	177.7	147.9	185.5	113.7	207.8	307.9	1,038.8	536.5
12月	5,662.2	2,781.8	2,880.4	201.5	176.9	145.0	179.1	110.2	225.7	310.0	1,015.2	516.9
2001: 3月	5,773.7	2,880.9	2,892.8	196.0	184.8	153.4	177.3	113.3	225.5	316.9	1,012.5	513.1
6月	5,726.8	3,004.2	2,722.6	195.5	185.5	148.5	183.1	112.1	221.2	324.8	983.3	368.5
9月	5,807.5	3,027.8	2,779.7	195.7	186.5	149.9	166.8	111.5	235.2	321.2	992.2	420.7
12月	5,943.4	3,123.9	2,819.5	192.8	190.4	145.8	155.1	115.4	261.2	328.4	1,040.1	390.2
2002: 3月	6,006.0	3,156.8	2,849.2	201.7	192.0	152.7	163.3	125.6	261.0	327.6	1,057.2	368.3
6月	6,126.5	3,276.7	2,849.8	217.4	192.8	152.1	153.9	136.0	245.8	333.6	1,123.1	295.0
9月	6,228.2	3,303.5	2,924.7	219.6	193.3	154.5	156.3	149.4	248.3	338.6	1,188.6	276.1
12月	6,405.7	3,387.2	3,018.5	231.8	194.9	154.0	158.9	161.3	272.1	354.7	1,235.6	255.3
2003: 3月	6,460.8	3,390.8	3,070.0	162.6	196.9	166.0	162.1	163.5	282.7	350.0	1,275.2	310.9
6月	6,670.1	3,505.4	3,164.7	155.0	199.2	170.5	161.3	166.0	285.4	347.9	1,371.9	307.7
9月	6,783.2	3,515.3	3,267.9	158.0	201.6	168.2	155.5	168.5	271.0	356.2	1,443.3	345.8
12月	6,998.0	3,620.1	3,377.9	165.3	203.9	172.4	148.6	166.4	271.2	361.8	1,523.1	365.2
2004: 3月	7,131.1	3,628.3	3,502.8	172.7	204.5	169.8	143.6	172.4	275.2	372.8	1,670.0	321.8
6月	7,274.3	3,742.8	3,531.5	167.8	204.6	173.1	134.9	174.6	252.3	390.1	1,735.4	298.7
9月	7,379.1	3,772.0	3,607.1	146.3	204.2	173.7	140.1	182.9	249.4	393.0	1,794.5	322.9
12月	7,596.1	3,905.6	3,690.5	133.4	204.5	173.3	149.4	188.5	256.1	404.9	1,849.3	331.3
2005: 3月	7,776.9	3,921.6	3,855.3	149.4	204.2	176.8	157.2	193.3	264.3	429.3	1,952.2	328.7
6月	7,836.5	4,033.5	3,803.0	135.9	204.2	180.4	165.9	195.0	248.6	461.1	1,877.5	334.4
9月	7,932.7	4,067.8	3,864.9	134.0	203.6	183.6	161.1	200.7	246.6	493.6	1,929.6	312.0
12月	8,170.4	4,199.8	3,970.6	129.4	205.2	184.4	154.2	202.3	254.1	512.2	2,033.9	294.8
2006: 3月	8,371.2	4,257.2	4,114.0	113.0	206.0	186.2	152.9	200.3	254.2	515.7	2,082.1	403.6
6月	8,420.0	4,389.2	4,030.8	109.5	205.2	191.6	149.6	196.1	243.4	531.6	1,977.8	416.1
9月	8,507.0	4,432.8	4,074.2	113.6	203.7	201.7	149.3	196.8	234.2	542.3	2,025.3	407.3
12月	8,680.2	4,558.1	4,122.1	114.8	202.4	216.1	153.4	197.9	248.2	570.5	2,103.1	315.6
2007: 3月	8,849.7	4,576.6	4,273.1	119.8	200.3	219.6	156.3	185.4	263.7	608.3	2,194.8	325.3
6月	8,867.7	4,715.1	4,152.6	110.4	198.6	220.6	162.3	168.9	257.6	637.8	2,192.0	204.4
9月	9,007.7	4,738.0	4,269.7	119.7	197.1	225.4	153.2	155.1	292.7	643.1	2,235.3	248.0
12月	9,229.2	4,833.5	4,395.7	129.8	196.5	228.7	144.2	141.9	343.5	647.8	2,353.2	210.1
2008: 3月	9,437.6	4,694.7	4,742.9	125.0	195.4	240.1	135.4	152.1	466.7	646.4	2,506.3	275.6
6月	9,492.0	4,685.8	4,806.2	112.7	195.0	243.8	135.5	159.4	440.3	635.1	2,587.4	297.1
9月	10,024.7	4,692.7	5,332.0	130.0	194.3	252.7	136.7	163.4	631.4	614.0	2,802.4	407.2
12月	10,699.8	4,806.4	5,893.4	105.0	194.1	259.7	129.9	171.4	758.2	601.4	3,077.2	596.5
2009: 3月	11,126.9	4,785.2	6,341.7	125.7	194.0	272.4	137.0	191.0	714.3	588.2	3,265.7	853.6
6月	11,545.3	5,026.8	6,518.5	140.8	193.6	281.6	146.6	200.0	704.3	588.4	3,460.8	802.4
9月	11,909.8	5,127.1	6,782.7	198.2	192.5	291.1	146.8	210.2	660.4	582.7	3,570.6	930.1
12月	12,311.3	5,276.9	7,034.4	202.5	191.3	302.1	151.9	222.0	660.0	584.1	3,685.1	1,035.5
2010: 3月	12,773.1	5,259.8	7,513.3	269.3	190.2	311.0	153.3	225.7	668.8	582.8	3,877.9	1,234.4
6月	13,201.8	5,345.1	7,856.7	266.1	189.6	323.1	149.0	231.8	666.4	583.2	4,070.0	1,377.4
9月	13,561.6	5,350.5	8,211.1	322.8	188.7	334.4	150.2	240.6	659.6	583.9	4,324.2	1,406.6
12月	14,025.2	5,656.2	8,368.9	319.3	187.9	345.4	160.0	248.4	708.8	590.9	4,435.6	1,372.7
2011: 3月	14,270.0	5,958.9	8,311.1	321.0	186.7	353.7	165.3	253.3	746.6	579.8	4,481.4	1,223.2
6月	14,343.1	6,220.4	8,122.7	279.4	186.0	364.1	166.5	254.5	766.4	569.3	4,690.6	845.8
9月	14,790.3	6,328.0	8,462.4	293.8	185.1	380.2	165.4	259.4	808.4	552.6	4,912.1	905.4
12月	15,222.8	6,439.6	8,783.3	279.7	185.2	391.1	173.3	271.8	898.2	545.4	5,006.9	1,031.6
2012: 3月	15,582.3	6,397.2	9,185.1	320.2	184.8	411.0	189.4	271.5	974.1	541.0	5,145.1	1,148.1
6月	15,855.5	6,475.8	9,379.7	304.2	184.7	422.5	195.7	268.6	971.0	550.5	5,310.9	1,171.6
9月	16,066.2	6,446.8	9,619.4	339.5	183.8	436.9	203.8	269.5	986.5	543.2	5,476.1	1,180.2
12月	16,432.7	6,523.7	9,909.1	348.5	182.5	451.2	214.5	269.8	1,035.6	536.2	5,573.8	1,297.1
2013: 3月	16,771.6	6,656.8	10,114.8	340.1	181.7	465.1	225.9	268.2	1,107.5	534.4	5,725.0	1,267.0
6月	16,738.2	6,773.3	9,964.9	302.3	180.9	478.9	226.0	266.2	1,076.0	535.8	5,595.0	1,303.8
9月	16,738.2	6,834.2	9,904.0	295.3	180.0	492.9	233.6	265.0	1,083.0	498.0	5,652.9	1,203.3
12月	17,352.0	7,205.3	10,146.6	……	179.2	……	……	……	……	……	5,794.9	

1　額面価格。
2　連邦準備制度保有は買い戻し条件付財務省証券を除く。
3　預金取扱銀行、在米外国銀行支店、米国領の銀行、信用組合、銀行持ち株会社を含む。
4　データは複利現価。
5　連邦職員退職制度・積立貯蓄制度「Gファンド」の保有する財務省証券を含む。
6　MMMF、ミューチュアル・ファンド、クローズドエンド型投資会社を含む。
7　非市場性外国政府向け債券、財務省証券、財務省預託金を含む。ニューヨーク連銀の保護預かり勘定にある買い戻し条件付財務省証券は除く。本表の推定値は、さまざまな間隔で実施されたベンチマーク調査を反映している。詳細は Treasury Bulletin 及び「対米証券投資（TIC）」ホームページ（http://www.treasury.gov/resource-center/data-chart-center/tic/pages/index.aspx）を参照。
8　個人、政府支援法人（GSE）、ブローカー、ディーラー、銀行の個人信託、法人・非法人企業、その他投資家を含む。
注：この表に示されるデータは 2014 年 2 月 21 日現在のもの。
出所：Department of the Treasury［訳注：財務省］.

索引

―― 欧 文 ――

A

ACA: Affordable Care Act　⇒ケア適正化法
ACE: Acute Care Episode
　　　⇒急性期治療エピソード
ACO: Accountable Care Organization
　　　⇒責任あるケア組織
AFDC: Aid to Families with Dependent Children
　　　⇒扶養児童家族扶助
AIA: Leahy-Smith America Invents Act of 2011
　　　⇒2011年リーヒ＝スミス米国発明法
AQC: Alternative Quality Contract　⇒新品質契約
ARPA-E: Advanced Research Projects Agency-Energy　⇒エネルギー高等研究プロジェクト局
ARRA: American Recovery and Reinvestment
　　　⇒米国復興及び再投資法（復興法）
ATRA: American Taxpayer Relief Act（of 2012）
　　　⇒米国納税者救済法

B

BLS: Bureau of Labor Statistics　⇒労働統計局

C

CBO: Congressional Budget Office　⇒議会予算局
CEA: Council of Economic Advisers
　　　⇒大統領経済諮問委員会
ChalleNGe: National Guard Youth Challenge
　　　⇒全国若者チャレンジ保護
CMS：Centers for Medicare and Medicaid Services　⇒メディケア・メディケイド・サービスセンター
CPI: consumer price index　⇒消費者物価指数
CPS: Current Population Survey　⇒人口現況調査
CSBG: Community Services Block Grant
　　　⇒コミュニティサービス包括助成制

D

DARPA: Defense Advanced Research Projects Agency　⇒国防総省国防高等研究計画局
DOD: Department of Defense　⇒国防総省
DOL: Department of Labor　⇒労働省

E

EHR: Electronic Health Records　⇒電子カルテ
EITC: Earned Income Tax Credit
　　　⇒勤労所得税額控除
EUC: Emergency Unemployment Compensation
　　　⇒緊急失業手当

F

FAFSA: Free Application for Federal Student Aid
　　　⇒連邦学生援助自由申し込み
FCC: Federal Communications Commission
　　　⇒連邦通信委員会
FOMC: Federal Open Market Committee
　　　⇒連邦公開市場委員会

G

GDP: Gross Domestic Product　⇒国内総生産

H

HHS: Department of Health and Human Services
　　　⇒保健社会福祉省
HITECH: Health Information Technology for Economic and Clinical Health　⇒経済的及び臨床的健全性のための医療情報技術
HOPE: Opportunity Probation with Enforcementonal Institute of Justice
　　　⇒保護観察実施機会プログラム
HUD: Department of Housing and Development
　　　⇒住宅都市開発省

索引

I

IP: intellectual property　⇒知的財産

M

MCP: Mentoring Children of Prisoners
　　　⇒囚人の子供への助言
MFP: multi factor productivity　⇒多要素生産性
MPC: marginal propensity to consume
　　　⇒限界消費性向

N

NHE: National Health Expenditure
　　　⇒国民医療費
NTIA: National Telecommunications and Information Administration
　　　⇒商務省全国電気通信及び情報局

O

OMB: Office of Management and Budget
　　　⇒行政管理予算局
OPM: official poverty measure　⇒公式貧困測定

P

PAE（s）: Patent Assertion Entities
　　　⇒特許権主張事業体
PCAST: President's Council of Advisors on Science and Technology
　　　⇒大統領科学技術諮問委員会
PROMISE: Promoting Readiness of Minors in Supplemental Security Income
　　　⇒弱者への補足的所得保障の促進

R

RAND: reasonable and non-discriminatory
　　　⇒妥当かつ無差別

REA: Federal Reemployment and Eligibility Assessment
　　　⇒連邦再雇用及び適格性評価

S

SBTC: skill-biased technological change
　　　⇒スキル偏向型技術変化
SIG: School Improvement Grants
　　　⇒学校改善助成
SNAP: Supplemental Nutrition Assistance Program　⇒補足的栄養支援プログラム
SPM: Supplemental Poverty Measure
　　　⇒補正貧困測定
SSA: Social Security Administration
　　　⇒社会保障局
SSI: Supplemental Security Income
　　　⇒補足的所得保障
STEM: Science, Technology, Engineering, and Mathematics
　　　⇒科学・技術・工学及び数学

T

TANF: Temporary Assistance to Needy Families
　　　⇒貧困家庭一時（臨時）援助
TFP: total factor productivity　⇒全要素生産性
TIGER: Transportation Investment Generating Economic Recovery　⇒（経済回復を生み出す）交通輸送投資
TPP: Trans-Pacific Partnership
　　　⇒環太平洋パートナーシップ協定
T-TIP: Transatlantic Trade and Investment Partnership　⇒環大西洋貿易及び投資パートナーシップ

U

UI: Unemployment Insurance　⇒失業保険

索 引

──和 文──

あ行

赤字削減具体的プラン vii
安倍晋三 41
アベセダリアン・プロジェクト 204
安全飲料水法 96
Eレート・プログラム 163, 164
移民制度改革 xii, 4, 15, 30, 66, 67, 69, 154, 157
医療システム 136, 207
医療提供者への償還 126
医療プログラム 129
インセンティブ・オークション 159, 160
インパクト評価 218
栄養援助プログラム 232, 240
栄養教育及び肥満阻止補助金プログラム 232
エコシステム 20, 25, 155, 160
エドワード・ラジアー iv
エネルギー高等研究プロジェクト局（ARPA-E） 97, 106
エネルギー省融資保証制度 98
エビデンス 126
欧州共同体（EU） 52
欧州中央銀行 iv, 40
欧州通貨同盟 40
オバマ　ii, iii, iv, v, vi, vii, viii, ix, x, xi, xii, 5, 14, 52, 53, 57, 70, 71, 73, 77, 157, 159, 160, 162, 163, 164, 171, 177, 205, 206, 207, 210, 211, 216, 230, 240
オレゴン州医療保険実験 200

か行

海外ミューチュアル・ファンド 42
会計年度歳出法 ii, 21, 37
カイザー・ファミリー財団／健康調査及び教育トラスト 123
外部機器法 108, 109
科学・技術・工学及び数学 xv, 154
化石燃料プロジェクト 60
加速度原理 45
学校改善助成プログラム（SIG） xv, 96, 210
環境保護局 96
患者の費用分担 123
環大西洋貿易及び投資パートナーシップ（T-TIP） 52, 53
環太平洋パートナーシップ協定（TPP） xv, 52, 53
機会、成長及び安全イニシアティブ 15, 29
議会予算局（CBO）　viii, xi, xiv, 18, 20, 24, 30, 36, 66, 67, 73, 74, 76, 77, 80, 81, 82, 83, 85, 89, 90, 99, 100, 103, 105, 106, 110, 112, 114, 121, 125, 126, 129, 133, 134, 135, 137, 138, 139, 148, 166, 167, 173, 174, 207
企業税制改革提案 30
起業制度 92
気候変動アクション・プラン 59, 60
規則作成案公示 160
キャピタル・ワン 221
急性期治療エピソード（ACE） xiv, 137
給付拡張プログラム 206
教育科学研究所 225
教育システム 209
教育省　104, 163, 211, 212, 225, 226, 229, 231, 233, 234
教育省連邦学生援助局 225
教育接続プログラム 33, 163, 164
行政管理予算局（OMB） 75, 90, 93, 102, 103, 216, 224, 226, 238, 240, 241
行政データシステム 233
行政的プログラムデータ 236
競争的助成制度 96
魚類野生生物局 96
緊急経済安定化法 v
緊急失業給付 36, 206
緊急失業手当（EUC） xiv, 35, 220, 224
緊急失業補償制度 103
金融システム 29, 71
金融システム改革法 vi
金融システム危機 70

索引

勤労所得税額控除（EITC） xiv, 178, 181, 182, 183, 187, 188, 189, 192, 196, 197, 198, 199, 201, 206, 208, 209, 212, 215
クリーン・エネルギー 20, 93, 94, 97, 98, 111
グローバル金融システム救済 72
グローバル貿易システム 53
ケア適正化法（ACA） xiv, 15, 24, 25, 33, 100, 112, 113, 114, 118, 119, 120, 121, 122, 123, 124, 125, 126, 127, 128, 129, 130, 131, 132, 134, 135, 136, 137, 166, 176, 207, 213, 223, 226, 229, 232, 240
ケア・プラン 128
ケアのプランニング 126
景気対策法 v
経済機会法 176, 199
経済的及び臨床的健全性のための医療情報技術（HITECH） xiv, 98, 99, 166, 167
経済分析局 37, 45, 46, 65, 72, 89, 115, 118, 138
刑事裁判制度 237
継続歳出法 37, 228
携帯電話基地局 162
限界消費性向（MPC） xiv, 43, 81, 110
研究実験税額控除 155, 157
現金給付プログラム 198, 199
効果的プログラムの構造 226
公式貧困閾値 178
公式貧困測定 xv, 177, 178, 179, 181, 182, 185, 186, 191
後続財政立法（後続立法） 80, 82, 90, 92
交通輸送投資 xv, 95, 111
高等教育法 176
「後発医薬品発売延期への対価支払い」和解 171, 172
公民権法 176, 204
国債買入れプログラム 41
国際サービス協定 53
国内総生産（GDP） v, vi, viii, x, xi, xiv, 16, 18, 22, 25, 34, 36, 37, 38, 40, 41, 42, 43, 45, 46, 47, 49, 55, 60, 65, 66, 67, 68, 69, 70, 71, 72, 73, 80, 81, 82, 83, 85, 87, 88, 89, 99, 100, 101, 107, 108, 109, 114, 115, 118, 122, 133, 135, 138, 143, 147, 148, 174, 205, 213
国防総省（DOD） xiv, 36, 155, 157, 173
国防総省国防高等研究計画局（DARPA） xiv, 155
国民医療費（NHE） xv, 112, 115, 125, 126, 133, 137
国民医療費勘定 115
国民所得勘定 45, 111
国民所得生産勘定 45, 46, 47, 49, 72, 138, 143
国立衛生研究所 106
国立公園局 96
互恵通商協定法 iv
個人消費支出価格指数（PCE価格指数） 112, 118, 119
個人責任及び就労機会調整法 199
国境警備・経済機会及び移民制度近代化法 66, 154
コミュニティサービス包括助成制度（CSBG） xiv, 206
雇用コスト指数 62
雇用サービスのデモンストレーション・プロジェクト 237
雇用刺激法 76
雇用主医療給付調査 123
雇用主提供医療保険 113, 135
雇用主保険の費用分担 123
雇用主保険の免責額 123
根拠プログラム 226

さ行

財政の崖 ii, iv, v, viii, 36
再入院削減プログラム 127
再入院率 113, 126, 127, 137
サンフランシスコ連邦準備銀行 174
ジェネリック医薬品 124, 132, 172
シカゴ・チャイルド＝ペアレント・センター 204
システム・アーキテクチャー 162
自然実験 129, 130

失業保険（UI） vii, viii, ix, xv, 4, 18, 20, 76, 77, 85, 86, 90, 91, 92, 96, 97, 100, 102, 103, 105, 111, 179, 189, 196, 197, 200, 206, 211, 224, 237
失業保険制度 91, 92, 102, 103, 206, 224
失業保険制度改革 91, 103
失業補償制度 103
実証プロジェクト 131, 137
実地プロジェクト 222
児童栄養法 176, 232
司法省全国裁判研究所 222, 240
資本深化 142
社会福祉制度 176
福祉制度改革 200
社会保険プログラム 184, 189
社会保障 xv, 36, 67, 92, 178, 185, 186, 189, 192, 196
社会保障局（SSA） xv, 67, 229, 232, 233, 238
社会保障制度 92
社会保障庁 178
社会保障法 232
弱者への補足的所得保障の促進（PROMISE） xv, 229
ジャスト・イン・タイム（JIT） xiv, 156
習近平 42
州際ハイウェイ・システム 146
囚人の子どもへの助言（MCP） xiv, 227, 228
州政府へのインセンティブ供与 206
住宅都市開発省（HUD） xiv, 211, 230, 232, 237
住宅ローン再融資プログラム 79
障害者教育法 229
障害者保険プログラム 232
常習犯防止プロジェクト 227
消費者物価指数（CPI） xiv, 31, 34, 41, 62, 64, 65, 112, 118, 119, 174, 179, 191
消費者保護局 79
商務省全国電気通信及び情報局（NTIA） xv, 160, 162, 164
職業訓練プログラム 4, 15, 37, 217, 218
職業リハビリ州補助金プログラム 229
食事プラン 178

食品医薬品局（FDA） 172
助言プログラム 227, 235
助成、融資、試行プログラム 106
初等・中等教育法 176, 206
処方薬 113, 115, 119, 124
処方薬剤費 119, 124
ジョンソン 21, 109, 176, 177, 181, 186, 188, 191, 199, 204
シルバー・プラン 134
新建設プロジェクト 27
人口現況調査（CPS） xiv, 178, 179
新品質契約（AQC） 130
森林保全局 96
スキル偏向型技術変化（SBTC） xv, 149, 150
スピルオーバー効果 114, 129, 130, 131, 138
スペクトル法 159, 160
スムート＝ホーレー関税法 iii
税軽減・失業保険再認可及び雇用創出法 vii, viii, 76, 97, 105
成功報酬アプローチ 227
成功報酬プロジェクト 227
精神衛生サービス局 236
静態的労働供給理論 215
政府プログラム 21, 179, 180, 185, 196, 212, 216, 218, 221, 239
セーフティー・ネット 20, 108, 176, 177, 178, 180, 184, 186, 189, 192, 193, 194, 195, 196, 198, 199, 200, 201, 203, 205, 206, 212, 213, 214, 215
セーフティー・ネット・プログラム 186, 195, 196, 198, 199, 203, 214
責任あるケア組織（ACO） xiv, 128, 130, 131
節減額分与 126, 128, 131
節減額分与プログラム 126, 128
全国学校給食法 232
全国学校給食プログラム 222, 232
全国経済調査局 238
全国産業復興法（NIRA） iii, vi
全国住宅ローン貸付管理清算局 79
全国若者チャレンジ保護（ChalleNGe） xiv, 229
センサス局 27, 30, 124, 178, 182, 191, 214,

313

索引

238
セントルイス連邦準備銀行 110
全般的移民改革 xii
全米外来医療調査 167
全米科学財団 97, 106, 157
全米住宅価格指数 43
全米病院協会 167
全米のブロードバンド・インフラ 162
全要素生産性（TFP） xv, 29, 30, 66, 67, 141, 142, 154, 174
早期訓練プロジェクト 204
相互運用性 168
ソーシャル・セキュリティー 20, 101, 196, 197, 198, 206, 238
ソーシャル・セキュリティー給付 198, 206
ソロー残差 142

た行

退役軍事省 173
耐候化支援制度 97
大統領科学技術諮問委員会（PCAST） xv, 157, 161
大統領経済諮問委員会（CEA） iii, iv, vi, viii, 18, 62, 68, 70, 71, 80, 81, 82, 83, 85, 90, 93, 95, 98, 100, 101, 110, 111, 115, 118, 124, 136, 137, 138, 148, 149, 176, 177, 182, 186, 189, 207, 209, 213, 215
大リセッション vi, 14, 15, 25, 26, 51, 53, 55, 60, 70, 80, 87, 89, 121, 174, 175, 197, 199, 206, 220
多重回帰法 108
妥当かつ無差別（RAND） xv, 169
多要素生産性（MFP） xiv, 29, 142, 143, 144, 145, 146, 147, 149, 174
地域教育機関助成プログラム 206
地域密着型ケア移行プログラム 128
知的財産（IP） xiv, 45, 51, 53, 140, 152, 167, 170, 173
地方教育機関助成の学校改善助成や特殊教育への助成 96
中間財政報告 66

中間層税軽減及び雇用創出法 160, 211, 224
中国人民銀行 42
中小企業減税法 76
中小企業信用政策等の新たなプログラム 79
調査プロジェクト 126
賃金設定制度 149
通信システム 157, 161, 162
電気通信法 157, 163
電子カルテ（EHR） xiv, 99, 165, 166, 167
電磁スペクトル 141, 156, 157
統合歳出法 224, 227, 231, 232
特別栄養補足プログラム 232
特例措置 36
特許権主張事業体（PAEs:） xv, 141, 168, 169, 171
特許商標庁 170
特許制度 140, 141, 157, 170, 171
トップ獲得競争プログラム 96, 97

な行

日本銀行 41
農務省経済研究局 207
農務省地方公益事業局 99, 162

は行

ハーキン＝ミラー法案 208
パイオニア ACO 128
パイロット・プログラム 126
ハッチ＝ワクスマン法 172
母親、乳児、幼児家庭訪問プログラム（家庭訪問プログラム） 226, 227, 233
ピーター・オールザグ 226
非定型認識業務 150
100％経費計上 157
標準規格必須特許 168, 169
貧困家庭（一時）臨時援助（TANF） xv, 90, 92, 96, 179, 189, 196, 197, 198, 199, 200, 212, 229
貧困測定 xv, 177, 178, 179, 180, 181, 182, 185, 186, 191, 193, 213, 214

貧困対策プログラム 195, 196, 199, 205
フィデリティ・インベストメント社 39
フードスタンプ法 176
フードスタンプ実験プログラム 205
福祉改革法 199
福祉制度改革 200
複数保険者プログラム 126
ブッシュ ii, iv, v, vi, vii, viii, ix, xii, 72
負の所得税の実験 200
扶養児童家族扶助（AFDC） xiv, 179, 189, 198, 199, 200, 212
プラチナ・プラン、ゴールド・プラン 134
不良資産救済措置 v
ブロードバンド・イニシアティブ・プログラム 162
ブロードバンド技術機会プログラム 162
ブロードバンド導入プログラム 165
ブロードバンド・プロジェクト 162
プログラム・インパクト 235
プログラム評価 216, 217, 221, 231, 233
プログラム立法化 231
プロジェクト CARE プログラム 204
プロミス・ゾーン構想 211
プロミス・ネイバーフッド 210, 212
プロミス・ネイバーフッド助成制度 212
プロミス・ネイバーフッド・プログラム 210, 233
米国機会税額控除 90, 97, 101, 105, 210
米国金融取引勘定 46
米国雇用対策法 vii
米国接続基金 162
米国特許制度 140, 141
米国納税者救済法（ATRA）ii, viii, ix, xiv, 36, 43, 76, 97, 105
米国復興及び再投資法（復興法）(ARRA) iii, iv, vi, vii, xiv, 18, 20, 21, 70, 71, 73, 74, 75, 76, 77, 79, 80, 81, 82, 83, 85, 86, 88, 89, 90, 91, 92, 93, 94, 95, 96, 97, 98, 99, 100, 101, 102, 103, 104, 105, 107, 108, 109, 110, 111, 192, 194, 199, 206, 207, 215, 228, 232
ヘッドスタート・プログラム 37, 204

ベビー・ブーム 14, 30, 66, 67, 69, 137, 146
ペリー就学前プロジェクト 204
ヘルスケア・コスト 2, 15, 21, 24, 25, 112, 113, 114, 115, 117, 120, 121, 122, 124, 125, 131, 133, 135, 136, 137, 138, 139
ヘルスケア・システム xii, 31, 112, 113, 124, 129, 130
ヘルスケア・プラン 33
返済プログラムの改革 210
貿易円滑化協定 52
貿易・投資制度 49
訪問プログラム 210, 226
ホームレス化阻止・住宅再取得制度 92
北米産業分類体系 143
保険市場改革 207
保健社会福祉省（HHS）xiv, 128, 226, 227, 229, 232, 233, 237, 238, 240
保険プラン 33
保護観察実施機会プログラム（HOPE）xiv, 222
補助金サポートプログラム 226
補助金制度 95, 157
補正貧困測定（SPM）xv, 178, 179, 180, 181, 182, 183, 185, 186, 187, 191, 192, 193, 194, 198, 205, 213, 214
補足的栄養支援プログラム（SNAP）xv, 92, 178, 179, 182, 183, 189, 192, 196, 198, 199, 200, 205, 206, 207, 212, 237
補足的所得保障（SSI）xv, 189, 197, 198, 229
非保健プログラム 178
ポンコツ車で現金計画 76

ま行

マンパワー法 176
無線 IC タグ 156
無線システム 161
無作為コントロール実験法 228
メディケア・アドバンテージ 125, 138
メディケア医療提供者支払い率 125
メディケア支払いシステム 126
メディケア診療報酬支払いシステム改革 114

索引

メディケア節減額分与プログラム 128
メディケア出来高払い支出 124
メディケア・パートDプラン 132
メディケア・プログラム 166, 204
メディケア・メディケイド・イノベーション・センター（イノベーション・センター） 126, 128, 129, 223, 229, 232
メディケア・メディケイド・サービスセンター（CMS） 112, 115, 118, 125, 127, 128, 130, 131, 132, 136, 238
メディケア・メディケイド・児童健康保険プログラム 223
メディケア・メディケイド・プログラム 239
メディケイドEHRプログラム 166
メディケイド拡大条項 112
メディケイド・センター 24
メディケイド・プログラム 33, 166, 239
『もう一つの米国』 177
モーゲージ金融システム 29

や行

ユニバーサル・サービス改革 162
予算管理局 xv, 65, 224
予算統制法 ii, vii, viii, xi, 16, 100, 139

ら行

リーヒ＝スミス米国発明法（AIA） xiv, 170, 171
リーマン・ブラザーズ iii, v, 71
歴史的推計法 177
連邦学生援助自由申し込み書（FAFSA） xiv, 225, 226
連邦航空局 76, 95, 105
連邦再雇用及び適格性評価（REA） xv, 224
連邦準備局 ix
連邦準備制度 iv, vi, viii, x, 20, 38, 39, 41, 46, 47, 49, 64, 71, 72, 73
連邦準備制度理事会の上級融資担当者調査 55
連邦戦略プラン 240
連邦通信委員会（FCC） xiv, 4, 157, 159, 160, 161, 162, 163, 164
連邦道路管理局 95
連邦プログラム 211, 216, 217, 218, 222, 224, 238
連邦公開市場委員会（FOMC） xiv, 38, 39
ロイター・ミシガン消費者調査 55
労働省（DOL） xiv, 69, 86, 111, 224, 227, 229, 230, 231, 232, 240
労働省前科者更生プログラム 230
労働生産性 62, 67, 68, 91, 140, 141, 142, 143, 144, 145, 147, 148, 149, 151, 174
労働統計局（BLS） xiv, 29, 68, 72, 118, 142, 143, 145, 149
労働力イノベーション・ファンド 227
労働力投資法プログラム 229
ローズヴェルト iii, iv, v, ix, x, xii

わ行

若者中心のアウトカム調査研究所 126
私の退職勘定計画 5, 33

萩原伸次郎監修・『米国経済白書』翻訳研究会訳

【翻訳者】

萩原　伸次郎（はぎわら　しんじろう）　横浜国立大学名誉教授（総論、大統領報告、第1、7章担当）

宮﨑　礼二（みやざき　れいじ）　明海大学経済学部准教授（第2章担当）

十河　利明（そごう　としあき）　福島大学経済経営学類教授（第3章担当）

千原　則和（ちはら　のりかず）　千葉商科大学商経学部非常勤講師（第4章担当）

大橋　陽（おおはし　あきら）　金城学院大学国際情報学部教授（第5章担当）

朝比奈　剛（あさひな　たけし）　千葉商科大学人間社会学部教授（第6章前半担当）

吉田　佳名子（よしだ　かなこ）　琉球大学観光産業科学部客員准教授（第6章後半担当）

米国経済白書 2014

2014年7月30日　初版第1刷発行
監訳者　萩原伸次郎監修・『米国経済白書』翻訳研究会訳
発行者　上野教信
発行所　蒼天社出版（株式会社　蒼天社）
　　　　101-0051　東京都千代田区神田神保町 3-25-11
　　　　電話　03-6272-5911　FAX 03-6272-5912
　　　　振替口座番号　00100-3-628586
印刷・製本所　株式会社シナノパブリッシングプレス

©2014 Shinjiro Hagiwara et al.
ISBN 978-4-901916-41-7 Printed in Japan
万一落丁・乱丁などがございましたらお取り替えいたします。
R〈日本複写権センター委託出版物〉

本書の全部または一部を無断で複写複製（コピー）することは、著作権法上での例外を除き、禁じられています。本書からの複写を希望される場合は、日本複写センター（03-3401-2382）にご連絡ください。

蒼天社出版の本

アジア外交動と静 元中国大使・中江要介オーラルヒストリー 中江要介著、若月秀和ほか編	定価(本体 2,800 円+税)
日中外交の証言 中江要介著	定価(本体 1,800 円+税)
揺れ動くユーロ 吉國眞一・小川英治・春井久志編	定価(本体 2,800 円+税)
カンリフ委員会審議記録 全3巻 春井久志・森映雄訳	定価(本体 89,000 円+税)
国立国会図書館所蔵 GHQ/SCAP 文書目録・全 11 巻 荒敬・内海愛子・林博史編集	定価(本体 420,000 円+税)
システム危機の歴史的位相 ユーロとドルの危機が問いかけるもの 矢後和彦編	定価(本体 3,400 円+税)
国際通貨制度論攷 島崎久彌著	定価(本体 5,200 円+税)
バーゼルプロセス 金融システム安定への挑戦 渡部訓著	定価(本体 3,200 円+税)
現代証券取引の基礎知識 国際通貨研究所糠谷英輝編	定価(本体 2,400 円+税)
銀行の罪と罰 ガバナンスと規制のバランスを求めて 野﨑浩成著	定価(本体 1,800 円+税)
国際決済銀行の 20 世紀 矢後和彦著	定価(本体 3,800 円+税)
サウンドマネー BIS と IMF を築いた男ペールヤコブソン 吉國眞一・矢後和彦監訳	定価(本体 4,500 円+税)
多国籍金融機関のリテール戦略 長島芳枝著	定価(本体 3,800 円+税)
HSBC の挑戦 立脇和夫著	定価(本体 1,800 円+税)
拡大するイスラーム金融 糠谷英輝著	定価(本体 2,800 円+税)
グローバリゼーションと地域経済統合 村本孜編	定価(本体 4,500 円+税)
外国銀行と日本 立脇和夫著	定価(本体 3,200 円+税)
ユーロと国際通貨システム 田中素香・藤田誠一編	定価(本体 3,800 円+税)